Monika Müller

Von der Fürsorge in die Soziale Arbeit

Studien zur qualitativen Bildungs-, Beratungs- und Sozialforschung

ZBBS-Buchreihe
herausgegeben von

Werner Fiedler
Jörg Frommer
Werner Helsper
Heinz-Hermann Krüger
Winfried Marotzki
Ursula Rabe-Kleberg
Fritz Schütze

Monika Müller

Von der Fürsorge in die Soziale Arbeit

Fallstudie zum Berufswandel in Ostdeutschland

Verlag Barbara Budrich, Opladen 2006

Gedruckt mit der freundlichen Unterstützung der Stiftung zur Aufarbeitung der SED-Diktatur sowie der Hans-Böckler-Stiftung.

Gedruckt auf säurefreiem und alterungsbeständigem Papier.

Die Deutsche Bibliothek – CIP-Einheitsaufnahme
Ein Titeldatensatz für die Publikation ist bei Der Deutschen Bibliothek erhältlich.

ISBN 10 3-86649-019-4
ISBN 13 978-3-86649-019-2

Umschlaggestaltung: disegno visuelle kommunikation, Wuppertal – www.disenjo.de
Druck: DruckPartner Rübelmann, Hemsbach
Printed in Germany

Inhalt

Teil II
Berufsbiographische Porträts

Vorwort

Die vorliegende qualitative Studie befasst sich mit Berufsverläufen in der Sozialen Arbeit in Ostdeutschland. In ihr wird der Versuch unternommen, die Berufsentwicklung der Sozialen Arbeit über zwei Gesellschaftssysteme hinweg zu rekonstruieren und die gesellschaftlichen sowie institutionellen Bedingungen beruflichen Handelns in diesem Berufsfeld darzulegen.

Diese Studie ist die gekürzte Fassung meiner Dissertation, die unter dem Titel »Berufsbiographien und Orientierungskerne des beruflichen Handelns in zwei unterschiedlichen Gesellschaftsformationen - Veränderungen und Kontinuität des beruflichen Selbstverständnisses und Handelns von Sozialwesenprofessionellen in Ostdeutschland« im Frühjahr 2003 an der Fakultät für Geistes-, Sozial- und Erziehungswissenschaften der Otto-von-Guericke-Universität Magdeburg angenommen worden ist.

Besonderer Dank gilt in diesem Zusammenhang meinen beiden Gutachtern Fritz Schütze und Gerhard Riemann und den Mitarbeitern des Instituts für Soziologie der Universität Magdeburg Ulrike Nagel und Thomas Reim. Von ihnen habe ich viel gelernt und ihre Anregungen und ihre Unterstützung haben mich ermutigt, kontinuierlich weiterzudenken und weiterzuarbeiten.

Besonderer Respekt und Dank gilt den Sozialarbeiterinnen und Sozialarbeitern in Ostdeutschland, die bereit waren, mir durch ein lebensgeschichtliches Interview, Einblick in ihre Lebens- und Berufsgeschichte zu geben. Sie haben mir ihre Offenheit und ihr Vertrauen entgegengebracht und erst durch sie ist es möglich gewesen, diese Studie zu erstellen. Ihre Erfahrungen in der Fürsorgearbeit der DDR, die zum Ausdruck gebrachten Hürden im Zusammenhang mit dem Zusammenbruch der DDR und die Darstellungen ihres heutigen Tätigkeitsfeldes haben mich angespornt, eine möglichst detailgenaue Analyse zu erstellen. Ich möchte mich auch bei den Expertinnen und Experten Sozialer Arbeit bedanken, die in der Aus- und Fortbildung der Sozialen Arbeit tätig sind und waren. Das geäußerte Interesse an meiner Studie hat mich immer wieder neu motiviert, den facettenreichen Hintergründen sozialberuflicher Hilfearbeit in Ostdeutschland früher und heute nachzugehen. Bei meinen Recherchearbeiten haben mich außerdem Mitarbeiterinnen der Staatsbibliothek Berlin, der Stadtbibliothek Berlin und des Archivs der Sozialgeschichte in Potsdam unterstützt.

Ohne die materielle und ideelle Forschungsförderung durch die Hans-Böckler-Stiftung wäre diese Studie nicht entstanden. Hierfür möchte ich mich ausdrücklich bedanken. Ferner möchte ich mich auch bei der Bundesstiftung zur Aufarbeitung der SED-Diktatur bedanken, die es mittels finanzieller Unterstützung ermöglicht hat, die Forschungsstudie einer breiteren Öffentlichkeit zugänglich zu machen.

Ein weiterer Dank gilt den Herausgebern der Reihe »Biographie und Profession« und dem Verlag Barbara Budrich für die Veröffentlichung. Besonderer Dank gilt auch den Mitgliedern des von Fritz Schütze geleiteten Forschungskolloquiums am Institut für Soziologie der Otto-von-Guericke-Universität Magdeburg (Robert Kreitz, Bärbel Treichel, Heidrun Bomke, Ingrid Oswald, Sylvia Dittrich, Elke Gemko, Anja Schröder, Evelin Ackermann, Ulf Brüdigam und Karsten Sulek). Ihre konstruktiven Hinweise und kritischen Rückmeldungen haben zum Gelingen der Arbeit beigetragen.

Besonders bedanken möchte ich mich bei meinem Ehemann Arnold Otten, der mir über die Zeit dieser Arbeit hinweg zur Seite gestanden und mich bei der Gestaltung der Endfassung unterstützt hat.

Volkerode, 16.04.2006

1 Einleitung

Der Zusammenbruch des Staatssozialismus in der DDR war ein für viele Menschen in Ostdeutschland unerwartetes, vielleicht auch ein erhofftes, aber in jedem Fall ein lebensgeschichtlich einschneidendes Ereignis. Der tiefgreifende gesellschaftliche und institutionelle Wandel, der sich seit 1989 in Ostdeutschland ereignet, wird sozialwissenschaftlich unter dem Stichwort der Transformation zu fassen versucht. Transformation und Transformationsprozess wird dabei in den Sozialwissenschaften - in den Politikwissenschaften ist der Begriff Systemwechsel gebräuchlicher - als spezifischer Typ sozialen Wandels betrachtet (u.a. Weymann 1998). Damit ist in der Regel die Gesamtheit der politischen, sozialen und ökonomischen Wandlungsprozesse angesprochen, die in den postsozialistischen Ländern eingesetzt haben. Impliziert ist, dass dieser Wandel ausgerichtet ist und zwar in Richtung der Überführung des sozialistischen Gesellschaftstypus in den Typus moderner westlicher Gesellschaftsformation. Mit dem Transformationsbegriff wird also bereits die Spannung ausgedrückt, die zwischen dem „Institutionentransfer" (Lehmbruch 1993) von West nach Ost und den „Abstoßungsrisiken" (Offe 1994) westlicher Institutionen im Übernahmeprozess besteht. Die sozialwissenschaftliche Beobachtung dieses sozialen Wandels - die Transformationsforschung - setzt bereits sehr früh nach der Öffnung der deutsch-deutschen Grenze ein. Insbesondere die vom Wissenschaftsrat vorgeschlagene und vom Bundesministerium für Forschung und Technologie sowie Arbeits- und Sozialordnung eingerichtete Kommission für die Erforschung des sozialen und politischen Wandels in den neuen Bundesländern (KSBW) sammelte und analysierte Daten zu fünf Themenschwerpunkten, die die Auswirkungen des gesellschaftlichen Umbruchs erfassen und beschreiben sollten.[1]

An die Tatsache der Zeitzeugenschaft und der Teilhabe an einem einzigartigen „sozialen Großversuch" (Giesen/Leggewie 1991) der Zeitgeschichte knüpften die Sozialwissenschaften die Erwartung grundlagentheoretischer Zugewinne hinsichtlich des Verständnisses eines sozialen Wandels. Diese Erwartungen - so einige Autoren - seien aber nicht erfüllt wor-

---

1 Die Abschlussberichte der Kommission für die Erforschung des sozialen und politischen Wandels in den neuen Bundesländern, deren Arbeit auf fünf Jahre angelegt war, liegen zu folgenden Themenschwerpunkte vor: (a) Arbeit in den neuen Bundesländern; (b) soziale Ungleichheit, soziale Risiken, soziale Sicherheit; (c) politische Interessenvermittlung, Kommunal- und Verwaltungspolitik; (d) individuelle Entwicklung, Sozialisation und Ausbildung sowie (e) regionale Berichterstattung.

den und hinsichtlich ihres theoretischen Innovationspotentials seien die Ergebnisse eher bescheiden ausgefallen und entscheidende theoretische Innovationen in den Sozialwissenschaften ausgeblieben (Weymann 1998:15). Die Sozialwissenschaften verfügten - so andere Autoren - bereits über einen bedeutenden Bestand an Transformationstheorien mit Erklärungspotential, der den beklagten ausgebliebenen Innovationsschub erkläre (Buhlmahn 1996:3). Weitere „Erkenntniskumulierung und Theoriebildung“ (KSPW:7) sei aber angesichts der Fülle an Ergebnissen, Aussagen und theoretischen Konzepten im Zusammenhang mit dem transformationsbedingten sozialen Wandel notwendig.

Da die sozialwissenschaftlichen Monographien zum Transformationsgeschehen in Ostdeutschland mittlerweile unübersehbar geworden sind, steht jede Forscherin und jeder Forscher in diesem Forschungsfeld vor dem Problem, die jeweils bereichsrelevanten Analysen und Konzepte herauszufiltern.[2] Dabei zeigt sich, dass mikrosoziologische Studien eher selten sind.[3] Biographiekonstruktion und Erwerbsverlauf in Ostdeutschland im Transformationsgeschehen sind zwar in einer Reihe sozialwissenschaftlicher Forschungsstudien aufgegriffen worden, nehmen aber oftmals wenig Bezug aufeinander. Der Zusammenhang von Erwerbsverlauf und Biographiekonstruktion wird z.B. in einer Untersuchung von Mutz thematisiert (Mutz 1995). In dieser Studie wird dargelegt - ausgehend von der These, dass Erwerbstätigkeit eine zentrale Rolle für die Strukturierung und Orientierung biographischer Abläufe hatte und ein zentraler Vergesellschaftungskern in der DDR-Gesellschaft gewesen ist -, dass sich angesichts der Unwägbarkeiten des heutigen Arbeitsmarktes bzw. angesichts der hohen Arbeitslosigkeit in Ostdeutschland, die Erwerbs- und Berufsbiographien der Menschen in den neuen Bundesländern grundlegend verändert haben.[4] In Anbetracht postindustrieller und postmoderner Gegeben-

---

2 Insgesamt ist die Zahl der Publikationen, die sich mit dem Transformationsprozess in Ostdeutschland befassen, im Jahr 2003 auf 20500 Titel angewachsen (Frommer 2000). Berth und Brähler listen 5800 Monographien auf, die unter dem Stichwort Wiedervereinigung zwischen 1990 und 2000 erschienen sind (Berth/Brähler 2000).

3 Im Zuge der Tagung ‚Transformation as Epochal Change in Middle and Eastern Europe. Theoretical Concepts and their empirical applicability‘, die im November 1998 an der Universität Magdeburg stattfand, zeigte sich, dass rekonstruktive Forschungsverfahren bis lang eher selten eingesetzt worden sind.

4 Arbeitslosigkeit, die für viele Menschen in Ostdeutschland eine ganz neuartige Erfahrung darstellte, hat die Institution der Erwerbsbiographie schlagartig verändert. Im Unterschied zu Westdeutschland, wo sich seit den siebziger Jahren durch globale Anpassungsprozesse die Erwerbsverläufe allmählich verändert haben, traten die Veränderungen für die Menschen in Ostdeutschland hingegen schnell und kurzfristig ein. In der Berufs- und Organisationssoziologie wird darüber hinaus u.a. die These vertreten, dass die biographische Orientierungsfunktion der Erwerbsbio-

heiten des Arbeitsmarktes wird - so Mutz - ein beschleunigter Prozess der Dekonstruktion der Erwerbsverläufe konstatiert. Die geforderten biographischen Bewältigungsmuster implizieren im Zusammenhang mit den Diskontinuitäten der Erwerbs-Institution einen Bruch mit Biographiekonstruktionen, in denen die Erwerbstätigkeit im Mittelpunkt stehe. Die Menschen in Ostdeutschland hätten darauf nur geringfügig mit „reflexiven Biographiekonstruktionen" sowie neuartigen Deutungsmustern und Handlungsorientierungen reagiert. Die Konfrontation der Biographiekonstruktion der Menschen in Ostdeutschland durch diskontinuierliche Erwerbsverläufe bestand darin, in nur kurzer Zeit einerseits ihre Biographie den institutionellen Anforderungen dieser Erwerbsverläufe anzupassen und andererseits individuierende, zurechenbare Momente zu aktivieren, die - wollte man sich biographisch nicht verlieren - kontinuitätsstiftend und -verbürgend sind. Der Prozess der Institutionalisierung reflexiver Erwerbsbiographien sei deshalb ein langwieriger, weil biographische Kontinuitätskonstruktionen, wie z.B. Zuverlässigkeit im Beruf in Ostdeutschland, stark verankert seien (ebd. 1995).[5]

Eingebettet in den jeweiligen beruflichen Handlungskontext und unter Berücksichtigung der Handlungsorientierung wurden zudem Studien zum Zusammenhang von Berufsbiographie, Berufsorientierung und z.B. Commitments erstellt (Hoerning 1998). Hierbei wurden anhand von Berufsverläufen ausgewählter Berufsgruppen, wie Lehrer, Diplom-Pädagogen und Ingenieure, Identifikationsmuster in Bezug auf biographisch-berufliche Investitionen bzw. öffentliche Commitments (im Sinne von ex-post-Identifikationen) mit der DDR-Gesellschaft herausgearbeitet.

Berufsbiographie als Ressource bzw. Behinderung beruflichen Handelns im Kontext der Transformation wird darüber hinaus in einer Reihe von Studien thematisiert, in denen unterschiedliche Aspekte akzentuiert werden. Mit explizit rekonstruierenden biographieanalytischen Verfahren der Sozialforschung sind u.a. Studien zu Medizinern (Hoerning 1997), zu

---

graphie für den Lebenslauf kontinuierlich nachlasse - ein prominenter Vertreter hierfür ist Beck 1986 -, eine These, die nicht von allen Berufs- und OrganisationssoziologInnen geteilt wird (u.a. Sackmann/Wingens 1996; Sackmann/Rasztar 1998). Aus modernisierungstheoretischer Perspektive wird der nachholende Charakter der Transformation in Ostdeutschland und Osteuropa betont.

5 Mutz konstatiert drei typische Konstruktionsmuster der Thematisierung der Erwerbsbiographie vor 1989/90: die standardisierte, abweichende und variierende Biographiekonstruktion. Diese seien nach 1989/90 durch Vorstellungen der Kontinuität der Vorwendewirklichkeit abgelöst worden. Kontinuität wird dabei in den Dimensionen der arbeitsbezogenen Kontinuität, Vergemeinschaftungskontinuität und Persönlichkeitskontinuität thematisiert. Mutz kommt hierbei zu einer defizitorientierten Beschreibung lebensgeschichtlicher Anpassung an die Gegebenheiten des heutigen Arbeitsmarktes.

den berufsbiographischen Ressourcen der „neuen Selbstständigen", Betriebsgründern und ostdeutschen Unternehmern (Thomas 1995; Woderich 1995; 1997), zu den beruflichen Umorientierungsprozessen von Richtern und Staatsanwälten der ehemaligen DDR (Korfes 1995)[6] sowie zu den beruflichen Handlungsmustern ostdeutscher Lehrer (u.a. Lenhardt/Stock/Tiedtke 1991; Händle et al. 1998; Köhler 2003) erstellt worden. Mit der Untersuchung der Berufsbiographien und Orientierungskernen beruflichen Handelns bei Sozialwesenprofessionellen knüpft diese Studie an Untersuchungen zu Transformationsprozessen in der Arbeits- und Berufswelt an. Die Veränderungen in Ostdeutschland nach 1989 waren „wohl in keinem Bereich (...) so ausgeprägt, wie im Arbeitsleben" (Hormuth 1997:566).

Der Wandel von Berufen und der Wandel von Aufgabenprofilen sowie Selbstverständnissen in Berufsgruppen ist durchaus ein prominenter Forschungsgegenstand in den Sozialwissenschaften. Berufe, die in erster Linie der Existenzsicherung und dem Erwerb von Einkommen dienen und die für eine Person „Grundlage einer kontinuierlichen Versorgungs- und Erwerbschance" (Weber 1964:104) sind, sind gleichzeitig „Spezifizierung, Spezialisierung und Kombination von Leistungen einer Person" (ebd.). Beruf steht im Schnittpunkt von Person und Funktion, und ein Beruf hat immer den Doppelcharakter von individuellem Besitz und gesellschaftlicher Normierung. Er ist sowohl an die Person, die ihn ausübt, gebunden als auch die Verkörperung objektiver Fähigkeitsschablonen und standardisierter sozialer Erwartungen (Brater 1983:60). Berufe werden als ein Bündel von Fähigkeiten verstanden, die über die Berufsposition und -rolle an eine Person gebunden sind (Biermann 1994:234). Berufe als soziale Ordnungsgebilde, die von Menschen ausgestaltet werden, gehen auf eine spezifische Organisationsform von Arbeit und Erwerb zurück. Sie sind Produkte gesellschaftlicher Arbeitsteilung.

Max Weber leitet - im Unterschied zu Marx - eine spezifische gesellschaftliche Arbeitsteilung aus der religiös-geistigen Sphäre ab (Weber 1964). Bereits in seinem Werk Wirtschaft und Gesellschaft hat Weber die Bedeutung des Religiösen für die Berufsgruppenstruktur betont. Den Zusammenhang von Gesellschaftsformation und Berufsverständnis hat Weber dann noch expliziter ausgeführt (Weber 1993). Er hat überzeugend dargelegt, dass spezifische religiöse Orientierungen, wie z.B. eine innerweltliche Askese, das Berufsverständnis mitbegründen. Durch eine enge

6 Korfes geht allerdings aufgrund eines eng gesetzten Interviewfokus nicht auf die berufsbiographischen Ressourcen der Bearbeitung des gesellschaftlichen Umbruchs ein, sondern sieht darin generell die Basis für eine gelungene Kontinuitätskonstruktion vor dem Hintergrund eines moralisch besonders diffizilen und sensiblen Tätigkeitsfeldes.

Verflechtung von religiösem Denken und Formen des Wirtschaftens wird, wie Weber am Beispiel protestantischer Bewegungen zeigt, z.B. eine spezifische bürgerliche Berufspflicht begründet. Demgegenüber stellt Marx Formen der gesellschaftlichen Arbeitsteilung und Berufsgruppenstruktur ganz in den Funktionszusammenhang der bestehenden Produktionsverhältnisse. Er legt die permanente Auflösung tradierter Berufsformen durch die Dynamik der kapitalistischen Produktionsweise dar (Marx 1973). Für Hughes (1984) - der sich auf Durkheim (1987) bezieht - sind Berufe Spiegelbilder der kulturellen, sozialen und technologischen Veränderung der Gesamtgesellschaft und ihrer Teilbereiche. Hughes (1928) verweist in diesem Zusammenhang auf die im Übergang zu modernen Industriegesellschaften ‚geheiligten' Formen der Übertragung von Aufgaben und Pflichten an bestimmte Mitglieder der sozialen Gruppe hin. Hughes diskutiert den systematischen Zusammenhang zwischen Gesellschaftsprozess und Berufsentwicklung entlang von Aushandlungsprozessen hin. Im Gegensatz zu Agrargesellschaften ersetzen säkularisierte Formen der gesellschaftlichen Arbeitsteilung die überlebensnotwendigen Funktionen einer Gesellschaft. Hughes sieht dementsprechend im wissenschaftlichen und technischen Fortschritt, wie z.B. in der Biologie oder Chemie, sowie durch die technische Entwicklung besonderer Werkzeuge, wie z.B. Diagnoseinstrumente in der Medizin und ihrer gesellschaftlichen Anwendung, den Motor für berufsstrukturellen Wandel (Hughes 1984:376ff.). Die Entstehung neuer Berufe geht mit einem Wandel der Arbeits- und Karriereerfordernisse einher, die an die Menschen gestellt werden (Hughes 1984:327ff.). Die Betonung des Aushandlungsprozesses bei der Entstehung und Veränderung von Berufen durch gesellschaftlichen Wandel - Hughes hat betont, dass sich Berufe auch durch das faktische Handeln der Berufsangehörigen verändern - wurde besonders in der Tradition der Chicagoer-Soziologie aufgegriffen und weiterentwickelt (Strauss 1968; 1985; 1988; 1991; Freidson 1975; Becker 1977; Schütze 1984, 1992, 1995 ;Wiener 1996).

Allmählicher gesellschaftlicher Wandel und Aushandlungsprozesse in Hinblick auf die Arbeitsteilung sind der Bezugsrahmen dieser Studie. Im Unterschied dazu, kann im Zusammenhang mit dem Zusammenbruch der DDR von einem massiven und rapiden Bruch der Wirtschaftsform gesprochen werden. Der Institutionentransfer von West nach Ost forderte von den Betroffenen einen schnellen und ‚sprunghaften' Anpassungsprozess. In der vorliegenden Studie werden Berufsverläufe und Berufsidentitäten unter den Voraussetzungen eines Systemwechsels untersucht. Obwohl in der Fachliteratur kritische Einschätzungen hinsichtlich eines ‚privilegierten Sonderwegs Ostdeutschlands' als erfolgreiche Variante der Transformation überwiegen (Bulmahn 1996:16), sollen gerade in dieser Studie diese Besonderheiten in den Blick genommen werden.

Gegenstandsbereich dieser Untersuchung sind die Transformations- und Professionalisierungsprozesse in der Sozialen Arbeit.[7] Die Übertragung des sozialen Sicherungssystems westlicher Ausprägung auf das Territorium der DDR (Institutionentransfer) in die gewachsenen Formen sozialer Absicherung war ein Vorgang ohnegleichen. Auf der Handlungsebene war dieser Institutionentransfer mit der Aufforderung zu Lern- und Ausbildungsprozessen sowie zur beruflichen Neuorientierung verbunden. Dabei sind die in der beruflichen Hilfearbeit Tätigen insofern eine besondere Berufsgruppe, da gerade in der Organisation des Sozialwesens und der Beschäftigung in diesem Bereich zwischen der DDR und der BRD große Unterschiede bestanden. Zudem sind Handlungsorientierungen in der Sozialen Arbeit westdeutscher Prägung besonders eng mit der Lebens- und Berufsgeschichte verknüpft.

Sozialarbeit ist historisch ein relativ junger Beruf. Sozialarbeit als Beruf hat in Deutschland ihre Wurzeln sowohl in der staatlichen Armenfürsorge wie auch in den Verberuflichungsbestrebungen bürgerlicher Frauen in der Weimarer Republik (Sachße 1986; Gildemeister 1983; 1993). Die Liebestätigkeit - verstanden als ein Bündel persönlich erbrachter sozialer Hilfeleistungen und Nächstenliebe - ist seitdem verknüpft mit a) dem Erwerb eines spezifischen Wissens und spezifischer Fertigkeiten zur Ausübung der Tätigkeit durch eine geregelte Ausbildung und b) der Ausübung der Tätigkeit zum Lohnerwerb (Gildemeister 1993:67). Im Nationalsozialismus zeigt sich erstmals in eklatanter Weise ein Verlust beruflicher Werte und Standards in der Fürsorgearbeit. Berufliche Hilfearbeit war als Volkspflege im Sinne der nationalsozialistischen Ideologie ausgerichtet (Haag 1994). Durch die Teilung der beiden deutschen Staaten nach 1945 entwickelte sich die berufliche Fürsorge in der DDR und in Westdeutschland sehr unterschiedlich. Die einsetzende Rezeption amerikanischer Methoden des social work reformierte die westdeutsche Fürsorge in Richtung eines reflexiven und methodengeleiteten Berufsverständnisses. Die berufliche Fürsorge erfuhr Ende der sechziger und Anfang der siebziger Jahre einen Reformschub, der durch sozialkritische Bewegungen ausgelöst wurde, mit dem die gesellschaftliche Funktion und Rolle der Fürsorge bzw. der Sozialarbeit grundlegend in Frage gestellt war. Die einsetzende Akademisierung der Ausbildung führte in Westdeutschland u.a. auch dazu, auf die Bezeichnung der beruflichen Hilfearbeit als Fürsorge zugunsten der Bezeichnung Sozialarbeit zu verzichten. Berufliche Hilfear-

---

7 Ich werde im Folgenden aus sprachlichen Vereinfachungsgründen den Begriff Soziale Arbeit mit Sozialarbeit und Sozialpädagogik gleichsetzen, da er in den Fachdiskursen zunehmend als Oberbegriff für Sozialarbeit und Sozialpädagogik verwendet wird. Nur dann, wenn explizit sozialpädagogische Handlungsmuster bzw. Handlungsfelder angesprochen sind, werde ich von Sozialpädagogik sprechen.

beit mit der Bezeichnung Sozialarbeit - eine Bezeichnung, die in der DDR nicht üblich war bzw. sich nicht durchgesetzt hat - wurde in Ostdeutschland erst mit dem Staatsvertrag, der die deutsch-deutsche Wiedervereinigung regelte, eingeführt.

Veränderungen im Berufsprofil Sozialer Arbeit stehen im engen Zusammenhang mit veränderten Risiken der Lebensführung durch technischen und gesellschaftlichen Wandel - ein gesellschaftlicher Wandel, in dem traditionelle Lebens- und Hilfeformen abgelöst wurden. „The professional social worker is a product of social change" (Hughes 1984:377). Risiken existenziellen Überlebens sind in den westlichen Industriegesellschaften durch neue Formen von Lebensrisiken abgelöst worden, die neuartige Problemlösungsverfahren erfordern. In diesem fortlaufenden Prozess bilden sich spezielle Wissensbereiche heraus - z.B. zum Problemfeld, wie Menschen, die randständig sind, sozial und gesellschaftlich zu integrieren und zu beteiligen sind -, die sich deshalb auch ständig wandeln. Die Problembestände, mit denen sich Sozialarbeit befasst, betreffen die Schattenseiten moderner Gesellschaften. Ihr Gegenstand sind gesellschaftliche Unterprivilegierung, Ausgrenzung und Not. Sozialarbeit, die auf soziale Problemlagen beruflich reagiert, beteiligt sich selbst wiederum an den gesellschaftlichen Definitions- und Aushandlungsprozessen. In derartigen Prozessen wird definiert, was unter sozialer Problemlage verstanden wird. Die Sozialarbeit reagiert damit auf gesellschaftlichen Wandel und damit einhergehende Risiken. Im Zuge des gesellschaftlichen Wandels durch die fortschreitende Globalisierung der Wirtschaftsmärkte, wie z.B. dem Abbau des Sozialstaates und der fortschreitenden Individualisierung der Lebensführung, verändern sich auch die Problemlagen der Menschen und damit die Konzeptionen der Sozialarbeit selbst. Deutungs- und Handlungsmuster der Sozialarbeit sind in erheblichem Maße von gesellschaftlichen Normierungen abhängig (Gildemeister 1983).

In westdeutschen Sozialarbeitskonzeptionen ist die Sozialarbeit eine personennahe soziale Dienstleistung (Gildemeister 1983:264). Die konkreten Interaktionen mit Klienten haben eine erhebliche berufsbiographische Komponente (Hüllenhütter-Zimmermann 1983; Hege 1981; Gildemeister 1983; Blinkert 1976; Nagel 1997). Die beruflichen Handlungsabläufe sind wenig standardisiert und auch nur bedingt standardisierbar. Eine entwicklungsförderliche Interaktion mit den Problembetroffenen und die Übernahme einer zeitlich befristeten biographischen Sachwalterschaft erfordert ein persönliches Einlassen der Sozialarbeiterin und des Sozialarbeiters auf die Problemlagen der Betroffenen und ihrer jeweiligen Lebensverhältnisse. Neben der Vermittlung praktikabler Instrumente der Organisation der tagtäglichen Lebensführung werden den Problembetroffenen auch Instrumente zur biographischen Planung und Veränderung an die Hand gegeben.

Die Sozialarbeit ist Gegenstand eingehender sozialwissenschaftlicher Untersuchungen. Die breit ausdifferenzierten Handlungsfelder und die besonderen Handlungsprobleme der Sozialarbeit sowie die sozialen Problemlagen selbst - wie z.B. Armut, soziale Ungleichheit und soziale Abweichung - sind Bereiche sozialwissenschaftlicher Forschung und Theoriebildung (Biermann 1994). Die Sozialarbeit, so hat sich herausgestellt, ist ein Berufsfeld, in dem die Grundlagen professionellen Handelns besonders gut untersucht werden können. In professionsanalytischen Studien ist die Störanfälligkeit und die besondere Beziehung zwischen Sozialarbeiter und Problembetroffenem sowie der fallanalytische Charakter sozialarbeiterischen Handelns herausgearbeitet worden (Schütze 1992). In der Rekonstruktion der Handlungsvollzüge sind zudem die Gebrechlichkeit und Fehlerhaftigkeit professionellen Handelns als Kernprobleme und Paradoxien professionellen Handelns in der Sozialarbeit analytisch erfasst worden (Schütze 1992; 1996; 2000).

Sozialarbeit wird als eine „bescheidenen Profession" (Schütze 1992) gesehen, die im Handeln auf interdisziplinär ausgerichtete und heterogene Deutungs- und Handlungsmuster rekurriert. Als Zeichen eines geringen Professionalisierungsgrades der Sozialarbeit wird der eingeschränkte Grad der Autonomie der Sozialarbeit über ihre Wissensbereiche sowie die fehlende berufsorganisatorische (Fehler-)Kontrolle des beruflichen Handelns durch eigenständige Berufsorganisationen und einer eigenkontrollierten wissenschaftlichen Fachdisziplin angesehen (Oppl/Tomaschek 1986). In der mangelnden wissenschaftlichen Ausrichtung der Ausbildung in der Sozialarbeit wird die Gefahr der Überfokussierung theoretischer Kategorien, in Form der Anwendung von Schablonen, gesehen (Gildemeister 1983:106ff.). Ein eklektischer Erkenntnisstil und die Einbindung in staatliches Handeln und verwaltungsbezogene Abläufe - was als das Changieren der Sozialarbeit zwischen Hilfe und Kontrolle bezeichnet wird -, ist ebenfalls als ein Merkmal für eine nicht vollzogene Professionalisierung angesehen worden. Insgesamt treten merkmalsbezogene Ansätze von Professionalität bzw. Semi-Professionalität in der Berufssoziologie in den letzten Jahren aber eher in den Hintergrund (Dewe 1992).[8]

Die paradoxe Wirklichkeit professionellen beruflichen Handelns kommt in der Sozialarbeit besonders prägnant zum Vorschein. Da jedoch das Handeln der Angehörigen „stolzer Professionen" (Hughes 1984:417ff.) in komplexen modernen Gesellschaften ebenfalls zunehmend in Organisa-

---

8 Auf eine weitere terminologische Ausdifferenzierung soll hier verzichtet werden. Siehe dazu: Hartmann1972:36-52.

tionen und Organisationsabläufen eingebunden ist - und damit auch mit professionsfremden Handlungslogiken, wie monetäre Rahmenvorgaben und die organisationsseitig gesteuerte Segmentierung der Handlungsabläufe konfrontiert ist -, entstehen auch dort vergleichbare Kernprobleme und Paradoxien beruflichen Handelns. Die Einbindung der professionellen Handlungsvollzüge in Organisationen nimmt Einfluss auf die Erkenntnis- und Handlungsaktivitäten. Dabei treten auch Handlungsprobleme und Fehler bei der Arbeit auf, die durch externe Setzungen verursacht sind (Hughes 1984; Strauss 1985; Schütze 1996; 2000; Freidson 1975). Der technisch-soziale Wandel zwingt gerade stolze Professionen zudem immer häufiger an die Grenzen der Handlungsparadigmen (Pieper 2000). Die Sozialarbeit hat Formen institutioneller, reflexiver Berufspraxis entwickelt, wie z.B. die der Supervision, um auf diese systematischen Fehlerquellen in der Arbeit zu reagieren. Diese reflexiven Verfahren kommen zum Teil auch in anderen professionellen Handlungsfeldern zur Anwendung.

In der vorliegenden Studie werden die berufsbiographischen, ausbildungs- und kontext- bzw. milieubezogenen Prozesse der Gewinnung von Handlungsorientierung in der Sozialen Arbeit im Kontext zweier Gesellschaftsformationen aufgezeigt. Die Veränderungen der Berufswirklichkeit der Sozialen Arbeit im Zusammenhang mit der Transformation in Ostdeutschland ist bisher in Studien untersucht worden, die sich mit einzelnen Handlungsfeldern der Sozialen Arbeit, wie z.B. der Jugendhilfe, befassen (Olk/Bertram 1994). Des weiteren sind Übergangsprozesse in der Erziehungsberatung sozialwissenschaftlich untersucht worden (Kurz-Adam 1995). Professionalisierungsprozesse in der Sozialarbeit werden auch in anderen postsozialistischen Gesellschaften, wie z.B. in Polen, analysiert (Granosik 2000). Orientierungsleitend für diese Studie war die Überlegung, dass gerade auch spezifische Formen der ‚Vorprägung' für die Aneignung beruflicher Handlungsvorgaben Berücksichtigung finden sollten. Die berufliche Ausgangssituation der SozialarbeiterInnen, die aus der Fürsorge der DDR kommen, sollte systematisch berücksichtigt werden. Gerade die lebensgeschichtliche Einbettung des Berufs war dann auch zu analysieren. Inwieweit das System der beruflichen Hilfe in der DDR ideologischer Überbau oder tatsächlich von alltagspraktischer Wirksamkeit war bzw. inwieweit Fürsorge eher als staatliches Kontrollmittel denn als Hilfe verstanden und eingesetzt wurde, war in dieser Studie eine forschungsleitende Fragestellung. Orientierungskerne beruflichen Handelns in der Hilfearbeit sind unter Berücksichtigung der berufsstrukturellen Rahmen einer sozialistischen Gesellschaftsformation der DDR zu beantworten und deren Wandel im Zuge der Transformation herauszuarbeiten. Der Begriff der Fürsorge wird in dieser Studie immer für die berufliche Hilfearbeit in der DDR verwendet. Sozialarbeit bzw. Soziale Arbeit hingegen wird begrifflich dann gewählt, wenn die westdeutsch geprägten Methoden und Traditionen gemeint sind.

Die Berufsverläufe der SozialarbeiterInnen in Ostdeutschland, die ihren Ausgangspunkt in der Fürsorge der DDR haben, werden in dieser Untersuchung unter Berücksichtigung der Kontextbedingungen gesellschaftlich konstituierter Berufssysteme rekonstruiert und Möglichkeiten sowie Grenzen professioneller Arbeit unter spezifisch organisatorischen und fachlichen Bedingungen herausgearbeitet. Damit ist auch die Frage nach den Grundlagen professionellen Handelns aufgeworfen und die nach den transformationsbedingten Besonderheiten eines Professionalisierungsprozesses. Die Ausgangsüberlegung war die, dass Professionalisierungsprozesse im Rahmen eines grundlegenden gesellschaftlichen und arbeitsorganisatorischen Umbruchs in besonderer Weise verlaufen und berufsbiographisch anders zu bewältigen sind, als wenn sie im Rahmen einer stabilen Gesellschaft stattfinden würden. Die typischen Charakteristika von Professionalisierungsprozessen treten gerade dann - so die Annahme - wegen ihrer mangelnden sozialen Einbettung besonders prägnant zum Vorschein. Diese komplexen oder auch ‚wilden' Professionalisierungsprozesse im Zuge der Transformation sind Gegenstand dieser Studie. Die berufsbiographischen und berufskollektiven Grundlagen professionellen Handelns im Sozialwesen Ostdeutschlands - ihre identitätsstrukturelle Dimension also - werden herausgearbeitet. Die Berufsverläufe und die Aneignungsprozesse neuer beruflicher Handlungsmuster im Sozialwesen in Ostdeutschland können dabei auch als exemplarisch für berufliche Neuorientierungen generell im Zuge rapider globaler Veränderungsprozesse angesehen werden - auch wenn hier die Einmaligkeit und Spezifität des Umbruchs in Ostdeutschland nicht reduziert werden soll. Die Aneignungsprozesse sowie Schwierigkeiten der ostdeutschen SozialarbeiterInnen können wiederum genutzt werden, auch zukünftig berufliche Wandlungsanforderungen in ihren Bedingungen und Konsequenzen zu verstehen. Insofern wird mit dieser Studie auch ein Anschluss an Professionalisierungsdiskurse in der Sozialarbeit hergestellt.

Die Entfaltung und Störung beruflicher Neuorientierung im Zuge gesellschaftlicher Umbruchsprozesse - und die berufsbiographische Basis der Aneignung neuer beruflicher Handlungsmuster - ist natürlich besonders auch für die Problembetroffenen von Belang. Da sich die berufliche Sozialarbeit u.a. mit den Folgen der gesellschaftlichen Verwerfungen befasst - auch jenen, die im Zusammenhang mit dem Systemwechsel entstanden, sozusagen mit den ‚Verlierern' bzw. mit der Hinterbühne der gesellschaftlichen Umwälzungen -, besteht ein besonderes Interesse an den Problemanalysen und der Effizienz der Problembearbeitung dieser Folgen durch die Sozialarbeit. Gerade die rapide Öffnung der ostdeutschen

Gesellschaft, die Veränderung der ökonomischen Rahmenbedingungen und die Entinstitutionalisierung der Lebensbereiche in Ostdeutschland haben komplexe Problemstellungen aufgeworfen, auf die die Sozialarbeiterinnen und Sozialarbeiter in Ostdeutschland handelnd reagieren mussten und fortgesetzt auch noch müssen. Die Aneignung der westdeutsch geprägten Orientierungs- und Handlungsmuster im Kontext des Institutionentransfer - Sozialarbeit wurde dabei zu einer Stütze des Sozialstaats und für viele Menschen, die von den gesellschaftlichen Unwälzungen erfasst wurden und mit den neuen Lebensverhältnissen nicht zurecht kamen, die zentrale Hilfeinstitution - war von hoher gesellschaftlicher Relevanz. Ein schneller Anpassungsprozess war gefordert, um anderen bei der Bewältigung ihrer Lebenssituation zu helfen. Dieser Aneignungs- und Umstellungsprozess zeichnete sich gerade dadurch aus, dass die SozialarbeiterInnen selbst von den gesellschaftlichen Umbrüchen erfasst wurden und quasi auf prekärer Basis selbst auch den individuellen Karriereverlauf sowie eine berufliche Neuorientierung bewerkstelligen mussten. Hierbei wurde von den Sozialarbeiterinnen und Sozialarbeitern eine enorme Flexibilität abverlangt.

Der Datenerhebungsprozess dieser Forschungsstudie erstreckte sich beinahe über vier Jahre. In einer ersten Sondierungsphase wurden ab 1996 relativ großflächig Daten zur Sozialarbeit in den neuen Bundesländern erhoben. In ersten Interviews wurden in Erziehungsberatungsstellen mit ExpertInnen der Sozialen Arbeit (PsychologInnen, SozialarbeiterInnen) sowie an den relativ neu gegründeten Fachhochschulen ein Zustandsbild zur Ausbildungssituation und Organisation der sozialen Hilfe in den neuen Bundesländern erarbeitet. In dieser Sondierungsphase zeichnete sich ein relativ vielfältiges Bild an fachlicher Qualifikation und institutionellen Kontexten in der Sozialen Arbeit ab. In Form von autobiographisch-narrativen Interviews und ExpertInneninterviews wurden Fachkräfte der Sozialarbeit interviewt. In den Interviews mit den ostdeutschen SozialarbeiterInnen zeigten sich zum Teil sehr verschlungene Berufswege in die Sozialarbeit hinein. In diesem Zusammenhang sind auch erste Eindrücke über die aktuelle Arbeitssituation in der Sozialen Arbeit in den neuen Bundesländern entstanden, die damals vor allen Dingen durch befristete Verträge und durch Arbeitsbeschaffungsmaßnahmen geprägt waren. Eine endgültige Forschungsfragestellung entwickelte sich aus der Analyse zweier ausführlicher autobiographisch-narrativer Interviews. Mittels der Themendimensionierung im Rahmen der Forschungswerkstatt (Reim/Riemann 1997) wurde die Spannbreite berufsbiographischer Verläufe in der Sozialen Arbeit der neuen Bundesländer sowie die Bedeutung der Handlungskontexte für die Berufsentwicklung sichtbar.

Im Rahmen dieser Studie wurden 19 mehrstündige autobiographisch-narrative Interviews mit ostdeutschen SozialarbeiterInnen geführt. Die SozialarbeiterInnen sind in unterschiedlichen Feldern der Sozialen Arbeit tätig. Durch persönliche Kontakte zu SozialarbeiterInnen und SupervisorInnen in Ostdeutschland wurde ein erster Zugang zu InterviewpartnerInnen hergestellt. Weitere InterviewpartnerInnen sind dann mittels eines 'Schneeballsystems' gewonnen worden. Die meisten Interviews wurden im Zeitraum von Ende 1997 bis Anfang 1999 durchgeführt, also zu einem Zeitpunkt, in dem sich die SozialarbeiterInnen beruflich bereits weitgehend etabliert hatten. Die InterviewpartnerInnen kamen aus den vier Bundesländern: Brandenburg, Sachsen, Sachsen-Anhalt und Thüringen. Des weiteren sind in diesem Zeitraum die ExpertInneninterviews durchgeführt und die Dokumente zum Fürsorgewesen in der DDR gesichtet und zusammengestellt worden. Dabei sind die Archive der Staats- und Stadtbibliothek in Berlin und Potsdam genutzt worden.

Der Datenauswertungsprozess folgte der Forschungsstrategie der grounded theory (Glaser/Strauss 1974; Strauss/Corbin 1996; Strauss 1991) in dem Sinne, dass im Forschungsprozess das theoretical sampling handlungsleitend war. Bereits während der Datenerhebung wurde mit der Auswertung begonnen und die Auswahl der weiteren InterviewpartnerInnen wurde im Verlauf der Studie zunehmend theoriegeleitet vorgenommen. Standen anfänglich vorwiegend äußere Suchkategorien im Vordergrund - die InterviewpartnerInnen sollten vor allen Dingen in ihrer Lebens- und Berufsgeschichte die Varianz der verschiedenen Fürsorgemilieus in der DDR abbilden -, so wurden zunehmend Kategorien erhebungsleitend, die sich aus den Biographieanalysen entwickelt hatten, wie z.B. das Vorhandensein berufsbiographischer Verlaufskurvenphänomene oder die Arbeit in neuen innovativen Sozialarbeitsfeldern. Die Datensammlung und -analyse wurde auf der Grundlage kontrastiver Vergleiche bis zur theoretischen Sättigung (Glaser/Strauss 1973:61) der analytischen Dimensionen weitergeführt, d.h. bis zu dem Punkt, an dem keine neuen Ablaufvarianten im empirischen Material mehr auftauchten.

In den Interviews wurden die InterviewpartnerInnen gebeten, ihre Lebens- und Berufsgeschichte zu erzählen.[9] Um eine zu schnelle Fokussierung der beruflichen Thematik zu vermeiden - und damit wertvolles Analysematerial zu verschenken -, wurde explizit ein Erzählstimulus gewählt,

---

9 Die Interaktionssituation war meist so gestaltet, dass ich ausführlich mein Interesse an der Forschungsfragestellung darstellte. In der Regel wirkte sich dabei die Tatsache, selbst Sozialarbeiterin und Supervisorin zu sein, günstig auf die Interviewsituation aus. Die meisten der InterviewpartnerInnen verbanden positive Erfahrungen mit Supervision und assoziierten damit die Aufforderung zum ,persönlichen Sprechen' sowie eine besondere Schweigeverpflichtung.

der zur Erzählung der gesamten Lebensgeschichte aufforderte. Dieser Wunsch wurde von den meisten InterviewpartnerInnen auch ratifiziert. Nur in wenigen Fällen wurde der Erzählaufforderung mit einer gerafften Darstellung der Lebensgeschichte begegnet. Bei diesen Interviews wurden dann erzählgenerierende Nachfragen im Anschluss an die Haupterzählung gestellt, um Detaillierungen zur Lebensgeschichte zu erhalten. An die Erzählung der Lebens- und Berufsgeschichte schloss sich ein längerer Nachfrageteil an, in dem die Ausbildungs- und Handlungskontexte der DDR-Fürsorge und die heutigen beruflichen Handlungsbedingungen Gegenstand waren. Zudem wurde abschließend um eine Fallerzählung gebeten.

Die ausgewählten Interviews wurden vollständig transkribiert, so dass sich der Interaktionsablauf im Interview genau abbildete. Die Transkriptionen waren dann die Grundlage für die textanalytische Bearbeitung des Datenmaterials. In einem ersten analytischen Schritt wurden die narrativen und theoretisch-evaluativen Textpassagen von den nicht-narrativen Textpassagen unterschieden (Textsortenanalyse), so dass der sequenzielle Darstellungsaufbau der Erzählung sichtbar und die Erfahrungsaufschichtung - die vom Erzähler selbst vorgenommene Strukturierung der Erzählaktivität - rekonstruiert werden konnte. Die Interpretation der Datentexte erfolgte dann mittels einer strukturellen Beschreibung (Schütze 1981:286). Die strukturelle inhaltliche Beschreibung der Darstellungssequenzen bezieht insbesondere die formalen Textstrukturen und die sprachanalytisch feststellbaren Aktivitäten des Erzählers als Interpretationsgrundlage für das Datenmaterial mit ein. Anhand der strukturellen Beschreibung der Erzählsegmente wurden im wesentlichen folgende Aspekte herausgearbeitet: die sozio-biographischen Prozesse und deren Phasen und Stationen sowie die Rekonstruktion praktisch-existentieller Lebenszusammenhänge; die analytische Erfassung sozialer und kollektiver Bedingungsrahmen und deren allmähliche Veränderungen sowie deren Auswirkung auf biographische Prozesse; die Aufdeckung biographischer, interaktiver, sozialer und kollektiver Prozessstrukturen (Schütze 1991).

Im Anschluss daran wurden analytische Abstraktionen zu den systematisch verdichteten Strukturaussagen wie den Lebensabschnitten (biographische Gesamtformung, in der die allgemeinen Prozessmerkmale und -strukturen des Lebensablaufs aufgezeigt werden) und Strukturaussagen zu den theoretischen und evaluativen Darstellungsteilen (Wissensanalyse) angefertigt und zu einer Gesamtgestalt gefügt. Die durch fortwährende kontrastive Vergleiche der Einzelfallmaterialien gewonnenen analytisch-theoretischen Kernkategorien wurden in ihrem Beziehungsgeflecht und in ihren Bedingungsrahmen untereinander unter dem Gesichtspunkt der Entdeckung zugrundeliegender Ordnungsmuster zu einem Modell beruflicher

Identitätsarbeit unter besonderen strukturgebenden Bedingungen integriert (Glaser/Strauss 1967; Schütze 1983; 1991).

2 Das Fürsorgewesen in der DDR

Jede gesellschaftliche Institution - so auch das Fürsorgewesen in der DDR - hat eine Geschichte und entwickelt sich entlang der Festlegung von gesellschaftlichen Regeln und Normen. Sozialpolitische Weichenstellungen in der DDR gaben der beruflichen Fürsorge ihr spezifisches Gepräge. In diesem Kapitel sollen Eckpunkte der sozialen Sicherung und der Institutionalisierung des Fürsorgesystems in der DDR skizziert und in Hinblick auf die berufliche Fürsorge beschrieben werden. Hierbei handelt es sich um eine Skizze, in der die Entwicklungen und Entscheidungen in der Sozialpolitik nur insoweit aufgegriffen werden, wie diese die berufliche Fürsorge betreffen.[10]

2.1 Sozialpolitik und Berufsfürsorge in der DDR

Das staatliche Fürsorgewesen der DDR war entlang der Vorstellungen sozialistischer Gesellschaftspolitik gestaltet und das Sozialwesen nimmt darin eine besondere Stellung ein. Kernanliegen sozialistischer Gesellschaftspolitik in der DDR war der systematische Aufbau eines umfassenden Systems sozialer Sicherheit. Die staatlichen Maßnahmen und staatlichen Pläne waren in hohem Umfang gerade auch auf eine Verbesserung der Lebensverhältnisse hin entworfen. Sozialistische Politik wurde immer auch als Sozialpolitik verstanden, in die insbesondere die Wirtschaftspolitik einbezogen war. Staatliche Fürsorge hatte in der DDR einen besonderen Bedeutungshorizont. Die berufliche Fürsorge - also die persönlich erbrachte Hilfe in sozialen Notlagen - war hierbei eher von untergeordneter Bedeutung. In den vierzig Jahren der DDR hatte die berufliche Fürsorge dennoch Bestand, obwohl es - laut SED-Programmatik - gerade darum ging, diese durch Sozialpolitik gänzlich überflüssig werden zu lassen. In der DDR waren 1989 ca. 3500 staatliche Gesundheits- und Sozial-

10 Eine umfassende Sozialgeschichte der DDR und des Systems sozialer Sicherheit der DDR kann mittels dieser Studie nicht geleistet werden. Eine vergleichende Studie der Sozialstaatlichkeit in den drei deutschen Staaten: der NS-Diktatur, der Bundesrepublik und der DDR liegt vor: Hockerts 1998.

fürsorgerInnen und ca. 1500 staatliche JugendfürsorgerInnen tätig.[11] Der Beschäftigungsschwerpunkt lag eindeutig in der staatlichen Gesundheitsfürsorge. 1989 arbeiteten etwa 2800 GesundheitsfürsorgerInnen in Einrichtungen des Gesundheitswesens.

Um die Entwicklung der Berufsfürsorge in der DDR einordnen zu können, sollen im Folgenden die Ausgangsbedingungen nach 1945 sowie die weiteren Lenkungs- und Steuerungsaktivitäten der SED-Führung im Bereich der Sozialpolitik und Sozialfürsorge betrachtet werden.

2.1.1 Weichenstellungen nach dem Faschismus

Das System sozialer Absicherung in der DDR erhielt seine Prägung durch die Teilung Deutschlands nach dem Faschismus. Inwieweit die Vorgaben der sowjetischen Besatzungsmacht dem zweiten deutschen Staat sein spezifisches sozialpolitisches Gepräge gab, ist in der geschichtlichen Bewertung umstritten. Das System sozialer Sicherheit - das Sozialstaatsmodell der DDR - war entgegen den Vorstellungen von einer ‚Sowjetisierung' eher eine Mischung aus sozialpolitischen Neuerungen und Pfadabhängigkeiten (Hockerts 1998:23).[12] Das Sozialstaatsmodell der DDR entstand teilweise im Rückgriff, teilweise als Gegenentwurf zu Modellen der Weimarer Zeit. Das Ausmaß der Einflußnahme von außen durch die Besatzungsmacht auf die Entwicklung des Systems Sozialer Sicherheit in der DDR ist einerseits dort beträchtlich, wo die Alliierten in ihren Verwaltungsbereichen Grundsteine einer an den Ideologiestandort gebundenen Sozialpolitik legten.[13] Andererseits können in der Ausgestaltung des Systems sozialer Sicherheit in der DDR Traditionsbestände des paternalistischen-obrigkeitsstaatlichen deutschen Sozialstaats sowie Ideen der Arbeiterbewegung der Weimarer Republik nachvollzogen werden. Diese Wurzeln führten in der DDR zu einem spezifisch deutschen Eigenmix an sozialistischer Gesellschaftspolitik (ebd.:9).

---

11 Eine genaue Berufsstatistik zur beruflichen Fürsorge gibt es nicht. Die von mir angeführten Zahlen basieren auf Aussagen der InterviewpartnerInnen. In der Literatur finden sich Angaben, die erheblich differieren; z.B. geht Reinicke (1990) von 6000 Gesundheitsfürsorgerinnen, 652 SozialfürsorgerInnen sowie 1800 JugendfürsorgerInnen aus.

12 Hockerts (1998) betont, dass sich die Einordnung der Sozialstaatsentwicklung in der DDR in aller Deutlichkeit erst im internationalen Vergleich der Sozialsysteme zeigt und eine Einschätzung des Umfangs sowjetischer Prägung vor diesem Hintergrund erfolgen sollte.

13 Bis Ende der 50er Jahre wurde der Begriff ‚Sozialpolitik' in der offiziellen Nomenklatur der DDR gänzlich vermieden. Die Notwendigkeit einer sozialistischen Sozialpolitik wurde politisch grundsätzlich verneint (Weber 1993:145).

Unumstritten sind sozialpolitische Weichenstellungen im Bereich der Verwaltungsreform und der Sozialversicherung sowie der Verbandsorganisation. In der sowjetisch besetzten Zone wurde am 9. Juni 1945 die Sowjetische Militäradministration in Deutschland (SMAD) eingerichtet, die bis zu ihrer Auflösung im Oktober 1949 umfangreiche Strukturreformen in Wirtschaft, Politik und Verwaltung sowie Kultur und Bildung einleitete (Weber 1993). Die SMAD ist insofern für die Entwicklung der Sozialpolitik und des Sozialwesens in Ostdeutschland bedeutsam, weil durch die Verwaltungs- und Organisationsreformen erste Einschnitte mit dem Ziel vorgenommen wurden, das System des Fürsorgewesens, das im Nationalsozialismus aufgebaut worden war, aufzulösen. Insbesondere die Verwaltungsreform in der SBZ ab 1945 führte zu einer Zentralisierung der sozialen Aufgaben. Im Aufbau einer neuen Verwaltung wurde in der SBZ, umfassender als im Westen, auf einen Bruch personeller Kontinuität aus dem Faschismus geachtet. Dadurch wiederum wurde die Einflussnahme der KP - und späteren SED - als neue gesellschaftliche Kraft durch die Besetzung von Positionen ermöglicht und gefördert. Ab 1948 nahm dann der Einfluss der SED auch im Bildungswesen zu (Weber 1993:25). Mit der Verwaltungsreform wurden sozialpolitische Entscheidungen von der kommunalen Ebene hin auf die neugegründeten Zentralverwaltungen konzentriert.[14] In den Jahren bis zur Gründung der DDR und insbesondere in der Zeit danach wurde die politische Macht sukzessive in den Leitungs- und Lenkungsgremien der SED konzentriert. Die kommunale Selbstverwaltung wurde bereits 1947 mit den „Dresdner Beschlüssen" faktisch abgeschafft. 1955 wurden die fünf Länder mit dem „Gesetz über die weitere Demokratisierung des Aufbaus und der Arbeitsweise der staatlichen Organe in den Ländern" in vierzehn Verwaltungsbezirke als Staatsorgane ohne Selbstverwaltungsfunktion aufgelöst (Angerhausen 1998:40; Weber 1993:9f.). Die Bildung zentraler Entscheidungsinstanzen war bereits ab August 1947 ein erster Schritt zur staatlichen Zentralisierung sozialer Aufgaben. Insgesamt wurden elf Zentralverwaltungen - u.a. die der Volksbildung, der Finanzen, der Arbeits- und Sozialfürsorge sowie des Gesundheitswesens - gebildet.

Im Bereich der Sozialversicherung erfolgten ebenfalls bereits ab 1945 zentrale Weichenstellungen. 1945 wurden durch die SMAD freie Gewerkschaften wieder zugelassen und es wurde ihnen das Recht zur Organisation der Versicherungskassen und der Organisation anderer Institutionen zur gegenseitigen Unterstützung gewährt (Spaar 1996:26). Der Gründungskongress des FDGB vom 9.-11.2.1946 beschloss in seiner Satzung die „Schaf-

14 Die Einrichtung der Zentralverwaltungen ab August 1945 geht auf den Befehl Nr. 17 der SMAD vom 27. Juli 1945 zurück (Spaar 1996:7).

fung einer einheitlichen Sozialversicherung mit dem Ziel einer ausschließlichen Selbstverwaltung der Versicherten“ (ebd.:26), die faktisch im September 1949 durch eine Einheitskandidatenliste des FDGB für die Vorstände der Sozialversicherungsanstalten der Länder Wirklichkeit wurde. Die Sozialversicherung der DDR, die ab 1949 unter der Führung des FDGB stand, war die Grundlage zum Aufbau neuer Versorgungsstrukturen im Gesundheitswesen. 1950 wurden mit dem Arbeitsgesetz die Bevollmächtigten der Sozialversicherung in den Kreisgeschäftsstellen der Sozialversicherung zu Organen der Gewerkschaft erklärt, so dass das Ziel der Selbstverwaltung der Sozialversicherungsanstalten durch den FDGB umgesetzt war (Spaar 1996:II:46).

Die Zentralisierung der Sozialaufgaben, die Umgestaltung der Sozial- und Gesundheitspolitik sowie die Übernahme der Sozialversicherung durch den FDGB verlief parallel zur politischen Stärkung der SED, die ihren politischen Führungsanspruch ab 1946 schrittweise durchsetzte und ihren Einfluss auf die Gestaltung des Systems sozialer Sicherheit zunehmend absicherte. Die Massenorganisationen, die durch die SMAD gleichzeitig mit den Parteien 1945 wieder zugelassen worden waren, entwickelten sich anhand der Vorgabe der Besatzungsmacht zu Monopolverbänden (Weber 1993:8). Leitlinie dabei war, für jede Zielgruppe nur eine einzige Organisation zuzulassen (‚ein Anliegen - ein Verband'). Durch die starke Einflussnahme der KPD wurden diese Monopolverbände zu Hilfsorganen der Parteipolitik und quasi staatliche Organisationen. Gesellschaftliche Verbände, wie etwa der 1945 wieder zugelassene Kulturbund, waren Massenverbände, in denen die Spitzenpositionen von Parteimitgliedern der kommunistischen Partei - und ab April 1946 dann mit Parteimitgliedern der SED - besetzt worden waren. Der Gewerkschaftsvorstand des FDGB bestand z.B. ab Juni 1947 in der Mehrheit aus SED-Mitgliedern.

Die im Herbst 1945 gegründete Volkssolidarität, die durch Länderinitiative angesichts der Not im Winter 1945/46 entstanden war, wurde in ihren Anfängen von den antifaschistischen-demokratischen Parteien, dem FDGB und den Kirchen unterstützt (Spaar 1996:I:29). Die Gründung der Einheitsorganisation im Mai 1946 zielte insbesondere auf die bessere Verteilung und Organisation von Hilfeleistungen für Menschen, die durch den Krieg in Not geraten waren. Auch dieser überparteiliche Massenverband stand bald faktisch unter der Kontrolle der politischen Steuerung der KPD und späteren SED. Die Volkssolidarität der DDR konnte durch diese Einflussnahme keine eigenständigen Verbandsstrukturen entwickeln und verzichtete auf eine unabhängige Verbandspolitik. Bereits in den Anfangsjahren der DDR zog sie sich auf den ihr durch die SED zugewiesenen inhaltlichen Schwerpunktbereich der Altenhilfe zurück und vermied Expansionsbestrebungen (Rudloff 1998:224).

Das Prinzip des Monopolverbandes und das Verbot der Zulassung weiterer Verbände unterdrückten einen Institutionenpluralismus und die Herausbildung intermediärer Instanzen in der DDR. Formen gesellschaftlicher Mitbestimmung und Interessensvertretung, die zwischen den Interessen und Einflusssphären von Staat und Politik einerseits sowie den Marktkräften andererseits hätten vermitteln können, konnten sich so nicht formen (Angerhausen 1998:43ff.; Rudloff 1998:224f.). Das Verbot von freien Sozialorganisationen - mit Ausnahme des Deutschen Roten Kreuzes (DRK) - sowie die Zentralisierung der sozialpolitischen Aufgaben schuf faktisch eine monozentristische Angebots- und Versorgungsstruktur im Sozialwesen (Angerhausen 1998:41).

Da die DDR ein kommunales System der Sozialpolitik nicht kannte (Neumann/Brockmann 1997:68), waren mit der Durchführung aller gesundheitspolitischen und sozialen Aktivitäten die örtlichen Räte betraut. Das soziale Sicherungssystem wurde - entsprechend den Vorstellungen eines sozialistischen Gemeinwesens - von den örtlichen Räten sowie von den betrieblichen, nachbarschaftlichen und gesellschaftlichen Organisationen und Kräfte getragen. Besonders hervorzuheben ist hier auch die Nationale Front des Demokratischen Deutschlands (NF), die sich 1949 gegründet hat und ab 1950 in ihren Landes-, Kreis- und Ortsausschüssen neben der politischen Arbeit auch sozialpolitische Aufgabenstellungen übernahm (Weber 1993:29 ff.).

Für die Umgestaltung des Gesundheitswesens - dem dann in der DDR umfassend Aufgaben zukamen - hatte der SMAD-Befehl 234 vom 9. Oktober 1947 zentrale Bedeutung. In der Folge wurden die kommunalen Einrichtungen des Gesundheitswesens zugunsten eines betrieblichen Gesundheitswesens aufgelöst (Manow 1994:143), und die Gesundheitsämter auf Stadt und Landkreisebene zugunsten von Bezirksgesundheitszentren und Polikliniken abgeschafft. Von 1945-1949 wurden in den Stadtbezirken und größeren Betrieben Polikliniken eingerichtet, die die Gesundheitsversorgung auf regionaler Ebene sicherstellten und mit steuerten. Dem regionalen Gesundheitswesen stand ein Kreisarzt vor, der für gesundheitspolitische und soziale Aufgaben auf die Ressourcen anderer Bereiche, wie etwa denen der Betriebe, zurückgreifen konnte.

Beispielhaft und richtungsweisend für den Umgestaltungsprozess im Gesundheitswesen ist in dieser Zeit Leipzig. Der Umbau des Leipziger Gesundheitswesens galt als ein besonders gelungenes Beispiel für eine sozialistische Gesundheitspolitik. Mit der Umstrukturierung des Leipziger Gesundheitswesens war in den Nachkriegsjahren Prof. Dr. med. Karl Gelbke betraut, der auf regionaler wie auch überregionaler Ebene großen Einfluss auf die Gestaltung des Gesundheitswesens in der DDR hatte. Gelbke war eine der Symbolfiguren sozialistischer Gesundheitspolitik in der DDR und zählte in der DDR zu einer der herausragenden Persönlichkeiten. Er war Namensgeber der zentralen Ausbildungsstätte der staatlichen Fürsorge in Potsdam - der sogenannten Gelbke-Schule -, weshalb im Folgenden exemplarisch Einblick in den Lebenslauf und in die Aktivitäten Gelbkes gegeben werden soll.

Der Lebenslauf von Prof. Dr. med. Karl Gelbke wurde in der DDR als gelungenes Beispiel des Bündnisses „der deutschen Arbeiterklasse und ihrer marxistisch-leninistischen Partei mit der medizinischen Intelligenz" (Kühn 1977:7) angesehen. In seiner Biographie wird der Veränderungsprozess im Leben und Wirken vom „Bürgerlichen" zum „Revolutionär" besonders herausgestellt (Steude 1977). Dort wird festgehalten, dass Karl Gelbke während seines Lebens und Wirkens eine stete Verbundenheit mit der Sowjetunion zum Ausdruck gebracht habe. Gelbke ist 1899 in ein bildungsbürgerliches Milieu hineingeboren worden. Väterlicherseits ist die ärztliche Tätigkeit seit 1778 tradiert worden. Die Schulbildung hatte er 1917 abgebrochen, um als Kriegsfreiwilliger an der französischen Front zu kämpfen. Die Kriegsereignisse und das Studium in Chemnitz der zwanziger Jahre haben - so Steude - sein Interesse an der Klassenfrage und an der marxistischen Literatur begründet. 1923 heiratet er die russische Emigrantin Dina, die persönliche Kontakte zu führenden Personen der russischen Sozialdemokratischen Arbeiterpartei, den Bolschewiki, unterhielt, so u.a. auch zu Lenin selbst. Ab 1927 hat Gelbke dann als Arzt in Leipzig praktiziert und zur linksintellektuellen Intelligenz gezählt. Seine Kontakte zu den führenden Funktionären der KPD Leipzigs haben ihm den Namen des „roten Doktors" eingebracht, und er ist in der Arbeiterschaft stadtbekannt gewesen. Er hat sich besonders für die Bildung der Arbeiter im Rahmen der marxistischen Arbeiterschule und gegen den §218 engagiert und ist aktives Mitglied der Internationalen Roten Hilfe, des Bundes Sozialistischer Geistesarbeiter und des Bundes der Freunde der Sowjetunion gewesen. Während des Nationalsozialismus blieb er im Parteiauftrag der KPD in Deutschland - was in seiner Biographie als ein besonderer Verzicht herausgestellt wird -, sondern er hat seine Arztpraxis während des Nationalsozialismus weiterbetrieben und ist aktiver Widerstandskämpfer gegen das Nazi-Regime gewesen.

Nach Kriegsende 1945 war Gelbke unter amerikanischer Besatzung für die KPD im Leipziger Stadtparlament - im August 1945 wurde er zum Stadtrat gewählt. Nach dem Rückzug der amerikanischen Besatzer gab er seine Privatpraxis auf, um das Referat Gesundheitswesen der Stadt Leipzig zu übernehmen und an der Leipziger Medizinischen Fakultät Sozialhygiene zu lehren. Gelbke wird als eifriger Reformer und treuer Ehemann dargestellt. Mit seiner Ehefrau Dina zusammen gab er die deutschsprachige Zeitschrift „Das sowjetische Gesundheitswesen" heraus, und sie hielten ab 1946 Vorträge an der Fakultät über Sozialhygiene. Dort ist er dann zehn Jahre tätig gewesen. Als Mitglied der Akademie der Wissenschaften der DDR ist ihm angesichts seiner Verdienste um das sozialistische Gesundheitswesen der Titel Professor verliehen worden. 1948 wurde er stellvertretender Minister des Gesundheitswesens in Sachsen. In den Ausführungen Steudes (1977) wird auf das Charisma Gelbkes hingewiesen. Als charismatischer Lehrer habe er es verstanden, kompliziert erscheinende Fragen auf das Wesentliche zu reduzieren, den Dingen auf den Grund zu gehen. Er habe immer wieder und beharrlich die Klassenfrage in der Medizin gestellt „Was nützt wem?" und dann selbst auch beantwortet. Seine ärztlichen Kollegen habe er im Zuge einer Versammlung in Anspielung auf den Befehl 234 der SMAD mit dem Appell: „Kollegen Ärzte, Tritt gefasst, links, 2, 3, 4!" begeistert (ebd.:195). Als Held und Verfolgter des Nazi-Regimes ist Gelbke in der DDR mehrmals geehrt worden. Prof. Dr. med. Karl Gelbke starb 1965 und wurde auf dem Ehrenfriedhof der antifaschistischen Widerstandskämpfer in Leipzig beigesetzt.

Soweit zur Person Gelbkes, der die Gesundheitspolitik der SED mitbestimmte und das Gesundheitswesen der Stadt Leipzig nach sowjetischem Vorbild umgestaltete. In seiner Funktion als zuständiger Stadtrat griff er den von der sowjetischen Militäradministration vorgegebenen Befehl 234 auf und löste das Stadtgesundheitsamt in Leipzig auf. Nach sowjetischem Vorbild ließ er in allen Stadtbezirken Polikliniken errichten, und Leipzig hatte bereits 1948 15 Polikliniken im Stadtgebiet. In diese Polikliniken waren die Funktionen des kommunalen Gesundheitsamtes und des öffentlichen Gesundheitswesens integriert worden - bis dahin hatte es in Leipzig acht Gesundheitsämter gegeben. Das Leipziger Modell, das die faktische Abschaffung des kommunalen Gesundheitswesens bedeutete, galt als vorbildlich für die gesamte DDR. Gelbkes Grundsatz, dass medizinische Einrichtungen den gesamten Prozess der Erkrankung von der Entstehung, der Erforschung der Ursachen, über die Diagnostik, Therapie und Wiederherstellung der Gesundheit ärztlich und einheitlich geführt werden müsse, kann als orientierungsleitend für die Gesundheitspolitik der DDR angesehen werden. Programmatisches Ziel war es dabei, die Menschen an der Erhaltung der Gesundheit und der Arbeitskraft weitestgehend zu beteiligen und dies zum Gegenstand politischer Anstrengungen zu machen (Kühn 1977). Zur Erreichung dieser Ziele wurden in der DDR Freiwillige mobilisiert, die zur Lösung gesundheitspolitischer Aufgaben - wie die Bekämpfung der Paratyphus-Seuche und die Bekämpfung der Tuberkulose - eingesetzt wurden. Mit Nachdruck wurde das Prinzip eines betrieblichen Gesundheitswesens verfolgt und in den Betrieben medizinische Einrichtungen und Stützpunkte gegründet. Der Betrieb - so der Grundsatz - müsse nicht nur Grundlage des ökonomischen Fortschrittes, sondern insbesondere

Grundlage des sozialen Fortschritts sein und die sozialen Einrichtungen im Betrieb sollten „unter verantwortlicher Mitarbeit der Werktätigen selbst" (Kühn 1977) gestaltet werden.

Zusammenfassend kann gesagt werden, dass bereits vor der Gründung der DDR erste Weichenstellungen im System der Sozialpolitik und der sozialen Sicherung in Ostdeutschland durch die Besatzungsmacht und deren politisch-ideologischen Ausrichtungen gestellt waren, das dann nach der Gründung der DDR im Oktober 1949 weiter aus- und aufgebaut wurde. Im Sozialstaatsmodell der DDR war die Mitwirkung aller gesellschaftlichen Kräfte an der Verbesserung der sozialen Verhältnisse und der Lebenssituation der Einzelnen ausdrücklich erwünscht, und die SED förderte eine Beteiligung, die durch die Massenorganisationen staatlich gesteuert wurde. Ein erheblicher Teil sozialer Arbeit wurde ehrenamtlich geleistet, was dem Verständnis von Mitbestimmung und Demokratie im Sozialismus entsprach. Der Einzelne sollte befähigt sein, in allen Fragen des Sozialen mitzuwirken und mitzugestalten. In diesem Zusammenhang kann von einer massenhaften Entprofessionalisierung in der Sozialverwaltung gesprochen werden, da lediglich Arbeitswissenschaftler und Sozialmediziner als Experten in den Sozialverwaltungen der DDR geduldet worden sind (Raphael 1998:240). Die Massenorganisationen der DDR-Gesellschaft und die parteinahen Wohlfahrtsorganisation der DDR, der Volkssolidarität, waren der Ehrenamtlichkeit und der nachbarschaftlichen Hilfeleistung verpflichtet. Dieses Selbstverständnis spiegelte sich z.B. auch in den öffentlichen Stellungnahmen des Demokratischen Frauenbundes Deutschlands (DFD) wider. Der DFD sah sich als überparteiliche Organisation, die gerade den beruflichen Fürsorgerinnen eine Basis für ihre Arbeit bereitete. Durch die freiwillige Mitarbeit der Frauen des DFD in den Wohnungs- und Sozialausschüssen als ehrenamtliche Helferinnen entlasteten diese Frauen aber auch die Fürsorge (Schmidt 1949:74).

Bezogen auf die Wohlfahrtspflege - der Begriff der Wohlfahrtspflege war allerdings in der DDR unbekannt (Neumann/Brockmann 1997:64) - kann durch diese Weichenstellungen von einem „demokratischen Zentralismus" (Angerhausen 1998:40) gesprochen werden, durch den in den Anfängen der DDR die Bewältigung sozialer Aufgaben als gesellschaftspolitisches Ziel definiert und sozialpolitisch organisiert werden sollten. Auf berufliche Fürsorge wurde dabei nicht gesetzt, denn diese sollte schrittweise gerade durch die Verbesserung der ökonomischen Lage überflüssig werden. Es entstand der Typus des „fürsorglichen Sozialstaates" (Angerhausen 1998:39), in dem eine einheitliche soziale Grundabsicherung und -versorgung die politische Zielsetzung führender Parteikader war. Diese sozialpolitischen Zielvorstellungen waren eingebunden und getragen von der politisch-ideologischen Überzeugung, dass ein sozialistischer Staat nicht auf berufliche Fürsorge aufgebaut sein könne, sondern nur staatliche Sozialmaßnahmen die Lebensverhältnisse der Menschen verbessern würden. Die sozialpolitischen Weichenstellungen in der sowjetisch besetzten Zone und in der späteren DDR prägten nachhaltig das Verständnis der Sozialfürsorge. Da, wo es um persönlich zu erbringende Hilfeleistung ging, wurde in hohem Maße auf betriebliche und ehrenamtliche Ressourcen zurückgegriffen. Das Prinzip des demokratischen Zentralismus, das duale Strukturen in der Wohlfahrtspflege nicht vorsah, erschwerte auch den Kirchen und ihren Sozialeinrichtungen den Aufbau von sozialen Einrichtungen (Wienand 1997; Rudloff 1998; Angerhausen 1998).

2.1.2 Die Politik des Neuen Kurses ab 1953

Nach der Parteikonferenz der SED 1952 und der dort erfolgten Zielsetzung eines beschleunigten Aufbaus der DDR kam es 1953 zu der wohl „schwersten gesellschaftlichen Krise“ der DDR (Spaar 1998:3), deren Höhepunkt der 17. Juni 1953 war. Deren politische Bewältigung hat eine längere Zeit in Anspruch genommen. Horst Spaar spricht von einem Trauma, das die spätere sozialpolitische Entwicklung nachhaltig beeinflusst habe. Im Zusammenhang mit der Staatskrise des 17. Juni kam es in der DDR zur Politik des Neuen Kurses, die eine Reihe sozial- und gesundheitspolitischer Entscheidungen nach sich zog. In diesem Zusammenhang wurden von der SED massive Anstrengungen unternommen, die soziale Lage der Bevölkerung zu verbessern - so wurden u.a. 40 Mio. DM für die Errichtung, den Aus- und Wiederaufbau von Gebäuden der Kultur, des Sozial- und Gesundheitswesens bereitgestellt (ebd.:7). Die sozialpolitischen Maßnahmen waren eine aktive Sozialfürsorge, die von den staatlichen Organen initiiert worden ist. Die Sozialfürsorge rückte als Kernaufgabenbereich für die staatssozialistische Parteiführung verstärkt in den politischen Mittelpunkt. Sozialfürsorge - verstanden als umfassende Sorge des Staates für die sozialen Belange der Bevölkerung, wie die Verbesserung des Lohngefüges, Erhöhung der Renten sowie umfangreiche Arbeits- und Gesundheitsschutzmaßnahmen - war im Selbstverständnis der politischen Führung Ausdruck des Grundsatzes einer generellen Verantwortung des Staates für die Gewährleistung der erforderlichen sozialen Hilfen, für die Planung und Finanzierung aller Leistungen über den Staatshaushalt und für die enge Zusammenarbeit von staatlichen Organen, gesellschaftlichen Organisationen, Betrieben, Genossenschaften und Bürgern in Städten und Gemeinden in Fragen der sozialen Sicherheit (Kohnert 1990:13f.). Die Idee staatlicher Sozialfürsorge war es, entlang der Steigerung der Produktivität und Wirtschaftskraft, die sozialen Lebensverhältnisse zu verbessern. In der Produktivitätssteigerung lag für die SED der Schlüssel für die soziale Absicherung der Bevölkerung. Sozialpolitische Leitlinie bei der Behandlung der sozialen Frage während dieser Phase war die Vorgabe Walter Ulbrichts: „So wie wir heute arbeiten, so leben wir morgen". Ulbricht gab damit den sozialpolitischen Leitlinien, die seit 7.10.1949 in der Verfassung verankert waren, eine spezifische Prägung. Der Steigerung der Produktivität - und daran gekoppelt die Verbesserung der sozialen Lebensbedingungen - wurde damit höchste politische Priorität beigemessen. Die sozialpolitische Leitlinie der Koppelung sozialer Maßnahmen an die Produktivitätssteigerung spiegelte sich in allen Parteiprogrammen der SED der Ulbricht-Ära (1949-1971) wieder.

Die SED und ihre Organe veranlassten in der Folge der Staatskrise 1953 eine Erhebung der sozialen Lage in der Bevölkerung. Diese Bestandsaufnahme, die Teil des Neuen Kurses der SED war, hatte eine Neuordnung im Sozialwesen zum Ziel und sollte - gerade auch unter dem Eindruck der Ereignisse des 17. Juni 1953 - die Anstrengung bündeln, die Lebensverhältnisse der Bevölkerung in der DDR zu verbessern. In diesem Zusammenhang kam es auch zu einer Verschärfung des Klimas zwischen Staat und Kirche. Wohlfahrtseinrichtungen der Kirchen wurden beschlagnahmt (Reuer 1981:216). So wurde z.B. die Strafgefangenenhilfe, die bis dahin meist von den Kirchen bzw. kirchlichen MitarbeiterInnen geleistet worden war, 1953 in den Bereich des Innenministeriums eingegliedert und von da ab zentral organisiert und gesteuert (Caritaschronik Thüringen 1996).

Die Politik des Neuen Kurses hatte Auswirkungen auf die berufliche Sozialfürsorge. Der beruflichen Sozialfürsorge, die auf kommunaler Ebene ihren eigenständigen Arbeitsbereich in den Nachkriegsjahren darin hatte, Heimkehrerfamilien zu betreuen sowie im Rahmen der Arbeitsfürsorge besonders den Kriegsversehrten Arbeit zu beschaffen, oblag - nach der Auflösung des Ministeriums für Arbeit und Berufsausbildung - ganz der zentralistischen Leitung des Ministeriums für das Gesundheits- und Sozialwesen und ihrer Fachabteilungen (Kohnert 1990:231). Eine berufliche Sozialfürsorge im Rahmen der Wirtschafts- und Arbeitsfürsorge wurde angesichts des wachsenden Arbeitskräftebedarfs als entbehrlich angesehen. Der Aufgabenbereich der beruflichen Sozialfürsorge wurde nach Auflösung des Ministeriums für Arbeit und Berufsausbildung in das Aufgabengebiet bzw. den Kompetenzbereich des Ministeriums für Gesundheitswesen eingegliedert. Berufliche Sozialfürsorge war von da an vor allen Dingen Fürsorge in den staatlichen Feierabend- und Pflegeheimen, die staatliche Leistungen für hilfebedürftige Bewohner auch nicht-staatlicher Heime sowie die Betreuung der Veteranen außerhalb von Heimen organisierte (Richter/Reichert/Ewald 1963). Die Aufgaben der beruflichen Sozialfürsorge auf kommunaler Ebene wurden ab 1953 vorwiegend durch die staatlichen Organe und zum erheblichen Teil durch ehrenamtliche Arbeit der Volkssolidarität und des FDGB getragen. Als zuständige Stellen definierte vor allen Dingen die Organe des Staates, wie der Kreistag, der Rat des Kreises - faktisch übernahmen die örtlichen Räte diesen Aufgabenbereich in den Städten und Kreisen (Rudloff 1998:216f.) -, aber auch die Volkssolidarität und die ehrenamtlichen Kommissionen, was an Sozialfürsorge gebraucht wurde. Ein kommunales System der Sozialpolitik, in dem verschiedene Interessenstandpunkte hätten verhandelt werden können, war nicht mehr vorhanden (Neumann/Brockmann 1997:68). Weite Bereiche der beruflichen Sozialfürsorge waren an ehrenamtliche Gremien bzw. Freiwilligenorganisationen übertragen worden. Kommissionen und Arbeitsgruppen auf örtlicher Ebene widmeten sich der Aufgabe der materiellen und organisatorischen Unterstützung Hilfebedürftiger bzw. ausgewählter Bevölkerungsgruppen. Die berufliche Sozialfürsorge geriet durch den staatlichen Zentralismus einerseits und die Laienhilfe andererseits immer weiter in den Hintergrund und wurde letztendlich auf kommunaler Ebene als überflüssig betrachtet (Rudloff 1998:219). Bereits 1951 teilte z.B. die Landesregierung von Sachsen-Anhalt den örtlichen Räten mit, dass mit der Einrichtung der ehrenamtlichen Sozialkommissionen die hauptberuflichen FürsorgerInnen im Außendienst entbehrlich und deshalb „nicht mehr tragbar“ seien (ebd.:219).

2.1.3 Das Sozialpolitische Programm der SED ab 1976

Auf dem IX. Parteitag der SED vom 18.-22. Mai 1976 wurde ein neues Sozialpolitisches Programm der Sozialistischen Einheitspartei Deutschlands verabschiedet. Hintergrund dieses Sozialpolitischen Programms waren die fortgesetzten gesellschaftlichen und politischen Unruhen Anfang der siebziger Jahre und eine anhaltende Unzufriedenheit mit den politischen und sozialen Lebensbedingungen in der DDR. Ziel des Sozialpolitischen Programms war es, das Leben der Arbeiterklasse und des ganzen Volkes weiter zu verbessern (Trümpler/Finzelberg/Lauschke 1986). Die SED interpretierte die Unzufriedenheit der Bevölkerung der Art, dass sie bestehende Versorgungsengpässe einräumte und versprach, diese politisch aufzugreifen.

In diesem Zusammenhang erfuhr das System der sozialen Sicherheit in der DDR eine Reform. Mit dem Sozialpolitischen Programm der SED wurden 1976 sozialpolitische Leitlinien formuliert, die von 1976 bis 1980 umgesetzt werden sollten. Das Sozialpolitische Programm bedeutete jedoch keine grundsätzliche Änderung an der Sozialpolitik der SED. Mit diesem Programm wurde aber ein Handlungsbedarf in Hinblick auf die Verbesserung der sozialen Lage einzelner Bevölkerungsgruppen in der

DDR eingeräumt und von der SED anerkannt. Die programmatisch vorgegebenen und angestrebten Verbesserungen bezogen sich auf die Erhöhung von Arbeitslöhnen, von Renten, die Förderung von Wohneigentum sowie auf Arbeitszeitverkürzungen und Urlaubsvergünstigungen. Der Kern der Maßnahmen zielte also auf eine Verbesserung der Bedingungen der Werktätigen und ihrer Familien. Im Sozialpolitischen Programm wurden darüber hinaus aber auch Personengruppen hervorgehoben, die nach Ansicht der SED besonderer staatlicher Aufmerksamkeit bedurften, wie Behinderte, Alte und Mütter (IX. Parteitag der SED: Materialien zum Programm der Sozialistischen Einheitspartei Deutschlands 1977).

Die Frage der Umsetzung des Maßnahmenkatalogs des Sozialpolitischen Programms der SED bewirkte, dass sich unerwartet - besonders für die darin genannten Personengruppen - Ende der siebziger Jahre die Sozialfürsorge wieder als Beruf etablieren konnte. Zum Programm gehörten z.B. die Förderung geistig und körperlich behinderter sowie alter Menschen und eine materielle Förderung ihrer Lebenssituation. Damit erklärte sich die SED auch für solche Sozialaufgaben zuständig, die bis dahin vorwiegend von den Kirchen übernommen worden waren. Die formulierten staatlichen Maßnahmen waren auch so gedacht, den Gemeindeaktivitäten der Kirchen und ihrer Fürsorge ein staatliches Pendant gegenüber zu stellen. Von 1979 an wurden SozialfürsorgerInnen staatlicherseits mit der Intention wieder ausgebildet, eine Umsetzung der sozialpolitischen Maßnahmen des Sozialpolitischen Programms der SED zu forcieren.

Die soziale Absicherung in der DDR war im Kern jedoch auf die umfassende und garantierte Grundversorgung der Bevölkerung hin ausgerichtet (Hockerts 1998:17). Eine Arbeitsplatzgarantie, niedrige Preise, kostenlose Gesundheitsversorgung und ein allgemein auf niedrigem Niveau angesiedeltes Rentensystem waren die Eckpfeiler der sozialstaatlichen Sicherung der DDR. Die berufliche Fürsorge war demgegenüber eine untergeordnete gesellschaftliche Institution. Als Beruf war sie eher in einem ideologisch-gesellschaftlichen Tabu-Bereich angesiedelt (Rudloff 1998:228), da die berufliche Fürsorge aus der Sicht der SED das spiegelte, was an sozialer Gerechtigkeit und Gleichheit politisch und gesellschaftlich noch nicht erreicht worden war.

Resümierend kann festgehalten werden, dass in Hinblick auf die Sozialpolitik und die staatliche Fürsorge in der DDR drei Perioden aufgezeigt werden können. Eine erste Phase der Weichenstellung durch die sowjetischen Besatzungsmächte, eine zweite Phase im Anschluss an die politische Krise 1953, die zur Konzentration staatlicher Fürsorge auf die Sozialpolitik und den Gesundheitssektor führte, sowie eine dritte Phase der Etablierung einer beruflichen Fürsorge auf schmaler gesellschaftlicher Basis in der Folge des Sozialpolitischen Programms 1976.

Im Folgenden sollen nun die Aktivitätsbereiche und Aufgabengebiete der staatlichen beruflichen Fürsorge in der DDR näher gekennzeichnet werden.

2.2 Die staatliche Berufsfürsorge

Die staatliche berufliche Fürsorge in der DDR umfasste zum Zeitpunkt des Zusammenbruchs der DDR die Arbeitsbereiche der Gesundheitsfürsorge, der Sozialfürsorge und der Jugendfürsorge. Die Gesundheitsfürsorge und die Sozialfürsorge unterstanden dem Ministerium für das Gesundheits- und Sozialwesen, die Jugendfürsorge dem Ministerium für Volksbildung. Die Zuordnung der Berufsfürsorge zu verschiedenen Ministerien zeigt, dass von einem einheitlichen Berufsgefüge staatlicher Fürsorge in der DDR nicht gesprochen werden kann. Die berufliche Fürsorge in der DDR war in Funktions- und Handlungsbereiche aufgeteilt. Die zuständigen politischen Organe der DDR definierten durch Handlungsvorgaben die Handlungsabläufe. Die Organisation und die Entwicklung des Sozialwesens war Ziel parteilicher Maßnahmen und die Arbeitsbereiche der Berufsfürsorge waren oftmals ordnungspolitisch gewichtet und organisatorisch Teil staatlichen Handelns. In der DDR waren ca. 3500 staatliche Gesundheits- und SozialfürsorgerInnen und ca. 15000 JugendfürsorgerInnen tätig.

Die Gesundheitsfürsorge war der zentrale fürsorgerische Aktivitätsbereich in der DDR. In diesem Bereich waren die meisten staatlichen FürsorgerInnen ausgebildet und beschäftigt. Im Berufssystem der Fürsorge der DDR nahm die Gesundheitsfürsorge eine dominante Stellung ein. Gesundheitsprophylaxe und Gesundheitsfürsorge waren in der DDR staatlicherseits besonders gewichtet worden und der Bereich Sozialhygiene - in der DDR wurden Vorläuferkonzepte einer auf Sozialhygiene ausgerichteten Gesundheitspolitik tradiert - von großer Wichtigkeit (Süß 1998:66ff.). Die Bedeutung der Sozialhygiene prägte das Gesundheitswesen und die berufliche Fürsorge in diesem Feld. Im Bereich des Gesundheitswesens und der Gesundheitspolitik wurde seitens der SED noch am ehesten eine berufliche Expertise jenseits umfassender staatlicher Lenkung und Steuerung anerkannt (Raphael 1998:246).

Die Aufgabenbereiche der beruflichen Gesundheitsfürsorge in der DDR waren auch klassische Arbeitsfelder der Gesundheitsfürsorge in der Weimarer Zeit gewesen. Schwerpunkte der beruflichen Gesundheitsfürsorge der DDR waren die Fürsorge in den Dispensaires. Diese Einrichtungen dienten der Bekämpfung von Volkskrankheiten, wie z.B. der Tuberkulose, der Herz-Kreislauferkrankungen, Geschwulsterkrankungen und spezieller orthopädischer Schäden sowie Geschlechtskrankheiten einerseits - 1980 gab es in der DDR 492 Betreuungsstellen für Geschlechtskrankheiten (Reinicke 1990:38) -, sowie der Schwangeren- und Mütterberatung andererseits. Die berufliche Gesundheitsfürsorge hatte dabei die Aufgabe, gesundheitsmedizinische Maßnahmen zu unterstützen und durch ihr Handeln vorbeugend zu wirken. Das Aufgabenfeld der Gesundheitsfürsorge umfasste medizinische Routineuntersuchungen, die Betreuung Kranker und krankheitsgefährdeter Menschen sowie die generelle Prophylaxe. Die Gesundheitsfürsorgerinnen - die berufliche Gesundheitsfürsorge war ein Berufsfeld nur für Frauen - hatten neben der Abwicklung verwaltungsbezogener Abläufe und medizinischer Hilfstätigkeiten die Aufgabe, die Bedingungen der gesundheitlichen Situation der Patienten zu prüfen und gegebenenfalls zu fördern. Insofern arbeiteten sie mit Einrichtungen der Sozialversicherung - wie z.B. Kur- und Heilanstalten - zusammen.

Der Großteil der Gesundheitsfürsorgerinnen war in Polykliniken und Ambulatorien beschäftigt. Insgesamt existierten auf dem Territorium der DDR 626 Polikliniken und 1020 Ambulatorien, in denen insgesamt 160.000 Mitarbeiter tätig waren. Davon entfielen 24,6 % auf Polikliniken und 35,7% auf Ambulatorien des betrieblichen Gesundheitswesens. Als Polikliniken wurden Versorgungseinrichtungen des Gesundheitswesens angesehen, die mindestens sechs verschiedene ärztliche Fachabteilungen, inklusiv einer zahnärztlichen Abteilung, ein Labor und eine Apotheke aufwiesen. Als Ambulatorien wurden Gesundheitseinrichtungen bezeichnet, die drei bis fünf Fachabteilungen sowie zudem eine zahnärztliche Abteilung und ein Labor umfassten (Manow 1994:143).

Der Gesundheitshilfe für Kinder- und Jugendliche wurde in der DDR ein großer Stellenwert beigemessen, und die Gesundheitsfürsorge für Kinder- und Jugendliche (Kinder- und Jugendlichendispensaires) ist in den medizinischen Versorgungseinrichtungen geleistet worden. Da die Krippen und Horteinrichtungen in der DDR im Zuständigkeitsbereich des Gesundheitsministeriums lagen, war der Stellenwert einer gesundheitsbezogenen Erziehung in der DDR besonders betont. Staatliche Gesundheitsfürsorgerinnen der sechziger und siebziger Jahre kamen ausnahmslos aus einem medizinischen Grundberuf. Zumeist waren sie als Krankenschwestern ausgebildet und absolvierten eine berufsbegleitende Kurzzeitfortbildung zur Gesundheitsfürsorgerin. In den Polikliniken, Gemeinden und Stadtbezirken fungierten aber oft auch Krankenschwestern als Gesundheitsfürsorgerinnen. Die Gemeindeschwestern hatten fürsorgerische Aufgaben.

In der staatlichen Gesundheitsfürsorge der DDR war der Arbeitsbereich der Schwangeren- und Mütterfürsorge besonders umfangreich ausgebaut worden. Die Pronatalität der Frauen sollte in der DDR auch mittels fürsorgerischer Betreuung gefördert und die Bereitschaft zur Familiengründung erhöht werden. Die Schwangeren- und Mütterfürsorge setzte mit der Betreuung und Beratung der Frauen von Beginn der Schwangerschaft ein und dauerte bis nach der Vollendung des 3. Lebensjahres des Kindes an. Die Erwerbsfähigkeit und -tätigkeit der Frauen sollte durch Fürsorge erhalten und gesundheitliche Risiken für Mütter und Kinder vermindert werden. Ein umfangreiches Dokumentationssystem zur Schwangerschaft der Mütter, zur Geburt und zur gesundheitlichen Situation von Mutter und Kind - nach dem 3. Lebensjahr des Kindes wurde die Dokumentation an die Dienststellen des Jugendgesundheitsschutzes weitergeleitet - sollte die erklärte staatliche Fürsorgepflicht gewährleisten. Die umfangreichen rechtlichen Bestimmungen spiegeln die Bedeutung dieses Teilbereiches und die staatlichen Kontrollbestrebungen in diesem Bereich wieder. Das Gesetz zum Mutter- und Kinderschutz und die Rechte der Frau vom 27.9.1950 - das durch ein Änderungsgesetzes am 28.5.1958 ergänzt wurde - bildete die rechtliche Grundlage für die Fürsorge in den Schwangeren- und Mütterberatungsstellen, die in Folge des neuen Rechtsrahmens auf- und ausgebaut wurden. Ein gestaffeltes Prämiensystem schuf finanzielle Anreize, um die Bereitschaft der Frauen zu einer lückenlosen Betreuung während der Schwangerschaft und Mutterschaft zu erhöhen. Die staatlichen Reglements waren streng - jeder Monat, den die Schwangere in der Schwangeren- und Mütterberatungsstelle später erschien, bedeutete eine Kürzung der Prämie von 150,- Mark um 25,- Mark. Die Schwangeren- und Mütterfürsorge kontrollierte den Ablauf der Mutterschaft und stellte die entsprechenden Nachweise aus - wie die Schwangerenkarteikarte, die Mütterkarte und die Stillkarte, die Wiegekarte, den Impfausweis, u.a.m. Die von der zuständigen Schwangerenberatungsstelle ausgestellten Mütterkarten berechtigten z.B. zur Entgegennahme der Geburtenbeihilfe. Des Weiteren wurde stillenden Müttern „bis zur Dauer eines halben Jahres nach der Geburt eines Kindes bei Vorlage der von der Mütterberatungsstelle ausgefertigten Stillkarte monatlich 10,- Mark Beihilfe gezahlt“[15].

Die Fürsorge in der Schwangeren- und Mütterberatung unterlag also recht engen staatlichen Regelungsvorgaben. Deshalb ist die Arbeit der Schwangeren- bzw. Mütterfürsorgerin, die sich dadurch auszeichnen

---

15 § 2 dieses Gesetztes legte fest, dass Müttern folgende Beihilfen zustanden: „Bei der Geburt des 1. Kindes 500,- Mark; des 2. Kindes 600,- Mark; des 3. Kindes 700,- Mark; des 4. Kindes 850,-Mark; jedes weiteren Kindes 1000,- Mark“. Die Anweisung erfolgte „in Teilbeträgen und wird wie folgt fällig: a) Mindestens zweimalige Vorstellung in der zuständigen Schwangerenberatungsstelle des Wohnbereichs. Es werden 100,- Mark gezahlt, wenn die Schwangere bis zum Ende des 4. Monats erstmalig erscheint. Weiter 50,- Mark werden beim zweitmaligen Besuch im 6. oder 7. Schwangerschaftsmonat angewiesen“. Gesetz für den Mutter- und Kinderschutz und die Rechte der Frau vom 27.9.1950 (GBl. S.1037) in der Fassung des Änderungsgesetzes vom 28.5.1958. GBl.I. S. 426ff.

sollte, „dass sie den engsten Kontakt mit der Mutter und ihrem Kind hat" (Keller/Theile/Gemkow 1968:167), nicht einfach gewesen. Der Aufgabe, ein Vertrauensverhältnis aufzubauen und Sorge dafür zu tragen, dass die Gesundheit von Mutter und Kind gefördert wird, wurde mittels fürsorgerischer Empfehlung, Belehrung und Kontrolle der Lebensverhältnisse der Schwangeren bzw. der Mutter nachgegangen. Hausbesuche waren innerhalb von sieben Tagen nach Entlassung aus der Geburtsklinik routinemäßig vorgesehen. Die Schwangeren- und Mütterfürsorgerinnen führten darüber hinaus Lehrgänge - wie Mütterkurse zur Aufklärung der Schwangeren und Mütter - durch (ebd.:172). Die Schwangeren- und Mütterberatungsstellen waren als Einrichtungen des sozialistischen Gesundheitswesens in Haupt- und Nebenstellen gegliedert und flächendeckend eingerichtet worden. Dabei war eine räumliche Trennung der Schwangerenberatungsstelle von der Mütterberatungsstelle sowie eine räumliche Distanz zu kinderpolyklinischen Abteilungen angestrebt, um die Ansteckungsrisiken für gesunde Säuglinge zu minimieren (ebd.:156ff.).

Die Aufgaben der Sozialfürsorge - die ja erst durch das Sozialpolitische Programm der SED wieder eingeführt wurde - waren ab Anfang der achtziger Jahre u.a. die Koordination der Behindertenhilfe auf Kreis- und Bezirksebene. Die SozialfürsorgerInnen arbeiteten in den Wohngebieten in enger Kooperation mit den Orts- und Kreisräten. Die Aufgabenbereiche wurden anhand von Einsatzgebieten umschrieben. Dazu gehörte auch die Abwicklung von Erholungskuren, die Klärung von Fördermaßnahmen für Behinderte sowie besondere Schulfördermaßnahmen für behinderte Kinder. Die Organisation der Versorgung mit orthopädischen Hilfen sowie die Unterstützung des Familienumfeldes von Behinderten gehörten dazu. Die SozialfürsorgerIn war zudem für die Koordination und Organisation von Hilfe für alte Menschen und für „Veteranen des Volkes" im Stadtteil zuständig. Ein weiteres Einsatzgebiet waren die Wohnheime für „geschädigte Bürger", Feierabendheime, Krankenhäuser und Polikliniken. Sie waren zuständig für die Organisation und Koordination von sozialen Betreuungsmaßnahmen. Die SozialfürsorgerIn sollte auch alleinstehende und ältere Bürger sowie Behinderte in den Wohngebieten betreuen. SozialfürsorgerInnen waren als Mitarbeiter der Abteilung Gesundheits- und Sozialwesen dem Zuständigkeitsbereich des Gesundheitswesens und ihrer Organe zugeordnet. Auf regionaler Ebene unterstanden sie dem Kreisarzt. Politisch-administrativ waren SozialfürsorgerInnen in den Räten der Stadtbezirke, Kreise und Bezirke tätig. Bis zum Zusammenbruch der DDR waren ca. 700 SozialfürsorgerInnen ausgebildet worden; ca. 50 % von ihnen hatte einen vierjährigen berufsbegleitenden Ausbildungslehrgang absolviert.

Die Jugendfürsorge in der sowjetisch besetzten Zone knüpfte bis 1950 personell und ideell an die Arbeiterbewegung der Weimarer Republik an.[16] Anfang der fünfziger Jahre wurde mit der Gründung der DDR die Jugendwohlfahrtspflege neu konturiert. Durch die Auflösung der kommunalen Jugendämter wurde 1950 eine institutionelle Trennung der Bereiche Jugendfürsorge und Jugendpflege herbeigeführt (Bernhardt/Kuhn 1998:23). Die Jugendpflege wurde Teil der Volksbildung und zu einem Kernbereich sozialistischer Bildungspolitik unter der Regie der Freien Deutschen Jugend (FDJ). Aufgabenbereiche der Jugendhilfe in der DDR waren demgegenüber die „rechtzeitige Einflussnahme bei Anzeichen der sozialen Fehlentwicklung und die Verhütung und Beseitigung der Vernachlässigung von Kindern und Jugendlichen, die vorbeugende Bekämpfung der Jugendkriminalität, die Umerziehung von schwererziehbaren und straffälligen Minderjährigen sowie die Sorge für elternlose und familiengelöste Kinder und Jugendliche" (Jugendhilfeverordnung vom 3. März 1966:215). In der Jugendhilfe der DDR waren 1989 etwa 1.300 hauptamtliche und über 30.000 ehrenamtliche Mitarbeiter beschäftigt (Bernhardt/Kuhn 1998:15). Rudloff (1998) nennt 1536 hauptberufliche Kräfte in den territorialen Referaten der DDR-Jugendhilfe (Rudloff 1998:220). Wie in keinem anderen Bereich der Fürsorge war in der Jugendfürsorge ein hoher Anteil an Ehrenamtlichen tätig. Vornehmlich in Wohngebietskommissionen kümmerten sich die Ehrenamtlichen um auffälliges jugendliches Verhalten, Schulschwänzen und „Eckenstehen". Die Arbeit dieser ehrenamtlichen Kommissionen war eine Art Vorschaltstelle der Jugendfürsorge. Sie konnten weitreichende jugendfürsorgerische Sanktionen verhängen und ergriffen auch Maßnahmen zur Besserung sowie der Wiedereingliederung nach Straftaten.

Die Jugendfürsorge, die auf die Sondererziehungsbereiche reduziert war, unterstand dem Ministerium für Volksbildung und ihrer Organe. Die Jugendfürsorge wurde programmatisch als ein Bereich angesehen, der mit fortschreitender gesellschaftlicher Entwicklung obsolet werden würde (Rudloff 1998:208) - Jugenddelinquenz wurde als ein Relikt kapitalistischer gesellschaftlicher Fehlentwicklung gedeutet. Diese programmatische Festlegung und die Einschätzung, dass der Bedarf an Jugendfürsorge abnehmen würde, führten dazu, dass Ausbildungsanstrengungen in der Jugendfürsorge nur in geringem Umfang unternommen wurden. In der DDR war phasenweise ein massiver Fachkräftebedarf in der Jugendhilfe zu verzeichnen, der zu einer personellen Unterbesetzung von ausreichend

---

16 Die staatliche Jugendfürsorge der DDR ist von ihren Aufgabenbereichen und institutionellen Bedingungen her bereits Gegenstand einiger sozialwissenschaftlichen Untersuchungen und ist vergleichsweise gut aufgearbeitet; u.a. bei Hoffmann (1981); Bernhardt/Kuhn (1998); Rauschenbach/Seidenstücker/Münder (1990).

ausgebildeten Fachkräften in der DDR-Jugendhilfe führte und bis zum Zusammenbruch der DDR 1989 andauerte.

Die Jugendfürsorge erlebte Anfang der siebziger Jahre aufgrund veränderter familien- und jugendpolitischer Rahmenbedingungen - durch die Verabschiedung des Familiengesetzbuches 1965 und der Jugendhilfeverordnung von 1966 - einen konzeptionellen Wandel, dem ein Akzeptanzdefizit der staatlichen Jugendpolitik in der Bevölkerung vorausging (Bernhardt/Kuhn 1998:16). Dieser konzeptionelle Wandel bedeutete eine pragmatische Wende in der Jugendhilfe. Von diesem Zeitpunkt an standen konkrete Fragen sozialpädagogischer Praxis im Vordergrund der Jugendhilfediskurse in der DDR. Der formulierte Aufgabenrahmen und die bestehende Ausrichtung in der Jugendfürsorge ab 1966 hielt bis 1989 an. Für die Jugendfürsorge gilt, dass der sozialstrukturelle Wandel in der DDR in Richtung eines modernen Industriestaates, der zwischen 1970 und 1975 zu einem kurzfristigen wirtschaftlichen Aufschwung in der DDR führte, die SED nicht ermutigte, Impulse aus der Jugendkulturbewegung aufzugreifen und in eine Reform der Jugendfürsorge einfließen zu lassen (ebd.:55).

Die Heimerziehung sollte angesichts der Grundkonzeption intakter sozialistischer Familien vermieden werden. Einer Erziehung im Heim wurde angesichts einer Reihe von Vorschaltmaßnahmen gesellschaftlich eher ein untergeordneter Stellenwert beigemessen. Mitte der siebziger Jahre wurde die Zurückhaltung der SED in Bezug auf die Heimerziehung noch verstärkt, als Arbeiter- und Bauern-Inspektionen 1974 erhebliche Mängel in der Heimerziehung feststellten. In den öffentlichen Erziehungseinrichtungen wurde die geringe Personalausstattung, fehlende fachliche Qualifikationen der Heimmitarbeiter und die Dominanz autoritärer Erziehungsformen seitens der Inspekteure kritisiert, was zu Verbesserungs- und Ausbildungsanstrengungen führte. Nennenswerte Veränderungen der Lebensverhältnisse im Heimalltag und der Verbesserungen in der Heimerziehung gab es in der Folge davon aber nicht (Rudloff 1998:221). Ein Grund für mangelnde Innovationen ab den siebziger Jahren im Bereich der Heimerziehung und der Jugendhilfe in der DDR sieht Rudloff in der Tatsache, dass ein vergleichbarer Problemdruck wie in Westdeutschland in der DDR nicht bestand. Zudem hätte eine unabhängige und mehrstimmige Expertenkultur im Bereich der Jugendhilfe in der DDR gefehlt (ebd.:222). Lediglich zehn Wissenschaftler seien auf dem Gebiet der Jugendhilfe und Heimerziehung in der DDR in Forschung, Lehre und Weiterbildung tätig gewesen.

Priorität hatte in der DDR die Erziehung im Familienkollektiv. Die JugendfürsorgerInnen der DDR hatten die Aufgabe, bei Sorgerechtsentscheidungen mittels Gutachten mitzuwirken, in denen sie die Erziehungstüchtigkeit der Eltern beurteilten. Neben dieser Funktion hatten die hauptamtlichen JugendfürsorgerInnen die Aufgabe, den gesellschaftlichen Einfluss in Bezug auf solche Jugendliche zu organisieren, die Normen des gesellschaftlichen Zusammenlebens nicht beachteten. Sie koordinierten die erzieherischen Maßnahmen, u.a. die der ehrenamtlichen Kommissionen, die sowohl der Kontrolle der Jugendlichen als auch der gezielten Einbindung und Umerziehung dienten (Bernhardt/Kuhn 1998:54f.). Dabei gab es ein gestuftes System von Hilfsangeboten für die betroffenen Familien, die von der Bereitstellung von Betreuungsstellen, über Kinderkrippen bis hin zur Nachbarschaftshilfe reichte. Nur wenn eine sozialistische Erziehung der Kinder und Jugendlichen durch das Familienkollektiv nicht mehr gewährleistet werden konnte, war es Aufgabe der JugendfürsorgerIn des Referats Jugendhilfe, alternative Erziehungseinrichtungen zu erkunden und eine förderliche Erziehungsumgebung herzustellen - dieses u.a. durch die Erziehung in Pflegefamilien, die Adoption der Kinder und Jugendlichen sowie durch Heimunterbringung. Organisatorisch und bezogen auf die Ausbildung der Fachkräfte war der Bereich der Heimerziehung von dem der Jugendhilfe und Jugendfürsorge im Wohngebiet getrennt.

2.2.1 Die Vorherrschaft des Staatlichen

Berufliche Fürsorge unter den Bedingungen einer sozialistischen Gesellschaftskonzeption weist spezifische Merkmale auf. Ausgehend von der Fragestellung nach dem gesellschaftlichen Mandat (Hughes 1984) der Berufsfürsorge, sollen gesellschaftsimmanente Mechanismen aufgezeigt werden, die das Theorie- und Praxispotential der Berufsfürsorge in der DDR nachhaltig einschränkten.
Ein zentrales Merkmal der DDR-Gesellschaft war die Allgegenwärtigkeit von Fürsorge. Die SED als staatstragende Partei verstand sich der sozialen Wohlfahrt und Sicherheit seiner Staatsbürger in umfassender Weise verpflichtet. Programmatisch waren Gerechtigkeit und sozialer Ausgleich quasi staatlich verbürgt. Die Monopolisierung der Fürsorge durch die SED zeigt sich anhand der Arbeitsteilung im Bereich persönlich erbrachter sozialer Hilfe: staatlicherseits war vorgegeben, wer in welcher Form Fürsorge erhalten sollte. Die Vorgaben und die staatliche Steuerung im Bereich der sozialen Hilfe, Unterstützung und Versorgung der Menschen in der DDR führten zu einem aktiv eingreifenden Fürsorgewesen. Beruflich erbrachte Hilfeleistungen für und an Menschen waren in der DDR nicht auf ein Wählen-Können hin ausgerichtet. Traten soziale Problemlagen auf, bestand für Problembetroffene in der Regel keine Wahl, ob, von wem und in welchem Umfang Hilfe erfolgte. Die staatlichen Vorgaben sahen so aus, dass sich Zuständigkeiten der Fürsorge in der DDR bereits häufig aus der Lebenssituation heraus ergaben. Die staatliche Lenkung bedeutete oftmals

für die Menschen, dass administrativ-kontrollierend in ihre Lebensbereiche eingegriffen wurde und staatliche Fürsorge von den Betroffenen nur schwer zurückgewiesen werden konnte. Es bestanden kaum Wahlmöglichkeiten über den Umfang und die Art der Fürsorge. Die Angebote staatlicher Fürsorge in der DDR können von daher eher als alternierend denn als alternativ angesehen werden.

Durch den Führungsanspruch sowie die proklamierte Definitionshoheit der SED im Bereich des Sozialwesens fielen soziale Problemlagen weitgehend direkt und unmittelbar in den Zuständigkeitsbereich der Partei. Die erklärte Allzuständigkeit der SED hatte zur Folge, dass die berufliche Fürsorge der DDR, soweit sie staatlich organisiert war, eine marginale Position im Gesamtsystem sozialer Versorgung einnahm. Das programmatische Ziel der SED, die soziale Frage durch Verbesserungen in der Sozialpolitik zu regeln, wies eine auf individuelle Unterstützung und Hilfeleistung ausgerichtete Berufsarbeit eine untergeordnete Bedeutung zu und das, obwohl in der DDR ca. 5000 staatliche FürsorgerInnen, einschließlich der JugendfürsorgerInnen, ausgebildet und beschäftigt worden sind.

Im staatlichen Fürsorgewesen der DDR fehlte dementsprechend ein einheitliches und standardisiertes Berufsbild. Die Aktivitäten in der beruflichen Fürsorge waren funktions- und bereichsspezifisch definiert. Es existierte keine um Kernaktivitäten und Kernwissensbestände zentralisierte berufliche Organisation. In den drei Fürsorgebereichen der Gesundheits-, Sozial- und Jugendfürsorge wurden jeweils Fachdiskurse geführt. In einer späteren Phase der DDR gab es jedoch in den Diskursen der Gesundheitsfürsorge das Bestreben, sich von der Leitdisziplin der Medizin zu distanzieren und die Gesundheits- und die Sozialfürsorge zusammenzuführen.

Die zahlenmäßig umfangreichste Gruppe und der bedeutenste Teilbereich in der DDR-Fürsorge war der der Gesundheitsfürsorge. In der Gesundheitsfürsorge, die als ein reiner Frauenberuf galt, war die Mehrzahl der ausgebildeten staatlichen FürsorgerInnen tätig. Die Aufgaben in der Gesundheitsfürsorge waren dahingehend definiert, im Medizinsystem spezielle Funktionen zu übernehmen. Die konkreten fürsorgerischen Arbeitsabläufe waren an den Behandlungsschwerpunkten der jeweiligen medizinischen Abteilungen ausgerichtet, wie z.B. an den besonderen Erfordernissen der Behandlung von Diabetikern oder an Krebs erkrankter Menschen. Regelmäßige Kontrolluntersuchungen, die von den Gesundheitsbehörden der DDR vorgesehen waren, wurden von der Gesundheitsfürsorge organisiert und es wurden Routinehandgriffe medizinischer Art durchgeführt. Die Arbeit der Fürsorgerinnen in den sogenannten Dispensaires kann als medizinische Hilfstätigkeit beschrieben werden, die daran ausgerichtet war, das ärztliche Handeln zu unterstützen. Ärztliche Anordnungen wurden kontrolliert und Menschen mit erhöhtem Krankheitsrisiko bzw. bestehender Gesundheitsgefährdung und chronischer Erkrankung in Bezug auf ihr Gesundheitsverhalten unterwiesen. Die Gesundheitsfürsorge entwickelte sich - fachlich und handlungsbezogen - so stetig zum Anhängsel des staatlichen Gesundheitswesens.

Die fürsorgerische Tätigkeit war gänzlich den Analyse- und Ablauflogiken des medizinischen Behandlungssystems untergeordnet. Die Kennzeichnung dessen, was der ‚Fall' war und einen Fürsorgebedarf nach sich zog, war durch ärztliche Vorgaben bestimmt und der Fall war medizinisch kategorisiert. Die Tätigkeit in der Dispensaire-Fürsorge war von Ablaufroutinen bestimmt, die zu einem erheblich Teil Aufgaben der Dokumentation umfassten. Das Führen der Gesundheitskarten, die von der Gesundheitsfürsorgerin über jeden Vorgang angelegt und in speziellen Kartentaschen aufbewahrt wurden und die der ordnungsgemäßen Abwicklung der medizinischen Vorsorge dienten, oblag den Gesundheitsfürsorgerinnen. Der weiße Kittel, den Gesundheitsfürsorgerinnen während ihrer Arbeit trugen - dies galt auch für die Schwangeren- und Mütterfürsorgerin -, demonstrierte die Zugehörigkeit und den Status der Gesundheitsfürsorgerin als medizinisches Fachpersonal. Die fremd- und selbstdefinierte Zugehörigkeit zu den medizinischen Berufen prädisponierte in der Fürsorge die Beziehung zu den Patienten. Eine individuelle und auf soziale Problemstellungen hin ausgerichtete Zuwendung an Patienten war - einmal abgesehen von persönlichen Sympathien - im Tätigkeitsprofil nicht notwendig vorgesehen. Die Ausrichtung der Gesundheitsfürsorge an der Leitdisziplin und an dem Referenzsystem der Medizin zeigt sich strukturell auch in den Ausbildungsvorschriften. Gesundheitsfürsorgerin konnte in der DDR nur werden, wer medizinische Vorkenntnisse mitbrachte. Die Ausbildung selbst wurde vornehmlich von MedizinpädagogInnen[17] gestaltet und durchgeführt und war nosologisch ausgerichtet. Auf den angestrebten „Einsatzbereich" hin wurden vertiefte medizinische Fachkenntnisse vermittelt. Eine inhaltliche oder auch nur symbolische Abgrenzung der Fürsorgetätigkeit von der Medizin - und damit eine Eigenbestimmung ihres Handlungsbereichs - waren weder in der Ausbildung noch in der beruflichen Praxis vorgesehen.

Das Tätigkeitsprofil in der Gesundheitsfürsorge in Sondereinrichtungen, wie z.B. in der Psychiatrie, die als besonderer Funktionsbereich der Medizin angesehen werden kann, war stark von der jeweiligen Einrichtung geprägt. Im staatlichen Gesundheitswesen der DDR war ein Sonderwissen um die psychischen Faktoren menschlichen Handelns quasi exklusiv. In

---

17 Medizinpädagogik war in der DDR in erheblichem Umfang ausgebaut worden. Die Ausbildung des gesamten medizinischen Fachpersonals in der DDR - wie die der Krankenschwestern, Hebammen, Kinderkrankenschwestern, u.ä. - lag in der Verantwortung von MedizinpädagogInnen.

diesem medizinischen Versorgungsbereich waren die Handlungsmodelle der Gesundheitsfürsorgerinnen an der besonderen Situation psychisch erkrankter PatientInnen und an dem Arbeitsbogen der psychiatrischen Behandlung in einer Sondereinrichtung - die ja oftmals mit einer längeren Verweildauer der Patienten verbunden ist - ausgerichtet. Im Behandlungssystem psychisch kranker Menschen in der DDR waren Aktivitäten zur sozialen Wiedereingliederung vorgesehen, und in der Psychiatriefürsorge ergab sich hieraus ein besonderer Arbeitsauftrag. Die zum Teil langjährige Betreuung und Begleitung der PatientInnen durch die Fürsorgerin und deren Teilhabe am Lebensschicksal der PatientInnen - wie z.B. an deren ersten Aufenthalt in einer psychiatrischen Klinik, an der Rückkehr in das häusliche Umfeld sowie an den Kreisläufen von Wiedereinweisung und Phasen der Genesung - erforderte von der Fürsorgerin eine stärkere Orientierung an dem jeweiligen Vermögen und der jeweiligen Lebenssituation der Betroffenen, als das in anderen Bereichen des Fürsorgewesens der Fall war. Die Fürsorgerinnen in der Psychiatrie sind zudem oftmals - anders als ihre Kolleginnen in anderen Bereichen der Gesundheitsfürsorge - von einer Kultur der Fallbetrachtung eines individuellen Patientenschicksals, die durch Psychiater vermittelt wurde, beeinflusst worden.

In der Schwangeren- und Mütterfürsorge, die Teilbereich der staatlichen Gesundheitsfürsorge der DDR war und der Gynäkologie unterstand, waren Handlungsbedingungen eigener Art gegeben. Soziale Faktoren sind in besonderer Weise berücksichtigt worden. Schwangerschaft und Mutterschaft waren von hohem gesellschaftlichem Interesse und wurden seitens der SED durch frauenpolitische Programme gefördert. Die besondere staatliche Schutzverpflichtung, die die SED gegenüber Schwangeren und Müttern in Form von Rechtsvorschriften formulierte, hatte zur Folge, dass in der DDR ein Einrichtungsnetz an staatlichen Schwangeren- und Mütterberatungsstellen bestand, das hierarchisch gestuft war. Die Mütterberatungsstellen und die Mütterberatungshauptstellen gewährleisteten, dass der präventive und flächendeckende fürsorgerische Versorgungsauftrag in diesem Bereich umgesetzt wurde. Im Arbeitsfeld fand unter den Kolleginnen ein fachlicher Austausch statt. Obwohl auch in diesem Handlungsfeld der staatlichen Fürsorge die Arbeitsabläufe stark an den gesetzten Vorgaben der routinemäßigen Kontrollen und Überprüfungen des Schwangerschaftsablaufs und der Entwicklung des Säuglings in den ersten drei Jahren ansetzte, erschöpfte sich das berufliche Handeln darin nicht. Die medizinisch-biologischen Abläufe bei der Schwangerschaft und der Geburt sowie die Säuglingspflege und die Tatsache, dass Schwangerschaft, Geburt und Mutterschaft Erfahrungsbereiche umfassen, die nicht nur gynäkologisch-medizinisch klassifiziert werden können - und sich nur bedingt mit dem klassischen medizinischen Krankheitsbegriff fassen lassen, nämlich

Krankheit als schicksalhaften behandlungsbedürftigen Körperzustand zu verstehen - erforderten es, Sozialkategorien zu entwickeln, mit denen die sozialen Umgebungsbedingungen in den Blick genommen werden konnten.

Das berufliche Profil einer Schwangeren- und Mütterfürsorgerin umfasste auch die Erziehung der Schwangeren und Mütter. Diese Aufgabe, die über eine medizinische Hilfstätigkeit hinausging, beinhaltete, dass in der Schwangeren- und Mütterfürsorge Sozialkategorien zur Anwendung kamen. Die Lebenssituation der Frauen wurde mit einem besonderen ‚diagnostischen Blick' begutachtet. Bei den Hausbesuchen und in den Routineuntersuchungen wurden die sozialen Umgebungsbedingungen jedoch vorwiegend unter gesundheits- und sozialhygienischen Gesichtspunkten thematisiert. Die Sozialkategorien der FürsorgerInnen waren im hohen Maße am Bild einer ‚guten Mutter' und an Einschätzungen der persönlichen Lebensführung der Mütter in Hinblick auf Ordnung und Sauberkeit orientiert.

Die Fürsorgerinnen waren gehalten, durch eine Reduzierung der sozialen Belastungen die Bedingungen für ein gesundes Aufwachsen der Kinder zu verbessern. Durch eine zum Teil langjährige Betreuungs- und Begleitungsbeziehung zu den Müttern empfanden die Fürsorgerinnen oftmals eine besondere Verantwortung für die ihnen anbefohlenen Frauen. Frauen in familiären Schwierigkeiten wurde dann mütterlich zur Seite gestanden. Die Nähe wie aber auch die Abhängigkeit der Gesundheits-, Schwangeren- und Mütterfürsorge zur Medizin und ihre Stellung im Gesundheitswesen als medizinischer Hilfsberuf wurde von den staatlichen Fürsorgerinnen in der Regel als unproblematisch empfunden. Die Vorstellung, dass Gesundheit und sozialer Lebenszusammenhang eng zusammengehören war handlungsleitend. In ihrem beruflichen Selbstverständnis trugen sie dazu bei, die gesundheitliche Lage - und damit auch die soziale Lage - der Bevölkerung zu verbessern.

In Hinblick auf die Rolle und Funktion der Gesundheitsfürsorge in der DDR stellt sich die Frage, was den Bestand dieses Teilbereichs der Fürsorge gewährleistete - da die Tätigkeiten denen von Krankenschwestern ähnelten und von diesen vielleicht sogar hätten besser bewältigt werden können. Die Gesundheitsfürsorge schloss jedoch eine bestehende Lücke im medizinischen Versorgungssystem der DDR, nämlich die Lücke zwischen medizinischer Versorgung und dem gesellschaftspolitischen Anspruch auf umfassende staatliche Hilfe und Unterstützung. Lebensweltliche Aspekte einer Erkrankung waren - so die Programmatik - bei der Behandlung von Erkrankungen mit einzubeziehen. Zudem bestand parteigestützt die Vorstellung, Krankheit als einen geordneten Prozess zu verstehen und zu gestalten. Die Leerstelle, die im medizinischen Versorgungssystem der DDR entstanden war, füllte die Gesundheitsfürsorge mit ihren Zuwendungs- und Kontrollaktivitäten aus. Die Gesundheitsfürsorge hatte zudem auch deshalb Bestand, weil die Krankenpflege ein relativ hohes gesellschaftliches Ansehen hatte und in der DDR gesellschaftlich stark aufgewertet und fachlich spezialisiert worden war. Des Weiteren ist ein Beruf, wie der der Arzthelferin, in der DDR nicht ausgebildet worden. In den medizinischen Einrichtungen wäre die Versorgung - z.B. chronisch Kranker, wie Diabetes mellitus Patienten - ohne die Gesundheitsfürsorge nicht zu gewährleisten und ohne diese die Arbeitsabläufe in den Polikliniken und Dispensaires nicht zu leisten gewesen.

Die Randständigkeit der Berufsfürsorge in der DDR konnte auch durch die Einführung der staatlichen Sozialfürsorge nicht überwunden werden. Die Sozialfürsorge gab der staatlichen Berufsfürsorge in der DDR nicht wirklich einen grundlegenden neuen Impuls. Der Referenzrahmen des sozialpolitischen Programms der SED, mit dem in den siebziger Jahren die berufliche Sozialfürsorge in der DDR wieder etablierte wurde, wies der Sozialfürsorge einen eng abgesteckten Funktionsbereich zu. In der zweiten Hälfte der siebziger Jahre - die in der DDR eine gesellschaftspolitische Schwellenphase darstellt - entstanden zunehmend Unzufriedenheiten in der DDR-Bevölkerung in Bezug auf die politische Führung; so u.a. auch aufgrund der schlechten wirtschaftlichen und sozialen Lage in Teilen der Bevölkerung, wie z.B. der älteren und behinderten Menschen. Auf den Fortbestand der sozialen Problemlagen reagiert die SED mit einem sozialpolitischen Programm. Zielsetzung des Programms war es, vor allem durch Maßnahmen sozialpolitischer Art - wie die Anhebung der Mindestlöhne sowie der Mindestrenten, Verbesserungen im Bereich des Mutterschutzes, u.ä. - die soziale Lage einzelner Bevölkerungsschichten zu verbessern. Die Ursachen der sozialen Problemlagen in der DDR wurden allerdings im Zusammenhang mit dem sozialpolitischen Programm nicht thematisiert und die SED steuerte einer solchen öffentlichen Thematisierung gerade auch durch die Formulierung dieses sozialpolitischen Programms entgegen. Zu grundlegenden Reformen und eingehenden gesellschaftspolitischen Analysen war die SED nicht bereit. Vielmehr vergrößerte sich die Kluft zwischen den realen Lebensbedingungen der Menschen und den von Seiten der Partei wahrgenommenen und thematisierten sozialen Problemlagen in der DDR. Entlang der Programme konnte so eine zweite parteitagspolitische Wirklichkeit der SED-Führung entstehen, die sich bereits seit Ende der siebziger Jahre weit von den Erfahrungen der Menschen in der DDR entfernt hatte. Die Gesellschaftskritik, die vor allen Dingen seitens Intellektueller und Künstler formuliert wurde, brachte die erhofften Reformen nicht.[18]

Die Wiedereinführung der Sozialfürsorge - implizit akzeptierte die SED damit, dass es trotz politischer Anstrengungen Umsetzungsschwierigkeiten bei der Verwirklichung sozialer Gerechtigkeit gab - diente der politischen Akzeptanz der SED. Durch die Sozialfürsorge sollten bestehende Unzufriedenheiten in der Bevölkerung aufgegriffen und beantwortet werden. Die SED stützte damit implizit die Berufsfürsorge als ein zweites System sozialer Sicherheit. Das Tätigkeitsprofil der Sozialfürsorge sah vor, einen Mangel an - zumeist materieller – Versorgung auszugleichen und Wege zu schaffen, dass sozialpolitische Entlastungen bei den Betroffenen auch ankamen. Durch die Ansiedlung der Sozialfürsorge in den örtlichen Bezirks- und Kreisstellen waren dem Wirken der Sozialfürsorge von vornherein Grenzen gesetzt.

Der Handlungsrahmen der staatlichen Sozialfürsorge war in der DDR grundlegend neu: sie setzte am Wohnort der Betroffenen an und war am Bedarf der Wohnbevölkerung ausgerichtet. Angesichts der Präferenz betrieblicher sozialer Sicherungssysteme in der DDR war das ein gänzliches Novum. Die bestehenden sozialen Problemlagen waren bis zu diesem Zeitpunkt vornehmlich über die betrieblichen Sozialeinrichtungen und Sozialmaßnahmen erfasst worden. Die Sozialfürsorge dehnte nun den Kreis der Hilfeberechtigten aus. Jedoch bestand kein Auftrag mittels eigenständiger Analyseaktivitäten, den Bedarf an sozialer Hilfe in Hinblick auf die Lebensverhältnisse der Menschen vor Ort zu erheben. Eine solche eigenständige Analyse war weder angestrebt noch erwünscht. Personenkreise, die betrieblich nicht integriert waren, wie Frauen im Mutterschutz, ältere Menschen, Behinderte, u.a., also unversorgtes Klientel jenseits der Produktionseinheiten, wurden zwar durch die Sozialfürsorge im Wohngebiet erfasst, jedoch zielten die Maßnahmen nicht auf eine Beschäftigung mit sozialen Randgruppen in der DDR-Gesellschaft, wie z.B. die der Nichtsesshaften oder die der auffälligen Jugendlichen.

Der dritte Teilbereich der staatlichen Berufsfürsorge in der DDR war die Jugendfürsorge im Rahmen der Jugendhilfe. Ihr Marginalitätscharakter gründet paradoxerweise gerade darin, dass die Erziehung der Jugend ein

---

18 In der zweiten Hälfte der siebziger Jahre stieg die Unzufriedenheit mit der SED in der DDR-Bevölkerung deutlich an. Forderungen nach Demokratisierung und Rechtsstaatlichkeit wurden durch eine demokratische Opposition, wie etwa um Robert Havemann, vorgetragen und eingefordert. Nach 1976 nahm auch die Zahl der Ausreiseanträge sprunghaft zu und es setzte eine Wende in der Kulturpolitik ein. Kritische Wissenschaftler, wie Rudolf Bahro 1978, wurden zu mehrjährigen Zuchthausstrafen verurteilt und kritische Künstler ausgebürgert, so wie 1976 Wolf Biermann und 1977 Reiner Kunze (Weber 1993).

zentrales Anliegen der Politik der SED war. Die Jugendfürsorge in der Jugendhilfe der DDR war eingebettet in die Programmatik der Erziehung im und zum Sozialismus. Die Jugendhilfe war als Teilbereich des staatlichen Erziehungswesens und für die Abweichungen Jugendlicher von den formulierten Erziehungszielen zuständig. Die Aufgabe der Jugendfürsorge war es, als letzte Vollzugsinstanz individuelle Abweichungen zu korrigieren und zu kontrollieren.

Da sich die Erziehungspolitik der SED auf die Förderung und Erziehung von sogenannten Normal-Jugendlichen konzentrierte und dabei auf die Institutionen der Schul-, Fachschul- bzw. Hochschulbildung sowie auf die Berufsbildung setzte,[19] fristete die Jugendhilfe ein Randdasein. In der Jugendhilfe sah es so aus, dass Probleme jugendlicher Devianz und ihrer familiären Ausgangsbedingungen von der Jugendhilfe erst dann bearbeitet wurden, wenn andere gesellschaftliche Einrichtungen versagten. Bis in die sechziger Jahre hinein war von der Bildungspolitik der SED das Problem jugendlicher Abweichung in der DDR nicht ernsthaft thematisiert worden - abweichendes Verhalten von Jugendlichen galt bis in die sechziger Jahre in der DDR als Umstellungsproblem der Familien und Jugendlichen auf die sozialistische Gesellschaftsordnung sowie als Restbestand kapitalistisch-bürgerlicher Erziehungspraktiken. Erst mit Inkrafttreten des Familiengesetzbuches 1966 wurden Entwicklungsabweichungen bei Jugendlichen als Problemkreis überhaupt angesprochen, so dass die Bedeutung der Jugendhilfe ab den siebziger Jahren insgesamt zunahm. In der Jugendfürsorge der DDR, die über wenig ausgebildete Fachkräfte verfügte, bestand eine ausgeprägte Orientierung an Normalverlaufsmodellen einer sozialistischen Persönlichkeitsentwicklung. Das Handeln der JugendfürsorgerInnen konzentrierte sich in erster Linie darauf, einen positiven „gesellschaftlichen Einfluss zu organisieren" (Hoffmann 1987). Im Wege einer positiven Beeinflussung von Jugendlichen und Familien galt es, die gesellschaftlichen Kräfte für die Hilfe zu mobilisieren. Die Jugendfürsorge war dabei eine nachgeordnete Instanz, da in erster Linie die Schule und damit der Schulrat für die Erziehung der Kinder und Jugendlichen zuständig war. Reichten die Disziplinmittel der Schule nicht aus, wurden - oftmals auf Initiative der Schule - die ehrenamtlichen Jugendhilfekommissionen des Stadtteils aktiv. Diese Institution im Stadtteil tagte einmal im Monat und die JugendfürsorgerInnen nahmen an den Sitzungen teil. Dem Selbstverständnis der sozialistischen Jugendhilfe in der DDR entsprechend, nutzten

19 Die Erziehung und Bildung in der DDR unterstand dem Ministerium für Volksbildung. Diesem von Margret Honecker geleiteten Ministerium gehörten die Bereiche der Volksbildung (dazu zählten Kindergärten, Schulen, Kinder- und Jugendheime) sowie die Bereiche der betrieblichen Berufsbildung (dazu gehörte die Lehrlingsbildung) an.

die ehrenamtlichen Kommissionen ihre direkten nachbarschaftlichen Einflussmöglichkeiten, indem den Eltern wie den Jugendlichen umfangreiche Auflagen erteilt wurden, die Verhaltensänderungen herbeiführen sollten. Das ehrenamtliche Handeln umfasste auch eine positive Einflussnahme auf die Eltern. Indem z.B. Hilfestellungen im Haushalt gegeben wurde, sollte Eltern konkret vorgemacht werden, wie gute Elternschaft aussieht. Waren die Bemühungen der Schulen bzw. der Betriebe und der ehrenamtlichen Jugendhilfekommissionen erfolglos, wurde die Jugendfürsorge eingeschaltet, um eine Heimunterbringung zu veranlassen. Anhand der dann vorliegenden Zeugnisse und Berichte über den Verlauf der Erziehungsmaßnahmen wurde von den JugendfürsorgerInnen ein Verfahren zur Heimeinweisung eingeleitet. Direkten Erziehungseinfluss nahm die Jugendfürsorge nur im Einvernehmen und in Absprache mit der Schulverwaltung bzw. den Betrieben und über die ehrenamtlichen Kommissionen. Die Jugendhilfe selbst verstand sich als letztes Glied in der Kette jugendfürsorgerischer Maßnahmen und als Ausführungsorgan staatlicher Erziehung. Jedoch waren die Befugnisse der Jugendfürsorge, was die Heimeinweisung betraf, umfassend und sehr weitgehend, da ein rechtsstaatliches Kontrollorgan, das die Entscheidungen der Jugendhilfe prüfte, fehlte.

Die staatliche Jugendfürsorge partizipierte andererseits am gesellschaftlichen Diskurs über die Jugend- und Bildungspolitik der SED. Diskurse über Aufgaben und Ziele sozialistischer Erziehung vermochten es, dass sich in der Jugendfürsorge - stärker als in anderen Fürsorgebereichen - Expertisen herausbilden konnten. Die Jugendfürsorge profitierte von den jugend-, sonder- und heilpädagogischen Studiengängen, in denen ein universitärer Bildungs- und Erziehungsdiskurs geführt wurde. Expertisen in Fragen sozialistischer Bildung und Erziehung konnten zudem mittels Publikationen, wie die Fachzeitschrift Jugendhilfe aus dem Verlag Volk und Wissen, in denen ein Forum für Selbstverständnisklärung sozialistischer Jugendfürsorge bestand, entwickelt und veröffentlicht werden. Durch die universitäre und wissenschaftliche Verankerung von Erziehungsfragen und durch die Jugendforschung an der Humboldt-Universität konnte die Jugendfürsorge staatliche und gesellschaftliche Akzeptanz gewinnen und in diesem Zusammenhang ein berufliches Handlungsprofil schärfen. Die organisatorische Einbindung der Jugendhilfe in die Abteilungen beim Rat der Stadt bzw. des Kreises - die Jugendfürsorge war in ihrer Praxis eng an die Abteilungen Innere Angelegenheiten angegliedert[20] - reduzierte die Aktivitäten der Jugendfürsorge auf Aktivitäten eines ausführenden Handlungsorgans.

20 Siehe dazu die Richtlinien über das Zusammenwirken der Abteilung Innere Angelegenheiten und der Organe der Jugendhilfe von 1971. In: Bernhardt/Kuhn 1999.

Die JugendfürsorgerInnen verfügten in der Regel über eine pädagogische Grundausbildung, die in der DDR oftmals eine Pionierleiterausbildung war, in der die Grundfeste sozialistischer Erziehung verinnerlicht worden waren. Sozialpädagogische Konzepte wurden durch die Funktionsbestimmung der Jugendfürsorge als letztes Glied in der Kette jugendfürsorgerischer Maßnahmen nicht entwickelt. Die Leitbilder einer guten Familie waren oftmals von persönlichen Erfahrungen unterlegt und den Familien wurden gut gemeinte Ratschläge an die Hand gegeben. Fachliche Diskurse über die Ursachen und den Umgang mit auftretenden Arbeitsproblemen - wie z.B., wenn sich eine Familie oder die Jugendlichen fortgesetzt den Beeinflussungen entzogen - wurden in der Jugendfürsorge nicht geführt und es lag im individuellen Ermessen des Jugendfürsorgers, mit diesen Problemfällen umzugehen.[21] Das berufliche Selbstverständnis der Jugendfürsorge, letztinstanzlich zuständig zu sein, verhinderte eine Distanzierung vom Verwaltungsapparat der DDR.

In den Einrichtungen der Jugendhilfe und der Heimerziehung waren FürsorgerInnen vorwiegend in Leitungsfunktionen tätig. Als Maßnahme der Jugendhilfe hatten die Einrichtungen das Ziel, Erziehungsdefizite zu korrigieren. Kinder und Jugendliche sollten in den Einrichtungen Verhaltenskorrekturen erfahren und in eine sozialistische Ordnung hineinfinden. In der DDR wurde die Unterbringung von Kindern und Jugendlichen in Pflegefamilien weitgehend vermieden, und in den Einrichtungen sollten familiäre Defizite kompensiert werden. Abgesehen von den Jugendwerkhöfen, in denen Jugendliche untergebracht waren, die meistens bereits straffällig geworden waren, wurden die Erziehungseinrichtungen der allgemeinen Kinder- und Jugendheime oftmals im Sinne einer erweiterten Familie gesehen, obwohl dies nicht sozialistischen Erziehungstheorien entsprach.[22] Ursachen für ein familiäres Klima in den Erziehungseinrichtungen sind darin zu sehen, dass die MitarbeiterInnen in den Erziehungsheimen in der Regel keine spezielle Ausbildung hatten und eher angelernte Kräfte waren, die oftmals ihren persönlichen Vorstellungen von dem folgten, was die Kinder und Jugendlichen brauchen. Zudem sollte den Kindern ein Vorbild gegeben werden.

---

21 In der Fachliteratur finden sich Hinweise auf solche Arbeitsprobleme. Diese sind jedoch mittels Typisierungen der Familien aufgegriffen worden, wie z.B., dass es eben auch diejenigen Familien gäbe, die sich beharrlich der Hilfe entziehen würden.

22 Die sowjetische Kollektiverziehung war zwar Vorbild im Erziehungswesen der DDR, jedoch kann in der DDR eine hartnäckige Orientierung an traditionellen Mustern familienorientierter Heimerziehung aufgezeigt werden. Erziehungshilfe durch Pflegefamilien wurde jedoch eher gemieden.

Die Fürsorgeerziehung im Heim lag in starkem Maße in der Hand des Heimleiters. Durch ihn wurde das Einrichtungsmilieu weitgehend bestimmt. Der Heimleiter konnte mit Geschick eine Nische gestalten und für die Kinder und die Jugendlichen eine entwicklungsförderliche Umgebung arrangieren oder aber unkontrolliert Eigenmächtigkeiten praktizieren, die seitens des Personals auf Dauer gestellt wurden, die dann für die Kinder und Jugendlichen von Nachteil waren. Insgesamt bestand jedoch wenig staatliches Interesse an den Vorgängen in den (Sonder-)Erziehungseinrichtungen.

Die Heimerziehung, die dem örtlichen Schulrat unterstand, konnte bei guter Kooperation weitgehend vor politischen Eingriffen abgeschirmt werden. Ein zentrales Problem in der Heimerziehung war, dass Diskurse und Aktivitäten, die von der offiziellen Kurslinie der SED abwichen, zwar praktiziert wurden, dieses aber nur unter dem Vorbehalt der Nichtöffentlichkeit und Nichtauffälligkeit. Veränderungen an den Erziehungskonzepten konnten vor allen Dingen für den Schulrat zu Unannehmlichkeiten führen. Öffentliche oder fachliche Diskurse, in denen systematisch anhand einer Reflexion der Praxis über Verbesserungen in den Erziehungseinrichtungen nachgedacht worden wäre, waren offiziell nicht gewünscht bzw. sind dem informellen Bereich der Kommunikation zugeschoben worden. Einen systematischen Ausgangspunkt für Handlungsprojekte in der Erziehungshilfe jenseits der jugendpolitischen Leitlinien der SED gab es von daher nicht - zu konstatieren ist jedoch das vielfache persönliche Engagement von JugendfürsorgerInnen in der Heimleitung.

Die proklamierte Vorherrschaft des Staates im Gesamtsystem der sozialen Versorgung der DDR - so kann ergebnissichernd festgehalten werden - behinderte die Entfaltung des Berufsfeldes der Fürsorge nachhaltig. Ein gesellschaftliches Mandat - ein Auftrag - zur Bearbeitung sozialer Problemlagen wurde der staatlichen Berufsfürsorge in der DDR seitens der SED vorenthalten. Die Berufsfürsorge wurde zwar geduldet, konnte aber professionelle Standards, eine Berufsethik und eine spezifische Stilistik sowie eine Berufskultur nicht entfalten.

Zusätzliche Beschränkungen im beruflichen Handeln der Berufsfürsorge zeigen sich anhand einer genaueren wissenssoziologischen Analyse der handlungsleitenden Kategorien. Einer auf Hilfe ausgerichteten Berufsarbeit standen in der DDR zwei zentrale staatliche Richtungsvorgaben entgegen. Zum einen war die staatliche Fürsorge in der DDR stark auf die Arbeitsproduktivität hin ausgerichtet, und zum anderen stand die staatliche Fürsorge in Konkurrenz zu ehrenamtlichen Hilfeaktivitäten, so dass die Aufgabenzuteilung mittels staatlicher Weisungen nur halbherzig erfolgte.

Die staatliche Fürsorge der DDR stand im Dienste der Produktivität und des Arbeitsprozesses. Arbeit galt als zentraler Vergesellschaftungskern in der DDR (Kohli 1994:38ff.). Qua Arbeit, die im Mittelpunkt des werktätigen Lebens stand, war die soziale Absicherung der Menschen gewährleistet. Soziale Hilfe und Unterstützungen waren - der sozialpolitischen Programmatik der SED entsprechend - produktions- bzw. betriebszentriert. Die Verknüpfung von sozialer Sicherheit, Arbeitskraft und Betrieb in der DDR - die Betriebe und Produktionseinheiten der DDR waren entsprechend staatlicher Aufgabenzuweisung für die sozialen und gesundheitlichen Probleme der Menschen zuständig - ging im Kern von dem Ansatz aus, dass da, wo die Menschen arbeiteten, die Problemlagen erfasst und bearbeitet werden sollten. Um die Arbeitskraft rankte sich ein Geflecht an sozialen Dienstleistungen. Die Betriebe stellten einen umfassenden Katalog an sozialen und kulturellen Angeboten für ihre Produktivkräfte bereit, zu denen sowohl Bildungsangebote wie auch Kindergärten und Gesundheitseinrichtungen gehörten. Die Betriebe und Produktionseinheiten waren die eigentlichen Träger des Systems sozialer Sicherheit in der DDR - sie stellten Fürsorge im umfassenden Sinn sicher und die Sozial- und Gesundheitseinrichtungen waren im wesentlichen über die Produktionseinheiten bzw. Betriebe organisiert und somit Teil der Betriebsorganisation. Art und Umfang betrieblicher Fürsorge setzte dabei nicht allein bei den betrieblichen Erfordernissen an. Der betriebliche Gesundheitsschutz (einschließlich des Mutterschutzes), Maßnahmen zur Arbeitsplatzsicherheit, die Alterssicherung sowie betriebliche Prämien und soziale Vergünstigungen, wie die eines Urlaubs- und Erholungsangebots, waren Teil des Systems der Betriebsfürsorge.[23] In diesem Ansatz sozialer Versorgung und Fürsorge blieben soziale Hilfe und Unterstützung immer an die Betriebszugehörigkeit gebunden und soziale Unterstützung und Hilfe sowie eine individuelle Förderung waren zuvorderst an die Arbeit gebunden. Die Hinwendung zu sozialen Problemstellungen war eine Funktion betrieblicher Produktion. In den Fällen, in denen die betrieblichen Beziehungen, d.h. die Beziehungen zwischen einzelnen Personen und den sie umgebenden kollektiven Einheiten, gestört waren, konnte es zu erheblichen sozialen Benachteiligungen und zur Vorenthaltung von Hilfeleistungen kommen. Die Bearbeitung gesundheitlicher Probleme und sozialer Problemlagen war in der DDR ganz wesentlich entlang eines betrieblichen Sozialfürsorgesystems organisiert.

Der Ansatz der staatlichen Fürsorge im Rahmen des Arbeitsprozesses und der Produktion wurde - wie bereits dargestellt - angesichts der in der DDR weiterbestehenden sozialen Problemlagen Ende der siebziger Jahre erweitert. Die staatlichen Fürsorgeaktivitäten wurden auf andere gesell-

23 Zur betrieblichen Fürsorge gehörten auch Angebote, die heute der Sozialpädagogik bzw. der Freizeitpädagogik und der Erwachsenenbildung zugeordnet werden würden, wie z.B. Bildungsveranstaltungen oder Gesprächskreise für Frauen.

schaftliche Bereiche ausgedehnt. Durch die Zentrierung der Fürsorge auf die betrieblichen Einheiten waren soziale Problemlagen vernachlässigt worden, die nicht über die Produktion und die betrieblichen Kollektive aufgegriffen werden konnten. Unterversorgung und soziale Notlagen waren vor allen Dingen dort entstanden, wo Menschen nicht oder nicht mehr arbeitsfähig waren. Zu diesen sozialen Problemlagen gehörten solche, die sich einer Bearbeitung in den betrieblichen Einheiten sperrten. Personen, die im Zusammenhang mit Erwerbseinschränkungen - durch Formen von geistiger, körperlicher oder psychischer Behinderung oder aufgrund des Alters - nicht in die Betriebseinheiten integriert waren, konnten mit einem betriebszentrierten sozialen Sicherungssystem nicht erreicht werden. Die staatliche Sozialpolitik und Fürsorge konzentrierte sich nun zusätzlich auf jene Personengruppen, die vorübergehend oder dauerhaft nicht arbeitsfähig waren. Für die Betreuung und Hilfe dieses Personenkreises wurde staatlicherseits die berufliche Sozialfürsorge wieder eingeführt. Die SozialfürsorgerIn sollte sich den Problemlagen dieser speziellen Personengruppen im jeweiligen Wohnumfeld zuwenden.

Mit dem Berufsprofil der SozialfürsorgerIn war seitens der SED ein neuer beruflicher Zuständigkeitsbereich markiert worden. Da die SED-Führung in allen sozialen Angelegenheiten der Bevölkerung gegenüber einen exklusiven Kompetenzanspruch und eine entsprechende Führungsverantwortlichkeit proklamierte, war das Mandat der Sozialfürsorge begrenzt. Ausgeschlossen wurden Bevölkerungsgruppen, deren Lebensführung abweichend war oder Personenkreise, die nicht arbeitswillig waren. Die Bearbeitung solcher sozialer Problemlagen, wie abweichendes Verhalten und - entsprechend des offiziellen Sprachjargons - Arbeitsbummelei oder Asozialität, war auch nach der Etablierung der Sozialfürsorge anderen gesonderten Institutionen vorbehalten, wie z.B. den Abschnittsbevollmächtigten der Volkspolizei (ABV) oder den Jugendwerkhöfen, denen diese Problemfälle überantwortet wurden. Die Sozialfürsorge war für diese Problemlagen explizit nicht zuständig. Die Sozialfürsorge in der DDR konnte sich von daher nicht wirklich mit den bestehenden sozialen Problemen im Wohnumfeld und ihren Ursachen befassen. Ein tragfähiger beruflicher Handlungsansatz konnte aufgrund der staatlichen Vorgaben nicht entstehen.

Für die Sozialfürsorge bestand zudem die Schwierigkeit, dass seit der Gründung der DDR für die sozialen Belange im Wohngebiet die Massenorganisationen der SED, wie die Volkssolidarität und die Volksvertretungsorgane der Nationalen Front sowie unzählige ehrenamtliche Kommissionen, zuständig waren. Der Führungsanspruch der SED und das politische Selbstverständnis, mit Hilfe des ehrenamtlichen Engagements und der Massenorganisationen in den Stadtgebieten und Bezirken die sozialen

Belange zu erfassen und zu bearbeiten, standen einem beruflichen Handlungsansatz der Sozialfürsorge entgegen. Aufgrund der Freiwilligkeitsorganisationen waren im Wohngebiet Aktivitäten organisiert und ehrenamtliche HelferInnen im Wohngebiet im Einsatz. Diese waren in Bezug auf die Bearbeitung sozialer Problemlagen den SozialfürsorgerInnen gegenüber im Vorteil, weil die Freiwilligenorganisationen die individuelle Lebenssituation, die familiären Bedingungen und die Art der sozialen Problemlage der Menschen im Wohnumfeld sehr genau kannten. Den im Wohngebiet eingesetzten SozialfürsorgerInnen hingegen begegneten die Problembetroffenen, teilweise auch die ehrenamtlichen HelferInnen, mit Skepsis. Das ehrenamtliche Betreuungs- und Hilfeangebote der LaienhelferInnen, das von den ehrenamtlichen Organisationen gestaltet wurde, waren effektiver als die Sozialfürsorge, die in dieser Konkurrenzsituation nicht bestehen konnte, da die LaienhelferInnen als Multiplikatoren alle notwendigen Informationen über staatliche soziale Hilfeleistungen unter die Menschen brachten. Durch die Wohngebietsvertreter der Nationalen Front war andererseits die SED über einen bestehenden und reklamierten Bedarf an sozialer und materieller Absicherung in den Wohngebieten besser informiert als die Sozialfürsorge.[24] Die SozialfürsorgerInnen hatten somit im Territorium aufgrund der ehrenamtlichen Hilfestrukturen keinen wirklich tragfähigen beruflichen Ansatz. Unter diesen Bedingungen bestand für die Sozialfürsorge in der DDR die Schwierigkeit aufzuzeigen, was sie zusätzlich hätte leisten können, und was die ehrenamtlichen Helfer, aufgrund bzw. trotz ihrer lebensweltlichen Nähe im Wohngebiet, nicht zu leisten vermochten. Dieser Leistungsnachweis war aber angesichts der Rahmenbedingungen für die Sozialfürsorge ganz und gar unmöglich.

Die Einführung der beruflichen Sozialfürsorge Ende der siebziger Jahre war von Beginn an politisch halbherzig. Aufgrund der parteipolitischen Vorgaben der SED war eine berufliche Sozialfürsorge, die sich sozialen Randgruppen zuwendet, im Wohnumfeld nicht gewollt; dieses sicherlich auch, um die vorgenannten Institutionen mit ihren Sozialgeflechten und Hilfeleistungen in den Wohngebieten aus taktisch-politischen Gründen zu erhalten. Die Tätigkeitsbeschreibungen der Sozialfürsorge blieben von daher auch inhaltlich formelhaft und die Handlungsorientierungen diffus. Resümierend kann festgehalten werden, dass sich unter diesen Bedingungen ein konzeptioneller Ansatz für soziale Hilfe und Unterstützung nicht

---

24 Ein literarisches Beispiel für das Zusammenspiel der betrieblichen und ehrenamtlichen Kommissionen in der DDR und den Staatsorganen gibt Landolf Scherzer in seinem Roman: Der Erste - Eine Reportage aus der DDR. In diesem Roman handelt es sich um die Arbeit des ersten Kreissekretärs Hans-Dieter Fritschler in Bad Salzungen, den Scherzer vier Wochen lang begleitet und diese Eindrücke literarisch verarbeitet hat (Scherzer 1989).

entfalten konnte und ein berufliches Selbstverständnis nicht ausformuliert worden ist.

Die Gesellschaftskonzeption der DDR fokussierte den wirtschaftlichen Fortschritt als Königsweg zur Entwicklung einer sozialistischen Gesellschaft, auch auf die Zukunft hin. Das Individuum wurde in dieser Gesellschaftskonzeption als Teil einer kollektiven Bestrebung betrachtet und das Individuelle von einer kollektiven Entwicklung her gedacht. Individuelle Entwicklung und Entfaltung war an den kollektiven Fortschritt gebunden und Ausdruck bzw. Gradmesser des sozialistischen Fortschritts. In einer solchen Perspektive bedeutet dies, dass sich Individuum und Kollektiv wechselseitig harmonisch ergänzen und dem gesellschaftlichen Ziel einer voll entwickelten sozialistischen Gesellschaft bzw. sozialistischen Persönlichkeit zustreben. Vorstellungsgehalte der harmonischen Entsprechung von Individuum und Kollektiv finden sich dann auch im Menschenbild wieder, in dem z.B. der Mensch als Spiegel seiner Umwelt angesehen wird. Die Entwicklung der Kollektivkräfte und ein Fortschreiten gesellschaftlicher Kräfte ist Ausgangspunkt der individuellen Entwicklung. Die Beziehungen der Menschen sowie die der gesellschaftlichen Bereiche untereinander sind aus diesen Vorstellungen heraus an sich bereits verzahnt. Ein Konfliktpotential in den Gegenseitigkeitsbeziehungen kann unter einem solchen Prä des kollektiven Fortschreitens nicht gesehen bzw. nicht benannt werden.

Soziale Problemlagen - wie z.B. abweichendes Verhalten - wurden, wo sie auftraten, entweder als Versorgungslücke definiert, der dann mit einer sozialpolitischen Programmatik begegnet worden ist, oder soziale Problemlagen wurden als eine Gefährdung des gesellschaftlichen Strebens durch persönliches Versagen einzelner Gesellschaftsmitglieder gedeutet. In einer Perspektive, in der eine Gesellschaft als große Familie betrachtet wird, die mit einheitlichem Interesse gemeinsam geteilte Ziele verfolgt, kann eine Problemsichtweise und -definition in Bezug auf das Soziale nur schwer zugelassen werden. Soziale Problemlagen wurden - da wo sie in den Augen der SED berechtigt waren - immer zum Ausgangspunkt einer staatlich gelenkten Wirtschafts- und Sozialpolitik, und der Staat war generell für die Wohlfahrt der Bevölkerung zuständig.

Unter dem Sinnhimmel einer Gesellschaft, in der im Kern von einer harmonischen Beziehung zwischen Individuum und Gesellschaft ausgegangen wird und in der Individuum und Kollektiv in eins gesetzt werden, können Diskrepanzen, da wo sie zu Tage treten, nur schwer ausgehalten werden. Diskrepante individuelle Entwicklungen, z.B. der Art, dass es individuell eigenwillige Entwicklungsverläufe gibt, sind unter einem Primat der Sichtweise einer prästabilisierten Harmonie schwer vorstellbar. Problembestände werden dann eher negiert bzw. zum Anlass steuernder staatlicher Lenkung genommen. Unter diesen Vorgaben und in dieser Sichtweise werden diskrepante Entwicklungsverläufe zudem schnell in Kategorien von Abweichung gedacht. In dieser Sichtweise ist impliziert, dass soziale Problemlagen immer gleich auch als gesellschaftliche Ordnungsprobleme angesehen werden. Diskrepante individuelle Entwicklungen gefährden den kollektiven Fortschritt und werden negiert bzw. dem Individuum zugeschrieben. Eine Sichtweise, dass diskrepante individuelle Entwicklungen auch zum Wohle einer Gesellschaft beitragen können und legitime Hintergründe haben, kann dann nicht zugelassen werden. Diese Sozialformschematisierung der DDR-Gesellschaft hatte ihre humane Seite, sie konnte aber auch die individuelle Entwicklung und biographische Entfaltung drastisch einschränken.

Die berufliche Fürsorge, die aber gerade an den Phänomenen nicht gelungener individueller und sozialer Entwicklungen und diskrepanten Entwicklungsprozessen ansetzt und sich mit sozialer Ungleichheit und sozialer Ungerechtigkeit befasst, ist notwendig auf das Anerkennen solcher gesellschaftlicher und sozialer Prozesse angewiesen. Ein gesellschaftliches Mandat (Hughes 1984) wird - so scheint es - nur dann an eine Berufsgruppe, die Hilfe leistet, delegiert, wenn Diskrepanzen zwischen individueller und kollektiver Entwicklung anerkannt sind. Die staatliche Fürsorge der DDR hatte insbesondere deshalb Schwierigkeiten, einen legitimen Sinn- und Aktivitätsbereich zu entfalten. Programmatisch und ideologiebezogen gab es in der DDR soziale Problemlagen oder Problembündelungen, die neben einer staatlichen Lenkung und Führung einen spezialisierten Beruf erfordert hätten, nicht. Die staatliche Fürsorge hatte in der DDR deshalb Schwierigkeiten, ihren beruflichen Handlungsbereich abzugrenzen. Letztendlich war es Aufgabe jedes DDR-Bürgers, sich für den kollektiven und damit auch individuellen Fortschritt verantwortlich zu fühlen und daran mitzuwirken. Im Denkansatz der DDR-Führung war die berufliche Fürsorge ein vorübergehendes und zukünftig überfällig werdendes Berufsbild.

Unter den Bedingungen einer nur als vorübergehende Ergänzung der staatlichen Sozialpolitik betrachteten beruflichen Fürsorge war es - wie oben dargelegt - für die berufliche Fürsorge nachhaltig schwierig, einen beruflichen Handlungsrahmen und eigenständige Kategorien zur Kennzeichnung der zu bearbeitenden Problembestände zu entwickeln. Daraus wiederum ergaben sich Handlungsprobleme in der beruflichen Fürsorge, die mit dem Fehlen an Kategorien zur Einordnung ihres Handlungsgegenstands zusammenhängen.

2.2.2 *Kategoriensystem der staatlichen Berufsfürsorge*

Der pointierteste Ansatz in der staatlichen Fürsorge der DDR war der, an der Gesundheit anzusetzen. Die hohe Zahl an Dispensaireeinrichtungen und das flächendeckende Angebot der Mütterfürsorge, die als ,Perle des Fürsorgeberufs' in der Gesundheitsfürsorge der DDR galt, zeigt, dass in der Gesundheitsfürsorge der DDR an Fürsorgemodelle der Weimarer Republik angeknüpft worden ist. So geht z.B. die Bezeichnung der Einrichtungen als Dispensaires auf die Fürsorgemodelle der Weimarer Republik zurück. Die enge Verknüpfung der Gesundheits- mit der Sozialsphäre in der DDR weist auf Fürsorgemodelle hin, die ihre historischen Wurzeln und Vorläufer in den Fürsorgemodellen und den Sozialarbeitstheorien der Weimarer Republik hatten (Labisch/Tennstedt 1990; Sachße 1986; Haag 1994). Obwohl bereits in der Weimarer Republik erste Bemühungen unternommen worden waren, die Gesundheits- und Sozialsphäre stärker voneinander zu trennen - die allerdings in der Zeit des Nationalsozialismus wieder stärker zusammengeführt wurden (Haag 1994; Ayass 1993) -, tradierte die DDR diese Form des Fürsorgemodells. In der Gesundheitsfürsorge wurden Gesundheitssphäre und Sozialsphäre - besonders in der Mütterfürsorge, in der eine Art Familienhilfe mit Einfluss auf den häuslichen Bereich vorgenommen wurde - auf routinierte und alltägliche Weise verknüpft. Der Gesundheit der Gesellschaft und der Gesundheit von Mutter und Kind als Keimzelle der Gesellschaft wurde ein besonderer Stellenwert beigemessen. Dies weist auf traditionelle Sozialwerttheorien im Fürsorgewesen der DDR hin. Bestimmten Klienten und Klientengruppen wurde ein besonderer gesellschaftlicher und sozialer Wert beigemessen und soziale Hilfen wurden für diesen Personenkreis dann in besonderem Umfang gewährt. Das flächendeckende institutionalisierte Betreuungsangebot der Mütterfürsorge steht auch in der Tradition einer auf gesundheits- und sozialhygienische Aspekte ausgerichteten Fürsorge.[25] An die Fürsorgekonzeptionen der Weimarer Zeit war in der DDR angeknüpft worden, weil sie zum einen Ansätze enthielten, in die Forderungen der

---

25 Im Vergleich dazu wurden in der BRD bereits seit ihrer Gründung die Aufgaben des öffentlichen Gesundheitswesens stark reduziert (Süß 1998:66). Dies wirkte auf die westdeutsche Sozialarbeitskonzeption insofern, dass eine stärkere Trennung bzw. Akzentuierung der Gesundheits- von der Sozialsphäre erfolgte. Die westdeutschen Gesundheitsfürsorgerinnen der sechziger Jahre waren zwar ebenfalls zahlreich im öffentlichen Gesundheitsdienst und den Gesundheitsämtern tätig, jedoch konnte das Gesundheitswesen eine führende Stellung in der Berufsentwicklung der Sozialarbeit nicht behaupten. Die Familienhilfe entwickelte sich zum eigenständigen Arbeitsfeld und eine Anbindung an das Gesundheitswesen war zurückgewiesen worden. Hilfen für Mütter und Kinder wurden in Westdeutschland dann in die Jugendhilfe integriert und weitgehend freien Trägern übertragen.

Arbeiterbewegung zum Gesundheitsschutz eingeflossen waren - und damit auch ein Schnitt zur nationalsozialistischen Fürsorgepolitik betont wurde -, und andererseits war ein fürsorgerischer Ansatz an den gesundheitlichen Problemlagen politisch opportun. Gesundheitsprobleme sind nicht oder im ersten Zugriff nur sehr schwer als gesellschaftlich verursachte Problemlagen zu erkennen. Fürsorge im Bereich des Gesundheitswesens erfordert nicht zwingend eine Analyse gesellschaftlicher Ausgangsbedingungen. Eine staatliche Fürsorge in diesem Feld war für die DDR-Führung keine wirklich einzurechnende Größe bei der Bearbeitung sozialer Problemstellungen, und sie barg kein Kritikpotential, das die (sozial-)politische Linie der SED in Frage gestellt hätte. Mittels des Ansatzes der Fürsorge an der Gesundheit bestand keine Gefahr, dass Miasmen der Gesellschaft mittels der Fürsorgeaktivitäten direkt sichtbar bzw. deutlich benannt werden würden.

Die SED, die programmatisch den öffentlichen Gesundheitssektor und damit auch die Gesundheitsfürsorge förderte, kam durch das Faktum Gesundheitsfürsorge nicht in die Verlegenheit, Ursachen sozialer Problemlagen einer genaueren Analyse zu unterziehen. Die Gesundheitsfürsorge, die in der DDR dann auch als medizinischer Hilfsberuf angesehen wurde, konnte lediglich rudimentär einen eigenständigen Sinn- und Handlungsbereich aufbauen.[26]

Aus dieser Konstellation heraus ergibt sich, dass auch die Gesundheitsfürsorge eine Hilfetheorie nicht begründen konnte. Eine an sozialen Problemlagen orientierte Hilfetheorie, die eine individuelle bzw. fallbezogene Hilfe hätte begründen können, konnte sich aufgrund der Übernahme medizinischer Klassifikationen nicht entwickeln. Die Problemsichtweisen der Gesundheitsfürsorgerinnen ‚versandeten' im medizinischen Versorgungssystem. Durch die Verknüpfung von Gesundheitssphäre

26 Eine enge Abstimmung und Verknüpfung gesundheitlicher und sozialer Problemlagen, wie es z.B. in dem angelsächsischen Modell des social work auch üblich ist, lebt in Deutschland in den sogenannten public-health Studiengängen in den letzten Jahren wieder auf. Das Modell der Verknüpfung gesundheitlicher und sozialer Probleme, das seine Grundlagen in der jeweiligen gesellschaftlichen Konzeption von Sozialpolitik hat, weist - wie gezeigt wurde - problematische Aspekte auf. Die Problematik der engen Abstimmung zwischen der Gesundheits- und Sozialsphäre liegt darin, dass die sozialen Problemlagen angesichts der Dominanz der Medizinexperten und des medizinisch-naturwissenschaftlichen Paradigmas in der Medizin nicht deutlich - in eigenständigen analytischen Kategorien, die fallabgeleitet sein sollten - gesehen und benannt werden können. Die Gründung von Sozial- und Gesundheitswesenfachbereichen - nicht nur in den neuen Bundesländern -, mit denen die Sozialarbeit in die Nähe der Gesundheitsberufe gerückt wird, sollte in Hinblick auf die sich daraus ergebenden problematischen Handlungsgrundlagen für die Sozialarbeit genauer erörtert werden.

mit der Sozialsphäre war ein eingehenderer, analytischer Blick auf die Ursachen sozialer Problemlagen verbaut. Die enge Abstimmung zwischen der Gesundheitssphäre und der Sozialsphäre barg dann auch die Schwierigkeit, die sozialen Problemlagen und ihre gesellschaftlichen Ursachen überhaupt noch in den Blick zu bekommen, da die medizinisch-naturwissenschaftliche Paradigmen der Medizin sich einer Thematisierung sozialer Problemlagen - anhand der Orientierung auf Kategorien hin, wie parametergestützte Gesundheits- bzw. Krankheitskategorien - versperrten. In der staatlichen Gesundheitsfürsorge konnte eine Differenzierung und Ausgestaltung von fallorientierten Problemsichtweisen, die die sozialen Problemlagen der Klienten genau in den Blick nimmt, nicht erfolgen. Vielmehr entstanden in der Gesundheitsfürsorge nun die Schwierigkeiten, dass oftmals nicht mehr deutlich war, ob es sich in der Gesundheitsfürsorge um Gesundheitskontrolle, um eine Art Gesundheitsberatung oder um Gesundheitsvorsorge handelte. Die Aktivitäten der Gesundheitsfürsorge waren von denen anderer medizinischer Hilfsberufe deshalb oftmals auch nur schwer abzugrenzen.

In der Sozialfürsorge setzte die Klassifikation der sozialen Problemlagen an der Sozialkategorie potentieller Klientengruppen an. Zu dem Klientel, das nicht im Rahmen betrieblicher Sozialbeziehungen versorgt werden konnte, weil es aus diesen herausgefallen war, gehörten Problemgruppen, wie ältere Menschen, behinderte Menschen, kinderreiche Familien, Alleinstehende und Opfer des Nationalsozialismus.

In Hinblick auf die Klassifizierung - und die diesbezügliche Theoriebildung - dieser sozialen Problemlagen ergaben sich für die Fürsorge gleich mehrere Schwierigkeiten. Das Prinzip der Zuständigkeit einer auf Hilfe bezogenen Sozialfürsorge blieb ungenau. Die anhand von Zielgruppen vorgenommene Zuständigkeit der Sozialfürsorge hatte per definitionem nicht die Analyse von Lebensbedingungen und sozialen Problemlagen zur Grundlage. Diese Zuständigkeit war staatlicherseits vorgegeben. Bei diesen Vorgaben blieb allerdings unklar, wodurch die Zielgruppen hilfe- oder unterstützungsbedürftig wurden. Ältere Menschen sowie kinderreiche Familien und Alleinerziehende waren und sind ja nicht per se unterstützungsbedürftig. Unklar blieb in der Sozialfürsorge auch, inwiefern Opfer des Faschismus hilfebedürftig waren. Aufgrund der Sozialkategorien der Sozialfürsorge wird nicht zwingend deutlich, welche Art der Unterstützung diese Gruppen benötigen und welche Form der Fürsorge gebraucht wird. So wäre z.B. für eine begründete Handlungskonzeption zu klären gewesen, welche Hilfe im Einzelnen z.B. bei einer kinderreichen Familie - neben den betrieblichen und finanziellen Hilfen, die in der DDR ebenfalls für diesen Personenkreis vorgesehen waren - darüber hinausgehend denn noch notwendig wäre; d.h. es hätten singulär Problemkategorien entwickelt werden müssen, die z.B. in einer Theorie der Unterversorgung hätten systematisiert werden können. Der Personenkreis als solcher - ohne dass der spezifische Hintergrund für die soziale Notlage bzw. die sozialen Problemlagen ausgeleuchtet worden wäre, der diese Personengruppen in besonderer Weise auszeichnet - ist für eine Hilfetheorie zu unspezifisch. Die paternalistische staatliche Haltung gegenüber einzelnen Bevölkerungsgruppen der DDR-Gesellschaft, die per programmatische Definition zur Sozialkategorie der DDR-Gesellschaft avancierten, konnte insofern keinen wirklichen Ansatz für eine Hilfetheorie in sich bergen. Die programmatische Annahme eines Fürsorgebedarfs für oben genannte Zielgruppen reicht für eine fundierte, auf Hilfehandeln abzielende Handlungskonzeption nicht aus. Die Klassifikation der Problemlagen, anhand von Zielgruppen vorgenommen, war nicht exklusiv genug bzw. nicht genügend exponiert, um die Fürsorge theoretisch zu begründen. Warum sich die fürsorgerische Hilfe auf diese - und nicht etwa auf andere Gruppierungen - erstreckte, hatte kein in sich tragendes theoretisches Prinzip, aus dem heraus ein berufliches Handlungsverständnis hätte abgeleitet werden können.

Die von der SED halbherzig eingeführte Sozialfürsorge hatte - neben ihrem Zuständigkeitsbereich außerhalb des Arbeitsplatzes - zudem noch zu beachten, dass sich die Personen und Personengruppen in keinen größeren Schwierigkeiten befanden. Die Sozialfürsorge unterlag der grundlegenden Handlungseinschränkung in Fällen, in denen sich hilfebedürftige Personen- oder Klientengruppen im Wohngebiet abweichend oder kriminell verhielten. Sie wurden von vornherein als Nicht-Klienten der Sozialfürsorge definiert. Diese Zielgruppen hätten zwar einen wirklichen Hilfeansatz begründen können, fielen aber explizit nicht in die Zuständigkeit der Sozialfürsorge. Bei fortgesetzten Verhaltensauffälligkeiten war eine Platzierung in Spezial- und Sondereinrichtungen vorgesehen. Dies bedeutete, dass in den Fällen, in denen echte Probleme auftraten - in dem Sinne, dass sie gesellschaftlich zentrale Fragen aufwarfen -, diese dann aus der Sozialfürsorge ausgegliedert und an andere Institutionen weiterverwiesen wurden. Insofern wurde immer dann, wenn, bezogen auf die Personengruppen, für die die Sozialfürsorge im sozialen Nahraum zuständig war, ein individuell und sozial relevantes Problem auftauchte und eine Analyse der strukturellen bzw. lebensgeschichtlich-sozialen Bedingungen hätte beginnen müssen - z.B. was gesellschaftliche und persönliche Ursachen für abweichendes Verhalten sein könnten -, diese Personengruppen aus der Zuständigkeit der Sozialfürsorge herausfielen. Diese zusätzliche Bedingung, dass es sich um Personengruppen mit harmlosen Schwierigkeiten handeln musste, führte in der staatlichen Sozialfürsorge dazu, dass eine Hilfetheorie nicht begründet werden konnte. Anhand von unspezifischen Sammelkategorien war eine ausreichende Handlungsabgrenzung zu den anderen Einrichtungen der DDR-Gesellschaft nicht zu leisten und ein beruflicher Handlungs- und Theoriebereich nicht zu begründen.

Vergleicht man die zur Anwendung gelangten Kategorien in der Gesundheitsfürsorge mit denen der Sozialfürsorge, so fällt auf, dass hier zusätzlich noch problematisch war, die Gesundheitsschwierigkeiten von den anderen Schwierigkeiten im Leben abzugrenzen. Die Trennung zwischen Gesundheitsproblemen und solchen, die anders und davon abgrenzbar sind, waren als strukturierende Prinzipien in der Praxis der Fürsorge unproduktiv. Die beruflichen Handlungsaufgaben, vor die sich die staatlichen FürsorgerInnen gestellt sahen, zeigen, dass soziale Problemlagen eben oftmals sowohl einen gesundheitlichen Aspekt im engeren Sinne beinhalten konnten, für den dann die Gesundheitsfürsorge zuständig war, sowie einen lebensweltlichen Aspekt - wie z.B. die Absicherung der sozialen Existenz und die Organisation materieller Hilfen im Lebensalltag -, für den dann die speziellere Sozialfürsorge zuständig war. In der Praxis war diese (willkürliche und theoretisch nicht begründbare) Trennung der beruflichen Fürsorgebereiche nicht wirklich durchhaltbar und führte zu Arbeitsschwierigkeiten - z.B. wenn Menschen mit chronischen Erkrankungen in die Dispensaire-Betreuung kamen und durch die künstliche Trennung der beiden Hilfebereiche dann zur Sozialfürsorge gelangten. In den Überschneidungsbereichen von Gesundheits- und Sozialfürsorge kam es zudem zu Grauzonen in Bezug auf die Zuständigkeit, wobei Hilfe für die Betroffenen dann bei diesen nicht mehr ankam.

Es zeigt sich, dass in der staatlichen Fürsorge der DDR die Handlungsbedingungen - und zwar die institutionell-organisatorischen wie auch solche, die auf die die Gesellschaft fundierenden Überzeugungen und Sichtweisen zurückgehen - zu einer grundlegenden Analyseschwäche und damit auch Handlungsschwäche führten. Fallbezogene Analysen, die ja immer auch die Ursachenbedingungen der jeweiligen sozialen Problemlagen mit einbeziehen - und damit eine systematische Fallbetrachtungsweise überhaupt erst ermöglichen -, waren unter diesen Handlungsbedingungen beruflich nicht zu verankern. Fehlen aber fallbezogene Analysen, so kann folglich auch eine Prozessorientierung im beruflichen Handeln nicht entstehen.

Die staatliche Berufsfürsorge hatte von daher die grundlegende Schwierigkeit, einen Begriffsrahmen zu begründen, um soziale Problemlagen zu bezeichnen. Die Herausbildung eines solchen Begriffsrahmens sozialer Hilfebedürftigkeit und sozialer Problembestände wurde einerseits durch Vorgaben aktiv behindert, andererseits waren es aber gerade auch elementare Anschauungen in der DDR-Gesellschaft, wie die Vorstellungen eines harmonischen Fortschreitens des Sozialismus, die quasi automatisch zu einer Theoriebehinderung führten.

Die Handlungsansätze der staatlichen Fürsorge waren somit allesamt nicht theoriefähig und konnten die Notwendigkeit einer beruflichen Fürsorge in der DDR in Abgrenzung zu anderen Einrichtungsformen der Hilfe nicht wirklich schlüssig begründen. Ein echter Hilfeansatz kann sich aber nur mit einer rahmenden Theorie entwickeln, die auch die Ursachen sozialer Problemlagen thematisiert. Die Schwierigkeiten der beruflichen Fürsorge der DDR bestand nun aber gerade darin, die sozialen Problemlagen nicht wirklich benennen bzw. definieren zu können, weil eine Definition und eine Abgrenzung eines originären Sinn- und Handlungsfeldes - u.a. aufgrund der übermächtigen Sozialformschematisierung einer in sich harmonischen Gesellschaft - nicht möglich war. Die staatliche Fürsorge war deshalb auch wenig zielgenau. Ein Hilfeansatz, der den Problemlagen der Klienten gerecht werden will, kann nur mit einer Theorie geleistet werden, wie z.B. eine Theorie über die Ursachen, die Prozessabläufe bzw. die intervenierenden Faktoren bei sozialen Problemlagen. Das Fehlen von eigenständigen Analysekategorien bzw. eines integrierten Systems an analytischen Kategorien - wie z.B. Problemtypen - bedeutet aber für einen jedweden Berufsbereich ein strukturelles Defizit. Die staatliche Fürsorge der DDR konnte eine solche Theorie über ihren Gegenstandsbereich - eine Fürsorgetheorie oder besser: eine Theorie der Hilfe für KlientInnen -, die vermocht hätte, die von den Problembetroffenen vorgebrachten und formulierten sozialen Nöte und Problemlagen zu klassifizieren und deutend zu verstehen, nicht ausformulieren. Erst eine (solche) Theorie ermöglicht es der FürsorgerIn bzw. der SozialarbeiterIn aber, einen Sinn- und Handlungshorizont aufzuspannen und prozessorientiert zu handeln.

Für die Problembetroffenen konnte dies gravierende Folgen haben. Die staatliche Fürsorge operierte mit Kategorien und mit einer Berufsethik, in der gesellschaftliche Sichtweisen und Alltagssichtweisen durch die Berufsakteure ungebrochen übernommen wurden und zur Anwendung kamen. Für die Betroffenen bedeutete dies wiederum, dass Commonsense-Problemeinordnungskategorien verwendet wurden, wie z.B. Asoziale oder Arbeitsscheue. Diese Kategorisierungen wurden zur Abgrenzung der Zuständigkeit herangezogen. Kennzeichnungen dieser Art dienten dem Ausschluss spezifischer Problemzusammenhänge aus dem Bereich der staatlichen Fürsorge. Betroffene konnten aufgrund der zur Anwendung kommenden Problemeinordnungskategorien nicht auf eine spezifische bzw. berufsethisch begründete Sichtweise hoffen. Die Verwendung elementarer Klassifikationen konnte im Extremfall dazu führen, dass Hilfe verweigert wurde und unhinterfragt bei den Betroffenen nach dem persönlichen Versagen gesucht wurde. Das berufliche Kategoriensystem der staatlichen Fürsorge vermochte es nicht, gesellschaftliche Commonsense-

Anschauungen zu transzendieren.[27] Freilich führte ein Mangel an Ressourcen, der mit dem nur bedingt erteilten gesellschaftlichen Mandat an die staatliche Berufsfürsorge einher ging, dazu, dass sich ein exklusiver Wissensbereich nicht etablierte; z.B. fehlten längere Ausbildungsprozesse bzw. Studiengänge, in denen soziale Problemlagen genauer betrachtet und Problemtypen hätten systematisiert werden können.

Ergebnissichernd kann festgehalten werden, dass Setzungen im symbolischen Sinnhimmel der DDR-Gesellschaft die Konsequenz hatte, dass die staatliche Fürsorge einen originären höhersymbolischen Wissensbereich nicht etablieren konnte. Staatliche FürsorgerInnen waren Teil des staatlichen Versorgungssystems und ein Instrumentarium zur transzendierenden Distanz konnte nicht entwickelt werden. Eine schleichende Sinnentleerung beruflicher Hilfearbeit, die als Entberuflichung der Fürsorge bezeichnet werden kann, war die Folge.

2.2.3 Handlungs- und Interventionsprobleme

Das Fehlen einer rahmenden Theorie bzw. von beruflichen Kategorien hatte zur Folge, dass in der staatlichen Fürsorge die Handlungsansätze in weiten Teilen nicht wirkten. Der gesellschaftlichen und theoretischen Unbestimmtheit der Problemlagen entsprach, dass die grundlegenden Arbeitsvollzüge und Interventionsformen, also die grundlegenden Handlungsschemata der Fürsorge der DDR in den staatlichen Einrichtungen, unklar blieben.

Handlungsansätze ohne Kategorienapparat und ohne rahmende Theorie, die z.B. ein Wissen über Entwicklungsprozesse von Menschen in sozialen Problemlagen bzw. über Problementfaltungsprozesse enthalten, müssen zwangsläufig inhaltsleer bleiben. Die grundlegende Unbestimmtheit in Bezug auf das, was der Fall ist, führte in der staatlichen Fürsorgearbeit der DDR dazu, dass eine Prozessorientierung im beruflichen Handeln weitestgehend ausblieb. Dieser Mangel an Prozessorientierung bezog sich dabei sowohl auf die Analyse der Problementwicklung wie auch auf die Problembearbeitung selbst sowie auf die Reflexion des gesamten beruflichen Handlungsablaufs. Berufliche Handlungsschemata waren von flächendeckender Routinearbeit geprägt. Die Problembestände, die weitgehend vordefiniert waren, schablonisierten und segmentierten die Hilfearbeit. Ein vorausgesetztes gemeinsames und festgefügtes Normen- und

27 Selbstverständlich gibt und gab es auch in der westdeutschen Sozialarbeit solche eingebauten Mechanismen, die Theorietabuisierung bzw. zu Theoriebarrieren zur Folge haben. Sie gehen auf nicht durchdachte und aufeinander bezogene Annahmen von kollektiven und individuellen Entwicklungsprozessen zurück.

Wertesystem ließ ein Verstehen der Problembetroffenen von deren eigenen Thematisierungen her als verzichtbar erscheinen. Die Verwendung der gleichen Sprachsymbole von der FürsorgerIn und von den Problembetroffenen, erübrigt eine Klärung der Perspektiven in der Interaktion. Eine Perspektivendifferenz konnte dann konzeptionell auch nicht zum Tragen kommen. Sie setzt Vorstellungen einer Multiperspektivität im sozialen Feld voraus, aus der heraus gerade soziale Konflikte entstehen. Die Hintergrundannahme der harmonisch verlaufenden Entwicklung von Individuum und Kollektiv führte bei den staatlichen FürsorgerInnen dazu, dass bei Abweichung, eine relativ geringe Flexibilität bestand, da z.B. Abweichungen den Problembetroffenen intentional zugerechnet wurden. Konzepte, die über ein individuelles Versagen hinausgingen, waren kaum vorhanden. Einerseits wurden bestimmte Problembetroffene besonders gefördert[28] - der Abstand zwischen den Problembetroffenen und dem Kern der Gesellschaft war auch aus Sicht der Fürsorge nicht so groß -, und der präventive und flächendeckende Versorgungsauftrag wirkte teilweise einer sozialen Stigmatisierung durch die Inanspruchnahme der Fürsorge bei den Problembetroffenen entgegen. Andererseits - und das ist der zentrale Punkt - wurden Problembetroffene, da sie nicht von deren Thematisierungen her verstanden wurden, aus dem Arbeitsbereich der beruflichen Fürsorge ausgegrenzt, wenn nicht ein bestimmter Mangel ausgeglichen werden musste oder gesundheitliche Probleme bestanden. Personen, die fortgesetzt nicht im Sinne der staatlichen Ordnung funktionierten oder sich fortgesetzt nicht normkonform verhielten, indem sie z.B. nicht arbeiteten, wurden auch seitens der staatlichen Fürsorge als unsolidarisch betrachtet und anderen Stellen, z.B. der Polizei und den ABVs, zugeführt bzw. überlassen. In der staatlichen Fürsorge bestand ferner die Tendenz, fortgesetztes abweichendes Verhalten, wie z.B. das Verhalten der Tippelbrüder in einer auf Arbeit ausgerichteten Gesellschaft, als Vorsätzlichkeit zu deuten und drastisch zu sanktionieren. Die berufliche Fürsorge der DDR entwickelte hier keine Gegenkonzepte und obgleich es sicherlich individuell einen menschlichen Umgang von Seiten der FürsorgerInnen in solchen Fällen gab, blieb die berufliche Fürsorge in diesen Problembereichen tendenziell konzeptionslos.

Ein Mangel an Prozessorientierung zeigt sich auch in den vorherrschenden Interventionen in der staatlichen Fürsorge. In den staatlichen Einrichtungen lag der Handlungsschwerpunkt auf der Hilfe zur Existenzgestaltung. Die FürsorgerInnen ermittelten einen Bedarf, z.B. an mehr Wohnraum, und übernahmen dann auch die Regelung dieses Bedarfs,

28 Das gilt insbesondere für ‚gebesserte' Jugendliche aus Heimen, für die ein Arbeitsplatz relativ unaufwendig organisiert werden konnte.

indem sie einen Betrieb bzw. eine andere Stelle kontaktierten. Ziel dieser Vorgehensweise war es, die Unterversorgung zu bewältigen und stellvertretend für die Betroffenen eine Lösung zu finden. Interventionsstrategien der Beratung und Bildung mit dem Ziel, die Betroffenen in den Stand zu versetzen, selbst zu handeln, waren in der Fürsorge der DDR aufgrund des Fehlens einer Entwicklungstheorie unterrepräsentiert. Aufgrund der fehlenden Prozessorientierung in der Fürsorge konnten auch Interventionen - ob in einem Fall Beratungsstrategien oder etwa in einem anderen Fall Erziehungsstrategien zu wählen sind - nicht differenziert eingesetzt werden.

Eine Interventionsform in der staatlichen Fürsorge war die der Platzierung in passende soziale Gebilde. Betroffene, die nicht integriert und aus sozialen Bezügen herausgefallen waren, wurden in passende soziale Gebilde transportiert bzw. hineinplatziert - so z.B. in betriebliche Einheiten oder in Hausgemeinschaften. Hierbei fungierte die Fürsorge als Zuweisungs- und Vernetzungsinstanz in andere gesellschaftliche Bereiche hinein. Mit Hilfe ehrenamtlicher Helfer und Organisationen, die dann die eigentliche Beziehungsarbeit leisteten, sollten diese Menschen wieder integriert werden. Die Interventionsform der Neuplatzierung, die zu den klassischen Methoden der Sozialarbeit zählt (Richmond 1922), trägt den Entwicklungsgedanken in sich, durch die Neugestaltung des sozialen Umfeldes individuelle Entwicklungsprozesse zu fördern. Die Interventionen wurden in der DDR jedoch in entscheidenden Punkten variiert. Im Unterschied zu den Ansätzen in der amerikanischen Sozialarbeit lagen dem situationsgestaltenden Ansatz der DDR-Fürsorge weniger die Vorstellungen zugrunde, dass die sozialen Gebilde, in die Klienten hineingebracht werden, entsprechend den Bedürfnissen und der Entwicklungsdefizite gestaltet sein sollen.[29] In der DDR-Fürsorge wurde jedoch von einer gesamtgesellschaftlichen Ordnung her gedacht, die konkret gefasst ist und in der - entsprechend der Gesellschaftskonzeption - der Einzelne einen festen und bestimmten Platz im Sozialgefüge hat. Die Interventionen in der DDR-Fürsorge wurden vor dem Horizont einer klaren gesamtgesellschaftlichen Ordnung vorgenommen, und die Platzierung in neue sozialweltliche Kontexte hinein verfolgte ein durch die Gesellschaftsordnung vorab bereits bekanntes und konkret festgelegtes (Entwicklungs-) Ziel. Das bedeutete, dass da, wo ein gesellschaftliches Ganzes immer das Prä vor individuellen

29 In den Ansätzen der amerikanischen Sozialarbeit werden je nach Fall in den Familien, den Milieus oder in den Sozialen Welten entwicklungsförderliche Merkmale gesucht, in denen die Klienten etwas lernen können bzw. die deren Entwicklung fördern. In ihrem Buch Social Diagnosis (1917) wird von Mary Richmond diese Interventionsstrategie erörtert, die auf soziales Lernen durch die Veränderung der Umgebung des Klienten abzielt.

Bedürfnissen hat, ein konkretes Sozialisationsziel verfolgt wird und dass der gesamtgesellschaftlichen Ordnung immer ein Vorrang eingeräumt wird. Dabei gerät dann eine Intervention, wie die der Neuplatzierung, zu einem starren Instrumentarium der Bevormundung und Gängelung. Die staatliche Fürsorge in der DDR, in der kollektiv geteilte Vorstellungen darüber bestanden, wo der richtige Platz bzw. der richtige Sozialisationsort für die Problembetroffenen ist, verfuhr dann auch entsprechend rigide.

Da die zu treffenden Vorkehrungen und Veränderungen des sozialen Umfeldes nicht im Einzelfall - unter Ansehung des bisherigen Entwicklungsverlaufs eines sozialen Prozesses oder einer individuellen Entwicklung - abgewogen wurden, konnten hierbei dann auch sekundäre Devianzverläufe (Lemert 1982) entstehen. Das Hinein-gesetzt-Werden in einen neuen Sozialzusammenhang, der von dem Betroffenen i.d.R. als fremd erlebt wird, förderte oftmals gerade keine Identitätsentwicklung bzw. Lernmöglichkeit, sondern Fremdheitserfahrungen des Problembetroffenen, so dass identitätsstrukturelle Defizite fort- und festgeschrieben und bereits eingetretene lebensgeschichtliche Prozessierungen beschleunigt worden sind. Die Interventionsform der Neugestaltung der sozialen Situation birgt vor dem Hintergrund starrer gesellschaftlicher Ordnungsvorstellungen des Weiteren dann Stigmatisierungspotential, wenn die eingesetzte Hilfestrategie der Platzierung in fremde soziale Kontexte nicht erfolgreich verläuft. Sofern diese nicht an den individuellen Entwicklungsmöglichkeiten und -bedürfnissen der Betroffenen ausgerichtet ist, entstehen erneut sekundäre Stigmatisierungen in Form eines Fremdbildes, dass eben ‚demjenigen oder derjenigen sowieso nicht mehr zu helfen sei'. Das Scheitern der Hilfestrategie wird dann dem Problembetroffenen und nicht der Unangemessenheit der Intervention angelastet. Eine Interventionsstrategie kann also – dann, wenn sie technizistisch verstanden wird, also bei unzureichender Analyse des Problemzusammenhangs (was der Fall ist und wie er sich entwickelt hat) sowie bei einer fehlenden Rückbindung der Analyse an die Spezifik des besonderen Einzelfalls (was dieser spezielle Mensch braucht) - gegenteilige Effekte erzielen und dem Problembetroffenen in doppelter Weise schaden. Eine fehlende Reflexion in Hinblick auf fehlgeschlagene Hilfestrategien, in der die Problemanalyse und die Problembearbeitungs-interventionen nicht fortgesetzt und erneut evaluiert werden, verschärft dann die Probleme der Betroffenen. Die Beschränkungen der staatlichen Fürsorge durch ihre Einbettung in den Sinnhimmel der DDR-Gesellschaft, die den Gegenstandsbereich der staatlichen Fürsorge unbestimmt ließ, hatte also nicht nur in Hinblick auf die Möglichkeit einer Theoriebildung Folgen, sondern auch auf die Handlungsvollzüge, wenn sie theoretisch nicht gerahmt waren. Deshalb waren in der Hilfearbeit Handlungsansätze vorhanden, die nicht nur keine Wirkung zeigten, sondern den Problem-betroffenen sogar Schaden zufügen konnten.

Resümierend kann festgehalten werden, dass sich die staatliche Berufsfürsorge aufgrund ihrer Einbindung in die kollektivistische Ausrichtung der DDR-Gesellschaft nicht wirklich mit den gesellschaftlichen Verwerfungen und ihren sozialen Folgen befassen konnte. Somit blieb sie - auch nach den siebziger Jahren - in der DDR nur ein zusätzliches Solidaritätselement. In dem Maße wie die Bearbeitung sozialer Notlagen und Probleme nicht wirklich an eine Berufsgruppe delegiert worden ist, waren echte Hilfeansätze, d.h. fallorientierte, an den wirklichen Problemlagen ausgerichtete Hilfearbeit, in der individuelle und soziale Problemlagen und ihre sozialräumlichen und -strukturellen Ursachen benannt worden sind, nicht vorhanden. Gesellschaftliche Diskurse und sozialwissenschaftliche Analysen über soziale Problemlagen in der DDR-Gesellschaft fehlten zudem, so dass die Berufsfürsorge auch hier keine (Denk-) Ressourcen vorfand. Abschließend kann somit noch einmal pointiert zusammengefasst werden, dass Arbeitsschwierigkeiten, die durch die externen bzw. internen Handlungsbedingungen verursacht waren, nicht benannt, erkannt und reflektiert werden konnten. Was gute Fürsorgearbeit ist, konnte in der DDR - da ein systematischer Diskurs und dementsprechend auch systematische Reflexionen fehlten, die sich auf die Arbeitabläufe bezogen - eigentlich nur individuell formuliert und definiert werden.
Zwischen den zur Verfügung stehenden vorgefertigten Interpretamenten zur sozialen Lage der Menschen in der DDR und der Handlungspraxis der FürsorgerIn traten in der Berufspraxis zwangsläufig Diskrepanzen auf. Die offiziellen Verlautbarungen und Anschauungen zur sozialen Lage der Menschen deckten sich nicht mit den Erfahrungen vieler staatlicher FürsorgerInnen. Widersprüche zwischen offiziell erklärter sozialer Wohlfahrt und sozialer Sicherheit sowie den konkreten, von den Betroffenen erfahrenen, sozialen Notlagen, mit denen die Fürsorgerinnen konfrontiert waren, wurden in der Berufsfürsorge weitgehend semantisch bearbeitet. Die sozialen Problemlagen, die es offiziell nicht gab und die in der Parteitagswirklichkeit nicht vorkamen, aber faktisch dennoch die praktische Arbeit erheblich belasteten, wurden ja von den beruflichen FürsorgerInnen durchaus gesehen und oftmals dann auch aufgegriffen. Die staatlichen FürsorgerInnen begegneten der Koinzidenz staatlich erklärter Negation sozialer Problemlagen und dem faktischen Erleben sozialer Deprivation mittels eines Signalsystems sprachlicher Modulation. Das Auseinanderklaffen von Verlautbarungen offizieller Stellen und den tatsächlich vorfindbaren Problemlagen konnte so ‚gekittet' werden. Die FürsorgerIn in der DDR konnte sich und anderen in ihrer Berufsrealität mittels sprachlicher Modulationen soziale Probleme, die offiziell nicht vorhanden waren, aufzeigen.

Dazu gehörten auch Formen der Ironie in Bezug auf die staatlichen Interpretamente und Vorgaben. Das semantische Feld der Sprache wurde in der staatlichen Fürsorge genutzt, um sich über die Lage von Klienten bzw. die soziale Lage von Klientengruppen zu verständigen und den betroffenen Menschen dann indirekt zu helfen. Die distanzierenden symbolischen Formulierungen zum offiziellen Sprachduktus bedeuteten allerdings nicht den Verzicht auf eine offizielle Rhetorik. Die Verwendung z.B. von Ironie war jeweils von der individuellen Vertrauensbeziehung der FürsorgerInnen untereinander abhängig, und die Verständigung über Sachverhalte im Sozialwesen war dadurch notwendigerweise begrenzt und eingeschränkt. Die staatlichen FürsorgerInnen formulierten keinen Anspruch bzw. keine Forderungen hinsichtlich erweiterter gesellschaftlicher Problemanalysen.[30] Um einer Konfrontation mit der Parteileitung zu umgehen, wurde das Wissen um die Lebensverhältnisse der Menschen gegenüber den staatlichen Stellen in offiziellen Kategorien dargestellt. Die staatlichen (Sprach-) Schablonen wurden dann in die staatliche Fürsorge übernommen und dort reproduziert. Die berufliche Fürsorge verzichtete auf die offizielle Thematisierung der sozialen Lage der DDR-Bevölkerung und trug damit zu einem auf bürokratische Abläufe ausgerichteten Hilfeverständnis bei. Individuell bestand für die sozialen Problemlagen der Menschen bei der FürsorgerIn durchaus eine große Sensibilität.

Das bürokratisch vorgezeichnete Kategoriensystem, das in der staatlichen Fürsorge verwendet wurde sowie die Übernahme der offiziellen Problemsichtweise der SED beanspruchte aber im Sinne einer Konstruktionen zweiter Ordnung (Berger/Luckmann 1993:98-138; Strauss 1968:16ff.) eine eigene Orientierungswirklichkeit, die auch jenseits der in der Fürsorge zur Kennzeichnung sozialer Problemlagen verwendeten Symbole Relevanzen setzt. Die Hilfearbeit entlang des offiziellen Kategorien- und Symbolisierungssystems der staatlichen Nomenklatur und ihrer Ordnungswirklichkeit hatte zur Folge, dass auch entgegen einem empirischen Wissen in der staatlichen Fürsorge die Problemwahrnehmung fortgesetzt eingeschränkt blieb. Besonders deutlich wird dies am Beispiel der Drogenabhängigkeit und der Obdachlosigkeit, die es im offiziellen Sprachgebrauch der DDR nicht gab. Diese zwar faktisch vorhandenen gesellschaftlichen und sozialen Problembestände wurden von der staatlichen Fürsorge - da sie rein kategorial und begrifflich nicht vorhanden waren -

30 Es wäre denkbar, dass die staatlichen FürsorgerInnen stärker formuliert hätten, dass aufgrund des Praxiswissens in der Fürsorge modifizierte Problemsichtweisen seitens der SED zu entwickeln sind und Problemlagen auch offiziell anerkannt werden. Für solche Debatten fand die staatliche Fürsorge aber keine (Diskurs-) Arenen in der DDR bzw. die Arenen, die vorhanden waren - wie z.B. in der Literatur - wurden von der FürsorgerIn als fremd erlebt.

z.T. überhaupt nicht wahrgenommen und dementsprechend auch nicht bearbeitet.

Die Verwendung eines offiziellen und eines inoffiziellen sprachlichen Symbolsystems in der staatlichen Fürsorge stellte ein permanentes Fehlerpotential in der Hilfearbeit dar. Eine semantische Überbrückung der Diastase zwischen Erfahrung und offizieller Programmatik behinderte eine Auseinandersetzung mit den Phänomenen gesellschaftlicher Unordnung und individuellerLeidenserfahrung in der staatlichen Fürsorge. Der Verzicht auf eigene begriffliche Kategorien und eine durch Berufssprache gefasste Definitionshoheit sozialer Problemlagen stand einer zugreifenden Hilfearbeit, d.h. einer Hilfe für Klienten, die diese benötigten, im Wege. Die sprachliche Bearbeitungsstrategie der Diastase zwischen alltagsweltlichen Problemlagen der Menschen in der DDR und der Parteitagswirklichkeit der SED-Führung war suboptimal, da die staatliche Fürsorge das bürokratische Kategoriensystem und den offiziellen Sprachduktus der SED ungebrochen weiterführte. Die programmatischen Ausblendungen sozialer Problemlagen durch die SED konnten durch diese unwidersprochen weitergeführt werden. Die Übernahme des offiziellen sprachlichen Symbolisierungs- und Kategoriensystems trug insofern mit zur Aufrechterhaltung der Realitätssichtweise der SED bei, die jedoch relativ stark von der Lebenswirklichkeit und von den existenzweltlichen Sorgen und Nöten der Menschen sowie deren tatsächlichen Alltagsproblemen abwich. Die SED konnte aber den Eindruck erwecken, dass u.a. mittels der Fürsorge alles getan werde, soziale Wohlfahrt in der Gesellschaft herzustellen.

Die grundlegende Problematik, die mit der oben erörterten semantischen Glättung verknüpft ist, sieht so aus, dass eine systematische Betrachtung der Handlungsbedingungen und auch der Handlungsfolgen der Fürsorgearbeit aufgrund der nur verdeckt praktizierten Verständigung nicht geleistet werden konnte. Damit war die Reflexion des beruflichen Handelns und der Berufsrealität stark eingeschränkt. Diskurse über die Arbeit wurden unter Akzeptanz des offiziellen begrifflichen Rahmens geführt. Ein Problembewusstsein über die Konsequenzen hieraus bestand in der staatlichen Fürsorge so gut wie nicht. Wie selbstverständlich wurde - und wird teilweise auch heute noch - davon ausgegangen, dass die Verwendung eines offiziellen Kategorien- und Symbolisierungssystems letztendlich keinen Einfluss auf die Qualität guter Hilfearbeit habe. Die faktische Fürsorgearbeit, die getan wurde, sei eine andere, eher inoffizielle gewesen, die sich jenseits der Verlautbarungen der SED entwickelt habe.

2.2.4 Das A[us]bildungswesen

Angesichts der [berei]ts dargestellten Dile[mmata], in denen sich di[e staat]liche Berufsfürso[rge b]efand, bestanden ma[terielle] und ideelle Begr[enzung]en auch in Hinblic[k] auf die Ausbildung. D[ie st]atliche Fürsorgeau[sbild]ung fand generell an [Fa]chschulen statt. Die Au[sbildu]ng zur staatlichen [Für]sorgerIn unterstand insgesamt dem Ministeri[um f]ür das Fach- und Hochschulwesen. Die inhaltliche Ausgestaltung d[er Fü]rsorgeausbildung wurde aber durch das Volksministerium für Gesund[heit] und Sozialwesen bzw. das Ministerium für Volksbildung vorgegeben; d.h. die Ausbildungsrichtlinien waren Angelegenheit des Ministeriums für Fachschul- und Hochschulbildung, die inhaltlichen Vorgaben kamen vom zuständigen Fachministerium. Diese Struktur findet sich generell im Bildungswesen der DDR. In der DDR bestand ein Angebot an Fachschulen zur Ausbildung in der Gesundheits- und Jugendfürsorge sowie ab 1979 auch zur Sozialfürsorge.

Die Ausbildung zum Jugendfürsorger - in der DDR wurde nur die männliche Berufsbezeichnung gebraucht - ist ab 1981 zentral an einer Fachschule organisiert worden. In der Jugendhilfe der DDR bestand jedoch ein gravierender und immer wiederkehrender Mangel an Fachkräften. Phasenweise waren Sonderlehrgänge zur Ausbildung in der Jugendfürsorge angeboten worden, wie z.B. Anfang der fünfziger Jahre - der Umbau des Staatswesens war mit erheblichen personellen Veränderungen auch in den Jugendämtern einhergegangen -, als ein akuter Arbeitskräftemangel in der Jugendhilfe dazu führte, dass eine erste Qualifizierungsinitiative seitens des Ministeriums für Volksbildung begonnen worden war. 1953 wurde vom Ministerium für Volksbildung beschlossen, ein Weiterbildungsinstitut zu gründen, das von 1953-1955 Kurzzeitlehrgänge für Mitarbeiter in der Jugendarbeit in Wernigerode durchführte. Am Lehrerweiterbildungsinstitut in Dresden-Wachwitz wurden von 1956-1959 dreizehn dreimonatige Grundkurse zur Qualifizierung von JugendfürsorgerInnen durchgeführt. 1959 wurde die organisatorische Anbindung der Jugendfürsorge an die Lehrerausbildung vom Ministerium für Volksbildung aufgelöst und eine eigenständige dreijährige Ausbildung zum Jugendfürsorger mit staatlicher Abschlussprüfung eingerichtet (Anordnung zur Ausbildung von Jugendfürsorgern vom 10.2.1959:163). In Folge dieser Anordnung wurde in Radebeul ein Institut zur Ausbildung von Jugendfürsorgern eingerichtet, das auch bereits in der Praxis tätigen Jugendfürsorgern mit einer pädagogischen Grundausbildung oder mit juristischem Staatsexamen eine externe Abschlussprüfung erlaubte. Ab 1960 wurde die Jugendfürsorgerausbildung zentral in Struveshof bei Ludwigsfelde gebündelt. Der nach wie vor bestehende Kaderbedarf in der Jugendhilfe führte darüber hinaus dazu, dass ab 1965 ein postgraduales Sonderstudium für Mitarbeiter mit pädagogischer Grundausbildung eingeführt wurde. Am Institut für Lehrerfortbildung in Ludwigsfelde wurden weiterhin Qualifizierungs- und Spezialisierungskurse für Jugendfürsorger angeboten. Erst 1981 wurde das Institut für Jugendhilfe als selbständiges Ausbildungsinstitut, unabhängig von der Lehrerbildung, gegründet, das dann 1982 nach Falkensee umzog. Die Ausbildung zur Jugendfürsorge wurde dort bis 1989 zentral angeboten.

Die Ausbildungskapazität des Jugendhilfeinstituts in Falkensee war gering, denn es bestanden nur 62 Ausbildungsplätze, so dass angesichts des Bedarfs ab 1982 weiterhin vierwöchige Kurzlehrgänge eingerichtet worden sind. Um den Qualifizierungsgrad in der Jugendhilfe zu verbessern, waren zudem Weiterbildungsmöglichkeiten auf Bezirksebene organisiert worden. Das Ausbildungsangebot in der DDR reichte dennoch nicht aus, den Bedarf an Fachkräften in der Jugendfürsorge dauerhaft sicherzustellen (Bernhardt/Kuhn 1996:28). Die Ausbildung zum Jugendfürsorger war praxisbezogen und an den Erfordernissen einer letztinstanzlich eingreifenden Jugendhilfepraxis ausgerichtet. Jugendhilfeexperten in der DDR konnten an einer Hand abgezählt werden. An der Humboldt-Universität in Berlin war die Jugendhilfe in Forschung und Lehre vertreten. Die jugendfürsorgerische Ausbildung konnte von den Lehr- und Forschungsaktivitäten der Hochschulen profitieren. Insgesamt waren an den Hochschulen der DDR im Bereich der Jugendhilfe aber nur sehr wenig Hochschullehrer tätig - Rudloff spricht von lediglich zehn Experten in diesem Feld (Rudloff 1998:222).

Die Ausbildung zur Gesundheitsfürsorgerin war bis 1953 an der Fachschule für soziale Berufe in Weimar organisiert und beibehalten worden. Dort wurde eine dreijährige Direktausbildung für die Bereiche Familien- und Gesundheitsfürsorge sowie für den Strafvollzug angeboten. Ab 1953 wurden je nach Bedarf Lehrgänge für Krankenschwestern und Kinderkrankenschwestern an den Bezirksakademien abgehalten. Die Ausbildung zur staatlichen Gesundheitsfürsorgerin wurde im Juli 1961 neu geregelt. Der Status der Fachschulausbildung wurde im Bereich des Gesundheitswesens aufgehoben und die medizinischen Schulen, die für die Ausbildung der mittleren medizinischen Berufe wie die Gesundheitsfürsorge zuständig waren, erhielten den Charakter von Berufsschulen (Spaar 1998 Teil III:109). Diese Einordnung der Ausbildung in die allgemeine Berufsausbildung führte dazu, dass in fünfmonatigen Kursen für medizinische Fachkräfte eine an medizinischen, rechtlichen und gesellschaftspolitischen Lehrinhalten orientierte Spezialisierung zur Gesundheitsfürsorgerin erfolgte, die an der Medizinischen Fachschule in Weimar durchgeführt wurde (Reinicke 1990:38) - die Voraussetzung hierfür war eine Ausbildung zur Krankenschwester, Kinderkrankenschwester oder Hebamme.

1984 wurde die Ausbildung zur Gesundheitsfürsorgerin in die bereits bestehende medizinische Fachschule Prof. Dr. Gelbke in Potsdam integriert. Diese Fachschule hatte bereits 1974 im Rahmen eines Sozialistischen Wettbewerbs den Ehrennamen Fachschule Prof. Dr. K. Gelbke erhalten. Die Institutionengeschichte der Gelbkeschule in Potsdam spiegelt exemplarisch auch die Entwicklungen im Bildungswesen der DDR wider. Deshalb soll hier in gebotener Kürze auf diese Geschichte eingegangen werden. Die Gründung der Fachschule geht auf die Jahrhundertwende (1904/5) zurück. Sie wurde von Kaiserin Augusta zur Frauenfachschule als einer staatlichen Ausbildungseinrichtung gestaltet. Bis 1918 wurden dort Frauen für den Beruf der Gewerbelehrerin in technischen und kaufmännischen Fächern und Töchter aus sogenannten höher gestellten Familien für die Hauswirtschaft ausgebildet. 1945 wurde das Gebäude stark zerstört. In den Nachkriegsjahren war dort eine Landesberufsschule untergebracht. Ab 1951 wurde die Schule dann Fachschule für Wirtschaftsleiter, in der sich in den Folgejahren die Ausbildungskandidaten dann im Gesundheits- und Sozialwesen spezialisieren konnten. Die Schule erwarb ein Renommee als Ausbildungseinrichtung, da Verwaltungsleiter und ökonomische Direktoren ausgebildet wurden. In der DDR hatte die ökonomische Steuerung von Einrichtungen des Gesundheits- und Sozialwesens besonderes Gewicht. Aufgrund der räumlichen Ausstattung - die Schule verfügte von Beginn an über Ausbildungsküchen und Speisesäle - wurden zusätzlich Diätköche ausgebildet. 1963 wurde die Schule dann vom Ministerium für das Gesundheitswesen zur Ausbildung medizinischen Fachpersonals übernommen und umbenannt. Sie unterstand zwei ministeriellen Aufsichtsbereichen: dem Ministerium für das Hochschul- und Fachhochschulwesen, das die Studienpläne, insbesondere für das Grundstudium, genehmigte, sowie dem Ministerium für Gesundheit, das für die Fachausbildung zuständig war. 1969 wurde die Ausbildung zum Medizinpädagogen dort eingeführt und die Schule in diesem Zusammenhang in die Fachschule für Gesundheits- und Sozialwesen umbenannt. Aufgrund der Lage in der Nähe Berlins und ihrer Ausstattung war die Gelbkeschule auch Tagungsort für Veranstaltungen der SED und ihrer Gremien.

Die Medizinpädagogik wurde Anfang der achtziger Jahre an die Universität verlegt und so Kapazitäten an der medizinischen Fachschule freigesetzt. Durch die Anbindung der Medizinpädagogik an die Universität - bisher waren MedizinpädagogInnen an der Fachschule in einem dreijährigen Fachschulstudium ausgebildet worden, nun wurden theoretische und praktische Lehrbefähigung zusammengeführt und diplomiert - entstand Reformbedarf in der Ausbildung der mittleren medizinischen Berufe, wie der Gesundheitsfürsorge. Die freien Kapazitäten der Fachschule an Lehrpersonal - z.B. für Anatomie, Physiologie, usw. - sowie Lehrmaterialien und Gebäudeteilen wurden ab 1984 als Ressource für die Fürsorgeausbildung genutzt. Die medizinische Fachschule Gelbke hatte insgesamt eine Ausbildungskapazität - einschließlich der Ausbildung zur Gesundheitsökonomie - von ca. 2000 AusbildungskandidatInnen im Jahr.

Mit der Einführung der Ausbildung zur Gesundheitsfürsorgerin an der Gelbkeschule wurde 1984 erstmals in der DDR ein einheitlicher Ausbildungsgang für die Gesundheitsfürsorge eingeführt - eine Vereinheitlichung, die auch einen Mitte der siebziger Jahre formulierten Bedarf an Ausbildungsvereinheitlichung und fachberuflicher Anerkennung der Gesundheitsfürsorge durch die Gesundheitsfürsorgerinnen selbst aufgriff. Das Lehrpersonal der Fürsorgeausbildung bestand hauptsächliche aus Medizinpädagogen, und die Ausbildungsprogramme und Lehrpläne für die Gesundheitsfürsorge waren im Schwerpunkt medizinisch orientiert. Maßgeblich für eine Vereinheitlichung der Ausbildung war das erstellte Ausbildungscurriculum. Die dreijährige Ausbildung qualifizierte für fürsorgerische Aufgaben in der medizinischen Versorgung, vorwiegend in den nosologischen Dispensaires für Herz-Kreislaufkrankheiten, Diabetes, Geschwulsterkrankungen, Lungenkrankheiten (wie Tuberkulose) sowie für orthopädische, rheumatische und psychiatrische Erkrankungen; des weiteren für Aufgaben im Kinder- und Jugendgesundheitsschutz, für den Bereich der Schulvorsorgeuntersuchung sowie der Schwangeren- und Mütterberatung. Es bestand die Möglichkeit eines berufsbegleitenden Sonderstudiums an den Bezirksakademien für bereits in der Gesundheitsfürsorge tätige Mitarbeiterinnen, die zumeist aus familiären Gründen nicht an der zentralen Fachschule ausgebildet werden konnten - die medizinischen Fachschulen der Bezirksakademien der sechzehn DDR-Bezirke konnten berufsbegleitend Fern- und Sonderlehrgänge unter der zentralen Leitung der Gelbke-Schule abhalten. Diese verkürzte Ausbildung zur Gesundheitsfürsorgerin dauerte zwei Jahre und war berufsbegleitend. Voraussetzung war eine vorhandene medizinische Vorbildung, eine bereits ausgeübte fürsorgerische Tätigkeit sowie die Delegation eines Betriebs des Gesundheitswesens. Durch die Einführung des Fachschulstudiums 1984 war erstmalig nach 1953 wieder eine mehrjährige geregelte Fürsorgeausbildung auf Fachschulniveau möglich. Die Zentralisierung und Systematisierung der Ausbildung hatte die Folge, dass nun auch Bewerberinnen mit Reifeprüfung bzw. Realschulabschluss und abgeschlossener Berufsausbildung sowie Berufspraxis zur Ausbildung als Gesundheitsfürsorgerin zugelassen werden konnten.

Die Ausbildung zur SozialfürsorgerIn wurde ab 1979 eingeführt. Die Sozialfürsorge war ein kleiner Bereich in der staatlichen Fürsorgeausbildung. Die Sozialfürsorgeausbildung sollte zu enger Kooperation mit den gesellschaftlichen Kräften, wie der Volkssolidarität, in den Begegnungsstätten oder Wohngebietstreffs befähigen. In Zusammenarbeit mit den Fachabteilungen der Kreise und des Bezirks waren soziale Hilfen zu organisieren und Beratungs- und Freizeitangebote durch die Sozialfürsorge zu erweitern. Im Ausbildungscurriculum war festgehalten, dass eine verantwortungsvolle Tätigkeit in der Sozialfürsorge dazu beizutragen habe, dass jeder Bürger die notwendige soziale Fürsorge erhält und so die Zielstellung des sozialpolitischen Programms der SED umfassend erfüllt wird. Ziel der Ausbildung war laut Studienplan die Befähigung des künftigen Sozialfürsorgers zur Mitwirkung bei der komplexen Betreuung von Bürgern in höherem Lebensalter und zur Unterstützung des Prozesses der pädagogischen, beruflichen und sozialen Rehabilitation physisch und psychisch geschädigter Kinder, Jugendlicher und Erwachsener. Der Sozialfürsorger habe, die allseitige Betreuung und Hilfe für kinderreiche Familien und alleinstehende Bürger mit drei Kindern zu organisieren und zu unterstützen. Der Sozialfürsorger unterstützt - so der Ausbildungsplan - ebenso die Betreuung der Kämpfer gegen den Faschismus und der Verfolgten des Faschismus sowie der Parteiveteranen. Fachkenntnisse bezogen sich auf die Rechtsgrundlagen sowie Prozess- und Organisationskompetenzen, durch die der Sozialfürsorger den Hilfebedarf erkennen und bearbeiten sollte. Ausgebildet wurde dahingehend, das enge Zusammenwirken von gesellschaftlichen Kräften, Betrieben und Einrichtungen zu fördern. Im Lehrplan waren die Fächer Psychologie, Pädagogik, Recht, kulturelle Betreuung sowie Marxismus-Leninismus im Grundstudium für die Ausbildung zum Gesundheits- und Sozialfürsorger verbindlich. Für die Ausbildung zum Sozialfürsorger waren zusätzlich die Fächer Sozialpolitik und Leitung, Organisation und Ökonomie Sozialer Einrichtungen vorgeschrieben (Reinicke 1990:39f.). Während der Ausbildung fand ein Praktikum statt. Das Lehrpersonal bestand vorwiegend aus Medizinpädagogen und Gesundheitsökonomen, das durch Fachlehrpersonal ergänzt wurde. Die Ausbildung dauerte für den ersten Studienjahrgang 1979 zwei Jahre. Das Direktstudium wurde ab 1980 dann auf sechs Semester erweitert. Ab 1981 war auch ein Fernstudium in acht Semestern möglich. Voraussetzung für die dreijährige Ausbildung zur SozialfürsorgerIn war der Abschluss einer zehnjährigen polytechnischen Oberschule, eine abgeschlossene Berufsausbildung sowie eine sechsmonatige Tätigkeit in einer sozialen Einrichtung. Die AusbildungskandidatInnen wurden vom Bezirksarzt delegiert (Reinicke 1990:40).

Die Ausbildung zur staatlichen SozialfürsorgerIn war auch gegenüber konfessionellen BewerberInnen nicht grundsätzlich verschlossen. Das Berufsprofil des Sozialfürsorgers stand durchaus in Konkurrenz zur kirchlichen Gemeindefürsorge, die sich besonders in der Sozialen Arbeit für alte und behinderte Menschen engagierte. Es bestanden Erwägungen, die Fürsorge auf Gemeindeebene nicht ganz den Kirchen zu überlassen und dem kirchlichen Gemeindediakon ein staatliches Pendant gegenüberzustellen.

Insgesamt sind ca. 3500 Sozial- und GesundheitsfürsorgerInnen während des zehnjährigen Bestehens der Fachschule Prof. Dr. Karl Gelbke ausgebildet worden. Die Fürsorgeausbildung an der Gelbkeschule absolvierten jährlich ca. 50 TeilnehmerInnen in zwei Klassen als Direktstudienausbildung. In den Bezirksakademien wurden durchschnittlich pro Jahr zehn Ausbildungslehrgänge mit 25 TeilnehmerInnen für die Gesundheits- und/oder Sozialfürsorge durchgeführt Die Systematisierung und Zentrierung der staatlichen Gesundheits- und Sozialfürsorgeausbildung in der DDR hat dazu geführt, dass mit der Ausbildung der Sozialfürsorge die Fürsorgeausbildung insgesamt auf das Fachschulniveau angehoben wurde. Von 1982 an wurde die Ausbildung nach den Tätigkeitsbereichen der Gesundheitsfürsorge und der Sozialfürsorge differenziert. Im Bausteinsystem wurden Fächer für beide Ausbildungsrichtungen in je unterschiedlichem zeitlichem Umfang gelehrt, wie z.B. das Fach Hygiene Mit dem Erreichen des Ausbildungsabschlusses war eine Arbeitsplatzgarantie verbunden. Die Absolventenvermittlung wurde seitens der Schule organisiert.

2.3 Die kirchliche Fürsorge in der DDR

Die Kirchen in der DDR zeichneten sich durch ihren exklusiven Wertebezug, ihre institutionelle Sonderstellung und ihre Positionierung in Abgrenzung zum Wertehimmel der DDR-Gesellschaft aus. Religion, die die einzige selbständige Wertsphäre jenseits des staatssozialistischen Wertekanons in der DDR war (Lepsius 1994:19), und Religionsgemeinschaften konnten während der gesamten 40 Jahre der Existenz der DDR von der SED nicht inkorporiert werden. Der SED-Führung gelang es bis zum Zusammenbruch der DDR nicht, ihren gesellschaftlichen Führungsanspruch gegenüber den Kirchen und Kirchenvertretern durchzusetzen, auch wenn die Mitgliederzahlen in den Kirchen stetig abnahmen.[31] Die Kirchen bzw. die christlichen Religionsgemeinschaften können als die größten gesellschaftsdifferenzierenden Institutionen in der DDR angesehen werden, die jenseits der SED und ihrer Unterorganisationen innerhalb der DDR bestanden.

31 1949 gehörten noch 80,5% der Gesamtbevölkerung der DDR der evangelischen Kirche und 11% der katholischen Kirche an. 1964 war der Anteil auf 60% evangelische Christen und 8% katholische Christen gesunken. 1989 gab es noch ca. 25% evangelische Christen und 4 bis 5% katholische Christen (Pollak 1994).

Der abgegrenzte Wertekanon der Kirchen zu dem des Staates barg Kritik- und Transzendenzpotential. Die Positionen der christlichen Kirchen waren für die Menschen in der DDR insofern von besonderer Bedeutung, da kein anderes soziales Gebilde bzw. keine andere Institution wertbezogen und fundiert Stellung bezog. Die universellen christlichen Werte waren ein Horizont, vor dessen Hintergrund der Gesellschaftsprozess und die gesellschaftlichen Entwicklungen in der DDR reflektiert und beurteilt werden konnten.[32] Das Transzendenzpotential des Glaubens war zudem durch die internationale Kirche, ihren Gemeinden und Aktivitäten in Beziehungen und Diskursen jenseits der DDR verankert. In den Kirchen konnten Perspektiven formuliert werden, die - jenseits der dichotomisierenden Einordnung der SED von Ost und West bzw. Gut und Böse - eine Basis zur moralischen Einschätzung politischer Prozesse war. Die SED-Führung war sich dieser (Macht-)Potentiale der Kirchen bewusst und an der Betonung internationaler Aktivitäten und der Internationalismusarbeit durch die SED sollte der Internationalen Arbeiterbewegung sowie der übernationalen Parteibruderschaften vergleichbare exklusive Gegenakzente gesetzt werden. Die evangelische Kirche war hierbei aufgrund ihrer größeren Mitgliederzahl und der Vielzahl ihrer Organisationsglieder sowie ihrer Aktivitäten in der DDR von besonderer Relevanz.

Die Christen in der DDR hatten - und das gilt im ersten Zugriff für beide Kirchen - gesellschaftlich einen Minderheitenstatus. Dieser Minderheitenstatus prägte den Charakter der Kirchen und ihrer Gemeinden. So verband er die Christen in den kirchlichen Gemeinschaften in besonderer Weise. Die Kirchenzugehörigkeit hatte in der DDR aufgrund der gesellschaftlichen und wertbezogenen Positionierung der Kirchen gegenüber dem Staat einen besonderen Status: die Mitgliedschaft hatte Bekenntnischarakter und eine lediglich formale Mitgliedschaft war eher selten. Die Kirchen boten eine Sinn- und Sozialwelt an, in der Bekenntnis und Gemeinschaft gleichermaßen zusammengehörte. Die Zugehörigkeit zur Kirche, die sich im Gemeindeleben verwirklichte, bedeutete, an Diskursen zu partizipieren, in denen die Bedeutung des Christ-Seins und die Tatsa-

---

32 Die Bedeutung, die den christlichen Kirchen in Hinblick auf ein Reflexionspotential in der Bevölkerung der DDR zukam - nämlich gesellschaftliche Prozesse kritisch zu begleiten -, darf nicht unterschätzt werden. In der Gründungsphase der DDR zeigen die Kirchenaustritte bis Anfang der sechziger Jahre, dass der Bedarf an potentiell kritischer Fremdperspektive auf die gesellschaftliche Entwicklung in der Bevölkerungsmehrheit rückläufig war und bis zum Bau der Mauer kaum mehr bestand. Jedoch ging die Zahl der Kirchenaustritte bis Mitte der siebziger Jahre allmählich wieder zurück. Auch die hohe Zahl der Kirchenaustritte nach der Wiedervereinigung weist in eine ähnliche Richtung: angesichts der Grenzöffnung und der Wiedervereinigung Deutschlands verloren die Kirchen in Hinblick auf ihr kritisches Potential an Attraktivität.

che, einer Minderheit anzugehören, thematisiert werden konnte. In den Gemeinden wurden Glaubens- sowie Lebensgestaltungsfragen aufgegriffen und Hilfestellungen angeboten. Die gemeinschaftlichen Beziehungen in den Kirchengemeinden hatten oftmals hohen Verbindlichkeitscharakter und waren von persönlicher Nähe gekennzeichnet („man kannte sich“). In der evangelischen und katholischen Kirche der DDR waren also besondere Bekräftigungen des Glaubens wirksam, und selbstvergewissernde Interaktionen waren angesichts der Zurückweisung des Religiösen durch die SED von beachtlicher Bedeutung.

Die Beziehung der Kirchen zum SED-Staat wandelte sich allerdings in den vierzig Jahren des Bestehens der DDR. Waren die christlichen Kirchen in einer ersten Phase nach der Staatsgründung der DDR davon ausgegangen, dass die DDR eine historisch vorübergehende Erscheinung sei, die überwunden werden würde, veränderte sich die Haltung der Kirchen zur Staatsführung insbesondere mit dem Mauerbau (Dähn 1982; Henkys 1982; Weber 1993). Die evangelische Kirche positionierte sich mit der Gründung des Bundes der Evangelischen Kirchen in der DDR 1969 als Kirche in der DDR und bestimmte ihre Beziehung zur DDR-Führung neu. Mit der Gründung des Bundes der Evangelischen Kirche in der DDR legte die evangelische Kirche den Grundstein für eine begrenzte Kooperation mit dem SED-Staat, mit dem im Kern ein gesellschaftlicher Mitgestaltungsanspruch einherging. Die evangelische Kirche in der DDR erklärte ihre Bereitschaft, sich aktiv an den Fragen der Ausgestaltung der DDR-Gesellschaft zu beteiligen und griff aktuelle gesellschaftliche Fragen auf - auch solche, die von der SED weitgehend tabuisiert waren und solche, die innen- wie außenpolitische Entscheidungen betrafen, wie z.B. die der militärischen Aufrüstung der DDR und die der Friedensabsicht.

Parallel zum staatlichen Fürsorgewesen bestand in der DDR ein ausgebautes kirchliches Fürsorgewesen. Entsprechend der Potsdamer Beschlüsse durften die Kirchen nach 1945 ihre Aufgaben in den Besatzungszonen ungehindert ausüben. Die Soziale Arbeit der Kirchen war im Nachkriegsdeutschland auf die Hilfe für Menschen in existentieller Not hin ausgerichtet. Zwischen den beiden christlichen Kirchen und der sowjetischen Besatzungsmacht in Ostdeutschland bestand anfänglich ein kooperatives Klima. Der immense Hilfebedarf in der Bevölkerung und die Anstrengungen der Kirchen, zu helfen, führten dazu, dass die sowjetische Militärverwaltung das kirchliche Engagement duldete. Die Kirchen erhielten viele ihrer sozialen Einrichtungen, die von den Nationalsozialisten beschlagnahmt worden waren, zurück. Eine Ausnahme bildeten die Kinderheime für nicht behinderte Kinder- und Jugendliche. Zum Umfang und zu den Folgen der Maßnahmen für die Kirchen und für die kirchliche Fürsorge gibt es in der Literatur widersprüchliche

Einschätzungen (Reuer 1982). Die Erziehungseinrichtungen der katholischen Kirche, wie Kindergärten und Kinderheime, die nicht im Nationalsozialismus enteignet worden waren, konnten nach dem Faschismus weiter betrieben werden. Jedoch entstanden in der Frage des Eigentums der Kirchen sowie in der Frage der Zuständigkeit für das Personal der Einrichtungen nach 1945 erste Konfrontationen zwischen Kirche und SMAD (Kroll 1998:41).

Die Kirchen organisierten ihre Hilfe in der Nachkriegszeit sektorenübergreifend. Unter den Hilfswerken der Evangelischen Kirche Deutschlands und der Inneren Mission - das Diakonische Werk der Evangelischen Kirche in Deutschland wurde erst 1957 als Verein durch eine Fusion des Hilfswerkes der EKD (seit 1945) und der Inneren Mission gegründet - und unter den Caritasverbänden in Ost und West wurden Finanzmittel und MitarbeiterInnen ausgetauscht. Mit dem Verbot freier Wohlfahrtsverbände seitens des Ministeriums des Inneren wurde ab 1950 in den kirchlichen Verbänden nach Organisationsformen der Hilfe gesucht, die die politischen Rahmenbedingungen und Vorgaben der SED berücksichtigten. Das Verbot eigenständiger Verbandsorganisation in der Wohlfahrtspflege der DDR behinderte die Berufsfürsorge der Kirchen beträchtlich.[33] Zum Zeitpunkt des Zusammenbruchs der DDR 1989 waren im Rahmen der Kirche insgesamt ca. 650 FürsorgerInnen tätig - davon waren ca. 500 evangelische FürsorgerInnen und ca. 150 katholische FürsorgerInnen.

Die individuelle und persönliche Hilfe und Betreuung von Menschen, die aufgrund ihres Alters, ihrer sozialen Stellung oder ihres körperlichen oder seelischen Befindens benachteiligt waren, war die zentrale Idee der kirchlichen Diakonie beider großer christlicher Kirchen in der DDR. Sie tradierten den christlichen Dienst am Menschen unter den Bedingungen des Sozialismus in der DDR. Die evangelische und katholische Kirche, die in der Ausübung ihrer Rechte als Religionsgemeinschaft in der DDR durch die SED behindert wurden, waren - bezogen auf die sozialen Einrichtungen, die sie unterhielten - auch Verhandlungspartner der SED-Staatsmacht (Neumann/Brockmann 1997:67ff.). Die Kirchen mussten Einschränkungen gerade im Erziehungs- und Bildungswesen durch die SED hinnehmen, um ihr soziales Engagement nicht grundsätzlich zu gefährden. In Fragen der

33 Wohlfahrtsverbände waren mit Ausnahme der Volkssolidarität in der DDR verboten. Inwieweit bei der Diakonie und der Caritas in der DDR überhaupt von Verbänden gesprochen werden kann, ist in der Fachliteratur umstritten. Das Diakonische Werk, in dem sich 1957 die Arbeit des Evangelischen Hilfswerks und der Inneren Mission zu einem gemeinsamen Werk zusammenschlossen, war als eingetragene Vereinigung zwar rechtlich selbständig, definierte sich aber immer als ein Werk der Kirche (Reuer 1981:232). Die soziale Arbeit der Caritas war nur im innerkirchlichen Raum zu verwirklichen (Pruß 1993:198).

Bildung und Erziehung beanspruchte die SED eine Führungsrolle. Dieses war ein Dauerkonflikt zwischen SED und den Kirchen (Dähn 1981:149). Bezogen auf die Berufsfürsorge war die kirchliche Fürsorge durch ein kircheninternes Ausbildungs- und Beschäftigungssystem geregelt.

2.3.1 Entwicklung und Schwerpunkte der Fürsorgearbeit im Rahmen der Diakonie und Inneren Mission

Bereits 1945 begann die evangelische Kirche mit dem Aufbau der Jugendarbeit. Die Jugendarbeit auf der Gemeindeebene, die von den Gemeindepfarrern, Pfarrfrauen, Gemeindehelferinnen und Jugendwarten getragen wurde, war eine erste personelle Basis für Ausbildungskurse in der evangelischen Jugendarbeit und Gemeindehilfe. 1946 begann bereits ein erster Ausbildungskurs für Jugendhelfer im Burckhardthaus in Stecklenberg, bei dem auf Ausbildungskonzepte, die vor 1933 bestanden hatten, zurückgegriffen wurde (Materialien Burckhardthaus 1995:16ff.). Unmittelbar nach Kriegsende nahmen auch die Zweigstellen der Inneren Mission ihre ambulante Arbeit wieder auf. Viele evangelische Fürsorgerinnen, die in dieser Zeit in der Inneren Mission tätig waren, waren vor dem Nationalsozialismus an der Sozialen Frauenfachschule, die 1908 von Alice Salomon gegründet worden war, ausgebildet worden und tradierten in ihrer Arbeit die Fürsorgekonzepte, die sie in dieser Ausbildung erworben hatten.

Die Berufsfürsorge im Rahmen der evangelischen Kirche der DDR war von den Strukturen der Landeskirchen auf dem Territorium der DDR geprägt. Flächendeckend gab es Zweigstellen der Inneren Mission, die die diakonische Arbeit leisteten. Durch Vereinbarungen mit der SED waren der Diakonie bestimmte Aufgabenfelder zugestanden worden, wie z.B. die der Behindertenarbeit. Anfang der 80er Jahre waren über 47% aller Rehabilitationsplätze für Schwerstbehinderte und über 60% der Einrichtungen zur Pflege, Förderung und Rehabilitation geistig behinderter Kinder und Jugendlicher in kirchlicher Trägerschaft (Neumann/Brockmann 1997:74f.). Durch die Gründung des Kirchenbundes konnte die Diakonie, die sich in dieser Zeit im Aufbruch befand und sich reformierte, Anfang der achtziger Jahre ihre Sozialeinrichtungen und Hilfeangebote ausbauen.

Die Fürsorgearbeit der evangelischen Kirche war von den Gemeinden her organisiert und dort verankert. Nur wenige evangelische FürsorgerInnen waren in stationären Einrichtungen der Kirche beschäftigt - wie etwa den evangelischen Krankenhäusern. In den jeweiligen Kirchenkreisen bestanden Kreisstellen der Inneren Mission oder der Diakonie, und je nach Größe des Kreises oder der Stadt arbeiteten in den Kreisstellen der Diakonie ein bis drei FürsorgerInnen, die in der Region die fürsorgerische Arbeit bewerkstelligten. Oftmals waren die FürsorgerInnen jedoch für mehrere Kirchenkreise zuständig. Aufgaben der DiakoniefürsorgerInnen waren die Hilfe in sozialen Notlagen, die Beratung und Begleitung von Menschen in Krisen sowie Öffentlichkeitsarbeit und regionale Fürsprache. Die soziale Gruppenarbeit und die Förderung von Selbsthilfearbeit in den Gemeinden hatten einen großen Stellenwert in dieser Arbeit (Stietz 1992:104). Die Stadtmissionen unterhielten Kontakt- und Beratungsstellen, z.B. für Alkoholkranke, Wohnungslose und Behinderte. Der fürsorgerische Ansatz war gemeinwesenorientiert. Die Arbeitsbedingungen waren von knappen Ressourcen und wenigen Arbeitsmitteln gekennzeichnet - so war z.B. Papier in der DDR oftmals schwer zu organisieren -, was die Arbeit immer wieder erschwerte. Durch regelmäßige Treffen der FürsorgerInnen im Rahmen von Konventen wurde der Austausch auf Landesebene unter den Fachkräften organisiert und gewährleistet. Zudem fanden regelmäßig Fachtagungen statt. Das Fortbildungsprogramm des Diakonischen Qualifizierungszentrums war auf Praxisfragen in der evangelischen Fürsorge zugeschnitten und wurde von vielen FürsorgerInnen in Anspruch genommen. Ein Beispiel hierfür ist das mehrtägige Psychiatrieseminar für evangelische Fürsorger und Fürsorgerinnen, die in diesem Arbeitsfeld tätig waren (Reuer 1981:233). Mittels der regelmäßig erscheinenden Publikation „Der Mitarbeiter" - eine Zeitschrift, die von der Diakonie herausgegeben wurde - konnten sich die evangelischen FürsorgerInnen über die aktuellen Entwicklungen im Feld sozialer Arbeit und über die Fortbildungsangebote informieren.

2.3.2 Entwicklung und Schwerpunkte der Fürsorgearbeit im Rahmen der Caritas

Bedeutsam für die Entwicklung der katholischen Fürsorgearbeit in der DDR war 1949 die Wahl des Sitzes des gesamtdeutschen Caritasverbands in Freiburg. Nach der Staatsgründung der DDR wurde 1951 die Hauptvertretung des Deutschen Caritasverbands in West-Berlin mit ihrem Büro in Ost-Berlin eröffnete. Dieses Büro in Ost-Berlin wurde zum „zentralen Koordinationshaus" (Kroll 1998:112) der Caritas-Fürsorge der DDR. Die Aufgabe des Koordinationshauses waren die Förderung und Entwicklung der sozialen und karitativen Belange sowie die Ausbildung, Fortbildung und Schulung von MitarbeiterInnen der katholischen Kirche in der DDR. Die Diözese war als übergeordnete Stelle für den Aufbau der karitativen Arbeit der katholischen Kirche in den Dekanaten der DDR und für Rechts- bzw. Finanzierungsfragen zuständig. Die Diözesen standen in engem Kontakt untereinander. In der Diözese Magdeburg waren z.B. drei Diözesanfürsorgerinnen angestellt, die dort die Fürsorgearbeit aufbauten und koordinierten. Arbeitsteilig wurden die Bereiche Jugendarbeit, die Arbeit in der Gemeinde und die Arbeit in Heimen und anderen Einrichtungen - wie z.B. Krankenhäusern - organisiert. Bis zum Mauerbau ermöglichte die Durchlässigkeit der Sektorengrenzen einen ungehinderten Austausch an Personal und materiellen Gütern von Ost nach West und umgekehrt. Nach dem Mauerbau wurde die Hauptvertretung des Deutschen Caritasverbandes in der DDR die Zentralstelle in Ostberlin (Pruß 1993:198f.). Die Zentralstelle in Ostberlin koordinierte die soziale Arbeit, integrierte kleinere katholische Verbände und hielt den Kontakt zur Hauptvertretung des Caritasverbandes im Westen.

Die sozial-karitative Arbeit der katholischen Kirche konzentrierte sich nach Kriegsende auf die Beschaffung lebensnotwendiger Hilfsgüter und Unterstützung für die Bevölkerung. Die Hilfearbeit war in der sowjetisch besetzten Zone in den Nachkriegsjahren davon bestimmt, dass durch die Vertreibungen aus den ehemaligen deutschen Ostgebieten ein massiver Zuzug an Katholiken auf das Territorium der SBZ stattfand, was eine immense Herausforderung für die katholische Kirche bedeutete. Im Thüringer Tagblatt vom 16.10.1948 wird berichtet, dass von „den 6,25 Millionen Katholiken, die ihre Heimat verloren haben, (...) die Ostzone 2,15 Millionen, also ein reichliches Drittel, aufgenommen (hat). Von den 2.522 heimatlos gewordenen Priestern sind dagegen nur 580, das sind 23% in die Ostzone gekommen (...). In diesen wenigen Zahlen drückt sich bereits die große Sorge aus, die durch die Bevölkerungsbewegung der letzten Jahre für die katholische Kirche in den Ländern der Ostzone entstanden ist" (Chronik der Caritasarbeit in Thüringen 1996:203). Der sprunghafte Anstieg des Anteils der Katholiken an der Bevölkerung - alleine in Thüringen wuchs die Zahl der Katholiken von 45.000 auf mehr als 600.000 an (ebd. 1996:31) - bedeutete für die katholische Kirche einerseits einen immensen Mitgliederzuwachs und andererseits eine Bündelung aller Kräfte auf die sozial-karitative Arbeit in den katholischen Kirchengemeinden, um den notleidenden Menschen zu helfen. Die karitative Arbeit der katholischen Kirche hatte auf dem Gebiet der SBZ und späteren DDR traditionell einen starken Anteil an ehrenamtlichen HelferInnen. Die Hilfe in den Gemeinden wurde vor allen Dingen von Laien getragen.

Der erste Caritasdirektor nach 1945 in der sowjetisch besetzten Zone - Prälat Suhlbach - ordnete und prägte die Organisation der pastoralen und fürsorgerischen Arbeit in den Dekanaten und Diözesen. Die Dekanatsfürsorge war der Diözesancaritas unterstellt. Der Dekanatsfürsorger und die Dekanatsfürsorgerin hatten die Verantwortung für die Arbeit in den Caritassekretariaten und waren gegenüber der Diözesancaritas rechenschaftspflichtig. Die Caritassekretariate in den Dekanaten waren ein Bindeglied zwischen Pfarrgemeinde und Diözesancaritas. Die Diözesen, deren Aufbau 1952 weitgehend abgeschlossen war - die Diözesanfürsorgerinnen hatten dort ihre Arbeit aufgenommen -, koordinierten die Dekanatsfürsorge und waren die vorgesetzte Stelle. Die Berufsfürsorge in den Caritassekretariaten - insgesamt bestanden von 1974 an in den Jurisdiktionsbezirken 57 Dekanats- und Stadtcaritasfürsorgestellen (Kroll 1998:236) -, die der Diözesancaritas unterstand, wurde vom Bischof als obersten Hirten geleitet. Die Caritas setzte ihre ausgebildeten FürsorgerInnen hauptsächlich in der offenen Caritasfürsorge, den Caritaskreisstellen der Dekanate ein. Demgegenüber waren nur selten FürsorgerInnen in Einrichtungen der katholischen Kirche (Krankenhäuser und Heime) beschäftigt. Relativ wenige FürsorgerInnen waren in der Sonderfürsorge der Caritas (z.B. Gehörlosenfürsorge) sowie in den Schwerpunkten der Caritas - wie der Erholungsfürsorge und der kirchlichen Jugendarbeit sowie in der religiösen Bildungsarbeit - beschäftigt, da es für die pädagogischen Bereiche eine gesonderte JugendleiterInnenausbildung gab (Kroll 1998:235).

Der Schwerpunkt der Fürsorgearbeit lag in der Gemeindearbeit. Die Aufgabenbereiche eines Dekanatsfürsorgers in den Caritaskreisstellen bestanden aus Einzelfallhilfe, die zumeist in Form von Hausbesuchen geleistet wurde. Die Tätigkeit eines Fürsorgers und einer Fürsorgerin war vielseitig und reichte von dem Angebot praktischer und beratender Hilfe in besonderen Lebenssituationen für spezielle Personengruppen, wie Behinderte, alleinerziehende Mütter, Kranke und alte Menschen. Die Vernetzung katholischer Gemeindemitglieder war ein zentraler Arbeitsansatz in der Fürsorge. Die CaritasfürsorgerIn unterstützte zudem die CaritashelferInnen und empfahl wiederum HelferInnen für eine Ausbildung in kirchlichen Berufen. Sie hatte die Geschäftsführung der karitativen Arbeit inne.

Die FürsorgerInnen waren fest in das spirituelle Leben der katholischen Kirche eingebunden. Regelmäßige Besinnungstage und Exerzitien dienten der Stärkung des Glaubens und waren für die CaritasfürsorgerInnen verbindlich und selbstverständlich. Im kirchlich-sozialen Dienst nahm der Pfarrer eine zentrale Stellung ein und die FürsorgerInnen hatten ihre Arbeit mit dem Pfarrer abzustimmen. Die Caritasfürsorge in der DDR konnte ihre sozialen Aufgaben nur in enger Kooperation mit den Kirchenvertretern wahrnehmen, da sie lediglich als Kirchenverband in der DDR anerkannt war.

Die fürsorgerische Arbeit wurde durch Diözesan-Fürsorgerkonferenzen gestärkt. Diese Konferenzen, die von der Zentralstelle Berlin des DCV zweimal jährlich - später einmal jährlich - in Berlin einberufen und geleitet wurden, fanden unter Beteiligung der Vertreter des Caritasgesamtverbandes statt. Dabei wurde die fürsorgerische Arbeit koordiniert und reflektiert. Ab 1970 gab die Zentralstelle Berlin des DCV einen Literaturdienst heraus, der insbesondere von den Caritas-FürsorgerInnen genutzt wurde (Kroll 1998:122).

2.3.3 Die Arbeitsteilung zwischen Staat und Kirche im Sozialwesen

Das soziale Hilfeangebot der christlichen Kirchen war dort, wo es kein staatliches Sozialprogramm bzw. Sozialeinrichtungen gab, staatlicherseits geduldet und in einigen Bereichen sogar willkommen. Das kirchliche Fürsorgewesen konnte sich angesichts der Monopolstellung staatlicher Stellen im Sozialwesen lediglich in einer gesellschaftlichen Randzone platzieren. Dort wo soziales Engagement, soziale Einrichtungen und soziale Dienste der Kirchen im staatlichen Interesse lagen wurden diese stillschweigend gefördert. Zwischen Staat und Kirche bestanden im Bereich der Fürsorge Formen inoffizieller Kooperation. Berufliches Handeln kirchlicher FürsorgerInnen wurde z.B. durch staatliche Stellen toleriert und kirchliche FürsorgerInnen andererseits kooperierten im Interesse der Klienten mit staatlichen Fürsorgestellen. Die kirchliche Fürsorge in der DDR konnte so Handlungsbereiche erhalten oder sogar entwickeln und ausbauen. Die Kirchen bemühten sich jedoch offiziell um eine spezielle Klientel, nämlich um die Mitglieder ihrer Kirchengemeinden sowie um behinderte und alte Menschen, deren soziale Problemlagen in der DDR vernachlässigt, tabuisiert oder ehrenrührig waren.

Die Aufgabenverteilung im Bereich der beruflichen Fürsorge zwischen der Staatsführung der DDR und den Kirchen erreichte eine relative, wenn auch hochgradig asymmetrische Stabilität (Rudloff 1998:224). Die Grundlage für diese asymmetrische Balance wurde in den Auseinandersetzungen zwischen der SED und den jeweiligen Kirchen in den 50er und 60er Jahren gelegt. In dieser Phase setzte die SED ihren Führungsanspruch in der Ausgestaltung des Sozialwesens durch. Eine Koexistenz anderer Sozialverbände neben dem staatlichen Wohlfahrtsverband wurde seitens der SED nicht geduldet.

Erfolgte gerade in den frühen Jahren der DDR zwischen der Staatsführung und der Kirche eine Zuspitzung der Interessenkonflikte bis hin zum offenen Kirchenkampf, so verfolgte die SED ab Mitte der fünfziger Jahre eher die politische Strategie des ‚Austrocknens' der diakonischen und sozial-karitativen Arbeit. Die Anbindung der Kirchen an den Westen und die Abgrenzungspolitik der SED gegenüber der BRD verursachte (fortwährend) Spannungen im Verhältnis der SED zu den Kirchen. Im Zeichen der Betonung der Eigenstaatlichkeit - insbesondere nach dem Arbeiteraufstand am 17. Juli 1953 und dem Tod Stalins am 5. März 1953 - waren jedoch Bemühungen der SED zu verzeichnen, im Zuge des Neuen Kurses auch eine veränderte Haltung den Kirchen gegenüber einzunehmen.

Durch Rechtsvorgaben der DDR-Regierung - wie z.B. die Verweigerung der staatlichen Behörden, den Kirchen bei den Einnahmen der Kirchensteuer behilflich zu sein, oder die Verweigerung der Einsicht in die staatlichen Steuerlisten seit 1955 - wurden Finanzierungsgrundlagen der Kirchen eingeschränkt. Die rechtliche Festlegung einer Nicht-Einklagbarkeit von Kirchensteuern führte dann auch zu einer chronischen Unterfinanzierung der kirchlichen Arbeit in der DDR, die die soziale Arbeit der Kirchen erschwerte. Den Kirchen war zur Finanzierung ihrer sozialen Hilfe staatlicherseits lediglich einmal jährlich eine Straßensammlung genehmigt worden (Neumann/Brockmann 1997:91). Eine Unterfinanzierung der sozialen Einrichtungen war zudem durch zu geringe Pflegesätze entstanden, die zwischen der SED und der Kirchenleitung am 26.4.1961 im Abkommen zur Regelung der Vergütung in kirchlichen Heil- und Krankenanstalten ausgehandelt worden sind. Diese Sätze deckten den Finanzierungsbedarf der Arbeit in den sozialen Einrichtungen der Kirche nicht. Die staatlichen Stellen refinanzierten entsprechend dieser Vereinbarung die Kostenpflegesätze sowie die Vergütungen der MitarbeiterInnen nach Festbeträgen. Jedoch wurden die Einrichtungen selbst - Bau und Erhalt - nicht finanziert (Neumann/Brockmann 1997:75). Die Refinanzierung durch Leistungsentgelte ermöglichte es den Kirchen zwar ihre Einrichtung, wie z.B. für behinderte oder alte Menschen, sowie Krankenhäuser zu betreiben, aber gerade auch die ambulante Arbeit, wie sie die berufliche Fürsorge in den Diakonie- und Caritasstellen leistete, war mit diesen Mitteln nicht zu finanzieren. Investitionen mussten deshalb entweder unterbleiben oder durch Transferleistungen der Westkirchen gestützt werden. Die Transferleistungen der westlichen Kirchen an die Kirchen in der DDR waren erheblich und wurden oftmals im Umfang von 50% durch Steuermittel des Hauhalts des Bundesministeriums für Innerdeutsche Beziehungen bezuschusst. Zwischen 1957 und 1990 erreichten die materiellen Hilfsleistungen für die evangelischen Gemeinden, Kirchen und kirchlichen Einrichtungen der DDR den Umfang von 1,8 Mrd. DM. Der Betrag der Transferleistungen der katholischen Kirche von West nach Ost wird im gleichen Zeitraum auf 500 Mio. bis 1 Mrd. geschätzt (Neumann/Brockmann 1997:91; Volze 1991:59). Die ostdeutschen Kirchen finanzierten insofern einen Großteil ihrer Arbeit aus Eigenmitteln - gerade auch die Aus- und Fortbildung der kirchlichen MitarbeiterInnen (Rudloff 1998:224).

Es lag im Interesse der SED, durch aktive Kirchenpolitik eine Differenzierung zwischen den Kirchen zu erzielen (Kroll 1998:51). Auf höchster politischer Ebene wurde durch die Institutionalisierung einer für Kirchenfragen zuständigen Kommission sowie durch eine Arbeitsgruppe beim

ZK der SED versucht, zu einer geregelten Kooperation zu gelangen. Soweit es die sozialen Einrichtungen der Kirchen betraf, drohte die SED, diese zu schließen und kirchliche Bildungseinrichtungen zu enteignen, um zu Regelungen über die Betätigungsfelder der Kirchen und des Staates in der sozialen Arbeit und Fürsorge zu gelangen.[34]

Zwischen der Regierung der DDR und der evangelischen Kirche wurde 1958 ein Kommuniqué verfasst, in dem eine Eigenständigkeit der evangelischen Kirche und ihrer Glieder seitens der Staatsführung anerkannt wurde. Diese gemeinsame Erklärung verminderte die Spannungen im Verhältnis von Staat und evangelischer Kirche. Periodisch traten jedoch Verschlechterungen in den Beziehungen auf. Nach der Gründung des Bundes der evangelischen Kirchen 1969 und der damit einhergehenden Lockerungen der evangelischen Kirche der DDR von der EKD sowie durch die DDR-Verfassung von 1968 wurde eine tragfähigere Basis für eine Kooperation zwischen Staat und evangelischer Kirche geschaffen. Dazu trug wesentlich die Kontinuität der Politik an der Spitze durch die Person Ernst Petzoldt, Direktor des Diakonischen Werkes der DDR von 1976 bis 1991, bei. Dieser fördert die Kooperation mit der SED.

Die regelmäßigen Gespräche in der Ära Honecker (1971-1989) Mitte der siebziger Jahre zwischen der Kirchenleitung der evangelischen Kirche und den Bischöfen der DDR einerseits und dem Staatsratsvorsitzenden Erich Honecker andererseits führten letztendlich 1978 dazu, dass die Kirchen mehr Spielraum für ihre Aktivitäten erhielten. Mit dem Programm zur Einheit von Wirtschafts- und Sozialpolitik und der allmählichen Entspannung in den deutsch-deutschen Beziehungen entstanden Freiräume für politische Zugeständnisse der SED an die Kirchen. Friedensinitiativen der Kirchen wurden, da sie politisch opportun waren, teilweise staatlicherseits unterstützt. Als Zeichen für die neue Entspannungspolitik zwischen SED und den Kirchen stimmte die SED-Führung 1981 der Einweihung eines neuen Kirchengebäudes in Eisenhüttenstadt zu (Weber 1993:90). Auf Bezirks- und Kreisebene gab es regional und abhängig von den beteiligten Personen unterschiedlich intensive Kooperationen zwischen der Diakonieleitung und dem Rat des Bezirks. In den Abteilungen Inneres auf Kreis- und Bezirksebene waren Beauftragte für Kirchenfragen für die Abstimmungsarbeit mit Kirchenvertretern zuständig. Unter dem Motto der

34 Besonders die katholische Kirche geriet in dieser Phase unter Druck. Der Aufforderung, die Einrichtungen umzustrukturieren und Bereiche, in denen der SED-Staat einen Führungsanspruch einforderte, wie z.B. der Jugendhilfe, zu schließen - das betraf auch sogenannte Heimschulen, die die katholische Kirche unterhielt -, beugte sich die katholische Kirche auf staatlichen Druck hin und wandelte katholische Kinderheime in Heime für behinderte Kinder, Jugendliche und Erwachsene um.

„Zusammenarbeit aller humanistischen Kräfte“ wurde eine punktuelle Zusammenarbeit - bei strikter weltanschaulicher Trennung - vereinbart.

Zwischen der Regierung der DDR und der katholischen Kirche verzeichnet Kroll (1998) die Phase der Konfrontation (von 1945 bis 1949), die Phase des offenen Kirchenkampfes (1949-1953) und die Phase der Auseinandersetzung mit der atheistischen Weltanschauung (1953-1961). Die katholische Kirche hielt sich der SED gegenüber insgesamt stärker zurück als die evangelische Kirche, sie war aber in den Kommissionen sowie den Arbeitsgruppen des ZK der SED vertreten und konnte dort Interessenpolitik betreiben. Im Zusammenhang mit der Änderung des Familienrechts (1966) kam es zu Protestnoten und kirchlichen Stellungnahmen gegen das von der SED geplante Familienrecht, insbesondere gegen die rechtliche Trennung des Aufenthaltsbestimmungsrechts und des elterlichen Sorgerechts.

Die Parteileitung der SED nahm zwei grundsätzliche Haltungen den Kirchen und ihren sozialen Einrichtungen gegenüber ein. Zum einen attackierte sie offensiv die kirchlichen Aktivitäten - diese wurden durch die SED insbesondere im Zusammenhang mit den Auseinandersetzungen um die Gründung der Jungen Gemeinden, um die Einführung der Jugendweihe 1955 und im Zusammenhang mit der Militärseelsorge massiv behindert. Zum anderen bediente sie sich einer eher defensiven Strategie der behördlichen Gängelung. Finanzielle und personelle Engpässe prägten besonders in den pädagogischen Einrichtungen die kirchliche Fürsorge der DDR.

Für die konkrete Arbeitsteilung in der Fürsorgearbeit vor Ort kann gesagt werden, dass die staatlichen und kirchlichen FürsorgerInnen getrennt operierten. Seitens der staatlichen Fürsorge wurde darauf geachtet, dass sich die kirchlichen FürsorgerInnen aus Arbeitsfeldern, wie z.B. der Strafgefangenenhilfe, heraushielten; andererseits wurden gerade diese aber auch gezielt für Hilfen angesprochen. Oftmals nahmen sich die FürsorgerInnen gegenseitig im Berufsalltag nicht wahr. Die staatlichen FürsorgerInnen waren über die kirchlichen Fürsorgeeinrichtungen teilweise nur vage oder gar nicht informiert. Demgegenüber fanden kirchliche FürsorgerInnen in den staatlichen Einrichtungen oftmals Kooperationspartner, die man persönlich kannte. Fachkräfte in staatlichen Einrichtungen, die den Kirchen nahe standen, wie z.B. Ärzte, konnten dann durchaus auch an Fachtagungen der kirchlichen Fürsorge teilnehmen. Jenseits staatlicher Grenzziehungen entwickelte sich so punktuell eine fachliche Zusammenarbeit am Arbeitsgegenstand entlang. In der evangelischen Fürsorgeausbildung war das sogenannte Psychiatriepraktikum in einer staatlichen Einrichtung verbindlich vorgeschrieben.

2.4 Die Diakonie zwischen Klientelismus und volkskirchlichem Anspruch

Die evangelische Berufsfürsorge war eng an die Landeskirchen und Kirchengemeinden angebunden. Diese Anbindung der Fürsorge war Ausdruck der Gegebenheiten in der DDR und des gesellschaftlichen Minderheitenstatus der evangelischen Christen. Da im Selbstverständnis der evangelischen Kirche die Fürsorge unabdingbarer Ausdruck des Glaubens und des Gottesdienstes ist, war sie zugehörig und partizipierte an dem universellen Selbst- und Weltverständnis der evangelischen Kirche. Diakonie als dienende Hilfe und als Zeugnis und Dienst, der - neben der Verkündigung - für evangelische Christen der zentrale Glaubensbeweis der Existenz Gottes und lebendiger Ausdruck des Christ-Seins ist, war auch in der DDR Ausdruck evangelischen Selbstverständnisses. Die verfasste evangelische Kirche brachte die Vorstellungen und Wertorientierungen eines evangelischen Christentums in der DDR zur Sprache. Die evangelische Fürsorge war insofern in Diskurse eingebunden, die eine Art Gegenöffentlichkeit zur Ausdeutung des Gesellschaftsprozess durch die SED darstellte.

Die Organisation und inhaltliche Gestaltung der Fürsorgeaktivitäten wie auch die finanzielle Absicherung der evangelischen Fürsorge waren kirchenintern im Rahmen der Diakonie zu regeln. Der Bereich diakonischen Wirkens der evangelischen Kirche wurde in der DDR auch von der SED letztendlich als unverzichtbar angesehen. Das Diakonische Werk, das als Dachverband aller diakonischen Vereinigungen für die evangelischen Landes- und Freikirchen in der DDR als eingetragene Vereinigung rechtlich selbständig war, verstand sich als ein Werk der Kirche, obgleich zwischen Diakonie und Landeskirchen durchaus auch Spannungen vorhanden waren (Reuer 1982:241). Die evangelische Fürsorge bewegte sich im Spannungsfeld von öffentlicher Anerkennung der Diakonie und gleichzeitiger Zurückweisung und Missachtung kirchlicher Tätigkeit durch die SED. Die evangelische Fürsorge war einerseits vorrangig in den Gemeinden verankert - in der Anstaltsdiakonie waren nur eine geringe Zahl evangelischer FürsorgerInnen tätig - und unterstand gleichzeitig der Diakonie. Die Hauptaktionsfelder der evangelischen Fürsorge waren die Stadtmissionen der Diakonie und vor allen Dingen die Kreisstellen der Diakonie auf Gemeindeebene. Die soziale Hilfearbeit der evangelischen Fürsorge bewegte sich zwischen Gemeindeleben und Partizipation am Gemeindediskurs sowie an einem auf Ausbildung beruhenden Hilfeverständnis. Anstrengungen, die missionarische Verkündigung im Gottesdienst und die Diakonie als profunde Hilfe zusammenzubringen, waren erheblich und charakterisieren die berufliche Fürsorge der evangelischen Kirche. Die evangelischen FürsorgerInnen sahen sich aufgefordert, sich den Hilfebedürftigen der DDR-Gesellschaft aktiv zuzuwenden und die konkreten sozialen Problemlagen im evangelischen Selbstverständnis aufzugreifen.

Diese bestehende Diskursorientierung zwischen den evangelischen Landeskirchen und der SED spiegelte sich im Selbstverständnis der evangelischen Fürsorge wieder, wobei die evangelische Fürsorge der Diakonie auf gesellschaftliche Problembereiche zielte, die staatlich unbearbeitet waren. Durch Fürsorge sollte in die Gesellschaft hineingewirkt und die (real-) existierenden Problemlagen aufgegriffen werden. Im Mittelpunkt des beruflichen Selbstverständnisses standen soziale Problemlagen und soziale Not in der konkreten Alltagswelt der Menschen im Sozialismus. Die Konfrontation mit diesen sozialen Problemlagen wurde in der Fürsorgearbeit aktiv gesucht und ihr Wirken beinhaltete auch eine kritische Analyse der gesellschaftlichen Verhältnisse im Sozialismus.

Die Idee der problemaufsuchenden Hilfe war für evangelische FürsorgerInnen orientierungsleitend. Die evangelische Fürsorge stand in ihrem Ansatz zwischen einer Hilfeorientierung auf ein evangelisches Klientel und dem volkskirchlichen Auftrag. Die Hinwendung an Problembereiche, wie etwa die soziale Begleitung und Betreuung von Alkoholkranken, war fachlich orientiert - auf die christliche Verkündigung und Mitwirkung in gesellschaftlichen Fragen als Ort aktiver gesellschaftlicher Mitgestaltung konnte und wollte die evangelische Fürsorge aber nicht verzichten. Der Bund der evangelischen Kirchen der DDR zielte jedoch zu keiner Zeit darauf ab, eine gegengesellschaftliche Ordnung in der DDR aufzubauen, sondern es bestand dezidiert die Vorstellung, Teil dieser Gesellschaft zu sein und in diese hineinzuwirken.[35] Erst in der Endphase der DDR entwickelte sich die evangelische Kirche in einer Art Sammelbewegung zu einem oppositionellen Raum. Die evangelische Kirche verstand sich allerdings insofern als Volkskirche, dass in ihr der Dialog im Mittelpunkt steht und in der die Mitglieder zum kritischen Dialog - auch zum kritischen Dialog mit der Partei der SED und den Vertretern staatlicher Stellen - ermutigt werden sollten. Die ganz wesentlich aufgrund der Synodalstruktur in der evangelischen Kirche der DDR praktizierte Diskursorientierung - dass den Gemeinden Mitbestimmung eingeräumt und dabei demokratische

35 Innerhalb der evangelischen Kirche war insbesondere in den siebziger Jahren eine heftige Diskussion entbrannt, wie die Grundsätze einer Zwei-Reiche-Lehre gegenwarts- und gesellschaftsbezogen zu interpretieren sind. Zu diesem Zeitpunkt spitzten sich die Frage der gesellschaftlichen Beteiligung und die Ausgestaltung der Beziehung von Kirche und Staat zunehmend zu. Darüber hinaus blieb die Interpretation der Zwei-Reiche-Lehre für die evangelischen Kirchen der DDR über die gesamte Zeit ihrer Existenz von zentraler Bedeutung und war Gegenstand ausdauernder theologischer Erörterungen.

Verfahren der Willensbildung verankert sind - war ein Modell der funktionierenden Mitwirkung, das auch für die evangelische Fürsorge handlungsorientierend war.

2.4.1 Grundlagen der Berufsauffassung in der evangelischen Fürsorge

Die Art und Weise der Orientierung an sozialen Problemlagen und an abseits stehenden Menschen in der DDR sowie der Gesellschaftsbezug in der evangelischen Fürsorge waren relativ modern. Im Gesellschaftsbezug der evangelischen Fürsorge der DDR zeigen sich Ähnlichkeiten zu dem der amerikanischen Sozialarbeit der Jahrhundertwende. Mary Richmond hatte bereits erkannt, dass eigenständige Problemanalysen - die im Sinne sozialwissenschaftlicher Felderkundung gedacht werden - für die gezielte und fallanalytische Arbeit in der Fürsorge unerlässlich sind (Richmond 1922). Dieser Gesellschaftsbezug trug mit dazu bei, dass die evangelische Fürsorge der DDR sich aktiv gesellschaftlichen Randgruppen öffnete und sich diesen zuwandte. Solidarität mit dem Nächsten und Analyse der Problemlagen sowie persönliches Leid waren hierbei Ausgangspunkte für die Hilfearbeit. Die evangelische Fürsorge konnte aus zwei Quellen schöpfen: zum einen aus ihrer gesellschaftlichen Marginalität und zum anderen aus der universellen Orientierung an menschlicher Hilfe. Insofern waren die Marginalitätsphänomene der evangelischen Fürsorge zweiseitig. Zum einen entwickelte die evangelische Fürsorge Hilfekonzeptionen und Handlungsmodelle für soziale Problemlagen bzw. für Menschen, die gesellschaftlich vernachlässigt und randständig waren. Das vermochte sie insbesondere aufgrund ihrer Distanz zum Wertekosmos der DDR-Gesellschaft. Ihre Marginalität ermöglichte es der evangelischen Fürsorge, Hilfe mit einer kritischen Sichtweise auf die gesellschaftliche Realität der DDR zu verknüpfen. Die Hilfe hatte oftmals Projektcharakter und erinnert ebenfalls an die Tradition angloamerikanischer Sozialarbeit in der Phase großer Einwanderung und Industrialisierung. Die Persönlichkeit des Hilfesuchenden stand dabei im Vordergrund. Er sollte sensibel erkunden, wie im Einzelfall am besten zu helfen sei. Gerade Bevölkerungsgruppen, die von der staatlichen Fürsorge der DDR und den sozialen Einrichtungen nicht bedacht waren, wurden verstärkt aufgesucht.

Die evangelische Fürsorge wollte darüber hinaus in ihrer Arbeit Impulse geben sowie Zeichen setzen und mit ihrer Tätigkeit auf Veränderungspotentiale in der Gesellschaft der DDR hinweisen - ohne dabei den Anspruch zu verfolgen, die Gesellschaft selbst zu verändern. Die Handlungskonzeption der evangelischen Fürsorge der DDR sah gerade vor, über die Grenzen der Kirche, ihrer Einrichtungen und der Gemeinde hinaus zu wirken und etwas für die Gesellschaft zu tun. Sie zielte auf Verantwortungsübernahme der Gesellschaft als Ganzer gegenüber und darauf, durch und mit der Fürsorge an der Überwindung gesellschaftlicher Problemstellungen mitzuwirken. Dadurch konnte die evangelische Fürsorge zu einer Enttabuisierung der gesellschaftlichen und sozialen Problemlagen in der DDR-Gesellschaft - im Rahmen ihrer Möglichkeiten als gesellschaftliche Minderheit - beitragen.

Die Handlungskonzepte der evangelischen Fürsorge beinhalteten also einen kritischen Dialog mit der staatlichen Gegenmacht. Durch die kritische Distanz zu den DDR-Institutionen waren die epistemischen Grundlagen für eine eigenständige berufliche Problemanalyse gegeben. Systematische Erkundung der Not, der Ungerechtigkeit und des Leidens der Menschen in der DDR-Gesellschaft - auch in Form der Erkundungsarbeit durch innovative Projektarbeit - waren vor diesem Selbstverständnis möglich. Auf der Grundlage einer Analyse der sozialen Problemlagen wiederum konnte auch ein fürsorgerisches Handlungskonzept, das von einer Fallanalyse ausgeht, ausformuliert werden. Die Marginalitätsorientierung und Fallanalyse eröffnete Sichtweisen auf soziale Schieflagen, die zu einer Hilfekonzeption führte, die an den Miasmen - also den ausgemachten Widersprüchen und Missständen - der DDR-Gesellschaft ansetzte.

2.4.2 Handlungskonzepte in der evangelischen Fürsorge

Das berufliche Handeln in der evangelischen Fürsorge war - wie oben erörtert - durch die Marginalitätstatsache geprägt. Die evangelischen FürsorgerInnen waren gut ausgebildete GeneralistInnen und hatten ein klares berufliches Hilfeverständnis, das in der christlichen Glaubenslehre fundiert war. Sie arbeiteten dort, wo Hilfe gebraucht wurde, und die FürsorgerInnen setzten direkt an den sozialen Notlagen an. Die evangelische Fürsorge legte großen Wert auf die Gestaltung von Hilfebeziehungen, die der Persönlichkeit und der sozialen Lage der Problembetroffenen gerecht werden sollte.

Soziale Handlungsmodelle für die Gestaltung einer Hilfebeziehung waren insbesondere im kommunikativen Milieu der evangelischen Kirche grundgelegt. Die Fürsorgearbeit war auf den Dialog und das Gespräch bzw. die Interaktion mit Problembetroffenen hin ausgerichtet. Kommunikation wurde als Grundlage der Problemanalyse und der Problembearbeitung angesehen und als zentrales Instrumentarium zur Förderung emergenter Entwicklungsprozesse betrachtet, genutzt und verstanden. Insofern wurden auch stilistische Elemente der Kommunikation zur Problemanalyse und Problembearbeitung in der Hilfearbeit eingesetzt. Die Hilfemodelle umfassten Ansätze individueller und kollektiver bzw. gruppenbezogener Entwicklungsförderung. Die Interventionsstrategien der FürsorgerIn umfassten das gesamte Spektrum der klassischen Methoden der Sozialarbeit: Einzelfallhilfe, soziale Gruppenarbeit und Gemeinwesenarbeit. Diese Methoden wurden auf der Grundlage von Fallanalysen abgeleitet. Dazu gehörten Strategien zur Verbesserung der Lebensverhältnisse und zur sozialen Beteiligung der Betroffenen, z.B. durch die Organisation von geeigneten Hilfemitteln (Hilfe zur Verbesserung der sozialen Lebenslage) wie auch die Hinwendung zu individuellem Leid und die Begleitung von Menschen in Lebenskrisen. Entwicklungsförderung der sozialen Potentiale, wie z.B. durch Gruppenarbeit für Problembetroffene, wie behinderte Menschen oder Alkoholkranke, und Orientierung am Gespräch zeichnete die evangelische Fürsorge aus. Die Gemeinschaftserfahrungen der Betroffenen nahmen einen hohen Stellenwert ein und wurden als Voraussetzung für individuelle Entwicklungsprozesse gesehen. Soziale Gruppenarbeit bzw. die Einbindung in ein soziales Netz - was auch Ermutigungscharakter hatte - diente der Unterstützung der biographischen Entwicklungsprozesse bei den Problembetroffenen. Das berufliche Handeln in der evangelischen Fürsorge wurde in Hinblick auf die (Handlungs-)Folgen reflektiert und evaluiert, wobei unintendierte Handlungsfolgen untersucht und korrigiert wurden. Eine Analyse der gesellschaftlichen Veränderungsprozesse in ihren individuellen und sozialen Dimensionen wurde dem fürsorgerischen Handeln zugrunde gelegt - dieses z.B. gerade in Form von Projektarbeit, in der Problembestände der DDR-Gesellschaft aktiv aufgegriffen wurden, wie u.a. in Bezug auf Isolationsprozesse älterer Menschen, die aufgrund produktionsbedingter staatlicher Umsiedlung aus einem Kohleabbaugebiet in eine Plattenbausiedlungen sozial isoliert und vereinsamt waren.

2.4.3 Einschränkungen im Berufsauftrag

Durch die Positionierung der evangelischen Fürsorge der DDR - in volkskirchlicher Zugehörigkeit einerseits und professioneller Berufsausrichtung andererseits - traten systematische Handlungsprobleme und Fehlertendenzen auf, die aus den externen wie internen Rahmenbedingungen der evangelischen Fürsorgearbeit in der DDR resultierten. Aufgrund der gesellschaftlichen Randpositionierung ergab sich das zentrale Problem der Ressourcenbegrenzung. Die evangelische Fürsorge war in der Verfügbarkeit über Ressourcen - vor allen Dingen über staatliche Ressourcen - eingeschränkt. Sowohl in der Fürsorgeausbildung als auch in der Fürsorgepraxis konnte nicht auf andere Mittel als die der evangelischen Kirche und des

Diakonischen Werks zurückgegriffen werden. Gerade die Fürsorgearbeit war für die SED kein förderungswürdiger Aktivitätsbereich im Sozialwesen und die evangelischen Kirchen hatten die Finanzmittel eigenständig aufzubringen. Obwohl die evangelische Fürsorgearbeit nie wirklich gefährdet gewesen ist, war damit potentiell eine Infragestellung nach den Kernaufgaben der Fürsorge eröffnet. Die in Diskursen vorgenommene theologische Trennung zwischen Heil und Wohl - wobei in der Theologie das Heil von den Kirchen und das Wohl vom Staat ausgeht - konnte die evangelische Fürsorgearbeit, die am individuellen und sozialen Wohl orientiert war, disziplinieren. Die Unterausstattung mit Arbeitsmitteln sowie räumliche und finanzielle Engpässe bereiteten vor Ort immer wieder Probleme und schränkten die Handlungsmöglichkeiten oftmals ein. Ressourcen für Fortbildungen waren knapp. Die Einrichtung von Studiengängen für die Fürsorge, in denen das berufliche Wissen in den Kontext universitärer Systematisierung gestellt und vorangetrieben hätte werden können, war in der DDR für die evangelische Fürsorge ressourcenbezogen nicht leistbar. Der Reflexionsrahmen in Bezug auf die Problemanalyse ist dann - einmal abgesehen von der mangelnden Durchsetzungskraft und fehlenden gesellschaftlichen Akzeptanz der repräsentierten Fallkategorien im gesellschaftlichen Diskurs - notwendig begrenzt.[36] Wissenschaftliche Analysen sozialer Problembestände in der DDR-Gesellschaft, die eine Handlungspraxis hätten weiter fundieren können, waren zudem politisch nicht durchsetzbar. Die evangelische Fürsorge in der DDR hatte aufgrund der Ressourcenbegrenzung somit das Problem, letztendlich die berufliche Fürsorgearbeit nicht weiter professionalisieren zu können.

Ein weiterer Problembereich der evangelischen Fürsorge betraf den des Berufseinstiegs der FürsorgerInnen. Die besondere Verknüpfung von Kapazitätsbedarf und Ausbildung in der evangelischen Fürsorge - der Bedarf an FürsorgerInnen war vorgeplant und eingeschränkt - behinderte eine produktive Umsetzung des in der Ausbildung Gelernten in der Praxis. Die FürsorgerInnen, die in vorher vereinbarte und festgelegte Praxishandlungsfelder eingesetzt wurden, konnten die in der Ausbildung erworbenen Kompetenzen teilweise nicht umsetzten. Aufgrund der organisatorischen Vorkehrung - die Zahl der Einrichtungen und Arbeitsplätze in der Fürsorge

---

36 Das Herausarbeiten von problemtypisierenden Kategorien - Klassifikationen problemverursachender gesellschaftlicher Faktoren - über soziale Unterversorgung und Benachteiligung in der DDR blieb von daher an die Ausbildungsgemeinschaft gebunden. Eine Reflexion der Methodologie ist damit strukturell begrenzt. Die konkreten beruflichen Situationen, die fallanalytisch-ethnographisch eine Hilfetheorie begründen, haben dann ihre Grenzen in den Reflexionspotentialen. Wissensgenerierung in Formen eines gemeinschaftlichen Diskursbezugs setzt Erkenntnisgrenzen (Otten 2000).

war durch die Dominanz des staatlichen Sektors begrenzt -, nur für einen ganz konkreten Stellenbedarf auszubilden, waren die Berufsverläufe präjudiziert. Nun war aber gerade die evangelische Fürsorgeausbildung mit ihrem spezifischen Ausbildungsangebot auf berufsbiographische Wandlungsprozesse hin ausgerichtet. Dem wurde allerdings die Praxis der Verzahnung von Ausbildungs- und Beschäftigungssystem nicht gerecht. An der Schnittstelle von Fürsorgeausbildung und Fürsorgepraxis zeigt sich, dass die in den Berufssozialisationsprozessen erworbenen beruflichen Kompetenzen und Handlungsmodelle in der Berufspraxis nicht bzw. nur eingeschränkt abgerufen wurden.[37]

Das Verknüpfungsproblem zwischen Berufsausbildung und Berufspraxis belastete oftmals die einzelne FürsorgerIn. Nach Abschluss der Fürsorgeausbildung, die es ermöglichte, in besonderer Weise professionelle Orientierungen hervorzubringen, geriet die FürsorgerIn häufig in die Situation, in einem Praxisfeld tätig zu sein, das ihrem Handlungsvermögen nicht mehr gerecht wurde. Die vor der Ausbildung gesetzten Verwendungsvorgaben der Landeskirchen, welchen Dienst die FürsorgerIn übernehmen soll, führten dazu, dass die erworbenen Kompetenzen nicht im vollen Umfang eingesetzt werden konnten und erworbene Handlungskompetenzen im Zuge des Berufseinstiegs stillgelegt bzw. eingeklammert wurden. Brachliegende und ungenutzte Kompetenzen konnten zu Auskühlungsprozessen (Goffman 1952; Gildemeister 1983) bei den FürsorgerInnen führen.

Ein weiterer Problembereich der evangelischen Fürsorge waren Handlungs- und Diskursbeschränkungen, die in der Mandatseinschränkung auf den kirchlichen Raum begründet waren. Die evangelische Kirche, die zwar einen Anspruch auf Mitgestaltung des Sozialwesens in der DDR formuliert hatte und in die DDR-Gesellschaft hineinwirken wollte, wirkte dort handlungshemmend (teilweise auch disziplinierend), wo die Kooperation mit den staatlichen Stellen durch Aktivitäten der Fürsorge gefährdet schien. Die evangelische Kirche vermied jedwede explizite Symbolik, die den kirchlichen Raum als direkte gesellschaftliche Alternative erscheinen ließ. Eine Betonung der gesellschaftlichen Außenseiterposition stand

37 Die Zahl der Ausbildungsplätze in der Fürsorge richtet sich an der Bedarfsplanung der Kirchenkreise und Landeskirchen aus. Eine Ausbildungszusage war an einen späteren Verwendungsnachweis in den Landeskirchen bzw. Kirchenkreisen gekoppelt. Die Schwierigkeiten lagen darin, dass die Ausbildung bei den evangelischen FürsorgerInnen in dieses institutionelle Ablaufmuster gepresst war und die Zuweisung in spezifische, bereits vorab festgelegte Arbeitsbereiche die Folge hatte, dass berufsbiographische Wandlungsprozesse, die in den Ausbildungsprozessen enaktiert worden sind, in der Praxis nicht bzw. nur eingeschränkt zur Entfaltung kommen konnten.

gegen die vitalen Interessen der evangelischen Kirche. Von daher war auch seitens der Fürsorge eine Zurückhaltung in Bezug auf Aktivitäten gefordert, die den Dialog mit dem SED-Staat und seinen VertreterInnen hätte nachhaltig beeinträchtigen können. Insofern ging die evangelische Kirche stets auf Distanz zu Aktivitäten auf Seiten der Fürsorge, die eine gesellschaftliche Alternative offen symbolisierten. Bereits bei einem Verdacht unerwünschter Folgewirkungen wurden Handlungsprojekte eingestellt, da eine offene Konfrontation mit der SED explizit und unter allen Umständen zu vermeiden war bzw. in geregelten Bahnen zu verlaufen hatte. Daher waren Handlungsgrenzen in der evangelischen Fürsorge immer da erreicht, wo sich die Fürsorgearbeit zum Gegenstand politischer Kontroversen hätte entwickeln können - oder wo die Arbeit Anlass zu politischen Debatten hätte geben können - und die auf konstruktive Kritik orientierte Verhandlungsführung der evangelischen Kirchen gefährdet hätte. Unter dem Postulat der konstruktiven Konfliktorientierung der evangelischen Kirche mussten die Aktivitäten der evangelischen Fürsorge politisch unauffällig bleiben und es musste vermieden werden, dass das Gesamtklima zwischen evangelischer Kirche und den staatlichen Stellen gestört wurde.[38]

2.4.4 *Ausbildung in der evangelischen Fürsorge*

Im Bereich der evangelischen Kirche und der kirchlichen Diakonie der DDR bestand ein chronischer Mangel an ausgebildeten Fachkräften (Neumann/Brockmann 1997:86). In der evangelischen Fürsorge konnten Diakoniestellen oftmals aus Personalmangel nicht besetzt werden. Die Zerstörung der 1908 von Alice Salomon gegründeten Sozialen Frauenfachschule im Krieg führte 1946 zwar zur Gründung der Charlottenburger Ausbildungsstätte für die Evangelische Wohlfahrtspflegerinnen durch Gräfin von Schulenburg, jedoch bestand aufgrund der geringen Ausbildungskapazität bereits Mitte der fünfziger Jahre ein Fachkräftemangel in der evangelischen Fürsorge. Der Mangel an FürsorgerInnen im Bereich der Diakonie in Ostdeutschland führte Mitte der fünfziger Jahre zu Anstrengungen der evangelischen Landeskirchen, eine evangelische Ausbildungsstätte auf dem Staatsgebiet der DDR einzurichten. Mit Unterstützung der Inneren Mission und dem Hilfswerk der Evangelischen Kirche Westdeutschlands gelang es 1957, ein Kurssystem zur Qualifizierung von FürsorgerInnen auf

38 Die evangelische FürsorgerIn durfte durch ihr Handeln nicht allzu deutlich auf soziale Problembestände und ihre Ursachen hinweisen und war angehalten, sich einem offensiven Diskurs über politische Fragen zu enthalten. Eine dezidiert kritische Position war zu vermeiden, und ein Diskurs über soziale Problemlagen einzelner Bevölkerungsgruppen war auf den kirchlichen Binnenraum zu begrenzen.

dem Gebiet der DDR einzurichten, obwohl die SED eine eigenständige kirchliche Fürsorgeausbildung ablehnte. Der Initiator Pastor Boom begann 1957 den ersten fürsorgerischen Qualifizierungskurs für Frauen in der evangelischen Volkshochschule bei Potsdam einzurichten (Neumann 1990:5). Zehn bis zwölf Frauen konnten pro Jahr diesen Qualifizierungskurs absolvieren.

Ab 1962 wurden die fürsorgerischen Ausbildungskurse der Diakonie in die Gebäude des Civil-Waisenhauses in Potsdam verlegt und ein Ausbildungskurs alle zwei Jahre aufgenommen. Die Gebäude waren so ausgestattet, dass eine Internatsunterbringung möglich und für die AusbildungskandidatInnen verbindlich war. Zunehmend wurden auch Männer zur Ausbildung zugelassen. Das Kurssystem wurde in den folgenden Jahren schrittweise aus- und umgebaut und den politischen Erfordernissen sowie den Veränderungen in der praktischen Arbeit angepasst. Da es den Kirchen verboten war, kirchliche FürsorgerInnen direkt und unmittelbar nach Schulabschluß auszubilden, konnten ausschließlich bereits kirchlich tätige MitarbeiterInnen den Qualifizierungslehrgang belegen. Die AusbildungskandidatInnen mussten von den jeweiligen Kirchenkreisen über die Landeskirche an die Ausbildungsstätte delegiert werden. Das Delegationsverfahren bedeutete, dass BewerberInnen über die Kirchenkreise und auf Vorschlag der konventleitenden FürsorgerIn der acht Landeskirchen der DDR zur Ausbildung vorgeschlagen wurden. Dabei hatten die Landeskirchen je nach Größe nach einem vorher festgelegten Schlüssel das Vorschlagsrecht für eine bestimmte Anzahl an BewerberInnen. Die KandidatInnen unterzogen sich einem Auswahlverfahren und erhielten bei Ausbildungsbeginn einen Arbeitsvertrag und ein Grundgehalt, von dem sie einen Teil für die Ausbildung aufwenden mussten. Die Ausbildung wurde von einer leitenden Fürsorgerin koordiniert, die Dozentin und Internatsleiterin in einer Person war (Neumann 1990:6). Zudem lehrten nebenberuflich tätige Dozenten und Dozentinnen die Fächer Recht, fürsorgerische Praxis, Bibelkunde und Geschichte der Inneren Mission. Bis 1983 wurden in 19 Kursen dieser Form evangelische FürsorgerInnen ausgebildet.

Ab 1983 wurde die evangelische Fürsorgeausbildung reformiert und der Fächerkanon sukzessive erweitert. Der Hintergrund war, dass es 1983 zu einer grundlegenden Reform der evangelischen Berufe in der DDR kam. Die Zukunft der evangelischen Kirchenberufe war Gegenstand von Überlegungen und Diskussionen in der Synode der evangelischen Kirche. Im Ergebnis wurde die Einrichtung eines Diakonischen Qualifizierungszentrums durch das Diakonische Werk in Ostberlin gegründet. Vier Hauptberufsvertreter sollten zukünftig die diakonische Arbeit in der Gemeinde leisten: der Gemeindetheologe, der Gemeindepädagoge, der Gemeindefürsorger und der Gemeindemusiker. Die Idee war dabei, der pastoralen

Leitfigur Fachleute zur Seite zu stellen, die gleichberechtigt die gemeindliche Arbeit mitgestalten sollten. Die Reform führte dazu, dass mit dem 20. fürsorgerischen Qualifizierungskurs die evangelische Fürsorgeausbildung personell aufgestockt wurde - neben dem hauptamtlichen Leiter und Rektor wurden zwei hauptamtliche Dozenten für die Ausbildung eingestellt. Die Ausbildungsstätte erhielt den Status einer kirchlichen Fachschule und veränderte im Zuge der Neukonzipierung ihren Namen in Ausbildungsstätte für Gemeindediakonie und Sozialarbeit. In die Ausbildung wurden Fächer, wie Psychologie, Soziologie, Ehe- und Familienberatung mit hineingenommen und so die Ausbildung den veränderten gesellschaftlichen und kirchenpolitischen Bedingungen angepasst. In einer der Domänen der kirchlichen Fürsorge, der Arbeit mit geistig Behinderten, wurden neue Modelle der Betreuung, in denen die Förderung und Rehabilitation behinderter Menschen im Vordergrund stand, gelehrt und Qualitätsmerkmale in Abgrenzung zur staatlichen Behindertenfürsorge formuliert. Die Finanzierung war ganz von den Landeskirchen getragen und die Fachschule erhielt einen eigenständigen Haushalt. Aus diesem Haushalt wurden die nebenberuflichen DozentInnen und die Verwaltung der Fachschule finanziert. Die Reformen der Ausbildungskonzeption lehnten sich an westdeutsche Studiencurricula an. Die Praktika wurden aufgewertet und zeitlich ausgeweitet, Reflexionsprozesse systematisch in die Ausbildung einbezogen und die Bezeichnung Fürsorge wurde zugunsten von Sozialarbeit im Titel der Ausbildungsstätte eingeführt: Evangelische Ausbildungsstätte für Gemeindediakonie und Sozialarbeit. Das vierjährige Direktstudium umfasste zwei intensive praktische Ausbildungsphasen im ersten und vierten Studienjahr. Die angehende evangelische FürsorgerIn hatte im ersten Studienjahr fünf verschiedene Kurzpraktika abzuleisten. Obligatorisch waren Praxiserfahrungen in einer Kreisstelle sowie in einer Kirchengemeinde, ferner das Praktikum in einem Alters- oder Pflegeheim, ein Praktikum in einer Einrichtung für geistig Behinderte und ein Krankenhauspraktikum. Zu Beginn des dritten Studienjahres war ein Praktikum in der Psychiatrie verpflichtend, im vierten Ausbildungsjahr dann das zehnmonatige Fürsorgestellenpraktikum, in dem die Initiierung eines Praxisprojektes obligatorisch war, das unter Anleitung durchgeführt und ausgewertet wurde.

Eine Qualifizierung zur FürsorgerIn war in der Direktausbildung, d.h. mit Internatsunterbringung bis zum Höchstalter von 35 Jahren, möglich. Neben der Direktausbildung gab es ein Fernstudium in Lobethal in der Nähe von Berlin für BewerberInnen, die zwischen 25 und 50 Jahre alt waren und aus familiären Gründen die Direktausbildung nicht absolvieren konnten. Dieser Qualifizierungskurs dauerte viereinhalb Jahre - mit einem dreijährigen Grundkurs und einem eineinhalbjährigen Aufbaukurs. In den Ausbildungskursen zur evangelischen FürsorgerIn wurden westliche Lehrkräfte eingesetzt, gerade auch in den Fernlehrgängen. Die Lehrbriefe der Fernlehrgänge wurden auch als Unterrichtsmaterial für das Direktstudium verwendet. Insgesamt wurden in der DDR im Direkt- und Fernstudium ca. 500 evangelische Fürsorgerinnen und Fürsorger ausgebildet.

Wie oben bereits deutlich herausgestellt, gründeten Orientierungskerne beruflichen Handelns in der evangelischen Fürsorge in der christlichen Hilfetätigkeit und wurden in einer Orientierung an der Marginalität tradiert. Die evangelische Fürsorgeausbildung sowie ihr sozialer Rahmen hatten einen zentralen Stellenwert in der beruflichen Fürsorge der Diakonie. Der Ausbildung wurde in der Diakoniefürsorge ein besonderes Gewicht beigemessen. Die vergleichbar zeitlich umfangreiche Ausbildung und die Ausbildungsstätte für Gemeindediakonie und Sozialarbeit - die einzige auf dem Gebiet der DDR, die einen sozialen und geistigen Mittelpunkt der evangelischen Fürsorge in der DDR darstellte - sozialisierte die FürsorgerIn in die sozialen Handlungsmodelle beruflicher Fürsorge ein. In Form eines Kontakt- und Verweisungsnetzes bestand zwischen Ausbildung und evangelischer Fürsorgepraxis eine explizite Rückbezüglichkeit.

In der Ausbildung wurde Gemeinschaft sowohl erlebt wie auch reflektiert. Aufgrund der Internatsunterbringung war die Ausbildung für die AusbildungskandidatInnen zugleich Lernort und Lebensmittelpunkt. Die Diskursorientierung in der evangelischen Kirche und in ihren Gemeinden spiegelte sich im Ausbildungsablauf wider. Die Ausbildung war biographienah angelegt, d.h. die Ausbildungsprozesse forderten zur Selbstthematisierung in Lerngruppen auf. Ausbildungseinheiten waren von den AusbildungskandidatInnen mitgestaltbar und es wurde ihnen ein Mitspracherecht bei der Wahl der Ausbildungsinhalte zugesprochen. Die dialogischen Formen in den Ausbildungsarrangements der evangelischen Fürsorgeausbildung vermittelten die Beziehungs- und Handlungsmodelle einer sensiblen Interaktionsgestaltung, die dann in der Praxis umgesetzt werden konnten.[39] In der evangelischen Fürsorgeausbildung wurden so Sinnquellen des Helfens, persönliche Erfahrungen und fachliche Ausrichtung verknüpft. Lernen selbst wurde als offener Prozess begriffen und als persönliche Weiterentwicklung gerahmt. In den Praktika konnte die Beziehungsarbeit zwischen FürsorgerIn und KlientIn unter Anleitung eingeübt werden. Die Praktikumserfahrungen wiederum wurden in Ausbildungsgruppen - auch auf den konkreten sozialen und gesellschaftlichen Bezug hin - reflektiert. In besonderer Weise galt dieses für das obligate Psychiatrie-

39 Bestandteile der Ausbildung waren auch Formen der Ausdrucksgestaltung anhand kreativer Medien, wie Pantomime bzw. das Arbeiten mit verschiedenen Materialien, wie Farben, Stoffen, usw., die Formen kreativer Interaktions- und Beziehungsgestaltung vermittelten. Ferner wurden stilistische Formen der Kommunikation eingeübt.

praktikum, das in einer staatlichen Einrichtung der Psychiatrie erfolgte. Die Praxiserprobung in einer staatlichen Einrichtung forcierte gesellschaftliche Fragestellungen im Feld sozialer Hilfe. Mittels des Theorie-Praxis-Lernens wurde der Fallbezug systematisch eingeübt.[40] Durch den Theorie-Praxis-Bezug und die institutionalisierte Reflexion der Praxiserfahrungen in der Ausbildungsgruppe wurden Theorien bezüglich des Handlungsfeldes abduktiv[41] gewonnen. Die Kategorien der Problemkennzeichnung in der evangelischen Fürsorge - was nämlich die Hilfesituation in ihren spezifischen und allgemeinen Fallmerkmalen auszeichnet - waren fallanalytisch abgeleitet. Die Theorien beruflichen Handelns in der Fürsorge waren dementsprechend praxisnah. Theorie musste sich in je konkreten Handlungskontexten bewahrheiten. Dieses Theorieverständnis, das in einer pragmatistischen Theorietradition steht, ist von zentraler Bedeutung für die evangelische Fürsorge, da hier ein Ansatz kritischer Auseinandersetzung mit der gesellschaftlichen Realität - so wie sie der große Teil der Menschen in der DDR erlebt hat - implizit enthalten ist.[42] Für die FürsorgerInnen der evangelischen Fürsorge war die Ausbildung persönlich oftmals auch ein Symbol für Aufbruch und Wandel. Die Ausstrahlung der evangelischen Fürsorgeausbildung wurde bis in die staatlichen Einrichtungen hinein wahrgenommen.

---

40 In der evangelischen Fürsorgeausbildung in der DDR, die westdeutschen Ausbildungsgängen vor der Ausbildungsreform für soziale Berufe Anfang der siebziger Jahre ähnlich ist, finden sich typische Strukturmerkmale und Ablaufprozesse professionsorientierter Ausbildungen (Bucher/Stelling 1977; Becker 1961; Otten 2000).

41 Die Abduktion wird als Form des logischen Schließens - neben der Deduktion und Induktion - bei Peirce (1970) ausgearbeitet. „Die Abduktion geht von der detaillierten Untersuchung der Merkmale eines Ereignisses aus und schließt dann mit Hilfe eines nur virtuell gültig gesetzten Regelwissens auf einen vorliegenden Fall" (Flick 1995:226). Kategorien und Fallstrukturen werden aus dem Material selbst „als Ergebnis einer offenen, auf die Wahrnehmung von Strukturiertheit ausgerichteten Auseinandersetzung mit dem Material" (Kallmeyer 1988:1101) heraus entwickelt und nicht vorher theoretisch konstruiert.

42 Die Bezüge zu westdeutschen Ausbildungsstätten und -dozenten sowie Zugänge zur westdeutschen Beratungs- und Sozialarbeitsliteratur trugen ebenfalls zur professionellen Ausbildung bei. Dieser Austausch war zweifellos produktiv und förderte die professionellen Elemente der Ausbildungskonzeption.

2.5 Die Caritas: Fürsorge in der Diaspora

Seit der Reformation Luthers ist die katholische Kirche in der Region der späteren DDR eine Minderheitenkirche gewesen. Durch den erklärten Atheismus der DDR-Staatsführung war die katholische Kirche in der DDR in einer doppelten Minderheitenposition: zum einen kulturell-räumlich, als katholische Kirche in einer sozialistischen Gesellschaft und zum anderen spirituell, als katholische Kirche, die gegenüber dem Mehrheitsprotestantismus eine Minderheit darstellte. Der doppelte Minderheitenstatus der katholischen Kirche in der DDR - die Mehrzahl der Christen waren wiederum Mitglieder der evangelischen Kirche - konstituierte in besonderer Weise eine Diasporasituation, in der die katholischen Christen sozusagen doppelt marginalisiert waren. Die katholische Kirche war als Diasporakirche in den Gemeinden zum Teil im Sinne einer Schicksalsgemeinschaft konnotiert. Sie war besonderen Bedingungen unterworfen, ihren Bestand zu sichern und ihre Interessen zu wahren. Die katholische Kirche in der DDR enthielt sich - nach einer relativ aktiven katholischen Kirchenpolitik in den 50er Jahren - weitgehend den Fragen zur gesellschaftlichen Gestaltung. Die Politik der öffentlichen Enthaltung in Bezug auf gesellschaftliche Fragen wies der katholischen Kirche eine gesellschaftliche Nischenposition zu, die von ihr in den 60er und 70er Jahren ausgebaut und ausgestaltet wurde. Die katholische Amtskirche in der DDR zog sich weitgehend auf ihre theologischen Kernaktivitäten, wie Gottesdienst und Sakramente, zurück. Die katholische Kirche verzichtete dabei i.d.R. darauf, in die DDR-Gesellschaft hineinzuwirken und in ihr politisch aktiv mitzuwirken. Sie äußerte Kritik an der Staatspolitik der SED nur, wenn katholische Grundüberzeugungen tangiert waren - bezog dann allerdings, z.B. in Form von Hirtenworten, Position (Henkys 1981:172-212). Die Interpretation der kirchlichen Zwei-Reiche-Lehre, auf die sich die katholische Kirche zurückzog, und die Distanz zum SED-Staat konstituierten einen relativ abgeschlossenen kirchlich-katholischen Binnenraum. Auch in Hinblick auf die Ökumene praktizierte die katholische Kirche Zurückhaltung und die katholischen Bischöfe vermieden einen Schulterschluss mit den evangelischen Kirchen (ebd.). Als Diasporakirche war der katholischen Kirche daran gelegen, das Unverwechselbare ihres Glaubens zu betonen und damit ihre Existenz in der DDR zu sichern. Auf Gemeindeebene bestand eine Gemeindeökumene, d.h. die evangelischen Kirchen und Einrichtungen wurden z.B. von den katholischen Gemeinden teilweise mit genutzt. Auch beteiligten sich katholische Kirchengemeinden an den evangelischen Kirchentagen.

Die katholische Kirche in der DDR verstand sich als Glaubensgemeinschaft, die ihre Aktivitäten auf den Erhalt der Kernaktivitäten der katholischen Glaubensausübung konzentrierte. Die Wahrung der Geschlossenheit und Identität der Kirchenglieder stand dabei im Vordergrund. Diese Politik der katholischen Amtskirche war insofern erfolgreich, als dass die SED-Führung in den Aktivitäten der katholischen Kirche keine politische Gefahr sah, zumal die Zahl der katholischen Kirchenmitglieder in der DDR ständig abnahm.[43] Ab den siebziger Jahren, in denen sich zunehmend auch die deutsch-deutschen Beziehungen entspannten, arrangierte sich die katholische Kirchenleitung mit der SED-Führung. Im Gesundheits- und Sozialwesen wurden gerade die katholischen Einrichtungen für die SED unverzichtbar.[44] Die Beziehungen zwischen katholischer Amtskirche und der SED wurde mittels Verträgen zunehmend untermauert, so dass der Caritas und ihren sozialen Einrichtungen in der DDR staatlicherseits eine gewisse Akzeptanz zukam.

2.5.1 Die Ausgestaltung einer doppelten Nische durch die katholische Fürsorge

Die Caritas der katholischen Kirche in der DDR war durch ihre Beiträge zur gesundheitlichen und sozialen Versorgung der DDR-Bevölkerung für den SED-Staat unverzichtbar. Die katholischen Sozial- und Gesundheitseinrichtungen waren ein starkes Unterpfand der katholischen Kirche der SED gegenüber. Die Lücken im System der sozialen Versorgung in der DDR wurden stillschweigend von der katholischen Kirche geschlossen. Aufgrund ihrer Sozialeinrichtungen und den Finanztransfers der Caritas und der katholischen Kirche der BRD in die DDR hatte die Caritas Mittel und Ressourcen, die indirekt dem Gesundheitswesen der DDR zugute kamen und durch die z.B. auch die Unzulänglichkeiten des Gesundheitswesens in technischen Bereichen kompensiert worden sind.

Die katholische Fürsorge in der DDR hatte gesellschaftliche Abschließungstendenzen. Aufgrund der doppelten gesellschaftlichen Minderheitenposition entwickelte sich ein katholisches Fürsorgemilieu, in dem sich Diskurse weitgehend auf den innerkirchlichen Raum beschränkten. Im

---

43 Aufgrund eigener Angaben der römisch-katholischen Kirche umfasste die Zahl der Mitglieder der katholischen Kirche in der DDR 1981 lediglich 1,2 Millionen (Henkys 1981:196).

44 Die katholische Kirche unterhielt über 1000 Seelsorgestellen, 1300 Geistliche, davon 10% Ordenspriester, Schwesternschaften mit 2500 Mitgliedern in 300 Niederlassungen. Im Ausbildungsbereich unterhielt die katholische Kirche das Theologische Seminar in Erfurt sowie 13 weitere Ausbildungsstätte. Die Caritas der katholischen Kirche unterhielt 30 Krankenhäuser und mehr als 80 Kindergärten sowie soziale Einrichtungen, wie u.a. Behindertenheime (Henkys 1981:197).

Vordergrund stand die tätige Nächstenliebe. Auf eine aktive gesellschaftliche Mitwirkung wurde weitgehend verzichtet. Gesprächs- bzw. Reflexionsbedarf ist vornehmlich innerkirchlich organisiert worden und die katholische Fürsorge war - entsprechend der Enthaltungspolitik der Kirche - vornehmlich moraltheologisch ausgerichtet. Die Solidaritäts- und Subsidiaritätsprinzipien der katholischen Soziallehre,[45] die eine Art Gegenprinzip zur SED-Politik darstellten, wurden jedoch ab den siebziger Jahren als mit den Ordnungsvorstellungen der SED - zumindest in Teilbereichen - verträglich und kompatibel angesehen. Die Gerechtigkeitsvorstellungen der katholischen Kirche, dass das, was kleinere und untergeordnete Gemeinwesen leisten können, nicht von übergeordneten Gemeinschaften übernommen werden sollte, war handlungsleitend für die katholische Fürsorge.

Die Fürsorge als Teil der Caritas konnte auch von der doppelten Minderheitenposition der katholischen Kirche profitierten. Die katholische Fürsorge in der DDR operierte in einer Art Doppelnische, die für Handlungsprojekte genutzt werden konnte. In solchen Doppelnischen entstand eine Art inoffizielle Arbeitsteilung zwischen Staat und Kirche, aus der beide Seiten Gewinn zogen. In den Doppelnischen entwickelten sich besondere gesellschaftliche Schutzräume für Menschen, die von Leid und sozialen Problemen betroffenen waren. Die katholische Kirche konnte z.B. Einrichtungen für Behinderte und alte Menschen institutionalisieren, und es bildete sich ein Sonderklientenbereich heraus, für den die katholische Kirche in der DDR sowie teilweise die Fürsorge die Zuständigkeit übernahmen. In der auf Produktivität und Arbeit zentrierten DDR-Gesellschaft waren es insbesondere Menschen, die nicht normentsprechend produktiv waren, die von der Caritas betreut und begleitet wurden. Deren besondere Schutzbedürftigkeit wurde - gerade auch nach den Erfahrungen des Hitler-Faschismus - von der katholischen Kirche in der DDR durch Hilfe, Pflege und Unterbringung immer wieder bekräftigt. Charakteristisch für die karitative Fürsorge der katholischen Kirche in der DDR waren die Aktivitäten im Bereich der Behinderten- und Altenhilfe, insbesondere die Hilfe für geistig, körperlich und mehrfach behinderte Menschen, für Sinnesgeschädigte, wie Schwerhörige und Blinde, sowie für ältere Menschen. Zentrale Aktivitätskerne der katholischen Fürsorge lagen in der Betreuung und in

45 Die Prinzipien der katholischen Soziallehre besagen u.a., dass dasjenige, was der Einzelmensch aus eigener Initiative und mit seinen eigenen Kräften leisten kann, ihm nicht entzogen und der Gesellschaftstätigkeit zugewiesen werden darf. Die unmittelbaren Quellen der katholischen Soziallehre, die auf Naturrechtsvorstellungen in der Folge des Heiligen Thomas zurückgehen, beruhten auf der Sozialenzyklika Rerum novarum (1891); Quadragesimo anno (1931); Mater et Magistra (1961) und der Populorum Progressio (1967).

der Hilfe für diesen Personenkreis auf der Gemeindeebene. In der katholischen Fürsorge konnten eben gerade Menschen betreut werden, die gesellschaftlich randständig und stigmatisiert waren. In der Doppelnische konnten weiterhin unter dem Deckmantel der Kirche durch die katholische Fürsorge auch Menschen erreicht werden, die gesellschaftlich besonders tabuisierte Probleme hatten, wie z.B. Alkoholiker, Haftentlassene, Suizidgefährdete und Obdachlose. Diese Personen und Personengruppen hatten durch die Abgeschlossenheit des katholischen Binnenraums die Gewissheit, betreut und behandelt zu werden. Die Einrichtungen der Caritas waren insofern durchaus ein Refugium für Menschen in krisenhaften Lebenssituationen. Die katholischen Einrichtungen - wie u.a. Krankenhäuser oder Behinderteneinrichtungen - nahmen sich inoffiziell und unter der Hand Menschen an, die der Politprominenz angehörten. Diese waren im katholischen Binnenmilieu besonders geschützt und behandelt worden. Teilweise mit Wissen der SED entstand eine karitative gesellschaftliche Hinterbühne. Im Kontext einer solchen Hinterbühne konnte sich z.B. die Suchtkrankenhilfe der katholischen Kirche behaupten bzw. etablieren.

Formen der inoffiziellen Kooperation von katholischer Kirche und Staat auf einer Hinterbühne - über die Betreuung der Menschen wurde öffentlich nicht gesprochen - ermöglichte es der katholischen Fürsorge, Zugang zu exponierten Hilfebereichen, wie etwa der Suchtkrankenhilfe, die ansonsten ausschließlich staatlichen Stellen vorbehalten war, zu erlangen. Im Rahmen der katholischen Fürsorge konnten auch andere Probleme einbezogen werden, wie z.B. Eheprobleme, die im staatlichen Fürsorgesystem als nicht relevant eingeschätzt wurden. In der Caritasfürsorge konnten sich so - neben der auf Gemeindeebene praktizierten Dekanatsfürsorge, in der Generalistenarbeit vorherrschte - Spezialarbeitsbereiche mit einer stärkeren fachlichen Ausdifferenzierung bezüglich abgegrenzter Problemstellungen etablieren. Aus dieser inoffiziellen Arbeitsteilung resultierte eine 'ironische' Machtbasis. FürsorgerInnen der katholischen Kirche wussten um soziale Problemlagen und hatten dafür ein Hilfeangebot. Das Wissen über die sozialen Problemlagen und das eigene Hilfeengagement konnten jedoch nicht öffentlich bzw. auf der Vorderbühne thematisiert werden. Oftmals mussten Bezeugungen in Bezug auf SED-konforme Sichtweisen gegenüber den staatlichen Stellen signalisiert und bekundet werden. Dabei sicherten die Aktivitäten auf der Hinterbühne den Bestand der katholischen Fürsorge. Die Tatsache, dass die katholische Fürsorge ihre Arbeit nicht im vollen Umfang thematisieren konnte, hatte für die Berufsangehörigen und die berufliche Fürsorge in der DDR Folgen. Unter dem Vorbehalt der Nichtöffentlichkeit konnte die katholische Fürsorge ihre Hilfekonzepte nicht weiterentwickeln, da ein Diskurs über die gesellschaftlichen Ursachen der (psycho-)sozialen Probleme zum einen nicht offen geführt werden konnte und zum anderen die innerkirchliche Arbeitsbasis gefährdet hätte. Diskurse konnten nur unter dem Vorbehalt geführt werden, diese Machtbasis im Gleichgewicht zu halten. Hilfeansätze, die mit einer kritischen Analyse gesellschaftlicher Ursachen der sozialen Problemlagen einhergingen, konnten die Beziehungen der katholischen Kirche zur SED gefährden.

Solche Analysen zum Ausgangspunkt fürsorgerischen Handelns zu machen, hätte sowohl die innerkirchliche Basis, wie auch das Bühnenarrangement von Kirche und Staat zerstört. Ein offener Diskurs über die gesellschaftlichen Ursachen von sozialen Problemen war also auch im Interesse eines spezifischen Klientel nicht möglich. Durch den Verzicht auf eine dezidierte Auseinandersetzung mit den gesellschaftlichen Ursachen der sozialen Problemlagen blieb die problemanalytische Sichtweise in der katholischen Fürsorge unvollständig.

2.5.2 Einschränkungen im Berufsauftrag

Die beschriebene Verortung der katholischen Fürsorge brachte ein spezifisches Konkurrenzbewusstsein in Bezug auf die staatlichen Stellen mit sich. Die katholischen FürsorgerInnen, die innerhalb der katholischen Kirche eine überschaubare Gruppe von ca. 150 Personen umfasste, kannten sich persönlich und standen in engem Kontakt untereinander. In zweimal - später dann einmal - jährlich stattfindenden Fürsorgekonferenzen wurde diese Zugehörigkeit untereinander bekräftigt. In erster Linie war die katholische Fürsorge Gemeindefürsorge. Gemeindeübergreifende Schwerpunktarbeitsgebiete bildeten den fachlichen Fokus. Der themenzentrierte Austausch über spezielle soziale Problemlagen in den Schwerpunktarbeitsgebieten wurde von der Diözesanfürsorge koordiniert. Sie war der Knotenpunkt der innerkirchlichen Kommunikation als auch die vorgesetzte Stelle für die katholische Fürsorge.

Zu Schwierigkeiten in der Fürsorgearbeit mit den staatlichen Stellen konnte es kommen, wenn sich die FürsorgerInnen für Menschen einsetzten, die nicht zur katholischen Gemeinde gehörten. Es zeigt sich zudem, dass mit VertreterInnen und Pfarrern in der Gemeinde Probleme auftraten, wenn eine katholische FürsorgerIn sich für Nichtgemeindemitglieder verstärkt einsetzte. Die Ausgestaltung der beruflichen Fürsorge stand also in einem Spannungsverhältnis, das von der jeweiligen FürsorgerIn ausbalanciert werden musste. Dabei konnte es auch zu Selbstbeschränkungen in der Fürsorgearbeit kommen. Wurde ein Anspruch unterstrichen, auch anderen Personenkreisen zu helfen, konnte dies eine Konfrontation mit den Gemeindemitgliedern zu Folge haben, die befürchteten, durch die Aktivitäten der Fürsorge von staatlichen Stellen besonders kritisch observiert zu werden und damit Nachteile für die Gemeinde und in der Glaubensausübung hinnehmen zu müssen. Die Solidarität der Gemeinde galt vor allen Dingen den eigenen Gemeindemitgliedern.

Die katholische Fürsorge war auf Integralität hin ausgerichtet. Glaubensbezeugungen und die Identität von Seelsorge und der Caritas als Dienst am Nächsten standen im Zentrum der katholischen Fürsorge. Gerade auf der Gemeindeebene bestand ein handwerkliches Berufsverständnis des konkreten Hilfeleistens. Die Caritasdekanatsstellen, die zumeist zum Pfarrhaus gehörten, galten als Teil der Gemeinde und die katholische FürsorgerIn war auf Gemeindeebene die ‚praktische Hand' des Pfarrers. Im Zentrum der Fürsorgearbeit standen Interventionen zur Verbesserung der Lebenssituation der Gemeindemitglieder, die in Not geraten waren und der Hilfe bedurften. Die Arbeitsteilung mit den Pfarrern war derart, dass da, wo es um seelischen Beistand ging bzw. Beratungsbedarf entstand, dieser von den Gemeindepfarrern geleistet wurde.

Die Interventionen der Caritasfürsorge zeichneten sich u.a. durch praktisches Engagement und alltagsweltliche Nähe in den Beziehungen zu den Hilfebedürftigen aus. Hilfe in der katholischen Fürsorge war oftmals die ganz konkrete und praktische Hilfe, wie z.B. die Reparatur eines Rollstuhls oder die Beschaffung wichtiger, aber knapper materieller Hilfsgüter, wie Bettwäsche oder technische Hilfsmittel für Behinderte. Technische Verrichtungen - wie z.B. der Werkzeugkoffer - gehörten quasi zur katholischen Fürsorgearbeit. Das Beschaffen von Hilfemitteln erforderte Organisationsgeschick und ein gutes Kontaktnetz. Teilweise entstanden enge persönliche Beziehungen zwischen FürsorgerIn und Problembetroffenen, die freundschaftlichen Charakter einnehmen konnten. Durch die gemeinschaftliche Teilhabe am katholischen Gemeindeleben waren die Beziehung zwischen FürsorgerIn und KlientIn oftmals familiär gestaltet und Berufsarbeit und Lebenswelt waren eng verbunden.

Als integraler Bestandteil der Gemeinde war es für die FürsorgerInnen nicht schwer, einen bestehenden Hilfebedarf zu ermitteln. Ein solcher Hilfebedarf wurde durch Gemeindemitglieder oder dem Pfarrer formuliert, soweit er nicht selbstevident war. Die Sprechzeiten in den Caritassekretariaten wurden von Gemeindemitgliedern wenig in Anspruch genommen. Die katholischen FürsorgerInnen in den Gemeinden waren immer da zuständig, wo Probleme auftraten und sie waren für alle auftretenden Lebensschwierigkeiten von Gemeindemitgliedern zuständig. Es bestand eine explizite Geh-Struktur in der gemeindebezogenen Fürsorgearbeit, d.h. die hilfebedürftigen Gemeindemitglieder wurden in der Regel zuhause aufgesucht. Durch die Anleitung ehrenamtlicher HelferInnen koordinierte die Fürsorge das Hilfenetz in der Gemeinde. Ein enger Kontakt und ausführliche Gespräche mit den Gemeindemitgliedern waren die Arbeitsgrundlage in der katholischen Gemeindefürsorge.

Ein grundlegendes Problem der Caritasfürsorge war das Problem der Nachwuchsrekrutierung, also die Rekrutierung von Personal für die karitative soziale Arbeit. Die katholische Kirche in der DDR hatte ab den siebziger Jahren in den immer kleiner werdenden Gemeinden kaum Chancen HelferInnen und InteressentInnen für den sozialen Dienst und den Fürsorgeberuf zu gewinnen. Sie bemühte sich, durch die Einrichtungen von Aspiranturen, Frauen und Männer für eine Tätigkeit in den kirchlichen Einrichtungen zu gewinnen. Die Hospitationsschulen dienten dazu, interessierten jungen Menschen der Gemeinde eine berufliche Perspektive zu bieten und durch Weiterverweisungen in katholische Ausbildungseinrichtungen die Attraktivität des nicht-staatlichen Ausbildungsangebotes zu erhöhen - insbesondere auch im Pflegebereich - sowie die SchülerInnen dauerhaft in die katholische Caritasarbeit einzubinden.

Mit dem Mitgliederschwund in den katholischen Gemeinden hing zusammen, dass für die Caritasfürsorge zunehmend das Problem auftauchte, ihre Arbeit zu legitimieren. Es entstand nämlich auch ein Klientenmangel, der in vielen Gemeinden eine spezielle katholische Fürsorgearbeit überflüssig erscheinen ließ. Die drastisch zurückgehenden Zahlen der Katholiken in der DDR stellte die Fürsorge vor das Problem, ihr Klientel zu sichern und in Folge davon, mangels eines ausreichenden Klientel ihren beruflichen Bestand zu sichern. Die katholische Fürsorge war gerade auch deshalb betroffen, weil ihr Schwerpunkt in der Gemeindefürsorge lag. In der Anstaltscaritas, die sich um die Inanspruchnahme ihrer Dienstleistung weniger sorgen musste, da die Zahl an kranken, alten und behinderten Menschen in einer Gesellschaft nicht abrupt zurückgeht, waren demgegenüber nur wenige FürsorgerInnen tätig. Für die katholische Fürsorge bedeutete dies eine Vergrößerung ihres beruflichen Dilemmas: einerseits im katholischen Umfeld unauffällig zu bleiben - sich auf ihr katholisches Stammklientel zu begrenzen - und damit andererseits in Kauf nehmen zu müssen, dass die Notwendigkeit ihrer Arbeit angesichts der Mitgliederentwicklung in den Gemeinden in Frage gestellt wurde. Da die Ausdehnung fürsorgerischer Hilfe auf Bereiche, die der staatlichen Fürsorge vorenthalten waren, nur inoffiziell möglich war, bestanden kaum Chancen, neue Klientengruppen zu erreichen bzw. die Fürsorgearbeit unter einem anderen als dem kirchlichen Bedarf zu begründen. Die katholische Fürsorge in der DDR wäre aufgrund ihrer doppelten Minderheitenposition in ernsthafte Schwierigkeiten geraten, hätte es nicht jenes inoffizielle Arbeitsarrangement mit der SED gegeben, auf der gesellschaftlichen Hinterbühne zu agieren und zu helfen. Die Versorgungslücken des Systems sozialer Sicherheit in der DDR sowie seine Mängel und Defizite - einschließlich der Bereiche der gesellschaftlich tabuisierten sozialen Problemlagen - sicherten den Erhalt der Caritasfürsorge. Eine rein auf eine katholische Klientel bezogene Fürsorge hätte für viele katholische Sozialeinrichtungen und Fürsorgestellen das Aus bedeutet. Das inoffizielle Arbeitsarrangement mit der SED im Gesundheits- und Sozialwesen sicherte somit u.a. die Existenz der katholischen Fürsorgearbeit.

Durch die inoffizielle Arbeitsteilung zwischen der SED und der katholischen Kirche bzw. der Caritas war die katholische Fürsorge weiterhin in besonderer Weise bezüglich einer kritischen Problemanalyse beeinträchtigt. Die katholische Fürsorge hatte - um den Preis ihrer Existenz - die Geschlossenheitsvorgaben der katholischen Kirchenleitung und das Hinterbühnenspiel mit der SED zu berücksichtigen. Dies bedeutete eine Selbstbeschränkung in den Thematisierungen der Fürsorgearbeit auf den Binnenraum der katholischen Fürsorge. Die katholische Fürsorge hatte aber andererseits auch das Problem, ihren Fürsorgebereich gegenüber den pastoralen Bereichen abzugrenzen und als Berufsgruppe wahrgenommen zu werden. Es bestand die Gefahr, in einer Außen- wie Binnenarena nicht mehr oder lediglich als Anhängsel der Amtskirche wahrgenommen zu werden. Die katholischen FürsorgerInnen, die in der Gemeinde und von den Vertretern der Amtskirche oftmals - wie oben bereits erwähnt - als die rechte Hand des Pfarrers angesehen wurden, drohten in der innerkirchlichen Arbeitsteilung gänzlich unterzugehen.[46] Ein beruflicher Arbeitsbereich war unter diesen Voraussetzungen schwer abzugrenzen. Da den FürsorgerInnen eher die Zuständigkeit für die konkret praktische Hilfe oblag, waren dem fürsorgerischen Handeln dann zudem Grenzen gesetzt. Von den FürsorgerInnen wurden innerkirchliche Solidarität und deren aktive Bekundungen gegenüber der Amtskirche erwartet.[47] Die katholische Fürsorge war in einem hohen Maße abhängig von den Vertretern der Amtskirche und das kirchliche Mandat war eng begrenzt. Die Gemeinden waren einerseits das Rückgrat der Fürsorge, andererseits konnten die FürsorgerInnen zu den Vorgaben der Gemeinde und der Amtskirche nur schwer auf Distanz gehen. Es bestand latent die Gefahr, von der Amtskirche vereinnahmt zu werden. Konflikte, die mit den jeweiligen Gemeindegruppen und Kirchenvertretern entstanden - z.B. über die Aufgaben und Grenzen der

46 Zwischen Pfarrern und Fürsorgern konnte es auf Gemeindeebene unter dem Gesichtspunkt der Abgrenzungsaktivitäten zu Spannungen kommen. Ein eigenständiges Arbeitsfeld wurde den FürsorgerInnen zum Teil nicht zugestanden. Der Mitgestaltungsanspruch der katholischen Kirchengemeinden konnte die Handlungsmöglichkeiten der FürsorgerIn zudem erheblich einschränken.

47 Vorsichtige Kritik am „Mitmachen“ der Amtskirche in der DDR war kaum möglich. Berufliche Projekte wurden teilweise hintangestellt, um die friedliche Koexistenz zwischen Amtskirche und SED nicht zu stören.

katholischen Fürsorgearbeit - konnten nicht offen ausgetragen werden. Ein erweitertes Hilfeverständnis, z.B. auch Nicht-Gemeindemitgliedern Hilfe zukommen zulassen bzw. diese zu beraten und zu betreuen, war oftmals in der Amtskirche und in den Gemeinden nicht konsensfähig. Eine Distanznahme zur kirchlichen Basis gefährdete jedoch direkt die Handlungsspielräume der katholischen Fürsorge.

Das Dilemma, in dem sich die katholische Fürsorge befand, nämlich ihre Ansprüche nach außen durch andere - nämlich durch Personen der Amtskirche, d.h. Theologen - vertreten zu lassen, erschwerte eine Distanzierung von eben diesen Institutionsvertretern zusätzlich. Es bestand Respekt und Achtung vor der Leistung einzelner Bischöfe, die es verstanden, mit staatlichen Stellen im Sinne der beruflichen Fürsorge geschickt zu verhandeln. Ferner bestand den Vertretern der Amtskirche gegenüber einerseits Hochachtung vor ihren Leistungen, die ihnen dafür gezollt wurde, dass sie in einer feindlich gegenüberstehenden Umwelt, die Kirche, den Glauben und die kirchlichen Grundsätze vertraten und damit die Grundlage für die kirchliche Fürsorgearbeit erst ermöglichten - und das teilweise unter großen Anstrengungen. Andererseits behinderten die Vertreter der Amtskirche aktiv Entwicklungen und Impulse der Caritasfürsorge. Ein Beispiel dafür ist der Versuch der leitenden FürsorgerInnen Mitte der siebziger Jahre, im Rahmen einer Überarbeitung des Ausbildungscurriculums, die Fürsorgeausbildung zu reformieren und die Berufsbezeichnung Sozialarbeit einzuführen. Diese Veränderungen scheiterten am Votum der Kirchenvertreter und Landesbischöfe. Unter den Bedingungen der katholischen Fürsorge konnten dann aber Auseinandersetzungen um inhaltliche Positionen der Fürsorge mit der Kirchenleitung nur schwer und oftmals überhaupt nicht offen geführt werden. Die Gefahr, die solidarischen Handlungsgrundlagen zu untergraben, führte oftmals zur Haltung, die Konflikte zwischen Fürsorge und Amtskirche tendenziell mit einem ‚Mantel der Liebe' bzw. mit Respektsbekundungen vor der Persönlichkeit der Kirchenvertreter zu verschleiern bzw. zu kaschieren.

Der dominante Stil der Amtskirche sowie die Unmöglichkeit, sich von dieser zu distanzieren, wurden teilweise als Zwang erlebt. Es entstanden erhebliche Ambivalenzen bei den FürsorgerInnen aufgrund der Verpflichtung, aktive Solidarität mit der Amtskirche zu bekunden. Distanzierungsbestrebungen von FürsorgerInnen, die sich vor allen Dingen da fanden, wo stilistische Vorgaben, wie z.B. Formen von Frömmigkeitsausstrahlungen, gefordert waren, konnte in der katholischen Kirche nicht geduldet werden. Die katholischen FürsorgerInnen in der DDR hatten kaum ernsthaft Distanzierungsmöglichkeiten, wollten sie die Hilfearbeit nicht gefährden.[48] Die Fürsorgearbeit in der katholischen Nische war somit eben nicht nur eine Quelle der Solidarität, sondern konnte das berufliche Handeln auch einschränken. Wie in einer Art Schicksalsgemeinschaft war das eigene Handeln immer auch Ausdruck der innerkirchlichen Solidarität, was zu starken Ambivalenzen und paradoxen Handlungssituationen führen konnte. Einerseits waren die kirchlichen Potentaten zu schützen und andererseits waren ihre Positionen in vieler Hinsicht für die Caritasfürsorge unannehmbar.[49]

Das Faktum, dass die Bischöfe die katholische Fürsorge gegenüber dem Staat schützten und andererseits berufliche Weiterentwicklungen behinderten, verweist auf Paradoxien einer integralistischen, d.h. auf ein harmonisches Binnenklima ausgerichtete Fürsorgekonzeption. Verschärft wurde dieses Dilemma noch einmal für Frauen. Im Vergleich zu den Westkirchen fanden sie in dem tendenziell noch konservativeren Binnenklima der DDR-Kirche wenig Sprache und Gehör. Die bestehenden Konflikte wurden durch die Tatsache, dass das kirchliche Sonderterritorium gegenüber dem Staat verteidigt werden musste, überdeckt, und den männlichen Kirchenvertretern gegenüber wurde in vieler Hinsicht große Nachsicht geübt. Die katholische Fürsorge unterlag Mechanismen, die einen sekundären Traditionalismus begründeten. Die latente Drohung seitens der SED, die Aktivitäten der Kirchen weiter einzuschränken, und die Hinterbühnenarrangements der katholische Kirche bzw. Caritas führten dazu,

---

48 Die in westdeutschen Sozialeinrichtungen der Caritas bestehende Gegenkultur der Professionellen hat sich unter diesen Bedingungen nicht entfalten können. In den westdeutschen Kirchenverbänden und ihren Einrichtungen konnten Ansprüche, die seitens der Kirche an die SozialarbeiterInnen zusätzliche gestellt wurden und die ihre Verhaltensweisen, ihren Lebenswandel, die Teilnahme an rituellen Zeremonien sowie spezifische Treueverpflichtungen betraf, leichter abgewehrt werden. Bis zu einem gewissen Umfang gehört es bei den kirchlichen MitarbeiterInnen in der West-Sozialarbeit zu ihrem professionellen Selbstverständnis, dass eine Distanznahme zum Träger erfolgt und auch zum Ausdruck gebracht wird. Konflikte treten regelmäßig eher gerade da auf, wo durch die SozialarbeiterInnen die konfessionellen Grundlinien der Kirchen vertreten werden sollen. Selten jedoch erfolgt eine Identifizierung mit dem kirchlichen Träger derart, dass ein Selbstverständnis besteht, katholischer bzw. evangelischer Sozialarbeiter bzw. Sozialarbeiterin zu sein.

49 In der evangelischen Kirche waren diese Ambivalenz und das damit einhergehende Dilemmata nicht so stark ausgeprägt. Die evangelische Kirche war durch die Synodalstruktur nicht derart ausgeprägt hierarchisch. Zudem war sie auch nicht vergleichbar eng in ihren Vorgaben. Gespräche wurden offensiver und kontroverser geführt, so dass Positionen mehrstimmig sein konnten. Evangelische FürsorgerInnen konnten aufgrund verschiedener innerkirchlicher Positionen einen offeneren Diskurs führen.

dass innerkirchlich eine kritische berufliche Helfensposition nicht formuliert werden konnte. Stets galt es, zuerst zu prüfen, ob die Problemanalysen sowie die Handlungsansätze der katholischen Fürsorge mit den Grundlinien der katholischen Kirchenpolitik zusammenpassten.

Resümierend kann auch hier festgehalten werden, dass die katholische Fürsorge auf die Ausformulierung eines beruflichen Hilfeansatzes teilweise verzichten musste, weil sie die Positionen der katholischen Theologen systematisch berücksichtigen musste, wollte sie ihre eigenen Handlungsgrundlagen nicht gefährden. Die Amtskirche zeigte durch Vorgaben den erwünscht adäquaten Umgang mit den staatlichen Stellen auf. Die katholische Fürsorge war innerkirchlich befangen und die Amtskirche war Förderer und Hinderer zugleich. Die kirchlichen Vorgaben konnten in keinem Falle umgangen werden. Impulse der Caritasfürsorge, stärker eine berufliche Eigenposition zu deklarieren und sich von den amtskirchlichen Vorgaben zu distanzieren, blieben aufgrund der oben dargelegten Dilemmata immer wieder ohne Folgen. Die Berufsentwicklung der katholischen Fürsorge konnten in der DDR deshalb nicht weitergeführt werden, da das berufliche Vorgehen immer und fortwährend mit den Vorgaben der Amtskirche abzustimmen war und fachlich-kritische Sichtweisen sowie die Entfaltung eines problemanalytischen Kategorienapparats - der den katholischen FürsorgerInnen auch eine stärkere Eigendefinition erlaubt hätte - aus dieser Position heraus nicht entwickelt werden konnten.

2.5.3 Ausbildung in der katholischen Berufsfürsorge

Die Ausbildung katholischer Fürsorger und Fürsorgerinnen für den kirchlich-karitativen Dienst war in den Nachkriegsjahren ein drängendes Anliegen innerhalb der katholischen Kirche Ostdeutschlands. Die Bewältigung der Kriegsfolgen sowie die Tatsache, dass beinahe die Hälfte der FürsorgerInnen in den Westen gezogen waren, machte die Einrichtung von Ausbildungskursen für die Fürsorge im kirchlich-karitativen Dienst dringend erforderlich. Von den 1949-1961 ausgebildeten männlichen Fürsorgern im kirchlich-karitativen Dienst gingen vor dem Mauerbau 48,5% in den Westen (Kroll 1998:234). Der Caritasverband rekrutierte in den Nachkriegsjahren verstärkt freiwillige und ehrenamtliche HelferInnen unter den Katholiken aus den ehemaligen Ostgebieten für die Gemeindearbeit.

Auf dem Gebiet der SBZ wurde 1948 ein erster Sonderlehrgang für Frauen eingerichtet, der zur katholischen Fürsorgerin ausbildete, um vorwiegend die personellen Lücken in den Caritasdekanaten zu schließen. Eine geregelte katholische Fürsorgeausbildung begann dann - auf Initiative des Deutschen Caritasverbandes, Hauptvertretung Berlin - ab 1949 mit einem Ausbildungskurs für „Männer im kirchlichen Dienst" an der Wohlfahrtsschule des Deutschen Katholischen Frauenbundes in Berlin Charlottenburg. Auch Frauen wurden an der Sozialen Frauenschule des Katholischen Frauenbundes ausgebildet (ebd.:400ff.). Die Ausbildungskurse dauerten zwei Jahre. Es konnten in der Ausbildung drei Studienschwerpunkte gewählt und dementsprechend drei Examina abgelegt werden: Fürsorger für den kirchlich-karitativen Dienst mit dem Schwerpunkt Soziale Wohlfahrt, mit dem Schwerpunkt Gesundheitswesen bzw. mit dem Schwerpunkt Familienhilfe. Im Schwerpunkt Gesundheitswesen war eine medizinisch-pflegerische Vorbildung Voraussetzung. Im Anschluss an den zweijährigen Ausbildungskurs erfolgte ein Anerkennungsjahr in einer Einrichtung des kirchlich-karitativen Dienstes.

Die anhaltende Abwanderung in den Westen, vor allen Dingen in den Jahren 1957 bis 1961, erhöhte die Arbeitsbelastung der DekanatsfürsorgerInnen drastisch. Die FürsorgerInnen mussten teilweise Dekanate mit Flächen bis zu 120 Kilometern im Umkreis versorgen, die weitestgehend mit dem Fahrrad bewältigt werden mussten. In den Jahren bis 1961 nahmen nur sehr wenige Frauen die Gelegenheit zur Ausbildung als Fürsorgerin im kirchlich-karitativen Dienst wahr. Eine solche Fürsorgeausbildung war für viele Frauen in der DDR unattraktiv, da staatliche Ausbildungsangebote umfangreichere Handlungsmöglichkeiten und ein besseres Einkommen versprachen. Auch für Führungsfunktionen im pädagogischen Bereich, wie z.B. die Leitung der Ausbildungsstätten der Kindergärtnerinnenseminare oder Jugendleiterinnenseminare, hatte die katholische Kirchenleitung größte Schwierigkeiten, Frauen zu finden und für Leitungsaufgaben zu qualifizieren. Die katholische Kirche verstärkte deshalb ihre Aspiranturen, die gerade mehr weibliche Mitarbeiterinnen für den kirchlichen sozialen Dienst rekrutieren sollten.

Der Mauerbau im August 1961 erzwang letztendlich eine Reform der Fürsorgeausbildung, da ein Zugang für AusbildungskandidatInnen der DDR an die Soziale Frauenfachschule im Westteil Berlins von diesem Zeitpunkt ab nicht mehr möglich war. In dieser Zeit bestanden keine Regelungen mit der SED-Staatsführung über Ausbildungen im Rahmen der katholischen Kirche auf dem Staatsgebiet der DDR. Die bereits Ende der 50er Jahre angestellten Bemühungen zur Etablierung einer katholischen Fürsorgeausbildung in der DDR - die auf Initiative des Prälaten Solbach und des Prälaten Zinke zurückgehen und von diesen maßgeblich vorangetrieben worden waren - wurden nun unter dem Druck der Grenzschließung und der massiven personellen Engpässe unter den katholischen FürsorgerInnen seitens des Caritasverbandes zügig in ein Ausbildungsprogramm umgesetzt. Die ungelöste Ausbildungsfrage stellte sich nun mit dem Mauerbau als Frage des Überlebens vieler katholischer Caritaseinrichtungen dar.

Insgesamt war die Bewerbungslage dieser Zeit für die Fürsorgeausbildung extrem schlecht. Die katholische Fürsorgeausbildung gewann erst durch die Eröffnung einer Ausbildungsstätte in Magdeburg 1961 wieder an Attraktivität. Das „Seminar für den kirchlichen karitativen Dienst" war ausschließlich für Frauen gedacht und die Ausbildungsstätte war in Gebäuden einer Schwesternschaft untergebracht. Unterrichts- sowie Schlafräume ließen im ersten Ausbildungskurs eine Ausbildungskapazität von 18 Frauen zu. Für Männer wurde nach dem Mauerbau eine Fürsorgerausbildung ab 1962 am Seminar in Leisig und später in Chemnitz angeboten.

Ab 1972 wurde in Magdeburg auf Beschluss der Bischöfe die Fürsorgeausbildung zentral für Frauen und Männer etabliert. Hintergrund für diese, im katholischen Maßstab gesehen, erhebliche Reform im Ausbildungswesen waren Anfang der siebziger Jahre die massiven Schwierigkeiten der katholischen Kirche, die Männer, die eine kirchliche Fürsorgerausbildung absolvierten, vor dem Zugriff des Staates zum Wehrdienst bei der NVA zu schützen. Zeitweise waren während der Ausbildungszeit über 50% der Ausbildungskandidaten eines Lehrgangskurses zum Fürsorger zum Dienst in der NVA abberufen worden. Für die Ausbildungskandidaten der Fürsorge galt die übliche Regelung in der DDR nicht, dass eine Berufsausbildung vor dem Wehrdienst erst beendet werden konnte, weil diese bereits eine Ausbildung hinter sich gebracht hatten. Einzelne Ausbildungsjahrgänge mussten aus Teilnehmermangel beinahe abgebrochen werden. Um unter diesen Umständen eine geregelte und kostendeckende Ausbildung mit den verfügbaren Ressourcen anbieten zu können, wurden Männer und Frauen ab 1972 in Magdeburg gemeinsam ausgebildet.

Das Ausbildungsseminar wurde vom Prälaten geleitet, der morgendlich eine Messe für die SeminaristInnen hielt. Für die Leitung der Ausbildungsstätte war eine Volkswirtin eingestellt, die in Westdeutschland ein Studium absolviert hatte. Der Einfluss der Kirchenvertreter auf die Fürsorgeausbildung war von Anfang an sehr stark und nahm stetig zu. Sowohl in der Ausbildung als auch in der Praxis war das Verhältnis von Fürsorge und Theologie hierarchisch. Die Einflussnahme seitens der kirchlichen Ordinarien stieg mit der Einführung der geschlechtsgemischten Ausbildungsjahrgänge ab 1972. Die Reglements betrafen Details, wie z.B. die Sitzordnung der Geschlechter im Unterricht. BewerberInnen für die Fürsorgeausbildung wurden über den Caritasverband der Diözese an die Ausbildungseinrichtung weiterverwiesen, und die Diözese nahm im Einzelfall Einfluss auf das Bewerbungsverfahren. Voraussetzung war ein mindestens halbjährliches Praktikum in einer Einrichtung der katholischen Kirche oder in den Dekanaten. Die BewerberInnen hatten in der Regel eine abgeschlossene

Berufsausbildung und konnten faktisch häufig längere als die geforderten innerkirchlichen Praktikumzeiten nachweisen.

Anfang der siebziger Jahre waren die Ausbildungspläne westlichen Ausbildungsstandards angepasst und die Ausbildungszeit auf zweieinhalb Jahre verlängert worden. Die Fürsorgeausbildung im kirchlich-karitativen Dienst umfasste die Fächer Rechtsgrundlagen fürsorgerischen Handelns, Psychologie, Pädagogik, Seelsorge und später auch Soziologie.[50] Bestandteil der Ausbildung waren zwei Praktika - ein Praktikum nach Ende der ersten Ausbildungsphase, ein weiteres gegen Ende der Gesamtausbildungszeit. Im Anschluss an den Ausbildungskurs fand ein Anerkennungsjahr unter Anleitung einer Mentorin in einer kirchlichen Einrichtung oder einem Dekanat statt. Im Anerkennungsjahr wurden praxisbegleitende Kurse und Auswertungsseminare besucht. Die Ausbildung wurde mit einem Nachweis der Mentorin über die Eignung für die kirchlich-karitative Arbeit abgeschlossen und eine kirchliche Anerkennung zugesprochen. Die Berufsbezeichnung Fürsorgerin im kirchlich-karitativen Dienst wurde in der DDR auch im Personalausweis geführt und kam einem aktiven Bekenntnis zur katholischen Kirche gleich.

Die Caritasdekanate finanzierten anfänglich die Ausbildungskurse vollständig, später dann beteiligten sich die Diözesen an den Ausbildungskosten. Die Ausbildung wurde alle zwei Jahre angeboten.

Mitte der siebziger Jahre erfolgte ein Leitungswechsel an der Fachschule für die katholisch Fürsorge, der den Einfluss ordinierter Kirchenvertreter auf die Ausbildung wiederum erweiterte, da die Ausbildungsleitung von einem Priester, später dann einem Diakon übernommen worden war - beide waren nicht fürsorgerisch ausgebildet. Fachliche Aspekte wurden eher zugunsten spiritueller Lehre zurückgedrängt. Zu keiner Zeit wurde die Seminarleitung einer Fürsorgerin oder einem Fürsorger übertragen. Die FürsorgerInnen standen in Bezug auf die Ausbildung ‘in der zweiten Reihe’.[51]

---

50 Ausführungen zur Entwicklung, Organisation und Struktur der Ausbildung im kirchlich-karitativen Dienst: s.d. Kroll 1998:391ff.

51 Als Anfang der siebziger Jahre in Westdeutschland die Ausbildung von der höheren Fachschule an die Fachhochschule verlagert wurde, entstand in der katholischen Fürsorge der DDR ebenfalls eine Diskussion um die Qualität der Fürsorgeausbildung. Schritte, die Ausbildung in Magdeburg den westlichen Standards anzupassen, wie z.B. auch den Begriff der Sozialarbeit einzuführen, wurden von den Bischöfen abgelehnt. So konnte die eingeführte Berufsbezeichnung Sozialarbeiter, die über drei Jahre in der Ausbildung verwendet wurde, nicht beibehalten werden. Die Haltung der Bischöfe, dass sich hieraus Praxisprobleme in der Kooperation mit den staatlichen Fürsorgestellen ergeben würden, und die staatlichen Kollegen dann nicht wüssten, mit wem sie es zu tun hätten, sowie die theologischen Implikationen des Begriffs Sozialarbeit - es wurde befürchtet, dass die Sorge und der Dienst am

Für die katholische Kirche blieb das Ausbildungswesen in der DDR immer ein Problem. Erst Anfang der 80iger Jahre konnten Absprachen zwischen der Kirchenleitung und der SED über ein schmales Kontingent - z.B. für Studienplätze für kirchliche Bewerber an staatlichen Universitäten für die Fächer Psychologie und Soziologie - getroffen werden, wobei es sich jeweils um drei Studienplätze handelte. Es fehlten vor allen Dingen Studienmöglichkeiten für Frauen, die im kirchlichen Dienst Leitungsfunktionen übernehmen wollten. Dies wurde als Problem innerkirchlich wahrgenommen und daraufhin Verhandlungen mit den staatlichen Stellen aufgenommen. 1962 wurde am Erfurter Priesterseminar ein Frauenkurs eingerichtet, in dem im ersten Jahrgang sieben Frauen mit dem Ziel studieren konnten, eine Leitungsfunktion in der katholischen Kirche zu übernehmen. Das theologische Vertiefungsstudium für Frauen war dann aber auf Weisung der Bischöfe von viereinhalb Jahre auf drei Jahre gekürzt worden und Frauen erhielten am Priesterseminar lediglich einen Gasthörerstatus. Frauen im kirchlichen Dienst der DDR konnte das Vertiefungsstudium mit einem Diplom abschließen, jedoch wurde dieser akademische Abschluss weder seitens der Kirche noch seitens des Staates anerkannt. Die kirchliche Nichtanerkennung des Diploms bedeutete, dass ein Konflikt mit staatlichen Stellen und mit den innerkirchlichen Widersachern gegen das Theologiestudium für Frauen vermieden wurde.

VertreterInnen der evangelischen und der katholischen Fürsorgeausbildung standen im Austausch untereinander. Zwischen dem Seminar für den kirchlich-karitativen Dienst in Magdeburg und der Ausbildungsstätte der evangelischen Kirche für Gemeindediakonie und Sozialarbeit in Potsdam bestanden persönliche Kontakte. Die Ausbildungskonzeption der Ausbildungsstätte für Gemeindediakonie und Sozialarbeit gab Anregungen für die katholische fürsorgerische Ausbildung. Die Seminaristen der kirchlich-karitativen Ausbildung unternahmen z.B. auch Studienfahrten an die evangelische Ausbildungsstätte für Gemeindediakonie und Sozialarbeit.

Menschen grundlos technifiziert werde - führten zur kirchlichen Anweisung, diese Berufsbezeichnung wieder zu verändern.

2.6 Berufsfürsorge in der DDR - Ausgestaltung eines Berufsfeldes unter erschwerten Bedingungen

Die Berufsfürsorge zerfiel in den 40 Jahren der DDR in von einander abgegrenzte Handlungsmilieus. Die Berufsfürsorge war wesentlich in diesen sie umgebenden Milieus verankert - von diesen wurde sie gestützt und aus diesen bezog sie die materiellen und symbolischen Ressourcen für die praktische Arbeit. Ein milieuüberspannendes Verständnis beruflicher Hilfearbeit hat die DDR-Gesellschaft nicht hervorgebracht.

Die weltanschaulichen Unterschiede zwischen dem SED-Staat und den Kirchen führten zu einem getrennt gehaltenen Ausbildungssystem in der Berufsfürsorge der DDR. Staatliche und kirchliche Ausbildungsgänge zur Fürsorge bestanden parallel und die Berufsabschlüsse wurden wechselseitig nicht anerkannt. Durch eine engere Verzahnung von Berufsausbildung und Verwendungsbedarf am Arbeitsmarkt waren die Berufswege einer staatlich ausgebildeten bzw. einer kirchlich ausgebildeten FürsorgerIn in der Regel vorgezeichnet. Die Ausbildung zur FürsorgerIn im Rahmen einer kirchlichen Ausbildungsstätte bedeutete dann i.d.R. ein Berufsleben im Rahmen der Kirche. In wenigen Einzelfällen - z.B. dann, wenn ein dringender regionaler Bedarf bestand - wurden AbsolventInnen kirchlicher Ausbildungseinrichtung in einer staatlichen Einrichtung, wie z.B. in Einrichtungen für Behinderte und psychisch Kranke, eingestellt. Eine solche Anstellung war aber in pädagogischen Handlungsfeldern gänzlich ausgeschlossen.

Aus dem jeweiligen Verhältnis zum symbolischen Universum der DDR-Gesellschaft bestimmen sich die zur Anwendung gelangten Fürsorgemodelle in der DDR. Wie berufliches Handeln orientiert war, wurde aus dieser Positionsbestimmung bezogen. Das Fürsorgemodell, das in der staatlichen Fürsorge der DDR zur Anwendung kam, kann als integralistisches Fürsorgemodell bezeichnet werden. Integralistische Fürsorgemodelle zeichnen sich dadurch aus, dass im Wissensgebäude bzw. theoretischen Überbau beruflichen Handelns von einer Gemeinschaft Gleichdenkender und Zugehöriger ausgegangen wird, in der die Fürsorge integraler Bestandteil ist. Im Sinne einer ‚Gemeinschaftshilfe' werden soziale Problemlagen im Rahmen eines integralistischen Fürsorgemodells - sei es religiös oder staatlich fundiert - alltagsbezogen betrachtet und bearbeitet. Die Situationsdefinitionen von dem, was das soziale Problem ist und wie es zu handhaben ist, werden als kollektiv geteilt und bekannt vorausgesetzt. In dieser Hilfekonzeption ist eine ethnographische Grundhaltung und Perspektivendifferenzierung entbehrlich. In einem einheitlichen Sinn- und

Sozialzusammenhang hat jeder Einzelne seinen festen Platz. Durch die kollektive Zugehörigkeit sowohl der Fürsorgerin als auch der Problembetroffenen wird unterstellt, dass die Interaktionspartner die gleichen Symbole zur Kennzeichnung der Erfahrung verwenden. Dabei gerät leicht außer Sicht, dass grundlegend andere Erlebnisgehalte denkbar sind und Symbole auch anders biographisch verankert sein können.

Unter dem Prä einer Gemeinschaft werden individuelle Differenzen aber auch zugunsten der Gemeinschaft vernachlässigt. Das grundlegende Problem einer integralistischen Fürsorgekonzeption besteht darin, dass die Lebenswelt anderer als grundsätzlich vertraut und bekannt angesehen wird und Fremdes zugunsten der Gemeinschaft bzw. der Gemeinschaftsidee hintangestellt wird. Die vorausgesetzte Perspektivenkongruenz beinhaltet, dass Erfahrungen ähnlich oder gleich sind, und dass ein Verstehen des Anderen entbehrlich erscheint. Die Annahmen einer grundlegenden Übereinstimmung der Klassifikationen zwischen Helfer und Problembetroffenen ist einem Verstehen sozialer Problemlagen abträglich. Ein für alle verbindliches Wertesystem zeichnet dann den Weg der Problembearbeitung vor. Was gut und was richtig ist, ist bereits weitgehend festgelegt. Entbehrlich sind fachliche Diskurse und die Herausbildung beruflicher Standards, da das individuelle Beurteilungsvermögen der Fürsorgerin zur Einschätzung der Situation hinreicht.

Das Kernproblem eines solchen Fürsorgemodells liegt darin, dass eine berufliche Sozialarbeit nicht vom Fall ausgeht. Detailliertere Fallanalysen sind nicht notwendig und die vermeintlich geteilten Kategorien bzw. Klassifikationen über die Grundstruktur der Problemlagen sind prädefinitorisch. Unter diesen Prämissen ist eine Fallorientierung grundsätzlich entbehrlich. Soziale Problemlagen sind verallgemeinert klassifiziert und Handlungsmodelle, wie z.B. eine besondere hilfeförderliche Beziehungsgestaltung, die Entwicklungspotentiale von Problembetroffenen fördert, werden angesichts des immer schon bestehenden förderlichen Gemeinschaftsrahmens entbehrlich. Allerdings können sich die Solidaritätsunterstellungen auch kontraproduktiv verkehren - nämlich dann, wenn den Problembetroffenen unterstellt wird, sie würden die Solidarität der Gemeinschaft unterhöhlen oder sie seien ihrer nicht Wert. In einer integralistischen Hilfekonzeption bestehen immanente Tendenzen, allen denjenigen, die - per definitionem oder durch konkrete Handlungsbeiträge - sich der Gemeinschaft entziehen oder von ihr distanzieren, Hilfe vorzuenthalten. Der individuelle Erfahrungshintergrund und die Thematisierungen desselben kommen nicht ausreichend zum Zuge. Dispositive Zuschreibungen der Notlage an die Betroffnen können dann die Folge sein.

Eine integralistische Handlungskonzeption zeichnet sich weiterhin dadurch aus, dass das soziale Feld als solches, mit seinen unterschiedlichen Erfahrungshorizonten, nicht als etwas wahrgenommen wird, was Schwierigkeiten bereiten könnte. So kann ein Bewusstsein über soziale Problembereiche nicht entstehen. Probleme, die in einer Gesellschaft auftreten, werden zwar erspürt, sie können aber nicht analysiert und kategorial auf den Begriff gebracht werden. Kategorien und institutionalisierte Reflexionsprozesse für soziale Phänomene fehlen dann. Ohne handlungsleitende Theorie und ein entsprechendes Kategoriengerüst können ferner keine Bearbeitungsanstrengungen misslungener Hilfe- und Kommunikationsprozesse erfolgen. Damit sind die zentralen Aspekte angemerkt, die einer Professionalisierung der staatlichen Fürsorge in der DDR entgegenstanden – ein Faktum, das dann auch bei den betroffenen FürsorgerInnen trotz großer individueller Anstrengung zu Resignation und Frustration in der Hilfearbeit führen konnte.

3 Institutionentransfer und institutioneller Wandel im Sozialwesen in den neuen Bundesländern

Zu Beginn werden in diesem Kapitel der Institutionentransfer und der organisatorische Umbau im Sozialwesen aufgezeigt. Die zentrale Aussage besteht darin, dass mit dem Institutionentransfer im Übergang von der Fürsorge zur Sozialarbeit ein gesellschaftliches Mandat (Hughes 1984) für die berufliche Hilfearbeit einherging. Im Weiteren wird dann aufgezeigt, dass und wie durch die Übernahme der westdeutschen Institutionen sozialer Absicherung in den neuen Bundesländern berufsstrukturelle Veränderungen der Hilfearbeit in Gang gesetzt wurden. Diese Veränderungen in der Berufswirklichkeit der Hilfearbeit sind als strukturelle Bedingungsmatrix (Strauss/Corbin 1996:134) für individuelle Berufsverläufe im Sozialwesen zu verstehen.

Mit den Begriffen Institutionentransfer und institutioneller Wandel in Ostdeutschland werden zwei sehr unterschiedliche, parallel verlaufende, zum Teil überlappende Prozesse beschrieben: mit Institutionentransfer soll der Import westdeutscher Institutionen nach Ostdeutschland und die Ausgestaltung der gesellschaftlichen Ordnung in den neuen Bundesländern nach westdeutschem Vorbild bezeichnet werden. Hieraus ergibt sich ein Angleichungsprozess institutioneller Ordnung in West- und Ostdeutschland. Institutioneller Wandel in den neuen Bundesländern hingegen soll als Prozess der Veränderung der Institutionen in den neuen Bundesländern verstanden werden. Die Sozialarbeit ist eine Institution, die in Westdeutschland eine spezifische Prägung erfahren hat. Sie hat als Antwort auf gesellschaftliche Problemlagen im Kontext westdeutscher Sozialgeschichte ihr Format entwickelt und in den vierzig Jahren getrennter deutscher Staaten eine spezifische Berufsformung erhalten. Berufe - wie auch Professionen - sind Antworten auf gesellschaftliche Aufgaben, die arbeitsteilig bewältigt werden. In Hinblick auf die Ordnung einer Gesellschaft kommt ihnen eine besondere Bedeutung zu. Mit der deutschen Wiedervereinigung ist nun die Übertragung nach Ostdeutschland und die Übernahme des westdeutschen Berufs- und Handlungsmodells der Sozialarbeit in Ostdeutschland historisch eine Tatsache. Die Transformation eines Berufs - hier: dem der Sozialen Arbeit - im Prozess des gesellschaftlichen Umbruchs und Wandels ist im Folgenden Gegenstand der Erörterung. Hierbei werden die Bedingungen des Aufbaus eines Berufs herausgestellt -

eines Berufes, der in einer komplexen Gesellschaft Bestandteil des Sozialwesens ist und für den das Sozialwesen Gegenstand der Arbeit ist.

Die Begrifflichkeit Sozialwesen bzw. Beruf des Sozialwesens lehnt sich dabei an der des Gesundheitswesens an. In vieler Hinsicht einfacher gefasst, lässt sich das Gesundheitswesen als organisierter Zusammenhang begreifen, in dessen Mittelpunkt die Gesundheit der Gesellschaftsmitglieder als Handlungskern der Agierenden steht. Im Gesundheitswesen besteht eine gewisse Übersichtlichkeit in Bezug auf Organisation und Arbeitsteilung, die im Sozialwesen nicht zu finden bzw. nirgendwo ausbuchstabiert ist. Das Gesundheitswesen kann definiert werden als ein Zusammenspiel von Organisationen und Akteuren, die entsprechend gesellschaftlicher Normen, Werte und Überzeugungen Leistungen erbringen, die für die Menschen zuverlässig vorhanden sind und hohe Bedeutung haben. Im Gegensatz dazu scheinen Akteure und Organisationen im Sozialwesen in geringerem Umfang koordiniert, transparent und präzise zu sein. Es kann aber eindeutig festgehalten werden, dass der Sozialarbeit im Zusammenspiel von Organisationen und Akteuren des Sozialwesens eine zentrale Gestaltungsaufgabe zukommt, die für Menschen, die einmal in soziale Problemlagen geraten sind, nicht minder bedeutsam ist. Bei SozialarbeiterInnen handelt es sich also um eine Berufsgruppe, denen Aufgaben im Sozialwesen übertragen sind, die gesellschaftlich funktional sind.

Die Geschichte der Sozialarbeit in Ostdeutschland beginnt genaugenommen erst mit dem Einheitsvertrag und der Einführung der Berufsbezeichnung Sozialarbeit in den neuen Bundesländern. Andererseits knüpfte Sozialarbeit als Beruf und Antwort auf gesellschaftliche und individuelle Problemlagen an Formen beruflicher Hilfearbeit an, die in der DDR unter der Bezeichnung Fürsorge standen. Dieser Anknüpfungsaspekt wird gerade auch durch die Regelungen zur Anpassungsqualifizierung ihrer Akteure, den FürsorgerInnen, unterstrichen. Die Sozialarbeit als Beruf hat zudem in Ost- und Westdeutschland gemeinsame Wurzeln in einer deutschen Fürsorgetradition, die ihre Spuren in der Formung der beruflichen Hilfearbeit beider deutscher Staaten, der DDR und BRD, auch durch die vierzigjährige Trennung hindurch hinterlassen hat.

Institutionen entstehen aufgrund von Habitualisierungen und Typisierungen, die über eine gewisse Dauer bestehen (Berger/Luckmann 1993:58). In der Sichtweise des symbolischen Interaktionismus sind Institutionen Formen geregelter Kooperation, die in einer geteilten Übernahme von Haltungen und Reaktionen auf zu lösende Problemstellungen entstehen (Mead 1988:210). Eine Institution ist - wie Mead schreibt - eine „gemeinsame Reaktion seitens aller Mitglieder der Gemeinschaft auf eine bestimmte Situation" (ebd.:308), die sozial organisiert und funktional ist. Institutioneller Wandel wird ursächlich als Ausdruck eines ideellen und/oder materiellen Wandels in Gesellschaften gesehen. Beides kann für die Veränderungsprozesse in Ostdeutschland in Rechnung gestellt werden. Ideelle Entinstitutionalisierungsprozesse führten zum Zusammenbruch des DDR-Staates und der institutionelle Wandel in den neuen Bundesländern war mit drastischen Veränderungen von gesellschaftlichen Basisabläufen verknüpft. Als materielle Basis von Institutionen können vor allen Dingen die wirtschaftlichen Grundlagen einer Gesellschaft angesehen werden. Die Einführung der marktwirtschaftlichen Ökonomie in den neuen Bundesländern begründete einen rapiden institutionellen Wandel.

Einem institutionellen Wandel liegen in Anlehnung an das Konzept von Strauss Sozialweltprozesse zugrunde, die in Diskursarenen gebündelt sind. Eine Soziale Welt definiert Strauss als einen Aktivitäts- und Diskurszusammenhang geregelter wechselseitiger Erwiderungen; ein „Bündel von gemeinsamen oder verbundenen Aktivitäten oder Interessen, die untereinander durch ein Netzwerk von Kommunikation verbunden sind“ (Kling/Gerson 1978; Shibutani 1955). Die Grenzen einer Sozialen Welt sind weder zwangsläufig territorial noch durch formale Mitgliedschaft gesetzt und erfolgen durch die effektive Kommunikation.[52] In seinen *work studies* hat Anselm Strauss das Konzept der Sozialen Welt zunehmend auch auf kollektives, insbesondere professionelles Handelns hin erweitert und modifiziert (Strauss 1993). An Akteure in Sozialwelten, die sich um berufliches und professionelles Handeln herum gruppieren, werden im Unterschied zu anderen Sozialweltakteuren besondere gesellschaftliche und sozialweltinterne Anforderungen geknüpft, die eine Leistungsfähigkeit der Akteure gewährleisten. Die beruflichen Sozialwelten bilden spezifische Organisationsformen aus, die als sekundäre Organisationsmechanismen einer Sozialwelt eine zweite Sozialform ausprägen. So sind z.B. Mitgliedschaften oftmals stark formalisiert und voll kompetente Akteursrollen können nur diejenigen einnehmen, die einen spezifischen Einsozialisationsprozess in eine generalisierte Fachqualifikation absolviert haben (Schütze 1999:334).[53] Die besondere Leistung der Sozialwelt besteht darin,

---

52 Das ursprüngliche Konzept der Sozialen Welt stammt von Shibutani (1955). Shibutani, der sich mit seinem Konzept von dem Bezugsgruppenansatz Mertons (‚reference group‘) abgrenzt, hat auf der Grundlage der Erforschung von Gruppen Merkmale kollektiver und kommunikativer Aspekte von Bezugsgruppen herausgearbeitet.

53 In einer Sozialwelt, die sich um eine berufliche Aktivität herum entfaltet, wird ein voll akzeptierter Status in der Regel erst durch eine entsprechende ‚Lizenz‘ erworben, mit der die lizenzierten Mitglieder ein Mitgestaltungs- und Mitspracherecht erhalten. Sozialwelten sind also ein soziales Geflecht um einen Aktivitätskern herum - im Fall der Sozialarbeit ist das die soziale Berufsarbeit - und ein fluides Gebilde, das sich um Diskurse zentriert, die diesen Aktivitätskern betreffen. Die Diskurse einer Sozialwelt entspannen sich u.a. in Hinblick auf Fragen der Authenti-

dass sie durch ihre Existenz die Grundlage für ein spezifisches Metawissen erzeugt, dass die Kernaktivitäten der Sozialwelt zu transzendieren vermag. Die Akteure sind Teil jenes Diskursforums, das für individuelle und kollektive Reflexion und Anregung genutzt wird, und Diskurse in der Sozialwelt wiederum sind der Motor für sozialen Wandel (Strauss 1984; 1991b; Schütze 1987a:541; 2000).[54] Die Organisation einer Sozialwelt repräsentiert jeweils ‚geronnene' Aushandlungsprozesse durchsetzungskräftiger Segmente dieser Sozialwelt.

Die Institution der Sozialarbeit in den neuen Bundesländern - verstanden als Übernahme von konsensuellen Haltungen und Reaktionen auf soziale Problemlagen - war in ihrer Kontur und Gestalt durch den Institutionentransfer vorgegeben. Der institutionelle Wandel des Hilfesystems in Ostdeutschland, der im Zuge der deutschen Einheit ausgelöst worden ist, kann nur bedingt als diskursiv begründeter sozialer Wandel einer Sozialwelt beschrieben werden. Durch den Institutionentransfer waren Ziel und Richtung der individuell-beruflichen wie auch der gesellschaftlichen Veränderungen präjudiziert. Durch den Institutionentransfer einmal in Gang gesetzt, wurde der Wandel der Institution(en) von gesellschaftlichen und berufspolitischen Arenadiskursen begleitet.[55] Die berufskollektive Entwicklung der Sozialen Arbeit in Ostdeutschland trägt konstitutiv Merkmale dieses institutionellen Transfers.

---

zität der Kernaktivität (Schütze 2000) sowie auf Fragen der Grenzziehung bzw. Zugehörigkeit und Nicht-mehr-Zugehörigkeit von Aktivitäten zur Sozialwelt. Fundamentale soziale Prozesse einer Sozialwelt sind die der Überschneidung einer Sozialwelt mit anderen Sozialwelten sowie die Binnendifferenzierung einer Sozialwelt in Subsozialwelten (Strauss 1993:215).

54 Strauss expliziert beispielhaft einen sozialen Wandel in der Welt der Medizin. Die Akupunktur, die ursprünglich als unauthentische Aktivität in der ‚aufgeklärten' Medizin betrachtet wurde, konnte sich entlang von kontrovers geführten Diskursen schließlich als legitimierte Aktivität in der Medizin etablieren (Strauss 1984).

55 Diskursarenen entfalten sich mittels Positionen und Standpunkte, die von Akteuren der Sozialwelt repräsentiert werden. In den späteren Werken von Strauss - so u.a. „Social Worlds and Interaction in Arenas" - wird die Bedeutung der Diskursarenen für den institutionellen und sozialen Wandel expliziert (Strauss 1993:226ff.).

3.1 Der Institutionentransfer und seine grundlegenden Strukturierungs- und Regelmechanismen

Mit der Wahlentscheidung der DDR-Bürger im März 1990 zugunsten eines konservativen Parteienbündnisses, das für einen schnellen Beitritt der DDR zur Bundesrepublik votiert hatte, war der Weg zur deutschen Einheit bereits grundlegend vorbestimmt. Mit der deutschen Einheit waren die westdeutschen Wirtschafts- und Rechtsprinzipen übernommen worden. Die territoriale Einheit Deutschlands und die Übernahme des westdeutschen Grundrechts sowie der Wirtschafts- und Sozialprinzipien sind die Grundlage für den institutionellen Wandel im Sozialwesen und auch die Grundlage für die berufliche Sozialarbeit in den neuen Bundesländern. Die ideellen Grundlagen der westdeutschen Sozialarbeit, ihre Funktions- und Aufgabenbereiche sowie die Grenzen beruflichen Handelns, die im Westen praxiserprobt waren, wurden als Modell sozialer Versorgung transferiert. Diskurse bzw. Arenadebatten über Ziel und Richtung des gesellschaftlichen Umbaus, der sozialen Absicherung und Versorgung fanden in Ostdeutschland hierzu lediglich vereinzelt statt, ohne dass hierbei aber Alternativen zum westdeutschen Versorgungsmodell zum Tragen kamen.[56] Prinzipiell festgelegt waren damit die Form der gesellschaftlichen Arbeitsteilung im Sozialwesen, wie auch die Ausgestaltung der Sozialarbeit sowie die beruflichen Standards und Hilfemodelle. Im Zusammenspiel von Ver-

---

56 Arenadiskurse dieser Art waren z.B. der Diskurs über den Sozialabbau, in dem der Umbau der Sozialsysteme thematisiert wurde. Eine Position z.B. war die, dass durch die Übernahme des westdeutschen Systems sozialer Sicherheit ein Abkoppeln der sozialen Frage und ein ‚Kahlschlag' sozialer Leistungen einhergehen wird, und die in der DDR erreichte soziale Errungenschaften verloren gehen würden. Die Proponenten griffen die Verunsicherung und Ängste vieler Menschen in den neuen Bundesländern auf, die z.B. real von Arbeitsplatzverlust und Existenznöten betroffen waren, und oftmals wurden mit vereinfachenden Erklärungsbildern, wie z.B., der Westen ist Kapitalismus und Kapitalismus ist Bedrohung, argumentiert. Verinnerlichte Wertorientierungen in Bezug auf die Verantwortungslosigkeit eines kapitalistischen Staates kamen dabei zum Tragen. In Teildiskursen wurde gerade die Sozialarbeit als Symbol für den Untergang sozialistischer Errungenschaft und als Signum für einen stattfindenden Sozialabbau besonders ins Visier der Argumentation genommen. Ein Arenadiskurs, der vorwiegend unter den SozialarbeiterInnen selbst geführt wurde, war der des Verstrickt-Seins der Fürsorge in staatliches Handeln der DDR. Ehemals staatliche FürsorgerInnen standen teilweise unter einem Generalverdacht, zumal offizielle Überprüfungsverfahren von FürsorgerInnen bzw. SozialarbeiterInnen in Hinblick auf eine Beteiligung an staatlichem Unrecht nicht durchgeführt wurden.

waltungs-, Verbands- und Berufsakteuren wurden die Vorgaben, Sozialarbeit grundsätzlich sicherzustellen, umgesetzt. Die Abläufe der Umgestaltung des Fürsorgewesens zur Sozialarbeit waren mittels Erlasse vorgegeben.

3.1.1 Verpflichtung auf das Pluralitäts- und Subsidiaritätsprinzip

Eine generelle Richtungsvorgabe im Sozialwesen in den neuen Bundesländer erfolgte anhand des Pluralitäts- und des Subsidiaritätsprinzips. Der Einheitsvertrag, der die deutsche Wiedervereinigung und damit die Übernahme der westdeutschen Grundrechts-, Wirtschafts- und Sozialrechtsordnung in den neuen Bundesländern festschrieb, beinhaltete in Bezug auf die Gestaltung des Sozialwesens die Grundsätze der Pluralität und der Subsidiarität (subsidium: Rückhalt, Beistand, Schutz). Mit dem Einheitsvertrag wurden die Beziehungen zwischen staatlicher Verwaltung, Sozialversicherung, Verbänden und Trägern sozialer Hilfe grundlegend neu geordnet und auf eine bundesdeutsche einheitliche Rechtsgrundlage gestellt.[57] Der Institutionentransfer setzte einen institutionellen Wandel in Gang, der im Kern - bezogen auf die Sozialarbeit - zu einem Ab-, Um-, Aus- und Aufbau sozialer Einrichtungen und Dienste führte. Mit dem Pluralitäts- und dem Subsidiaritätsprinzip, das das Verhältnis des Personalprinzips und des Solidaritätsprinzips in einer Gesellschaft und die zwischen diesen Prinzipien bestehenden Spannungen zum Ausgleich bringt, war die Richtung des berufsstrukturellen Wandels im Sozialwesen bereits repräsentiert. In der DDR waren die Fürsorge bzw. die sozialen Hilfen nicht wirklich alternativ wählbar gewesen und die Zuständigkeit für soziale Problemlagen war staatlich gelenkt und anhand staatlicher Vorgaben festgelegt worden. Das Fürsorgewesen der DDR war insofern alternierend und nicht wirklich alternativ bzw. auf Wählen-Können hin ausgelegt. Die Verpflichtung auf das Pluralitäts- und das Subsidiaritätsprinzip, das den Grundsätzen westdeutschen Grundwerte- und Grundrechtsbewusstseins entspricht, begrenzte staatliches Handeln in der Sphäre des Sozialen. Der (berufs-)strukturelle Wandel im Sozialwesen in den neuen Bundesländern ist also wesentlich - mit Blick auf die DDR - eine Entstaatlichung im Bereich des Sozialen.

57 Der Artikel 32 des Einigungsvertrags geht ausdrücklich auf die tragenden Prinzipien des Sozialstaats (die Pluralität und die Subsidiarität) und ihre Verwirklichung durch die Beiträge der Verbände der freien Wohlfahrtspflege sowie die Träger der freien Jugendhilfe mit ihren Einrichtungen und Diensten ein (Wienand 1997:35). Zu den Ausnahmeregelungen im ‚Beitrittsgebiet' (ebd.).

Gesellschaftlichen Gruppen wurden Sozialaufgaben zugewiesen und das staatliche Engagement eingegrenzt. Des Weiteren begründete das Pluralitäts- und Subsidiaritätsprinzip eine bedingte Vorrangstellung der Verbände und freien Träger in Bezug auf die Sozialaufgaben, indem soziale Hilfe und soziale Dienstleistung an diese delegiert wurden. Das generelle Prinzip pluralistisch und subsidiär geleiteter Sozialorganisation - das auch die persönlich-private soziale Vorsorge beinhaltet - bedeutet für die Akteure in den neuen Bundesländern, eine deutlich neue Akzentsetzung. Ein großer Teil der Sozialaufgaben, die in der DDR staatlich organisiert waren, wurde an freie Träger und Verbände delegiert bzw. im Einzelnen auch privatisiert bzw. individualisiert. Entsprechend der Rechtsvorgaben und des westdeutschen Modells verblieb ein Teil der Sozialaufgaben - insbesondere die kommunale Jugendhilfe - in der Verantwortung des Gemeinwesens.

3.1.2 Berufszentrierung sozialer Hilfe

Die Arbeitsteilung im Bereich Sozial- bzw. Sozialisationspolitik, in der die Sozialarbeit spezifische Aufgaben erfüllt (Thiersch 2002), hat sich durch den Institutionentransfer zugunsten der Betonung einer Sozialisationspolitik verschoben. Die zu regelnden Fragen der Gerechtigkeit und des Ausgleichs der Chancen in der Gesellschaft, die in der DDR entsprechend der grundgelegten Ideen einer sozialistischen Gesellschaft staatlich okkupiert und in Formen ehrenamtlicher und politischer Arbeit organisiert und aufgehoben waren, wurden entlang eines umfangreichen Transfers an Finanzmitteln und Personal nach westdeutschem Modell beantwortet. Mit dem ‚Aufbau Ost' übernahmen Experten die Aufgaben der Gestaltung und Organisation des Sozialwesens. Die DDR-typischen institutionalisierten Formen sozialer Arbeit, die in ehrenamtlichen und gesellschaftlichen Gruppen geleistet worden waren, wurden abgebaut. Ein Teil dieser Arbeit wurde an die Sozialarbeit delegiert.

Bezogen auf das Sozialwesen können zwei grundlegende Linien aufgezeigt werden: Zum einen eine Verberuflichung von sozialen Aufgaben und Hilfeleistungen - Aufgaben im Sozialwesen wurden zunehmend Expertenaufgaben - und die verstärkte Etablierung des Berufs der Sozialarbeit als organisierte Form der Bearbeitung sozialer Problemlagen. Von daher kann von einer Expertisierung sozialer Belange gesprochen werden. Zum anderen ging mit dem Abbau staatlicher Routineeinrichtungen im Sozialwesen eine Reprivatisierung und Individualisierung vormaliger staatlicher sozialer Leistungen einher. Konkret bedeutete dies, dass der institutionelle Wandel von der Fürsorge zur Sozialarbeit zum einen mit dem Vordringen von ExpertInnen und einer Berufsformierung (Sozialarbeit als einer fallanalytisch zu erbringenden Hilfeleistung) und zum anderen mit dem Abbau und der Auflösung von Standardeinrichtungen sozialen Interessenausgleichs der staatlichen Fürsorge der DDR in Richtung Selbsthilfe bzw. individuelle Verantwortung verknüpft war. Die Übertragung des Berufsbildes der Sozialarbeit aus den alten Bundesländern auf die neuen Bundesländer und die Ausrichtung gesellschaftlicher und sozialer Aufgaben in Richtung Sozialarbeit führte dazu, dass die Fürsorgebereiche in einen einheitlichen Beruf - dem der Sozialarbeit - zusammengeführt wurden. Es entstand ein Berufsbild mit einheitlichen und verbindlichen Ausbildungsrichtlinien, die die milieuspezifischen Bindungen lockerten. Das Qualifizierungs- und Beschäftigungssystem in der DDR-Fürsorge war durch bereichsspezifische Abschlüsse und Berufsbezeichnungen - wie das der staatlichen Gesundheits- und Sozialfürsorge und der Jugendfürsorge einerseits und der kirchlichen Fürsorge andererseits - zersplittert und für die FürsorgerInnen jeweils wenig durchlässig. Die Standardisierung der Fürsorgeaktivitäten - berufsgeschichtlich kann davon gesprochen werden, dass die partikularen und gesetzten Milieuspezifika des Fürsorgewesens der DDR zugunsten eines Berufsbezugs ersetzt wurden, mittels der Einführung der Sozialarbeit unter einheitlicher Berufsbezeichnung - markiert eine Wende vom partikularistischen Fürsorgewesen hin zu einer beruflichen Ordnungsstruktur. In dieser beruflichen Ordnungsstruktur sind die partikularen Berufsaktivitäten und Selbstverständnisse der Fürsorgemilieus der DDR zusammengeführt und aufgehoben. So kann formuliert werden, dass auf dem Territorium der ehemaligen DDR erstmals ein gesamtgesellschaftliches Mandat[58] erteilt wurde und Sozialarbeit bzw. Sozialpädagogik eine berufliche Zuständigkeit für soziale Problemlagen erhielt. Die berufliche Ordnungsstruktur bedeutet, sich einem universalistisch ausgerichteten Hilfeverständnis und einem beruflichen Ethos zu verpflichten. Die Implementierung des Berufs der Sozialarbeit ordnete verfestigte Milieu- und Gruppenzugehörigkeiten einem beruflichen Ganzen unter und heterogene Fürsorgeaktivitäten 'verschmolzen' programmatisch im Beruf der Sozialarbeit. Die Schaffung einheitlicher beruflicher Standards bedeutete einen Bruch mit Traditionen der DDR-Fürsorge.

---

58 Der hier verwendete Terminus geht auf Everett C. Hughes (1984) zurück. In seiner Dissertation über die Berufsvereinigung von Maklern in Chicago (1928) entwickelte Hughes seine theoretischen Überlegungen zu professionellen Berufen und stellt dabei Grundüberlegungen zur Organisation, den beruflichen Karrieren und der Berufsidentifizierung in professionellen Berufen an. Ein gesellschaftliches Mandat bedeutet, dass gesellschaftliche Aufgaben an eine Berufsgruppe delegiert werden. »Eine Profession sieht sich im Besitz eines gesellschaftlichen Mandats zur Verrichtung spezifischer Leistungen der Problembewältigung und zur Verwaltung ihr übertragener besonderer gesellschaftlicher Werte« (Schütze 1987b:537).

Durch die Bundesregierung und die Kultusministerien der Länder wurde in Bezug auf die Sozialarbeit ein Rechtsrahmen für die Überleitung der beruflichen Fürsorge in die berufliche Sozialarbeit geschaffen. Die Überleitung der in der Fürsorge Ausgebildeten in den Beruf der Sozialarbeit war mit Prüfverfahren der Ausbildungsabschlüsse und entsprechend differenzierten Anerkennungsregeln verknüpft.[59] Diese Regelungen waren für alle SozialarbeiterInnen aus der Fürsorge verpflichtend. Der Beruf der Sozialarbeit wurde entsprechend den westdeutschen Regelungen im weiteren von einem Fachschulberuf zu einem Beruf, der ein Fachhochschulstudium und damit längere Ausbildungszeiten voraussetzt, neu bewertet. Die Vereinheitlichung der Ausbildungsstandards für Sozialarbeit bzw. Sozialpädagogik und die Anhebung der Ausbildungsstandards auf ein Fachhochschulniveau sowie die Eingruppierungs- bzw. Vergütungsregelungen der Sozialarbeit strukturierten den Übergang von der Fürsorge zur Sozialarbeit. Diese berufsstrukturellen Veränderungen von der Fürsorgearbeit zur Sozialarbeit in den neuen Bundesländern erfolgte im wesentlichen nicht entlang von gesellschaftlichen Aushandlungsprozessen, sondern entlang der westdeutschen Vorgaben, die von den ostdeutschen Akteuren nachvollzogen wurden.

3.1.3 Expansion beruflicher Hilfearbeit

Die Verwaltungsreformen in den öffentlichen Einrichtungen und die politischen Ordnungsstrukturen sowie das Pluralitäts- und Subsidiaritätsprinzip führten dazu, dass die Einrichtungen freier und kirchlicher Verbände - u.a. aufgrund des Vorrangrechts von nicht-öffentlichen Trägern in der Aufgabenverteilung - zahlenmäßig stark anstiegen. Der gesellschaftliche Umbau und die Umstrukturierung im Sozialwesen in Richtung einer Zuweisung an Zuständigkeit für soziale Problemlagen an die Sozialarbeit führte zudem dazu, dass die Sozialarbeit zu einem enormen wirtschaftlichen und arbeitsmarktbezogenen Wachstumsbereich wurde. Der Bedarf an ExpertInnen im Sozialwesen war immens und führte zu Anstrengungen, diesen Bedarf durch Nachqualifizierungen abzudecken.[60] Die Delegation sozialer Problemstellungen an die berufliche Sozialarbeit bedeutete eine Erweite-

---

59 Einigungsvertrag vom 31.8.1990. BGBl., Teil II, S. 885. Sekretariat der KMK: 225. Kultusministerkonferenz. BMK-Beschluss; Bundesgesetzblatt 90/91.

60 Für die Arbeitsfelder im Sozialwesen ermittelte der Wissenschaftsrat 1991 insgesamt einen zusätzlichen Bedarf in den neuen Bundesländern an ausgebildeten Fachkräften in der Größenordnung von 17.000 bis 22.000 (Olk/Bertram 1994). Andere Autoren setzten diese Zahlen allerdings niedriger an (Rauschenbach/Galuske 1997).

rung des Aufgabenspektrums der Sozialarbeit und z.B., dass sich Spezialisierungsoptionen für die im Sozialwesen Beschäftigten eröffneten. Die Etablierung einer Angebots- und Nachfragestruktur auf dem Arbeitsmarkt und der ‚freie' Wettbewerb der Arbeitskräfte im Bereich der Sozialarbeit führte zu einer Verknappung ausgebildeter FürsorgerInnen bzw. SozialarbeiterInnen.

Aufgrund der starken Nachfrage an Arbeitskräften im Sozialwesen bestanden vielfache Einstiegsmöglichkeiten in die Sozialarbeit. Der hohe Bedarf an Fachkräften und die in der Sozialarbeit typischen, weit ausdifferenzierten Tätigkeitsfelder - ein umfassendes Wirk- und Tätigkeitsfeld von der Kinder- und Jugendarbeit, bis zur Randgruppenarbeit und Altenhilfe - zog auch Personen an, die bislang nur gelegentlich soziale Aufgaben übernommen hatten. Der arbeitsmarktpolitische und wirtschaftliche Wachstumsbereich Sozialarbeit war auch auf Beschäftigte angewiesen, die im weitesten Sinne ‚mit Menschen gearbeitet' hatten. Standards der Qualifikation wurden aus arbeitsmarkt- und sozialpolitischen Gründen herabgesenkt. Sozialarbeit wurde in hohem Masse ein berufliches Quereinstiegsfeld, in dem mittels Kurzqualifizierungsmaßnahmen auch Personen einbezogen wurden, die z.B. in der DDR für die SED gearbeitet hatten und aufgrund von Überprüfungen der Berufskarriere im öffentlichen Dienst nicht eingestellt bzw. weiter beschäftigt wurden. Die Berufsverläufe in der Sozialarbeit in den neuen Bundesländern sind von dieser Expansion des Berufsfeldes der Sozialarbeit wesentlich mitbestimmt worden.

Zwei Phasen berufsstrukturellen Wandels können aufgezeigt werden. Eine erste Phase, in der die sozialen Einrichtungen aufgebaut wurden und die Sozialarbeit in den neuen Bundesländern etabliert worden ist. In dieser Phase bestand ein immenser Arbeitskräftebedarf, der durch den gesellschaftspolitischen Umbau bedingt war. Diese Etablierungsphase der Sozialarbeit zeichnete sich auch durch das Auflösen eines - gesellschaftlich vorgegebenen - ‚Karrierestaus' in der sozialen Arbeit aus. Es folgte eine zweite Phase, die als Konsolidierungsphase bezeichnet werden kann und die vorwiegend durch einen innerorganisatorischen Umbau gekennzeichnet ist. In dieser Konsolidierungsphase war der Arbeitsmarkt für SozialarbeiterInnen bereits weitgehend gesättigt und die Studiengänge für Sozialarbeit und Sozialpädagogik in den neuen Bundesländern bereits eingerichtet, was bedeutete, dass Studierende in die Praxisfelder der Sozialarbeit hineingingen. In dieser Phase wurden nur noch vereinzelt verkürzte Qualifizierungsmaßnahmen durchgeführt und die Möglichkeiten für Quereinstiege in die Sozialarbeit bzw. sich dynamisch verändernde Berufskarrieren waren nicht mehr gegeben.

Für den Aufbau der Berufskultur waren die Aktivitäten der westdeutschen Berufsorganisationen bedeutsam. Sie stellten einen sozialen Rahmen bereit, in dem Berufsinteressen formuliert und verfolgt werden konnten. Im Rahmen von Berufsorganisationen konnten Aktivitäten entfaltet werden, die zur Selbstverständnisklärung der SozialarbeiterInnen und dem Aufbau einer beruflichen Identität führten. Das Engagement des Deutschen Berufsverbandes der Sozialarbeiter/Sozialarbeiterinnen, Sozialpädagogen/Sozialpädagoginnen, Heilpädagogen/Heilpädagoginnen (DBSH) führte dazu, dass die Berufsorganisation der Sozialarbeit[61] in den neuen Bundesländern bereits kurz nach der Einheit - regional differenziert - stark präsent waren. Der DBSH war besonders in Sachsen stark vertreten und dort bildeten sich bereits 1990 regionale Fachgruppen. Der DBSH vertrat auch mittels des Verbandsorgans, den DBSH Nachrichten, aktiv die Interessen vieler ostdeutscher SozialarbeiterInnen.

Die Berufsorganisationen der Sozialarbeit, die ihre Aktivitäten bereits kurz nach der Wiedervereinigung in die neuen Bundesländer hinein ausdehnten und ab 1990 in einigen Regionen in den neuen Bundesländern aktiv Regionalgruppen aufbauten, bot den SozialarbeiterInnen einen Rahmen, der vorstrukturiert war und zu Diskursen anregte. In den Regionalgruppen entfalteten sich berufspolitische Aktivitäten, in dessen Zentrum oftmals die Thematik der staatlichen und beruflichen Anerkennung der Fürsorgeausbildung sowie die Anerkennungspraxis der Kultusministerien stand. Die Diskurse boten den SozialarbeiterInnen Möglichkeiten der beruflichen Identifizierung und des Sich-Verortens im Gesamtdiskurs der Sozialarbeit. Die Regionalgruppen waren so angelegt, dass sich die SozialarbeiterInnen träger- bzw. milieuübergreifend begegnen konnten. Die Regionalgruppen des DBSH wurden auch zum Auseinandersetzungsforum über das Fürsorgewesen der DDR und einer mehr oder weniger kritischen Reflexion der Berufsgeschichte. Die Diskurse hinsichtlich der Anerkennung der Vorqualifikation für den Erwerb des Sozialarbeiterzertifikats bewirkten dabei für die SozialarbeiterInnen der neuen Bundesländer, sich in der Gesamtlandschaft verorten zu können. In diesen Foren, in denen nach der deutschen Wiedervereinigung explizit auf einen beruflichen Zusammenhang rekurriert wurde und der Versuch unternommen wurde, bestehende Diskursgrenzen zwischen den SozialarbeiterInnen abzubauen, waren vielschichtige Belange und Anliegen der SozialarbeiterInnen, die aus den unterschiedlichen Fürsorgemilieus kamen und differente Erfahrungshintergründe mitbrachten (sowie vor sehr unterschiedlichen Anerkennungsproblematiken standen) zu bündeln. Wie schwierig das war, zeigt

---

61 Im August 1994 wurden die Altverbände des Berufsverbandes der Sozialarbeiter, Sozialpädagogen, Heilpädagogen, e.V. (BSH) und der Berufsverband der Sozialarbeiter und Sozialpädagogen e.V. (DBS) zum Deutschen Berufsverband der Sozialarbeiter/Sozialarbeiterinnen, Sozialpädagogen/Sozialpädagoginnen, Heilpädagogen/Heilpädagoginnen (DBSH) zusammengeschlossen.

sich darin, dass sich einige Fachgruppen des Berufsverbandes wegen ‚Diskursproblemen' unter den SozialarbeiterInnen in den neuen Bundesländern sehr bald wieder auflösten. Gerade in den Regionalgruppen des Berufsverbandes wurde ein differenziertes Verständnis des westdeutschen Institutionensystems erworben.[62]

3.1.4 Anpassungsqualifizierung und berufliche Fortbildung als soziale Rahmen für Lernprozesse und Statusübergänge

Den Veränderungen in den Grundlagen beruflicher Hilfearbeit wurde mit Anpassungsqualifizierungen für die beruflichen Akteure begegnet. SozialarbeiterIn zu werden implizierte das Absolvieren vorgegebener Schritte, die für den Statusübergang von der FürsorgerIn zur SozialarbeiterIn verbindlich waren.[63] Die Einsozialisation in die Sozialarbeit erfolgte anhand sogenannter Anpassungsqualifizierungen. Buchstabiert man den Termins Anpassungsqualifizierung aus, so geht es - wörtlich genommen - darum, dass etwas, das ‚unangepasst' ist, durch Hinzufügung besonderer Fähigkeiten an (neue) Bedingungen adaptiert wird. Anhand der abgeleisteten Anpassungsqualifizierung erhielten FürsorgerInnen die Berechtigung bzw. Lizenz in Form einer staatlichen Anerkennung zur Berufsausübung. Die Anpassungsqualifizierung symbolisiert den Übergang von der Fürsorge in die Sozialarbeit - sie symbolisiert aber auch die Hierarchisierung von (Ost-) Fürsorge zur (West-) Sozialarbeit und die Verteilung der Definitionsmacht. Sie war ein formales Selektionsverfahren der Herstellung von Passungsfähigkeit. Die Standards westdeutscher Sozialarbeit waren richtungsweisend, ohne dabei jedoch verbindlich zu sein. Die mit der institutionellen Ordnung gesetzten - vertrauten und fremden - Berufsvorgaben waren individuell zu integrieren. Die Komplexität dieses Prozesses der Aneignung neuer beruflicher Orientierungs- und Handlungsmuster, der

62 Wie fremd die westdeutschen Institutionen und ihre Funktionen für SozialareiterInnen waren, kann daran abgelesen werden, dass z.B. einige SozialarbeiterInnen vorerst annahmen, dass ein Berufsverband, in diesem Fall der DBSH, einer Einheitsgewerkschaft der DDR entspreche, in der die Mitgliedschaft für alle SozialarbeiterInnen verpflichtend sei.

63 Statusübergänge sind immer institutionalisiert (Strauss 1968). Im Statusübergang von der Fürsorge zur Sozialarbeit war das die Anpassungsqualifizierung. Der Lizenzerwerb durch Anpassungsqualifizierung weicht von den sonst üblichen Standards und Verfahren der Berufsmitgliedschaft ab und ist der besonderen gesellschaftlichen Situation geschuldet. Abgekürzte Einweisungsverfahren, Verzicht auf universitäre Ausbildung, usw. kennzeichnen diese Qualifikation.

zwischen Resozialisation und sekundärer Sozialisation (Berger/Luckmann 1993:172) oszillierte, fand in den Anpassungsqualifizierungen einen ersten sozialen Rahmen.

Anpassungsqualifizierungen wurden von den SozialarbeiterInnen in unterschiedlichem Umfang absolviert. Die Grenzöffnung im November 1989, die deutsch-deutsche Wiedervereinigung sowie die Integration der Berufsangehörigen der DDR in das westdeutsche Berufs- und Arbeitsmarktsystem warfen Fragen der Anerkennung von Berufsabschlüssen auf. Mit dem Einigungsvertrag vom 31.8.1990 wurde grundsätzlich geregelt, dass die Berufsabschlüsse der FürsorgerInnen der DDR anerkannt werden. Die Vorgaben des Einigungsvertrages sahen eine grundlegende Gleichwertigkeit der Berufsabschlüsse der DDR vor.[64] Für die Anerkennung der Berufsabschlüsse waren nach der Wiedervereinigung die Kultusministerien der Länder zuständig. Die Gleichwertigkeit war entsprechend der ministeriellen Vorgaben auf Antrag festzustellen.

Die Kultusministerien der Länder übernahmen die Leitlinien, die in der Kultusministerkonferenz vom 11.10.1991 in Dresden beschlossen wurden. Danach wurden die FürsorgerInnen verschiedenen Fallgruppen zugeordnet, und es wurde grundsätzlich zwischen kirchlich und staatlich erworbenen Berufsabschlüssen differenziert. Für die FürsorgerInnen der DDR ging es im Zuge der deutschen Einheit um Anerkennung in dreifacher Hinsicht. Zum einen um die Anerkennung der kirchlichen Abschlüsse als staatliche Berufsabschlüsse, die den kirchlichen FürsorgerInnen in der DDR ja verwehrt worden waren. Zum anderen um die Anerkennung der staatlichen Abschlüsse in der DDR und die Gleichstellung dieser mit denen der staatlich anerkannten SozialarbeiterInnen der Westbundesländer. Sowie zum dritten um die Frage der Gleichwertigkeit der Abschlüsse mit denen an Fachhochschulen in den Westbundesländern erworbenen Diplomen, d.h. die sogenannte Nachdiplomierung bzw. die Anerkennung zum Diplom-Sozialarbeiter bzw. zur Diplom-Sozialarbeiterin. In den Dresdner Beschlüssen der Kultusministerkonferenz wurde für die Berufsgruppe der kirchlichen FürsorgerInnen festgehalten, dass „der Abschluss (...) einem Abschluss gleichwertig (ist), der an einer Fachhochschule erworben wurde“ (KMK:225). Im Interesse einer effizienten Berufsausübung wurden „ergänzende Qualifizierungsmaßnahmen“ empfohlen. Für die Berufsgruppe der staatlichen FürsorgerInnen wurde festgestellt, dass „der Abschluss niveaugleich mit einem Fachhochschulabschluss“ ist. Jedoch könne aufgrund der spezifischen gesellschaftlichen Ausrichtung dieser Abschlüsse eine Gleichwertigkeit nur durch den „Erwerb zusätzlicher Qualifikationen festgestellt“ werden (ebd.). Ein weitergehendes Regelwerk

64 Einigungsvertrag vom 31.8.1990. BGBl. Teil II:885.

wurde nicht beschlossen. Faktisch oblag damit die inhaltliche Ausgestaltung der zu erbringenden (Nach-)Qualifizierungen der Länderhoheit. In den neuen Bundesländern wurden entsprechende Richtlinien erarbeitet, die unterschiedliche Bestimmungen der Art und des Umfangs der Nachqualifikationen für FürsorgerInnen enthielten. Diese Richtlinien waren auch am Bedarf an sozialen Fachkräften orientiert sowie an der jeweiligen politischen Couleur der Landesregierungen ausgerichtet. Die westdeutschen Wohlfahrtsverbände sowie VertreterInnen westdeutscher Fachhochschulen standen bei der Festlegung der Qualifikationserfordernisse beratend zur Seite. Durch die Länderhoheit im Bildungssektor waren dann die erforderlichen Weiterbildungseinheiten regional von unterschiedlicher Dauer; so wurden z.B. für staatliche Gesundheitsfürsorgerinnen in Berlin 560 Stunden, für die Gesundheitsfürsorgerinnen in Brandenburg aber 360 Stunden Qualifizierung veranschlagt.

Konkret bedeutete dies, dass für die AbsolventInnen der staatlichen Fachschulen, also die staatlichen FürsorgerInnen, ab 1992 ein breit gefächertes länderspezifisches Nachqualifizierungsangebot bestand, durch das in einem Übergangszeitraum von fünf Jahren - von 1993 bis 1998 - eine Gleichwertigkeit des Berufsabschlusses mit einem Fachhochschulabschluss erworben werden konnte. Die staatlichen Gesundheitsfürsorgerinnen absolvierten in der Regel eine einjährige berufsbegleitende Nachqualifizierung. Schwerpunkte der Nachqualifizierung waren die Vermittlung politischer Ordnungsformeln und die Grundsätze westdeutscher Sozialpolitik und Sozialversicherung sowie des bundesdeutschen Rechtsrahmens, ferner Lehreinheiten zu den Methoden der Sozialarbeit. Je nach Bildungsträger - dies konnten Fachhochschulen, die freien und öffentlichen Träger der Wohlfahrtspflege und ihre Verbände sowie einzelne private Bildungsorganisationen sein - und den Richtlinien des Bundeslandes wurden die fachlichen Elemente unterschiedlich gewichtet und einbezogen. Die staatlichen Sozialfürsorger und Sozialfürsorgerinnen wurden voraussetzungslos als gleichwertig anerkannt. Für die Gleichstellungsanerkennung waren ein Zeugnisnachweis und ein Nachweis lückenloser Praxis vom Ausbildungsabschluss bis zur Antragsstellung erforderlich. Der Großteil der ca. 200 staatlichen SozialfürsorgerInnen der DDR hatte eine Nachqualifizierung bereits absolviert, als der Beschluss zur Gleichwertigkeitsanerkennung 1993 erfolgte. Jedoch befand sich zum Zeitpunkt des Einigungsvertrags ein erheblicher Teil der staatlichen SozialfürsorgerInnen noch in der Ausbildung an den Bezirksakademien. Die Jahrgänge mit Ausbildungsbeginn ab 1986 waren von Übergangsregelungen betroffen, die durch die Bundesregierung beschlossen worden waren. Die sogenannte ‚Stichtagsregelung' sah vor, dass FürsorgerInnen, die vor dem 30.9.1990 ihre Ausbildung beendet hatten, eine Anerkennung und Nach-Diplomierung erhalten konnten. Die staatlichen SozialfürsorgerInnen in der Ausbildung wurden nach einer einjährigen zusätzlichen Qualifizierung ebenfalls staatlich anerkannt und gleichgestellt, jedoch wurde ihnen die Möglichkeit der Nach-Diplomierung nicht zugestanden.

Die Problematik der Anerkennung und Diplomierung erschwerte in der Nachwendezeit die Selbstorganisation der FürsorgerInnen. Gerade die SozialfürsorgerInnen waren eng in die Bezirksämter und die politisch administrativen Funktionen des DDR-Systems eingebunden. Die Gesundheitsfürsorgerinnen waren durch die Privatisierung im Bereich des Gesundheitswesens demgegenüber besonders häufig von Arbeitslosigkeit betroffen.

Die kirchlichen FürsorgerInnen wurden durch die Verbände nachqualifiziert. Für die katholischen FürsorgerInnen wurden z.B. vom Caritasverband sogenannte Brückenkurse zur Nachqualifizierung eingerichtet. In regionalen Gruppen zu 25-30 Personen wurden wochenweise Kenntnisse in Sozialpolitik, Rechtsgrundlagen beruflichen Handelns (wie BSHG und KJHG), Verwaltungskenntnisse und Methoden der Sozialarbeit vermittelt. Die Lehrkräfte kamen aus den westlichen katholischen Fachhochschulen, wie z.B. der katholischen FH Paderborn, die bereits in der DDR konzeptionell an der Ausbildung mitgewirkt hatten. Am Ende der Qualifizierung fand ein Prüfungskolloquium statt. Die TeilnehmerInnen erhielten eine Urkunde, die dann im Zusammenhang mit dem Abschlusszeugnis der katholischen Ausbildungsstätte zur Gleichstellung beim zuständigen Kultusministerium des Bundeslandes eingereicht werden konnte.

Die staatlichen und kirchlichen Ausbildungsstätten der Fürsorge wurden im Zuge der Vereinheitlichung des Berufsbildes geschlossen. Die staatliche Fachschule für Gesundheits- und Sozialwesen erhielt zwar im Herbst 1990 eine Ausbildungskonzeption zum politischen Sozialarbeiter von der damaligen Landesregierung genehmigt, die nach Gründung der Fachhochschule in Potsdam jedoch wieder zurückgezogen wurde.[65] Studienverzögerungen entstanden nicht, da alle StudentInnen der Fachschule für Gesundheits- und Sozialwesen 1991 ins dritte Semester der Fachhochschule immatrikuliert wurden. Die Ausbildung zur Gesundheits- und Sozialfürsorge wurde mit dem Jahrgang 1990/91 eingestellt. Die

65 Die ministerielle Genehmigung dieses Ausbildungscurriculums zum politischen Sozialarbeiter geht auf die umfangreichen Aktivitäten der StudentInnen und Lehrkräfte der staatlichen Fachschule Gelbke zurück, die staatliche Anerkennung als Fachhochschule zu erwirken. Kontaktpflege zu westlichen Fachhochschulen, Veranstaltungen zum zukünftigen Berufsbild Sozialarbeit und zur Ausbildungssituation in den neuen Bundesländern gehörten dazu.

Gebäude der Fachschule werden seitdem als Schulgebäude eines Oberstufenzentrums genutzt.[66]

Die katholische Kirche zögerte anfänglich, in den neuen Bundesländern eine Fachhochschule für Sozialarbeit und Sozialpädagogik einzurichten. Da die finanziellen Transferleistungen entfielen und die wirtschaftliche Situation der katholischen Kirche gegen die Gründung einer katholischen Fachhochschule sprach, wurde erst relativ spät, nämlich 1992, im Rahmen der Bischofskonferenz beschlossen, die Tradition einer katholischen Sozialarbeitsqualifizierung in den neuen Bundesländern fortzuführen. Mit Unterstützung seitens der VertreterInnen des Caritasverbandes und des Kardinals von Berlin sowie auf Initiative ehemaliger katholischer FürsorgerInnen der DDR wurde die Gründung einer katholischen Fachhochschule für Sozialarbeit und Sozialpädagogik in Ostberlin beschlossen.[67]

Da der Bedarf an (nach-)qualifizierten SozialarbeiterInnen immens groß war, wurde auf eine fachhochschuladäquate Nachqualifizierung verzichtet, und damit wurden Standards in der Sozialarbeit unterlaufen. Im Kontext des Übergangs von sozialistischer Gesellschaftsordnung zur deutschen Einheit sind in Hinblick auf die Sozialarbeit die Fortbildungs- und Umschulungskurse der Arbeitsämter zu erwähnen, die relativ unkoordiniert ‚Stilblüten' auf dem Sektor Sozialarbeit/Sozialpädagogik hervorbrachten. So wurde an einer pädagogischen Fachschule ein zweijähriger Umschulungskurs für arbeitslose Personen zum Sozialpädagogen/Sozialarbeiter (MA) angeboten. In der offenen Situation der Neugestaltung des Sozialwesens und der Ausbildungslandschaft waren solche Ausbildungsgänge von den Arbeitsämtern nicht ausreichend geprüft sowie mit den Rahmenvorgaben der Kultusministerien abgestimmt worden.

Die Anpassungsqualifizierungen wurden flächendeckend von öffentlichen und privaten Bildungsträgern ohne ein einheitliches Curriculum angeboten und waren von unterschiedlicher Dauer und Qualität. Die zu absolvierende Anpassungsqualifizierung und insbesondere die Anzahl der zu absolvierenden Stunden waren je nach Herkunftsmilieu der SozialarbeiterIn - also ob diese aus der staatlichen oder der kirchlichen Fürsorge

---

66 Lehrkräfte der Fachschule für Gesundheits- und Sozialwesen wurden in wenigen Fällen von der Fachhochschule übernommen - bei Vorlage der geforderten Voraussetzungen nach dem Hochschulrahmengesetz und erfolgreicher Bewerbung. Der Großteil der Lehrkräfte von der Fachschule für Gesundheits- und Sozialwesen wurde als Lehrer des Oberstufenzentrums Johanna Just als Berufsschullehrer übernommen. Einige schieden aus Altersgründen aus dem Schuldienst aus.

67 Im Gründungsausschuss waren Leiter der Caritaslandesverbände, Mitarbeiter der ehemaligen Ausbildungsstätte in Magdeburg sowie Vertreter westdeutscher katholischer Fachhochschulen. Durch finanzielle Zusagen des Berliner Kardinals fiel die Wahl des Fachhochschul- und Studienstandortes auf Berlin.

kam bzw. SozialfürsorgerIn oder JugendfürsogerIn gewesen war - organisiert und differenziert. Die staatlichen JugendfürsorgerInnen z.B. absolvierten oftmals Anpassungsqualifizierungen, die von den übergeordneten Landesjugendämtern angeboten wurden. Die kirchlichen FürsorgerInnen wiederum wurden meist verbandsintern durch den Caritasverband bzw. das Diakonische Werk nachqualifiziert, und die Gesundheits- und SozialfürsorgerInnen absolvierten Kurse, die extern angeboten wurden und in denen sie häufig unter sich blieben. Insofern kamen die SozialarbeiterInnen verschiedener Herkunftskontexte in der Regel nicht miteinander ins Gespräch. Ein ‚milieuübergreifender' Diskurs, in dem wechselseitig die Bedingungen des beruflichen Handelns in der DDR hätten diskutiert und reflektiert werden können, war deshalb schwierig. Die Anpassungsqualifizierungen konnten aufgrund der DDR-Geschichte bestehende Diskursgrenzen zwischen den SozialarbeiterInnen aus der staatlichen und kirchlichen Fürsorge nur vereinzelt überwinden. Die Bezugnahme auf eine berufliche Gesamtverpflichtung in der Sozialarbeit war vor diesem organisatorischen Hintergrund nur schwer zu erreichen, da Kommunikationsgrenzen fortbestanden. Ermutigungen zu milieuübergreifenden Diskursen, die für eine berufliche Identitätsfindung als SozialarbeiterIn hätten förderlich sein können, fehlten.

In den berufsqualifizierenden Kursen und Fortbildungen dagegen, die - jenseits der Anpassungsqualifizierung - von den SozialarbeiterInnen stark frequentiert waren und jeweils themen- bzw. methodenbezogen berufliche Qualifikationen vermittelten, wurden zum Teil umfangreiche Bildungsprozesse angeregt und eine sozialarbeiterische Identitätsfindung bewerkstelligt. Die Begegnungen und Interaktionen mit den anderen FortbildungsteilnehmerInnen, die in den berufsqualifizierenden Fortbildungen nicht nur auf die Herkunftsmilieus der Fürsorge begrenzt waren und nicht zwangsläufig nur aus Ostdeutschland kamen, regten zu Reflexionen an und dienten der beruflichen Selbstvergewisserung. Gerade in den Fortbildungen, in denen persönliche und berufliche Erfahrungen in Form von Selbsterfahrungseinheiten thematisiert wurden sowie in solchen Fortbildungen, in denen durch einen konzeptionellen Theorie-Praxis-Wechsel die Reflexion der Handlungsbeteiligungen der SozialarbeiterInnen in der Fallarbeit thematisiert worden sind, wurde berufsbiographische Arbeit geleistet. Das persönliche Sprechen, auch über die beruflichen Erfahrungen in der DDR-Fürsorge, konnte berufliche Identifizierungsprozesse in Gang setzen und ein Verständnis des Sozialarbeitsberufs als prozessorientiertes Vorgehen systematisch vermitteln. Die Begegnung mit westdeutschen SozialarbeiterInnen und DozentInnen in den Fort- und Weiterbildungen konnte ein Lernen am Modell ermöglichen und ebenfalls berufliche (Selbst-)Vergewisserung fördern. Über berufliche Qualifizierungsmaßnahmen konnten Netzwerke und Verweisungsstrukturen aufgebaut werden, die wie ein Informationspool - im Sinne des Aufbaus ‚sozialen bzw. kulturellen Kapitals‘ (Bourdieu 1979; 1983) - für die berufliche Planungen und Schwerpunktsetzungen genutzt werden konnten. Durch die berufsqualifizierenden Fort- und Weiterbildungen wurden die SozialarbeiterInnen zudem viel stärker in professionsbezogene Arenadiskurse hineingezogen, in denen sie sich verorteten und in denen Diskurs-Positionen zur Identifikation vorhanden waren. In den beruflichen Fortbildungen wurde zudem ein beruflicher Habitus aufgebaut.

Gerade in der Konfrontation mit dem Neuen und Fremden in den berufsqualifizierenden Fortbildungen lagen somit besondere Lernchancen. Analog zu den Formen der klassischen Einsozialisation in den Sozialarbeitsberuf konnten mittels eines systematischen Theorie-Praxis-Bezugs Lernprozesse stattfinden, in denen durch neue thematische Aufgabenstellungen und in der Konfrontation mit fremden Problemgegenständen systematische Reflexionen der beruflichen Arbeit bewirkt wurden. Eine Anleitung durch die Fortbildungsgruppen konnte so dazu führen, dass der Gegenstand der Reflexion, wie z.B. Arbeitsmethoden und das zu ‚bearbeitende’ Selbst der reflektierenden Person, in dem Sinne zusammengehen, dass das Selbst als Subjekt durch Reflexion eine erkenntnisnotwendige Distanz zum Selbst als Objekt gewinnen konnte (Kreitz 2000; Otten 2000). In solchen Lernprozessen kann es der Fall sein, dass parallel zu den opaken Stellen der eigenen Biographie auch solche im beruflichen Probehandeln bzw. im Verstehen-Wollen von Basispraxis und sozialarbeiterischer Praxis erlebt werden, die dann wechselseitig ein sukzessives Enträtseln der unentdeckten Aspekte der Biographie, der Fehler bei der Arbeit oder gar der Paradoxien professionellen Handelns bewirken. Mit dem zunehmenden Verstehen von Praxisphänomenen und unverstandenen Handlungsanteilen durch Reflexion können unverstandene Aspekte der eigenen Biographie transparent und ‚Schlüsselsymbole’[68] in der Interaktion mit dem Klientel erfasst werden. Die SozialarbeiterInnen eigneten sich in den Qualifizierungsmaßnahmen also jenseits der Wissens- und Orientierungsbestände der importierten Sozialarbeit auch Haltungen und ein berufliches Selbstverständnis an.

Die Konfrontation mit dem Neuen konnte aber gerade auch anhand des Musters erfolgen, im Fremden das Bekannte zu suchen. Die Aneignung eines fachspezifischen Begriffsrahmens und der Aufbau einer beruf-

68 Der Terminus Schlüsselsymbol soll hier in dem Sinne verwendet werden, dass mittels dieser Symbole Brennpunkte berufsbiographischer Entwicklungen - inklusive des Scheiterns - und der Themen der Berufsarbeit zum Ausdruck kommen.

lichen Wissensbasis erfolgten ja quasi ahistorisch.[69] Einstmalige Kategorien der Problemeinordnung, aus denen sich das Berufswissen speiste und die wie bei jedem versprachlichten Kollektivwissen an ‚konjunktive Erfahrungsräume' (Mannheim 1980) gebunden sind, galt es zu inkorporieren. Andererseits konnte die Konfrontation mit dem Neuen anhand des Musters erfolgen, das Fremde zu betonen und es pointiert herauszustellen - und gerade darüber sich ‚dem Fremden' zu nähern bzw. es handhabbar zu machen (Gabler 1995). Der Umgang mit dem Fremden, gewendet auf die Arbeit mit Klienten, forciert die Aneignung einer ethnographischen Sichtweise mit entsprechenden Kompetenzen - also eine grundlegende Erkenntnisform, die empathisches Fremdverstehen impliziert.[70]

3.1.5 Berufliche Spezialisierungsprozesse in der Sozialarbeit

Der Institutionentransfer und der institutionelle Wandel in den neuen Bundesländern sowie die Delegation sozialer Problemlagen und Aufgaben in die berufliche Sozialarbeit führten zur beruflichen Ausdifferenzierung und Spezifizierung. Hierdurch waren Möglichkeiten für die SozialarbeiterInnen eröffnet, beruflich Schwerpunkte zu setzen. Berufliche Spezialisierungen haben in der Sozialarbeit in den Berufsverläufen der SozialarbeiterInnen in den neuen Bundesländern in erheblichem Umfang stattgefunden. Der gesellschaftliche Wandel - die gesellschaftliche Differenzierung, Individualisierung und Pluralisierung der Lebenspraxen - und die sich differenzierenden sozialen Problemlagen der Menschen in Ostdeutschland bargen für die SozialarbeiterInnen berufliche Optionen, die vornehmlich darin bestanden, ein individuelleres Berufsprofil in der Sozialarbeit zu entwickeln. Lebensgeschichtlich begründete Basispositionen der Biographie, die in der DDR-Fürsorge nicht in den Beruf eingebracht werden konnten, z.B. der Wunsch nach intensiverer Beziehungs- und Begleitungsarbeit von Klienten, deren Problematik einem besonders nahe ging, konnten im Beruf der Sozialarbeit verwirklicht bzw. verberuflicht werden. Die organisatori-

---

69 Hughes geht davon aus, dass eine Profession im Besitz eines exklusiven (‚esoterischen') Wissens ist, der die Zugehörigkeit und den Zusammenhalt der moralischen Kollektivität und der sozialen Welt symbolisiert und festigt. Berufliche Zugehörigkeit manifestiert sich gerade auch im Sprachhabitus (Hughes 1971).

70 Die ethnographische Sichtweise ist eine Haltung, die eine prinzipielle Offenheit und eine verfremdende Perspektive auf die zu erkundenden Phänomene impliziert (Arbeitsgruppe Bielefelder Soziologen1980:433ff.). Diese Haltung auf die Soziale Arbeit übertragen, heißt, in besonderer Weise zu beachten, dass die je konkrete Situation sowie die Problembestände der KlientInnen der SozialarbeiterIn prinzipiell fremd sind und von diesen in Interaktion mit den Klienten herausgearbeitet werden müssen.

schen Umstrukturierungen forcierten zudem eine berufliche Schwerpunktsetzung. Eine berufliche Schwerpunktsetzung wurde auch mittels beruflicher Fortbildungen und der Teilhabe an Diskursen in spezialisierten Arbeitsfeldern vorangetrieben.

Die Ausdifferenziertheit sozialarbeiterischer Arbeitsfelder ermöglichte eine individuellere Gestaltung der Berufslinie. Die Arbeitsaufgaben und Berufsfelder der Sozialarbeit umfassten nun auch Bereiche, zu denen in der DDR aufgrund der staatlichen Lenkungsmacht und Kontrolle für die Fürsorge kein Zugang bestand.[71] Die SozialarbeiterInnen vermochten aufgrund der Breite der Arbeitsfelder, in denen Sozialarbeit zur Anwendung kommt, ein individuelleres Berufsprofil zu entwickeln und der Beruf konnte zu einem persönlichen Projekt werden. SozialarbeiterInnen konnten zudem stärker ihren persönlichen Arbeitsstil in passende Berufsfelder der Sozialarbeit einbringen. SozialarbeiterInnen aus der staatlichen Fürsorge, die in der DDR den staatlich-programmatischen Vorgaben in den Standardeinrichtungen unterlagen, fanden berufliche Freiräume für ein stärker an Klientenanliegen orientiertes berufliches Handeln. SozialarbeiterInnen konnten darüber hinaus durch die Vielfalt des Arbeitsfeldes ein berufliches Thema finden und der beruflichen Arbeit eine individuellere Note geben. Durch die Vielschichtigkeit des Aufgabenbereiches der Sozialarbeit konnten SozialarbeiterInnen lebensgeschichtliche Erfahrungen in einem erweiterten Umfang in die Berufsbiographie einbauen und dem Beruf - oftmals für die Betroffenen in überraschender Weise - mittels solcher Sinnschöpfungsprozesse eine gesteigerte Bedeutung beimessen. Die berufliche Konfrontation mit neuen Problemlagen der Klientel förderte als ein Weiteres zudem die berufsbiographische Reflexionsbereitschaft. Die tendenziell theoretische und konzeptionelle Offenheit in der Sozialarbeit schaffte oftmals eine produktive ‚Verwirrung' und in der Konfrontation mit neuen Problemlagen war eine Übertragung der Klassifikationen und Kategorien der DDR-Fürsorge 1:1 nicht möglich, so dass sich eine gesteigerte Auseinandersetzungsbereitschaft mit sozialarbeiterischen Analysemethoden und -instrumentarien einstellte. Die Tatsache, dass die problematischen Lebenssituationen der Klienten verstanden und sozialarbeiterisch gehandhabt werden mussten, führte zu Neuorientierungen der SozialarbeiterInnen.

Die Delegation gesellschaftlicher Aufgaben an die Berufsgruppe der Sozialarbeit, die das Arbeitsspektrum der SozialarbeiterInnen auch in den konfessionellen Verbänden enorm erweiterte - die sozialen Hilfe- und

71 Es handelt sich hierbei um Arbeitsfelder und Problembestände, wie z.B. Arbeitslosigkeit und Überschuldung, die in der DDR gesellschaftlich tabuisiert waren bzw. Problembestände, die in der DDR staatlicherseits straf- bzw. ordnungspolitisch gehandhabt worden waren, wie z.B. im Fall abweichenden Verhaltens bei Jugendlichen.

Beratungsangebote wurden auf- und ausgebaut; so wurden z.B. Caritassekretariate zu Caritaszentren mit differenzierten Beratungs- und Hilfeangeboten erweitert -, führte zu individuellen Akzentsetzungen. Anhand der Angebotsausdifferenzierung in der Sozialarbeit in kirchlicher Trägerschaft konnten Spezialisierungen erworben und berufliche Interessen formuliert werden. Zukünftige berufliche Handlungsfelder in der Sozialarbeit konnten von SozialarbeiterInnen in kirchlichen Organisationen antizipiert, mitdefiniert und mitgestaltet werden. SozialarbeiterInnen, die in Arbeitsfeldern tätig waren, deren gesellschaftliche Bedeutung zunahm - wie z.B. die Jugendhilfe - erfuhren einen starken Zuwachs an Personal- und Finanzmitteln. Unter diesen Rahmenbedingungen waren oftmals berufliche Aufstiege - in dem Sinne, dass Leitungsaufgaben übernommen wurden bzw. der Verantwortungsbereich erweitert werden konnte - quasi vorprogrammiert. Da die Ausweitung der Aufgabenfelder komplexere inner- und interorganisatorische Arbeitsabläufe nach sich zogen, die gesichert, verknüpft und evaluiert werden mussten, waren Arbeitskoordinations- und Artikulationsaufgaben in der Sozialarbeit (Strauss 1985) zu übernehmen. Berufliche Schwerpunkte konnten hier gesetzt werden, wie etwa auf Koordinations- bzw. Beratungsaufgaben für Arbeitsteams.

3.2 Einrichtungskomponenten Sozialer Arbeit in Ostdeutschland

3.2.1 *Der Aufbau der Sozialarbeit über die Verbände*

Die sozialen Dienste und Einrichtungen der Sozialarbeit in Ostdeutschland wurden vor allen Dingen durch die Spitzenverbände der freien Wohlfahrtspflege aufgebaut. Die freien Träger der Sozialen Arbeit transferierten bewährte westdeutsche Einrichtungs- und Organisationsmodelle sowie Handlungsmodelle sozialarbeiterischer Praxis in die neuen Bundesländer. Konfessionelle und nicht-konfessionelle Verbände als Träger der Sozialen Arbeit gestalteten im wesentlichen die sozialen Dienste und Einrichtungen entsprechend der Altbundesländer aus. Die konfessionellen Verbände der Diakonie und Caritas konnten bereits unmittelbar nach dem Inkrafttreten des Einheitsvertrags die sprunghaft ansteigenden Anfragen und Anträge seitens der Sozialbehörden und -verwaltungen sowie auch privater Initiativen, soziale Aufgaben und Einrichtungen zu übernehmen bzw. aufzubauen, kaum mehr bewältigen. Teilweise wurden die Diakonischen Werke und Caritasverbände von Kooperationsanfragen und -wünsche geradezu überrollt. Oftmals wurde bei der Sozialplanung seitens der kommunalen Stellen auf die konfessionellen Träger zurückgegriffen, weil für eine Trägerschaft im Bereich sozialer Aufgaben bereits gewachsene Organisationsstrukturen, Kontakte und entsprechende materielle und personelle Ressourcen vorhanden waren. Die große regionale Nachfrage nach einem sozialen Engagement im Sozialwesen bei den konfessionellen Trägern brachte diese zeitweise in die Situation, sich dieser Nachfrage gegenüber geradezu ‚abschotteten' und Angebote zurückweisen zu müssen. Teilweise bestand auch auf Seiten der Kirchengemeinden Bedenken gegenüber einem allzu breiten Engagement der Kirche in sozialen Fragen.[72]

Verbände, die in der DDR nicht vertreten waren – entweder, weil sie verboten waren oder in ihren Arbeitsbereichen stark begrenzt worden sind, wie z.B. das Deutsche Rote Kreuz -, waren demgegenüber benachteiligt. Eine sofort verfügbare Organisationsbasis auf dem Territorium der ehemaligen DDR bestand nicht, und solche Verbände gerieten beim Aufbau sozialer Dienste und Einrichtungen stark ins Hintertreffen. Die Arbeiterwohlfahrt, der Deutsche Paritätische Wohlfahrtsverband sowie die jüdischen Sozialverbände hatten aufgrund der fehlenden Organisationsstruktur in den neuen Bundesländern in den Anfängen Schwierigkeiten, sich zu etablieren und zu behaupten (Angerhausen 1998). Zudem erhielten die Repräsentanten oftmals nur zögerlich Anfragen öffentlicher Stellen, weil diese Verbände der freien Wohlfahrtsverbände weitgehend unbekannt waren, auf keine Tradition verweisen konnten und von daher für ostdeutsche Akteure noch wenig einschätzbar waren. Sie wurden aus Westdeutschland kommend oftmals nicht berücksichtigt und konnten sich nur schwer auf dem Markt der Sozialleistungsanbieter behaupten.

Hinsichtlich des Ablaufs des Auf- und Umbaus sozialer Einrichtungen und Dienste ist bemerkenswert, dass die kirchlichen Träger der Sozialarbeit obwohl sie auf eine Tradition in der Fürsorge der DDR zurückgreifen

---

72 Verbands- bzw. organisationsbezogen wurde der Rekrutierung und dem Ausbau der Mitgliederstrukturen angesichts der zu bewältigenden Aufgabe des Auf- bzw. Umbaus wenig Aufmerksamkeit entgegengebracht. Aus organisationsanalytischer Sicht bedeutete die Absehung von einer Mitgliederbasis eine Entwicklung hin zum ‚Sozialunternehmen', die grundsätzlich für Organisationen und Träger Sozialer Arbeit auch problematisch ist. Ungeachtet der regionalen und der von Verband zu Verband konstatierbaren Unterschiede, wurde der Aufbau der Organisationen im Sozialwesen in Ostdeutschland, gerade auch von den ostdeutschen Verbandsakteuren, im Sinne zwar gemeinnütziger, jedoch wirtschaftlicher Sozialbetriebe interpretiert und gestaltet (Angerhausen 1998:306ff.). So konnte es sein, dass in Diskursen und moralisch gefärbten Appellen seitens der Kirchenbasis gefordert wurde, sich stärker auf die Kernaufgaben christlich-kirchlicher Seelsorge zu konzentrieren.

konnten, oftmals ebenfalls Akzeptanzprobleme hatten.[73] Die Diakonie und die Caritas wurden von den Sozialverwaltungen und den Fachkräften im Sozialwesen weit weniger als fremd erlebt, als dies bei den neu ‚eingeführten‘ Verbänden, wie z.B. der Arbeiterwohlfahrt, der Fall war. In ehemaligen staatlichen Einrichtungen der DDR bestanden aber teilweise große Unverträglichkeiten zwischen der konfessionellen Verbandskultur eines Diakonischen Werkes bzw. eines Caritasverbandes und den Einrichtungsmilieus vor Ort, so dass erhebliche Probleme in den Übernahmeverhandlungen auftreten konnten, die auch dazu führten, das sich die Diakonie und die Caritas als Träger zurückzogen. In diesen Fällen stimmte zwischen VerbandsvertreterInnen und VertreterInnen der Einrichtungen und Sozialverwaltungen, die Aufgaben übertragen wollten bzw. mussten, die ‚Chemie' nicht, was gerade dann den kleineren Verbänden, wie etwa dem Deutschen Paritätischen Wohlfahrtsverband, die Möglichkeit eröffnete, regional Fuß zu fassen und als kleinster und in den neuen Bundesländern weitgehend unbekannter Sozialverband schon während der Konsolidierungsphase zu expandieren. Die Vorgaben des Deutschen Paritätischen Wohlfahrtsverbandes waren so gestaltet, dass sie aus ostdeutscher Akteurssicht ‚erträglich‘ waren und Einrichtungsmilieus sowie Verbandeskultur zueinander passten. Der Deutsche Paritätische Wohlfahrtsverband, dem sich eine erhebliche Anzahl an Einrichtungen der Volkssolidarität angeschlossen haben, konnte sich so in den neuen Bundesländern etablieren und expandieren.

In Bezug auf die regionale Akzeptanz eines sozialen Dienstes, eines Hilfe- und Beratungsangebotes spielte der dahinterstehende Verband jedoch oftmals nur eine untergeordnete Rolle. Seitens der Klientel wurde eine Verbandsübernahme einer Einrichtung oftmals kaum wahrgenommen. Kriterien der Erreichbarkeit der Hilfe und des Vertrauens zu den dort tätigen MitarbeiterInnen waren oftmals entscheidend, sich einem Hilfeangebot zuzuwenden. So konnten sich gerade auch Einrichtungen etablieren, die in Räumen ehemals staatlicher Standardeinrichtungen untergebracht waren, weil diese für die Klienten ein bekannter Anlaufpunkt für Hilfeleistungen gewesen waren bzw. darstellten.

73 Auf das Akzeptanz- und Legitimationsproblem der konfessionellen Verbände in Ostdeutschland, z.B. Standards der Personalpolitik zu vermitteln, weist auch Wienand hin (Wienand 1997:109).

3.2.2 Das Vordringen ökonomischer Prinzipien im Sozialwesen

Eine auf die Berufsverläufe gravierend einwirkende Veränderung war das Vordringen ökonomischer Prinzipien in den Bereich des Sozialwesens. In der Überschneidung zweier Arenadiskurse (Strauss 1978) - die der sozialen Gerechtigkeit und die des Ökonomischen - formte sich das ostdeutsche Sozialwesen. In Westdeutschland hatten Diskurse den Wertebezug in der Sozialarbeit über viele Jahre hin zugunsten eines an ökonomischen Grundsätzen ausgerichteten Sozialwesen verschoben. Dies war in Ostdeutschland völlig neu. Mit dem Institutionentransfer wurden Wirtschaftlichkeitserwägungen dominant. In der DDR waren Fragen des Sozialen weitgehend von denen der Ökonomie abgekoppelt gewesen und im Fürsorgewesen der DDR waren Wirtschaftlichkeitserwägungen im Prinzip unbekannt. In den staatlichen Einrichtungen war die Finanzierung der Hilfe staatlicherseits abgesichert und Kostengesichtspunkte bzw. Wirtschaftlichkeitserwägung - »ob sich Hilfe rechnet« - spielte dabei keine Rolle. Die staatlich finanzierte Fürsorge unterlag keiner Kostenprüfung. Auch in der Diakonie und in der Caritas der DDR waren Wirtschaftlichkeitsgesichtspunkte von untergeordneter Bedeutung. Die sozialen Hilfeleistungen wurden entweder durch staatliche Rückvergütungen sichergestellt oder auch - da, wo die Finanzierung sozialer Einrichtungen Probleme bereitete - aus Kirchenmitteln bzw. durch Finanztransfers aus Westdeutschland gestützt.

Die Ökonomisierung des Sozialwesens kann als strukturierendes Prinzip des Auf- und Umbaus des Sozialwesens angesehen werden. Die Etablierung eines ‚freien (Sozialleistungs-)Marktes', in dem sich Sozialverbände nach dem Prinzip von Angebot und Nachfrage und als Konkurrenten um soziale Dienste und Einrichtung gegenüber stehen - Grundprinzipien westdeutscher sozialer Marktwirtschaft -, löste umfangreiche organisatorische Restrukturierungen aus. Die sozialen Dienstleistungen wurden marktförmig organisiert und nach Kosten-Nutzen-Erwägungen ausgerichtet. In der Konkurrenzarena der Träger wurde es für eine Organisation oder Einrichtung überlebenswichtig, die Finanzmittel wirtschaftlich zu verwalten und sozialunternehmerisch zu handeln.

Die ökonomischen Vorgaben bestimmten Berufsverläufe - sowie die gesamte Berufslandschaft der Sozialarbeit in Ostdeutschland - ganz wesentlich mit. Was, wer und wieviel an beruflicher Hilfearbeit zu leisten war, wurde ganz wesentlich Wirtschaftlichkeitserwägungen unterworfen. Lediglich der Pluralitätsgrundsatz konnte im Einzelfall dazu führen, dass regional ein differenziertes Sozialleistungsangebot erhalten blieb. Da die Sozialarbeit nun als Dienstleistungen kalkuliert wurde und Wirtschaftlichkeitsgesichtpunkte bei den Verbänden eine Rolle spielten, waren auch

SozialarbeiterInnen der konfessionellen Träger von umfangreichen Umstrukturierungen ihrer Arbeit betroffen.

Das Prinzip der Begründungspflichtigkeit der Hilfe unter Kostengesichtpunkten (financial accountability) und die fallbezogene Abrechnung der Kosten für berufliche Hilfeleistung warfen für die SozialarbeiterIn aus der staatlichen und aus der kirchlichen Fürsorge kommend, Fragen der Anspruchsberechtigung sozialer Hilfe völlig neu auf. Eine Sozialarbeit, die verwaltungsförmigen, buchungsrechnerischen Prozeduren einer Kosten-Nutzen-Analyse unterworfen wurde, bedeutete für SozialarbeiterInnen im Einzelfall, dass Arbeitsbereiche abgebaut bzw. zurückgenommen wurden. Die SozialarbeiterInnen, die nun teilweise für die Wirtschaftlichkeit ihrer Hilfen verantwortlich waren, mussten ihr Handlungsfeld nicht selten kostenneutral gestalten. Die ökonomischen Vorgaben, die oftmals als soziale ‚Kälte' bzw. ‚Unmenschlichkeit' erlebt wurden und den beruflichen Alltag erheblich erschweren konnten, ‚verbogen' auch Berufsverläufe in dem Sinne, dass Klienten und Tätigkeitsschwerpunkte abgegeben und Hilfeformen, weil unrentabel, fallengelassen werden mussten. Hilfearbeit unter Kosten-Leistungsgesichtspunkten zu erfassen und menschliches Leid bzw. soziale Problemlagen unter Kostengesichtspunkten zu betrachten - für SozialarbeiterInnen aus der kirchlichen, wie aus der staatlichen Fürsorge gleichermaßen befremdlich -, brachte SozialarbeiterInnen zum Teil in moralische Zwangslagen. Die Einführung einer financial accountability im Sozialwesen setzte einen umfassenden beruflichen Säkularisierungsprozess in Gang, in dem institutionelle Grundfeste des Fürsorgewesens der DDR - der Hilfe aus christlicher Nächstenliebe oder der Hilfe unter dem Vorzeichen einer im Kern sozialen und harmonischen Gesellschaft - erschüttert wurden.

Tendenziell rationalisierte die Diakonie ihre Organisation stärker als die Caritas, denn die Diakonischen Werke gingen entschiedener heran, die Umstrukturierung an ökonomischen Gesichtspunkten auszurichten. Die Diakonischen Werke, die regionalisiert wurden und eine finanzielle und organisatorische Eigenverantwortlichkeit erhielten, standen besonders unter Kostendruck. Für die regionalen Diakonischen Werke war die Regionalisierung einerseits durch die Dezentralisierung der Organisation mit mehr Eigengestaltungsmöglichkeiten und Entscheidungsfreiheit in Hinblick auf ihre sozialen Dienste verbunden. Andererseits entstand oftmals ein solch hoher Kostendruck - auch durch eine Steigerung der Ausgaben für Organisationszwecke -, dass Arbeitsbereiche der Sozialarbeit aus Kostengründen nicht aufrechterhalten werden konnten und als unrentabel eingestellt wurden. Die erhöhte Eigenverantwortung der regionalen Diakonischen Werke hatte dann oftmals zusätzlich den Effekt, dass auch durch die Erhöhung der Verwaltungskosten soziale Dienste aufgrund knapper

Finanzmittel zurückgefahren werden mussten. Abgebaut wurden Arbeitsbereiche, die schwer zu refinanzieren waren, wie z.B. allgemeine Sozialberatungsstellen. Die verfügbaren Re-Finanzierungsquellen entschieden oft darüber, ob ein sozialarbeiterisches Hilfeangebot Bestand hatte bzw. ‚passte' oder nicht. Sozialpolitische, fachliche oder gar moraltheologische Argumente konnten dabei ins Hintertreffen geraten und hatten sich dem Diktat der Wirtschaftlichkeit des Diakonischen Werkes insgesamt zu beugen.

In Folge der Restrukturierung des Angebots sozialer Dienste unter Refinanzierungs- und Rentabilitätsgesichtpunkten kam es insbesondere zu einem Abbau von Sur-Plus-Arbeitsbereichen bei den kirchlichen Verbänden. Sur-Plus-Arbeitsbereiche - also Arbeitsfelder, in denen sich die Diakonie bzw. die Caritas als kirchlicher Träger entlang eigener Finanzmittel engagierte - waren nach der Dezentralisierung für die regionalen Diakonischen Werke aus Finanzgründen nur noch bedingt tragbar. Häufig waren es nun gerade Arbeitsbereiche der Sozialarbeit, die ein offenes und wenig spezialisiertes Beratungs- und Hilfeangebot bereit hielten, die unter Druck gerieten. In Arbeitsbereichen, in denen sich - sozialpolitisch und finanztechnisch nicht exakt zu definierende und klassifizierende - multiaspektuelle Problemlagen bearbeitet worden waren, wurden tendenziell abgebaut. In solchen Arbeitsbereichen bestand und besteht zudem die Schwierigkeit, wie die Problemlagen der Klientel und deren Hilfebedarf exakt zu quantifizieren bzw. zu beschreiben sind, so dass Finanzmittel, etwa zur Projektförderung, nur schwer zu akquirieren waren. Die sozialen Problemlagen, in die die Betroffenen verstrickt sind, sehen oftmals so aus, dass es die SozialarbeiterInnen schwer haben, diese exakt zu benennen und in eine geregelte, rationale Arbeitsplanung zu überführen.

Die Zurücknahme der Sur-Plus-Arbeitsbereiche im Gesamtspektrum der Arbeitsprofile in der Sozialarbeit hat insofern sowohl eine berufspolitische wie auch eine persönliche Dimension. Die persönliche Dimension betrifft Berufsverläufe von SozialarbeiterInnen, die in einem solchen Arbeitsfeld tätig waren und durch die Restrukturierung der Sozialen Dienste - im Sinne eines Berufsschicksals - in der Organisation ‚an den Rand gedrängt' wurden. SozialarbeiterInnen, die in Arbeitsbereichen der Fürsorge tätig waren, in denen ein eher allgemeines und nicht refinanzierbares Betreuungs- und Hilfeverhältnis zu den Klienten bestand, waren vom Umbau der Organisationseinheiten dieser an ökonomischen Gesichtpunkten orientierten Umstrukturierung stark betroffen. Hier konnten Arbeitsbedingungen entstehen, die deprofessionalisierend wirkten. Bei der Zurücknahme von Sur-Plus-Arbeitsbereichen konnte in der Sozialarbeit in den neuen Bundesländern der paradoxe Effekt entstehen, dass gerade Arbeitsbereiche der Fürsorgearbeit abgebaut wurden, wie die allgemeine Gemeindefürsorge der Kreisstellen, die in der DDR durch die westdeutschen Diakonischen Werke besonders mittels Finanzmitteltransfer gefördert und unterstützt worden waren.

Die im Caritas-Gesamtverband vorherrschende zentralistische Organisationskultur trug dazu bei, dass die Umstrukturierungen der Arbeitsorganisation im Caritasverband in ihren Folgen ‚gemäßigter' für die Sozialarbeit verliefen. Die Minderheitenposition der katholischen Kirche in der DDR hatte zudem zur Folge, dass in den neuen Bundesländern vor allen Dingen ein Nachholbedarf in der Einrichtung sozialer Dienste gesehen wurde, der umzusetzen war. Für die Sozialarbeit der Caritas bedeutete das - im Vergleich zur Diakonie -, dass den Wirtschaftlichkeitserwägungen die Bemühungen entgegenstanden, ein dichtes Netz an Beratungseinrichtungen und Anlaufstellen in Caritasverantwortung in den neuen Bundesländern aufzubauen und sicherzustellen. Die SozialarbeiterInnen der Caritaseinrichtungen gerieten weniger unter Druck, die geleistete Soziale Arbeit unter ökonomischen Gesichtspunkten legitimeren zu müssen und erlebten die Umstrukturierungen in der Arbeit vorwiegend als Bürokratisierung ihrer Arbeit. Die rechts- und verwaltungsförmige Einbindung sozialarbeiterischer Handlungsbereiche in das soziale Gesamtversorgungssystem überzog das berufliche Handeln aus der Sicht der SozialarbeiterInnen mit einer nüchternen Ablauflogik. Die rationalen Gestaltungsprinzipien durch ordentliche Buchführung und Abrechung, die Effizienz der Sozialarbeit nachzuweisen - was mit der Offenlegung der Aktivitäten gegenüber Kostenträgern, an die eine Zuweisung öffentlicher Finanzmittel gebunden ist, einhergeht -, führte in einzelnen Bereichen der Caritassozialarbeit dazu, dass informelle Aushandlungs- und Gestaltungsspielräume in der Sozialarbeit verloren gingen. Präferenzsetzungen einzelner SozialarbeiterInnen bzw. die von Caritasverbänden, die transparent wurden und stärker zu legitimieren waren, konnten so nicht mehr aufrechterhalten werden. Für die SozialarbeiterInnen konnte dies einen Verlust an Handlungsraum bedeuten, und für diese SozialarbeiterInnen wurde die konkrete Arbeit weniger mitgestaltbar und damit weniger anspruchsvoll und spannend. Die Standardisierung der Sozialen Arbeit der Caritas forcierte eine Säkularisierung beruflicher Hilfearbeit.

3.2.3 Veränderungen in der interdisziplinären Arbeitsteilung

Die stärkere Bündelung der Aufgabenprofile im Sozialwesen ging mit einer Veränderung der interdisziplinären Arbeitsteilung einher, wobei in den Betrieben und Arbeitskollektiven des Sozial- und Gesundheitswesens in Ostdeutschland erhebliche Spannungen auftraten. Durch den geringen Umfang an einheitlicher Berufsausrichtung in der Fürsorge der DDR sowie durch den insgesamt geringen Berufsorganisationsgrad in der Sozialarbeit war eine Formierung der Berufsgruppe der SozialarbeiterInnen eher selten. In anderen Berufen grenzten sich demgegenüber die Berufsangehörigen mit Unterstützung von Berufsorganisationen stärker ab. Im sozialen Feld dagegen kam es auch zu Abgrenzungstendenzen gegenüber der Sozialarbeit. PsychologInnen und MedizinerInnen z.B. - zwei Berufsgruppen, die für die Handlungsorientierung von FürsorgerInnen in der DDR besonders bedeutsam waren - steckten ihre Arbeitsbereiche und Handlungsfelder deutlicher ab und formulierten ihre berufsbezogenen Interessen im Verlauf der Angleichung der Sozialsysteme. Unter den SozialarbeiterInnen fand ein vergleichbarer Prozess nur bedingt statt.

Die Veränderungen in den Beziehungen der MitarbeiterInnen in den betrieblichen Einheiten untereinander - in der DDR waren Berufsgrenzen oftmals nicht so starr gehandhabt und symbolisch nicht so stark betont worden - konnte für die SozialarbeiterIn sehr schmerzhaft sein. Das hierarchisch strukturierte, betriebszentrierte Organisationsmodell in den staatlichen Einrichtungen der DDR-Fürsorge - das sowohl einen Quereinstieg erlaubte als auch eine starke funktionsbezogene Definition der Arbeitsaufgaben kannte - wurde durch ein gleichermaßen hierarchisches experten- bzw. berufsgruppenzentriertes Organisationsmodell abgelöst.

Da im westdeutschen Modell der Sozialarbeit dezidiertere Berufsvorgaben über die Zusammenarbeit der Berufsgruppen vorherrschen - z.B. eine deutlichere Zurückweisung der in der DDR-Gesundheitsfürsorge vorhandenen Überschneidungen mit medizinischen Aufgaben -, waren Definitionen der sozialarbeiterischen Handlungssituation in Auseinandersetzung mit anderen Berufsgruppen zu leisten. Die westdeutschen Vorgaben - qua Verwaltungsreform bzw. Strukturvorgaben im Sozialwesen gesetzt - schufen Diskursarenen zur Definition der Handlungszuständigkeiten und Handlungsgrenzen. Eine berufliche Grenzziehung und Selbstfindung unter den Berufsgruppen im Sozialwesen wurde dadurch vorangetrieben. Angesichts des geringen Mitgestaltungsraums im Procedere einer geregelten Angleichung der Sozialsysteme Ost und West fiel es SozialarbeiterInnen oftmals schwer, ihren Kompetenzbereich von dem anderer Berufsgruppen, wie z.B. den medizinisch-helferischen Tätigkeiten, profiliert abzugrenzen.[74]

---

74 Wie Hughes aufgezeigt hat, handeln Berufsgruppen, insbesondere Professionen, mit anderen Berufsgruppen die konkrete Arbeitsteilung aus (Hughes 1984). Sie verteidigen dabei ihre Vorrechte auf bestimmte, für sie verfahrensmäßig beherrschbare und machtspendende Aufgabenbereiche und Arbeitsverfahren. Die letztendlich

3.3 Berufskarrieren in die Sozialarbeit

Der Institutionentransfer setzt eine Reihe von Rahmenbedingungen für individuelle Berufsverläufe. In diesem Zusammenhang kann auch von ‚Pfaden' bzw. Passagen oder von Karrieren gesprochen werden. Karriere wird als „institutionalisierte Semantik, die ein Repertoire von Anweisungen für die Kommunikation von Themen, Regeln und nicht zuletzt Ordnung enthält" (Hoerning/Corsten 1995:7) verstanden.[75] Insgesamt kann konstatiert werden, dass mit der Institutionalisierung der Sozialarbeit und mit dem dynamischen gesellschaftlichen Wandel in den neuen Bundesländern ein immenser Arbeitsmarkt im Sozialwesen entstanden ist, der individuelle Optionen bereithielt. Jenseits individueller Optionen lassen sich im Zuge des Institutionentransfer und des institutionellen Wandels im Sozialwesen typisierbare Karrieren benennen.[76]

Berufliche Karrieren sind die in einer dynamisch wandelnden Berufswelt sich ergebenden Möglichkeitsstrukturen sowie Teilhabemodalitäten. In der Sozialarbeit waren durch die Expansion des Berufsfeldes (berufs-) biographische Anknüpfungspunkte in großer Zahl gegeben, die von der SozialarbeiterIn entdeckt bzw. aufgesucht werden mussten. Individuelle Berufslinien wurden gefördert, ‚verbogen' oder gar behindert.[77]

---

gesellschaftlich etablierte „Arbeitsteilung der Professionen mit anderen Professionen und nicht-professionellen Berufen ist stets ein prekäres Aushandlungsergebnis" (Schütze 1996:195; 1987b).

75 ‚Pfade', die durch eine strukturelle Bedingungsmatrix hindurch vorgezeichnet sind und die im Kontext institutioneller und organisatorischer Kontinuitätsbrüche gewisse Verlaufsmuster aufzeigen, werden hier auch als Karrieren bezeichnet. Für die Betroffenen war ein Minimum an Erwartbarkeit gegeben.

76 Karrieren sind in interaktionistischer Sichtweise Projekte von Individuen in der Arbeitswelt (Hughes 1984; Honneth 1992). Die berufsbiographischen Entwürfe der Menschen orientieren sich zum einen an den institutionalisierten Abläufen der Berufswelt - ein Berufsfeld, das strukturiert ist, verlangt, dass diese Strukturierungen, wie Ausbildung etc., antizipiert werden -, und zum anderen an individuellen Vorstellungen über eine spezifische berufliche Tätigkeit. Individuelle Vorstellungsbilder werden fortlaufend in Interaktion und mittels sozialer Anerkennung, insbesondere durch signifikant Andere, geschöpft, bestätigt und bekräftigt. Hughes weist darauf hin, dass die beruflichen Vorstellungsbilder auch in Gefahr sind, sich nicht zu bewähren und fortgesetzt modifiziert werden müssen (Giddens 1991; zu Karriereverlauf und Commitments auch: Hoerning/Kupferberg 1998).

77 Die Interdependenz von sich verändernden Sozialwelten, die sich um neue Problemstellungen herum bilden, und beruflichen Karrieren, zeigt Wiener am Beispiel der AIDS-Erkrankung auf (Wiener 1991:175ff.).

3.3.1 Berufskarrieren aus den Standardeinrichtungen der DDR-Fürsorge

Institutionentransfer und institutioneller Wandel erforderten von den SozialarbeiterInnen aus der staatlichen Fürsorge oftmals eine Neuverortung auf einer doppelten Ebene: nämlich sowohl eine Distanzierung vom symbolischen Universum der DDR-Gesellschaft sowie eine faktische Neuverortung qua Stellensuche im Gesamtversorgungssystem des Sozialwesens. Diese Neuverortung war im Wesentlichen durch den Abbau der Standardfürsorgeeinrichtungen bedingt. SozialarbeiterInnen aus der staatlichen Fürsorge hatten oftmals - neben dem Verlust ihres gemeinschaftlich geteilten und integrierenden Sinnweltrahmens - den Verlust ihres Arbeitsplatzes zu bewältigen, weil die Standardeinrichtungen der Fürsorgearbeit umgebaut und/oder geschlossen wurden.[78] In der DDR-Fürsorge war die berufliche Hilfearbeit in den Sinnhorizont der Idee einer sozialistischen Gesellschaft integriert. Die Gestaltung der sozialen Belange der Menschen war faktisch ein politisches Ziel der SED. Mit dem Zusammenbruch des ‚heiligen Kosmos' war auch ein Verlust an Sinnorientierung verknüpft, den die SozialarbeiterInnen, auch dann, wenn sie sich davon distanzierten, zu bewältigen hatten. Kernelemente der Handlungsorientierung, wie die der Solidarität der Menschen untereinander, waren zum einen beizubehalten, zum anderen aber auch angesichts der an ökonomischen Vorgaben neu ausgerichteten Institutionskultur zu hinterfragen. Das tragende Sinnreservoir, das in der sozialistischen Gesellschaftsordnung grundgelegt war, verlor an Bedeutung.[79]

SozialarbeiterInnen aus der staatlichen Fürsorge, die in Standardeinrichtungen der DDR, die in Folge des Institutionentransfer abgebaut wurden, tätig gewesen waren, wurden großenteils arbeitslos bzw. waren von Arbeitslosigkeit bedroht. Der Verlust der betrieblichen Basis des beruflichen Handelns erforderte besondere Anstrengungen, die berufliche Linie beizubehalten bzw. weiterzuführen. Vor allen Dingen Einrichtungen des Gesundheitswesens - wie Polikliniken bzw. die dezentralen betrieblichen Sozial- und Gesundheitseinrichtungen - wurden geschlossen und aufgelöst.

---

78 Dies gilt allerdings nur bedingt für die SozialarbeiterInnen, die vormals in der staatlichen Jugendfürsorge tätig waren, da diese zumeist in die Abteilungen der neu aufgebauten kommunalen Jugendhilfe übernommen wurden.

79 Auf die Überhöhung der Idee des Sozialismus in der DDR-Gesellschaft, die ihren Ursprung u.a. in der dezidierten Abgrenzung vom Faschismus hatte, wird vor allen Dingen in der psychoanalytischen Literatur betont. Die bei einem Verlust eines symbolischen Sinnhimmels zu leistende Trauerarbeit war aber gerade angesichts des massiven staatlichen Unrechts und der staatlichen Bespitzelung in der DDR nur schwer möglich (vgl. Füchtner 1995).

Die betriebsorganisatorischen Grundlagen für die berufliche Hilfearbeit bzw. für die Beschäftigungsverhältnisse ging für diese SozialarbeiterInnen verloren. Der Abbau staatlicher Einrichtungen vollzog sich sektoral und regional unterschiedlich schnell. In der Gesundheitsfürsorge war zu einem relativ frühen Zeitpunkt - bereits vor der deutschen Einheit - deutlich, dass die staatlichen und betrieblichen Versorgungseinrichtungen aufgelöst werden würden. Der Abbau der staatlichen Gesundheitseinrichtungen und die Re-Privatisierung im Gesundheitswesen, für die laut Einigungsvertrag eine Übergangsfrist von fünf Jahren vorgesehen war, verlief faktisch dann allerdings viel zügiger (Manow 1994). Aufgrund dieses Bedingungsrahmens standen SozialarbeiterInnen unter dem Zugzwang, ihre Existenz zu sichern. Zwei Varianten von Berufsverläufen können grob unterschieden werden: SozialarbeiterInnen, die durch den Abbau der Standardeinrichtungen der DDR ihren Arbeitsplatz verloren und arbeitslos wurden und SozialarbeiterInnen, die nahtlos in andere Einrichtungen wechseln konnten - dieses zumeist in verbandsgetragene Einrichtungen, da diese im Kern erhalten blieben oder in großem Umfang ausgebaut wurden.

3.3.2 Arbeitsbeschaffungsmaßnahmen und Projektkarrieren

Ein typisierbarer Ablauf von der staatlichen Fürsorge in die Sozialarbeit ist die vorübergehende, durch Arbeitslosigkeit bedingte Tätigkeit in Arbeitsbeschaffungsmassnahmen (ABM) bzw. die Tätigkeit in sozialen Projekten. Erfahrungen existentieller Unsicherheit und massiver Existenzkrisen kennzeichnen diese Berufsverläufe. Wenn Arbeitslosigkeit - eine Situation, die den SozialarbeiterInnen bis dahin gänzlich unvertraut war - abgewendet werden musste, standen Handlungsschemata der Kontrolle der Sicherung beruflicher Existenz im Vordergrund. Ein Handlungsschema der Sicherung beruflicher Existenz hat wiederum Auswirkungen auf die beruflichen Umstellungs- und Neuorientierungsprozesse. Der Existenzdruck, unter dem FürsorgerInnen standen, ließ wenig Spielraum für berufsbiographische Arbeit.[80] Wichtige berufliche Weichenstellungen wur-

80 Als „biographische Arbeit" soll in Anlehnung an Strauss die Arbeit verstanden werden, die vom Biographieträger, der von Ereignissen betroffen ist, die von markierter biographischer Relevanz sind, zur Wiederherstellung eines Biographiekonzepts geleistet wird. Biographische Arbeit wird von Betroffenen selbst und in Interaktion mit anderen geleistet. Strauss expliziert biographische Arbeit am Beispiel von Krankheitsverlaufskurven. Die Herstellung einer körperintegrierten Identität nach einer Krankheit verläuft nach Strauss anhand vier eng miteinander verbundenen biographischen Prozesse: der Kontextualisierung, des Akzeptierens der biographi-

den oftmals unter Druck und geprägt von fehlender Übersicht über potentielle Arbeitsfelder in der Sozialarbeit vorgenommen. So konnte es auch zu beruflichen Entscheidungen kommen, die für die Betroffenen suboptimal waren.

SozialarbeiterInnen aus der staatlichen Fürsorge waren davon betroffen, dass der Abbau der Standardeinrichtungen, in denen die Fürsorge der DDR tätig war, sehr viel schneller vonstatten ging, als der Aufbau der sozialen Dienste durch die Verwaltungen und durch die Trägerverbände. SozialarbeiterInnen verloren ihren Arbeitsplatz oftmals zu einem Zeitpunkt, als Alternativen noch nicht greifbar waren. Parallel dazu wurde der Aufbau sozialer Dienste und Einrichtungen mittels Arbeitsbeschaffungsmaßnahmen - zumindest hinsichtlich der Personalkosten - indirekt mitfinanziert. Projektarbeit war oftmals der Ausgangspunkt für den Aufbau eines regionalen sozialen Versorgungsnetzes. Die Projekte wurden vorrangig mit öffentlichen Mitteln finanziert, wie z.B. mit Finanzmitteln der EU oder aus Finanzmitteln des Bundes und der Länder, wie auch von den kirchlichen Sozialverbänden. Arbeitsbeschaffungsmaßnahmen waren ein Instrument der Arbeitsmarktpolitik, um die Arbeitslosigkeit unter den Sozialberuflern im weitesten Sinne zu verringern.[81] Diese Aufbau-Projekte waren für SozialarbeiterInnen, die entlassen worden waren und keine Stelle fanden, eine Möglichkeit, beruflich wieder Fuß zu fassen. Da die Fördermittel gezielt genutzt wurden, um soziale Einrichtungen regional aufzubauen, hatten ABM und Projektarbeit eine Doppelfunktion. Für viele SozialarbeiterInnen war aber nicht absehbar, ob ihre Arbeit im Rahmen der ABM bzw. im Rahmen von Projekten auf Dauer gestellt werden würden.

Als Vermittlungsscharnier zwischen früherer und späterer Berufstätigkeit waren ABM und Projekte nur bedingt geeignet, ein stabiles berufliches Selbstverständnis und berufliches Handlungskonzept in der Sozialarbeit aufzubauen. Die strukturellen Schwächen liegen in externen wie inter-

---

schen Konsequenzen, der Wiederherstellung der Identität und des biographischen Neuentwurfs (Strauss 1988:59ff.).

81 Die Arbeitsbeschaffungsmassnahmen ermöglichten in großem Umfang gerade auch den Personen einen Einstieg in den Arbeitsmarkt im Sozialwesen, die in der DDR nur im weitesten Sinne ‚sozial' tätig gewesen waren. Hier liegt der Typus des Quereinsteigers in die Sozialarbeit vor. Es sind diejenigen SozialarbeiterInnen, die nicht zum Fürsorger bzw. zur Fürsorgerin ausgebildet waren und erst durch den Verlust ihrer Stelle und die Expansion des Sozialarbeitsmarktes angeregt wurden, SozialarbeiterIn zu werden und häufig dann eine (Kurzzeit-)Ausbildung absolvierten. Quereinstiegskarrieren zeichnen sich dadurch aus, dass in einem Schritt des sekundären Durchleuchtens der Berufsbiographie an die helfenden Aspekte beruflicher Arbeit in der DDR angeknüpft wurde: so z.B. ein Werksmeister, der innerbetrieblich für die Kaderförderung zuständig war und sich in diesem Zusammenhang den Problemlagen von Jugendlichen zugewandt hatte.

nen Faktoren der Projektarbeit begründet. Die Projektgruppen waren einerseits ein Sammelbecken, in denen Sozialberufler mit sehr unterschiedlichen beruflichen Vorerfahrungen zusammenkamen. Ein gemeinsamer Neuanfang im Rahmen von ABM und Projekten konnte für viele SozialarbeiterInnen eine Phase kreativen Wandels sein, da in der Projektarbeit oftmals die Projektidee mittels intensiver kommunikativer Klärungsprozesse gemeinsam erarbeitet wurden und dabei auch Ziele und Mittel sozialer Arbeit diskursiv in Rede gestellt werden konnten. Formen des Ausprobierens und Experimentierens waren - gerade auch durch den Finanzierungsmodus - in hohem Maße möglich. Multiple Kompetenzen zur Ausgestaltung eines Arbeitsfeldes wurden zusammengebracht und die oftmals bestehenden egalitären Arbeitsbeziehungen unter den ProjektmitarbeiterInnen waren geeignet, ein persönliches Sich-Öffnen zu ermöglichen. Andererseits bestand kein strukturgebender Organisationshintergrund. In den Projekten, in denen innovative Ansätze für Sozialarbeit entwickelt werden konnten, trat dann das Problem auf, dass diese Innovationen nur wenig wahrgenommen und mit fachlichen Diskursen verknüpft worden sind. Sozialarbeiterisch ausgebildete Anleitungspersonen, die Konzepte Sozialer Arbeit hätten vermitteln können, waren in der Regel nicht vorhanden. Ansätze professionellen Handelns und berufliche Identitätsfindungsprozesse konnten in diesen Projekten deshalb nicht entwickelt werden. In den Projekten konnten berufliche Kompetenzen zwar aufgebaut werden, aber eine Rückspiegelung und Selbstvergewisserung dieser Kompetenzen - sozusagen vor kollegial-fachlichen Augen - fand nicht statt, und die SozialarbeiterInnen waren auf der Suche nach praktikablen und profunden Handlungsmodellen alleine gelassen. Eine sensible und fachlich versierte Anleitung hätte - u.a. durch Mechanismen des Vormachens-und-Nachmachens - Lern- und Professionalisierungsprozesse anstoßen und begleiten können.

Regionale Projektgruppen standen häufig in Konkurrenz zueinander, da Projektgruppen in einer Region parallel zueinander arbeiteten. In dieser Konkurrenzsituation, in der es auch um die Weiterfinanzierung einzelner Projekte ging, waren fachliche Diskurse erheblich erschwert, da die SozialarbeiterInnen es unter dem Druck der Konkurrenzsituation vermieden, die eigenen Handlungsprojekte sowie die Problemstellungen damit einem fachlichen Forum vorzustellen und zu thematisieren, um die Zukunft der Projektarbeit nicht zu gefährden. Gerade in den ABM-Projekten, die Möglichkeitsstrukturen der Herausbildung professioneller Kompetenzen sowie Findungsprozesse im Arbeitsfeld der Sozialarbeit boten, konnten aufgrund mangelnder Anleitung und des Fehlens beruflicher Identifizierungsmodelle kreative Handlungsansätze dann teilweise wieder verloren gehen.

Ein externer Faktor der Projektarbeit, der sich ungünstig auf die beruflichen Lernprozesse auswirkte, war, dass diese aufgrund der nicht vorhandenen organisatorischen Einbindung in größere Trägerverbände eine ungewisse Zukunft hatten und zudem zeitlich befristet waren. Die fehlende organisatorische Einbindung der Projekte und die zeitliche Befristung führten dazu, dass jeweils ab einem bestimmten Zeitpunkt die weitere Absicherung der Projektarbeit in den Vordergrund rückte. Zeitlich begrenzte Projekte mussten sich teilweise bereits zu Beginn der Projektzeit dann mit der Sicherung der Finanzierung der Arbeit und der Stellen befassen, so dass die Struktur der Befristung nur kurzfristig Lernchancen barg. Die Befristung wirkte kontraproduktiv, da ein zuverlässiger Vermittlungsrahmen, d.h. ein kontinuierliches Lern-Milieu, nicht aufgebaut werden konnte. Es kommt zwar in diesen Arrangements zu ‚sprunghaftem' Lernen, das aber dann in seiner Bedeutung für die Sozialarbeit nicht eingeordnet bzw. kontextualisiert werden kann. So traten nach Beendigung von Projekten extreme Bruchstellen zwischen dem erarbeiteten Wissen und Können und der Überführung dieser Kompetenzen in eine geregelte Praxis auf. In Projekten, soweit sie befristet waren und nicht in ein Regelangebot übernommen wurden, bestanden also nur wenige Chancen für die SozialarbeiterInnen, Wissen und Können in einem generalisierten Handlungsverständnis aufzubauen, da Diskurse, Reflexionen und Handlungsformen dann oft an den jeweiligen Projektrahmen gebunden blieben. Lernprozesse wurden zugunsten von Absicherungsstrategien zurück- bzw. eingestellt oder gar abgebrochen - ein Mechanismus, der in jeder Projektarbeit wirksam ist, also auch in westdeutschen Sozialarbeitsprojekten, und als struktureller Nachteil im Aufbau an beruflicher Substanz zu bewerten ist. Professionelle Kompetenz, also ein Gefühl der Sicherheit im Tätigkeitsfeld, kann dann durch die strukturellen Rahmenbedingungen wieder verloren gehen.[82] Insofern konnte die Projektarbeit bei nur unzureichender organisatorischer und finanzieller Einbindung für SozialarbeiterInnen auch zu einer beruflichen Sackgasse werden - nämlich dann, wenn Lern- und Verortungsprozesse zugunsten von Planungsaktivitäten und Strategien der Absicherung zurückgefahren werden mussten. Projekte konnten dann wie ‚Durchlauferhitzer' wirken, in denen die beruflichen Umstellungen und erworbenen Kompetenzen nicht auf Dauer gestellt werden konnten.

---

82 Angesichts der Umstrukturierungen im Sozialwesen war es oftmals so, dass während der Projektarbeit nur schwer zu prognostizieren war, ob ein Projekt erfolgreich auf Dauer gestellt werden kann. So konnte es auch zu Fehleinschätzungen hinsichtlich der SozialarbeiterIn kommen und in dem Zusammenhang dazu, dass sie durch ihr Engagement in den befristeten Projekten - auch durch das besondere Binnenklima in den Projektteams - andere Möglichkeiten der beruflichen Verortung vernachlässigte.

Berufliche Basiskompetenzen mussten vielmehr in umfangreichem Maße bereits vorhanden sein, so dass die fehlenden (Vermittlungs-) Strukturen ausgeglichen werden konnten. Umfassende berufliche Lernprozesse waren im Lernmilieu der Projektarbeit nur unter günstigen Rahmenbedingungen gegeben. Ein weiteres Problem im Zusammenhang mit der Befristung der Projekte bestand zudem darin, dass Lernschritte im Projektrahmen von den SozialarbeiterInnen nicht sicher eingeschätzt werden konnten. Der Projektrahmen führte dazu, dass die SozialarbeiterIn nicht genau zu unterscheiden wusste, welche Handlungsaktivitäten jetzt aus den Verpflichtungen der Projektarbeit heraus entstehen und welche originär zur Sozialarbeit gehören. In Projekten, die nicht auf Dauer gestellt waren, konnten also kreative Impulse der SozialarbeiterIn und Lernschritte ‚verpuffen'. Im Rahmen von Projekten, in denen fachliche Anleitung sichergestellt war und die in Organisationen eingebunden waren, konnte es allerdings zu dynamischen Lernprozessen kommen. In einer Reihe von Projekten in den Wohlfahrtsverbänden, in denen von vornherein günstigere materielle und ideelle Ressourcen vorhanden waren und die zu einer auf Dauer gestellten sozialen Einrichtung oder zu einem auf Dauer gestellten sozialen Dienst wurden, fanden dann aufgrund der günstigen Milieubedingungen kreative Lernprozesse bei SozialarbeiterInnen statt. In solchen Projekten waren SozialarbeiterInnen sehr engagiert, und Projektarbeit konnten ein umfassendes Lernfeld zur beruflichen Neuorientierung und ein Vermittlungsrahmen für Modelle beruflicher Hilfearbeit in Ostdeutschland sein.[83]

3.3.3 Wechsel in die Verbandssozialarbeit

Ein weiterer Karrieretypus in der Sozialarbeit in den neuen Bundesländern sind solche Berufsverläufe, in denen von den Standardeinrichtungen der staatlichen Fürsorge in die Verbände hineingewechselt wurde. Die Expansion des Arbeitsbereiches und -marktes der Sozialarbeit sowie die Bemühungen der freien und kirchlichen Verbände, Einrichtungen und soziale Dienste flächendeckend zu etablieren, eröffnete den FürsorgerInnen bzw. SozialarbeiterInnen besondere Möglichkeitsstrukturen. Anstellungsoptionen wurden von den Verbänden und Trägern der freien Wohlfahrtspflege offeriert, und durch den Bedarf an Fachkräften in den sozialen Einrichtungen und Diensten wurden Zugangsbedingungen (Standards) gelockert, wie

83 Zu den besonderen Lernbedingungen im Rahmen von Projektarbeit, insbesondere zu Schulprojekten und schulischem Projektunterricht s.d.: Prokopp 2000; Zocher 2000; Bräu 2002.

z.B. indem die Diakonie und die Caritas auch BewerberInnen einstellte, die nicht eine der beiden christlichen Kirchen angehörten. SozialarbeiterInnen aus der staatlichen Fürsorge, die in Einrichtungen der Diakonie und Caritas eingestellt wurden, verfügten zumeist über lebensgeschichtliche Bindungen, wie z.B. eine Zugehörigkeit zu einer der Kirchengemeinden oder hatten Kontakte und persönliche Netzwerke in die kirchlichen Gemeinden hinein. Insbesondere weit gefächerte berufliche Kontakte und ein berufliches Netzwerk rund um die Hilfearbeit herum waren eine berufsbiographische Ressource, die sich bei der Stellensuche günstig auswirken konnte. Der gerade in der Etablierungsphase der Sozialarbeit bestehende hohe Bedarf an Fachkräften in der Sozialen Arbeit, in der die Versorgungsstrukturen der Verbände und freien Träger aufgebaut wurden, führte dazu, dass in den ersten Jahren nach der Wiedervereinigung teilweise aktiv um die wenigen ausgebildeten FürsorgerInnen bzw. SozialarbeiterInnen in Ostdeutschland regelrecht geworben wurde.

SozialarbeiterInnen, die den Aufbau der pluralistischen Angebotsstruktur nutzen konnten und in die Verbandssozialarbeit wechselten, wurden mit Verbands-, Milieu- und Einrichtungskulturen konfrontiert, die ihnen i.d.R. erst einmal fremd waren. Dies konnte dazu führen, dass die SozialarbeiterInnen vorrangig die Klientenarbeit fokussierten und eine Distanz zum institutionellen Kontext aufbauten. Anknüpfungspunkt für den Wechsel in die Verbandssozialarbeit war oftmals die berufliche Erfahrung mit einem bestimmten Klientel bzw. einem Problembereich gewesen, so dass die Arbeit mit einem speziellen Klientel und seinen Problemlagen von der SozialarbeiterIn - quasi unter anderen organisatorischen Vorzeichen - beibehalten werden konnten. Klienten und Klientengruppen wurden von der SozialarbeiterIn ‚mitgenommen' und Tätigkeitsschwerpunkte fortgeführt, da der Bedarf an Begleitung und Beratung, nachdem die Standardeinrichtungen der DDR geschlossen worden waren, fortbestand.

Unter dem Druck drohender Arbeitslosigkeit bzw. dem Druck, die materielle Existenzgrundlage zu sichern - häufig waren auch andere Familieangehörige, wie z.B. der Ehepartner arbeitslos geworden -, konnte die einzelne SozialarbeiterIn nicht immer ein Passungsverhältnis von berufsbiographischer Orientierung und ideeller, wertbezogener Ausrichtung der Sozialeinrichtung herstellen. Unter Handlungsdruck wurden dann auch berufliche Entscheidungen getroffen, wie z.B. ein Wechsel zur Caritas, die in ihren Konsequenzen für die SozialarbeiterIn nur schwer abzuschätzen waren. Zeit für eine eingehendere Prüfung der Arbeitsbedingungen war oftmals nicht vorhanden und berufliche Planungen waren generell bei dem dynamischen Wandel der Berufslandschaft kaum zu leisten, da die Entwicklungen im Sozialwesen und in den jeweiligen sozialen Einrichtungen von den SozialarbeiterInnen nur bedingt überschaut werden konnten.

Auf ‚schwankender' Entscheidungsbasis wurde ein die berufliche Zukunft betreffender beruflicher Handlungsentwurf getätigt, der angesichts eines unklaren Horizontes substantiiert werden musste. Die Gesamtstruktur des bundesdeutschen sozialen Versorgungssystems war für viele SozialarbeiterInnen zum Zeitpunkt der Umstrukturierungen im Sozialwesen wenig transparent und nur bedingt überschaubar.

Der Wechsel aus der staatlichen Fürsorge zu einem freien Träger der Sozialarbeit war für die SozialarbeiterIn mit Umstellungen verbunden, z.B. mussten bestehende Ressentiments und Haltungen kirchlichen Trägern gegenüber ‚bearbeitet' und ein Wechsel in eine konfessionell getragene Einrichtung musste in die Berufsbiographie integriert werden.[84] Ein Wechsel in eine verbandsgetragene Sozialeinrichtung wurde oftmals als Bruch mit der beruflichen Linie erlebt - jedoch konnte wiederum gerade anhand eines solchen Bruchs eine Neuverortung im Beruf der Sozialarbeit erfolgen.

Bei Berufsverläufen, die in die Verbandssozialarbeit hinein führten, wurden oftmals die Organisationsressourcen der Träger zur Ausgestaltung eines Handlungsfeldes und zur beruflich Weiterentwicklung genutzt. Die Organisationsrahmung konnte jemanden in die Sozialarbeit geradezu ‚hineinziehen' und berufliche Handlungsmuster bzw. Arbeitshaltungen in Folge davon in der Sozialarbeit anhand des Einrichtungsmilieus erlernt werden. Die Fremdheit der Verbands-, Milieu- und Einrichtungskulturen konnte mit umfangreichen beruflichen Lern- und Umstellungsprozessen verknüpft sein. Zudem boten die Einrichtungen und größeren Trägerorganisationen berufliche Optionen, die für berufliche Spezialisierungsprojekte genutzt werden konnten. So haben sich SozialarbeiterInnen neue Aktivitätsfelder in der Sozialarbeit erschlossen, die berufsbiographisch passten und ein Interesse an beruflichen Analyse- und Bearbeitungsmethoden förderten.

Andererseits konnten Organisationsbedingungen und Organisationsvorgaben mit beruflichen Orientierungen inkompatibel sein. So waren wiederholt wertbezogene Vorgaben des Anstellungsträgers diskrepant zu persönlichen Wertsetzungen und Überzeugungen. Berufsbiographische Orientierungen und berufliche Handlungsrahmen wurden dann nicht zusammengebracht. Organisationsbedingungen, in denen die SozialarbeiterIn vorwiegend alleine arbeitete, oder wenn generelle Diskurseinschränkungen derart bestanden, dass z.B. Reflexionsangebote für die Arbeit vor-

---

84 SozialarbeiterInnen aus der staatlichen Fürsorge verarbeiteten teilweise den Wechsel in die Verbandssozialarbeit so, dass sie bedauerten, einen staatlichen Auftrag verloren zu haben. Der Verlust einer integralistischen Konzeption, d.h. dass das berufliche Handeln in Übereinstimmung mit den gesamtgesellschaftlichen Zielen gesehen wird, erschwerte die berufliche Neuorientierung.

enthalten wurden, waren für die Lern- und Neuorientierungsprozesse der SozialarbeiterInnen von Nachteil. Diese Arbeitsbedingungen konnten dazu führen, dass eine resignative berufliche Grundhaltung bzw. gar eine ‚innere Kündigung' erfolgte und sich die SozialarbeiterIn zunehmend von ihrer Arbeit und ihrem Klientel distanzierte oder sogar entfremdete. Unter ungünstigen Organisationsbedingungen konnte es dazu kommen, dass die SozialarbeiterInnen einen beruflichen Substanzaufbau nicht leisten konnten und die Herausbildung einer sozialarbeiterischen Identität bzw. einer an den Klientenbelangen ausgerichteten Handlungsorientierung nicht gelang. Dann arrangierte sich die SozialarbeiterIn mit den Handlungsbedingungen, ohne dass notwendige Korrekturschritte, wie etwa ein Stellenwechsel, unternommen wurden.

Den Arrangements der SozialarbeiterInnen liegen oftmals berufsbiographische Erfahrungen in der Fürsorge derart zugrunde, dass unzureichende Arbeitsbedingungen eben hingenommen werden müssen oder hinzunehmen sind. Dabei spielt die berufliche Erfahrung eine Rolle, dass Fürsorgearbeit bzw. Sozialarbeit eigentlich verzichtbar ist, wenn staatlich ausreichend gehandelt werden würde. Da die Klientenarbeit anhand von Forderungen nicht gefährdet werden soll, wird auf eine engagierte Durchsetzung von besseren Arbeitsbedingungen verzichtet. Den Arrangements mit unzureichenden Arbeitsbedingungen, wie z.B. zu hohe Fallzahlen oder ein fehlendes Angebot an Austausch und Reflexion in der Arbeit, können berufsbiographische Erfahrungen zugrunde liegen, dass organisatorische Vorgaben eben unterlaufen werden müssen, um Klienten überhaupt helfen zu können. Ein Arrangement mit unzureichenden Arbeitsbedingungen entwickelt sich für SozialarbeiterInnen in den neuen Bundesländern dann zur Berufsfalle, wenn eine berufliche Weiterentwicklung in dem Sinne blockiert wird, dass Handlungsmodelle im Umgang mit den Klientenproblemen aufgrund abgekürzter Aus- und Fortbildungen noch nicht sicher gekonnt werden. Durch Arrangements mit unzureichenden Arbeitsbedingungen - z.B. indem Vorgaben subversiv unterlaufen werden und ‚inoffizielle' Um- bzw. Reinterpretationen des Arbeitsauftrags vorgenommen werden, um Klientinnen überhaupt zu erreichen - können sich dauerhafte Berufsidentitäts- und Arbeitsprobleme entwickeln.[85] Suboptimale Organi-

85 Ein solches Zusammenspiel zwischen berufsbiographischer Haltung und suboptimalen Arbeitsbedingungen zeigt sich im Fall von Frau Carstens. Frau Carsten, die in eine katholische Schwangerenberatungsstelle wechselt, werden Grundlagen einer offenen Beratungsarbeit vorenthalten. Sie thematisiert diese Einschränkungen jedoch nicht bzw. wechselt die Einrichtung auch nicht, sondern arrangiert sich mit den Organisationsvorgaben. Ihr Beratungsansatz, der vor anderen, insbesondere den Vorgesetzten und Kollegen, nicht transparent gemacht wird, kann sich so nicht weiterentwickeln.

sationsbedingungen mit Folgen für die Klienten, indem von notwendigen Beratungen und Hilfeaktivitäten abgesehen wird, weil Arrangements aufrechterhalten werden, obwohl deren Problemlagen quälend wahrgenommen werden, führen zudem sukzessiv zum Burn-out der SozialarbeiterIn. Ein Wechsel in Einrichtungen eines freien Verbandes hinein konnte aber auch davon motiviert sein, sich gerade anhand der fremden Verbands-, Milieu- und Einrichtungskulturen beruflich anregen und weiterentwickeln zu wollen. In diesen Berufsverläufen steht das Handlungsschema der Initiative zur Veränderung der beruflichen Situation bzw. des Erlebens von Neuem im Vordergrund und die SozialarbeiterIn bringt eine hohe lern- und berufsbiographische Öffnungsbereitschaft mit. Der nach der Einheit Deutschlands bestehende offene Stellenmarkt in der Sozialarbeit wird dann genutzt, um sich beruflich von einschränkenden Handlungsbedingungen zu lösen und sich zu verändern.

3.3.4 Besonderheiten in der Jugendhilfe

Der Institutionentransfer führte nicht in allen Bereichen des staatlichen Fürsorgewesens zu einem Abbau von Arbeitsplätzen. Ein solcher Bereich, in dem die Arbeitsplätze im Großen und Ganzen erhalten geblieben sind, ist die Jugendhilfe. In diesem Teilbereich staatlicher Fürsorge blieben auch Organisationseinheiten relativ stabil. In der Jugendhilfe zeigt sich das Phänomen, dass Institutionen der DDR ersetzt wurden, Organisationseinheiten in ihrem inneren Gefüge aber weitgehend stabil blieben. Die FürsorgerInnen, die in der Jugendhilfe der Bezirksstellen der DDR gearbeitet hatten, wurden nach der Verwaltungsreform meist in den öffentlichen Dienst übernommen. Die Verwaltungsorganisationen wurden entsprechend der politischen und rechtlichen Vorgaben des Kinder und Jugendhilfegesetzes (KJHG) umgebaut und die Berufsverläufe der SozialarbeiterInnen zeichnen sich durch Übernahme in den öffentlichen Dienst und durch die handlungsstrukturelle Bewältigung der Organisationsumstellung aus.

Da die Jugendhilfe der DDR zur kommunalen Jugendhilfe transformierte, in der die Rechtsgrundsätze des KJHG zu Anwendung kamen, waren die Umstrukturierungen nach westdeutschem Muster in der ostdeutschen Jugendhilfe für die Betroffenen zumeist weniger mit einer gravierenden Berufskrise verbunden. Der Neuzuschnitt der Verwaltungseinheiten und die Re-Definition der Arbeitsaufgaben, die mit Schwerpunktsetzungen und Spezialisierungen einhergingen, bauten auf ein kollegiales Gefüge als Binnenkern der Organisation auf. Der Bereich der Jugendhilfe wandelte sich wie ein ‚Anhang' zur Verwaltungsreform. Im Binnenbereich des öffentlichen Dienstes bestanden relativ geschützte Bereiche, in denen der gesellschaftliche Umbruch für die Betroffenen weniger existenzbedrohende Formen annahm. Die Sicherheit, auch in Zukunft Aufgaben wahrzunehmen, auf die staatlicherseits nicht verzichtet werden kann, wirkte stabilisierend. Zudem waren Bestimmungen des Tarifvertragsrechts im öffentlichen Dienst wirksam, die den SozialarbeiterInnen ihren Arbeitsplatz sicherten, und im Unterschied zu anderen Segmenten der Fürsorge waren umfangreiche Privatisierungsprozesse für die SozialarbeiterInnen in der kommunalen Jugendhilfe nicht zu befürchten. In den organisatorischen Einheiten der Jugendhilfe mussten Brüche in der beruflichen Linie, die z.B. durch Arbeitslosigkeit entstehen konnten, nicht hingenommen werden.

Auch in der Erziehungshilfe, also in den Heimen und Tageseinrichtungen, in denen FürsorgerInnen tätig waren, sind die Berufsverläufe durch die Kontinuität von Organisationseinheiten geprägt. In den Erziehungseinrichtungen der Jugendhilfe - mit der Ausnahme der DDR-typischen Sondereinrichtungen, wie die Jugendwerkhöfe und Sondererziehungsanstalten - blieben in der Regel die Betriebs- bzw. Organisationseinheit erhalten. Sie wurden als Gesamteinrichtung von freien Trägern übernommen. Die Mitarbeiter - SozialarbeiterInnen und ErzieherInnen - blieben, wie in einem Refugium, von gravierenden Einschnitten verschont und die individuellen Folgen des institutionellen Wandels ‚abgefedert', wobei die Arbeitskollektive oftmals zusammenblieben. Bestehende Kollegialität sowie die gemeinsam geteilte berufliche Erfahrung wirkten auf den internen Organisationswandel. Die Kontinuität kollegialer Arbeitsbeziehungen im Bereich der Jugendhilfe - abgesehen von denjenigen Leitungspersonen, die entsprechende ‚Überprüfungsverfahren nicht bestanden' - war einerseits ein Stütz- und Netzwerk für berufliche Neuorientierung, in denen die sozialen sowie beruflichen Umstrukturierungen kollektiv bewältigt und reflektiert werden konnten. Die Betriebsgemeinschaft bot als Diskursgemeinschaft eine zusätzliche Möglichkeit, Identität zu stabilisieren bzw. eine bereits konturierte berufliche Linie beizubehalten. Im Rückgriff auf ein kollegiales Gefüge konnte aber andererseits auch eine berufliche Neuorientierung als nicht so zwingend angesehen und mittels der Kontinuität der Arbeit eine Handlungskrise überhaupt nicht wahrgenommen werden.

3.3.5 Berufskarrieren in den kirchlichen Sozialeinrichtungen

Die Berufsverläufe von SozialarbeiterInnen aus der kirchlichen Fürsorge sind durch den Fortbestand der institutionellen Rahmung geprägt. Es handelt sich also um Berufsverläufe einer im Kern stabilen institutionellen bzw. auch organisatorischen Rahmung. Die Sozialarbeit der beiden großen konfessionellen Verbände, der Diakonie und der Caritas, wurde über den

Zusammenbruch der DDR hinweg in den neuen Bundesländern weitergeführt und der Kern der Organisation hatte auf dem Weg von der Fürsorge in die Sozialarbeit Bestand. Die Kontinuität des Organisationskernes bedeutete für die SozialarbeiterIn, dass qua Gewähr des Fortbestands der Organisation an die Fürsorge angeknüpft und Sozialarbeit aufgebaut werden konnte. Die SozialarbeiterInnen, die aus der evangelischen bzw. katholischen Fürsorgearbeit der DDR kamen, hatten einen stabilen institutionellen Rahmen, innerhalb dessen sie die Klientenarbeit vorerst fortführen konnten und der die berufliche Haltung und Handlungsorientierung erst einmal stützte. In Bezug auf das persönliche Arbeitsverhältnis der SozialarbeiterInnen bestanden besondere Sicherheits- und Schutzgarantien, so dass ein Verlust des Arbeitsplatzes und Arbeitslosigkeit nicht gefürchtet werden musste.[86] Der identische Organisationskern bot den SozialarbeiterInnen Gewähr dafür, dass grundlegende Eckpunkte der Arbeit beibehalten werden würden.

Der Institutionentransfer stärkte die gesellschaftliche Bedeutung der Kirchen für das Sozialwesen in den neuen Bundesländern. Zudem waren es gerade die Kirchen und Kirchengemeinden, die sich im Zentrum der sozialen Bewegung, die zum Zusammenbruch der DDR führte, befanden und die ein Ort des kritischen Diskurses gewesen waren. Für die kirchliche Diakonie und Caritas und ihre SozialarbeiterInnen galt eine ‚transzendierte' und ‚metaphysische' Beständigkeitsgarantie, die auch angesichts des Zusammenbruchs eines Staates Bestand ausstrahlte. Die von den Kirchen bzw. die von der Diakonie und Caritas getragene Sozialarbeit, die zudem expandierte und sprunghaft anstieg, bedeutete für die SozialarbeiterInnen in den kirchlichen Einrichtungen eine wachsende berufliche Sicherheit und eine Erweiterung des beruflichen Handlungsspielraumes durch den Umbau des Sozialwesens sowie Raum für berufliche Weiterentwicklungen. Diakonie und Caritas hatten durch die Anbindung an die westdeutschen Teilverbände und die Partner- und Patenschaften zu den westdeutschen Kirchengemeinden in der Ausgestaltung der Sozialarbeit in den neuen Bundesländern eine starke Unterstützung. Die bestehenden Partnerschaften zu den westdeutschen Diakonischen Werken wurden umgehend nach der Grenzöffnung für den Austausch und die Initiierung von sozialen Projekten genutzt. In den ostdeutschen Diakonischen Werken wurden Modellprojekte eingerichtet, die von den westdeutschen Partnerwerken begleitet und unterstützt wurden. Die ostdeutschen Caritasverbände erhielten ebenfalls umfangreiche Unterstützung durch den Gesamt-

86 Die Statusübergänge von der Fürsorge in die Sozialarbeit wurde in den kirchlichen Einrichtungen nicht nur durch den Einheitsvertrag und tarifrechtliche Regelungen bestimmt, sondern auch durch weitergehende Regelungen der Kirchen in Bezug auf die Übernahme des Personals in ihren Einrichtungen.

verband und ihre Partnerorganisationen. Sowohl Finanzmittel, Personal, wie auch Know-how für den Auf- und Umbau der sozialen Einrichtungen und Dienste in der Sozialarbeit wurden transferiert. Da die Diakonie und die Caritas als Spitzenverbände der freien Wohlfahrtspflege über umfangreiche Finanzmittel und Machtpotentiale verfügen, waren Mitgestaltungsoptionen und -rechte beim Aufbau des Sozialwesens in Ostdeutschland gesichert. Die kirchlichen Trägerverbände stellten materielle und ideelle Ressourcen für den Umbau der Sozialarbeit bereit. Diese Ressourcen waren teilweise konkret praktischer Art - wie z.B. durch den Verband organisierte Fahrzeuge und Büroeinrichtungen - und teilweise beruflich-ideeller Art, wie Fortbildungen und Fachliteratur. Hinzu kam ein wechselseitiger kollegialer Austausch von west- und ostdeutschen SozialarbeiterInnen, der auch das Grundgefühl vermittelte, in zentralen Handlungsmodellen und -orientierungen in der Sozialarbeit fortfahren zu können und dabei auch ‚richtig' zu liegen. Möglichkeitsstrukturen der kirchlichen Wohlfahrtsverbände wurden von den SozialarbeiterInnen genutzt, um die berufliche Linie weiterzuführen.

Der Berufsverlauf einer kirchlichen SozialarbeiterIn zeichnete sich dadurch aus, dass Handlungsprojekte oftmals fortgeführt werden konnten. Der Fortbestand des Nukleus der Organisation in der beruflichen Hilfearbeit bedeutete, dass eine zuverlässige Handlungsbasis für die SozialarbeiterInnen gegeben war. Die universalistischen Werte der Kirchen, so u.a. der christliche Hilfeauftrag, spannen einen Erwartungshorizont und dienten als berufsbiographischer und handlungsbezogener ‚Anker' in der beruflichen Neuorientierung.[87] Für die SozialarbeiterInnen blieben die

87 Erwartungshorizonte sind in Hinblick auf die eintretenden Veränderungen im Beruf, der Organisation und der Gesellschaft von besonderer Bedeutung. Auf einen Erwartungshorizont hin wird antizipiert, was sein könnte bzw. wer man sein könnte. Insofern wirken Erwartungshorizonte orientierend. Erwartungshorizonte speisen sich aus Erfahrungen und werden interaktiv hergestellt. Sie werden von den Akteuren aus den sie umgebenden situativen Bedingungen geschlussfolgert. SozialarbeiterInnen konnten z.B. aufgrund der Kontinuität der kirchlich getragenen Organisationen annehmen und davon ausgehen, dass sich Handlungsmodelle bewähren würden und der Zusammenbruch der DDR, die Grundfeste eines beruflichen Hilfemodells, so wie sie in der kirchlichen Fürsorge praktiziert wurde, nicht tangieren wird. Eine sehr allgemeine Erwartung war die, sich vorzustellen, später einmal SozialarbeiterIn zu sein. Daraufhin wurde das Handeln ausgerichtet und z.B. durch den Erwerb von Zertifikaten, wie der staatlichen Anerkennung, realisiert. Eine eher spezifische Erwartung lag dann vor, wenn sich die SozialarbeiterIn in ein spezielles Arbeitsgebiet gedanklich hineinversetzte, dort explizit fachliche Kompetenzen erwarb, um dann in diesem speziellen Berufsfeld tätig werden zu können. Erwartungshorizonte konnten auch ganz ‚offen' sein. Von einem solchen Erwartungshorizont kann gesprochen werden, wenn die Haltung eingenommen wird, es werde

berufsbiographischen Weichenstellungen auch angesichts des Zusammenbruchs der DDR relevant und ein grundlegender berufsbiographischer Bruch wurde oftmals nicht empfunden. Ein strukturierender Bezugspunkt der Biographie blieb erhalten und im Binnenraum der kirchlichen Institutionen war der Zusammenbruch der DDR oftmals kein gravierender Lebenseinschnitt. Vielmehr konnten vielfach durch den Fortbestand der Wert- und Organisationsbasis berufsbiographische Handlungsprojekte fortgeführt werden. Ein solches berufsbiographisches Projekt ist z.B. der Aufbau eines fachlich getragenen Handlungsbereichs und die Zurückdrängung von Einflüssen der Kirchengemeinde auf die Sozialarbeit. Dennoch war ein Rückgriff auf christliche Handlungsgrundsätze in der beruflichen Hilfearbeit auch weiterhin gegeben, so dass Handeln vor diesem Hintergrund reflektiert werden konnte und eine zuverlässige Orientierungsbasis bot.

Der Fortbestand der kirchlichen Diakonie- und der Caritaseinrichtungen war zudem eine Sicherheit verbürgende und vermittelnde Ausgangsbasis für handlungsstrukturelle Bewältigungsmuster der beruflichen und organisatorischen Veränderungen. Anhand dieser Veränderungen konnten berufliche Neuprojekte auch angedacht und oftmals aufgrund der zur Verfügung stehenden Ressourcen dann auch konkretisiert werden. Die beruflichen Irritationen, die durch die Umstrukturierungen in der Organisation auftraten, waren durch den Fortbestand der kirchlichen Verbandsorganisation und ihrer Unterstützungspotentiale für die SozialarbeiterInnen in der Regel - wenn nicht besondere berufsbiographische Verletzungsdispositionen bestanden - bewältigbar. Handlungsfelder der Sozialarbeit und die Arbeit mit den KlientInnen, die entsprechend der Refinanzierbarkeit reorganisiert und in den kirchlichen Verbänden umstrukturiert wurden - ein Umbau der Angebotsstruktur der sozialen Arbeit, indem z.B. traditionelle Handlungsfelder der Fürsorgearbeit, wie etwa die allgemeine Gemeindefürsorge abgebaut wurden - und Profilbildungen der regionalen Diakonischen Werke bzw. der Caritas führten zwar zu Prioritätenverschiebungen innerhalb der Sozialorganisation. So konnten durch Maßnahmen der Organisationsentwicklungen präferierte Handlungsformen und Hilfemodelle an den Rand gedrängt werden, jedoch verfügten die SozialarbeiterInnen oftmals über Kompetenzen und berufliche Erfahrungen, die Organisationsumstrukturierungen zu bewältigen.

Die jeweils konkreten organisatorischen Umstrukturierungen konnten für die SozialarbeiterInnen jedoch auch berufliche Fallensituationen beinhalten. In den institutionell gerahmten Berufsverläufen von Sozialarbeite-

---

sich schon irgend etwas verändern, ohne dass im Einzelfall oder im Besonderen schon antizipiert worden wäre, was dieses ‚Etwas‘ sein könnte.

rInnen aus der kirchlichen Fürsorge konnten institutionelle Ablaufkarrieren entstehen, die einen Prozessierungscharakter hatten. SozialarbeiterInnen, die über eine Ausbildung und berufliche Erfahrung verfügten, wurden z.B. oftmals aufgrund des Mangels an Fachpersonal dazu gedrängt, Leitungsaufgaben im Verband oder in der Organisation der Sozialarbeit zu übernehmen. Die SozialarbeiterInnen mussten teilweise daran arbeiten, in den expandierenden Einrichtungen und Organisationen angesichts der offerierten Optionen eine berufliche Linie beibehalten zu können. Den organisatorischen Funktionsnotwendigkeiten eigene Handlungsentwürfe entgegenzusetzen, war biographisch anspruchsvoll und setzten berufsbiographische Reflexionen voraus. Berufliche Verlaufskurven des Fremdbestimmt-Werdens und des Hinein-Gedrängt-Werdens in besondere Funktionsbereiche konnten nicht immer abgewendet werden. Berufsverlaufskurven konnten gerade entlang einer beruflichen Aufstiegsoption in Leitungsfunktionen der Einrichtungen und der Organisation - die aufgrund eines berufsbiographischen Verpflichtungsgefühls der Kirche und dem kirchlichen Verband gegenüber ergriffen wurden - entstehen.

4 Berufsidentifizierung und Berufsorientierung im Transformationsprozess

Die berufsbezogenen Umstellungs- und Aneignungsprozesse und die Identifizierungsarbeit in der Sozialen Arbeit im Zusammenhang mit dem Transformationsprozess hatte die gravierende und tiefgreifende Problematik im Verlauf des drastischen institutionellen Wandels einerseits berufliche Erfahrungen und Orientierungen zu bewahren, andererseits berufliche Erfahrungen und Orientierungen auf Distanz zu bringen. Im Zuge des institutionellen Bruchs kam es also zeitgleich zu Tradierungs-, Distanzierungs- und Aneignungsprozesse beruflicher Orientierung und beruflichen Wissens und Könnens. Die unter den institutionellen und organisatorischen Vorgaben der DDR-Gesellschaft entwickelten Berufsorientierungen waren zu überdenken und zu revidieren. Teile der Berufsorientierung galt es wiederum aufrecht zu halten. Die Unterscheidung, was zu bewahren ist sowie was transformiert und integriert werden kann und was im Weiteren negiert werden muss, erforderte eine hohe (berufs-)biographische Flexibilität sowie eine Ambiguitätsbereitschaft - also die Bereitschaft, mit den Mehr- und Doppeldeutigkeiten von Werten, Symbolen und Sachverhalten umzugehen. Die SozialarbeiterInnen eigneten sich die Handlungsmodelle westdeutscher Sozialarbeit einerseits an und bewahrten andererseits eine bzw. ihre gelebten und erfahrungsgetränkten Sinnquellen des Helfens und ihre berufsbiographischen Kompetenzen. Parallel und synchron zu diesen Tradierungs-, Distanzierungs- und Aneignungsprozessen durften die Chancen einer sich dynamisch verändernden Berufswelt nicht verpasst werden.

Unter dem Vorzeichen und den Modalitäten eines umfassenden Umbaus des gesamten Sozialwesens und des Transfers der Berufs- und Handlungskonzeptionen westdeutscher Sozialarbeit waren aber gerade die haltgebenden berufsbiographisch angeeigneten Orientierungen, entwickelten Haltungen und grundlegenden Sichtweisen im dialektisch doppelten Sinne ‚auf zu heben'. Anzueignen waren die Berufsratio und die beruflichen Handlungsmodelle der westdeutschen Sozialarbeit. Dazu bedurfte es einer Loslösungs- und Distanzierungsleistung von ‚Vormaligem' bzw. ‚Zurückliegendem'. Autonomiebereitschaft und Autonomiefähigkeit waren gleichzeitig wichtig, um eine übergewichtige Identifizierung mit den Handlungskonzepten und -modellen westdeutscher Sozialarbeit zu vermeiden und dennoch ein Selbstverständnis entsprechend den beruflichen Standards und der Berufsethik der Sozialarbeit aufzubauen. Dies erforderte ein Sich-In-Beziehung-Setzen zur (importierten West-) Sozialarbeit und zu den mitgelieferten und damit vorgegebenen Handlungsmodellen und höhersymbolischen Wissensbeständen. Das Entwickeln einer beruflichen Identität und eines Berufsverständnisses war ohne ein Sich-Einlassen auf die Vorgaben im Institutionentransfer - inklusive der Logiken der Institutionen - nicht bzw. nur bedingt möglich. Die Inkommensurabilität der Erfahrung, dass vorhandene Erfahrungen zu den neuen Erfahrungen nicht passen, musste ausgehalten werden. Damit verbundene Ohnmachtserfahrungen auf Seiten der SozialarbeiterInnen erforderten soziale Rahmen, in denen Identitätsarbeit geleistet werden konnte. Bildungstheoretisch gesehen ging es hierbei darum, berufliche Selbst- und Weltsichten im Ablauf des institutionellen Wandels zu verändern bzw. zu integrieren. Dabei waren Abkürzungshandeln und Strategien des Identitätsmanagements für die SozialarbeiterInnen notwendig, um Handlungskrisen zu bewältigen und sich in der Arbeit nicht zu verzetteln. In den alltagsberuflichen Vollzügen erfolgte nicht selten ein arhythmisches Miteinander der unterschiedlichsten Anforderungen.

Die berufliche Neuorientierung und die Reorganisation der Berufslinien der SozialarbeiterIn, die aus der Fürsorge kam, fanden in konkreten Kontexten sowie in einem konkreten Bedingungsgefüge statt. Diese Kontexte und Bedingungsgefüge bestimmen sowohl die Art der Anforderung als auch die Art der beruflichen und berufsbiographischen Ressourcen, die zu aktivieren waren. In unterschiedlichem Ausmaß wurde von den Betroffenen Identitätsarbeit, Flexibilität und Öffnungsbereitschaft erwartet. Für die Ein- wie Umstellungsarbeit, die erwartet wurde, waren die Akteure unterschiedlich für die Bewältigung der enormen Veränderungen im Berufsalltag ausgestattet. Die grundlegend veränderten Kontextbedingungen im Sozialwesen beinhalteten eine Aufforderung zu Veränderungen in den Sichtweisen und zu veränderten Handeln in der beruflichen Hilfearbeit. Der berufsstrukturelle Wandel war sowohl Vorgabe als auch Maßgabe für zukünftiges sozialarbeiterisches Handeln.

In Termini von Lern- und Bildungsprozessen entstehen interdependente Handlungsbedingungen einer neuen Berufsfiguration - im Sinne Elias Figurationsthese -, die bei den Betroffenen eine Handlungskrise auslösen. In die Diskussion über die Bewältigung eines Transformationsprozesses können bildungstheoretische Konzepte einbezogen werden. In den Termini der pragmatistischen Theorietradition wird ein Verlust an Integration mit der Umwelt als Ursache von Handlungshemmung bzw. Handlungsverzögerung gesehen. Handlungshemmungen beinhalten potentiell die Voraussetzung für Lernen. Durch sie kommt es, wie Dewey es ausdrückt, zum Innehalten bzw. zum „Stehenbleiben und Nachdenken".[88] Handlungshemmung bzw. -verzögerung wird als produktive Voraussetzung für Lern- und Bildungsprozesse gesehen, da der Mensch qua Reflexion bemüht ist, Stimmigkeit und Integration seiner Umwelt wieder herzustellen.

Handlungskrisen und Irritationen entstehen da, wo antizipierende Entwürfe, auf das hin, was sein könnte, nicht mehr greifen und das ‚Und-so-Weiter' und das ‚Ich-kann-immer-Wieder' (Schütz/Luckmann 1975:29) nicht aufrechterhalten werden kann. Handlungskrisen sind dann Anlass, Handlungskonzepte mittels Reflexion zu überprüfen (Dewey 1964). John Dewey führt dazu aus, dass bei Verlust an Integration mit der Umwelt ein Bedürfnis nach Wiedergewinnung der Einheit nicht nur einfach im Menschen besteht, sondern ihm auch zu Bewusstsein gelangt. Dies ist - so Dewey - das Material, aus dem er seine Zwecke formt. Dewey konstatiert, dass „die Nichtübereinstimmung (...) die Gelegenheit (ist), die zur Reflexion führt" (Dewey 1980:20ff.), und der Wunsch nach Wiederherstellung der Einheit verwandelt ein bloßes Gefühl in ein Interesse an den Objekten - als Bedingung der Verwirklichung der Harmonie.

Dewey hebt hervor, dass Lernen auf das, was als ‚eine Erfahrung machen' bezeichnet werden kann, zurückgeht. Eine Erfahrung machen heißt, „einen Versuch mit der Welt anzustellen" (Dewey 1964:187). Erfahrung mittels Ausprobierens und Veränderns ist aber ein bedeutungsloser Übergang von einer Situation in eine andere, wenn sie nicht „bewusst zu der Welle von Rückwirkungen in Beziehung gesetzt wird, die von ihr ausgeht".[89] Das bedeutet, dass erst, wenn eine Betätigung in ihren Konsequenzen verfolgt wird, d.h. wenn die durch unser Handeln hervorgebrachten Veränderungen auf uns selbst zurückwirken und in uns eine Veränderung

---

88 Mit diesem Begriff beziehe ich mich insbesondere auf John Dewey (1859-1952), der dem Begriff der Erfahrung eine konkrete pragmatische Wende gab. Der Philosoph und Pädagoge Dewey leitete von 1894 bis 1904 das Department of Education an der Universität von Chicago, das unter seiner Leitung ein Zentrum der pragmatistischen Theoriebildung wurde. Dewey, der stark von James Principles of Psychology beeinflusst war, stellte ein Konzept von Erziehung, das auf Erfahrungslernen beruht, in den Mittelpunkt seiner pragmatistischen Philosophie. In Deutschland wurde Dewey vorwiegend als Pädagoge wahrgenommen. Hier wurden vor allen Dingen seine pädagogischen Werke, wie Demokratie und Erziehung (1964) rezipiert.

89 Der Prozess des Lernens - der nach Dewey in mehrere Phasen oder Aspekte, wie die des Zweifelns, die des Versuchs der Orientierung (Wahrnehmungsphase), die der Manipulation (Experimentierphase) und die der Vollendung, u.a.m. (Mead 1969:102 ff.), aufgegliedert werden kann - geschieht mittels Erfahrung.

bewirken, gewinnt die bloße Abänderung Sinn und Bedeutung - „dann lernen wir etwas“ (Suhr 1994:71).

Das pragmatistische Theoriemodell des Erfahrungslernens wird im Weiteren dieser Untersuchung als eine heuristische Erklärungsfigur für die Lern- und Orientierungsprozesse der SozialarbeiterInnen in den neuen Bundesländern genutzt.

4.1 Formen berufsbezogener Identitätsarbeit

4.1.1 *Identitätsstrukturelle Basisdispositionen und biographische Öffnungsbereitschaft*

Die Bewältigung von parallel verlaufenden Distanzierungs- und Aneignungsprozessen hat eine identitätsstrukturelle Grundlage: besteht z.B. ein grundgelegtes Selbstbewusstsein, so können biographische Linien verfolgt und Möglichkeiten wahrgenommen werden, sich seiner selbst und anderer zu vergewissern. Ein grundgelegtes Selbstbewusstsein, sich selbst auch in anomischen Umgebungsbedingungen behaupten zu können, ist u.a. an familiäre Sozialisationserfahrungen geknüpft. Stehen die Eltern dem Kind als signifikant Andere[90] zur Verfügung und vermitteln sie dem Kind Selbstsicherheit und Vertrauen, dann können auch späterhin im Leben Beziehungen entwickelt werden, die zur Selbstvergewisserung und für Unterstützungsleistungen hilfreich sind. Ein weiterer Aspekt dieser identitätsstrukturellen Grundausstattung (‚Basisdisposition‘) liegt darin, dass in Interaktionserfahrungen, durch die grundsätzlich in Biographien die Aneignung und Entwicklung von Interpretationsfolien und Haltungen zur Welt befördert werden, wichtige biographische Weichenstellungen erfolgen.

Begegnungen und Auseinandersetzungen mit Peers sind weiterhin ein Anregungsmilieu, in dem Originäres und Individuelles hervorgebracht werden kann und man sich der eigenen Interessenlagen und der genuin eigenen Identitätsmerkmale vergewissern kann. Eine identitätsstrukturelle Grundausstattung einer Selbstsicherheit ist dann die Grundlage dafür,

---

90 Ein signifikant Anderer wird als biographischer Ratgeber bezeichnet, der in kritischen Lebenskrisen eine wichtige orientierende Wirkung für die Entwicklung eines Menschen hat (Schütze 1991). Gerade auch in Bezug auf Zukunftsprojektionen und berufsbiographische Handlungsentwürfe spielen die bekräftigen und stützenden Funktionen des signifikant Anderen eine elementare Rolle.

lebenszyklisch anstehende Aufgaben - aber auch solche, die mit dem gesellschaftlichen Wandel einhergegangen sind - zu bewältigen. Selbstbewusstsein fördert eine biographische Autonomiebereitschaft, die im Umgang mit einem Institutionenumbruch eine gute Voraussetzung für gewinnbringend konstruktive Auseinandersetzungen ist. Haltgebende Orientierungsrahmen gehen allerdings verloren.[91] Eine Positionierung im Berufsfeld der Sozialarbeit ist mit individueller Entscheidungskraft verknüpft und für das kreative Entfalten von Berufsentwürfen, die sich an subjektiven Interessen orientiert, von elementarer Relevanz. Ein fundiertes Selbstbewusstsein drückt sich u.a. dadurch aus, dass Menschen Bereitschaft und Vermögen mitbringen, zu institutionellen Ablaufmustern auf Distanz zu gehen. Im Zusammenhang des kompletten Umbruchs einer Gesellschaft waren einerseits Milieus und organisatorische Rahmen wichtig, andererseits konnten berufsbiographische Orientierungen nur schwer anhand vorgespurter Karrieremuster, organisatorischer Vorgaben und beruflicher Weiterverweisungen begründet werden. Um in berufs- und handlungsbezogenen Krisen eine (berufs-)biographische Orientierung zu finden, war es gerade wichtig, punktuell dem Sog beruflicher Optionen zu widerstehen.

Selbstbewusstsein aufgrund eines lebensgeschichtlich stärkenden familiären Hintergrunds förderte die Bereitschaft zur berufsbiographischen Auseinandersetzung. Aufgrund lebensgeschichtlicher Erfahrungen im Elternhaus wird z.B. ganz wesentlich die Fähigkeit erworben, neue Anregungen - z.B. Handlungsideen - aufzunehmen, sich diesbezüglich selbst auszuprobieren und damit fortgesetzt wieder erweiternde Handlungsoptionen freizusetzen. Wird eine neue Handlung erstmalig als erfolgreich erlebt und bewertet, kann sie wiederum in das eigene Handlungsrepertoire übernommen werden. Bei der Handhabung - oder gar Lösung - von gesellschaftlichen und familiären Lebenslaufvorgaben und Lebensmustern ist es wichtig, über identitätsstrukturelle Grundlagen und Instrumentarien des kreativ-konstruktiven Umgehens zu verfügen, um mit ihnen umzugehen. In Auseinandersetzungen mit InstitutionenvertreterInnen war zur Beibehaltung berufsbiographischer Präferenzen die Fähigkeit, eigene Positionen selbstbewusst und beharrlich zu vertreten, eine wichtige Voraussetzung.

---

91 Grundsätzlich gilt zu bedenken, dass eine biographische Autonomiebereitschaft auch von den sozialen Kontextbedingungen der SozialarbeiterIn abhängig war. So konnte aufgrund der Kontextbedingungen die biographische Autonomiebereitschaft eingeschränkt sein - wie eine familiäre Situation, in der zum Zeitpunkt des institutionellen Zusammenbruchs der DDR Kinder oder Eltern zu versorgen waren; oder der Ehemann arbeitslos geworden war; oder die SozialarbeiterIn faktisch am Ende ihres Berufslebens stand.

Im Verlauf des institutionellen Umbaus des Sozialwesens war es ferner wichtig, dass die SozialarbeiterIn sich auf sich selbst verlassen konnte. Die SozialarbeiterIn hat dann um ein vieles mehr den Mut und die Kraft, Veränderungen gegenüber eine kritische Perspektive einzunehmen und daraus entsprechende Schlüsse zu ziehen. Das Vermögen, Selbstbewusstsein einzubringen und die eigene Fachlichkeit zudem überzeugt zu vertreten, trägt ganz wesentlich dazu bei, andere von sich und den eigenen beruflichen Handlungsplänen zu überzeugen.

Demgegenüber konnten identitätsstrukturelle Verletzungen die Ausgestaltung der Aneignungsprozesse erheblich erschweren. In der DDR-Gesellschaft Außenseiter gewesen zu sein, geht auch mit identitätsstrukturellen Verletzungsdispositionen einher, die bereits in der Herkunftsfamilie begründet sein können. Wenn z.B. aufgrund des Elternhauses oder naher Familienangehöriger eine Integration in die DDR-Gesellschaft nicht gelang, konnten Fähigkeiten der Ausgestaltung sozialer Beziehungen verloren gegangen sein. Obwohl diese SozialarbeiterIn eine lebensgeschichtlich spezifische Sensibilität für soziale und biographische Problemlagen der Klienten mitbrachte, konnte sie sich nicht bzw. nur bedingt einen sozialen Kontext schaffen, in dem sie diese Sensibilität hätte beruflich ein- und umsetzten können. SozialarbeiterInnen, die bereits in der DDR aufgrund identitätsstruktureller Verletzungsdispositionen berufliche Probleme hatten, wie z.B. das Nicht-Zurechtkommen mit den kollektiv ausgerichteten Arbeitsbeziehungsmustern, hatten i.d.R. fortgesetzt Schwierigkeiten, sich in der Nachwendezeit im Berufsleben zu positionieren. Die Fähigkeit, vertrauensvolle Beziehungen zu knüpfen und Unterstützungsleistungen zu beanspruchen bzw. solche auch aufzuspüren, war für ein Zurechtfinden und Zurechtkommen im Kontext des institutionellen Umbruchs belangvoll. Auch SozialarbeiterInnen, die unter beruflichen und persönlichen Einschränkungen in der DDR gelitten hatten, konnten - trotz gesteigerter berufsbiographischer Öffnungsbereitschaft - an den institutionellen Vorgaben der Sozialarbeit, aufgrund der lebensgeschichtlich lange vor den eigentlichen Ereignissen erworbenen Verletzungsdispositionen, scheitern - und das, obgleich sich gerade diese SozialarbeiterInnen bereits zur DDR-Zeit eine Veränderung ihrer beruflichen Situationen herbeigesehnt und z.T. durch Handlungsbeiträge gar auf eine solche hingewirkt hatten. Verletzungsdispositionen konnten z.B. darin bestehen, dass symmetrische Interaktionsbeziehungen, in denen ein wechselseitiges Aufzeigen von Standpunkten geleistet wird und durch das Identitätsarbeit ermöglicht ist - also soziale Grundlagen für Selbstvergewisserung und Neuorientierung entstehen -, nicht aufgebaut bzw. hergestellt werden konnten.

4.1.2 *Lebensgeschichtliche Lernerfahrungen*

Für die Bewältigung des Umbruchs in der beruflichen Hilfearbeit sind lebensgeschichtliche Lernerfahrungen von beachtenswerter Relevanz. Der Zusammenbruch der DDR und der Institutionentransfer stellt eine Herausforderung in Bezug auf die Lernfähigkeit und Lernbereitschaft dar. Die SozialarbeiterInnen in Ostdeutschland - wie auch für die meisten anderen Menschen in den neuen Bundesländern - waren im beruflichen Wandel mit Lernvorgaben, z.B. über die sozialversicherungsrechtlichen westdeutschen Regelungen, konfrontiert, die bewältigt werden mussten. Diese Lernprozesse waren im Unterschied zu beruflichen Lernprozessen, denen ein expliziter Handlungsentwurf in Richtung auf berufliche Ausbildung, Veränderung bzw. Mobilität vorausgeht, im Institutionentransfer begründet und diesem geschuldet. Die SozialarbeiterInnen waren verpflichtet, sich mittels Anpassung, Fortbildung und Qualifizierung die westdeutschen Konzepte sozialer Versorgung und sozialer Arbeit anzueignen. Das Sich-Einlassen-Können auf die Fort- und Weiterbildungsangebote - was faktisch hieß: die Aneignung von Berufswissen unter westdeutschen Vorgaben - setzte eine Aus- bzw. Fortbildungsbereitschaft voraus. Die lernbiographischen Vorraussetzungen der SozialarbeiterInnen, und damit die jeweiligen Bildungsbiographien, waren sehr unterschiedlich. SozialarbeiterInnen aus der staatlichen Fürsorge hatten Erfahrungen mit berufsbezogener Qualifizierung, jedoch waren hier Qualifizierungen mit hohem Selbstthematisierungsanteil eher unbekannt. Die verfügbaren Zeitvorgaben waren eng gesteckt und die Vermittlungsprozesse ließen wenig Raum für Erfahrungslernen und biographische sowie handlungsbezogene Reflexionen. Die Lern- und Bildungsangebote mit kurzer zeitlicher Perspektive vermittelten teilweise den Eindruck, dass Sozialarbeit nicht wesentlich von Ausbildung abhängt. Einer Offenheit, Lern- und Bildungsprozesse aufzubringen, standen teilweise Alltagsbewältigungsanforderungen entgegen. So war es z.B. insbesondere für diejenigen SozialarbeiterInnen prekär, an den beruflichen Anpassungs- und Fortbildungsmaßnahmen teilzunehmen, deren Familien - sozusagen obendrein bzw. zusätzlich zu den jeweiligen Anforderungen, beruflich funktionieren zu müssen - durch die gesellschaftlichen Ereignisse in eine Krise gerieten. Durch familiäre Verpflichtungen wurden Ressourcen gebunden, was dazu führen konnte, dass das Potential an Angeboten zur Fortbildung, zur Qualifizierung bzw. zur Spezialisierung in der Sozialarbeit nicht ausgeschöpft wurde bzw. werden konnte.

4.1.3 Die Integration beruflicher Erfahrung

Für die Berufsidentifizierung mit der Sozialarbeit sowie für die Aneignung neuer Handlungsmodelle in der beruflichen Praxis sind die Erfahrungen der beruflichen Praxis in der DDR-Fürsorge von Bedeutung. Faktisch fanden berufliche Identifizierungsprozesse mit der Fürsorgetätigkeit in den staatlichen Einrichtungen der DDR zu einem hohen Anteil gerade in der Berufspraxis statt. In den Berufsbiographien der SozialarbeiterInnen aus der staatlichen Fürsorge scheinen häufig die untergeordnete Bedeutung der formalen Fürsorgeausbildung für das sozialarbeiterische Handeln und für die Identitätsprozesse auf. Die Arbeit mit den Klienten festigte die Bindung an eine auf Hilfe bezogene Arbeit, und es konnte durch die Arbeitsbedingungen in den Einrichtungen eine berufliche Substantiierung erfolgen.

Eine besondere Rolle bei der Herausbildung eines professionellen Berufsverständnisses kommt den Erfahrungen in den Einrichtungen zu, in denen die SozialarbeiterInnen in der DDR tätig waren. Die staatlichen Einrichtungen entfalteten - jenseits der staatlichen Vorgaben - ein jeweiliges Organisationsmilieu heraus, das das berufliche Handlungs- und Selbstverständnis prägte. Eine vollständige staatliche Lenkung war in keiner der staatlichen Einrichtungen des Sozial- und Gesundheitswesens gegeben. Vielmehr bildeten sich in den DDR-Einrichtungen institutionelle Zwischenräume heraus, in denen die Weisungen von oben nach unten spezifisch interpretiert werden konnten. In diesen Zwischenräumen bestanden Gestaltungsoptionen. Durch die Anbindung der Gesundheits- und Sozialfürsorge an den Bereich der Medizin waren es häufig Ärzte, die diese institutionellen Zwischenräume definierten. Mittels ärztlicher Anleitung - aber selbstverständlich auch durch Anleitung älterer berufserfahrener FürsorgerInnen - waren spezifische Sichtweisen auf die Problemlagen und Leidensprozesse der Patienten bzw. Anbefohlenen vermittelt worden, die eine Ausrichtung auf eine berufliche Orientierung als HelferIn verstärkte. Die praktischen Orientierungen konnten wiederum berufsbiographisch als eine Identitäts-Ressource für die Sozialarbeit genutzt werden. In den Einrichtungen waren teilweise Formen der Reflexion des beruflichen Handelns praktiziert worden - wie die der Fallbesprechung, die damals und heute Grundlage einer fallorientierten Betrachtungsweise ist.

Eine Orientierung am Klientenwohl wurde auch durch den spezifischen Charakter der Einrichtung aufgebaut. Zur Orientierung im beruflichen Handeln trugen die Akzente der Einrichtungskultur erheblich bei, so z.B. die Betonung der Persönlichkeit in sozialpsychiatrischen Dispensaires. In Einrichtungen, die sich mit Menschen befassten, die nicht vollständig gesellschaftlich zu integrieren waren, wie z.B. psychisch kranke Menschen, entstanden unter einem förderlichen Einrichtungsmilieu prozess- und fallorientierte berufliche Handlungsmuster. Berufssozialisierend wirkten also Lebensschicksale jenseits von institutionellen Standardlebensabläufen.

In den institutionellen Zwischenräumen konnten berufliche Basispositionen entwickelt werden, die qua fachlicher Diskurse - z.B. darüber, wie Beziehungen zu Klienten gestaltet werden können - mit reflexiver Distanzierungsfähigkeit einhergingen. SozialarbeiterInnen, die in ein derartiges Organisationsmilieu einsozialisiert waren, konnten Sinnquellen des Helfens - verstanden als Integration von zentralen Wertvorstellungen des Helfens - als Basisorientierung beruflichen Handelns durch den gesellschaftlichen und organisatorischen Umbruch hindurch bewahren. Die fachlichen Diskurse in den ExpertInnen-Arenen der psychiatrischen Einrichtungen der DDR, an denen die FürsorgerIn i.d.R. nur indirekt partizipiert hatte, bereicherten die fachliche Beurteilungskraft. SozialarbeiterInnen konnten gerade auch an Fachdiskursen in einer sozialpsychiatrischen Medizin bzw. in einer psychosomatisch ausgerichteten Medizin - was aufgrund aspektueller Nähe zur Hilfearbeit nahe liegt - partizipieren und davon profitieren. SozialarbeiterInnen erhielten auf diesem Wege nachhaltig Impulse für ein berufliches Selbst- und Handlungsverständnis auf der Grundlage von fachlichen Diskursen in Einrichtungen der DDR, das kompatibel mit dem heutigen sozialarbeiterischen Berufsverständnis ist. Im kollegialen Rahmen, aber auch mittels Rückhalt von Experten, die in der DDR anerkannt waren, konnte eine Orientierung am Leidensprozess der Problembetroffenen in der Hilfearbeit entwickelt und durchgehalten werden. Experten, die die Organisationsgrenzen sicherten und den institutionellen Zwischenbereich vor staatlichen Übergriffen schützten, beförderten so eine fallbezogene Fürsorgearbeit. Dieses war aber eben auch von den jeweiligen Experten abhängig.[92]

92 Die Praxis der Hilfearbeit in der DDR war jedoch mit den Standardvorgaben staatlicher Stellen in Einklang zu bringen. Strukturell bestand ein Spannungsverhältnis zwischen dem Einrichtungsmilieu und den staatlichen Vorgaben. Die notwendigen Grenzziehungen zwischen Arbeitsorganisation und Staat war nur möglich, wenn in den Einrichtungen Macht angesammelt werden konnte - entweder durch Definitionsmacht seitens der Experten oder indem Entscheidungsmacht in die Einrichtungen delegiert wurde. Über diese Machtform, mit der eine Argumentationsfigur gegenüber staatlichen Stellen aufgebaut werden konnte und anhand der Grenzziehungen zwischen Organisation und Staat legitimiert werden konnten, um z.B. Hilfehandeln ins Zentrum der Aktivitäten zu rücken, verfügten die SozialarbeiterInnen der staatlichen Fürsorge jedoch im allgemeinen nicht.

Einen fachlichen Konsens in der Fürsorge fand die SozialarbeiterIn, die in eine Haltung der Zuwendung und Hilfe einsozialisierte war, nicht immer. Eine auf Zuwendung und Hilfe gerichtete Berufshaltung war gegenüber anderen FürsorgerInnen und staatlichen Stellen durchaus begründungspflichtig. Das Einsozialisiert-Werden in einer kulturell-geistigen Nische dieser Art war keine Selbstverständlichkeit. Eine Problematik im Zusammenhang mit dem Institutionentransfer in der Nachumbruchszeit nach 1989 bestand entsprechend nun gerade darin, dass Standardeinrichtungen der DDR aufgelöst wurden und die SozialarbeiterIn diesen kollegialen Rahmen verloren. Damit ging die soziale Basis der Hilfeorientierung verloren. Dieser Verlust musste in Folge davon durch einen verallgemeinerten Berufsdiskurs ersetzt bzw. kompensiert werden.

SozialarbeiterInnen konnten unter besonderen Bedingungen und Konstellationen in der DDR-Fürsorge ein institutionelles Machtpotential ansammeln. In überschaubaren und wenig beaufsichtigten gesellschaftlichen Nischen, wie in der Heimerziehung der DDR, in der Sozialarbeiter (meist waren es Männer) Leitungsfunktionen wahrnahmen, waren in besonderer Weise Gestaltungsmöglichkeiten gegeben. In diesen DDR-Einrichtungen der Fürsorge konnten die Sozialarbeiter - auch aufgrund der Qualifikationsstruktur in der Heimerziehung und der DDR-Jugendhilfe insgesamt - Akzente setzen. In dem staatlich wenig beaufsichtigten Feld der Heimerziehung konnten in der DDR in den Leitungsfunktionen berufliche Kompetenzen erworben werden, die für die Ausgestaltung der Sozialarbeit bedeutsam waren. Die Leitungstätigkeit in der Heimerziehung zeichnete sich durch Schnittstellenarbeit aus: die Bereiche fachlich-beruflichen Arbeitens waren mit den Bereichen programmatischer Vorgaben zusammenzuführen. Schnittstellenarbeit in der DDR bedeutete, dass Handlungsräume gegenüber staatlichen Stellen gewahrt und abgegrenzt werden mussten. Mit Schnittstellenarbeit war ferner verbunden, dass die Leitungstätigkeit in Perspektivenübernahme mit den staatlichen Stellen erfolgte. Die institutionelle Rolle und Funktion der Leitungstätigkeit musste reflektiert sein, und Kommunikationsgeschick war sehr wichtig, um eine an den Bedürfnissen der Kinder- und Jugendlichen orientierte Handlungskonzeption umsetzen zu können. Eine solche Reflexionsleistung und Interaktionsfähigkeit, die mittels des Managements einer Heimeinrichtung geleistet wurde - d.h. die Perspektiven von Schulleitung, Kreis- bzw. Bezirksleitung, Fachkollegen, u.a. mussten berücksichtigt werden -, fördert eine besonders konturiertes berufliches Selbstverständnis. Ein solches berufliches Selbstverständnis wie auch die erworbenen Gestaltungskompetenzen waren für Anschlüsse in der Sozialarbeit der Nachwendezeit von Belang.

Schnittstellenarbeit in der DDR ist mit einem besonderen berufsbiographischen Kompetenzprofil verknüpft. Verhandlungskompetenzen mussten vorhanden sein und in dem Sinne beherrscht werden, dass sie dann auch in aktuellen Situationen verfügbar sind; d.h., dass z.B. die negotiations order (Strauss 1975) verstanden und beherrscht werden musste. Bei der Umgestaltung der Einrichtung bzw. beim Aufbau neuer Handlungsbereiche in der Sozialarbeit war dann die Kompetenz, Organisationsordnungen ausfindig zu machen, wichtig und gefragt. Basiskompetenzen der Art, dass eine Organisationsmacht angesammelt werden kann - also die Kompetenz, eine Machtposition aufzubauen - und dass die dazugehörigen Symboliken gekannt werden, waren späterhin wiederum in der Sozialarbeit bei der Gestaltung von Handlungsprojekten von Vorteil. Das Steuern von Arbeitsprozessen in der Fürsorge, das mit einem besonderen Überblick über die Abläufe von Hilfeprozessen verbunden ist, half zudem SozialarbeiterInnen, Verantwortung für die Umgestaltung der Hilfearbeit und für die dazugehörigen organisatorischen Grundlagen zu übernehmen; dieses z.B., indem die Problemlagen von Klienten aufgegriffen und in innovative Projekte übersetzt wurden.

SozialarbeiterInnen, die aus der evangelischen Fürsorge kommen, verfügten in Hinblick auf den Institutionenumbau und die Aneignung beruflicher Handlungsmodelle aufgrund der Einrichtungsmilieus und Arbeitsprozesse über ganz andere Voraussetzungen. Durch die Identifizierung mit den christlichen Weltanschauungen und Wertbezügen und aufgrund der Ausrichtung auf die Hilfe für Menschen und ihre Problemlagen, die in der DDR-Gesellschaft nicht systematisch bedacht wurden, waren fortlaufend Nischengestaltungskompetenzen sowie eine in der Gemeinschaft fundierte Festigung der Hilfearbeit gefordert. SozialarbeiterInnen, die aus der katholischen Fürsorge kommen, zeichnen sich dadurch aus, dass sie die Gestaltung von gesellschaftlichen ‚Hinterbühnen' kompetent beherrsch(t)en. Die Einrichtungen der katholischen Fürsorge, die gesellschaftlich in einer Doppelnische durch den doppelten Minderheitenstatus der katholischen Kirche zu verorten sind, waren besonders zu schützen. Die Aktivitätsbereiche waren abzuschirmen, um sich einerseits die Klienten zu bewahren und andererseits nicht zu riskieren, mit den staatlichen Leitlinien in Konfrontation zu geraten. SozialarbeiterInnen aus der evangelischen und katholischen Fürsorge bringen Beziehungsmodelle mit, die in einer persönlichen, zumeist glaubensfundierten Nähe zu den Hilfebedürftigen besteht. Diese Beziehungsmodelle der Verbundenheit mit dem Klientel - wenn auch nicht mehr im Sinne einer Glaubensgemeinschaft - war in der Sozialarbeit überaus anschlussfähig.

SozialarbeiterInnen konnten in der kirchlichen Fürsorge auch gerade unter schwierigen Handlungsbedingungen ihre berufliche Identität wahren.

Die Grundlage dafür war die Ausbildung und die Selbstvergewisserung in der Arbeit durch Austausch und unterstützende kollegiale Diskurse, die z.B. im Rahmen von Besinnungs- und Fachtagungen geführt wurden. Die Arbeit in der kirchlichen Fürsorge war per se Schnittstellenarbeit, da die FürsorgerInnen in ihrer Arbeit mit dem Klientel wie auch das Hilfeangebot jeweils unter kritischer Aufsicht der staatlichen Stellen stand. Die staatlichen Vorgaben, mit denen die SozialarbeiterIn konfrontiert waren, mussten beruflich entweder genutzt oder umgangen werden - oder fürsorgerische Aktivitäten mussten verheimlicht werden.

Besonderes Verhandlungsgeschick eröffnete oftmals erst die Möglichkeit zur Hilfearbeit. Die Selbstsicherheit, auch mit schwierigen Rahmenbedingungen umzugehen, zeichnet einige SozialarbeiterInnen aus. In Auseinandersetzungen und im Umgang mit örtlichen ParteigenossInnen und VertreterInnen staatlicher Stellen mussten Beteiligungsformen durchgesetzt und die Ausgestaltung der Fürsorgearbeit vor Ort behauptet werden, um Hilfeangebote für Klienten mit Engagement durchzusetzen. An diese berufsbiographischen Erfahrungen konnte in der Umgestaltungsphase des Sozialwesens nach 1989 angeknüpft werden. Für den Aufbau von Einrichtungen waren auch dort ein besonderes Engagement und eine Überzeugungskraft, z.B. kommunalen Geldgebern gegenüber, erforderlich.

Ganz allgemein ist feststellbar, dass Basiskompetenzen erhalten blieben. Diese Basiskompetenzen - wie z.B. ein Verhandlungsgeschick oder die Fähigkeit sich durchzusetzen - konnten eigentheoretisch im Sinne eines vorhandenen Kompetenzbildes erfasst sein; d.h., der Betreffende ist sich seiner Kompetenzen angesichts bzw. aufgrund von Erfolg und Rückmeldungen bewusst, womit dann wiederum ein entsprechendes Selbstbewusstsein einhergeht. Eine andere Form ist, dass Kompetenzen habitualisiert sind und dieses die Bewältigung der Veränderungen des beruflichen Handlungsfeldes erleichtern. Diese Kompetenzen sind Grundlage eines sozialarbeiterischen Gestaltungsvermögens, mittels dessen Rahmenvorgaben kreativ für Klienten umgestaltet werden können. Sie fördern auch eine Such- und Findungsbereitschaft für neue Anforderungen in der Sozialarbeit.

4.2 Die Integration beruflicher Erfahrung staatlicher Fürsorgearbeit

Die SozialarbeiterInnen, die aus der staatlichen Fürsorge und aus den staatlichen Einrichtungen kamen, hatten in Bezug auf berufliche Identifizierung und Berufsorientierung erschwerte Bedingungen. Der Verlust des Sinnhimmels der DDR, der die Berufsorientierung stützte, und die Auflösung der Standardeinrichtungen entzogen der SozialarbeiterIn zentrale institutionelle Stützen der Berufsidentität.

Den SozialarbeiterInnen, die aus der staatlichen Fürsorge kamen, waren die westdeutschen sozialarbeiterischen Handlungsmodelle zudem sehr unvertraut. Bezogen auf die Lehrprogramme in der staatlichen Fürsorge ergaben sich für die SozialarbeiterInnen auch hier kaum Anschluss- und Rückgriffsmöglichkeiten. Vermittelnder Ankerpunkt für die SozialarbeiterInnen war die Arbeit mit den Problembetroffen selbst. Berufliche Identität war für diese SozialarbeiterInnen substantiell in der konkreten Hilfearbeit mit den Problembetroffenen aufgebaut worden. Die unmittelbare Arbeit mit Klienten war insofern für die SozialarbeiterInnen eine vermittelnde Instanz.

Rekurriert werden konnte bei der Berufsorientierung auf Prozesse des sekundären Durchleuchtens der Berufsbiographie. Die Erfahrung, sich mittels praktischer Hilfearbeit Problembetroffenen und Benachteiligten zugewandet zu haben, war ein Bindeglied für die Hinwendung an fortbestehenden wie auch zu neuen Problemlagen. Die SozialarbeiterInnen knüpften an dieser Art der beruflichen Orientierung und Selbstverortung an. Der Umgang mit Klienten und Anbefohlenen und die Empathie für je individuelles Leiden - z.B. das von Kindern und Jugendlichen oder psychisch behinderten Menschen - war ein Anknüpfungspunkt, der SozialarbeiterInnen in ihrem Beruf hielt. Sich Menschen zuzuwenden, die sich in sozialen bzw. psychosozialen Problemlagen befanden und befinden, wurde fortgesetzt als sinnerfüllte und zufriedenstellende Tätigkeit erlebt. Die Arbeit mit den Klienten bot den SozialarbeiterInnen, die aus der staatlichen Fürsorge kamen, Identifikationsmöglichkeiten mit der Sozialarbeit und eine berufliche Ausrichtung.

Eine berufsbiographisch erworbene Sorge für Klienten fungiert als eine Brücke in die Sozialarbeit hinein. Eine Sinnquelle, die im Transformationsprozess Bestand hatte, liegt darin, sich Klienten zuzuwenden, die ‚einem am Herzen' liegen. Durch zum Teil langjährige Bindungen und angesichts sich verschärfender sozialer Notlagen, in denen die SozialarbeiterIn ihre Klienten nicht alleine lassen wollte, wurden Verpflichtung und der Ethos der SozialarbeiterIn bestärkt. Ein Stammklientel und Bezüge zum Problem- und Arbeitsfeld wurden oftmals beibehalten und für die SozialarbeiterInnen, deren Einrichtungen aufgelöst wurden, häufig ein Anknüpfungspunkt im neuen System der sozialen Versorgung. Dem entsprachen die Einstellungspraktiken vieler Träger sozialer Arbeit. SozialarbeiterInnen wurden in den neuen Trägereinrichtungen aufgrund ihres Bezugs zu spezifischen Klientengruppen und der Kenntnis der sozialen

Problemlagen dieser Klienten eingestellt, so dass Arbeitsfeldpräferenzen beibehalten werden konnten. In einer Art Selbstlancierung konnten SozialarbeiterInnen so berufliche Weichen stellen und die berufliche Arbeit mit ihrer Klientel fortsetzen - im Einzelfall taten sie das auch dann, wenn dafür keine arbeitsvertragliche Grundlage mehr gegeben war. Verbände und Vereine organisierten aber auch den Neuaufbau von sozialen Einrichtungen und Dienststellen entlang der Klientel, die von der SozialarbeiterIn mitgebracht wurden. Der Zuschnitt der Einrichtung entsprach dann den KlientInnen, für die die SozialarbeiterIn bereits zuständig war. Die Rekrutierungspraxis der Klientel von Verbänden und Vereinen stärkte so die Berufslinie und -ausrichtung der SozialarbeiterIn.

Entlang eines Mechanismus des Anknüpfens-an-Bekanntem, durch den Arbeitsfeld-Segmente besetzt wurden, kam es zu Spezialisierungen. Die SozialarbeiterInnen absolvierten bereichsspezifische Fortbildungen und Qualifizierungen, die wiederum berufliche Perspektiven im neustrukturierten Gesamtversorgungssystem eröffneten. Eine (berufs-)identitätsstabilisierende Dimension in der Kontinuität der Arbeitsbeziehungen mit Klienten liegt darin, dass das Beziehungsverhältnis zu den Klienten für die SozialarbeiterIn ein Gegenüber war, das zur Selbstvergewisserung beitrug und das Gefühl vermittelte, von diesen Personen und Personengruppen gebraucht zu werden. Die SozialarbeiterIn, die Klienten helfen konnte, nahm sich als wirksam, helfend und bedeutend für andere wahr. Gerade in der Phase des gesellschaftlichen Umbaus, in dem viele Klienten Zukunftsängste hatten, konnten sich Vertrauensverhältnisse intensivieren. Andererseits blieben alle jene Klienten weg und kündigten das Beziehungsverhältnis, bei denen Hilfe nicht ankam: die SozialarbeiterIn erhielt insofern direkte Rückmeldungen über ihre Arbeit, die zum Anlass beruflicher Selbstreflexion genutzt werden konnte.

Zur Intensivierung von Beziehungsverhältnissen zwischen der SozialarbeiterIn und ihrem Klientel kam es auch aufgrund einer Verschärfung sozialer Problemlagen für die Klienten durch das Wegbrechen institutioneller Standardangebote. SozialarbeiterInnen setzten sich für die Interessen ihrer Klientel den sozialministeriellen Organisationen und den Verbänden gegenüber ein. Diese advokatorische Bezugnahme war für die SozialarbeiterInnen aus der staatlichen Fürsorge häufig eine neue Erfahrung. SozialarbeiterInnen, die ihr Wissen um die Klientenbelange und deren soziale Problemstellungen nutzten, um auf die Sozialplanung Einfluss zu nehmen - z.B. die Einrichtung eines spezifischen Versorgungsangebots Kommunen, Trägern und der Öffentlichkeit gegenüber einzufordern -, wurden in umfangreiche Diskurse hineingezogen. Die Vermittlungsaktivitäten zwischen Organisationsrealität und Lebenswelt der Klienten beinhaltete eine Auseinandersetzung um die organisatorischen Grundlagen der Sozialarbeit. Für SozialarbeiterInnen aus der staatlichen Fürsorge waren solche Vermittlungsaktivitäten ein intensives Lern- und Erfahrungsfeld. Die SozialarbeiterIn bestimmte über solche Aktivitäten ihr Verhältnis zu den Klienten, dem Gemeinwesen und den Wohlfahrtsorganisationen neu. Exemplarisch hierfür können die Aktivitäten von SozialarbeiterInnen aus der Psychiatrie-Fürsorge angeführt werden, die auf die Einrichtung eines Angebots - nämlich eines kommunalen sozialpsychiatrischen Dienstes - drängten und anhand der Empfehlungen der Bundesregierung das Sozialministerium dazu bewegten, ihrem Anliegen in der Kommune und den Verantwortlichen gegenüber Nachdruck zu verleihen. Diese Aktivitäten waren für eine Neubestimmung des Beziehungsverhältnisses von SozialarbeiterIn, KlientIn und Organisation elementar wichtig und förderten die beruflichen Identifizierungsprozesse.

Der Mechanismus des Anknüpfens an Klientenbelangen - mit der Folge, dass viele SozialarbeiterInnen aus der staatlichen Fürsorge ihren Arbeitsschwerpunkt in der Sozialarbeit beibehielten - hatte auch problematische Seiten. Eine Orientierung am professionellen Handeln war nur bedingt über die Instanz der Klientenarbeit und über die Fortbildungen und Spezialisierungen im Arbeitsfeld aufzubauen. Der Zusammenbruch des institutionellen Umfeldes und ein eingeschränkter Zugang zu institutionellen und sozialen Ressourcen der SozialarbeiterInnen durch die Schließung DDR-typischer Standardeinrichtungen wogen oftmals schwerer. Fehlte allerdings ein integrierender vermittelnder Rahmen, so konnte der Effekt auftreten, dass die SozialarbeiterIn in Bezug auf ihre Handlungsorientierung notwendigerweise auf die Rückmeldung ihrer Klienten in der Beurteilung ihres Handelns angewiesen war und diese Rückmeldungen zum Maßstab erhob. Klientenrückmeldung als zentrales berufsorientierendes und arbeitsevaluierendes Kriterium zu haben, ist für die SozialarbeiterIn in ihrem professionellen Handeln unzureichend. Dann, wenn andere kollegiale Formen der Fallreflexion und Fallbeurteilung nicht vorhanden bzw. nicht genutzt werden konnten, petrifizieren sich Handlungskonzepte, die in der Fürsorge gelernt wurden. Zudem ist diese Art der arbeitsevaluierenden Instanz immer auch an ausreichend unterstützende Rückmeldungen seitens der Klienten angewiesen. Ein derartig wechselseitiges Abhängigkeitsverhältnis kann auch für Klienten ungünstig sein, da der problematische Effekt auftreten kann, dass aufklärendes bzw. problemlösendes Handeln zugunsten der Klientenfeedbacks zurückgestellt wird. Hilfeprozesse tendieren dann dazu, sich in die Länge zu ziehen oder gar auf Dauer gestellt zu werden. Im Zusammenhang mit den Anforderungen einer beruflichen Neuorientierung konnte auch der Effekt eintreten, dass die SozialarbeiterIn, die aus der staatlichen Fürsorge kommt, die Notwendigkeit, sich einem beruflichen Diskurs zu öffnen, nicht wahrnahm oder nicht annahm. Das Sich-Konfrontieren mit Berufsdiskursen wurde dann angesichts der drängenden Klientenproblemlagen hintangestellt und - wenn die Arbeit erfolgreich war - auch als nicht so dringlich erachtet. Vorherrschend war dann die Wahrnehmungs- und Interpretationsperspektive, die Problemlagen doch genau zu kennen. Einer selbstkritischen Auseinandersetzung mit Handlungskonzepten konnte dann mit dem Argument begegnet werden, dass in erster Linie die Klienten zu versorgen seien.

Mit dem Mechanismus des Anknüpfens-an-Bekanntem im Zuge der Transformation beruflicher Orientierung geht weiterhin einher, dass eine Handlungskrise, die in der Regel zu Reflexionen führt, im beruflichen Handeln nicht erlebt oder angesichts der anstehenden Handlungsaufgaben nicht genutzt wurde. Eine Folge davon konnte sein, dass die SozialarbeiterIn Kategorien beruflichen Handelns, die aus den Erfahrungskontexten der Fürsorge stammen, ungebrochen für die Problemanalyse und Handlungsmuster in der Arbeit beibehielt und diese nicht kritisch hinterfragte. Diese Form des Transportierens und Beibehaltens von beruflichen Handlungsmustern konnte zu Schwierigkeiten derart führen, dass die SozialarbeiterIn nicht bemerkte, wie sie sich von der veränderten und sich fortgesetzt verändernden Lebenswirklichkeit ihrer Klientel entfernte.

Die Auflösung der Standardeinrichtungen der DDR und das Fehlen vermittelnder institutioneller und sozialer Rahmen war für die SozialarbeiterInnen aus der staatlichen Fürsorge ein erhebliches Problem in Bezug auf die Berufsidentifizierung und Berufsorientierung. Die an den rahmenden Organisationen ausgerichteten obligaten Handlungsvollzüge waren an Handlungsmodelle gebunden, die anhand der Arbeitsabläufe in den konkreten Einrichtungen aufgebaut worden waren. SozialarbeiterInnen, die aus den Einrichtungen konzeptionell ein dazu passendes, klientenorientiertes Handlungsgerüst für die Sozialarbeit mitbrachten, verloren den unterstützenden Handlungsrahmen.

4.2.1 Die Problematik mit dem Fallbezug

Bei der Auflösung der Einrichtungen der staatlichen Fürsorge standen zwar berufliche Rahmen zur Verfügung, die eine Handlungsorientierung vermitteln konnten, jedoch kam erschwerend hinzu, dass SozialarbeiterInnen auf eine passende Lehrgestalt nicht zurückgreifen konnten. In der Ausbildung zur staatlichen FürsorgerIn standen Lehrgestalten im Fordergrund - also die zentralen Bausteine und thematischen Gegenstände in der Ausbildung -, die den SozialarbeiterInnen bei der Lernorganisation in der neuen Situation keine Hilfe waren. Ein generalisiertes und passendes Berufskonzept war nicht zur Hand. SozialarbeiterInnen, die aus der staatlichen Fürsorge kamen, hatten anhand der curricularen Bausteine der Ausbildung einen systematischen Fallbezug nicht vermittelt bekommen. Der Fallbezug ist in den Konzepten westdeutscher Sozialarbeit von zentraler Bedeutung. Was der Fall ist, wird von der SozialarbeiterIn typisiert und kategorisiert. Dazu bedarf es des fortgesetzten Einübens und der beständigen Handhabung eines analytischen bzw. wissenschaftlich fundierten Rüstzeugs sowie einer Reflexionskompetenz. Die Kompetenz zur analytischen Durchdringung der Handlungsverfahren und ihrer Mechanismen werden besonders im Umgang mit den Fehlerpotentialen des Handelns deutlich. Die Handhabung der Fehleranalyse der Fallarbeit durch reflektorische Betrachtung der Handlungsfolgen - der Begleiterscheinungen, der sozialen und biographischen Kosten sozialarbeiterischen Handelns - beinhaltet eine Reflexion der involvierten Perspektiven, also auch die der SozialarbeiterIn selbst. Die Arbeitsabläufe, die in der staatlichen DDR-Fürsorge nicht auf einen Fallbezug hin ausgerichtet waren - eben dem Fall als eine eigenständige Untersuchungs- und Arbeitseinheit Bedeutung zuzuschreiben -, kannten keine, auf einen Fallbezug ausgerichteten Lehrkonzepte. Die Priorität kollektiver Problemlösungsstrategien im sozialen Versorgungssystem der DDR behinderte eine Sichtweise, in der der Fall eine autonome Handlungseinheit darstellt.

Der Fall, der Fallbezug und die Fallanalyse - sowie die ‚äußeren' und ‚inneren' Strukturierungsformen (Giddens 1997) - sind die Grundlagen professioneller Handlungsmuster in der professionellen Sozialarbeit. Der Fallbezug wird mittels des In-Bezug-Setzens der Bestandteile in der sozialarbeiterischen Ausbildung - Theorie, Praxis und Selbstvergewisserung - vermittelt. Die SozialarbeiterIn lernt durch stetes In-Bezug-Setzten von Theorie, Praxis und Selbstvergewisserung die Grundlagen der Fallarbeit und kann eine Fallsichtweise - durch Handeln, Rekonstruktion, (Re-) Präsentation und Reflexion ihres Handelns - entwickeln. Ein systematisches Fallverstehen nimmt sowohl den Gesamtrahmen der Problemstellung der Klienten bzw. der Klientengruppen, die Arbeitsorganisation als auch die SozialarbeiterIn mit ihren Bearbeitungsstrategien in den Blick. Im Handlungsverständnis der staatlichen Fürsorge und in der Fürsorgeausbildung war eine - sozialwissenschaftlich oder psychologisch fundierte - fallanalytische Sichtweise auf die Klientenprobleme nicht verankert. SozialarbeiterInnen aus der staatlichen Fürsorge distanzierten sich zwar im Zuge des Institutionentransfer von Handlungskonzepten der DDR, jedoch waren dadurch die Schwierigkeiten, die viele SozialarbeiterInnen mit den fallorientierten Handlungsvorgaben in der Sozialarbeit hatten, noch nicht behoben. Auch wenn lebensgeschichtlich und beruflich eine Sensibilität für die Bedingungs- und Strukturmerkmale von Klientenproblemen bestand, so wurde jedoch ein fallorientiertes Vorgehen nicht automatisch beherrscht. Die sozialen Bezüge und Interaktionen in der DDR, mit denen die SozialarbeiterIn von ‚dort' auf ihre berufliche Praxis schauen konnte und diese reflektieren konnte - z.B. durch die Beteiligung an Fallbesprechungsgruppen in der Diakonie oder durch Gespräche in der Familie - vermochten zwar, einen Rahmen zu bieten und einen Perspektivenwechsel vorzunehmen, aber ein berufskollektiv geteiltes Selbstverständnis der Perspektiventriangulation war damit nicht vorhanden. In der staatlichen Fürsorgeausbildung fehlte z.B. ein systematischer Bezug von Theorie und Praxiseinheiten, in denen die Fallarbeit systematisch hätte reflektiert werden können. Die SozialarbeiterInnen, die zu beruflichen Praxisroutinen Distanz finden mussten, durch die die Klientenbelange in generellen Kategorien des kollektiv geteilten Sinnhorizonts eingeordnet werden, konnten eben nur bedingt auf berufssozialisierende Ressourcen, wie etwa eine auf fallorientiert Hilfe abgestellte Ausbildung, zurückgreifen.

Die durch den Institutionentransfer wachsende Komplexität und Ausdifferenzierung der Klientenproblemlagen stellte die SozialarbeiterIn vor Handlungsprobleme, die alleine mittels einer menschlichen Haltung nicht mehr zu bewältigen waren. Schritte der Fallbearbeitung in der Sozialarbeit und die Berücksichtigung der Fehlerquellen des Handelns erforderten eine Lernhaltung, die Selbstthematisierung mit einschloss. Da berufsbiographisch erworbene Konzepte alleine nicht hinreichten, die erschwerte Arbeitssituation in den Griff zu bekommen, entstand auch Resignation. Die Anpassungsqualifizierungen und Fortbildungen, die in Hinblick auf die Lehrkonzepte und die Qualifikation des Lehrpersonals sehr heterogen waren, vermittelten nur eingeschränkt anhand abgekürzter Lernprozesse fallorientierte Handlungsmodelle. Das unbestreitbar wichtige Handlungswissen in Bezug auf die sozialpolitischen und sozialrechtlichen Ordnungsformeln vermittelte zudem ein Lernmodell, das - wie in Bezug auf Lern- und Vermittlungsprozessen in DDR-Ausbildungskontexten bekannt - weitgehend auf Selbstreflexion verzichtete.

Entgegen der oftmals vorgenommenen Annahme, dass Sozialarbeit jeder könne, zeigt sich, dass sozialarbeiterische Handlungsmodelle nicht schon alleine aus besonderen Lebenserfahrungen geschöpft werden können, wie es unumstritten die Erfahrungen des Zusammenbruchs einer Gesellschaft ist. Unsicherheiten in der Handhabung der Problemanalyse und Problembearbeitung blieben bestehen. Bei genauerer Betrachtung zeigt sich, dass abgekürzte Ausbildungsprozesse zu Fehlern in der Arbeit führen - die jedoch dann in der Berufspraxis, bei nicht durchgängig konsensualen Kriterien von dem, was gute Sozialarbeit ist, dazu führen, dass Fehler in der Arbeit gar nicht wahrgenommen werden.

4.2.2 *Die Problematik der Beziehungsgestaltung*

Die Muster an Beziehungsmodellen - also die Art, wie die SozialarbeiterIn den Kontakt mit der KlientIn gestaltet -, die u.a. in einer Ausbildung erlernt werden, waren nicht kompatibel. In der Fürsorgeausbildung in der DDR war die Beziehungsgestaltung mit Problembetroffenen nicht bzw. nicht ausreichend bedacht worden. Das dort vorherrschende und unterwiesene Beziehungsmodell passte nicht zu professionellen Handlungsmodellen. Der Beziehungsgestaltung in der Sozialarbeit liegen Modelle sozialen Handelns zugrunde. In westdeutschen Konzeptionen der Sozialarbeit wird Beziehungsgestaltung für die Formung und die Kontur des Falls als fundamental gesehen. Die interaktiv aufeinander bezogenen Handlungsabläufe zwischen KlientIn und SozialarbeiterIn werden so gesehen, dass sie den Fall strukturieren. Von Seiten der SozialarbeiterIn wird deshalb die Beziehung fortwährend reflektiert. Ausbildungsprozesse und Modelllernen sind hier die Grundlagen der professionsbezogenen Identifizierungs- und Habitualisierungsarbeit. SozialarbeiterInnen aus der staatlichen Fürsorge hatten wenige Gegenmodelle zu den beruflich vermittelnden grundgelegten Beziehungsmustern. Vorhandene Modelle der Beziehungsgestaltung, die habitualisiert worden sind, erfuhren nach der Wende insbesondere in Beratungsfortbildungen, in denen Beziehungs- und Kommunikationsgestaltung in der Sozialarbeit gelernt und eingeübt wurden, eine Korrektur. In diesen Fortbildungssituationen - Bestandteile waren u.a. Selbstthematisierungsangebote und Beziehungs- bzw. Interaktionsgestaltung - war eine berufsbiographische Akzentsetzung zur Kommunikation gegeben, die direkt in die berufliche Praxis integriert werden konnte. Oftmals wurde hier auch die Bedeutung von Reflexionsinstanzen und -verfahren der Sozialarbeit - wie z.B. Supervision - für die Berufsarbeit betont.

SozialarbeiterInnen, die aus der staatlichen Fürsorge kamen, waren mit dem systematischen Thematisieren der Arbeitsbelange mit ihren Problemen und den persönlichen Handlungsanteilen daran, wenig vertraut. Das berufliche Handeln mittels Rekonstruktion zu evaluieren und auch zu verändern, war in der Lehrgestalt der Fürsorgeausbildung nicht verankert gewesen. Persönliche Handlungsanteile an der Fallentwicklung wurden bei Thematisierungen in der Regel ausgespart. Fallbesprechungen, z.B. von leitenden Medizinern, dienten einer fachwissenschaftlichen Fundierung des Handelns. Reflexionsinstitutionen, wie z.B. Supervision, in denen Arbeitsprobleme unter Einbezug der persönlichen Handlungsanteile thematisiert, analysiert und bearbeitet werden, kannten SozialarbeiterInnen aus der staatlichen Fürsorge nicht. SozialarbeiterInnen, die mit diesen Formen der Reflexion unvertraut sind, suchen solche auch nicht aktiv auf, um ihr Handeln zu thematisieren und darüber zu reflektieren. Die in den beruflichen Ausbildungs- und Sozialisationsprozessen erworbenen Handlungsmodelle der SozialarbeiterInnen aus der staatlichen Fürsorge waren also zu einem sozialarbeiterischen Berufs- und Handlungsverständnis, wie es von West- nach Ostdeutschland transferiert worden ist, nur bedingt kompatibel. Die Diskrepanzen in den Handlungsmodellen und Lehrgestalten führten zudem dazu, dass SozialarbeiterInnen aus der staatlichen Fürsorge mit ihren Sichtweisen, Haltungen und Handlungsformen von West-SozialarbeiterInnen kritisch hinterfragt und teilweise abgewertet wurden.

4.3 Die Integration beruflicher Erfahrungen kirchlicher Fürsorgearbeit

Für SozialarbeiterInnen, die aus der kirchlichen Fürsorge kommen, konnten kontinuierlich auf die universalistischen Wertorientierungen christlichen Glaubens Bezug nehmen. Zudem hatte ein Nukleus der Organisation im Umbruch des politischen Systems Bestand. Ein Arbeitsorganisationskern der Diakonie bzw. der Caritas blieb bestehen und auf die institutionellen Rahmungen konnte in der Berufsorientierung auch unter den neuen gesellschaftlichen Bedingungen fortgesetzt Bezug genommen werden. SozialarbeiterInnen aus der evangelischen Fürsorge brachten eine gesellschaftskritische Grundhaltung mit. Eine Berufsorientierung, an den Rändern der Gesellschaft zu wirken und die Teilhabechancen für Personen und Personengruppen zu erhöhen, die von der Gesellschaft vernachlässigt werden, bestand bereits. Dieses zur DDR-Zeit entwickelte berufliche Selbstverständnis ist für die Sozialarbeit anschlussfähig.

Die Berufswahl von SozialarbeiterInnen aus der kirchlichen Fürsorge gründet nicht selten in Handlungsentwürfen, die denen westdeutscher SozialarbeiterInnen ähnlich sind. Es finden sich in Hinblick auf die Berufswahl vergleichbare Strukturmerkmale in den Berufsbiographien. Universalistische christliche Sinnquellen des Helfen-Wollens - wie z.B. sich Menschen in Not zuzuwenden -, die in die kirchliche Fürsorgearbeit hineinführten und damit zentraler Bestandteil der Berufsorientierung wurden, sind Entwürfen westsozialarbeiterischer Berufsorientierung ähnlich. Die explizite Gegenakzentuierung im Rahmen evangelischer Gemeinden gegenüber einem als technisch-bürokratisch erfahrenem Gesellschaftsmodell konnte eine Lebenslaufgestaltung in diesem Milieu forcieren. Die Bindekraft der Lebensmodelle christlichen Glaubens aus einer Gegenakzentuierung heraus - als alternativer Lebensentwurf - kann für die Sozialarbeit orientierungswirksam sein. Diese Lebens- und Berufshaltungen hatten im Rahmen der Sozialarbeit einen Ort, an dem sie fortbestehen konnten. Im Glauben motivierte persönliche Zuwendung und Bereitschaft zur Hilfestellung bei Entwicklungsaufgaben sind Ausrichtungen, die in der Sozialarbeit anschlussfähig sind. In einem veränderten gesellschaftlichen und organisatorischen Rahmen konnten diese Haltungen weitergeführt und beruflich genutzt werden.

Berufliche Handlungsmodelle der evangelischen Fürsorge und der Umgang mit sozialen Problemlagen, wie in der evangelischen Fürsorgeausbildung vermittelt, waren in der Sozialarbeit kompatibel. SozialabeiterInnen aus der evangelischen Fürsorge konnten auf eine solide und fundierte Ausbildung rekurrieren. Komponenten dieser Ausbildung sind mit den Ausbildungsmodellen der (West-)Sozialarbeit strukturell vergleichbar. Die Lehrgestalt der evangelischen Fürsorgeausbildung der DDR entsprach einem Handlungsverständnis westdeutscher Sozialarbeit. Ein beruflich gerahmtes Selbstverständnis für die Hilfearbeit war in der evangelischen Fürsorgeausbildung gegeben. Das beinhaltete eine Fundierung des Handelns durch interdisziplinäres Wissen, das fallbezogen angewendet und reflektiert werden muss. In der Ausbildung wurde durch Theorie-Praxis-Bezüge gelernt, dass ein angeeignetes Wissen in der praktischen Hilfearbeit arbeitsfeld- und klientenbezogen vom Fall ausgehend gewichtet, umgesetzt und reflektiert werden muss.[93] SozialarbeiterInnen aus der evangelischen Fürsorge sind in Hinblick auf ihre absolvierte Ausbildung selbstbewusst und die Lerninhalte einer Anpassungsqualifizierung konnten dem beruflichen Wissens zugeordnet und im Gesamtkontext beruflicher Ausrichtung eingeordnet werden.

Im Milieu der evangelischen Kirche der DDR und der evangelischen Fürsorgeausbildung sind Beziehungsmodelle grundgelegt worden, die ebenfalls den Beziehungsmodellen westdeutscher Sozialarbeit entsprechen. Das kommunikative Milieu der Kirchengemeinde - Impulse für Beziehungsgestaltung wurden oftmals bereits dort gegeben oder sind im Elternhaus angeregt worden - förderte die Beziehungs- und Gesprächskompetenz, die in der Fürsorgeausbildung aufgegriffen wurde und heute

---

93 Die Aneignung beruflicher Handlungs- und Orientierungsmuster in der Sozialarbeit erfolgt generell durch Lernen, mit dem Identitätsveränderung initiiert wird. Ein Wissenserwerb und ein kognitives Verstanden-Haben ist die eine Ebene. Eine andere ist die, dass die SozialarbeiterIn neben dem Handlungswissen auch die individuelle Welt- und Selbstsicht bei der systematischen Bearbeitung der Klientenprobleme und deren Lebenszusammenhänge reflektiert bzw. reflektieren muss. Um das Spezifische einer Problemlage erfassen zu können, wird die eigene Perspektive permanent reflektiert und gegebenenfalls revidiert.

Sicherheit in der Gestaltung der Kommunikation und in der Gestaltung der Arbeitsbeziehung mit den Klienten der Sozialarbeit gibt. Erfahrungen eines egalitären Beziehungsmodells konnte in den evangelischen Kirchengemeinden gesammelt werden, da die evangelische Kirche z.B. über die synodale Struktur bis in die Gemeinden hinein ein förderliches Gesamtklima hierfür darstellt. Für die Gestaltung einer professionellen Arbeitsbeziehung zur KlientIn sind egalitäre Beziehungs- und Kommunikationsmodelle eine wichtige Grundlage. Mittels egalitärer Beziehungsformen ist eine Basiskompetenz für die Gestaltung der Klientenbeziehung grundgelegt. Diese Basiskompetenz prädisponierte für Formen der Kommunikationsarbeit in anspruchsvollen Beratungssettings der Sozialarbeit - so z.B., wenn es darum geht, Mediationsverfahren zu initiieren und zu gestalten, in denen verschiedene Perspektiven berücksichtigt und zum Zuge gebracht werden müssen und die Gestaltung der Interaktion besonders voraussetzungsreich ist.

Diese Diskursorientierung der SozialarbeiterInnen förderte nach dem Zusammenbruch der DDR zudem die Begegnung mit der beruflichen Organisations- und Fachwelt. Die erworbenen beruflichen Basisdispositionen und Basiskompetenzen ermöglichten einen selbstsicheren, selbstverständlichen und selbstbewussten Umgang mit dem beruflichen Wandel. Ein substantiiertes Berufsverständnis war außerdem eine gute Grundlage für die Hinwendung zu innovativen Projekten, die in den neuen Bundesländern und in der sich ausgesprochen dynamisch entwickelnden Sozialarbeit gerade von den Kirchen initiiert und getragen wurden. In diesen Projekten konnten soziale Problemlagen aktiv aufgegriffen werden, und die SozialarbeiterInnen der Diakonie waren - und dieses insbesondere deshalb, weil in deren Ausbildung Formen von Projektarbeit angelegt waren - in Projektarbeit eingeübt. SozialarbeiterInnen, die aus der evangelischen Fürsorge kommen, hatten darüber hinaus mit der Initiierung von Projektarbeit Erfahrung, in denen von Problemlagen fallanalytisch abgeleitete Hilfekonzepte erstellt worden waren. Verantwortung für das Gelingen von Projektarbeit und Reflexion der Handlungsbeiträge war in der pädagogischen Gemeinschaft (Otten 2000) der evangelischen Fürsorgeausbildung eingeübt. Mittels der Ausbildungsgemeinschaft wurde zum Fall Distanz eingenommen, dieser wurde verallgemeinert und das Wissen für die weitere Fallanalyse nutzbar gemacht. Die Projektarbeit, in der eigene Lernprozesse eingeschlossen waren, war eine gute Grundlage für eine berufliche Offenheit in den sozialarbeiterischen Handlungsfeldern und in den Projekten der Diakonie.

SozialarbeiterInnen aus der evangelischen Fürsorge hatten durch die besondere Stellung der evangelischen Kirche in der DDR und ihrer Ausbildung eine solide Grundlage der Fallbetrachtung. Sie verfügten weitestgehend über Basisorientierung und Basiskompetenzen, die in Anlehnung an westdeutsche Ausbildungscurricula eingeübt werden konnten. Die SozialarbeiterInnen kannten Modelle sozialarbeiterischer Hilfe, die die Thematisierungen der Klienten - also das individuelle Erleben der Klienten - zum Ausgangspunkt des Hilfeprozesses nimmt. Verfahren der Problemanalyse und -bearbeitung war in der evangelischen Fürsorgeausbildung entwickelt worden und die FürsorgerInnen konnten auf ihrem Weg in die Sozialarbeit daran anknüpfen. Mittels Perspektivendifferenzierung und Perspektivensignifikanz-Ausschöpfung einen Hilfeprozess zu gestalten war diesen SozialarbeiterInnen vertraut. Selbstvergewisserung, in denen die Rückbezüglichkeit des Handelns genutzt wird, und die Bereitschaft, sich selbst in Bezug auf das eigene berufliche Handeln zu thematisieren, war erlernt und systematisch praktiziert worden. Im Rahmen der evangelischen Kirche bestanden ausgeprägte Reflexionsmilieus, in denen persönliche Handlungsanteile und Haltungen - wie z.B. im Rahmen von Rüstzeiten - thematisiert werden konnten. Reflexionen dieser Arten waren als Phasen des Rückzugs und der Besinnung im kirchlichen Milieu der DDR institutionalisiert. In dem diskursiv ausgestalteten Milieu der evangelischen Fürsorge und Fürsorgeausbildung waren Reflexionsbereitschaft - also (Selbst-) Reflexives Analysieren und Handeln - im beruflichen Alltagshandeln durch Supervisionen bzw. Fallbesprechungen, in denen ein kritisch-reflexiver Umgang mit dem beruflichen Handeln erfolgte, fest institutionalisiert.

Die SozialarbeiterIn der evangelischen Kirche operierte zudem unter der Annahme einer fragilen gesellschaftlicher Ordnung. Dieser Ausgangspunkt einer sozialarbeiterischen Haltung zur Welt und zum Klientel eröffnet Formen ethnographischen Verstehens. Die SozialarbeiterIn nutzte dieses methodische Vorgehen als Instrumentarium zur Erkundung der sozialen und gesellschaftlichen Veränderungen. So konnten verdeckte - bekannte wie auch fremde - Aspekte in diesen gravierenden, oft aber auch subtilen Veränderungsprozessen erkannt werden. Im evangelischen Milieu bestand eine kritische Sichtweise auf institutionelle Verfahren und Abläufe der DDR-Gesellschaft, in die die evangelische Fürsorge eingebettet war. Die kirchliche Fürsorge bzw. die FürsorgerInnen befanden sich sozusagen in einer institutionellen Insider-Outsider-Position. Ideologisch und organisatorisch-materiell oftmals ausgegrenzt, waren sie dennoch systematisch mit den staatlichen Instanzen sozialer Hilfe und Sanktionierung verbunden. Die Erfahrung der SozialarbeiterInnen, die aus der evangelischen Fürsorge kommen, zu einer gesellschaftlichen Minderheit zu gehören, und die damit einhergehende Distanz zur gesellschaftlichen Mehrheit in der DDR-Gesellschaft, wurden ebenfalls in Ausbildungs- und Arbeitsprozessen reflektiert. Das Handeln staatlicher Institutionen und ihrer VertreterInnen sowie die

Kritik daran war in der evangelischen Fürsorgearbeit Ansatzpunkt beruflichen Handelns. Orientierend war hier die Basisposition, dass auch in einem integralistischen Gesellschaftsmodell individuelles Leiden vorhanden ist. Die Erfahrung, dass institutionelle Abläufe Ungerechtigkeit bzw. Unmenschlichkeit produzieren (können) und dass berufliches Handeln Kritik an jenen institutionellen Abläufen beinhalten muss sowie die Impulse, gesellschaftliche und soziale Problemlagen aufzugreifen, waren und sind Faktoren guter Sozialarbeit.

Die Kriterien der Beurteilung, was gute Sozialarbeit ist, unterliegen heute stärker berufskollektiven Diskursen, die auch Aspekte von Konkurrenz, Leistungsmessung und Wirtschaftlichkeit umfassen. Sozialarbeit ist deshalb heute viel stärker in berufliche Diskurszusammenhänge eingebettet, in denen christliche Wertorientierungsaspekte zurückgedrängt werden. Die aus der wachsenden Ökonomisierung der Sozialarbeit entstehenden Kernprobleme und Paradoxien professionellen Handelns müssen heute stärker berücksichtigt werden, und eine konzeptionelle Arbeit nimmt einen breiteren Raum ein, da die Handlungsbereiche unter Refinanzierungsgesichtpunkten betrachtet werden (müssen). Zudem müssen Spezialisierungsfolgen in der Sozialarbeit konzeptionell bedacht werden. Der Institutionentransfer beinhaltete Vorgaben dieser Art, jedoch konnten SozialarbeiterInnen aus der evangelischen Fürsorge mittel eines kompatiblen beruflichen Selbstverständnisses an Berufsdiskurse in der Sozialarbeit anknüpfen. Die Nomenklatur der evangelischen Fürsorge und der Wertehimmel der importierten Westmodelle der Sozialarbeit waren wahlverwandt. Kernkomponenten der Sozialarbeit, wie die Hilfe bei der Persönlichkeitsentwicklung, das Vermitteln von Kulturkompetenzen durch Bildung und Hilfen zur Existenzgestaltung hatten in der evangelischen Fürsorge vielfach lebensgeschichtliche Bezugspunkte in der Biographie der SozialarbeiterIn. Berufliche Handlungskonzepte der westdeutschen Sozialarbeit konnten vor diesem Hintergrund integriert werden. SozialarbeiterInnen der Diakonie, die häufig Einschränkungen beruflicher und berufsbiographischer Handlungsspielräume in dem Sinne hinnehmen mussten, dass in der evangelischen Fürsorge der DDR institutionelle Bedingungen bestanden, unter denen eine berufliche Linie anhand berufsbiographischer Kompetenzen nicht entwickelt werden konnte, weil die beruflichen Wirkungsbereiche durch die gesellschaftliche Randstellung der Kirchen begrenzt waren, erfuhren nun im Zuge des Institutionentransfer eine Erweiterung ihrer beruflichen Möglichkeiten.

SozialarbeiterInnen aus der katholischen Fürsorge hatten institutionell vergleichbare Rahmen, wie diejenigen der evangelischen Fürsorge. Diese Rahmungen, die Berufsorientierung vermittelten und das Selbstverständnis und die Handlungsformen in Bezug auf die Hilfearbeit prägten, sind ebenfalls heute kompatibel. Im gesellschaftlichen Umbruchsprozess fielen jedoch für SozialarbeiterInnen aus der katholischen Fürsorge exklusiv gehaltene Hilfeangebote, die die katholische Fürsorge in einer doppelten Nische etabliert hatte, weg. Da sich die Caritas in den neuen Bundesländern hin zu einem Wohlfahrtsverband mit Dienstleistungsorientierung entwickelte, verloren Angebote der katholischen Fürsorge ihre Einzigartigkeit. Problembetroffene, denen in der DDR von der Fürsorge auf einer gesellschaftlichen Hinterbühne Hilfe angeboten werden konnte, haben in der Sozialarbeit heute eine weitreichende Angebotsvielfalt, da die Sozialarbeit der Caritas in Konkurrenz zu Hilfeangeboten anderer Träger steht. Die Regieführung, was an sozialer Arbeit angeboten wird, übernehmen heute Refinanzierungsvorgaben, die zur Bürokratisierung der Sozialarbeit beitragen. Die Ausrichtung des Leistungsspektrums an den Refinanzierungsoptionen bringt zweifellos eine Schablonisierung der Sozialarbeit und ihrer Angebote mit sich.

SozialarbeiterInnen der Caritas, die aus der Fürsorge kommen, haben starke Bezüge zur katholischen Glaubenslehre, wobei diese Bezüge in der Berufswirklichkeit tendenziell an Gewicht verlieren. Die Caritas stellt zwar heute auch den Rahmen, in dem die SozialarbeiterInnen ein Berufsverständnis entlang der christlich motivierten Nächstenliebe entwickeln, jedoch werden Kriterien guter Sozialarbeit an den Berufsstandards gemessen. Die Sozialarbeit in der Caritas unterliegt heute Ansprüchen einer fachlich zu begründenden Sozialarbeit. Eine Abgrenzungssymbolik besteht in der Caritas jedoch nach wie vor. Das Spannungsverhältnis von Verbandsvorgaben und professioneller Sozialarbeit wird teilweise durch die weiterhin dominante und fortgesetzt bestehende Gemeinschaftssymbolik der Caritas überdeckt. Eine berufliche Identität, die auf einem Selbstverständnis beruht, Sozialarbeit sei praktische Nächstenliebe, und die sich beinahe vollständig in einem Binnenraumdiskurs entfaltet, führt in Randbereiche sozialarbeiterischen Berufsverständnisses. Berufsbiographische Identifizierungsprozesse, die bei den SozialarbeiterInnen oftmals in der Form verliefen, dass die Bindungen zur katholischen Kirche durch Anregungen und Initiativen in der Herkunftsfamilie hergestellt worden waren,[94]

94 In den Herkunftsfamilien der SozialarbeiterInnen bestand teilweise eine generationsübergreifende Glaubenstradition im Katholizismus. Bei SozialarbeiterInnen älterer Generation waren es aber auch das Verstrickt-Sein der Herkunftsfamilien in den Nationalsozialismus oder kriegsbedingte Vertreibungen, die in die katholischen Gemeinden führten. Gerade in Aussiedlerfamilien aus den ehemaligen deutschen Ostgebieten bestand eine tiefe Verwurzelung im katholischen Glauben und große Dankbarkeit für die in existentieller Notlage erhaltene Hilfe seitens der

werden heute nicht von allen Caritas-SozialarbeiterInnen mehr geteilt. Die enge Bindung der SozialarbeiterIn an die katholische Christengemeinde und ein christliches Hilfeverständnis, das durch einen kleinen und überschaubaren Gemeinschaftsverbund in einem gesellschaftlichen Nischenbereich gestützt und gestärkt wurde, prägte weitestgehend das berufliche Selbstverständnis in der katholischen Fürsorge.

SozialarbeiterInnen aus der katholischen Fürsorge haben in der DDR ein klares Selbstverständnis als christliche BerufshelferIn herausgebildet - oftmals angeregt durch die katholische Jugendgruppenarbeit bzw. ehrenamtliche soziale Hilfe, die speziell von Frauen geleistet wurde. In der Berufsausbildung und -praxis konnte auf Bezüge zur West-Caritas rekurriert werden, da sich gerade die Caritas als Verband einer katholischen Einheitskirche verstand. SozialarbeiterInnen der ersten Generation in der DDR hatten teilweise ihre Ausbildung - was bis zum Mauerbau möglich war - in Westberlin absolviert. Der Verbleib in der sogenannten Ostzone festigte das Selbstverständnis der SozialarbeiterInnen dahingehend, dass mittels der Fürsorge auch ein Verkündigungsauftrag verbunden wurde. Professionelles Handlungsverständnis und christlicher Verkündigungsauftrag waren in der Diasporasituation der DDR miteinander vereinbar. SozialarbeiterInnen der Caritas fühlten sich westlichen Standards der Sozialarbeit verpflichtet, und sie knüpften nach der Wiedervereinigung Deutschlands an dieses Selbstverständnis sowie an eine gemeinsame Sozialarbeitstradition an - einhergehende Probleme wurden allerdings in diesem Zusammenhang oftmals nicht gesehen. SozialarbeiterInnen, die in der katholischen Fürsorge ausgebildet waren, handelten nach einem universellen christlichen Weltverständnis und Hilfeauftrag. Im Hilfehandeln war eine christlich motivierte Klientenorientierung selbstverständlich und wurde mittels kirchlicher Diskurse gestärkt. SozialarbeiterInnen aus der katholischen Fürsorge hatten die Gewissheit, dass die berufliche Fürsorgearbeit in einer soliden und universell orientierten Hilfeorientierung gründet.

Da zwischen katholischer Amtskirche und der beruflichen Hilfearbeit in der DDR ein Spannungsverhältnis bestand, waren SozialarbeiterInnen im Interessensmanagement von Kirchengemeinde, den organisatorischen Abläufen der Institution Amtskirche und der beruflichen Fürsorge geübt. Die Wahrung des beruflichen Handlungsbereichs in diesem Spannungsfeld war eine passende Orientierung für die Sozialarbeit. Mit diskrepanten Erwartungen produktiv umzugehen und virulente Spannungsverhältnis zu

---

katholischen Kirchengemeinden. Die Hilfe durch katholische Gemeinden stellten berufsprägende Erfahrungen dar.

bearbeiten, war für den Aufbau beruflicher Handlungsbereiche im Zuge des Institutionentransfer eine zentrale Fähigkeit. Sich unauffällig Problemlagen zuwenden zu können, basiert auf Erfahrung der Arbeit auf der Hinterbühne, den die katholische Kirche in der DDR zu gestalten verstand.

Die Stärkung der beruflichen und fachlichen Diskurse in der Sozialarbeit der Caritas, forciert auch durch die SozialarbeiterInnen, die quer in die Caritas einstiegen, führte dazu, dass der Gemeinde- und Gemeinschaftsbezug, der in der DDR Abschließungscharakter hatte, gelockert wurde. Dieser Gemeinschaftsbezug war z.B. in der Ausbildung durch die Internatsunterbringung und die hohe Identifikation mit der Glaubenslehre und dem Dogmengebäude gefestigt gewesen. SozialarbeiterInnen lösten die lebensgeschichtlich engen Bindungen an die Verbandsorganisation durch reflexive Distanzierungsleistungen, die in den beruflichen Diskursen eingeübt worden sind. Eine Kompetenz der SozialarbeiterInnen zur Distanzierungsfähigkeit ist auch anhand der erlebten Problematik, zwischen Übergriffen des Staates und den Vorgaben der katholischen Kirche teilweise geradezu ‚erdrückt' zu werden, aufgebaut worden. Diese Berufsbedingungen forderten eine immer wieder herzustellende Standortklärung zwischen institutionellen Vorgaben und sozialarbeiterischem Selbstverständnis. SozialarbeiterInnen dieses Milieus brachten Erfahrungen mit, einerseits existenziell auf die Kirchennische angewiesen gewesen zu sein und andererseits dadurch auch behindert worden zu sein.

Die anhand der katholischen Soziallehre entwickelte Kritik am staatlichen Etatismus war als Handlungsorientierung in der Sozialarbeit anschlussfähig. Die Fokussierung der Handlungsorientierung auf Hilfe im Nahbereich von Beziehungen - eine Orientierung, die durch die dezidierte Enthaltung der katholischen Kirche in der DDR in Bezug auf gesellschaftliche Fragen entwickelt worden ist - konnte für die berufliche Sozialarbeit der Caritas genutzt werden. Andererseits konnte dadurch eine Inselmentalität bei den SozialarbeiterInnen evoziert und durch das Milieu gestützt werden. In der Sozialarbeit wurden dann die als fremd wahrgenommenen Helfensansprüche zurückgewiesen. Die Teilhabe am Berufsdiskurs der Sozialarbeit drängt diese Inselmentalität allerdings zurück. Es lassen sich Berufsverlaufstypen aufzeigen, bei denen die starken Bindungen an den Verbandsrahmen nur bedingt gelöst wurden und die Gefahr einer Binnenorientierung an Organisationsvorgaben vorhanden ist. Es besteht dann das Risiko des Abgekoppelt-Seins vom Berufsdiskurs. Das behindert eine berufliche Identitätsentwicklung entlang der gesellschaftlichen Veränderungsprozesse und in Folge davon kann es die sozialarbeiterische Handlungskompetenz einschränken. Um Klienten und Klientengruppen erreichen zu können und vor allem auch behalten zu können, sind die Handlungsbeiträge der Caritassozialarbeit heute in Bezug auf die Kriterien guter

Sozialarbeit und in Bezug auf die Wirkung für die Gesamtgesellschaft zu messen. Die Bedeutung beruflicher Handlungsschritte anderen gegenüber argumentativ zu begründen war demgegenüber in der Caritasfürsorge in interdisziplinären Arbeitszusammenhängen eingeübt worden. Diese Arbeitszusammenhänge müssen heute weithin gestaltet werden. Durch einen umfassenden Spezialisierungsprozess, z.B. in der Suchtkrankenhilfe, werden berufliche Orientierungen an der Gestaltung interdisziplinärer Arbeitsbeziehungen ausgerichtet.

4.4 Kollektivitätserfahrungen

Für die beruflichen Identifizierungsprozesse sind - wie oben ausgeführt - die institutionellen Kontexte, in denen die berufliche Hilfearbeit in der DDR stand sowie die jeweilige Verwobenheit und Bindungen an diese, von Bedeutung. Diese Art institutioneller und organisatorischer Bindungen rufen spezifische biographische Ressourcen ab (Harney/Höffner 2000). Die Biographie wird - entsprechend dieser These - in besonderer Weise durch die institutionelle Einbindung geprägt, wie auch umgekehrt die Institutionen durch das Handeln der Akteure geformt werden. SozialarbeiterInnen in den neuen Bundesländern haben - sicherlich generationsspezifisch unterschiedliche - lebensgeschichtliche und berufliche Einbettungen in den Sinnhorizont der DDR-Gesellschaft und einen lebensgeschichtlich begründeten Bezug zu den Institutionen der DDR.

Ein besonderes Engagement und enge Bindung an DDR-Institutionen ist lebensgeschichtlich u.a. in einer Dankbarkeit dem DDR-Staat gegenüber - z.B. für erworbene Bildungschancen - begründet. Wenn außergewöhnliche Bildungs- und Berufsoptionen im Leben wahrgenommen werden konnten, bestehen in besonderer Weise Bindungen dem DDR-Staat gegenüber. Sinnstiftende Erfahrungen in der DDR gehen aber auch auf Erfahrungen solidarischen Miteinanders in (Gleichaltrigen-)Gruppen zurück. Dieses Erleben ist zum Teil mit besonderen emotionalen Qualitäten verknüpft. Nachhaltig entstehen Bindungen dann, wenn ein besonderer Stolz auf die Errungenschaften des Sozialismus aufgrund des Miterlebens einer sozialistischen Völkergemeinschaft z.B. im Rahmen von Jugendweltfestspielen vorhanden ist. Commitments dieser Art bestehen in der Biographie partiell auch heute fort und erschweren zum Teil den Umgang mit den gegenwärtigen gesellschaftlichen Ordnungsformen. Integraler Bestandteil einer Gesellschaft gewesen zu sein, kann durch den gesellschaftlichen Umbruch zu der schockartigen Erfahrung der Entwurzelung und des Heimatverlusts führen. Anhand von Reflexion können Identifizierungen mit

Teilen des kollektiven Sinnhorizonts zurückgenommen werden und für das berufliche Handeln nutzbar gemacht werden, z.B. in Form besonderer Sensibilisierung der SozialarbeiterIn in Hinblick auf die Grenzen staatlicher Problemlösungsbewältigungsstrategien im Bereich des Sozialwesens. Eine enge Bindung an Überzeugungen und Werte der DDR-Gesellschaft, in der man sich als integralen Bestandteil erlebt hat, führt sonst dazu, dass im Rückgriff auf diese Erfahrungen, Formen kollektiv verbindlicher Ordnung gesucht werden, da die berufliche Sozialarbeit für diese SozialarbeiterInnen oftmals kein - mit dem kollektiv geteilten Sinnhorizont der DDR vergleichbares - Sinngebäude darstellt, in dem adäquat eine Heimat gefunden werden kann. Die SozialarbeiterIn geht dann mit den Fragilitäten und institutionellen Ambiguitäten westdeutsch geprägter Institutionen nur unzureichend um. Eine Ambivalenzsichtweise in Hinblick auf Institutionen und deren Abläufe wird in diesen Fällen oftmals nicht aufgebracht, sondern es werden fortgesetzt in kollektive allgemeinverbindliche Ordnungsformeln Hoffnungen gesetzt. Der Rückgriff auf Sinnfragmente der DDR-Gesellschaft - meist unter Handlungsdruck im Zuge gesellschaftlicher Umgestaltungsprozesse - behindert aber eine eingehendere Reflexion der Arbeit. Die institutionellen und organisatorischen Rahmenbedingungen der Sozialarbeit werden stattdessen als defizitär erlebt und interpretiert.

SozialarbeiterInnen, die lebensgeschichtlich und beruflich eine Distanz zum Sinnhimmel der DDR und zu den DDR-Institutionen eingenommen haben - in diese Erfahrungsrubrik fallen lebensgeschichtlich leidvolle Erfahrungen mit den staatlichen Vorgaben und Erfahrungen, von DDR-Institutionen prozessiert worden zu sein - haben die Einstellung erworben, dass eben den Institutionen und institutionellen Abläufen nicht zu trauen ist. Ein Geschick und Strategien institutionelle und organisatorische Wirklichkeit gezielt zu gestalten, sind oftmals aufgebaut worden. Eine solche Fertigkeit kann darin bestehen, die Bedingungen, die gegeben sind, aktiv zu nutzen. Eine individuell ausgeprägte Beurteilungskraft hinsichtlich der Handlungschancen in institutionellen Abläufen und ein lebensgeschichtliches Gespür dafür oder auch Wissen darüber, dass institutionelle Absicht und faktischer Ablauf oftmals auseinander klaffen, fördern ein Handlungs- und Selbstverständnis, dass die fehlerbehafteten institutionellen Abläufe durch persönliches Engagement ausgeglichen bzw. kompensiert werden können und müssen. Die Diskrepanzen im beruflichen Alltag qua institutioneller Einbindung werden als persönlich zu handhabende und zu gestaltende Sachverhalte gesehen. SozialarbeiterInnen dieses Typs haben bereits in der DDR ihr berufliches Handeln eher an persönlichen Beurteilungskriterien ausgerichtet und weniger auf institutionelle Abläufe vertraut. Diese Haltungen werden dann oftmals in der Sozialarbeit beibehalten, weitergeführt bzw. substantiiert. Hier liegen berufsbiographische Ressourcen vor, womit Personen, die aus der staatlichen Fürsorge kommen, im Spannungsfeld individueller Hilfe und staatlicher Programmatik eine lebensgeschichtlich erworbene Sensibilität für institutionelle Abläufe und ihre Eigenlogik entwickelt haben. Diese Ressourcen waren eine gute Basis für professionelles Handeln in der Sozialarbeit.

SozialarbeiterInnen aus der evangelischen Fürsorge haben sich dem kollektiven Sinnhorizont der DDR per se distanziert gegenüber verortet. Die in der DDR immer wieder explizit hergestellte und symbolisierte Gegenüberstellung der Wertorientierungen von Staat und Kirche begründete eine umfassende lebensgeschichtliche Positionierung in der evangelischen Christengemeinde, die zum Teil auch besonders betont wurde. Entlang der gesellschaftlichen Auseinandersetzungsarenen in der DDR, wie etwa in der Frage der militärischen Auf- und Nachrüstung, wurde explizit Position gegenüber staatlichen Institutionen bezogen. Diese lebensgeschichtlich geleisteten Grenzziehungen von Staat und Kirche führten zu Identifikationen mit gegeninstitutionellen Positionen. Lebensgeschichtlich sind es aber oftmals weniger historisch bedeutsame Ereignisse, die die SozialarbeiterIn an die evangelische Gemeinde und an den christlichen Glauben binden. Persönliche Benachteiligung und selbst- wie fremderfahrenes Unrecht führen zu lebensgeschichtlich bedeutsamen Bindungen an die evangelische Kirche. Die örtliche Präsenz der evangelischen Kirche durch Bibelkreise, Jugendarbeit und die Junge Gemeinde bot soziale Kontexte, in denen persönliche Solidarität und Unterstützung erfahren werden konnte. Die Gegenüberstellung von Staat und Kirche in der DDR bedeutete bei einer Mitgliedschaft in der evangelischen Kirche, wiederholt Benachteiligung zu erfahren und hinnehmen zu müssen.

Ein zentrales Element der Einsozialisation in ein kirchliches Umfeld war in der DDR die familiäre Tradition bzw. familiäre Offenheit für christliche Wertorientierungen. Es waren dann vor allen Dingen die Peers, die Bindungen an die Kirchengemeinde festigten und beruflich anregten. Peer-Erfahrungen sind aufgrund der Gegensatzstellung von Kirche und Staat in der DDR teilweise affektiv besetzt. Ein besonders gefühlsbetontes Moment in Lebensgeschichten von SozialarbeiterInnen, die aus der evangelischen Fürsorge kommen, sind die Erfahrungen im Zusammenhang mit der Christenlehre unter Gleichaltrigen ‚etwas besonderes zu sein', die vormals identitätsstärkend waren. Auseinandersetzungen mit Lehrkräften und Mitschülern im Schulunterricht über Wert- und Glaubensfragen, in denen sich die Jugendlichen verorteten, bekräftigten die Zugehörigkeit zu Gleichgesinnten. Ein affektives und symbolisierendes Ereignis der Zugehörigkeit ist das des Bekenntnisses zum christlichen Glauben durch die Konfirmation, die oftmals eine lebensgeschichtliche Weichenstellung war, die auch mit persönlichen, schulischen und beruflichen Nachteilen für die spätere SozialarbeiterIn verbunden war.

Die lebensgeschichtlich verankerten Bezugspunkte zur Kirche und zur Kirchengemeinde stellten starke Bindungen dar, die in der DDR - aufgrund der teilweise erfolgten harschen Formen der Zurückweisung christlicher Glaubensorientierung durch staatliche InstitutionenvertreterInnen - zu einer auf Dauer gestellten Positionierungsbereitschaft und einer damit einhergehenden Reflexionsaktivität persönlichkeitsprägend wirkte. Die SozialarbeiterInnen brachten diese persönlichkeitsprägenden Erfahrungen in die Ausgestaltung ihrer Berufsrolle ein. In der evangelischen Glaubensethik der DDR gehörte es zudem dazu, die eigenen Handlungsbeiträge als Christ im Sozialismus kritisch zu reflektieren. SozialarbeiterInnen, die aus der evangelischen Fürsorge kommen, positionierten sich durchaus als evangelische Christen in der DDR - also als Christen in einer sozialistischen Gesellschaft. Die Auseinandersetzung über einen christlich reflektierten Sozialismus förderte eine exzentrische Positionalität (Plessner 1981) bei gleichzeitiger Beteiligung. Die faktischen Grenzziehungen des DDR-Staates gegenüber den Gemeindemitgliedern der Kirchen - so bestand z.B. wenig Durchlässigkeit für aktive evangelische Christen in Funktionsbereiche des Staates bzw. auch in die staatliche Fürsorge hinein - sowie die Diskursorientierung in den Landeskirchen forderte evangelische Christen in der DDR fortwährend zu einer kritischen Wachsamkeit in Bezug auf die staatlichen Vorgaben auf. Gerade aber im Fürsorgeberuf wurde eine Besinnung auf die Rolle des Christ-Seins in der DDR tätig gewendet und bearbeitet. Die Spannungen zwischen staatlichen und kirchlichen Wertvorgaben waren mittels der Hilfearbeit produktiv zu wenden.

Forderte die evangelische Kirche zu einer steten Auseinandersetzung mit den kollektiven Sinnhorizonten der DDR-Gesellschaft auf, so zeichnen sich die lebensgeschichtlichen Bindungen der SozialarbeiterInnen aus der katholischen Fürsorge tendenziell eher dadurch aus, dass sie stärker in einer gesellschaftlichen Nische verortet waren. Die katholische Kirche konzentrierte sich stärker als die evangelische Kirche auf Fragen der Glaubenspraxis. Dem DDR-Staat und dem kollektiven Sinngebäude gegenüber bestand bei der SozialarbeiterIn eher das Gefühl, Teil einer Diasporagemeinde zu sein. Ein Bekenntnis zum katholischen Glauben und der Bezug zur katholischen Gemeinde gehen vielfach auf innerfamiliäre Anregungen und familiäres Traditionsbewusstsein zurück. Die katholischen Gemeinden in der DDR, die stärker in sich geschlossen waren und territorial nicht in gleicher Weise in den Regionen verankert waren wie die evangelische Kirche, setzten signifikantere Berührungsereignisse mit dem Katholizismus voraus. Eine Binnenorientierung der aktiven katholischen Gemeindearbeit und die Enthaltsamkeit der Amtskirche und der katholischen Gemeinden in

Hinblick auf politische Fragen, begründete tendenziell eine stärkere Trennung von Glauben und Staatsbürgerschaft. Einen diskursiven Gegenhorizont zu den staatlichen Vorgaben spannte die katholische Kirche nur vereinzelt auf, und die SozialarbeiterInnen aus der katholischen Fürsorge, die sich qua Beruf weltlichen Problemstellungen zuwandten, waren Grenzgänger innerhalb der katholischen Kirche. Die Wertegemeinschaft als Ausgangspunkt und konstitutives Element der beruflichen Identität ist in den Berufsbiographien der SozialarbeiterInnen verankert.

Resümierend lässt sich festhalten, dass die Gegensatzstellung von Staat und Kirchen in der DDR in den Berufsbiographien je eigene Kollektivitätserfahrungen hervorbrachten, die die berufsbiographische Distanzierung zum kollektiven Sinnhorizont der DDR-Gesellschaft im Transformationsprozess jeweils erschwerte oder erleichterte.

Der Zusammenbruch der DDR-Gesellschaft erfordert in der biographischen Aufarbeitung, dass der Bruch von früher zu heute symbolisch-sinnhaft verarbeitet wird. Die symbolisch-sinnhaften Verarbeitung eines gesellschaftlichen Umbruchs erfolgt unter bestimmten Modalitäten.

In einer Gegenübersetzung von Früher und Heute muss eine wie auch immer gelagerte geschichtsdeutende Haltung eingenommen werden, die sich auch in der beruflichen Orientierungsgestalt von SozialarbeiterInnen niederschlägt. Die Verarbeitung des Umbruchs samt den Schwierigkeiten der Neuorientierung erfolgt oftmals in binären Schemata. Binäre Schematisierungen sind eine vereinfachende, aber überblickverschaffende Weise der Reflexion, die erlebten gesellschaftlichen wie (berufs-)biographischen Brüche zu ordnen. Die Erfahrungen werden kontrastiv angeordnet und münden entlang der kontrastiven Anordnung mit einer gewissen Zwangsläufigkeit in einer Schwarz-und-Weiß-Bilanzierung.

Binäre Schematisierungen qua Gegensatzanordnung stellen eine suboptimale Bewältigungsform des Sondierens und Handhabens der gesellschaftlichen und berufsbiographischen Diskontinuität dar. Dabei werden gegenwärtige Erfahrungen früheren Erfahrungen gegenübergestellt. Die Gegensatzanordnungen folgen oftmals dem Muster Früher versus Heute oder Besser versus Schlechter und tragen dazu bei, potentielle Reflexionsansätze zu ‚verschütten'. Das Emergenzpotential, das in Erzählungen und Beschreibungen stets mitenthalten ist, wird in der autobiographischen Stegreifdarstellungsarbeit zugunsten eines einfach kategorisierenden Argumentationsschemas, das durch die oben aufgezeigte Gegensatzanordnung in Gang gesetzt worden ist und fortlaufend in Gang gehalten wird, aufgegeben. Diese so praktizierten sprachlichen Akte behindern eine adäquate biographische und kollektiv-historische Bearbeitung des gesellschaftlichen

Umbruchs.[95] Der binär vereinfachende Darstellungsduktus blendet interpunktierbare Entwicklungsschritte, die biographische und kollektiv-historische Abläufe strukturieren aus, die zwischen den fokussierten Darstellungssegmenten liegen. (Eigen-)Theorien über den Wandel werden durch Gegensatzanordnungen im Sinne bereits gefasster Meinungen (common opinions) bekräftigt. Der binäre Verarbeitungsmodus weist Erfahrungsgewinn durch den Gesellschaftsprozess zurück. Es besteht im Zuge einer Praktizierung latent die Gefahr der Disparität und des bezugslosen und unverbundenen Aufeinandertreffens von Eigentheorie einerseits und selbst- und fremderlebten Ereignis- und Erfahrungsabläufen andererseits. Es kommt zu einem ‚Festsetzen' der eigenen biographischen und kollektiv-historischen Haltung. Gerade dadurch werden tiefergehende Reflexionen be- oder gar verhindert. So kreisen z.B. Argumentationen der SozialarbeiterInnen dann in fortwährenden Gegensatzanordnungen um die Handlungsmodelle der früheren Fürsorgepraxis und um die der heutigen Sozialarbeitspraxis. Diese Argumentationsfiguren unterstreichen, dass sich die westdeutschen Handlungsmodelle zwar ‚gut' anhören, dass aber in Wirklichkeit viele Menschen durch solche Handlungsmodelle von der hier und jetzt notwendigen effektiven Hilfe eher ausgeschlossen werden. In solchen Argumentationen wird der Gesichtspunkt angedeutet, die Hilfe sei früher, zu DDR-Zeiten, gezielter und leichter möglich gewesen, wobei heute soziale Hilfe nur erheblich aufwendiger und entsprechend mühsamer umgesetzt werden könne. Angesichts solcher Argumentationen entsteht beim Zuhörer teilweise der Eindruck von Plausibilitätslücken derart, dass sich in der entfaltenden Argumentationen der Ablauf der tatsächlich gemachten Erfahrungen und die argumentative Erfahrungsverarbeitung nicht bzw. nur bedingt zusammenpassen.

Erfahrungsverarbeitung im Modus binärer Schematisierung behindert zudem eine biographische Öffnungsbereitschaft. Die binären Schematisierungen können Professionalisierungsansätze überlagern und bestimmen. Binäre Schematisierungen behindern auch eine adäquate Reflexion des professionellen Handlungsbogens in Bezug auf Sichtung und Unterstützung der biographischen Entwicklungsprozesse der Klienten.

---

95 Binäre Schematisierungen sind ein Modus der Erfahrungsverarbeitung, der sich allerdings nicht nur bei SozialarbeiterInnen findet. So zeigt Bomke (2002) z.B., dass in den autobiographisch-narrativen Darstellungen ostdeutscher SchriftstellerInnen Variationen der Gegensatzanordnung von früher und heute derart zu finden sind, dass ‚heute alles besser sei' - und das, obwohl aufgezeigt werden kann, dass sich gesellschaftliche und geschichtliche Handlungsoptionen für die Erzählerin verringert haben und kreative künstlerische Prozesse nach dem Mauerfall weitgehend zum Erliegen gekommen sind.

4.5 Berufsbiographische Kontinuität in der beruflichen Diskontinuität

Der Zusammenbruch der DDR bedeutet wohl für alle SozialarbeiterInnen in den neuen Bundesländern in ihrer beruflichen Linie eine mehr oder weniger deutliche Zäsur. Der Berufsverlauf kann darüber hinaus nicht als konsistente und sich kontinuierlich weiterentwickelnde Berufslinie konzeptioniert werden. SozialarbeiterInnen hatten in der Berufsbiographie die disparaten Rahmen der DDR-Fürsorge und der Sozialarbeit zu integrieren.

SozialarbeiterInnen in den neuen Bundesländern stellten im Übergang von der Fürsorge zur Sozialarbeit jedoch vielfältige Formen berufsbiographischer Kontinuität her. Berufsbiographische Kontinuität bedeutet, dass die SozialarbeiterIn zwischen dem Vorher und dem Nachher einen berufsbiographischen Zusammenhang sieht und ihre Berufsbiographie zu ordnen versteht bzw. als kontinuierlich verlaufend bzw. aufeinander aufbauend anzusehen vermag. Dieses Phänomen, dass eben trotz Anomie und extrem dynamisch ablaufendem beruflichen und institutionellen Wandel, berufsbiographische Kontinuität hergestellt werden kann, zeigt, dass auf Ressourcen zurückgegriffen worden ist, die in der generativen Grammatik eines Berufsmusters liegen.[96] Bei der Konstruktion der Biographie wird auf den Berufsrahmen zur Kontinuitätssicherung zurückgegriffen.

Beide deutsche Staaten hatten nach 1945 ein je eigenes System Sozialer Arbeit entwickelt, jedoch stehen sowohl die berufliche Fürsorge der DDR als auch die Sozialarbeit in Westdeutschland in der Tradition des deutschen Fürsorgewesens. Die gemeinsame Geschichte der Fürsorge in Deutschland - die ihren Anfang bereits in den bürgerlichen kommunalen Sozialreformen der Kaiserzeit und in der bürgerlichen Frauenbewegung hat (Sachße 1986) - prägte die berufliche Hilfearbeit auch in der DDR. Traditionsbestände deutscher Fürsorge vor dem Faschismus lebten in beiden deutschen Staaten fort, wie z.B. eine starke Bestimmung der Sozialen Arbeit durch die sozialstaatlichen Institutionen und einem umfangreichen Sozialversicherungssystem her. Anschlussfähig im Institutionentransfer

96 Eine der grundlegenden Fragestellung im Zusammenhang mit dem Institutionentransfer ist die, ob der Beruf bzw. die Beruflichkeitsstrukturen selbst Ordnungsstrukturen boten, die berufsbiographische Stabilität und Orientierung angesichts massiver gesellschaftlicher ‚Unordnungsphänomene' ermöglichten. Sackmann und Wingens kommen in ihren Forschungen zu dem Ergebnis, dass gerade das deutsche Berufssystem in besonderer Weise geeignet war, die Erwerbsverläufe und die Umstellungsanforderungen eines Systemwechsels zu bewältigen (Sackmann/Wingens 1995).

war in hohem Masse das Beruflichkeitsmuster der Sozialarbeit. So wird in der deutschen Fürsorgetradition Hilfearbeit als eine speziell zu erbringende Tätigkeit definiert, die z.B. eine besondere Eignung und ein besonderes Wissen voraussetzt. Das generative Regelsystem eines Berufes ermöglichte eine schnelle Institutionalisierung des westdeutschen Modells der beruflichen Sozialarbeit in den neuen Bundesländern und eine Orientierung der SozialarbeiterInnen. Dieses Berufsmuster erleichterte es, in die Sozialarbeit hineinzufinden. Diese Hintergrundsfolie der Berufsförmigkeit der beruflichen Hilfe in der Fürsorge und in der Sozialarbeit ließ es auch den AkteurInnen selbstverständlich erscheinen, z.B. mit geregelten Verfahren der Ausbildung bzw. entsprechenden Fortbildungen auf den Institutionentransfer zu reagieren. Auch wenn Ausbildungs- und Qualifizierungsmodelle in Ost und West erheblich differierten, waren sie doch als solche selbstverständlich. Dass Sozialarbeit ein Beruf ist wird z.B. in osteuropäischen Ländern keineswegs als Selbstverständlichkeit gesehen. Erst im Zuge der Globalisierung und Orientierung am marktwirtschaftlichen Wirtschaftssystem wird Hilfearbeit zunehmend verberuflicht.[97] Auf dieses generative Regelsystem eines Berufes konnte seitens der SozialarbeiterIn im Transformationsprozess Bezug genommen werden. Der Zusammenbruch der DDR war gerade im Rahmen des Skripts einer Berufszugehörigkeit eher bewältigbar. Insofern sind generative Beruflichkeitsmuster eine Stütze und eine Rahmung im Transformationsprozess eines Staates.

Der Terminus Berufsbiographie legt ein konsistentes So-Geworden-Sein nahe, und die sozialwissenschaftliche Blickrichtung, die auf die Ordnung sozialer Prozesse hin ausgerichtet ist, legt wiederum eine Deutung nahe, dass Krisen handlungsbezogen bearbeitet werden. In Abgrenzung zu diesem Verarbeitungsmodus lassen sich aber auch explizit Prozesse aufzeigen, die nicht handlungsstrukturell gesteuert sind - wie etwa Berufsverlaufskurven bzw. berufliche Wandlungsprozesse. Diese Verläufe sind für die Betroffenen bis heute oftmals rätselhaft und eigentheoretisch wenig verarbeitet. Die biographische Arbeit an den Berufsverläufen ist in einigen Biographien noch nicht abgeschlossen.

Die Optionen der Herkunftsmilieus waren für die SozialarbeiterIn verschieden. Es konnte zu Passungsverhältnisse im Übergang von Ausgangs- und Ankunftsberuf kommen. Als ein Passungsverhältnis soll eine für „Veränderungs- und Wandlungsprozesse günstige (...) vorfindbare Kon-

97 Über Formen sozialer Hilfe und Beratung in der Türkei und dem Beratungsverständnis türkischer MigrantInnen: s.d. Mauerenbrecher 1985. Zu Formen familiärer sozialer Hilfesysteme und Sozialarbeit bei minderjährigen Flüchtlingen: s.d. Mertens 1995.

stellation zwischen biographischer Voraussetzung, dem Stand der Entwicklung biographischer Identität und Ressourcen sowie sozialen und kollektiv-historischen Prozessen" gekennzeichnet werden (Reim 1997:181). Organisationsumstrukturierungen ermöglichten z.B. berufliche Anschlüsse - Anschlüsse, die in der DDR nicht gegeben waren. Passungsverhältnisse liegen dann vor, wenn sich der institutionelle Wandel, z.B. die Organisationsentwicklung, und die biographischen Voraussetzungen wechselseitig bestärken und in eine Gesamtgestalt professioneller Orientierung gebracht werden können. Das Erkennen und Ergreifen von Optionen zur Ausgestaltung des Berufsbereichs im Transformationsprozess erfordert zudem berufsbiographische Ressourcen, wie z.B. die der biographischen Offenheit gegenüber Neuem. Die Möglichkeiten müssen nämlich von den Betroffenen als solche erkannt und ergriffen werden müssen.

Generell lässt sich konstatieren, dass mit dem Institutionentransfer Passungsverhältnisse ermöglicht wurden, auch gerade deshalb, weil „Überlappungsbereich unterschiedlicher sozialer Welten" Möglichkeitsstrukturen entstehen, die dann als „soziales Netz mit seiner ihm innewohnenden gesteigerten Verfügbarkeit über soziale und materielle Ressourcen" (Reim 1997:181f.) zur Verfügung stehen. Dabei waren Orientierungen an helfenden Aktivitäten für Klienten und eine Ausrichtung an den vorfindbaren sozialen Problemlagen eine gute Voraussetzung, die institutionellen Veränderungen einzuordnen und diesen zu begegnen. Unter den Bedingungen des Institutionentransfer - dass z.B. die Sozialarbeit in den Sozialeinrichtungen expandierte - konnten berufliche Arbeitsfelder und Arbeitsbereiche entdeckt werden, in denen berufsbiographische Sinnquellen in den Beruf eingebracht werden konnten. Die Veränderungen des Sozialwesens sowie der Verbände und Organisationen, die ihr Hilfeangebot ausweiteten, spannten einen Bedingungsrahmen auf, in dem in großem Umfang Konzeptionen und Modelle westdeutscher Sozialarbeit aufgenommen wurden. Umfangreiche Lern- und Umstellungsprozesse wurden enaktiert. Bei den - so könnte alltagssprachlich formuliert werden - WendegewinnerInnen zeigen sich wechselseitig begünstigende Faktoren der institutionellen Rahmung und der berufsbiographischen Ressourcen.

Der berufsstrukturelle und berufsorganisatorische Wandel vermochte es also sowohl Meldingeffekte (Wiener 1991) hervorzubringen, in denen berufsbiographisch erworbene Fähigkeiten und Kompetenzen in die Sozialarbeit eingebracht werden konnten, die vorher nicht denkbar waren und für die Betroffenen unerwartete neue berufliche Entwicklungsmöglichkeiten bargen. Jedoch sind auch Bedingungen feststellbar, die unerwartet in berufliche Sackgassen bzw. berufliche Randbereiche führten (Abbiegungseffekte). Diese Prozessabläufe, da wo Institutionentransfer und institutioneller Wandel den biographisch grundgelegten Professionalisierungsansätzen bzw. einem professionellen Handeln entgegen laufen, behindern die Substantiierung beruflicher Identität und Selbstsicherheit.

4.6 Berufsorientierung unter den Bedingungen strukturellen Berufswandels

Der Import bzw. Transport von Hilfekonzeptionen von West nach Ost ging - so zeigt diese Studie - nicht bruchlos vonstatten. Die Aneignung westdeutscher beruflicher Handlungsmodelle im Zuge des Institutionentransfers von den oftmals langjährig berufspraktisch erfahrenen FürsorgerInnen war ein extrem anspruchvoller Vorgang, in dem lebens- und berufsgeschichtliche Erfahrungen in die Sozialarbeit eingebracht wurden. Schaut man sich die Ergebnisse der empirischen Untersuchung dieser Forschungsstudie an, so fällt auf, dass die SozialarbeiterInnen berufliche Einstellungsprobleme haben, die mit den verkürzt organisierten und strukturierten Vermittlungs- und Lernprozessen der Nachwendezeit, welche die ostdeutschen Sozialwesentätigen mit den Ausbildungszertifikaten westdeutscher Sozialarbeit versorgen sollte, alleine nicht ausreichend erklärbar sind. Auf der Ebene der Handlungsformen, der Selbstverständnisse (Identität) und der Deutungsfolien für Schwierigkeiten in der beruflichen Arbeit findet sich das zusätzliche erklärungsbedürftige Phänomen, dass trotz umfangreicher beruflicher Neuorientierung, alte Denk- und Interpretationsressourcen fortbestehen, die das Handeln orientieren und in der beruflichen Praxis teilweise zum Zuge kommen. In spezifischen Akzentsetzungen, die das Gefühl der Stimmigkeit in Handlungen erzeugen, ordnen die SozialarbeiterInnen, die aus der Fürsorge kommen, die Hilfemodelle ein.

SozialarbeiterInnen, die aus der staatlichen Fürsorge kommen, nehmen teilweise dem nach 1990 entstandenen pluralistisch-komplexen Gesamtversorgungssystem gegenüber eine kritische Haltung ein. Die Überschaubarkeit und die Effizienz des alten Hilfesystems in der DDR werden gegenüber dem neuen pluralistischen Hilfeangebot der Sozialarbeit mit trägerdifferenzierten Hilfeeinrichtungen und Hilfeleistungen hervorgehoben, und die SozialarbeiterInnen betonen vornehmlich den Aspekt, dass die breite Angebotspalette an sozialen Hilfen und Einrichtungen die Hilfearbeit erschwere und den Organisationsaufwand für die SozialarbeiterIn erhöhe. In der Perspektive der SozialarbeiterInnen stehen viele Hilfsangebote in der Sozialarbeit zudem in Konkurrenz zueinander, und die dadurch bedingte Unübersichtlichkeit verwirrt gerade diejenigen KlientInnen der Sozialarbeit, die sich aufgrund ihrer unterprivilegierten Situation erfahrungsgemäß sowieso schlecht orientieren könnten. Die SozialarbeiterIn wendet in dieser Sicht aufgrund des unüberschaubaren Hilfesystems zuviel Zeit für die Koordination der Hilfe auf. Anstrengungen und Ressourcen der SozialarbeiterInnen ‚verpuffen' ungenutzt und dienen nicht der eigentlichen Problemlösung. Die heutigen Versorgungsstrukturen, so weiter in dieser Perspektive, sind im Vergleich zu den routineförmigen, flächendeckenden Versorgungsstrukturen der DDR-Gesellschaft nicht effektiv, denn gerade die obligaten Angebotsformen der Fürsorge seien ein Garant dafür gewesen, dass einzelne Hilfebedürftige in der DDR nicht durch die ‚Maschen' des sozialen Sicherungsnetzes fallen konnten.

Das bestehende ausdifferenzierte Angebot an sozialen Hilfen, das den Klienten die Wahlmöglichkeit gewährleistet, wird von diesen SozialarbeiterInnen als verfehlt und ineffektiv klassifiziert, und sie sehen die Handlungsbedingungen in der Sozialarbeit als veränderungsbedürftig an. Für effektive sozialarbeiterische Hilfe fehle es an zweckmäßigen Mitteln, um eine konkrete und gezielte Hilfe an Unterstützung erbringen zu können. Diese Haltung ostdeutscher SozialarbeiterInnen zeigt einerseits eine starke Verantwortung den Schwächeren gegenüber - staatlicherseits werde zu wenig getan, um die Problemlagen, wie Armut und Überschuldung, zu verhindern oder doch zumindest wirksam zu bearbeiten -, und andererseits wird seitens der SozialarbeiterInnen der Hilfeauftrag im Sinne einer Gesamtverantwortungsübernahme formuliert.

Ebenfalls wird die Spezialisierung und die gegenwärtige Form der interprofessionelle Arbeitsteilung von den ostdeutschen SozialarbeiterInnen in Ansätzen kritisiert. Aus ihrer Sicht sollten die KollegInnen aus den unterschiedlichen Berufsgruppen im Sinne der Klienten enger zusammenarbeiten. Die bestehende Arbeitsteilung zwischen SozialarbeiterIn und anderen Experten wird von ihnen insbesondere deshalb problematisiert, weil sie den Zugang zu den Klienten versperre. In Bezug auf diejenigen Situationsdefinitionen, die von anderen Berufsgruppen, wie z.B. den Ärzten, ausgehen, die oftmals quer zu sozialarbeiterischen Situationsdefinitionen stehen, erfolgen Abgrenzungsbemühungen. Hier kann ergebnissichernd festgehalten werden, dass die Koordinaten der Arbeitsteilung, die sich nach den Umstrukturierungen im Sozialwesen verschoben haben, und die in den westdeutschen Modellen der Sozialarbeit angelegten interprofessionellen Konfliktorientierungen bei den ostdeutschen SozialarbeiterInnen oftmals auf Unverständnis stoßen. Eine Orientierung an enger Zusammenarbeit mit anderen Berufsgruppen und mit den KlientInnen dient auch als Abgrenzungsfolie gegenüber westdeutschen Sozialarbeitsmodellen. In der DDR seien - so die interviewten SozialarbeiterInnen - die interprofessionelle Beziehungs- und Arbeitsgestaltung unproblematischer gewesen.

Einige SozialarbeiterInnen aus der staatlichen Fürsorge präferieren die Sichtweise, dass eine reibungslose und fehlerfreie Sozialarbeit grundsätzlich möglich sein müsste. Sie sehen die Ursachen gegenwärtiger Handlungsprobleme vorwiegend in den unzureichenden organisatorischen Rahmenbedingungen. Durch eine verbesserte Organisation der Arbeit seien Schwierigkeiten, die im beruflichen Handeln auftreten, behebbar. Die Hilfearbeit werde z.B. durch unnötige Hierarchisierungen in den Einrichtungen erschwert. Diesen ‚harmonisierenden' Argumentationsfiguren ostdeutscher SozialarbeiterInnen liegen Erfahrungen zugrunde, die sich auf die Fürsorgearbeit der DDR beziehen. Zwar beinhaltet jedwede Praxis Sozialer Arbeit grundlegende Handlungsprobleme, wie Kernprobleme und Paradoxien professionellen Handelns (Schütze 1992; 1994b; 1996; 2000), die interne und externe Verursachungshintergründe haben,[98] jedoch sind die hier aufgezeigten Handlungsschwierigkeiten nicht auf jene grundlegende Verursachungszusammenhänge zurückzuführen, sondern haben kultur- und situationsspezifische Ursachen.

Das soziale Hilfesystem der DDR-Gesellschaft hat in der Berufsorientierung der SozialarbeiterInnen in den neuen Bundesländern Spuren hinterlassen. In den Reflexionen über die Arbeit der SozialarbeitInnen in den neuen Bundesländern, die aus der Fürsorge kommen, zeigen sich Berufsorientierungen mit spezifischer ‚Tönung'. Diese Berufsorientierungen werden nicht immer handlungswirksam - teilweise bestehen sie, ohne dass sie in der Handlungswirklichkeit zum Tragen kommen. Sie gehen auf Anschauungen und Sichtweisen der SozialarbeiterInnen zurück, die in einem besonderen gesellschaftlichen Kontext erworben worden sind. Der administriert vorgegebene, außerordentlich schnell und in großer Betriebsamkeit realisierte institutionelle Wandel der Sozialen Arbeit - ein Professionalisierungsprozess mit ungewöhnlichen Vorzeichen und extremer Rahmung - vermochte, dass erworbene Haltungen bis heute beibehalten und sichtbar werden.

Die aus Westdeutschland transferierten Hilfemodelle wurden und werden von den SozialarbeiterInnen, die aus der Fürsorge kommen, in spezifischer Weise interpretiert; die berufliche Situationsdefinition der SozialarbeiterInnen fand in Auseinandersetzung mit einer ‚importierten' westdeutschen Sozialarbeit statt. Diese Auseinandersetzungen der SozialarbeiterInnen in den neuen Bundesländern mit ihrem Beruf zeigen einer-

[98] Gerade die Kernprobleme und Handlungsparadoxien in der Sozialarbeit haben zur Etablierung von Reflexionsinstanzen, wie z.B. der Supervision, geführt, durch die die störungsanfälligen Arbeitsprozesse anhand der Rekonstruktion von ablaufenden und abgelaufenen Arbeitsschritten systematisch bearbeitet werden.

seits, dass die westdeutsch geprägten Handlungskonzeptionen angekommen sind, anderseits aber auch, dass die Übernahme dieser Handlungskonzeptionen in der Sozialarbeit erhebliche Schwierigkeiten bereitet hat bzw. noch bereitet. Dieser Sachverhalt wird durch erhebliche argumentative Anstrengungen belegt, die unternommen werden, wenn die vorgegebenen Handlungsmodelle und die transferierten Konzepte westdeutscher Sozialarbeit in die konkrete Handlungswirklichkeit einzubauen sind.[99] Der spezifische kollektiv-historische Erfahrungszusammenhang prägt berufliche Sichtweisen und ist dort orientierungswirksam. Die Anschauungen und Sichtweisen von SozialarbeiterInnen, die aus der Fürsorge kommen, beinhalten also fortgesetzt Elemente integralistischer Sichtweisen, die als Schemata der Selbst- und Welteinordnung wirken. Sie können als der ‚eigensinnige' Charakter ostdeutscher Sozialarbeit bezeichnet werden.[100]

4.6.1 Schemata der Welt- und Selbsteinordnung

Die Sozialarbeit in den neuen Bundesländern wird, wie im Weiteren dargelegt wird, durch Schemata geformt, die in der Ausrichtung beruflichen Handelns - eher unbewusst - orientierungswirksam sind.

99 Im Datenmaterial lässt sich aufweisen, dass die SozialarbeiterInnen solche umfangreichen Anstrengungen unternehmen, ihre beruflichen Orientierungen, die sie i.d.R. in einer langjährigen Berufspraxis in der Fürsorge erworben haben, mit den transferierten Modellen in Einklang zu bringen. Diese Anstrengung wird zum einen teilweise in den Interviews explizit, teilweise implizit zum Ausdruck gebracht. Die Arbeit am beruflichen Selbstverständnis lässt sich empirisch besonders gut in den argumentativen Passagen dieser Interviews belegen, in denen die InterviewpartnerInnen ihre beruflichen Sichtweisen der Interviewerin bzw. dem vorgestellten Diskurshorizont der westdeutschen Profession der Sozialarbeit gegenüber ausbuchstabieren. Dabei werden Orientierungsfindungsprozesse, in denen das berufliche Selbstverständnis heute im Gegenhorizont zu den beruflichen Standards von früher aufgezeigt wird, zum Ausdruck gebracht. Des Weiteren wird die Arbeit am beruflichen Selbstverständnis in den beschreibenden und fallnarrativen Passagen ausgedrückt, in denen die Orientierungsarbeit bei konkreten Handlungsproblemen dargestellt wird.

100 Diese Orientierungen können aus modernisierungstheoretischer Perspektive als rückständig verstanden werden. Sie sollen hier als ‚Eigensinnigkeiten' des beruflichen Handelns betrachtet werden, die immer dann aufscheinen, wenn sich ein westdeutscher Beobachter oder Beobachterin über die Darstellungen und symbolischen Repräsentationen der Handlungsmodelle von SozialarbeiterInnen in den neuen Bundesländern ‚beugt' und feststellt, dass es im Selbstverständnis der ostdeutschen Sozialarbeit durchaus von der westlichen Sozialarbeit zu unterscheidende Linien bzw. etwas originär Ostdeutsches gibt.

Die Schemata spiegeln Anschauungen und Annahmen über die soziale Realität und ihre Geordnetheit. In diesem Zusammenhang kann auch von Mentalitäten gesprochen werden. Schemata bzw. Mentalitäten bezeichnen Realitätssichtweisen - sie sind aber keinesfalls die Realität selbst und mit dieser nicht zu verwechseln. Schemata bezeichnen vielmehr elementare nahezu unbewusste Annahmen in den ‚Köpfen der Menschen', die als Annahmen das Handeln anleiten, dabei aber auch fortlaufend kontrafaktische Unterstellungen machen, die der Realität gegenüber diskrepant sein können. Schemata, die eben dieses ‚gebrochene' Verhältnis zur sozialen Realität aufweisen, haben dennoch eine orientierende Wirkung sui generis in der sozialen Realität. Sie ordnen in einer Gesellschaft die Richtung und Wahrnehmung des Handelns und bezeichnen das ‚Ordnungsgefühl', anhand dessen soziale Prozesse betrachtet und eingeordnet werden. Schemata und Handlungssinn[101] hängen eng zusammen. Handeln orientiert sich entlang von Schemata bzw. Sichtweisen der sozialen Realität.

Schemata können am ehesten als Denkstile begriffen werden. So wie Mannheim (1984) in seiner Studie über den Konservatismus aufgezeigt hat, kommt es aufgrund einschneidender gesellschaftlicher Ereignisse - bei Mannheim die französische Revolution - zu einer Systematisierung und Schematisierung der Denkstile. Das konservative Denken, das sich dem progressiven Denken der französischen Revolution verschloss, hat sich - weiterhin Mannheim - aus diesem historischen Ereignisfall als Denkstil überhaupt erst heraus entwickeln können. Eine konservative Denkhaltung sei nur verständlich als eine systematische Reaktion auf die Struktur und

101 In der pragmatistischen Theorietradition des symbolischen Interaktionismus gilt (soziales) Handeln generell als symbolvermittelt und theoriegeleitet. Die Akteurinnen und Akteure verhalten sich als relativ autonome Individuen, die durch Akte der Definition und Interpretation die Handlungssituationen erst herstellen. Soziale Wirklichkeit wird mittels dieser Interpretations- und Definitionsakte - also durch wechselseitiges an- und aufeinander orientiertes und interpretiertes Handeln - von Individuen hergestellt; d.h. Handeln wird hier verstanden als ein intentionaler sozialer Prozess, der immer schon die möglichen Reaktionen der Beteiligten einbezieht und eine sequentielle Ordnung hat, an der sich die beteiligten Interaktionspartner (wechselseitig) orientieren. Mead konstatiert aber auch, dass der Sinn einer Handlung „nicht als Bewusstseinszustand oder als eine Reihe organisierter Beziehungen" gesehen werden kann, „die geistig außerhalb des Erfahrungsbereichs, in denen sie eintreten, existieren oder fortbestehen. Ganz im Gegenteil, man sollte sich Sinn objektiv, als völlig innerhalb dieses Bereiches (des Bereiches gesellschaftlicher Erfahrung, d.V.) vorstellen". Sinn begründet sich daher in der „Entwicklung einer objektiv gegebenen Beziehung zwischen Phasen der gesellschaftlichen Handlung" (Mead 1968:115). Sinn ist nach Mead in der Struktur der gesellschaftlichen Handlung impliziert, und die Struktur gesellschaftlicher Handlungen wird von ihm her ausgerichtet.

Entfaltung des progressiven französischen Auffassungsdenkstils. Mannheim zeigt weiter auf, dass es in Reaktion auf einschneidende historische Ereignisse wie die Französische Revolution dazu kommt, das historische und soziale Geschehen aus verschiedener Perspektive zu erleben. Dieses unterschiedliche Grunderleben entspricht eben jenen Denkstilen, die gesellschaftliche Diskursstandorte widerspiegeln. Sie sind eine strukturelle Signatur des Zeitalters (ebd.:137ff.).

Die hier ins Auge gefassten Schemata, die der Berufsorientierung zugrunde liegen, unterscheiden sich von sozialen Deutungsmustern (Oevermann 2001) insofern, dass sie elementarer sind und eher als ‚Mentalitäten' begriffen werden müssen. Sie gehen nicht direkt auf Problemstellungen zurück, in die ein Handlungssubjekt hineingestellt worden ist, sondern beinhalten generelle wertbezogene Ausdeutungen des sozialen Gefüges und des sozialen Miteinanders, in das ein Handlungssubjekt historisch hineingestellt worden ist.

Schemata - wie sie hier begrifflich gefasst werden - sind also in einer Epoche kollektiv verankerte Sichtweisen, die Erfahrungen in der DDR-Gesellschaft und deren Zusammenbruch umfassen. Die in einer Epoche kollektiv verankerten Sichtweisen sind auch in den vorherrschenden Hilfekonzeptionen implizit verankert. Es handelt sich also um grundlegende Auffassungen z.B. darüber, wie Gerechtigkeit und die Herstellung von Gegenseitigkeit in einer Gesellschaft bewerkstelligt werden kann.[102] Sie wirken in die Situationsdefinitionen der SozialarbeiterInnen hinein. An den Phänomenen der ‚Eigenheiten' und beruflichen Orientierungsschwierigkeiten der SozialarbeiterInnen in den neuen Bundesländern kann die Beharrlichkeit dieser elementaren Schemata abgelesen werden. Sie sorgen für Kohärenz beruflichen Handelns. Andererseits kann an dem Phänomen der ‚Eigenheiten' in der Berufsorientierung und im Handeln der SozialarbeiterIn auch ein Schematawandel im Zuge des Institutionentransfers abgelesen werden. Dieser Wandel führte im beruflichen Handlungszu-

102 Elementare Einordnungsschemata, die bestehen, können im engeren Sinne nicht ‚umgelernt' werden, wie das auch bei lexikalischen Wissensbeständen nicht der Fall ist. Die Ursache dafür ist darin zu sehen, dass das Wissen einer Gesellschaft über sich und über die Welt durch Lexeme und die semantischen Relationen dieser Lexeme sowie ihrer Anwendungsregeln fixiert ist. Sie spiegeln die sinnhaften Bezüge einer Gesellschaft (Schütze 1987:419). In ihnen wird Wissen sinnhaft mit der alltäglichen Erfahrung verknüpft. Die elementaren Einordnungsschemata sind eingebunden in die symbolischen Sinnwelten einer Gesellschaft und insofern historisch-gesellschaftliche und sozio-ökonomische Produkte. Die elementaren Anschauungen verleihen den Institutionen einer Gesellschaft ihr ‚typisches Gesicht'. Eine geteilte Sicht der sozialen Realität und Schemata der Interpretation prägen die Institutionen.

sammenhang der SozialarbeiterInnen - aber auch darüber hinaus - zu Irritationen, und erklärt auch, weshalb SozialarbeiterInnen, die in die professionellen Handlungsverfahren der Sozialen Arbeit durchaus tief einsozialisiert wurden, dennoch große Umstellungsprobleme hatten.

4.6.2 Der Wandel in den Schematisierungen

Schemata gehen zurück auf Anschauungen, die einen manifesten Kern - eine „Seinsbasis", mit Mannheim gesagt - in der historisch-sozialen Lage einer Gesellschaft haben. Kollektive Definitionen der DDR-Gesellschaft - ‚wer wir sind' - und kollektive soziale Erfahrungen in der DDR wirken noch in den heutigen Berufsorientierungen der ostdeutschen SozialarbeiterInnen, die aus der Fürsorge kommen. Diese SozialarbeiterInnen zeigen ein - wenn auch brüchiges - Berufs- und Handlungsverständnis, das von kollektiven Erfahrungen und Situationsdefinitionen der Gesellschaftsformation der DDR unterlegt ist. Die manifesten Kerne dieser Anschauungen sowie deren Konsistenz sollen im Folgenden dargestellt werden.

Das symbolische Universum der DDR-Gesellschaft beinhaltete Modelle gesellschaftlicher Egalität und Gegenseitigkeit. Die Egalitätsmodelle haben ihren substantiellen Hintergrund im Verzicht auf die private Kapitalverwertung in der ökonomischen Sphäre. Auf dieser Basis, die durch die Politik der SED inauguriert worden war, gründete in der DDR die Anschauung der Gleichheit der Menschen untereinander. Die ökonomisch-strukturelle Basis als Rahmenbedingung für die Durchsetzung der Egalitätsschematisierung war bekanntlich derart, dass eine private Kapitalverwertung in der DDR weitgehend ausgeschlossen war. Es oblag den politischen Kadern, die ökonomischen Wertzuwächse entsprechend der offiziellen Parteilinie möglichst gleichmäßig zu verteilen. Die Staatsdoktrin einer Diktatur des Proletariats legitimierte - und sicherte zugleich organisatorisch ab - diesen Modus der Verteilung von erwirtschaftetem Überschuss. Die elementare Anschauung des Sozialen war an dem Modell gesellschaftlicher Egalität ausgerichtet. Egalität bedeutete, dass die Gegenseitigkeitsbeziehungen der Menschen untereinander vom Leitgesichtspunkt der Gleichgestelltheit und Gleichrangigkeit geprägt waren. Dem Modell der Egalität und dem Menschenbild sozialistischer Prägung entsprechend waren die Anschauungsweisen über das Verhältnis von Individuum und Kollektiv ausgerichtet: Individuum und Kollektiv wurden in Eins bzw. in einer Beziehung prästabilisierter Harmonie zusammengedacht.

Mit dem Zusammenbruch der DDR fielen diese ökonomischen Leitlinien weg. Dass allgemeine Interpretationsszenario hätte nun sein können, dass der Zusammenbruch der DDR einer unvermeidlichen kollektiven Verlaufskurve weltökonomischer Entwicklung gleichkomme, an die sich die Akteure mit einer zynisch-realistischen Haltung hätten anpassen müssen. Genau dieses war aber nicht der Fall, denn den Westdeutschen - und in Antizipation auf Zukunftschancen hin, auch den Ostdeutschen - ging und geht es ja gut. Also musste die Orientierungsfunktion des gesellschaftlichen Sinnhimmels der DDR sehr viel grundlegender in Frage gestellt werden. Für die Erfordernis, die Orientierungsfunktion des Sinnhimmels der DDR grundlegend in Frage zu stellen, spricht auch, dass von Seiten der ostdeutschen SozialarbeiterInnen die westdeutsche Gesellschaft heute oftmals fundamentalistischer interpretiert wird als das die westdeutschen SozialarbeiterInnen selber tun - was die Ernsthaftigkeit, mit der das Transformationsgeschehen verarbeitet wird, betont. In der DDR waren allerdings gesellschaftliche Milieus vorhanden, in denen eigenwillige Orientierungen erhalten geblieben waren. Solche Milieus waren sicherlich die kirchlichen Gemeinden, deren Kritik am Kollektivismus der DDR ansetzt hatte, sowie die Berufsgruppenmilieus der freien Berufe, wie z.B. dasjenige der Ärzte, aber auch das der selbständigen Handwerker, die jeweils eigenständige Sinn- und Wertbezüge bewahrten.

Für die Definition dessen, wie im Falle der Hilfebedürftigkeit zu handeln ist, spielen diese Vorstellungen über die im Kern konfliktfreien Beziehungen von Individuum und Kollektiv eine Rolle. Das Verhältnis von Individuum und kollektiven Einheiten war - wie eben ausgeführt - als harmonische Beziehung symbolisiert. Individualität und Kollektivität wurden als Einheit gedacht und strenggenommen bzw. ideologietheoretisch waren Individuum und Kollektivität ineinander ‚übersetzbar'. Grundlegende Interessengegensätze, die zwischen den einzelnen Menschen sowie zwischen dem Einzelnen und dem Kollektiv auftreten können, wurden in diesem Zusammenhang tendenziell negiert. Diese inklusiv-harmonische Sichtweise des Verhältnisses von Individuum und Gesellschaft wurde in der DDR u.a. durch Massenaufmärsche oder Bekräftigungsrituale, wie die Jugendweihe o.ä., fortwährend symbolisiert. Da Sozialarbeit im Kern mit der Herstellung gesellschaftlicher Gegenseitigkeitsbeziehungen zu tun hat, spielen gerade diese Beziehungsschemata des DDR-Gegenseitigkeitsmodells eine Rolle.[103]

Die Schematisierung der Gegenseitigkeitsbeziehungen war harmonisch. Im gesellschaftlichen Selbstverständnis gab es eine Konzeption

---

103 Es soll an dieser Stelle noch einmal betont werden, dass es sich hier um Anschauungen über das gesellschaftliche Miteinander handelt und nicht um Fakten, an denen sich das berufliche Handeln – allerdings aufgrund des Umstandes, dass die Schemata der faktischen sozialen Realitäten sehr nahe sind - orientiert. So kann z.B. nicht davon ausgegangen werden, dass die Beziehungsrealität der Menschen im Sozialismus wirklich familiär war und heute ‚extrem individualistisch' sei.

sozialer Zwänge, die für die Entfaltung der individuellen Identität äußerst abträglich sein können, im engeren Sinn nicht. Sozialer Zwang wurde unter der Annahme harmonischer Gegenseitigkeitsbeziehungen immer auch als Möglichkeit oder gar als notwendige Bedingung persönlicher Entwicklung gedacht. Im Rahmen einer elementaren kognitiven Orientierung dieser Art als Kernbestandteil einer Kultur der staatssozialistischen Gesellschaftsformation bestand im Hegelschen Sinne eine versöhnende, harmonische Dialektik von Subjekt und Gesellschaft. Das Subjekt wurde gesehen als in der Gesellschaft ‚aufgehoben'. Aufgrund dieser kognitiven Orientierung wurde angenommen, dass eine differente Entwicklung oder gar ein unversöhnlicher Konflikt zwischen Individuum und Kollektiv gar nicht erst auftreten könne - auch eingedenk noch nicht idealer ökonomischer und gesellschaftlicher Ausgangsbedingungen in der DDR.

In der staatlichen Fürsorge der DDR, die aus den gerade skizzierten kognitiven Ressourcen schöpfte, war das Handeln daran ausgerichtet, den Einzelnen als Teil einer kollektiven Strebung entsprechend der alles beherrschenden Kollektivsichtweise zu betrachten und - soweit das Individuum dazu ‚willens' war - ihm jede Form der Solidarität der Gesellschaft zukommen zu lassen. Im Orientierungsrahmen dieses Gegenseitigkeitsmodells wurden die Harmonie und das Streben eines gemeinschaftlichen Ganzen angenommen, aus dem niemand ‚herausfallen' könne. Der Einzelne konnte in dieser Sichtweise - wie selbstverständlich - einen Platz in der Gesellschaft beanspruchen, die für ihn dann auch ganz und gar da war. Es bestand die Vorstellung der grundlegenden Sorge der Kollektivität für den Einzelnen. Bei einer so gelagerten Schematisierung der Beziehung zwischen Individuum und Kollektivität konnten sich grundsätzlich divergierende Konzepte, die von grundlegenden Problemkonstellationen und Konflikten zwischen Individuum und Gesellschaft ausgehen - die es im offiziellen Sprachduktus und Selbstverständnis der DDR-Gesellschaft ja auch nicht geben durfte -, auch in der sozialen Hilfearbeit gar nicht erst entwickeln.[104] So konnte sich eine sozialarbeiterische Fallsichtweise, die ja

104 Wie bereits in Kapitel 3 ausgeführt worden ist, bestand eine Tendenz, Interessenkonflikte zwischen Individuum und Gesellschaft, da wo sie auftraten, einem ‚mangelndem Willen' des Einzelnen anzulasten. Die familiaristische Ausdeutung der Gegenseitigkeitsbeziehungen hat die problematische Seite, dass bei individuellen Schwierigkeiten und persönlichen Abweichungen des Einzelnen die Lesart vorherrscht, dem Einzelnen fehle der ‚gute' Willen. Sofern sich die Integration in die Gesellschaft schwierig gestaltete bzw. nicht gelang, wurden seine Integrationsschwierigkeiten vor diesem Hintergrund per se als ‚unordentlich' gedacht und definiert. Die ‚Unordnungen' wurden als abweichende Dispositionen den Klienten und Klientengruppen zugeschrieben.

notwendigerweise von grundlegenden individuellen Problemstellungen ausgeht, nicht herausbilden, da grundlegende Konflikte zwischen Individualinteressen und Kollektivinteressen - zumindest auf der offiziellen, öffentlich legitimierbaren gesellschaftlichen Vorderbühne - nicht gesehen werden konnten. Eine Kultur der Vorstellungen von zentralen individuellen Notlagen und Ungerechtigkeiten war nicht entwickelt worden.

Es finden sich jedoch auch Schemata der ironischen Distanznahme. Die Menschen in der DDR hatten eine Interpretationsroutine in Bezug auf öffentlich inszenierte ‚Darstellungen'. Staat und Partei waren in ihrem Inszenierungscharakter grundsätzlich ‚durchschaut'. Man meinte, ein sicheres Gefühl dafür zu haben, wie der ‚Authentizitätsgrad' einer Inszenierung einzuschätzen ist. Dieses Wissen über den Charakter von Vorder- und Hinterbühne und die - zumindest vermeintliche - Sicherheit bei der Beurteilung gesellschaftlicher Vorgänge ging im und mit dem Untergang der DDR verloren. Durch die Neujustierung der Grundlagen der Gesellschaft im Sinne einer liberalen Demokratie hatten die Menschen plötzlich Unterscheidungsschwierigkeiten hinsichtlich Authentizität und Fassade. Was ‚echt' war und Bestand haben würde und was eben nicht - der „Realitätsakzent" also, um es mit Schütz (1971) zu sagen -, konnte nicht mehr treffsicher eingeschätzt werden. Ein Changieren zwischen den Realitätsebenen war praktisch zu leisten, ohne dass dafür ein bewährtes Regelwerk der Interpretation zur Verfügung stand. Symbole, die Authentizität einerseits und Inszenierung andererseits anzeigten, sind im Zuge der Transformation neu ‚verklammert' worden. Die Unsicherheiten in Bezug auf die geltenden Symbolisierungen sowie der Wandel der Schemata in Hinblick auf eine ironische Distanznahme hatte zur Folge, dass westdeutsche Institutionen entweder fundamentalistisch oder auch umgekehrt - wenn sich der fundamentalistische Glaube nicht bewährte - abgrundtief enttäuschend und als großer Betrug interpretiert wurden.

Die Institution Fürsorge in der DDR war an den Schemata einer familiär-harmonisch gedachten Gesellschaft ausgerichtet. Die DDR-Gesellschaft, die gerade die egalitäre Gegenseitigkeitsbeziehungen definitionsgemäß in den Kern ihrer Gesellschaftsutopie gestellt hatte, tat sich deshalb auch mit der offiziellen Anerkennung der beruflichen Fürsorge, die sich ja faktisch mit individuellen Notlagen befasste, die eigentlich nicht sein durften, besonders schwer. Die berufliche Fürsorge - und auch die Soziale Arbeit -, die ja im Kern, wo immer sie tätig ist, von einem grundlegenden Bedarf des Ausgleichs bzw. der Wiederherstellung von Gegenseitigkeitsbeziehungen in der Gesellschaft ausgehen muss, blieb deshalb gesellschaftlich randständig. Mit dem Zusammenbruch der DDR fielen dann die ökonomischen und politischen Basisbedingungen der Schemata der Gegenseitigkeitsbeziehungen weg. In dieser Lücke haben die westlichen Wirtschaftsprinzipien und die Ideen sozialstaatlichen Interessenausgleichs in dem Maße, wie die Ideen wirtschaftlicher und individueller Gestaltungschancen in den Vordergrund gestellt wurden, zur Veränderung der grundlegenden Schematisierung der Gegenseitigkeitsbeziehungen beigetragen. Heute wird das Verhältnis von Individuum und Gesellschaft entsprechend der sozioökonomischen Lage als grundsätzlich spannungsreich gedacht, und inklusiv-harmonistische Sichtweisen werden zugunsten der Betonung des Individuellen abgewehrt.

Schemata sozialistischer Prägung, die die Definitionen der Hilfesituation berühren, sind Vorstellungen über die soziale Nähe zu den Klienten. In der DDR wurde die Erfahrung gemacht, dass der Klient als sozial, ja nachbarschaftlich Nächster sowohl nah wie auch vertraut ist und dass er sich in einer ähnlichen Lebenswirklichkeit und Lebenssituation befindet wie die FürsorgerIn selbst. Die FürsorgerInnen gingen deshalb von nahen, ja zum Teil sogar von unmittelbaren Beziehungen zu ihrem Klientel aus. Die Beziehungen der Menschen in der DDR-Gesellschaft waren in ihrer grundlegenden Schematisierung durch diese Schemata der Vordringlichkeit des Nahen und Vertrauten gestaltet, wobei gerade die Gemeinsamkeit im Denken und Handeln besonders betont und die Nähe zueinander symbolisch besonders hervorgehoben wurde.

Basis und Hintergrundbedingung dieses Vorstellungskerns waren insbesondere die überschaubare Größe des Staatsterritoriums der DDR und die hermetische Grenze nach Westen. Unter diesen Bedingungen konnte sich ein enges Gemeinschaftsgefühl bilden. Die Grenzen des Territoriums und die Grenzpolitik der SED schützten die DDR-Gesellschaft vor Globalisierungseinflüssen und bremsten gesellschaftliche Wandlungsprozesse ab. Essentielle Andersartigkeiten - z.B. wenn von der Kollektivität abweichende individuelle Lebensstile und Ausdrucksformen aufkamen - wurden als irritierend erlebt und systematisch kontrolliert. Der Zusammenhalt der Wir-Gemeinschaft wurde gerade auch durch die Bedrohungsszenarien einer Gefahr von Seiten der westlichen Kultur und des westlichen Lebensstils forciert und begleitet. Ein Faktum dieser Konzeption der Gegenseitigkeitssolidarität war selbstverständlich die Herstellung von ‚Geschlossenheit' durch den Mauerbau. Die weitgehende Einschränkung der Reisefreiheit - abgesehen von Reisen in die sogenannten Bruderländer - war eine konstitutive Bedingung dieser Sozialformschematisierung.

Entlang dieser Schemata war der Hilfegestus in der Fürsorge paternalistisch oder - mehr noch - maternalistisch. (Dem Paternalismus war die Politiksphäre vorbehalten.) Die alltagsweltliche Nähe zum Klientel unter der Bedingungen der Geschlossenheit der Gesellschaft bedeutete, dass die Vorstellung bestand, die Problembestände der Klienten seien der FürsorgerIn grundsätzlich bekannt, vertraut und menschlich nahe. Vor einem solchen Hintergrund bzw. in einer derart ‚vorstrukturierten' und weitgehend determinierten Situationsdefinition der Geschlossenheit erübrigte sich eine perspektivendifferenzierende Problemanalyse. Die Klassifikationen der Problemlagen bestanden deshalb auch aus kollektiv geteilten Interpretamenten. Es bestand die Vorstellung, dass die Problemlagen unter eine gemeinsam geteilte Sichtweise gebracht werden sollte. Spezielle Verfahren, die individuelle Perspektive zu erkunden, wurden von daher auch nicht als zwingend notwendig angesehen.

Enge soziale Bindungen - die manchmal den Charakter von Not- und Tauschgemeinschaften hatten - wurden nach dem Zusammenbruch der DDR und mit der Einführung einer konvertierbaren Währung, durch die in anderem Umfang materielle Güter erworben werden konnten, tendenziell abgewertet. Netzwerke und Sozialbezüge - in der DDR angesichts der permanenten Warenknappheit immer auch ein Kapital - verloren an Relevanz. Die Teilhabe am Gesellschaftsprozess manifestierte sich nun mehr entlang der Konvertierbarkeit von Kapitel und durch Zugänge zu gesellschaftlich knappen Gütern, die vorwiegend durch Geld erworben werden. Andererseits sind soziale Netzwerke in den neuen Bundesländern bis heute ein soziales Kapital, und sie sind zum Teil auch relativ stabil geblieben (Ahbe 1999). Der privat-persönlichen Lebenssphäre und ihrer Gestaltung wird heute im Gegensatz zu DDR-Zeiten jedoch eine erheblich größere Bedeutung zugeschrieben. Schemata der individuellen Entfaltung und der persönlichen Lebensgestaltung bestimmen heute die primären und sekundären Sozialitätsformen. Persönliche Interessen und Neigungen werden in den Vordergrund gestellt - und auch in der Sozialarbeit muss von Fall zu Fall entwickelt und entdeckt werden, was die Prioritäten in der Lebensführung sind bzw. sein sollen.

Die Öffnung der Grenze und der dynamische gesellschaftliche Wandel veränderten die Beziehungsstrukturen und -gestaltungen grundlegend. Schemata einer nahen, unmittelbaren und ähnlichen Lebenspraxis entsprachen nicht mehr den Bildern einer ‚weltoffenen Gesellschaft'. Die Lockerung normativer gesellschaftlicher Vorgaben ermöglichte zunehmend eine individuelle Lebensgestaltung, womit die irritierende Erfahrung einhergehen konnte, dass sich nahestehende Menschen fremd und Fremde zu Nahestehenden wurden. Ausdruck der Veränderungen in Bezug auf Nähe und Vertrautheit war und ist u.a. die Diskussion über den Datenschutz in der Sozialen Arbeit. Der Datenschutz, mit dem der Schutz der Persönlichkeitssphäre bewahrt und betont wird, wird seitens der SozialarbeiterInnen in den neuen Bundesländern in besonderer Weise und auffallend häufig thematisiert. Die Diskussion um einen überzogenen und unangemessenen Datenschutz ist ein Schlüsselsymbol, das einem sorgfältigen, nicht doppelbödigen Umgang mit dem Datenschutz entgegensteht. An diesem Schlüsselsymbol kann auch implizit der Wandel der Schemata abgelesen werden.

Ein weiterer Aspekt sozialistischer Gesellschaftskonzeption, der ebenfalls auch auf die Definition der Hilfesituationen einwirkte, waren Schemata der Zugehörigkeit des Klientel zu sozialen Einheiten. In der DDR wurde die Zugehörigkeit der Klienten zu sozialen Einheiten - so auch in der staatlichen Fürsorge - gezielt genutzt. Schemata der Nähe und Vertrautheit und der selbstverständlichen Zugehörigkeit der Klienten zu sozialen Einheiten hatten oftmals zur Folge, dass notwendige Hilfe angesichts vermeintlich bestehender Integration in soziale Einheiten nicht geleistet wurden. Schemata der sozialen Absicherung durch die betrieblichen Einheiten sind ein immanenter Teil sozialistischer Gesellschaftskonzeption, die in Situationsdefinitionen der sozialen Hilfearbeit von Bedeutung waren. Im Mittelpunkt der DDR-Gesellschaft und ihres symbolischen Universums stand die Erwerbsarbeit in landwirtschaftlichen und insbesondere in industriellen Produktionseinheiten. Die Erwerbsarbeit stand in besonderer Weise im Mittelpunkt des Lebens. Das soziale Leben in der DDR war entsprechend weitgehend um die Arbeit herum organisiert. Weite Bereiche des Lebens und des Alltags, wie Freizeit und Kultur, waren von der Erwerbsarbeit her, insbesondere des produktiven Sektors her, bestimmt, und in den Betriebskollektiven organisiert. In diesen produktiven Einheiten wurden dem eigenen Selbstverständnis der DDR-Arbeitswelt nach, die persönlichen und die sozialen Interessen und Themen des Lebens systematisch berücksichtigt. Die soziale Absicherung war arbeitszentriert - d.h. in der Regelung war gefasst, dass eben über die Erwerbsarbeit die das ganze Leben umfassende Organisation der sozialen Sicherung erfolgte. Ausdruck der Zentrierung des Lebens auf Erwerbsarbeit in der DDR-Gesellschaft war der sozialistische Wohnungsbau. So wurde auch in der Wohnraumarchitektur der DDR die Arbeitstätigkeit in das Zentrum des Lebens gestellt (Engler 1999). Das Familienleben und die private Sphäre wurden dagegen in der Wohnungsbauplanung eher vernachlässigt. Plattenbauwohnanlagen mit ihren zentripetal orientierten Innenhöfen zeichnen sich durch Transparenz und Kontrolle aus. In Westdeutschland dominierte demgegenüber ein isolierendes Wohnplanungsprinzip, dessen Idealform das alleinstehende Eigenheim war und ist.

Die staatliche Fürsorge war auf das Prinzip der Sicherung der Existenz durch Arbeitsproduktivität aufgebaut und ausgerichtet. Die Schemata der Absicherung durch betriebliche Einheiten trugen dazu bei, dass der Fürsorge ein Zugang zu solchen Klientengruppen, die nicht produktiv waren bzw. sein wollten, schwer fiel. Die neuen Prinzipien und Logiken kapitalistischer Produktionsweisen und der massive Umbau des Produktionssektors nach der Systemwende - mit den Konsequenzen, dass Massenarbeitslosigkeit eintrat und die betrieblichen Sicherheitsnetze wegbrachen - entzogen diesen Schemata dann restlos die Substanz. SozialarbeiterInnen können sich heutzutage gerade nicht an einer sozialen Absicherung durch betriebliche Einheiten - an einer ‚Betriebsfamilie' - orientieren, weil ein Großteil ihres Klientel von gesellschaftlichen Exklusionsprozessen, die die Menschen aus der Erwerbsarbeit herausfallen lässt, betroffen ist.

Weitere Schematisierungen, die die Soziale Arbeit betreffen, sind Schemata harmonischer Arbeitsbeziehungen. In der DDR waren die Arbeitsbeziehungen auf einen gemeinschaftlichen Dienst für das Ganze hin ausgerichtet. Die Arbeitsbeziehungen waren familiär gestaltet, und ein funktionierendes harmonisches Arbeitskollektiv war von enormer Bedeutung. Statusunterschiede wurden in der Produktionsarbeit - nicht allerdings im autoritär organisierten Kultursektor, z.B. an den Universitäten - im Dienst der Sache zumindest offiziell nivelliert und als einer Gesamtaufgabe untergeordnet angesehen. Die Arbeitsbeziehungen zwischen FürsorgerInnen und Ärzten waren in der DDR beispielsweise eher eng, und es gab in der Regel eine als unproblematisch wahrgenommene Zusammenarbeit. Den auch interprofessionell so wahrgenommenen harmonischen Arbeitsbeziehungen in der DDR-Gesellschaft stehen heute Arbeitsbeziehungen gegenüber, die als nicht-egalitär zwischen den „stolzen" und den „bescheidenen" Professionen (Hughes 1984) geprägt, als konfliktorientiert und als unsolidarisch empfunden werden. Die berufspolitischen Grenzziehungen, die im Transformationsprozess unter den Berufsgruppen einsetzte, wurden deshalb auch von vielen SozialarbeiterInnen als höchst irritierend erlebt. Modelle zur Handhabung berufsgruppenbezogener Konflikte waren in der DDR nicht sonderlich ausgebaut.

Schematisierungen der DDR-Gesellschaft, die ebenfalls die Definitionen der beruflich organisierten Hilfesituation betreffen, sind Schemata der generellen Planbarkeit sozialer Prozesse. Die Anschauungen des Sozialen waren geprägt von der Sichtweise, dass das Soziale ordentlich plan- und verwaltbar sei. Die Vorstellung der Planbarkeit und Verwaltbarkeit der sozialen Prozesse hatte ihre ideelle Basis in den Maximen der Planwirtschaft einer realsozialistischen Ökonomie. ‚Chaos' wurde in der DDR als gesellschaftliche Bedrohung empfunden - und dieses insbesondere in Bezug auf die wirtschaftlichen und gesellschaftlich-sozialen Prozesse. Die ökonomischen wie auch die sozialen Prozesse wurden als prinzipiell leit- und lenkbar verstanden. Unkontrollierten Entwicklungen gegenüber bestand grundsätzlich ein tiefes Misstrauen. Schemata der Planbarkeit bezogen die individuelle Lebensführung mit ein. Das Leben wurde entlang der Vorstellung geführt, dass es dafür geordnete Bahnen gebe. Abweichungen in der Lebensführung, wie z.B. bei Alkoholismus, wurden, dem Schema entsprechend, umgehend einem ordnenden Expertensystem überantwortet. Dieser geordnete und ordnende Zugriff der ExpertInnen auf soziale Problemlagen war auf die Beseitigung von (befürchtetem) sozialem Chaos gerichtet. Schemata der generellen Planbarkeit sozialer und individueller Prozesse, die durch den Zusammenbruch der DDR zwar eigentlich obsolet wurden - einen gesellschaftlichen Zusammenbruch, der in großem Umfang Anomien und gesellschaftliche sowie soziale ,Verwerfungen' hervorbrachte, die für die Menschen teilweise extrem irritierend waren -, aber dennoch das Denken weiter bestimmen, begründen eine Abneigung gegenüber Fremdheit und Chaosphänomenen. Dabei werden Anomien vorrangig als Gefährdungspotentiale im sozialen Prozess wahrgenommen. Sozialarbeiterisches Handeln richtet sich jedoch mit Notwendigkeit oftmals gerade darauf, Anomien und Chaosphänomene im Leben von Menschen zu bearbeiten. Hier liegt ein grundsätzlicher Vorbehalt gegen Sozialarbeit in den neuen Bundesländern begründet - und vielleicht auch eine unausgesprochene Selbststigmatisierung der SozialarbeiterInnen.

In den Kirchen und in der kirchlichen Fürsorge konnten aufgrund der vierzig Jahre lang durchgehaltenen Distanz zum symbolischen Sinnhimmel der DDR-Gesellschaft eigenständige Orientierungen in der Berufsarbeit beibehalten werden. Die kirchliche Fürsorge in der DDR bezog gleichsam ihre Sinnressourcen aus der Distanz zum symbolischen Universum der DDR-Gesellschaft und in der kirchlichen Fürsorge der DDR wurde dem Individuum und seinem individuellen Erfahrungshintergrund hohe Aufmerksamkeit entgegengebracht. Über die Lebensprobleme der Menschen in der DDR - gerade auch derjenigen, die nicht in die politische Ordnung zu passen schienen - wurde in systematischer Weise nachgedacht. Besonders im Berufsmodell der Diakoniefürsorge war eine Mentalität verankert, in die Gesellschaft hineinzuwirken, die der westdeutschen Mentalität in der Sozialarbeit sehr nahe kommt. Jedoch spiegeln sich in den Berufsorientierungen der SozialarbeiterInnen, die aus der Diakonie und der Caritas der DDR kommen, Schemata wider, die sich z.B. in einer Bestandsbedrohung durch funktionelle Umwelten ausdrücken. In den Berufsorientierungen der SozialarbeiterInnen zeigen sich Anschauungen zur beruflichen Hilfearbeit, die auf den spezifischen Erfahrungshorizont der kirchlichen Fürsorge in der DDR zurückgehen.

Im Übergang von der Fürsorge zur Sozialarbeit nach der Systemwende hatten SozialarbeiterInnen oftmals Orientierungsschwierigkeiten, die mit den Verbandsentwicklungen im Transformationsprozess zusammenhängen. Die Politik der Verbände, die zunehmend Wirtschaftlichkeitsgesichtspunkte in der Sozialarbeit in den Vordergrund stellten, konfrontierten die Anschauungen der SozialarbeiterInnen, da zu helfen, wo Hilfe notwendig ist. Die ökonomisch bestimmten westdeutschen-administrativen Vorgaben der Verbände, die den Arbeitsrahmen in der Sozialarbeit begrenzen, brachten es mit sich, dass die Arbeit mit dem Klientel unter betriebswirtschaftlichen Maximen betrachtet und legitimiert werden musste. SozialarbeiterInnen aus der kirchlichen Fürsorge empfanden dies oftmals als Fremdanforderung. Sie sehen sich heute in einem ‚bürokratischen' Umfeld, das einer eigenen Logik folgt, und interpretieren diese Entwicklung als ‚soziale Kälte' und der eigentlichen Arbeit abträglich. Im Spannungsfeld von ökonomischen Vorgaben einerseits und Orientierungen an professionellem Handeln andererseits werden unvereinbare Prinzipien gesehen und die ökonomischen Vorgaben als einer sozialen Hilfearbeit entgegenstehend betrachtet. Der christliche Hilfeauftrag ‚fühlt' sich für die kirchlichen SozialarbeiterInnen heute anders an als früher, und es bestehen Enttäuschungen den kirchlichen Trägern gegenüber. Die Entwicklungspotentiale in der Sozialarbeit, die in einer stärkeren Orientierung an ökonomischen Prinzipien liegen, wie z.B. dass sie den Arbeitsbogen strukturieren und dass sie für die SozialarbeiterIn selbst und anderen gegenüber eine Transparenz in den Verfahrensschritten herstellen, sowie das Reflexionspotential stärken, werden von den SozialarbeiterInnen, die aus der kirchlichen Fürsorge kommen, nur bedingt wahrgenommen. Aushandlungen darüber, wie die Arbeitsteilung zwischen Klientel und SozialarbeiterIn aussehen soll und wie Hilfeprozesse begrenzt werden können, kann durchaus zu einer professionelleren Arbeitshaltung führen. Das Thematisierungs- und Reflexionspotential, das in der ökonomischen - und dadurch rational durchdachten - Arbeitsgestaltung angelegt ist, arbeitet tendenziell einer Entmündigung des Klienten durch den Experten entgegen.[105]

SozialarbeiterInnen der Caritas in Ostdeutschland, die in der DDR durch ihre ‚Insellage' in einer engen Verbandsgemeinschaft zugleich geschützt und isoliert waren, sehen sich oftmals vorrangig als verbandszugehörig - d.h. man definiert sich vorrangig als Caritas-SozialarbeiterIn. Dieses berufliche Selbstverständnis, das durch die auf Kontinuität zielende Verbandspolitik der Caritas gestärkt wird, liegt die starke Konzentration der Fürsorge in der DDR auf die Verbandscaritas zugrunde. Dieser bekenntniszentrierte Immanenzbezug - der in der katholischen Fürsorge

105 Sind die ökonomischen Vorgaben durch den Verband allerdings grundlegend zu knapp bestimmt und fehlen finanzielle Ressourcen für eine umsichtige Fallbearbeitung, dann besteht für die SozialarbeiterIn kein Aushandlungsspielraum mehr, und die engen Verbandsvorgaben behindern dann eine produktive Fallbearbeitung. - Bezogen auf die neuen Bundesländer kann aufgrund der dort eingeführten Finanzierungsmodelle, die im Zuge des Institutionenumbaus forcierter als in den alten Bundesländern umgesetzt wurden, begründet Zweifel formuliert werden, ob Professionalisierungseffekte anhand der neuen betriebswirtschaftlich rationalen ökonomischen Vorgaben überhaupt eingetreten sind.

der DDR stärker ausgeprägt war als in der evangelischen - beinhaltet teilweise auch eine Distanz zu Berufskollegen anderer institutioneller Kontexte und die Tendenz der Zurückhaltung in Fragen innovativer Sozialarbeit, denn diese Tendenz musste aufgrund der universalistisch-professionellen Ausrichtung die engen Bekenntnis- und Verbandsgrenzen sprengen. Die Problemlagen des professionellen Handelns können so aber nicht offensiv genug aufgegriffen werden.

Bei den angedeuteten Grenzziehungen spielen allerdings auch die Implikationen der katholischen Soziallehre eine Rolle.[106] Eine Berufsmentalität, Sozialarbeit eher eng mit dem Verband abzustimmen und Grenzen zu definieren, bedeutet auch Selbstbeschränkung. Diese Art Inselschematisierung, die ein historisches Artefakt und Ergebnis eines Kulturkampfes zwischen Staat und Kirche ist, und die einer universalistisch-fachlichen Bezugnahme der Sozialarbeit auf die Arbeitsaufgaben des Berufes entgegenstehen, wird heute teilweise durch eine Ausdehnung der Caritassozialarbeit in neue Arbeitsfelder hinein verdeckt. Schemata, die einer verbandszentrierten Berufsorientierung zugrunde liegen, können eine engagierte Sozialarbeit behindern. Angesichts eines weitergehenden Verzichts der Verbände auf Basisfinanzierung in der Sozialen Arbeit wird eine stärkere Distanznahme der SozialarbeiterInnen mit verbandzentrierter Berufsorientierung gegenüber der Klientel zu erwarten sein.

In den Berufsorientierungen der SozialarbeiterInnen, die aus der kirchlichen Fürsorge kommen, lassen sich ganz generell Schemata der Zugehörigkeit zur Wir-Gemeinschaft des kirchlichen Verbandes nachweisen, die das Handeln ausrichten und die den Definitionen der beruflich zu bearbeitenden Hilfesituation zugrunde liegen. Kirchliche SozialarbeiterInnen empfinden oftmals das Selbstverständnis ihres Arbeitgebers, der als Trägerverband entlang durchgreifender Vorgaben die Arbeitsaufträge und die Arbeitsabläufe zentral mitbestimmt, als integralen Bestandteil ihres

106 Die naturrechtlich begründete katholische Soziallehre, die von der ‚Seins-Gnade' des Menschen ausgeht, hat historisch gesehen dazu geführt, dass sich die katholische Fürsorge Ende des 19. Jahrhunderts gegen eine an der Förderung der Produktivität der Erwerbsarbeit orientierte Hilfekonzeption richtete. In der Geschichte der modernen Sozialgesetzgebung trug das zur Opposition der katholischen Kirche gegen das lohnabhängige Sozialversicherungsprinzip bei, das den Bismarckschen Sozialstaat auszeichnete. Die - auch als ‚Kulturkampf' gekennzeichnete - Haltung der katholischen Kirche gegen das auf die Steigerung von Arbeitsproduktivität gerichtete Fürsorgeprinzip setzte sich dann in der DDR fort. Die Produktivitätsorientierung in der DDR und die daran gebundene Hilfekonzeption der DDR-Gesellschaft wurden von der katholischen Kirche abgelehnt. In der DDR wurde der Kulturkampf, der bereits im letzten Drittel des 19. Jahrhunderts begonnen hat, sozusagen auf Dauer gestellt.

eigenen sozialarbeiterischen Selbstverständnisses. Das berufliche Selbstverständnis der einzelnen Berufsakteure und die institutionellen Trägerinteressen in der Sozialarbeit stehen teilweise in einem tiefgehenden Spannungsverhältnis, das von den SozialarbeiterInnen - ausgehend von den lebensgeschichtlichen und beruflichen Erfahrungen - entsprechend den Orientierungsschemata von der harmonischen institutionellen Wir-Gemeinschaft in Einklang gebracht wird. In der Diskrepanz einerseits zwischen der Anforderung, den Aufbau einer tragfähigen vertrauensvollen Beziehung durch das Werben um die Öffnungsbereitschaft der Klienten herzustellen, und andererseits dem Druck, einem restriktiven Kostenrahmen zu unterliegen, werden abschottende Schemata einer Verbandsgemeinschaft wirksam. Obwohl sich im Transformationsprozess der ostdeutschen Gesellschaft die Sozialverbände der Diakonie und der Caritas zu Sozialkonzernen und quasi-hoheitsstaatlichen Standardplattformen für die Trägerschaft für soziale Einrichtungen entwickelt haben, für die staatliche Refinanzierung der Sozialarbeit nunmehr der alles vorherrschende Stellenwert ist, werden dennoch Sinnstiftungen bei den SozialarbeiterInnen aus der Idee einer engen Werte- und Lebensgemeinschaft heraus beibehalten. So kann es bei den Berufstätigen zu einer unkritischen Übernahme von Verbandsvorgaben zum Nachteil von Klienten kommen, indem nämlich der Hilfeauftrag ‚bürokratisch' ausgelegt wird und Interpretamente des Verbandes eine eigenständige sozialarbeiterische Fallanalyse behindern.

Schemata einer Verbandsgemeinschaft können durch eine disjunktive Teilung in ‚Innen' und ‚Außen' gefestigt werden. Hiermit werden Orientierungshorizonte, die Hilfeangebote anderer Träger nach Mustern der Zugehörigkeit bzw. Nichtzugehörigkeit einzusortieren, reproduziert und transportiert. Es wird von einer ‚authentischen' kirchlichen Sozialarbeit ausgegangen, die sich gerade in Abgrenzung zu anderen Einrichtungsträgern und in Besinnung auf die gemeinschaftlich geteilten christlichen Werte entfalten soll. Die Zugehörigkeit zum Verband wird u.a. in der Sozialarbeit dadurch betont, dass nach wie vor eine Kooperation mit ‚staatlichen Institutionen' und ihren Repräsentanten gemieden wird. Schemata der Entgegensetzung von kirchlicher und kommunaler Sozialarbeit, die weiterwirken, bestimmen dann die Formen der Kooperation. Dabei können für die Fallarbeit suboptimale Wahrnehmungsformen ausgebaut werden, und die Schemata der Verbandsgemeinschaft und die darin eingebettete berufliche Orientierung setzen dann unnötige Interaktionsgrenzen, die für die Klienten von Nachteil sein können. Die Definition der sozialen Hilfesituation in Stimmigkeit mit dem Trägerverband schließt zwar die Vorstellung eines breit geteilten Konsens über die Ausrichtung des beruflichen Handelns mit ein, wobei der Anstellungsträger als ‚Verbündeter' gesehen wird. Vorgaben dagegen, die heute rationalen Kalkülen folgen und von Seiten der SozialarbeiterInnen vorwiegend als Behinderung erlebt werden, können zum Aufbau eines nachträglich verharmlosenden, sentimentalen Gesellschaftsbildes der DDR führen, dass als Gegenhorizont zu den heutigen Entwicklungen fungiert und eine gewisse ‚Rückwärtsorientierung' erkennen lässt. Diese korporatistische Berufsorientierung, in der Formen der sozialen Sicherung, die vom gemeinschaftlichen Lebensumfeld geleistet werden, präferiert werden, ist inadäquat, da Funktionen kollektiver gemeinschaftsbezogener Hilfe und Unterstützung im Zuge des Institutionentransfer auf ein Berufssystem übertragen worden sind. Modelle gemeinschaftlicher sozialer Sicherung im Sinne des Korporatismus setzten ein spezifisches nachbarschaftliches bzw. auf die Arbeitsgruppe bezogenes Gemeinschaftsgefühl voraus, das dann auch von den Machtzentren der korporatistischen Gesellschaft und deren Organisationen manipuliert werden kann.

SozialarbeiterInnen aus der kirchlichen Fürsorge definieren sich und ihre berufliche Handlungssituation weitgehend anhand der Anschauung, den KlientInnen in umfassender Weise Hilfe leisten zu wollen und für das Gesamt ihrer Problemlagen zuständig zu sein. Ein solcher generalistischer Handlungsansatz im Umgang mit den Klientenproblemen steht im Widerspruch zu der immer weiteren Ausdifferenzierung der Arbeitsfelder in der Sozialarbeit und der damit einhergehenden Spezialisierung. Die Definition der beruflichen Hilfesituation erfolgt anhand von Anschauungen umfassender Zuwendung und Sorge für die Klientel. Dieser generalistische Zugang wird von SozialarbeiterInnen aus der kirchlichen Fürsorge tendenziell auch in der Nachwendezeit beibehalten.[107] Eine immer mehr auf eingeschränkte Teilbereiche des Lebenszusammenhangs hin zielende berufliche Hilfe, vor allem die spezialisierten Beratungsangebote, widersprechen Auffassungen von guter Sozialarbeit. Das berufliche Selbstverständnis, den bedürftigen Menschen umfassend zu helfen einerseits und der Druck zur inhaltlichen Spezialisierung und zur arbeitsbezogenen Schwerpunktsetzung andererseits erschweren die aktive Arbeit an den

107 Mit dem Terminus ‚generalistische' Ausrichtung des Handelns in der Sozialarbeit ist gemeint, dass die SozialarbeiterIn sich für das Gesamt der Problemlagen zuständig fühlt. In Westdeutschland war vor der Einheit Deutschlands diese Handlungsausrichtung bis in die siebziger Jahre hinein ebenfalls üblich und kennzeichnete u.a. die Sozialarbeit in den freien Verbänden. Die Hilfe wurde in generalistischer Weise erbracht. Die sukzessiv eingeführten spezialisierten Abrechnungsmodalitäten veränderte die Hilfearbeit jedoch allmählich. Dieser über Jahrzehnte verlaufende Veränderungsprozess, der die Soziale Arbeit und ihre Handlungsmodelle neu ausrichtete, blieb aber in Westdeutschland aufgrund eines ‚schleichenden' Charakters weitgehend unthematisiert.

Gestaltungsproblemen einer Hilfebeziehung, die das pluralistische Angebot an Hilfemöglichkeit forciert. Angesichts der Differenzierung der Problemlagen der Klienten und der Hilfeangebote entstehen aufgrund der Schemata unzulängliche Haltungen, da Expertisen herausgebildet werden müssen, um z.B. einer komplexen Überschuldungsproblematik gerecht zu werden. Die SozialarbeiterIn kann die immer komplexer werdenden Problemstellungen ihres Klientel heute nicht mehr alleine bewältigen und muss KollegInnen und ExpertInnen der eigenen und/oder anderer Berufsgruppen einbeziehen. Angesichts der komplexen Problemstellungen im Leben der Klienten und der komplexen Arbeitsprozesse in der Sozialarbeit, die sich aus gesellschaftlichen Ausdifferenzierungen und fachlichen Spezialisierungen ergeben, wird zwar die Gefahr größer, dass die Gesamtsituation, in der sich die Klienten befinden, aus dem Blick geraten kann - jedoch handelt es sich dabei um eine Entwicklung, auf die mit geeigneten Konzepten durchaus adäquat reagiert werden kann. So können z.B. die spezialisierten Arbeitsschritte durch eine auf die gesamte Lebenssituation der Klienten schauende SozialarbeiterIn in Form von Übersichtsarbeit analysiert, gesteuert, koordiniert, evaluiert und in Form einer biographischen Sachwalterschaft wieder als Gesamtarbeitsbogen zusammengeführt und organisiert werden. Den Folgen der Spezialisierung kann also mit einem integrierendem case-management begegnet werden.[108]

Schemata der Zugehörigkeit der SozialarbeiterIn und ihres kirchlichen Trägerverbandes zum gesellschaftlichen Rand bzw. zu gesellschaftlichen Nischen wirken ebenfalls auf die Handlungsorientierung ein. Eine kritische Haltung anderen, nicht-kirchlichen Trägern der Sozialarbeit gegenüber kann - wie oben bereits ausgeführt - den eigenen Handlungsspielraum für Kooperationen eingrenzen. Das eigene Marginalitäts- bzw. Peripherie-Orientierungsschema wirkt aber auch derart, dass eine überkritische Haltung gegenüber SozialarbeiterInnen, die aus der staatlichen Fürsorge kommen, unter der Annahme einer vormaligen Kompromittierung im Territorium der DDR-Gesellschaft eingenommen wird und diesen SozialarbeiterInnen eine professionelle Entwicklungsfähigkeit grundlegend abgesprochen wird. Denken in Lagern erschwert Formen der sozialpolitischen Mitgestaltung. - SozialarbeiterInnen, die bereits in der DDR Mitgestaltungsan-

---

108 Ein Bewusstsein darüber, dass es in der Sozialen Arbeit durch die Partialisierung des Arbeitsbogens eine Art Arbeitsbogenkoordinator geben muss, der als ,casemanager' die einzelnen spezialisierten Hilfeangebote zusammenführt und koordiniert und Klienten biographisch berät und die biographischen Folgen der partiellen Hilfearbeit im Blick behält, besteht in der Sozialen Arbeit insgesamt noch nicht zur Genüge. In Bezug auf die vergleichbare Problematik in der spezialisierten ärztlichen Arbeit vgl. Strauss 1985.

sprüche formulierten - Mitgestaltungsansprüche, die in der Diakonie prononciert formuliert worden waren -, wirken allerdings einer tendenziellen Abschließung der eigenen Verbandsgemeinschaft entgegen.

SozialarbeiterInnen, die dagegen aus der gesellschaftlichen Gegenweltschematisierung nicht bzw. nur teilweise herausfinden und Sozialarbeit auch weiterhin aus der Entgegensetzung von Staat und Kirche definieren bzw. verstehen, orientieren sich weniger an den professionellen Standards des Berufs und des Berufsfeldes und somit auch weniger am Fallbezug selbst, da der hierokratische Trägerverband letztlich wichtiger ist als der Klient mit seinen drängenden Problemen. Die SozialarbeiterInnen bleiben einer dichotomischen Verhältnisbestimmung von kirchlichem Trägerverband und Gesellschaft verhaftet. Der Wechsel von der DDR-Berufstätigkeit, die in der gesellschaftlichen Peripherie angesiedelt war, in einen Beruf, der sich nun mehr mit zentralen gesellschaftlichen Problembeständen befasst, wird durch ein solches schematisiertes Selbstverständnisse nur unzureichend vollzogen. Die verbandsbezogenen Schemata erschweren, dass die Sozialarbeit als systematisches Berufsfeld eigenen Rechts angenommen wird. SozialarbeiterInnen, die einer tendenziell harmonischen Binnensichtweise anhängen, betrachten - ungeachtet des Organisationswandels im Transformationsprozess - ihre Arbeit fortgesetzt unter obsolet gewordenen Prämissen.

Schemata, die durch Zugehörigkeit und geteilte Erfahrung kollektiv - als Bestandteil des symbolischen Universums - erworben werden, sind bei einem Institutionentransfer wie dem der sozialen Hilfe und der Hilfearbeit im Transformationsprozess von der DDR zu den neuen Bundesländern relativ stabil. Zwar werden diese elementaren Anschauungen durch die ‚fremden' Institutionen in Frage gestellt, sie bestehen jedoch fort. SozialarbeiterInnen in den neuen Bundesländern stellen gerade auch in Diskursen mit westdeutschen KollegInnen und InstitutionenvertreterInnen - teilweise schmerzhaft - fest, dass Anschauungen nicht geteilt bzw. verstanden werden. Die elementaren Anschauungen und Vorstellungsbilder der ostdeutschen SozialarbeiterInnen dahingehend, wie z.B. Gerechtigkeit und ein Gerechtigkeitsausgleich hergestellt werden könne, kann westdeutschen KollegInnen und InstitutionenvertreterInnen oftmals nur schwer vermittelt werden. Schemata, die der Definition der Hilfesituation in der Sozialarbeit zugrunde liegen, können jedoch mittels Reflexionsprozessen den Betroffenen transparent gemacht werden. Jenseits der Berufsbiographie, individueller Kompetenz und der Formen konkreter persönlicher Erfahrung verweisen sie auf Formen der Sozialität, denen ein konjunktiver Erfahrungsraum (Mannheim 1980) spezifischer Vergemeinschaftung zugrunde liegt.

4.6.3 *Zur besonderen Wirksamkeit elementarer Schemata in der Sozialarbeit*

Im beruflichen Handeln der Sozialarbeit, das immer auch durch eine individuelle ‚Hilfe-Beziehung' gekennzeichnet ist und in der die Interaktion mit den Klienten den Arbeitsbogen maßgeblich strukturiert, wirken Schemata in besonders intensiver Weise. Eine SozialarbeiterIn entwickelt eine Problemsichtweise im Kontext einer konkreten gesellschaftlichen Situation. Das, was der Problemzusammenhang ist, wird nicht ausschließlich durch fachliches Berufswissen (vor)definiert. Dem Berufsverständnis liegen vielmehr auch gesellschaftliche Vorstellungen zugrunde, wie das Soziale zu gestalten ist. Das berufliche Handeln in der Sozialarbeit ist nur in geringem Umfang fachwissenschaftlich festgelegt, und der Umfang an Fachwissen erscheint zudem variabel. Sozialarbeit ist in hohem Maß durch Wertorientierungen geprägt und unterliegt den kollektiven Ausdeutungen dessen, was als sozial problematisch bzw. sozial notwendig angesehen wird. Die Art und Weise, wie Gerechtigkeit und Interessen gewahrt werden können, hängt von gesellschaftlichen Anschauungen ab, wie das Soziale überhaupt gestaltet werden soll. Diesen Anschauungen entsprechen allgemeine Typenkategorien.

Das Berufswissen der SozialarbeiterIn hat zudem interdisziplinären Charakter. Die SozialarbeiterIn, die die Spezifität des Einzelfalls vor dem Hintergrund ihres Berufswissens erkennen soll - also das, was hier und jetzt spezifisch der Fall ist - muss das konkret-praktisch in der Hilfe-Beziehung herausarbeiten. Gerade das zeichnet einerseits das professionelle Berufshandeln aus. Andererseits greift die SozialarbeiterIn hierbei auf ein - mit Notwendigkeit - wenig systematisch geordnetes Wissen zurück, welches in hohem Ausmaße gesellschaftliche Interpretamente beinhaltet. Da in der Sozialarbeit das berufliche Handeln weniger en detail fachspezifisch begründet wird, sondern sich an Vorstellungskomponenten, die wertbezogen und gesellschaftsabhängig sind, orientiert, kommen elementare Schemata besonders intensiv zum Tragen. Durch den Institutionentransfer kam es auf der Ebene der höhersymbolischen professionellen Sinnwelt zu Veränderungen in den Interpretamenten und in den spezifisch geformten Wissenselementen der Sozialarbeit sowie zu einem Schematawandel. Das besondere Merkmal im Transfer des Berufswissens in der Sozialarbeit ist, das der Transfer unsystematisch und curricular uneinheitlich erfolgte.

Ein tieferes Wissen um die Prozess- und Strukturmerkmale eines gesamtgesellschaftlichen Transformationsprozesses bestand (noch) nicht. Es stellt sich in diesem Zusammenhang ganz allgemein die Frage, wie die Theorien zu Bildungs- und Professionalisierungsprozessen auf die personalen und kollektiven Veränderungsprozesse im gesamtgesellschaftlichen Transformationsgeschehen übertragen werden können. Das Besondere des beruflichen Wandels (DDR-BRD) besteht ja darin, dass er nicht innerhalb eines verbindlichen strukturgebenden Kontextes vonstatten ging, sondern dass sich der gesellschaftliche Kontext radikal verändert hatte. Das Spektakuläre, in der sozialwissenschaftlichen Forschung bis dahin kaum Erfasste, liegt darin, dass es keine konstante Makrogröße gab, keine strukturelle Kontinuität, entlang deren Parametern sich ein solcher Lern- und Identitätsveränderungsprozess entfalten konnte, sondern dass zeitgleich und parallel Makrostrukturen, Mesostrukturen, Mikrostrukturen und biographische Prozessstrukturen in Unordnung gerieten und sich gleichzeitig reziprok entstabilisierten. Entsprechend war zwar aus sozialwissenschaftlicher Perspektive zu erwarten, dass die Veränderungsprozesse in ihrer Komplexität und Vielschichtigkeit nicht synchron und effektiv und allseits zufriedenstellend verlaufen würden. Die Bildungs- und Professionalisierungstheorien klassischer Art passen somit auch nicht auf die ‚ungeordnete' anomische Logik der Prozessabläufe eines gesamtgesellschaftlichen Umbruchprozesses.

Die Einsozialisation in die Sinnwelt der Sozialarbeit - in ihre Handlungs- und Reflexionsverfahren - fand unter kontingenten sozialweltlichen Bedingungen statt. Gerade auch die WestausbildnerInnen hatten die Bedeutung des Zeitfaktors in den Aneignungsprozessen, in denen die transferierten Elemente der Sozialen Arbeit in einem steten ‚Hin und Her' von Theorie und Praxis, von gelerntem und erfahrenem ‚Wachsen-Können-Müssen' nicht bzw. kaum gesehen und zum Gegenstand von Ausbildungsprozessen gemacht. Die Schwierigkeit der kulturellen Fremdheit, deren Überwindung retardierende Zeiteinheiten der Vermittlung und des Lernens erforderlich gemacht hätte, wurde nicht gesehen und beachtet.

Anschauungen und Sichtweisen der ostdeutschen SozialarbeiterInnen, die aus der Fürsorge kommen, werden in Bezug auf Komponenten der sozialarbeiterischen Hilfesituation von den spezifischen historisch-kollektiven Sichtweisen und Deutungsmustern des Sozialen der DDR-Gesellschaft auch heute (noch) mitbestimmt. In die Situationsdefinitionen, die das berufliche Handeln der SozialarbeiterIn konstituieren, z.B. die Definition der Beratungssituation, fließen die beschriebenen Schemata in Bezug auf die Beziehungen zum Klientel, in Bezug auf die Beziehungen zum Verband und in Bezug auf die gesellschaftliche Rolle und Funktion der Sozialarbeit fortgesetzt mit ein.

Irritationen waren aufgrund der Unterschiedlichkeit der elementaren Schematisierungen bzw. Anschauungen unvermeidlich. Berufe und Professionen konstatieren ein im Kern festumrissenes Wissenssystem. In den einschlägigen Professionen besteht die Vorstellung, dass die Kernwissensbestände relativ resistent gegenüber gesellschaftlichen Veränderungsprozessen sind; so z.B. indem in der Medizin naturwissenschaftliches Wissen als Basiswissen und auch als eindeutig prägend für die professionelle Sinnwelt angesehen wird. Es wird mehr oder weniger in allen Professionen Universalität und gesellschaftliche Unabhängigkeit des Orientierungswissens in den Kernbereichen der Tätigkeit und in den entsprechenden Bearbeitungsmustern unterstellt. Dabei wird die faktische Abhängigkeit der Sinnwelt-Grundorientierungen vom Gesellschaftsverständnis ignoriert. Selbstverständlich fußen auch andere professionelle Berufe als die der Sozialarbeit auf alltagsweltliche Sinnsetzung, die von gesellschaftlichen Sichtweisen abhängen: wie z.B. gerade auch das ärztliche Handeln mit seinem naturwissenschaftlich abgesicherten Wissensbestand und seinen technisch-instrumentellen Verfahren.

Gerade aber die Irritationen der SozialarbeiterInnen, die aus der Fürsorge kommen, belegen aber, dass elementare Orientierungsschemata wirken und dass im gesamtgesellschaftlichen Transformationsgeschehen ein Wandel in den Schematisierungen stattgefunden hat.

Schemata sind von ihrer Struktur her nur schwer der Reflexion zugänglich und zu thematisieren, weil es sich nicht um explizite Theorien handelt, sondern eben um ‚gängige' Auffassungen. Der Wandel der Schemata im Transformationsprozess ist sozialwissenschaftlich bisher noch nicht systematisch ausgearbeitet. Es fehlen insofern sozialwissenschaftliche Kategorien, die den Schematisierungswandel in den Gesellschaften im Übergang erfassen und begrifflich kennzeichnen - nicht nur in Bezug auf die Sozialarbeit.

Die auf der Phänomenebene festgestellten Besonderheiten in den Berufsorientierungen der SozialarbeiterInnen in den neuen Bundesländern irritierten die SozialarbeiterInnen als auch die SozialwissenschaftlerInnen gleichermaßen. Berufliches Handeln gestern und heute erscheint - sowohl auf der berufspraktischen Ebene des Erlebens und der Darstellung wie auch auf der Ebene des empirisch-wissenschaftlichen Erfassens und des systematischen Vergleichens und Interpretierens - inkommensurabel. Sie werden in denjenigen Diskursen durchaus formulierbar sichtbar, in denen die SozialarbeiterIn hinsichtlich ihres beruflichen Handelns in einen erhöhten Erklärungsdruck gerät. Elementare Orientierungsschemata sind auch deshalb empirisch schwer zu fassen, weil sie tendenziell nur indirekt zum Ausdruck kommen. Grundlegende Orientierungsgehalte können aber durch die Verwendung gleicher oder ähnlicher Sprachsymbole - z.B. in Ost- und Westdeutschland - verdeckt sein. Die Orientierungsprinzipien, wie sie die elementaren Anschauungen repräsentieren, lassen sich also durch explizite sprachliche Repräsentationen weitgehend nicht ausmachen. Die Schemata wie auch ihr Wandel sind oftmals in symbolischen (Sprach-)

Figuren enthalten.[109] Die disparate Bedeutung dessen, was jeweils unterschiedlich gemeint ist, erschließt sich oft erst durch die Gesamtgestalt der Darstellungsfigur in einem Interview, z.B. die einer Argumentation. Schemata und differente Orientierungsbezüge zeigen sich auch indirekt-irritierend in kommunikativ-interaktiven Missverständnissen.

Der Mangel an theoretischen Kategorien bedeutet auch für die vom Wandel Betroffenen, die also diesen Wandel handhaben und bewältigen müssen, dass Kategorien zur Reflexionen (noch) nicht verfügbar sind. Das Fehlen von Kategorien stellt aber eine grundlegende Reflexionsbarriere dar.

4.7 Die Dimensionen der beruflichen Orientierungsgestalt

Unter einer Orientierungsgestalt wird die Form der biographischen Selbstthematisierung und - auch jenseits der Thematisierbarkeit - die aktuelle Ordnungsstruktur der biographischen Aktivitätssteuerung verstanden. „Für die biographische Gesamtformung ist also nicht nur konstitutiv eine spezifische Form der Verkettung lebensgeschichtlich vergangener Ordnungsstrukturen des Lebensablaufs, sondern auch die dieser Verkettung vergangener Ordnungsstrukturen entsprechende gegenwärtige Steuerungsstruktur der Lebensführung und der biographischen Aktivitäten“ (Schütze 1981:127). Nach Schütze handelt es sich dabei um die oberste Orientierungskomponente der Aktivitätsorientierung, die teilweise vom Biographieträger nicht thematisiert werden kann, weil darüber noch keine Eigentheorie vorliegt.

Der speziellere Terminus berufliche Orientierungsgestalt fokussiert entsprechend die soziobiographischen und beziehungsstrukturellen Prozesse der professionellen Berufsakteure - hier derjenigen der Sozialarbeit - mit ihren lebensgeschichtlichen und professionellen Basispositionen und -dispositionen, die als geronnene lebensgeschichtliche Erfahrungen, Verletzbarkeiten und Erfahrungs- sowie Handlungskapazitäten, die berufliche

109 Der Wandel der Schemata kann über das Handlungsfeld der Sozialarbeit hinaus entlang einer Analyse von Diskursen anhand von Dokumenten und schriftlichen Erzeugnissen - wie z.B. anhand der Analyse der Entwicklung der DDR-spezifischen Fachliteratur zur Fürsorge und der später daran anschließenden Fachliteratur der Sozialarbeit - analysiert werden.

Handlungsorientierung und die beruflichen Handlungsvollzüge fundieren. Im Prozess von der Fürsorge zur Sozialarbeit ergibt sich eine je individuelle ‚Gestalt' beruflicher Orientierung. Diese berufliche Orientierungsgestalt der SozialarbeiterInnen in den neuen Bundesländern besteht aus mehreren Dimensionen, die jeweils in ihrem Bedingungsgefüge die derzeitige je individuelle berufliche Handlungsorientierung darstellen. Die grundlegenden Komponenten sollen im Folgenden dargestellt werden.

Die individuelle berufliche Orientierungsgestalt lässt sich in vier Dimensionen fassen: Eine erste Dimension der beruflichen Orientierungsgestalt besteht aus der biographischen Erfahrungsaufschichtung. Die berufliche Orientierungsgestalt ist insofern zentral von den biographischen Prozessen determiniert, als aus der Lebens- und Berufsgeschichte berufliche Orientierungen hervorgehen, die - einmal situativ relevant geworden, eventuell auch später in anderen Situationen modifiziert - heute die Grundlage aktueller beruflicher Orientierungen bilden. Berufsorientierungen haben demzufolge einen biographischen Ort. Orientierungskerne westlicher Sozialarbeit wie z.B. die Orientierung an zivilgesellschaftlichen Formen des sozialen Lebens können unter günstigen Voraussetzungen schon zu DDR-Zeiten oder durch einschränkende Situationserfahrungen nach der Systemwende in die berufliche Orientierungsgestalt eingearbeitet worden sein: etwa durch Konfliktsituationen der Spannung zwischen DDR-Staat und Kirche durch die Beteiligung an den Bürgerinitiativen der Wendezeit, usw. Unter weniger günstigen Bedingungen kann es aber auch sein, dass alte Orientierungskerne des beruflichen Handelns aus DDR-Zeiten in der gegenwärtigen Praxis der Sozialarbeit nicht mehr in die aktuelle Handlungswirklichkeit umgeformt werden können. Für die derzeitige berufliche Orientierungsgestalt solcher SozialarbeiterInnen sind sie aber dennoch im Sinne von Orientierungsfiguren fortgesetzt wirksam. Bei solchen Personen kann in heutigen Arbeitssituationen das Gefühl dominant werden, etwas Defizitäres bzw. Fehlerhaftes zu tun. Oder umgekehrt kann sich der Eindruck festsetzen, damals defizitär gearbeitet zu haben und aus dieser Inkompetenzfalle noch immer nicht herausgekommen zu sein.

Neben diesen berufsbiographischen Orientierungskernen gehören zur biographischen Dimension der beruflichen Orientierungsgestalt Kompetenzen, die beruflich erworben worden sind. Es handelt sich dabei hauptsächlich um Handlungs- und Sozialkompetenzen. Auf einer allgemeineren Ebene geht es auch um persönliche Erfahrungen, etwas ‚gut zu können'. Berufliche Erfahrungen können aber auch eine Verletzungsdisposition sein - z.B. dann, wenn die berufliche Erfahrung gemacht worden ist, dass man mit bestimmten Situationen im beruflichen Handlungszusammenhang nicht besonders gut zurechtgekommen ist. Soziale Situationen mit entsprechenden Erkennungssymbolen wirken in dem Sinne, dass in aktuellen beruflichen Situationen, die einen ähnlichen Charakter haben wie die, die bereits als schwierig bekannt sind, mit denen nur schwer umzugehen war oder die eben gerade überhaupt nicht bewältigt worden sind, dann automatisch gemieden werden oder nur mit Bangen erwartet werden. Es stehen in dem einen Fall die Werkzeuge zur Gestaltung der beruflichen Situation schon zur Verfügung und in anderen Fällen fehlen sie.

Eine Komponente der berufsbiographisch erworbenen Handlungs- und Sozialkompetenzen - die entweder bereits vorhanden oder nicht vorhanden sein kann - ist das bereits bestehende Kompetenzbild, das die SozialarbeiterIn von sich selbst hat. Entsprechend diesem Kompetenzbild werden konkrete Handlungssituationen eher aufgesucht oder eben umgekehrt eher umgangen. Soweit die Kompetenzen bewusst sind, d.h. die SozialarbeiterIn sich ihrer gewiss ist, hilft das Kompetenzbild, sich z.B. gerade auch in ungewisse Situationen hineinzubegeben. Sind die Kompetenzen nur intuitiv erfasst, tritt die Schwierigkeit auf, dass, wenn im aktuellen Handeln frühere nicht-bewältigte oder doch sehr schwierige bzw. schmerzhafte Problemkomponenten auftreten, diese auf ihre Ursache hin nicht sicher eingeschätzt werden können. Das Kompetenzbild wird von der SozialarbeiterIn also durch die Berufsbiographie ‚mitgeschleppt', z.B. auch in der Form, dass vermeintliche persönliche Schwächen verborgen werden müssen.

Ein weiterer biographischer Aspekt der beruflichen Orientierungsgestalt sind dichte Symbolisierungen (‚Sprachbilder'), die für den Biographieträger deshalb bedeutsam sind, da sich in ihnen Wertorientierungen genereller Art manifestieren. Relevant sind aber auch Symbolsysteme und Kategorien, die biographisch erworben wurden und die für die derzeitige Handlungsausrichtung von hoher Wichtigkeit sind. Diese dichten Symbolisierungen, Kategorien und Symbolsysteme sind Bestandteil der (Berufs-) Identität. In ihnen wird ausgedrückt, womit man sich identifiziert und wozu man gehört. Bei den ostdeutschen SozialarbeiterInnen gehören - in der beruflichen Orientierungsgestalt unter den Bedingungen des gesellschaftlichen Zusammenbruchs - alle Symbolisierungen dazu, die eine Zugehörigkeit zur Sozialarbeit in den neuen Bundesländern anzeigen und durch die man als ostdeutsche SozialarbeiterIn ‚erkennbar' ist.

Ein weiterer biographischer Aspekt der beruflichen Orientierungsgestalt sind die biographischen Prozesse im engeren Sinne und ihre Entfaltungslogiken. Diese Logiken entwickeln in Bezug auf die berufliche Orientierungsgestalt ebenfalls eine enorme Wirkkraft. So kann z.B. die derzeitige berufliche Orientierungsgestalt von den Erfahrungen eines Verlaufskurvenprozesses des Erleidens her (mit-)bestimmt und die aktuelle Handlungsorientierung von einer Verlaufskurvendynamik her überformt sein. In diesem Fall wird die berufliche Orientierungsgestalt eine spezifische ‚Tönung' haben, wie z.B. die der Erfahrung des Scheiterns an den aktuellen Handlungsbedingungen. Andererseits ist die berufliche Orientierungsgestalt im Falle eines berufsbiographischen Wandlungsprozesses von den kreativen Wandlungserfahrungen her bestimmt. Im Falle der Dominanz normativer institutioneller Ablaufmuster wird die berufliche Orientierungsgestalt durch die biographische Unbeweglichkeit und ‚Starrheit' dieser Ablaufprozesse mitbestimmt.

Die Dynamiken von Prozessstrukturen des individuellen Lebensablaufs bleiben erstaunlicherweise oftmals über den gesellschaftlichen Umbruch hinweg erhalten, wie z.B. die Dynamik eines Verlaufskurvenprozesses, obwohl Verlaufskurvenbedingungen im Einzelnen - wie u.a. rigide und auf Kontrolle basierende berufliche Handlungsvorgaben - durch den politischen und gesellschaftlichen Umbruch sowie den berufsstrukturellen Wandel weggefallen sind.

Eine zweite Dimension der beruflichen Orientierungsgestalt sind berufsbiographische Schicksale im engeren Sinne. Hierbei handelt es sich um besondere Konstellationen, z.B. wenn eine SozialarbeiterIn in einer Beratungsstelle professionell generalistisch orientierte Beratungen in der DDR erfolgreich durchgeführt hat und dann aufgrund der Umstrukturierungen der Organisation diese Formen der Beratungsarbeit immer mehr in den Hintergrund rücken. Die SozialarbeiterIn gerät in eine Marginalitätsposition und muss von dieser Position aus ihren beruflichen Aufgabenbereich neu definieren. Ein solches berufliches Schicksal, nämlich dass eben jemand vom Zentrum der Organisation durch die Umstrukturierungen im Berufsfeld an die Peripherie gerät, stellt eine berufsbiographische Bedingung eigener Art dar, die ebenfalls die berufliche Orientierungsgestalt massiv mitbestimmt. Das trifft auch zu, wenn der berufliche Status im Zuge des gesellschaftlichen Umbruchs mit den einhergehenden beruflichen Umstrukturierungen abgewertet, gefährdet oder - umgekehrt - aufgewertet wird.

Eine dritte Dimension der beruflichen Orientierungsgestalt sind die beruflichen Wissensvorräte, die berufs-kollektiv geteilt und gelehrt werden. Die aktuelle berufliche Orientierungsgestalt besteht zudem aus Schemata zur Wahrnehmungs- und Handlungsorganisation - so z.B. in Schemata besonderer sozialer Nähe. Soziale Hilfe in der DDR, die als solche anders gelehrt und praktiziert wurde, beinhaltete Vorstellung, dass Nachbarschaft eine systematisch zu berücksichtigende Kategorie im Hilfeprozess ist und dass soziale Hilfe einen flächendeckenden territorialen Charakter haben sollte. Diese Schemata wirken heute noch auf die berufliche Orientierungsgestalt. Zu dieser Dimension der beruflichen Orientierungsgestalt gehören auch die Anschauungen über das Verhältnis von SozialarbeiterIn und Verband bzw. Organisation (‚Verbandsschematisierungen').

Eine vierte Dimension der beruflichen Orientierungsgestalt sind ferner die symbolischen Schematisierungen des Zusammenbruchs der DDR-Gesellschaft. Der Bruch wird von denjenigen, die Teil dieser Gesellschaft waren, symbolisch verarbeitet. Zur Vergangenheit und zum Geschichtsverlauf muss eine Haltung entwickelt und eine Position eingenommen werden. Oftmals werden die Ereignisse in Form von dichotomischen Kategorien des Besser bzw. Schlechter auf den Punkt gebracht und in Gegensatzanordnungen gestellt. Symbolische Schematisierungen wirken auf die aktuelle berufliche Orientierungsgestalt und dies vor allen Dingen in Hinblick auf die Wertungen der Berufsrealität und der Klienten sowie auf die Einschätzung notweniger reflexiver Aktivitäten.

4.8 Institutionen im Transformationsprozess

In der sozialwissenschaftlichen Betrachtung des Institutionentransfer von der DDR-Gesellschaftsformation zur bundesrepublikanischen Gesellschaftsformation zeigt sich, dass sich die den Institutionen zugrundeliegende ‚Grammatik' verschoben hat. Unter Grammatik der Institution wird hier - in etwas freier Anlehnung an den Bedeutungshof, das Verständnis und die Definition einer Grammatik der Sprache - ein Regelwerk verstanden, das von Institutionsakteuren kreiert worden ist und fortgesetzt reproduziert und transportiert wird. Die Fähigkeit, diese Grammatik einer Institution zu handhaben, wird geschöpft und in Sozialisationsprozessen weitergegeben, aber nicht jeder vermag - konvergierend dem Sprachregelwerk - über die Grammatik selbst und ihre Regeln, die eher naturwüchsig beherrscht werden, auch reflektiert Auskunft zu geben.

Wenn situativ gelernt wird, werden die praktizierten Regularitäten zwar beherrscht, aber nicht immer kann Auskunft über die angewandten Regeln gegeben werden. Die Erklärungsfigur der grammatikalischen Verschiebung gibt Aufschluss und Einblick auch in die gegenwärtige Differenz der institutionellen Wirklichkeit von westdeutscher und ostdeutscher Sozialarbeit. Insbesondere kann so klarer werden, was oben als das ‚Eigensinnige' der beruflichen Handlungsausrichtung ostdeutscher SozialarbeiterInnen bezeichnet wurde.

Institutionen werden in ihrer Orientierungsfunktion von einer Grammatik - nämlich von der Kultur, dem Stil und den Anschauungen über die Art der Interaktion und Kommunikation, von der Gesamtheit des benötigten Wissens sowie den Regeln und Gesetzmäßigkeiten der entsprechenden Handlungsfertigkeiten und den Haltungen gegenüber der geschichtlichen Entwicklung und den Veränderungen und den symbolischen Verknüpfungen zwischen den historischen Erfahrungsbeständen von früher und heute - in ihrer Wirklichkeit geprägt.

Ein Ergebnis dieser Studie ist, dass es in der Sozialarbeit, in der es um die Gestaltung, Aufrechterhaltung bzw. Wiederherstellung von Gegenseitigkeit zwischen Individuum und Gesellschaft geht, sehr unterschiedliche Konzeptionen davon geben kann, wie das Individuelle und Gesellschaftliche verknüpft ist. Die Auseinandersetzungen darüber, wie die Gegenseitigkeitsbeziehungen zu gestalten sind, reichen zeitgeschichtlich weit zurück. Sie gehen bereits auf Auseinandersetzungen über die Politik des Wohlfahrtsausschusses in Folge der französischen Revolution zurück. Die spezifische deutsche Tradition über die Rolle und Funktion der Fürsorge wird im deutschen Kaiserreich grundgelegt. Die Fürsorge wurde in den staatlichen ‚Dienst' genommen und steht seitdem in einer Tradition, in der immer auch Kollektivinteressen stark akzentuiert wurden.

Die Studie zeigt, dass in Gesellschaftsformationen, in denen die Gegenseitigkeitsbeziehungen kollektivistisch schematisiert sind, zentrale Grundlagen für die Ausgestaltung beruflicher Sozialarbeit fehlen. Das Verhältnis von Individuum und Kollektiv wird in einer solchen Gesellschaftsformation - wie derjenigen der DDR-Gesellschaft - inklusiv-harmonisch gedacht und konzipiert: d.h. das Wohl und die Entwicklung des Kollektivs ist immer auch gleichzeitig das Wohl und die Entwicklung des Individuums. So bleibt nur ein sehr schmaler Grad, Sozialarbeit als beruflich erbrachte individuelle Hilfeleistung zu definieren und professionell zu praktizieren. In dieser Gesellschaftsformation fehlen die wissensbezogenen Grundlagen einer fallbezogenen Sozialarbeit. Wird im Gesellschaftsentwurf von der Idee einer alles übergreifenden, auch die Individuen harmonisch inkorporierenden Ordnung ausgegangen, wie es in der DDR-Gesellschaft der Fall war, werden individuelle soziale Problemstellungen in ihren Ursachen, soweit sie (überhaupt) thematisch werden, verdeckt und als Ausdruck individueller Fehlentwicklung wahrgenommen und definiert. Für eine professionelle Sozialarbeit, die sich zugleich fallbezogen und systematisch auf das Klientel bezieht, fehlen dann kognitive (begrifflich-kategoriale) Ressourcen. Der Fallbezug in der Sozialarbeit[110] - mit den Grundkomponenten der Fallanalyse und Fallbearbeitung - ist nämlich auf Sinnressourcen angewiesen, die eine Distanznahme zum symbolischen

110 Mit Fallbezug ist die Ausrichtung der Aufmerksamkeit und der beruflichen Aktivität auf einen abgegrenzten singulären Problemzusammenhang gemeint und nicht notwendigerweise ausschließlich die Bezugnahme auf eine individuelle Einzelperson in ihren Schwierigkeiten.

Sinnhimmel einer Gesellschaft ermöglichen und diesen Sinnhimmel zu transzendieren vermögen.

Als ein systematischer Ausgangspunkt beruflicher Sozialarbeit kann gesetzt werden, dass Sichtweisen gesellschaftlich verankert sein müssen, die von disparaten Interessensphären des Individuellen und des Kollektiven ausgehen, und dass die Entgegensetzung dieser Interessen zu meistern ist. Individuelles Wohl und kollektive Wohlfahrt müssen voneinander unterschieden gedacht und Individualinteresse und Kollektivinteresse müssen als sich als z.T. divergierend gegenüberstehend wahrgenommen werden (können). Dies ist eine der zentralen Grundlagen der Sozialarbeit: nämlich individuelle Problemlagen und individuelle Klientenperspektiven abgegrenzt von gesellschaftlichen Vorgaben wahrzunehmen und handhaben zu können. Die entsprechenden kognitiven Ressourcen für die Betrachtung individueller Problemsituationen - dass z.B. eine Sozialisation in die Gesellschaft hinein auch misslingen kann sowie dass Gerechtigkeit vorenthalten wird und Individuen trotz umfangreicher sozialer Sicherungssysteme benachteiligt sein können - müssen gesellschaftlich potentiell vorhanden sein. In Gesellschaftsformationen, in denen das Verhältnis von Individuum und Kollektiv als grundsätzlich disparat, inkommensurabel und konfliktreich angesehen wird und die entsprechende Diskurse darüber auch zulässt, findet sich dann auch die kognitive Basis für eine professionelle Sozialarbeit.

Mit dem Fallbezug ist eine besondere Form von Chaos und Ordnung verbunden, die von der SozialarbeiterIn ausgehalten werden muss. Der Fall hat eine eigene Ordnungsstruktur, der Singularität und Historizität innewohnt - und das mit einer entsprechenden Offenheit auf die Zukunft hin. Obwohl streckenweise Chaos zu sein scheint, kann doch eine eigene Ordnung entdeckt werden (Giddens 1997). Dieser Entdeckungsprozess ist Bezugspunkt und zugleich Teil professionellen Handelns, durch den Muster gefunden werden, die wiederum Ansatzpunkte für Handeln aufzeigen. Professionelles Handeln zeichnet sich dadurch aus, dass das Handeln sich auf diese sich entfaltende Eigenstruktur bezieht. Das Wissen von der Singularität und Historizität der Fälle sowie von der grundlegenden Emergenz, die in den Fällen selbst innewohnt, und ein Vermögen, die Strukturierungsleistung in einer letztlich konsensuellen Interaktionsbeziehung zu erbringen (Schütze 2000) gehört in diesem Sinne ausdrücklich zur professionellen Arbeitshaltung. Ohne diese Einsicht und Haltung ist professionelles Handeln per Definition nicht denkbar.

Schemata des kollektiv geteilten ‚Wir' der Gesellschaft, in der die Problemlagen eindeutig definiert und wohlgeordnet sind bzw. sich innerhalb einer festgelegten Bandbreite bewegen, wirken - gerade wegen der programmatisch und definitorisch administrierten Problembearbeitung -

einer professionellen Fallarbeit entgegen. Vertrauen in die Darstellungsfähigkeit der Klienten und in das Vermögen, sich interaktiven Erkundungsprozessen zu überlassen - sich an seiner sich allmählich entfaltenden Gestalt oder Figuration entlang arbeiten zu können, in der die Problemlagen in ihrer spezifischen individuellen Tönung zum Vorschein kommen -, impliziert Sozialformen, nämlich den individuellen Sichtweisen der Klienten gegenüber Aufmerksamkeit aufzubringen. Ein mäeutisches Arbeitsprinzip, in dem die SozialarbeiterIn die Relevanz-Setzungen der KlientIn berücksichtigt und in dem sie sich von der Fallgestalt leiten lässt, muss zumindest begleitend in den gesellschaftlichen Sozialformen entwickelt worden sein.

Ein generellerer Untersuchungsgegenstand für weitere Forschungen könnte darin liegen, ob in anderen beruflichen Handlungsbereichen der DDR-Gesellschaft ausreichend Interpretamentressourcen vorhanden waren, individuelle Problemlagen zu betrachten und zu bearbeiten. Es kann davon ausgegangen werden, dass es zumindest auch dort Schwierigkeiten gegeben hat, sich die Singularität und Historizität der Fallstrukturierung vorzustellen. So könnten z.B. juristisches Handeln in Hinblick auf den Institutionentransfer und die Gestalt beruflicher Orientierung der Akteure in Ostdeutschland unter einer solchen Forschungsperspektive und -fragestellung Gegenstand einer wissenschaftlichen Studie sein.

Auch die Interventionen in der Sozialarbeit - wie Bildung, individuelle Entwicklungsförderung sowie die existenzabsichernden Maßnahmen oder Formen der ‚Aufklärung' -, die es dem Klienten ermöglichen, gesellschaftlich zu partizipieren, können erst dann im Sinne professioneller Hilfe wirken, wenn die SozialarbeiterIn die KlientIn als MitakteurIn des Hilfeprozesses sehen kann und die individuellen Entwicklungs- und Entfaltungsprobleme von Individuen ins Zentrum der Hilfearbeit gerückt werden. Sozialarbeit, die an den ‚gestörten' Gegenseitigkeitsbeziehungen ansetzt, die individuell erlitten werden, ist notwendig ‚Fallarbeit', sei es nun Sozialarbeit im Sinne von case-work, oder Sozialarbeit, die auf die Verbesserung der Lebenslage einer Gruppe von Menschen zielt, wie das z.B. in der Gemeinwesenarbeit der Fall ist. Die Notwendigkeit eines Ausgleichs zwischen Individual- und Kollektivinteressen wird durch das Faktum der beruflichen Sozialarbeit selbst symbolisiert. Wenn Sozialarbeit davon ausgeht, dass das Klienteninteresse und das Kollektivinteresse durch Soziale Arbeit zum Ausgleich kommen, ist die Rede vom ‚doppelten Mandat' in der Sozialarbeit irreführend. Sozialarbeit hat ein Mandat, sich den Klienteninteressen zuzuwenden, mit dem Ziel, sich um einen Gerechtigkeitsausgleich zu bemühen - um einen Interessenausgleich, der notwendig und gerechtfertigt, wenn auch stets prekär ist.

5. Ausblick

Handlungs- und Orientierungsschemata der Berufsarbeit in Transformationsprozessen wandeln sich ausgesprochen langsam, d.h. die Transformationsprozesse von Gesellschaft und Institutionen verlaufen asynchron und arhythmisch. Obwohl der Sozialarbeit mit dem gesellschaftlichen Institutionentransfer ein gesellschaftliches Mandat erteilt worden ist und damit die Grundlagen für eine professionelle Sozialarbeit gegeben sind, bestehen Schemata integralistischer Hilfe fort.

SozialarbeiterInnen, die aus der Fürsorge kommen, fällt es deshalb manchmal schwer, die Sozialarbeit - neben der staatlich gewährleisteten sozialen Absicherung durch Sozialpolitik und als systematische Ergänzung zu staatlichen und sozialpolitisch vorgesehenen Sicherungssystemen -, und damit ihre eigene Arbeit, als gesellschaftlich unentbehrlich anzusehen. Von daher wird das Unverzichtbare einer beruflichen Begleitung und Beratung von Menschen in schwierigen sozialen Lagen teilweise nicht gesehen. Dies allerdings ist unverzichtbar für eine Gesellschaft, die vor diesen individuellen Problemlagen nicht die Augen verschließen will.

Da in jeder Gesellschaftsformation eine Ethik der Gegenseitigkeit besteht und fortgesetzt Aushandlungen darüber erfolgen, wie weit Hilfeansprüche des Einzelnen gehen können - wobei diese Ethik nicht formal entwickelt sein muss -, gibt es somit auch in jeder Gesellschaftsformation evidente Vorstellungen vom Gerechtigkeitsausgleich, in deren Rahmen jedes in die Gesellschaft hineinsozialisiertes Gesellschaftsmitglied ein Wissen bzw. eine Idee davon hat, welche Ansprüche an die Gesellschaft gerechtfertigt sind und wo die Grenzen der gesellschaftlich zur Verfügung gestellten Hilfe bzw. Unterstützung liegen.[111] Der Bereitschaft zur Gegenseitigkeit und zur Hilfe zwischen Gesellschaft und Individuum werden durch ökonomische Aspekte und Gesetzmäßigkeiten Grenzen gesetzt, da die Gegenseitigkeitsverpflichtungen immer nur bis zu einem bestimmten ökonomisch vertretbaren Maß reichen. Es besteht eine gesellschaftliche

111 Ein Beispiel, an dem aufgezeigt werden kann, dass die Vorstellungen auch elementar ethischer Gegenseitigkeitsverpflichtung erheblich variieren, sind strenggläubige Quäkergruppen. Hier gilt die Verpflichtung zum Verzicht zugunsten der Allgemeinheit in erheblich umfassenderem Sinne, als das üblicherweise in westlichen Gesellschaften der Fall ist. Dem Einzelnen werden in dieser religiös bestimmten Gemeinschaft zugunsten der Gemeinschaft weitreichende persönliche Einschränkungen abverlangt (Weber 1993:131f).

Übereinkunft, dass da, wo die elementaren individuellen Interessen verletzt werden - insbesondere solche, die für einen selber unverzichtbar sind -, legitimerweise die Grenzen der Hilfeleistung liegen. Diese Grenzen werden von den Hilfebedürftigen sowie von den SozialarbeiterInnen auch da, wo sie nicht festgeschrieben sind, üblicherweise berücksichtigt.

Die ,fürsorgliche' DDR-Gesellschaftsformation hatte keinen Bestand. Das in der beruflichen Erfahrung grundgelegte Wissen der SozialarbeiterInnen, die aus der Fürsorge kommen, über zwei Modelle beruflicher Hilfe, ermutigt, wechselseitig zu lernen und für eine Ethik der Gegenseitigkeit einzustehen. Bei der Analyse entstandener Missverständnisse und Schwierigkeiten wird auch die oft problematische Einwirkung der westlichen Trägerverbände neu beleuchtet werden müssen. Auch so ist aus der Analyse, nämlich des Wandels von der Fürsorge zur Sozialarbeit unter widrigen gesellschaftsstrukturellen Bedingungen, noch viel zu verstehen, wechselseitig aufzuzeigen und zu lernen.

6 Theoretisch-methodischer Ansatz der Studie

Auf der individuellen Ebene werden bei den SozialarbeiterInnen Struktur-, Handlungs- und Erfahrungsmuster herausgearbeitet, die bei der Bewältigung des gesellschaftlichen Umbruchs zur Verfügung standen bzw. sich als hinderlich erwiesen. Auf der kollektiven Ebene werden darüber hinaus Entwicklungsprozesse in der Ausgestaltung eines auf soziale Hilfe hin angelegten Berufssystems nachgezeichnet und analysiert. Es geht zudem um die Veränderungen der biographischen Orientierungen auf den Beruf im Sozialwesen hin, die durch den gesellschaftlichen Umbruch erfolgt sind sowie der Aus- und Umbau der handlungsleitenden biographischen Sinnquellen, beruflichen Orientierungen und professionellen Wissensbestände - einschließlich deren Sicherungsstrategien.

Zur Erhebung und Analyse der empirischen Phänomene, die im Zusammenhang mit der gesellschaftlichen Umbruchsituation stehen, ist ein fallanalytischer, rekonstruktiver sozialwissenschaftlicher Ansatz geboten. Ein wesentliches Merkmal der qualitativen Sozialforschung - und hier insbesondere der grounded theory (s.u.) - ist es, dass die Theorie, die über ein Gegenstandsfeld entwickelt werden soll, in den empirischen Daten gründet und aus diesen heraus entwickelt wird und nicht bereits anfänglich hypothetisch formuliert ist. Dieses Vorgehen entspricht einer abduktiven Forschungslogik.[112] Einer abduktiven Forschungslogik zu folgen, bedeutet jedoch nicht, dass die Theoriegenerierung über ein Gegenstandsfeld theoretisch voraussetzungslos entwickelt wird. Es handelt sich bei dieser Forschungsstrategie also nicht um einen kruden Induktivismus bzw. groben Empirismus, sondern es wird in dieser Studie auf bestehende Theoriebestände zurückgegriffen.

---

112 Im Gegensatz zu deduktiven bzw. hypothesentestenden Forschungsverfahren zeichnet sich ein abduktives Forschungsverfahren dadurch aus, dass in einem ständigen wechselseitigen Betrachten der Datenmaterialien und der aus diesen gewonnen theoretischen Kategorien, die sich anhand von kontrastiven Vergleichen der Einzelmaterialien herausarbeiten lassen, Einsichten in der Analyse entstehen, die die bereits bekannte Ideen und Konzepte weiterführen. In dieser Form des Schließens werden die theoretischen Kategorien aus dem empirischen Material selbst entwickelt und werden nicht von außen an das Datenmaterial angelegt. Siehe dazu: Peirce 1979:362f.; Flick 1995:444; Schütze 1984:368; Kallmeyer 1988; Hallsson 2001.

Dabei handelt es sich um Theoriebestände (a) über die Erhebungs- und Analyseverfahren, wie z.B. die erzähltheoretischen Grundlagen des autobiographischen Stegreiferzählens und seine Funktionsweise (Schütze 1986). Die Theoriebestände umfassen z.B. die Ordnungen und Unordnungen im autobiographischen Erzählen. Diese beziehen sich immer auf soziale und biographische Prozesse, in die der Erzähler verwickelt war bzw. noch ist. Solche erzähltheoretischen Grundlagen sind auch die Bedingungen und Voraussetzung für autobiographisches Erzählen generell, der Ablauf der kommunikativen Interaktion in autobiographischen Erzählungen sowie die wechselseitige Beeinflussung der Kommunikationsschemata des Erzählens und deren Wirkung auf die beteiligten Interakteure.[113] Des Weiteren wird zurückgegriffen auf Theoriebestände, die (b) aus den umfangreichen Forschungsergebnissen der Biographieanalyse und der Analyse Sozialer Welten (Strauss 1993) bereits vorliegen. Dieser Grundbestand an Wissen über elementare biographische und soziale Prozesse leitet die Konzeptionierung der Daten. Dazu gehören u.a. Wissensbestände darüber, wie Menschen jeweils individuell ihre Biographie strukturieren, wie z.B. das Konzept der biographischen Arbeit als eine Form der Strukturierung der Biographie. Zudem sind die Wissensbestände über die individuellen und sozialen Prozesse der Berufsidentifikation in professionellen Berufen, die Formen der Einsozialisation in diese sowie die Vereinnahmung der Biographie durch den Beruf zu nennen (Bucher/Stelling 1977; Bucher/Strauss 1972; Becker 1977; Geer 1968; Hughes 1984; Strauss et al. 1964). Darüber hinaus liegen Wissensbestände vor, die sich auf die Identifizierung mit dem Beruf anhand von biographischen Wandlungsprozessen beziehen (Otten 1993; 2000; Kreitz 2000; Müller 1994). Außerdem wird zurückgegriffen auf das grundlegende Wissen hinsichtlich der Kontextbedingungen des professionellen Handelns und den darin grundgelegten förderlichen bzw. hinderlichen Wachstumsbedingungen beruflicher Identität. Ein Wissen über Bedingungen, unter denen eine professionelle Identität untergraben wird, sind unter dem Theorem Paradoxien professionellen Handelns bereits ausgearbeitet (Schütze 1994a, 1996 und 2000). Für einen Teil der biographischen und sozialen Phänomene besteht also bereits ein empirisch begründeter grundlagentheoretischer Kategorienvorrat, der aus

113 Ein sehr grundlegendes Prinzip, das dem Erzählschema zugrunde liegt, ist das des monologischen Rederechts des Erzählers. Ein weiteres ist das der Präsenz eines Zuhörers, der z.B. als Interviewer das Erzählschema in Gang setzt. Formen von Abweichungen und Störungen des Erzählschemas sind von besonderer Relevanz für die Analyse und Interpretation des Datenmaterials (Schütze 1987:60ff.).

vielen vorherlaufenden Forschungen hervorgegangen ist und an die in dieser Studie angeknüpft werden konnte.[114]

Die zu entwickelnden Kategorien dieser Studie beziehen sich zum einen auf ein Wissen über die Beziehung von Biographie und Beruf in der DDR-Fürsorge sowie darüber, welche biographischen Voraussetzungen in den Beruf der Fürsorge hineinführten und welche berufsbiographischen Entwicklungsmöglichkeiten in der Fürsorge gegeben waren; des Weiteren geht es um Kategorien über die berufsbiographischen Konstellationen und die daraus resultierenden Berufsorientierungen im Zusammenhang mit dem Institutionentransfer in Ostdeutschland; zudem gilt es, Kategorien zu entwickeln, inwieweit die grundlegenden Wissensbestände der Biographieanalyse und der Einsozialisation in professionelles Berufshandeln für die Analyse diskontinuierlicher Berufsverläufe vor dem Hintergrund eines Transformationsprozesses überhaupt zur Anwendung kommen können.

Das zentrale Erhebungsinstrumentarium dieser Studie - das autobiographisch-narrative Interview - eignet sich für eine Analyse beruflicher Identität deshalb in besonderer Weise, weil damit Daten generiert werden, die prozessorientiert sind. Da in Erzählungen die Bedingungen des faktischen Handelns und Erleidens erlebter Ereignisse dargestellt werden, können diese in Form von Abläufen bzw. die sie bedingenden Sozialkonstellationen mit rekonstruiert werden. So kommen z.B. gerade auch Rahmenbedingungen beruflichen Handelns u.a. durch Beschreibungen zum Ausdruck. Gerade mittels Stegreiferzählungen können die im Alltag wirksamen Verhaltens- und Orientierungsgrundlagen erschlossen werden (Schütze 1987:14), wobei in der Dynamik von Stegreiferzählungen Zugzwänge des Erzählens wirksam werden. Zugzwänge des Erzählens führen dazu, dass fortlaufend vom Erzähler auch Phänomene zum Ausdruck gebracht werden, die in der Erlebnis- und Darstellungsaufmerksamkeit ausgeblendet sind. Diese Zugzwänge des Erzählens - der Detaillierungszwang, der Gestaltschließungszwang sowie der Relevanzfestlegungs- und Kondensierungszwang (Kallmeyer/Schütze 1976:108; Schütze, 1987:255) - forcieren die Produktion von Daten, die wiederum einen analytischen Zugang zu biographischen und sozialen Prozessen ermöglichen. Derart generierte Daten enthalten - aufgrund der Unmöglichkeit einer vollkontrollierten Erzähldarstellung - auch eigentheoretisch nicht erfasste Erfahrungs-

114 Bezogen auf das Handlungsfeld der Sozialarbeit sind insbesondere die Diplomarbeiten und Dissertationen im Studiengang Sozialwesen und im Aufbaustudiengang Supervision an der Universität-Gesamthochschule Kassel zu nennen, die im Rahmen der Forschungswerkstätten entstanden sind (neben den bereits angeführten s.a. Gabler 1995; Stietz 1992; Schuhmann 1995; Hüllenhütter-Zimmermann 1983; Haag 1994; etc. Müller 1994; Otten1993).

gehalte. So kann sowohl der synthetischen, d.h. dem Erfahrungsablauf entsprechenden, als auch der polythetischen, d.h. vom Erzählzeitpunkt geformten Konstruktion von Erfahrung (Wensierski 1994:107) Rechnung getragen werden.

Die Analyse und Interpretation erzählsprachlicher Ausdrucksphänomene in narrativen Interviews ermöglicht es, wie oben ausgeführt, auf erzähltheoretischer Grundlage die biographischen und sozialen Prozesse, in die die Betroffenen verstrickt sind, einzuordnen. So sind es vor allen Dingen symptomatische Erscheinungen in der Darstellung, die auf biographische und soziale Prozesse hinweisen: ungewöhnliche sequenzielle Verhältnisse von Darstellungsteile (z.B. Brüche der konditionellen Relevanzen), der besonderen Mischung von narrativen und theoretischen Aktivitäten, die Frequenzialität von Verzögerungspausen und Selbstkorrekturen sowie auffälligen para-sprachlichen Phänomen (wie verlegenes Lachen), bzw. merkwürdige Intonationskonturen, textuelle Unordnungsphänomene (wie mehrfach ineinander verschachtelte Hintergrundskonstruktionen) und eklatante Wechsel von Stilphänomenen (wie dem Wechsel zwischen Darstellung einer biographischen Erleidensverlaufskurve und der eines biographischen Handlungsschemas, oder der zwischen der Darstellung eines organisationskonformen institutionellen Ablaufmusters und eines kreativen Wandlungsprozesses der Biographie)[115]. Die durch diese Ausdrucksphänomene erfassten biographischen Problemerscheinungen - wie z.B. Arbeitsschwierigkeiten oder Verlaufskurvenphänomene des Ausbrennens - verweisen auf gesellschaftliche Problembestände und ihrer beruflichen und berufsbiographischen Bearbeitung durch die SozialarbeiterIn.

Die Analyse berufskollektiver Phänomene und Handlungskontexte der SozialarbeiterInnen in zwei Gesellschaftssystemen erfordert zudem eine Analysestrategie, die zur „Erkundung von Organisationsstrukturen, Zustände kollektiver sozialer Einheiten, der Beschaffenheit und der Geflechte von sozialen Beziehungen sowie Schauplätzen, Milieus und Sozialen Welten von Lebenszusammenhängen“ (Schütze, 1987:243) geeignet erscheint. Mittels der Erzählungen in autobiographisch-narrativen Interviews können - und das ist weniger bekannt - kollektive Prozesse, die handlungsleitend für die Akteure sind, rekonstruiert werden. In autobio-

115 Prozessstrukturen des Lebensablaufs bezeichnet die Haltung, die das Subjekt seinen Erfahrungen gegenüber eingenommen hat, bzw. noch einnimmt. Diese Erfahrungsprinzipien beinhalten jeweils basale Möglichkeiten der Welt- und Selbstauslegung. Folgende grundsätzliche Arten der Haltung gegenüber lebensgeschichtlichen Erlebnissen lassen sich anführen: a) das biographische Handlungsschemata; b) das institutionelle Ablaufmuster der Lebensgeschichte; c) Verlaufskurven und d) Wandlungsprozesse (Schütze 1981; 1984a).

graphisch-narrativen Interviews werden kollektive Ereignisse mit Geschichtencharakter sichtbar, wie z.B. Naturkatastrophen oder Kriegsereignisse (Schütze 1987:17ff.). Besonders in krisenhaften Umbruchsituationen in einer Gesellschaft - wie es der plötzliche Zusammenbruch des Staatssozialismus darstellt - werden in autobiographisch-narrativen Interviews die kontextuellen Veränderung von Berufsfeldern und Berufsstrukturen samt ihrer institutionellen Regelungen abgebildet, dieses freilich in der Perspektive der biographischen Betroffenheit.[116] In den autobiographisch-narrativen Interviews werden Zustände von kollektiven sozialen Einheiten, der Beschaffenheit und der Geflechte von sozialen Beziehungen sowie Schauplätze, Milieus und Soziale Welten von sozialen Lebenszusammenhängen mit dargestellt. Kollektive Ereignisse dieser Art haben für den Erzähler eine markante historische Geschichtengestalt und werden im Vorgang des Stegreiferzählens - eben aufgrund der Zugzwänge der autobiographischen Stegreiferzählung - dem Zuhörer gegenüber als Folie der individuellen Geschichte eigenerlebter Ereignisverstrickung präsentiert. Diese kollektive Geschichtengestalt und die doppelte Darstellungsorientierung in autobiographisch-narrativen Interviews ermöglicht es somit, Zugang zu kollektivhistorischen Prozessen zu finden. Eine prägnante analytische Differenzierung zwischen kollektivhistorischen und individualbiographischen Phänomenen sowie ihren Wechselwirkungen erfordert allerdings eine differenzierte Auswertungsstrategie - was in der biographieanalytischen Terminologie mit dem Begriff der pragmatischen Brechung erfasst wird.[117]

Es ist offenkundig, dass in narrativen Interviews gerade auch Hinweise zu den sozial-strukturellen Bedingungen beruflichen Handelns implizit enthalten sind. Diesen Hinweisen wiederum ist dann mit anderen

---

116 In Stegreiferzählungen werden als Vollzüge subdominanter Aktivitäten „stationäre Systeme von Merkmalen beschrieben und kommentar- und erklärungstheoretisch formuliert, es werden strukturelle Bedingungen für soziale, interaktive, biographische bzw. kollektivhistorische Abläufe indirekt in Erzählaktivitäten ausgedrückt, direkt beschrieben oder auch durch argumentative Formulierungen theoretisch auf den Begriff gebracht" (Schütze 1987:243).

117 Zum Kern der wissenschaftlichen Organisation gehört auch das forschungslogische Prinzip der *pragmatischen Brechung,* das besagt, dass Allgemeinheiten, Abstraktionen und Praxistheorien „methodisch pragmatisch gebrochen" werden müssen; d.h. in ihrer Entstehung, Verwendung und Wirksamkeit im Kontext der realen Prozesse und Strukturen untersucht und verstanden werden müssen, in denen sie empirisch auftauchen (siehe unten). Die Ethnographie „bricht" also in ihrem sequenzanalytisch-interpretativen Vorgehen die ermittelten sprachlichen Vorinterpretationen der Betroffenen „pragmatisch" mit Bezug auf deren Handlungs- und Erleidenskontexte (Mannheim 1964a:105ff.; Schütze 1973:445ff.).

Erhebungs- und Analysestrategien nachgegangen worden. Zunächst sind die explizit beschreibenden Passagen in den Interviews selbst (z.B. über den Zustand einer Einrichtung bzw. einer spezifischen organisatorischen Konstellationen) analysiert worden, die systematisch in Nachfrageteilen des narrativen Interviews eingebaut sind.

Neben den Beschreibungs- und Nachfragesequenzen der autobiographisch-narrativen Interviews werden auch Daten anderen Typs verwendet. So sind die Ausbildungs- und Handlungsbedingungen in der staatlichen und kirchlichen Fürsorge der DDR-Gesellschaft anhand von ExpertInneninterviews mit ehemaligen Repräsentanten (AusbildungsleiterInnen sowie anleitende FürsorgerInnen) des sozialen Arbeitsfeldes in der DDR erhoben worden. In den acht ExpertInneninterviews, die in zeitlicher Nähe zu den autobiographisch-narrativen Interviews durchgeführt und in denen die Leitungskräfte der zentralen Aus- und Fortbildungsstätten der DDR-Fürsorge sowie leitende FürsorgerInnen der DDR und TeilnehmerInnen von Qualifizierungsmaßnahmen befragt worden sind, wurde mit einem Interviewleitfaden gearbeitet. Dieser offene Leitfaden zielte insbesondere auf das Kontextwissen der ExpertInnen ab (Meuser/Nagel 1991). In diesen leitfadenstrukturierten Interviews (Hopf 1978; 1991; Witzel 1982; 1985) wurden die Handlungsträger nach den Ausbildungs- und Anleitungskonzeptionen, den handlungsleitenden politischen, gesellschaftlichen und beruflichen Diskursen, den Schwierigkeiten in der Fürsorgeausbildung und -praxis, zur Einschätzung der Ausbildungs- und Praxissituation vor und nach 1989 gefragt. Zudem wurden Fragen zur Berufsbiographie gestellt. Das ExpertInneninterview hat die Funktion, Informationen über die Kontextbedingungen des Fürsorgewesens in der DDR und Informationen über Abläufe des berufsstrukturellen Wandels zu gewinnen. Bezogen auf die kollektive Berufsentwicklung der Fürsorge in der DDR konnte somit das Kontextwissen der ExpertInnen zur Sachverhaltsaufklärung genutzt (Meuser/Nagel 1991:446ff.) und das Wissen der Akteure - gerade auch wegen der lebensgeschichtlichen Einbettung der Darstellung - einer gesonderten Analyse unterzogen werden.

Die rechtlichen und organisatorischen Rahmen des beruflichen Handelns der Fürsorge sind - da diese in den Beschreibungssequenzen der autobiographisch-narrativen Interviews nur bedingt zum Ausdruck kommen - anhand von Zeitdokumenten (z.B. Darstellung des Handlungsrahmens der Fürsorge in Handbüchern und Fachzeitschriften der DDR) und anderen verfügbaren, wie statistischen Daten, zusammengestellt worden. Da solche Dokumente aber nicht für sich sprechen und erst durch die Wahrnehmung der Akteure und durch Darstellungen in den autobiographisch-narrativen Interviews sachlich realitätsnah interpretierbar sind, wurden auch diese Daten mittels Nachfragen in den Interviews abgeglichen. Dies gilt besonders für offizielle Darstellungen von sozialen und quasisozialen Institutionen, die in der DDR immer auch politischen Zwecken dienten. Die Differenz zwischen offizieller Darstellung und faktischen Arbeitsweisen und Abläufen in der Fürsorge zeigt sich natürlich auch in den autobiographisch-narrativen Interviews - in abgeschwächtem Ausmaße ist ein Befund der Diskrepanz zwischen institutioneller Selbst- und Fremddarstellung und den faktischen Arbeitsweisen von Institutionen zwar bei allem institutionellen Handeln feststellbar (auch im Zusammenhang mit dem Institutionentransfer), jedoch vermindert die ethnographische Erzeugung von Primärmaterialien die Gefahr, ungeprüfte Konstrukte westlicher oder (hypostasierter) östlicher Sicht- und Umgehensweise mit dem Datenmaterial auf- bzw. zu übernehmen. Die Dokumente zur Fürsorge - Quellentexte, aus den Fachzeitschriften Humanitas und Die Heilberufe für das medizinische Personal der DDR, Ausbildungscurricula der jeweiligen Fürsorgeausbildungseinrichtungen, Fest- und Jubiläumsschriften, Handbücher und Anleitungstexte zur Fürsorge - werden inhaltsanalytisch ausgewertet. Die Analyse dieser Textmaterialien - es handelt sich hierbei ja um sehr verschiedene Quellentexte, wie wissenschaftliche Texte, die in der DDR erschienen sind, Texte westdeutscher Sozialforscher vor wie nach 1989 - werden vor dem Hintergrund der jeweiligen Erzeugungsbedingungen der Textmaterialien gesichtet und interpretiert. Entsprechend der geschichtswissenschaftlichen Methoden der Textinterpretation (Flick 1995) werden die jeweiligen Entstehungskontexte der Dokumente und ihr Verwendungszusammenhang berücksichtigt. Bei der Interpretation werden dann der Dokumentsinn vom Ausdruckssinn[118] unterschieden und die jeweiligen Ausbildungs- und Handlungsbedingungen der Berufsmilieus somit rekonstruiert und berufliche Orientierungskerne identifiziert.

Berufliche Handlungsorientierungen, das Wissenssystem und die Kategorien beruflichen Handelns sowie das Reflexionspotential der SozialarbeiterInnen werden anhand von Falldarstellungen im Nachfrageteil der autobiographisch-narrativen Interviews erhoben - die im Ablauf und in den Erzählstrukturen den interaktionsgeschichtlichen Interviews ähneln (Riemann 1997). In den Falldarstellungen wird das berufliche Wissen - die Typisierungen und das Kategoriengerüst - wiederum vor dem Hintergrund

---

118 Karl Mannheim hat für die Analyse von professionellen Interpretationsprozessen und die interpretativ-sozialwissenschaftliche Grundlegung der Fallanalyse die Unterscheidung von Objektsinn (= allgemeiner Situationsskript), Ausdruckssinn (= subjektive Intention und Kundgabe) und Dokumentsinn eingeführt. Der Terminus des Dokumentsinns bezieht sich auf eine der typisierten Situation und der subjektiven Intention und Kundgabe verborgen zugrundeliegende, tieferliegende Sinnschicht (Mannheim 1964b:105ff; Schütze 1993:198f.).

der biographischen und sozialweltlichen Prozesse sichtbar und dieses bleiben rückgebunden an den berufsbiographischen und sozialen Erzeugungskontext. Zudem werden durch die Falldarstellungen die in spezifischen Handlungskontexten erzeugten Spannungen sowie problematische und paradoxale Handlungssituationen sichtbar.[119] Die individuellen Komponenten des beruflichen Handelns sowie Phasenabläufe des professionellen Arbeitsbogen und seiner Gestaltung durch die SozialarbeiterIn können durch die Falldarstellungen in besonderer Weise an die berufsbiographischen und arbeitsstrukturellen Bedingungen rückgebunden werden.

Für diese Forschungsstudie waren deskriptive und argumentative Textpassagen im Datenmaterial besonders aufschlussreich. Diese deskriptiven und argumentativen Textpassagen sind dabei in zweifacher Hinsicht von besonderer Bedeutung: zum einen werden in ihnen Strukturmerkmale im Feld der Sozialen Arbeit aufgezeigt, zum anderen kommen in diesen gerade auch die Orientierungswissensbestände der Akteure zum Ausdruck (Schütze 1987:187ff.). Die theoretischen und evaluativen Darstellungsaktivitäten im autobiographisch-narrativen Interview sind von besonderer wissenssoziologischer Relevanz. Die Erzählanalyse verfügt über Instrumentarien der Kennzeichnung und über eine systematische Einordnung der theoretischen Aktivitäten im Erzählen und deren Bedeutung für die Biographiekonstruktion. In Orientierungstheorien, Erklärungstheorien, abstrahierenden Beschreibungen sowie in Globalevaluationen und Kommentartheorien (Schütze 1987:178ff.) werden (berufliche) Orientierungsbestände expliziert. In ihnen bezieht der Erzähler oder die Erzählerin zur eigenen Lebens- bzw. Berufsgeschichte und dem beruflichen Handeln, zu den berichteten Ereignissen sowie zu den damit verbundenen Erlebnissen Stellung. So werden in theoretischen und evaluativen Anstrengungen die „Handlungsorientierungen, Erfahrungsverarbeitungen, Ereigniserklärungen und bewertenden Stellungnahmen des Erzählers bzw. Geschichtenträgers zum Ereignisablauf" (ebd.:191) sichtbar. Sie haben eine komplexe zeitliche Struktur. Als analoge Elemente beziehen sie sich auf die Ereignisse, die berichtet werden und als digitale Elemente sind sie Ausdruck

119 Schwierigkeiten in der beruflichen Arbeit können durch Ausblendungen und Rationalisierungen verdeckt sein, so dass Rigiditäten gegenüber Klienten und systematische Problemumgehungen entstehen. Im Zuge der Wirkung von Berufsfallenmechanismen kann z.B. Mutlosigkeit entstehen und in Folge davon, ein Klientenkontakt vollständig gemieden werden. Schwierigkeiten bei der Arbeit sind oftmals auch ein Hinweis auf systematische Verwerfungen zwischen Beruf und Gesellschaft, die als sozialstrukturelle Erscheinungen ‚zweiten Grades' bezeichnet werden können.

evaluativer und reflektierender Aktivitäten zum Zeitpunkt der aktuellen Erzählsituation (Schütze 1984:79).

Die nachträgliche Theoretisierung, Kategorisierung und Symbolisierung eines Ereigniszusammenhangs in situ der Interviewsituation ist von besonderem Interesse im Kontext dieser Studie, in der es gerade auch um Biographiekonstruktion und Identitätsveränderungen in gesellschaftlichen Umbruchsphasen geht. Somit wird auf Diskrepanzen - berichtete oder analytisch festgestellte - in den evaluativen und theoretischen Stellungnahmen besonderes Augenmerk gelegt. Da jedwede lebensgeschichtlichen bzw. kollektiv-historischen Umbrüche mit evaluativen und theoretischen Anstrengungen zur Einschätzung und zum Verständnis vom Selbst und von Sozialer Welt einhergehen, ist gerade die Entfaltungsgeschichte des Haltungs- und Bewertungssystems sowie ihrer Theoriebestände von erheblicher analytischer Relevanz (Schütze 1987:176f.). Orientierungstheorien z.B. können sich auf frühere und heutige Handlungsabsichten und die sie begründenden Bedingungen beziehen. Sie können sich aber auch auf abgelaufene oder zukünftige Handlungspläne oder -entscheidungen beziehen. Entsprechend erscheinen Orientierungstheorien - gemäß ihrer Funktion - im Erzählablauf in „unterschiedlichem Gewand“ (Schütze 1987:178). Sie spiegeln die allgemeinen Kriterien und Begründungen für die Handlungsabsicht, Handlungsplanung bzw. Handlungsentscheidung wieder und haben legitimatorischen Charakter in der Erzählung. Demgegenüber sind Erklärungstheorien ihrer Natur nach vergangenheitsbezogen. In ihnen werden Beweggründe, Auslösefaktoren und Bedingungen von Ereignisabläufen extrapoliert. Erklärungstheorien können sowohl berichtet werden als auch ad hoc neu in der Interviewsituation entstehen. Berichtet werden kann auch, dass Erklärungsaktivitäten in der Vergangenheit und heute erfolglos geblieben sind. Der Erzähler drückt dann aus, dass ihm Vorgänge rätselhaft geblieben sind. Durch berichtete Erklärungsaktivitäten wird Fremdheit dem Ereignisablauf bzw. der eigenen Person gegenüber zum Ausdruck gebracht. Gerade deshalb sind erfolglose Erklärungsaktivitäten in dramatischen gesellschaftlichen Umbruchsituationen erwartbar.[120] Es ist denkbar, dass bei den SozialarbeiterInnen bis heute bestehende Unplausibilitäten und Rätselhaftigkeiten die kognitive und

120 Schütze (1987) führt hierzu aus, dass dies häufig verbunden ist mit Anstrengungen moralischer Legitimation. Die Ereignisse im Zusammenhang mit dem gesellschaftlichen Zusammenbruch der DDR können aber auch zu solch massiven Irritationen in Hinblick auf die Verwendung eines passenden Symbolsystems führen, dass Hintergrundserklärungen auch die Funktion haben, fortgesetzt unabgeschlossene Bewertungsaktivitäten zu markieren und eine gespaltene Gesamtevaluation einzuleiten.

evaluative Ordnung stören, so dass diese Phänomene zu Hintergrundserklärungen im Rahmen von Erklärungstheorien führen.

Abstrahierende Beschreibungen - eine weitere Form der theoretischen Aktivität in Erzählungen - haben die Funktion „die wesentlichen Merkmale von sozialen Ereignis- und Erlebnisrahmen, mit denen der Erzähler bzw. Geschichtenträger im erzählten Geschehensablauf konfrontiert ist" darzustellen und einzuordnen (Schütze 1987:180). Die Einordnungsrahmen, die der Erzähler wählt, können kontrastierende existenzweltliche Sozialrahmen - wie sozialstrukturelle Bedingungskonstellationen der Situation, Milieus und Sozialer Welten - oder abstrakte Sinnweltrahmen sein. Die Verwendung höhersymbolischer Prädikate markiert die Einordnung der sozialen Merkmale der erlebten Rahmensituation in eine Sinnwelt universeller Merkmalskonfigurationen.[121] Gerade diese Phänomene kamen in den Daten sehr häufig vor.

Globalevaluationen und die Kommentartheorien, die aus der Gegenwart heraus formuliert werden, tragen den Index der aktuellen Interviewsituation. Sie sind die evaluative und theoretische Anstrengung des Erzählers, seine Darstellung vor sich selbst, vor der ZuhörerIn sowie vor verallgemeinerten Anderen abzuschließen. Am Ende von Ereignisabschnitten und nach der Beendigung der Darstellung insgesamt tauchen Globalevaluationen und Kommentartheorien auf. Sie reflektieren den ursprünglichen Erwartungsrahmen der Ereignisse bzw. des Gesamtablaufs und haben den Charakter von Bilanzierungen. Insbesondere wenn die mit dem Ereignisablauf verbundenen Veränderungen theoretisch nur schwer einzuordnen sind oder keine evaluativen Stellungnahmen im Sinne einer Bilanz zu ziehen sind, können die abschließenden Globalevaluationen und Kommentartheorien in ausgedehnten theoretischen Rekursen (‚Schleifen') enden. Dies wiederum weist auf aktuelle und unabgeschlossene Verarbeitungsprozesse hin, die hinsichtlich der Identität des Erzählers von Bedeutung sind. Hervorzuheben sind hier Kommentartheorien, die sich auf das Konstrukt biographischer Kontinuität bzw. biographischer Konversion beziehen und die gleichzeitig Eckpunkte eines Kontinuums der Varianten an Kommentartheorien darstellen.

Die berufsbiographischen Schwierigkeiten, die die InterviewpartnerInnen mit dem gesellschaftlichen Umbruch und der biographischen Durcharbeitung hatten bzw. haben, zeigen sich also insbesondere in den

121 Die höhersymbolischen Prädikate beanspruchen zum Teil eine ‚höhere Wahrheit' zu sein und weisen auf Theoriegenerierungspotentiale der ErzählerIn hin. In Interaktion mit ErzählerInnen aus fremden Welten sind diese höhersymbolischen Prädikate besonders schwer zu verstehen, da die Sinnweltbezüge nicht ohne weiteres als gemeinsame Verstehensgrundlage vorausgesetzt werden können.

theoretischen und evaluativen Darstellungsaktivitäten der lebensgeschichtlichen Erzählungen. In den autobiographisch-narrativen Interviews stechen besonders Tendenzen zu ausgebauten Globalevaluationen und Kommentartheorien in einer Vorkodaposition hervor. Diese spiegeln unabgeschlossene Prozesse biographietheoretischer Bearbeitung wieder und deuten darauf hin, dass die Gestalt der Lebensgeschichte zum Interviewzeitpunkt noch offen bzw. eine konsistente selbsttheoretische Haltung zu den erlebten Ereignissen noch nicht entwickelt ist (Riemann 1987). In einer der Darstellungen schloss z.B. die Biographieträgerin ihre Erzählung abrupt ab und eine Koda wurde erst gar nicht explizit ausformuliert. Die Aussparung gesamterfassender Haltungen und Sichtweisen auf den lebensgeschichtlichen Ereignisablauf lässt darauf schließen, dass dieser als derart mächtig erlebt worden ist, so dass eine eigentheoretische Verarbeitung zum Interviewzeitpunkt (noch) nicht möglich war. In einer anderen Darstellung kam es z.B. zum Abriss des Erzählfadens inmitten der lebensgeschichtlichen Erzählung. Der Abriss des Erzählfadens - in einer Sequenz in der die Handlungsorientierung aufgrund der veränderten gesellschaftlichen Rahmenbedingungen zusammenzubrechen drohte - lässt darauf schließen, dass die Erinnerungskomplexe heute noch als übermächtig und bedrückend (wieder) erlebt werden und für die Erzählerin als nicht bewältigbar erscheinen.

Vermehrte argumentative Kommentarstellen in den Interviews, die dem Zuhörer eine spezifische Lesart der Erzählung nahe legen, verweisen auf Schwierigkeiten, die Berufsbiographie aus sich heraus verständlich darzulegen. Es werden Hilfskonstrukte, die biographisch mit Mehraufwand entwickelt worden sind - wie z.B. Anekdoten, die u.a. die Funktion haben, die theoretische Verarbeitungsnotwendigkeit zu umgehen[122] -, an Erzählstellen eingeführt, die dem Erzähler selbst problematisch sind. Ein ähnliches Phänomen ist feststellbar, wenn in den theoretischen und evaluativen Kommentarstellen eine Beziehung zu den Erlebnissen kaum hergestellt wird bzw. ‚schief' liegt. Diese Darstellungsauffälligkeiten zeigen systematische Diskrepanzen zwischen Biographiekonstruktion und der eigentheoretischen Verarbeitung von lebensgeschichtlichen Ereignissen. Ein Augenmerk wird zudem auch auf rhetorische Floskeln gelegt, die auf (fach-)übliche Formen des Sprechens über das berufliche Handeln sowie die dort auftretenden Schwierigkeiten verweisen. Formen der Distanzierungsrhetorik, wie „ich sag mal,..“ oder „ein Stück weit“ oder „eigentlich“, in denen systematische Diskrepanzen zwischen Ereignisverstrickung und

122 Anekdoten legen dem Zuhörer Formen der Verarbeitung nahe. Sie haben da, wo eine reflektierende Betrachtung notwendig wäre, illustrierenden Charakter.

der Bearbeitung ,verkittet' werden, werden ebenfalls zur Analyse herangezogen und in die Interpretationsarbeit einbezogen. Diese sprachlichen Manifestationen, die Ausdruck einer unvollständigen theoretischen Bearbeitung der Erlebnisse und Ereignisse sind, verweisen auf individuelle Verlaufskurvenprozesse. Hinweise auf die Art der Erlebnisgehalte und ihrer Verarbeitung werden darüber hinaus auch durch die Verwendung einer spezifischen Sprache angezeigt, wie z.B. einer Wandlungssprache („da habe ich Feuer gefangen", „passte auch inhaltlich prima zusammen" oder „ich konnte dann plötzlich von einen Bereich in den anderen hinüberwechseln") oder einer Verlaufskurvensprache („das waren schwarze Tage" oder „ich fühlte mich, wie ein Hamster im Laufrad").[123]

In der Auseinandersetzung mit biographischen und sozialen Prozessen in der DDR ist ein spezieller Erkenntnisstil notwendig, um mit kultureller Fremdheit umzugehen. Dieser Studie liegt eine ethnographische Forschungshaltung zugrunde, die Differenzen zwischen den Kategoriensystemen einer Sozialen Welt und denen einer ForscherInnenkultur systematisch berücksichtigt. Eine ethnographische Forschungshaltung weist keine spezifischen Fachmethoden auf. Sie ist ein besonderes „epistemisches Erkundungsprinzip", bei dem den symbolischen Kundgaben der Interviewten besonderes Augenmerk gewidmet wird und bei dem in einer „methodischen Fremdheitshaltung" (Schütze 1994a:190) als „systematische Haltung gegenüber der sozialen Realität" (ebd.:231) die Fremdheit des Gegenstands bewusst wahrgenommen und reflektiert wird.[124] Durch die Übernahme einer emischen wie ethischen Perspektive in Bezug auf die beobachteten Phänomene - zwischen denen gleichsam hin- und hergesprungen wird (Matthes/Schütze 1973; Pike 1971) - werden die Perspektivendifferenzen Gegenstand der Analyse. Die sprachliche Konstitution der sozialen Realität zum Ausgangspunkt wissenschaftlicher Analyse zu nehmen (Frake 1975; Agar 1980; Schütze 1975; 1984) scheint mir hierbei am ehesten ein Weg, subjektive Wirklichkeiten, Relevanzsysteme, Deutungs- und Orientierungsschemata der Akteure in den Blick zu bekommen.

Eine besondere methodische Aufmerksamkeit ist auf die Verstehensprobleme gelegt worden, die während des Forschungsprozesses auftauchten. Verstehensprobleme entstehen dann systematisch, wenn die erzählten

123 Zu den sprachlichen Ausdruckgestalten dieser Art gehören auch Versprecher und sprachliche Verdrehungen, die - wie Freud bereits darlegte - Hinweise auf Schwierigkeiten in der Erlebnisverarbeitung zeigen (Freud 1901).

124 In diesem Zusammenhang sind Arbeiten zu nennen, die von Robert Park und seine Schüler am Sociology Department der Universität von Chicago in den zwanziger und dreißiger Jahren veröffentlicht wurden, so Cressey (1932): The Taxi-Dance-Hall oder Anderson (1923): The Hobo sowie Thrasher (1963): The Gang.

Lebens- und Berufsgeschichten vor dem Hintergrund einer der Forscherin fremden gesellschaftlichen Formation gedeutet werden müssen, wie es eben die DDR war. Diese Verstehensprobleme sind im Forschungsverlauf jedoch wichtige Aufzeiger für eine spezifische Symbolgebung und -verwendung im jeweiligen historisch-gesellschaftlichen Kontext. So ermöglicht insbesondere die Analyse sprachlicher Auffälligkeiten oder Andersartigkeiten einen Zugang zur Konstitution spezifischer Erfahrungsobjekte und der gemeinschaftlichen Symbole einer fremden Welt - in diesem Fall die Lebens- und Berufwelt der DDR-Gesellschaft. Da sich sozialwissenschaftliche Forschung in der Regel - graduell unterschiedlich - in einem zumindest teilweise fremden Kontext bewegt bzw. Symbolsysteme deutet, ist ein sozialer Rahmen hilfreich, in dem die eigene Perspektive und das Erkenntnisinteresse systematisch und kritisch reflektiert werden kann. Die Forschungswerkstatt ist ein solcher sozialer Rahmen (Reim/Riemann 1997), der für eine (selbst)kritische Datenanalyse gerade bei dieser Studie unverzichtbar ist. Im Kontext der Diskurs- und Reflexionsgruppe des Forschungskolloquiums am Institut für Soziologie in Magdeburg, die sich aus Ost- und WestforscherInnen zusammensetzte, sind während des gesamten Forschungsprozesses MitforscherInnen beteiligt gewesen, die - aus der DDR kommend - wichtige Hinweise in Hinblick auf die Kontextualisierung der Daten geben konnten sowie bei der Interpretation der Deutungs- und Handlungskontexte außerordentlich hilfreich waren. Hierdurch ist ein kritisches Korrektiv für Interpretationen berufskollektiver und individueller Prozesse gegeben.

Ein weiteres zentrales Prinzip der ethnographischen Forschungshaltung ist das der pragmatischen Brechung von Wissens- und Symbolgehalten. Da diese Studie von einer sprachlich-symbolisch geprägten und vermittelten Wirklichkeit (Symbolischer Interaktionismus) und von der Mehrdeutigkeit dieser sozialen Realität ausgeht, die sich durch eine Vielzahl und Unterschiedlichkeit der Wahrnehmungsstandpunkte und Interpretationsperspektiven auszeichnet und der empirische Zugang über die sprachlichen Manifestationen gesucht wird, ist es erforderlich, dass die „sprachlichen Symbolisierungen und die durch sie gespeicherten Definitions- und Wissensfiguren nur unter Ansehen ihres jeweiligen Erzeugungs- und Anwendungskontextes innerhalb der von ihnen repräsentierten sozialen Prozesse (z.B. Interaktion, Biographie, kollektive Auseinandersetzungen) als Indikatoren und Analysemittel Anwendung finden“ (Schütze 1975:426). Die im Interview ermittelten sprachlichen Vorinterpretationen der Interviewten in den dargestellten Abläufen und Interpretationen werden beim sequenzanalytisch interpretativen Vorgehen pragmatisch, d.h. in bezug auf die Handlungs- und Erleidenskontexte der Betroffenen, ‚gebrochen‘. Die Interviewsituation - die ja nicht die Handlungswirklichkeit ist -

sowie die aktuelle Handlungsgestalt des Interviewten ist bei der Interpretation systematisch zu berücksichtigen. Zudem werden verschiedene Perspektiven (Akteurs-, Interpretations- und Methodenperspektive) systematisch vergleichend, überprüfend und ergänzend aufeinander bezogen.[125]

Die vier folgenden Porträts zeigen exemplarisch die berufsbiographischen und sozialstrukturellen Ressourcen und Hindernisse bei der Bewältigung des gesellschaftlichen und beruflichen Umbruchs im Sozialwesen der neuen Bundesländer sowie Prozesse der beruflichen Neuorientierung auf.

Die Porträts repräsentieren Berufsbiographien, jeweils ausgehend von zentralen Bereichen DDR-Fürsorge. Zum einem handelt es sich um den Bereich der staatlichen Mütterfürsorge als Teilbereich der Gesundheitsfürsorge. Im Kontrast dazu wird eine Berufsbiographie aus der staatlichen Jugendfürsorge vorgestellt, als ein eher randseitiger Bereich im Gesamtensemble staatlicher Fürsorge. Zum anderen werden Berufsbiographien präsentiert, die ihren Ausgangspunkt in der kirchlichen Fürsorge haben. In einem ersten Porträt wird die Berufsbiographie einer Sozialarbeiterin der Diakonie dargelegt, im zweiten Porträt die Berufsbiographie eines Sozialarbeiters der Caritas.[126]

Da es sich bei den Biographischen Gesamtformungen - die bereits analytische Abstraktionen der erzählten Lebens- und Berufsgeschichte sind - um analytische Texte handelt, wird an markanten Stellen der lebensgeschichtlichen bzw. berufsgeschichtlichen Erzählung der Interviewtext in den Fußnoten wiedergegeben. Im Anschluss an die Biographische Gesamtformung werden in den Porträtkapiteln Aspekte der Berufswirklichkeit Sozialer Arbeit in Ostdeutschland analysiert. In diesen Analysen, die auf Falldarstellungen und theoretisch-evaluativen Ausführungen zum beruflichen Handeln der InterviewpartnerInnen beruhen, werden berufliche Rahmenbedingungen, Handlungsschwierigkeiten und das berufliche Selbstverständnis der jeweiligen SozialarbeiterIn aufgezeigt.[127]

125 Zur Perspektiventriangulation als Validierungsstrategie: Denzin 1970; 1978 sowie ergänzende methodologische Zielvorstellungen: Flick 1995:433.

126 Weitere berufsbiographische Porträts finden sich in meiner Dissertationsschrift (2003): »Berufsbiographien und Orientierungskerne beruflichen Handelns in zwei unterschiedlichen Gesellschaftsformationen. Veränderung und Kontinuität des beruflichen Selbstverständnisses und Handelns von Sozialwesenprofessionellen in Ostdeutschland« Otto-von-Guericke-Universität Magdeburg.

127 Alle Namen und Daten sind anonymisiert und maskiert.

7 Porträt: Frau Carstens

„Also das ist nun meins und ich muss damit auch leben können, wie ich mit den Frauen umgehe"

Frau Carstens arbeitet zum Zeitpunkt des Interviews als Sozialarbeiterin in einer Schwangeren- und Schwangerschaftskonfliktberatungsstelle des Caritasverbandes in einer ostdeutschen Großstadt. Die Beratungsstelle liegt in unmittelbarer Nähe zur katholischen Kirche. In der Beratungsstelle arbeiten zwei weitere Sozialarbeiterinnen und eine Verwaltungskraft. Frau Carstens Arbeitsbereich ist die Beratung von Frauen in Schwangerschaftskonflikten, die Beratung in sozialen und psychosozialen Fragen sowie die Beratung junger Mütter, die bis zu drei Jahren nach der Geburt des Kindes in die Beratungsstelle kommen können. Frau Carstens führt zudem Ehe- und Paarberatung durch. Sie sieht ihren Berufsverlauf als einen an, in dem sie sich kontinuierlich weiterentwickelt hat. Sie betont die berufliche Kontinuität in ihrem Berufsleben von der Mütterfürsorge in der DDR zur Frauen- und Familienberatung in der Caritas heute.

7.1 Biographische Gesamtformung Frau Carstens

Frau Carstens wird 1941 als erstes von zwei Kindern in Ostpreußen geboren, ihr Zwillingsbruder wird kurz nach ihr geboren. Die Familie ist vom Schicksal der Vertreibung betroffen und muss 1945 aus Ostpreußen flüchten. Die Eltern, die sich in der SBZ ansiedeln, gehören der katholischen Kirche an und werden an ihrem neuen Wohnort in den ersten Jahren nach der Flucht von der katholischen Gemeinde unterstützt. Der Vater ist Diplomingenieur, die Mutter Hausfrau. Frau Carstens wächst in einem bildungsbürgerlichen, katholischen Elternhaus auf. Bereits früh in ihrer Schullaufbahn entwickelt Frau Carstens, die sehr gerne in die Schule geht, den Wunsch, Lehrerin für Deutsch und Musik zu werden. Aufgrund ihres bildungsbürgerlichen familiären Hintergrunds entstehen Schwierigkeiten im Zusammenhang mit dem Besuch einer weiterführenden Schule. Nach der vierten Klasse - Frau Carstens möchte gerne das Gymnasium besuchen - werden in ihrer Schulklasse vorwiegend Kinder aus Arbeiter- und Bauernfamilien für einen weiterführenden Schulbesuch ausgewählt. Frau

Carstens Eltern wird von der Schulleitung aufgezeigt, dass nur eines der beiden Zwillingskinder eine höhere Schule besuchen kann. Die Eltern, die tradierten Vorstellungen über die Geschlechterrollen folgen, entscheiden sich trotz der guten schulischen Leistungen von Frau Carstens dafür, ihren Bruder den Vorzug zu geben und ihm den Besuch der Oberschule zu ermöglichen. Diese schulische Weichenstellung führt dazu, dass Frau Carstens auf die Umsetzung ihrer Berufspläne, für die ein Abitur Voraussetzung ist, verzichten muss. Für sie bedeutet die Zurückweisung ihrer Bildungswünsche und das Zurückstehen gegenüber dem Bruder eine einschneidende biographische Erfahrung. Obwohl sie gute schulische Leistungen erbracht hat, wird der Bruder als männlicher Familiennachfolger ihr vorgezogen und sie muss Verzicht leisten. Frau Carstens, die sich familiär ungerecht behandelt und innerfamiliär zurückgesetzt fühlt, distanziert sich in den folgenden Jahren zunehmend von ihrem Elternhaus. Gerade die traditionellen Wertvorstellungen ihrer Herkunftsfamilie, die u.a. ihre Schulkarriere behindert haben, lehnt sie in der Folgezeit zunehmend ab. Als Frau Carstens nach der zehnten Klasse die Schule mit der mittleren Reife beendet, hat sie keine konkreten Vorstellungen, wie es weitergehen soll. Das Verhältnis zu den Eltern, die ihr zu einer Lehre zur technischen Zeichnerin raten, ist angespannt, und Frau Carstens kann mit den Vorschlägen, besonders denen des Vaters, nichts anfangen.

Das familiäre Zurückgesetzt-Werden und die Auseinandersetzung mit den Eltern um die verwehrten Bildungschancen begründen zwei biographische Orientierungen im Leben von Frau Carstens. Zum einen richtet sie ihre Berufspläne an bestehenden Bildungsoptionen aus, die ihr das Nachholen von Bildungs- und Berufsabschlüssen ermöglichen. Eine schulische Weiterbildung ist ihr sehr wichtig. Zum anderen distanziert sie sich vom Elternhaus durch das Entwickeln einer betont eigenständigen beruflichen Linie. Sie weist eine durch die Eltern bestimmte Berufswegplanung zurück - der Vater legt ihr eine Lehre im Betrieb nah, in dem er beschäftigt ist -, und sie löst sich vom wertkonservativen und katholischen Familiemilieu.

Frau Carstens ergreift mangels beruflicher Perspektiven - sie ist nach dem Schulabschluss der zehnten Klasse ein halbes Jahr zu Hause und eine Berufswahl wird drängender - die Möglichkeit, in einem entfernt gelegenen katholischen Kinderheim ein Praktikum zu absolvieren, das durch eine Ordensschwester der katholischen Kirchengemeinde vermittelt wird. Dem Kinderheim ist ein Internat angeschlossen, in dem Frau Carstens während des Praktikums wohnen kann. Während des Praktikums und mit Distanz zum Elternhaus findet sie eine berufliche Alternative. Frau Carstens, die weitergehende Ausbildungsmöglichkeiten im Rahmen der katholischen Kirche in Erfahrung bringt, entschließt sich - entgegen einer naheliegenden

Ausbildung zur Kindergärtnerin in diesem Kinderheim -, zu einer Ausbildung als Säuglings- und Kinderkrankenschwester. Dieser berufliche Handlungsentwurf, an einem katholischen Ausbildungskrankenhaus eine Ausbildung als Säuglings- und Kinderkrankenschwester zu absolvieren, erfolgt ganz wesentlich aus der Überlegung heraus, sich Weiterbildungsoptionen und einen Zugang zu staatlich anerkannten Berufsabschlüssen zu eröffnen. Frau Carstens Entscheidung für diese Ausbildung folgt maßgeblich dem Motiv, die biographische Verzichtsleistung zu kompensieren, in dem sie gezielt nach Einstiegsmöglichkeiten in den staatlichen Arbeitsmarkt sucht. Mittels eines Ausbildungsabschlusses eines katholischen Krankenhauses, mit dem sie zusätzlich das Staatsexamen erwerben kann, kann sie sich die Option eröffnen, später in ein staatliches Krankenhaus zu wechseln und auch staatliche Bildungseinrichtungen zu besuchen. Frau Carsten nutzt das Verweisungsnetz der katholischen Kirche und bewirbt sich aus dem Praktikum heraus an einem renommierten katholischen Krankenhaus, das Krankenschwestern ausbildet, deren Abschluss staatlich anerkannt ist. Frau Carstens Berufsentwurf ist vom dirigistischen Prinzip der Lebenslaufplanung in der DDR mitgesteuert, das für sie als junge Frau dieser Generation ohne Abitur nur wenig Möglichkeiten jenseits eines technischen Berufs bzw. einer Tätigkeit in der Produktion offen lässt. Sozialberufe im katholischen Nischenmilieu sind zwar möglich, aber für Frau Carstens keine wirkliche Alternative zu dem von ihr gewünschten Lehrerberuf. In der katholischen Ausbildung zur Säuglings- und Kinderkrankenschwester sieht sie die Möglichkeit einer vorerst möglichst offen gehaltenen Berufslaufbahn.

Frau Carstens wird zur Ausbildung am katholischen Krankenhaus angenommen. Sie kommt bereits in der Ausbildung mit der Arbeit einer Säuglings- und Kinderkrankenschwester gut zurecht und wird nach der Ausbildung im Krankenhaus weiterbeschäftigt. Bereits kurz nach Abschluss der Ausbildung werden ihr Anleitungsaufgaben für die nachkommenden Schwesternschülerinnen übertragen. Ihren Wunsch nach weitergehender Qualifizierung und Bildung kann sie jedoch am katholischen Krankenhaus nicht verwirklichen, da in diesem Bereich die beruflichen Qualifizierungs- und Aufstiegsmöglichkeiten begrenzt und immer mit einem Eintritt in eine Ordensschwesternschaft verknüpft sind, was Frau Carstens ablehnt. Leitungsfunktionen im katholischen Krankenhaus werden ausschließlich von den Ordensschwestern wahrgenommen. Noch im ersten Jahr ihrer Tätigkeit bewirbt sich Frau Carstens als Säuglings- und Kinderkrankenschwester an einer staatlichen medizinischen Akademie. Sie folgt damit dem Handlungsschema der Reparatur ihrer schulischen und beruflichen Behinderung.

Frau Carstens wird 1962 an der staatlichen medizinischen Akademie als Lehrmeisterin in Ausbildung angestellt. Der Übergang in die staatliche Ausbildungseinrichtung für Säuglings- und Kinderkrankenschwestern ist ein beträchtlicher Karrieresprung für sie und eröffnet ihr nun die vorenthaltenen Bildungschancen. Sie erhält die Möglichkeit, berufsbegleitend ein Fernstudium zum Lehrmeister zu absolvieren und unterrichtet parallel dazu bereits die Schülerinnen der Kinderkrankenpflege an der Medizinischen Akademie in Praxisfragen der Säuglingspflege. Ihr wird zudem ein Studium zum Medizinpädagogen an der zentralen Medizinakademie in Aussicht gestellt, das für eine Lehrtätigkeit der theoriebezogenen Ausbildungsinhalte in der Säuglings- und Kinderkrankenschwesterausbildung qualifiziert. Mittels des Stellenwechsels in eine staatliche Medizinakademie gelingt Frau Carstens der Anschluss an staatliche Bildungsangebote und -einrichtungen. Ihre dezidierte berufliche Karriereplanung, die sie im Rahmen kirchlicher Einrichtungen begonnen hat, kann sie durch die Angebote des staatlichen Bildungssektors verwirklichen. Frau Carstens entwickelt entlang ihres schulischen und beruflichen Werdegangs eine Bindung an das Wertsystem der DDR. Sie ist von der Effizienz und Güte staatlicher medizinischer Versorgung überzeugt. Im Kontext ihrer Tätigkeit in einer staatlichen medizinischen Akademie formt sich auch ihre Vorstellung von professioneller Berufsarbeit. Professionelle Berufsarbeit setzt sie mit der Arbeit in staatlichen Einrichtungen gleich. Demgegenüber differenziert sie die Praxis in kirchlichen Einrichtungen, die eine Krankenpflege an Glaubensüberzeugungen und Wertorientierungen ausrichten.[128] Ihre Sichtweise ist, dass lediglich in den staatlichen medizinischen Einrichtungen eine Praxis entlang fachlicher Standards verwirklicht wird. In ihrer Vorstellung von professioneller Berufspraxis sind Fachlichkeit und Wertsphäre zu trennen. Dieses handwerkliche Berufsverständnis verzichtet auf spezifische Wert- und Gesellschaftsfragen bzw. ordnet diese Fragen einer Sphäre jenseits professioneller Berufspraxis zu.

Frau Carstens ist in ihrer Tätigkeit als Ausbilderin und Anleiterin sehr erfolgreich. Die Lehrtätigkeit mit den Pflegeschülerinnen bereitet ihr große Freude, und sie vermag es, die Schwesternschülerinnen mit ihrem Unterricht anzusprechen. Lediglich die Verpflichtung im Rahmen der staatlichen Ausbildungseinrichtung, Bekenntnisse zum Sozialismus und zur SED abgeben zu müssen, widerspricht ihrem auf Fachlichkeit und fachlichen

128 „Weil, die hatten ja Ordensschwestern, die das gemacht haben, also so andere Schwestern waren da also nicht so gefragt, die also dann das wirklich professionell machten" (4:32-4:34).

Standards hin orientierten Berufsverständnis.[129] Die Bekenntnisse, die sie regelmäßig zum Sozialismus und zur SED im Unterricht abgegeben muss, nimmt sie zwar als bedrückend wahr, findet jedoch einen pragmatischen Weg des Umgehens dieser Anforderung. Mittels individueller und flexibler Ausbildungskonzepte, die sie ausarbeitet und jeweils alternativ einsetzt - ist z.B. eine Hospitantin der Parteischule anwesend, die ihren Unterricht prüft, dann setzt sie eine Lehreinheit ein, in der Kundgaben zum Sozialismus beinhaltet sind - kann Frau Carstens die Anforderung handhaben. Die Formen erweiterter Mitgliedschaft, die ihr die Institutionen jeweils abverlangen, in die sie beruflich eingebunden ist, sind ihr lästig und festigen ihre Fachlichkeitsorientierung. Sowohl im kirchlichen als auch im staatlichen Rahmen sieht sie sich gedrängt, vorgefertigte Sinnschablonen mit zu vermitteln und zu verkörpern, die ihre an fachlichen Standards orientierte Berufsauffassung mit Fremdansprüchen überziehen. Frau Carstens entwickelt Handlungsstrategien, die sie angesichts der gestellten Vorgaben variabel einsetzt.

Die Entwicklung einer zweiten biographischen Linie, die einer Familiengründung, beendet vorerst Frau Carstens berufliche Laufbahn. Während der Jahre ihrer Tätigkeit als Lehrmeisterin an der Medizinischen Akademie von 1962 bis 1969 lernt sie ihren späteren Ehemann kennen. Sie heiratet und bekommt in kurzer Folge zwei Kinder. Ihr Ehemann, der nach Abschluss seines Ingenieurstudiums eine Stelle an einer staatlichen Forschungseinrichtung in einer Großstadt erhält, wird Haupternährer der Familie. Die Familie zieht noch, während Frau Carstens im Mutterschaftsurlaub ist, an den Arbeitsort des Ehemanns. Frau Carstens entscheidet sich, in den ersten Jahren für die Familienarbeit und bleibt bis 1974 zu Haus bei den Kindern.

Im Anschluss an den Mutterschaftsurlaub sucht Frau Carstens einen beruflichen Wiedereinstieg, der mit unerwarteten Hürden verbunden ist. Sie will an ihre Tätigkeit an der medizinischen Akademie anknüpfen und bemüht sich deshalb um eine Stelle als Lehrkraft. An der regionalen staatlichen medizinischen Akademie ist Mitte der siebziger Jahre eine solche Stelle jedoch nicht frei. Stattdessen wird ihr eine Tätigkeit im Stationsdienst als Säuglings- und Kinderkrankenschwester angeboten. Das Ange-

129 „Aber es war so, dass mich immer gestört hat, dass ein roter Faden drin sein musste. Und der rote Faden war nicht also das Fachliche, sondern es musste immer irgendwelche Politik da reingebracht werden. (...) Immer so die Angst, kommt einer, da musst du wieder da so 'ne politischen Sachen erzählen, die fast hier gar nichts mit der Sache zu tun hatten" (5:2-5:3).

bot kommt für Frau Carstens jedoch aufgrund ihrer familiären Verpflichtungen als Mutter zweier kleiner Kinder nicht in Frage, weil mit der Tätigkeit als Krankenschwester Schichtdienst verbunden ist und Frau Carstens einen Schichtdienst ihrer Familie nicht zumuten will. Ersatzweise erhält sie das Angebot, als Sprechstundenschwester in der Allgemeinmedizin in der medizinischen Ambulanz der örtlichen Poliklinik zu arbeiten. Frau Carstens, der ein beruflicher Wiedereinstieg sehr wichtig ist, nimmt diese Stelle an. In der Arbeit als Sprechstundenschwester kann Frau Carstens neue Berufserfahrungen sammeln. Sie arbeitet nun in der medizinischen Versorgung erwachsener Patienten und lernt die Abläufe einer Ambulanz kennen, wie die Behandlungsvorsorge und Behandlungsnachbereitungen sowie die Organisation und Dokumentation der medizinischen Behandlung.

Frau Carstens fühlt sich jedoch nach kurzer Einarbeitungszeit beruflich unterfordert. Die Tätigkeit als Sprechstundenschwester, in der sie medizinische Hilfstätigkeiten ausführt und die von wiederkehrenden Routinen geprägt ist, empfindet sie als eintönig und wenig fordernd. Ihr Wunsch ist ein berufliches Tätigkeitsfeld, in dem sie - entsprechend ihrer beruflichen Vorerfahrung - stärker eigenverantwortlich tätig sein kann. Auf der Suche nach beruflichem Gestaltungsraum beginnt sie, aktiv in ihrer Umgebung nach alternativen Tätigkeiten zu suchen. Dabei durchforstet sie ihr näheres Umfeld und stößt auf die Mütterfürsorge der Poliklinik, die Mütterberatungen durchführen. Dieses Arbeitsfeld spricht sie aufgrund ihrer eigenen positiven Erfahrungen mit der Mütterberatung nach der Geburt ihrer Kinder sofort an. Sie stellt fest, dass sie die geforderten Einstellungsvoraussetzungen als Säuglings- und Kinderkrankenschwester mitbringen würde und fasst eine solche Tätigkeit für sich als Arbeitsbereich ins Auge.

Frau Carstens ergreift eine berufliche Veränderungsinitiative, um ihren beruflichen Handlungsentwurf Mütterfürsorgerin zu werden, umzusetzen. Für Frau Carstens ist die Tätigkeit in einer Mütterberatungsstelle wie für viele andere Frauen mit medizinischer Ausbildung und Verantwortung für eine Familie attraktiv. Dort wird nicht im Schichtbetrieb gearbeitet und die Tätigkeit bietet jenseits medizinischer Routinetätigkeit Gestaltungsfreiräume. Sie ist zudem mit relativ hohem gesellschaftlichem Prestige verknüpft - Frau Carstens sieht die Mütterfürsorge sogar als Perle des Fürsorgeberufs an. Für sie persönlich bedeutet die anvisierte Tätigkeit in der Mütterfürsorge zudem, dass sie ihre pädagogischen Fähigkeiten, die sie in der Anleitung und Lehrtätigkeit mit den Pflegeschülerinnen erworben hat und die ihr viel persönliche Bestätigung gegeben hat, in stärkerem Maße in der Mütterfürsorge einsetzten kann, als das in der Tätigkeit als

Sprechstundenschwester der Fall ist. Frau Carstens setzt ihren beruflichen Handlungsentwurf in der Folge konsequent um. Sie nimmt in den folgenden eineinhalb Jahren, während sie in der Ambulanz tätig ist, immer wieder Kontakt zu den Fürsorgerinnen der Mütterberatung auf und erkundigt sich nach einer freiwerdenden Stelle. Mittels dieser intensiven Bemühungen gelingt es ihr, dass ihr dann 1975 eine freiwerdende Stelle in der Mütterberatung der Poliklinik angeboten wird.[130] Frau Carstens besondere Anstrengungen in Hinblick auf einen beruflichen Wechsel zeigen, welche Bedeutung eine zufriedenstellende berufliche Tätigkeit und welche Attraktivität die Mütterfürsorge für sie hat. Indem sie sich antizipierend mit dem Tätigkeitsfeld und den Aufgaben einer Fürsorgerin in der Mütterberatung auseinandersetzt, entwickelt sie die Vorstellung einer beruflichen Passung. Sie verfolgt ihr Berufsziel nach individuellen beruflichen Prämissen, und die antizipierte Berufspraxis in der Mütterfürsorge entspricht ganz ihren Erwartungen an eine eigenverantwortliche Berufstätigkeit.

Frau Carstens beginnt 1975 ihre Tätigkeit als Mütterfürsorgerin. Mit dem Wechsel in die Mütterfürsorge beginnt für sie gleichzeitig ein neuer Abschnitt ihrer Berufskarriere.[131] In ihrer Tätigkeit kann sie sich spezifisch weiblichen Lebenszusammenhängen zuwenden und ihre Erfahrungen als Mutter einbringen. Sie kann in der Mütterfürsorge Aspekte ihrer bisherigen Berufsbiographie bündeln, so an berufliche Vorerfahrungen als Säuglings- und Kinderkrankenschwester anknüpfen, Anleitung geben und auch ihren Wunsch nach pädagogischer Unterweisung umsetzen.[132] Ihre Tätigkeit als Fürsorgerin geht mit viel Eigenverantwortung einher, ist weitgehend frei von Ansprüchen dritter und sie erlebt sich unmittelbar hilfreich für die jungen Mütter. Zudem ist die Tätigkeit abwechslungsreich. Frau Carstens sieht in der Mütterberatung eine - folgerichtige - Vervollständigung ihrer Berufskarriere. In der Tätigkeit als Mütterfürsorgerin fließen

---

130 „Ich hab dann auch schon immer probiert, aber die alten Fürsorgerinnen waren also auch sehr verschlossen. (...) Und also, „nö, ist keine Stelle und is' nicht, ist nicht", also jedenfalls, irgendwie aber eine erinnerte sich dran, dass ich also immer gebohrt und nachgefragt habe" (5:28:5:33).

131 Frau Carstens leitet diese Phase in ihrer berufsbiographischen Erzählung mit dem suprasegmentalen Markierer ein: „Und da hatte ich auf einmal das, was ich irgendwo wollte und was mir unwahrscheinlich viel Spaß gemacht hat" (5:44-5:45).

132 „Ich hatte also meinen Beruf drin, ich hatte irgendwo auch so 'n bisschen das Pädagogische mit den jungen Müttern, das war natürlich auch drin, die Altersgruppe hat mir auch gelegen und dachte, ja also irgendwo fand ich mich also super, dass das geklappt hat" (5:47-5:50).

Aspekte ihrer Biographie geradezu in natürlicher Weise ein und die Arbeit bereitet ihr sehr viel Freude.

Frau Carstens erwirbt ihr berufliches Wissen und ihre beruflichen Orientierungen durch die anleitenden Fürsorgerinnen. Mit den älteren Kolleginnen verbindet sie eine freundschaftliche Beziehung, und sie identifiziert sich mit den vorgegebenen Arbeitsabläufen der Fürsorgearbeit. Sie hat ein gutes Verhältnis zur leitenden Ärztin der Mütterfürsorge, die für sie und die anderen Fürsorgerinnen eine Vertrauensperson ist. Frau Carstens absolviert nach einiger Zeit berufsbegleitend eine zweijährige Weiterbildung zur Gesundheitsfürsorgerin an einer Bezirksakademie. Diese Ausbildung, die ihr wenig neue Berufsimpulse vermittelt, erlebt sie ehr als praxisfern und schematisch. Frau Carstens, die ihren Aufgabenbereich aktiv ausgestaltet, ist überaus zufrieden mit ihrer Arbeitssituation und fühlt sich im Arbeitsteam der Mütterberatung sehr wohl. Sie bringt für die Frauen, deren Lebensverhältnisse schwierig sind - auch angesichts der eigenen erfahrenen Benachteiligung ihrer Schul- und Berufspläne - viel Verständnis auf. Im Laufe der Jahre, in denen sie an den fachlichen Standards der Fürsorge orientiert arbeitet, entwickelt sie eine berufliche Könnerschaft, die eine Einschätzungskompetenz in Bezug auf die soziale Lage der jungen Mütter und eine mütterlich-beherzt eingreifende Handlungskompetenz umfasst. Frau Carstens arbeitet bis zum Frühjahr 1991, insgesamt 16 Jahre, in der Mütterfürsorge.

Den politischen und gesellschaftlichen Umbruch erlebt sie als „spannende Zeit". In beruflicher Hinsicht verändert sich nach 1989 erst einmal wenig. Durch die Öffnung der Grenze werden Kontakte in die westdeutschen Bundesländer möglich und die Leiterin der Mütterfürsorge arrangiert ein Treffen zwischen den Fürsorgerinnen und Sozialarbeiterinnen eines westdeutschen Gesundheitsamtes. Angesichts des Besuchs der westdeutschen Einrichtung ist sich Frau Carstens sicher, dass ihr Arbeitsbereich der Beratung und Hilfe für junge Mütter, auch über die politischen und gesellschaftlichen Veränderungen hinweg, Bestand haben wird. Frau Carstens, die in einer personalstarken Einrichtung arbeitet - in der Mütterfürsorge arbeiten sechzehn Fürsorgerinnen auf das Stadtgebiet verteilt -, sieht vorerst keinen Grund zur Beunruhigung. Sie ist sich sicher, dass sie in der Mütterfürsorge bleiben will, hat bereits viele Jahre Berufserfahrung und ist in einen kollegialen Rahmen eingebunden. Sie geht davon aus, dass eine Mütterberatung und die Müttersprechstunde auch in Zukunft gebraucht werden wird und sich eine fachlich gute Arbeit immer bewährt.

Frau Carstens setzt darauf, dass sich in ihrem Berufsbereich nicht allzu viel verändern wird.[133]

Frau Carstens berufliche Perspektive wird jedoch zunehmend unsicherer. Zwar bleibt die Arbeitsorganisation der staatlichen Mütterfürsorge vorerst bestehen, jedoch verursachen die Privatisierungen im Gesundheitswesen auch Unsicherheiten. Frau Carstens muss ab 1990 feststellen, dass in Folge des Einheitsvertrages die Umwälzungen doch grundlegender und dynamischer Raum einnehmen, als sie geglaubt hat. Sie wird von der Dynamik des gesellschaftlichen Umbaus überrascht. Irritierend ist für sie, dass sie im November 1990 von einer Caritas-Fürsorgerin angesprochen wird, ob sie nicht zum Caritasverband wechseln und in diesem Rahmen eine neue Beratungsstelle für Schwangere bzw. für Frauen im Schwangerschaftskonflikt mit aufbauen wolle. Frau Carstens trifft diese Anfrage unerwartet und sie ist in zweifacher Hinsicht überrascht. Zum einen ist ihr die Einrichtung der Caritas, in der diese Fürsorgerin arbeitet - die Caritas unterhält im ortsansässigen Krankenhaus eine Ehe-, Lebens-, und Familienberatung -, völlig unbekannt und das, obwohl sie mit ihrer Familie hin und wieder Gottesdienste der katholischen Kirche besucht und sich zur katholischen Gemeinde zugehörig fühlt. Retrospektiv eröffnen sich Frau Carstens Arbeitsbereiche der Fürsorge, die ihr als staatliche Fürsorgerin mit dem Anspruch, den Müttern umfassende Hilfe zu leisten, bis dahin gänzlich entgangen waren. Ihr ist rätselhaft, dass ihr die katholische Fürsorgearbeit jahrelang unbekannt geblieben ist. Zum anderen konfrontiert sie die Anfrage der Fürsorgerin mit ihren Plänen, in der staatlichen Mütterfürsorge weiterzuarbeiten. Die Annahmen von Frau Carstens werden durch die ablaufenden institutionellen Umstrukturierungen in den folgenden Monaten immer stärker in Frage gestellt. Im Rahmen eines Gesprächs mit der leitenden Ärztin der Mütterfürsorge wird ihr erstmals deutlich, dass nicht alle staatlichen Fürsorgerinnen in das im Aufbau befindliche kommunale Gesundheitsamt übernommen werden.

Auch im familiären Bereich kommt es in dieser Zeit zu drastischen Umbrüchen. Frau Carstens Ehemann, der in einem staatlichen Forschungsinstitut als Ingenieur arbeitet, erhält Ende 1990 kurzfristig und unerwartet die Kündigung. Das Forschungsinstitut, in dem er beschäftigt ist, wird ‚abgewickelt' und Frau Carsten erlebt die Kündigung ihres Ehemannes kurz vor Weihnachten 1990 als gravierenden Einschnitt und empfindet

133 „Und da hab ich mir in der Zeit immer gedacht, na ja eigentlich möchtest du die Mütterberatung ja weitermachen, des gefällt dir und Kinder werden immer geboren" (6:47-6:49).

dieses als höchst unmoralisch. Frau Carstens ist zu diesem Zeitpunkt beinahe 50 Jahre alt und die Folgen der politischen und gesellschaftlichen Umwälzungen treffen sie in einem unerwarteten Ausmaß. In kurzer Zeit entsteht der Handlungsdruck, sich und ihre Familie mittels einer eigenen beruflichen Perspektive abzusichern. In dieser Situation greift Frau Carstens auf das Angebot der Caritas-Fürsorgerin zurück und zieht einen Wechsel zum Caritasverband in Erwägung. Angesichts drohender Arbeitslosigkeit und der familiären Gesamtsituation ergreift sie die Initiative zur Kontrolle der Ereignisse, indem sie sich antizipierend mit einer Tätigkeit in der Schwangeren- und Schwangerschaftskonfliktberatung der Caritas auseinandersetzt. Frau Carstens sieht in dem Angebot einerseits berufliche Anschlussmöglichkeiten, andererseits hat sie ernsthafte Zweifel, ob eine Tätigkeit beim Caritasverband das Richtige für sie ist. Im Rahmen einer vom Caritasverband organisierten einwöchigen Weiterbildung, die sie besucht und in der es um Beratungskonzepte und -aufgaben in der katholischen Schwangerschaftskonfliktberatung geht, gewinnt sie den Eindruck, dass es fachliche Konzepte der Beratungsarbeit gibt, die auch in den katholischen Beratungseinrichtungen angewendet werden und die sie überzeugen. Ihre Bedenken kann sie angesichts der fachlichen Standards zurückstellen, und sie entscheidet sich dafür, das Angebot der Caritas anzunehmen.

Frau Carstens nimmt die Veränderungen des Gesundheits- und Sozialwesens auf dem Territorium der DDR durch den deutschen Einheitsvertrag, die mit Arbeitsplatzverlusten in den staatlichen Gesundheitseinrichtungen verknüpft sind, zu einem relativ späten Zeitpunkt wahr, was sie dann auch angesichts der familiären Gesamtsituation unter Zugzwang setzt. Sie sieht sich gedrängt, innerhalb eines kurzen Zeitraums weitreichende berufliche Entscheidungen zu treffen. Ein Abwarten kann bedeuten, dass sie wie ihr Ehemann über kurz oder lang arbeitslos wird. Bedenken in Hinblick auf das Anstellungsangebot beim Caritasverband stellt sie zurück.

Frau Carstens beginnt im Februar 1991 ihre Tätigkeit als Sozialarbeiterin in der Schwangeren- und Schwangerschaftskonfliktberatung. Die Beratungskonzepte, die sie für die Arbeit in der Schwangerschafts- und Schwangerschaftskonfliktberatung der Caritas im Rahmen der Fortbildung kennen gelernt hat, vermitteln ihr, dass die Frauen beraten werden sollen. Frau Carstens deutet die Beratungskonzepte vor dem Hintergrund ihres handwerklichen Berufsverständnisses. Sie geht davon aus, dass eine gute

Beratung Grundlage ihres künftigen beruflichen Handelns sein wird.[134] Die Vorgaben des Caritasverbandes - Anfang 1991 besteht in den neuen Bundesländern aufgrund sonderrechtlicher Vereinbarungen noch keine zwingende Beratungspflicht für Frauen im Schwangerschaftskonflikt - lassen berufliche Handlungsspielräume zu. Ermutigend ist für Frau Carstens zudem, dass eine weitere Kollegin aus der staatlichen Mütterfürsorge, die sie schätzt und mag, eingestellt wird. Der Aufbau des Beratungsangebots einer Schwangeren- und Schwangerschaftskonfliktberatung bereitet anfänglich Schwierigkeiten. Eine Nachfrage nach einer von einem katholischen Verband getragenen Schwangeren- und Schwangerschaftskonfliktberatung gibt es in der Region, in der der Anteil der katholischen Bevölkerung sehr gering ist, faktisch nicht. Die traditionellen Beratungsangebote an den Polikliniken in Form von staatlichen Schwangerenberatungsstellen bestehen noch fort und werden vorrangig von den Frauen und Müttern der Region aufgesucht. Im Bereich der Schwangerschaftskonfliktberatung besteht keine Beratungspflicht, und die Caritas als katholische Trägereinrichtung wird - soweit sie überhaupt bekannt ist - wegen ihres Wertebezugs, besonders von den Ärzten der Region, als konservativ angesehen und abgelehnt. Diese empfehlen den Frauen die Inanspruchnahme anderer Beratungseinrichtungen.

Die geringe Akzeptanz der Schwangerenberatung und Schwangerschaftskonfliktberatung der Caritas seitens anderer Professioneller und Sozialorganisationen erschwert Frau Carstens und ihrer Kollegin den Neuaufbau. In dieser Anfangssituation nutzen die Sozialarbeiterinnen ihre guten Kontakte zu den jungen Müttern, die sie aus der Mütterfürsorge kennen. Frau Carstens ist bei vielen der jungen Mütter beliebt und sie hat teilweise langjährige Beziehungen zu den jungen Frauen. Ihre Klientinnen vertrauen auf ihre fachliche Unterstützung und sehen dabei vom institutionellen Kontext ab. Frau Carstens kann zudem durch Mütterschulungskurse, die sie bereits seit Jahren in der Urania durchführt und die sie bis Mai 1991 weiter anbietet, neue Klientinnen dazugewinnen. In diesen Mütterschulungen wirbt sie dann aktiv für die Caritas-Beratungsstelle.[135]

134 „Und des hab ich deutlich mitgekriegt, die Frau wird beraten. Es wird für das Leben beraten, aber die Frau wird beraten, was wäre wenn, (...) Also konnte ich gut für mich mitgehen und konnte sagen, ja das kannste eigentlich machen. (...) Wo ich dachte, also machste, gehste" (7:36-7:50).

135 „Habe ich gesagt, wir machen das und das, so weit ich nach dem Thema, des war meistens einfach Pflege, Ernährung des Kindes, stand ne Traube und wollte was wissen, na da hab ich gedacht, das muss jetzt nicht hier sein, des kann ich ja och

Frau Carstens gelingt es, einen Stamm an Klientinnen aufzubauen, die sich in medizinischen, rechtlichen und materiellen Fragen der Schwangerschaft, Geburt und Mutterschaft an sie wenden. Die Caritas-Beratungsstelle profitiert von Frau Carstens guten Kontakten zu den Frauen der Region. Die erfolgreiche Aufbauarbeit stärkt Frau Carstens Selbstbewusstsein. Sie behält weitgehend ihre bewährten Arbeitskonzeptionen der Mütterfürsorge vorerst bei. In ihrer Arbeit orientiert sie sich an ihren beruflichen Erfahrungen in der staatlichen Mütterfürsorge der DDR, und ihre Ressource sind die Klientinnen, die immer wieder zu ihr kommen und die ihr vertrauen. Frau Carstens Umgang mit den Frauen und ihren Problemlagen orientiert sich an bewährten Konzepten.

Als eine der ersten absolviert Frau Carstens 1991 die in der Region angebotene obligatorische Anpassungsfortbildung und stellt ihre berufliche Zukunft durch die staatliche Anerkennung als Sozialarbeiterin auf eine sichere Grundlage. Diese Anpassungsfortbildung erlebt sie als unzeitig und als fremdauferlegte Pflicht, die ihr das Auswendiglernen der politischen und gesellschaftlichen Ordnungsformeln abverlangt. Das in diesem Kontext vermittelte Wissen rezipiert sie als lexikalisches Wissen, da die Inhalte dieser Fortbildung in ihrer berufspraktischen Bedeutung zu diesem Zeitpunkt dem Aufbau der Beratungsarbeit untergeordnet sind. Sie beginnt parallel dazu eine in Kursabschnitten unterteilte mehrjährige Beratungsfortbildung für die Schwangerschaftskonfliktberatung, die vom Caritasverband angeboten wird. Die vermittelten Inhalte dieser Fortbildung entsprechen den Vorstellungen von Frau Carstens einer methodisch fundierten Beratungspraxis. Die Beratungsausbildung des Caritasverbands, die ebenfalls für alle Beraterinnen der Caritas in Schwangerschaftskonfliktberatungsstellen obligatorisch ist, spricht sie sehr an. Frau Carstens kann anhand der Fortbildung und durch die Fortbildungsgruppe ihre berufliche Perspektive erheblich erweitern. Sie lernt eine fallorientierte Sichtweise auf Klientenprobleme kennen und erkennt die Bedeutung eines individuell begleitenden Arbeitsansatzes bei Partnerschaftsproblemen und bei individuellen Konfliktlagen. Sie entwickelt Standards einer guten Beratung im Bereich der Schwangerschaftskonflikt- und Paarberatung. Durch den Wechsel theoretischer Unterrichtseinheiten, fallbezogener Anwendung vor Ort in der Beratungsstelle sowie fallbezogener Reflexion in der Fortbildungsgruppe kann sie ihren Beratungsansatz in systematischer Weise reflektieren. Frau Carstens bezieht die erweiterten Kompetenzen und

irgendwie, auch mit Aktenzeichen dann irgendwo versehen, dass ich auch für die Stelle was hab" (9:55-10:2).

Sichtweisen in ihre Beratungsarbeit mit ein und gewinnt eine Reihe neuer Handlungskonzepte für ihre Arbeit dazu.

In den folgenden Jahren baut Frau Carstens die Schwangeren- und Schwangerschaftskonfliktberatungsstelle weiter auf und aus. Im Zuge ihrer neuen Erfahrungen integriert Frau Carstens eine berufliche Identität als Familienberaterin. Im Bereich der Schwangerschaftskonfliktberatung arbeitet sie so, dass sie beide Ehepartner in die Beratungsgespräche mit einbezieht. Frau Carstens ist gerade von dieser Beratungsarbeit sehr angetan, und in den Schwangerschaftskonfliktberatungen versucht Frau Carstens, die Ehepartner zu ermutigen, ihre jeweiligen Sichtweisen im Gespräch darzustellen. Sie nimmt die differierenden Sichtweisen der Ehe- und Lebenspartner zum Ausgangspunkt der Beratung.[136] Als Beraterin zeigt sie verletzte Reziprozitätserwartungen in der Partnerschaft auf und macht diese - indem sie die jeweiligen Positionen wechselseitig widerspiegelt - einer Bearbeitung zugänglich.

Im Zuge ihrer Beratungspraxis verändern sich Frau Carstens Sichtweisen auf die lebensgeschichtliche Bedeutung eines Schwangerschaftsabbruchs. In der Beratungsarbeit wird sie mit Frauen konfrontiert, deren Schwangerschaftsabbruch bereits fünfzehn Jahre und länger zurückliegt und die die Beratungsstelle aufsuchen, weil sie Schuldgefühle empfinden. Frau Carstens, die in einem Schwangerschaftsabbruch nie ein moralisches Problem gesehen hat, ist aufgefordert, in ihrer Arbeit mit den Spätfolgen der Praxis des legalisierten Schwangerschaftsabbruchs in der DDR umzugehen. Ihre Erfahrungen in der Mütterfürsorge - auch mit Familien konfrontiert worden zu sein, in denen die Kinder unerwünscht waren - gaben ihr nie Anlass, die biographischen Auswirkungen für die Betroffenen zu reflektieren. Die Beratungsnachfrage dieser Klientinnen stellt die Praxis der Geburten- und Frauenpolitik im Gesundheitswesen der DDR für Frau Carstens nachträglich in Frage. Das Nachdenken über mögliche biographische (Langzeit-)Folgen eines Schwangerschaftsabbruchs sensibilisiert sie für biographische Prozesse. Supervision erlebt sie in diesem Zusammenhang für sich als hilfreich. Ein neuer Erfahrungsbereich ist die Beratung ausländischer Frauen, die Frau Carstens neue Sichtweisen auf fremde Lebenswelten eröffnet, die sie als anregend erlebt.

Frau Carstens sieht sich andererseits vor eine Reihe Handlungsprobleme gestellt, die mit den Vorgaben des Trägers in der Schwangerschafts-

136 „Und oft ist eben der Mann so erstaunt, wie es der Frau wirklich geht, ne. Dass sie sagen, wenn ich das geahnt hätte, dass das so in dir aussieht, hast de ja gar nicht erzählt. Und des ist natürlich dann schon 'n Erfolg" (21:30-21:40).

konfliktberatung zusammenhängen. Frau Carstens ist als Sozialarbeiterin der Caritas verpflichtet, die Gelder der Stiftung Mutter und Kind besonders hervorzuheben und den Frauen im Schwangerschaftskonflikt die darüber hinausgehende finanzielle Unterstützung der katholischen Kirche anzubieten. Ihr berufliches Handeln wird u.a. daran gemessen, wie hoch die Anzahl ihrer Klientinnen ist, die Stiftungsanträge eingereicht haben. Der Nachweis der Leistungsfähigkeit über diese statistischen Daten belastet Frau Carstens. Sie sieht sich gezwungen, möglichst viele Stiftungsanträge zu bearbeiten, was andererseits dazu führt, dass die Beratungstätigkeit dabei immer weiter ins Hintertreffen gerät. Aufgrund der bestehenden Vorgaben schieben sich formale Aspekte der Arbeit - der verwaltungsförmigen Abwicklung der Antragstellung - in den Vordergrund. Frau Carstens arbeitet auf unsicherer Arbeitsgrundlage, da der Arbeitsbereich der Schwangerschaftskonfliktberatung im Rahmen der Caritas nach wie vor unsicher ist.[137] Es belastet sie, dass der Weiterbestand der katholischen Schwangerschaftskonfliktberatung nicht gewährleistet ist. Frau Carstens befürchtet, dass viele Frauen im Fall des Rückzugs der katholischen Beratungsstellen aus der Schwangerschaftskonfliktberatung mit ihren Schwangerschaftskonflikten alleingelassen werden bzw. Beratungsangebote in Anspruch nehmen müssen, die weniger umfassend die biographischen Dimensionen des Konflikts reflektieren. Viele ihrer Klientinnen wären dann auf Beratungen verwiesen, in denen aus Sicht von Frau Carstens gerade auch die biographische Dimension des Konflikts der Frauen weniger differenziert aufgegriffen und die Frauen - in der Folge davon - mit den lebensgeschichtlichen und sozialen Belastungen alleine gelassen würden.

7.2 Aspekte beruflicher Handlungswirklichkeit

Frau Carstens definiert Schwangerschaftskonfliktberatung in einem umfassenden Sinn. Sie integriert in die Schwangerschaftskonfliktberatung psychosoziale Beratung mit den Schwangeren und den jungen Müttern. Die Veränderungen durch den Zusammenbruch der DDR und die Wiederverei-

137 Zum Zeitpunkt der Datenerhebung war noch offen, wie sich die katholische Kirche im Fall der Schwangerschaftskonfliktberatung entscheiden wird. Seit dem Herbst 2000 dürfen nun die katholischen Beratungsstellen keine Beratungsscheine mehr ausstellen.

nigung nimmt sie bei ihrer Klientel stärker wahr, als bei sich selbst. Angesichts wachsender materieller Verelendung vieler insbesondere junger Frauen und Familien aus der Armutsbevölkerung sieht sie sich heute gezwungen, den Aspekten materieller Existenzsicherung stärkere Aufmerksamkeit in der Beratung und in ihrem beruflichen Handeln zukommen zu lassen. Ihren Berufsverlauf stellt sie als eine fortlaufende, ungebrochene und kontinuierlich aufbauende Linie dar.
Die Sozialarbeit mit Frauen im Zusammenhang mit einer Schwangerschaft und Mutterschaft ist für sie ein tragendes Moment ihrer Biographie. Der Beruf bereitet ihr Freude und Anerkennung. Sie bringt im Interview die Orientierung, dass der Beruf in ihrem Leben sehr wichtig ist und einen besonderen Wert darstellt, zum Ausdruck. Frau Carstens beginnt ihre autobiographisch-narrative Erzählung mit der Darstellung ihres Berufseinstiegs. Die genaueren Umstände in ihrer Kindheit und Jugendzeit bleiben - soweit diese nicht mit ihrer Berufswahl zusammenhängen - vorerst weitgehend unthematisiert. Erst im Nachfragteil des Interviews expliziert Frau Carsten weitere Details zur Familiengeschichte, ihrer biographischen Herkunft sowie zu den Kindheits- und Jugendjahren. Dennoch kann Frau Carstens eine ‚runde' Berufsgeschichte im Interview präsentieren.

Frau Carstens behält in ihrer Arbeit heute Handlungsmuster und -orientierungen aus der Fürsorgearbeit bei. Sie thematisiert zudem eine Reihe von Handlungsschwierigkeiten, die ihr die Arbeit mit den Klientinnen heute bereitet. Dieses Thematisierungspotential zeigt, dass sie auf eine fachlich gute Sozialarbeit großen Wert legt und über ihre Arbeit reflektiert. Sie thematisiert ihre Arbeitsschwierigkeiten vor dem Horizont der Fürsorgearbeit in der DDR und vergleicht ihre Arbeitssituation heute mit der der Mütterfürsorge der DDR.

Frau Carstens war mit ihrer Tätigkeit im Aufgabenfeld der Mütterfürsorge stark identifiziert und in ihren Darstellungen schwingt heute noch Begeisterung für ihre damalige Arbeit mit. Die Mütterfürsorge entsprach ganz ihren biographisch grundgelegten Wünschen nach einer eigenverantwortlichen beruflichen Tätigkeit. Frau Carstens war Mütterfürsorgerin mit ‚Leib und Seele'. Neben dem medizinisch orientiertem Fachwissen und -können, wie z.B. den Gesundheitszustand eines Säuglings zu beurteilen und entsprechend Maßnahmen einzuleiten, umfasste die Mütterfürsorge für sie einen spezifischen Kompetenzbereich - eine besondere Deutungs- und Definitionshoheit -, der sich auf die Beurteilung und Bewertung der sozialen Situation der jungen Mütter und ihrer Säuglinge bezog und eine besondere Zuwendung an Frauen mit beinhaltete. Gegenüber dem Tätigkeitsfeld der Kinderkrankenschwester bzw. der Sprechstundenschwester in einer Ambulanz war dieser Tätigkeitsbereich von ärztlichen Vorgaben relativ unabhängig, und im Arbeitsfeld der Gesundheitsfürsorge war es - aus ihrer Sicht - explizit die Mütterfürsorge, die anders als die Schwangerenfürsorge, in der stärker an medizinischen Vorgaben entlang gearbeitet wurde, ihr zugesagt hat. Die ganzheitliche Fürsorge für Mutter und Kind, in der sie die allgemeinen sozialen Lebensbedingungen der Frauen und der Familien mit bearbeiten konnte, entsprach ihrem Wunsch, ihr medizinisches Wissen pädagogisch zu nutzen. In der Mütterfürsorge war es der individuelle Spielraum zur Ausgestaltung der Arbeit, der es ihr ermöglichte, als Fürsorgerin für diejenigen dazu sein, die im persönlichen Lebensbereich Schwierigkeiten hatten.

Frau Carstens verwendet in der Beschreibung ihrer Tätigkeit als Mütterfürsorgerin die Sozialkategorie: „die aus dem Rahmen gefallen sind". Damit umreißt sie einen Handlungsbereich, der - wie sie angibt - nur eine kleine Personengruppe umfasste, der jedoch spezifisch Gegenstand der Mütterfürsorge war. Frau Carstens thematisiert das Problem, dass angesichts der Schwierigkeiten, in denen sich viele Frauen heute befinden - sie betont dabei fortgesetzt die materiellen Verhältnisse vieler Frauen und jungen Mütter -, die Sozialarbeit nicht in vergleichbarem Umfang wie damals zu helfen vermag. In einer kontrastiven Gegenüberstellung ihrer damaligen und heutigen Handlungsbereiche konstatiert sie, dass Formen des Zugangs zu Klientinnen in der Sozialarbeit verloren und damit Handlungsmöglichkeiten eingeschränkt sind. Gerade durch die Routinen der medizinischen Fürsorge, die ihr früher auch Hausbesuche ermöglicht haben, waren Frauen erreichbar gewesen, die heute zu kurz kommen. Der Verzicht auf unangemeldete Hausbesuche, wie es dem heutigen Verständnis und der Praxis der Sozialarbeit entspricht, reduziere - nach Frau Carstens - die Hilfe- und Handlungsmöglichkeiten der Sozialarbeiterin. Frau Carstens sieht demgegenüber die damalige Praxis der Mütterfürsorge als wohlfahrtsbringendes Modell. In Auseinandersetzung mit vorgestellten anderen - Frau Carstens hat hier Diskurse westdeutscher Sozialarbeit im Blick - wehrt sie sich gegen den allgemeinen Vorwurf, die Mütterfürsorge sei ein reines Eingriffsinstrumentarium des Staates gewesen.

„Die Hausbesuche wurden unangemeldet gemacht, also jetzt is ja so, dass sich angemeldet wird, des war aber nicht so, dass das/ wie das oft /äh/ auch von den alten Bundesländern gesehen wird, auch von den Sozialarbeitern, dass das so ein Eingriff in die persönlich Freiheit, also die meisten Frauen waren froh, wenn so, das war so, am achten bis zehnten Tag nach der Entbindung jemand da war, der mal gesagt hat, ‚ja machst du richtig' oder ‚so und so kann man das machen'" (6:4-6:10).

Frau Carstens zeigt auf, dass Rückmeldungen der Klientinnen für die Beurteilung ihres Handelns orientierungsleitend waren. Sie bezieht hier aber nur bedingt mit ein, dass die Mütter kaum eine andere Wahl gehabt haben, als die unangemeldeten Hausbesuche der Fürsorgerin zu befürworten. Diese Perspektive wird bei Frau Carstens in der Reflexion ihrer Arbeit nur eingeschränkt eingenommen. Sie weist den Vorwurf des Eingriffs in die persönliche Freiheit der Frauen zurück und legitimiert heute die früher üblich gewesene Vorgehensweise in der Mütterfürsorge mit dem Zuspruch der Frauen, den sie erfahren hat. Sie bringt zum Ausdruck, dass gerade unangemeldete Hausbesuche eine besondere Möglichkeit des pädagogischen und der persönlichen Bestärkung eröffnet habe. Gerade nämlich durch die lebensweltlichen Einblicke hätten sich Diagnosemöglichkeiten eröffnet, die ein rechtzeitiges Eingreifen erlaubten. Die Erkundung der sozialen Lebenssituation in Form von unangemeldeten Hausbesuchen habe es zudem ermöglicht, soziale Auffälligkeiten in der Lebensführung der jungen Mütter zu entdecken und rechtzeitig korrigierend einzuwirken.

„Ein Blick genügt. Man sieht, ist alles aufgeräumt oder ist das jetzt alles hier hingelegt und sonst sieht's aus, wie was weiß ich, bei Lehmanns unter dem Sofa. (..) Und so konnte man das eigentlich doch ganz gut einschätzen, ne" (6:17-6.24).

Frau Carstens distanziert sich nur sehr bedingt von den Kategorien Ordnung und Sauberkeit, unter denen die Sozialverhältnisse der Mütter und der Familien in den Blick genommen wurden. In ihrem Berufsverständnis spielen Ordnungsgesichtspunkte auch heute eine große Rolle. In der Analyse von Problemsituationen geht sie vom „gesunden Empfinden" sowie einem Wohnumfeld aus, „in dem Ordnung herrscht". Gesichtspunkte, wie die Hygiene, die Ordnung in den Räumen und Schränken und das Vermögen der Frauen, einen Haushalt zu organisieren, spielen eine zentrale Rolle. Die Definition dessen, was „aus dem Rahmen" fällt, geht in ihrer Fallanalyse und Situationsinterpretation einseitig von höheren Kategorien aus, die sie als allgemeinverbindlich sieht. Für Frau Carstens ist es auch wichtig, zwischen authentischem und nichtauthentischem Verhalten unterscheiden zu können. Sie rekurriert dabei auf ein ‚objektives' Zustandsbild der sozialen Verhältnisse und eine Analyseprägnanz - sozusagen einen diagnostischen Blick -, den sie in der Praxis erworben hat und ihr eine Einschätzungsgrundlage gab, welche Hilfe gebraucht wurde.

„Und des war bei uns ganz wichtig, dass wir die Frau auch zu Hause erst mal sehen konnten, als dass die bei uns, det kann nie/ was sonst wer weiß, was für Theater vorstellen/spielen und es ist eigentlich ganz anders" (6:25-6:27).

Frau Carstens räumt aber auch ein, dass es in der Praxis der Mütterfürsorge auch Fälle gegeben habe, in denen die Hausbesuche problematisch verlaufen seien. Die wenigen Schwierigkeiten, die aufgetaucht seien, hätten allerdings eher mit der sozialen Situation der Frauen zu tun gehabt, soweit sie aus sozialen Brennpunkten gewesen seien. Diese hätten oftmals versucht, sich der Fürsorge zu entziehen. Frau Carstens verwendet hier die Sozialkategorie „wo das Soziale nicht stimmte".

„Also des haben nur die Frauen, die irgendwas zu verbergen hatten, wo also das Soziale nicht stimmte, gab es bei uns auch soziale Brennpunkte, also es war nicht so, dass da nichts war und na ja, da konnte man schon ein-zweimal hingehen, es war schwierig, aber es wurde auf alle Fälle geguckt, wie sieht es in dem Haushalt aus" (6:10-6:17).

Mit dieser Sozialkategorie verallgemeinert sie diejenigen Frauen, die einen obligatorischen Hausbesuch nicht wünschten. Frau Carstens reflektiert die Zugangsprobleme der damaligen Arbeit - dass es nämlich auch Frauen gab, die sich gegen die Hausbesuche der Fürsorge gewehrt hätten -, indem sie diese den Frauen eines bestimmten Sozialtypus anlastet.

Mit den oben angeführten Aspekten lässt sich aufzeigen, dass Frau Carstens in ihrer Handlungsorientierung den Grundsätzen einer guten Mütterfürsorge noch stark verhaftet ist. Sie setzt ihr Berufsverständnis relativ ungebrochen fort. Dabei stellt sie die Abläufe der Institution Fürsorge nicht grundsätzlich in Frage, sondern verortet diese als gelungenes Modell staatlicher Wohlfahrt. Den Aspekt des Zwangscharakters der Fürsorge in der DDR spricht Frau Carstens zwar an, relativiert diesen aber.

„Es gibt ja eine Mütterberatung, die noch arbeitet, aber das ist alles, wissen Sie, wenn ich jetzt wieder sage, freiwillige Basis - es war seinerzeit, muss ich schon sagen, war die Mütterfürsorge letzten Endes irgendwo Zwang, man erwartete, dass die wenigstens zu den Impfungen kamen, die waren gesetzlich vorgeschrieben" (18:52-18:5).

Für Frau Carstens ist ein Hilfesystem, dass auf freiwilliger Basis beruht, unzureichend. Ihr erscheint der Aspekt, dass Frauen bevormundet werden könnten, angesichts der gegenwärtigen Not, Unsicherheit und realen Problemlagen vieler Frauen und Familien vernachlässigbar. Routinehausbesuche sieht sie als hilfreiches Instrumentarium, die Frauen überhaupt zu erreichen. Heute würden demgegenüber - nach ihrer Einschätzung - in der Praxis der Sozialarbeit die bestehenden Handlungsunsicherheiten der jungen Mütter meist vernachlässigt, nicht aufgegriffen und nicht bearbeitet. Unangemeldete Hausbesuche ziehen heute Auseinandersetzungen mit KollegInnen und dem Dienststellenleiter nach sich. Durch die Veränderung im Sozialsystem und in der Berufsentwicklung hin zur Sozialarbeit sei ein Instrumentarium aus der Hand gegeben, das segensreich für viele Familien gewesen ist und auch heute noch sein könnte.

Das Berufsverständnis von Frau Carstens kann genutzt werden, um aufzuzeigen, dass es in der Mütterfürsorge ein Selbstverständnis gab, den sozial Schwächeren in der Gesellschaft zu helfen und dabei von einem Konsens aller Beteiligten auszugehen. Frau Carstens berufliches Selbstverständnis zeigt weiterhin, dass von einer harmonischen sozialen Ordnung ausgegangen wurde, in der vorausgesetzt wird, dass sich die Interessen bzw. Perspektiven aller Beteiligten decken. Insofern kann von einem integralistisch-familialistischen Fürsorgekonzept gesprochen werden, dass zum Wohle der Klientin auch weitgehende und nach heutigen Standards übergriffige Eingriffe legitimierte.

Frau Carstens Arbeitsansatz als Beraterin in der Schwangerenberatung der Caritas bewegt sich im Spannungsfeld von engagierter Zuwendung und wohlwollend verstandener Kontrolle. Auch hierbei setzt sie auf ihre Erfahrungen in der Fürsorge und nutzt in der Beratung heute ihr medizinisches Fachwissen als Säuglingskrankenschwester sowie ihre Erfahrungen als Mutter zweier Kinder.

„Und /äh/ diese Vorerfahrung, die wir vom Beruf als Säuglings- Kinderkrankenschwester haben, die kommt mir also unwahrscheinlich in der Arbeit hier mit den schwangeren Frauen, die Frauen kommen ja auch nach der Schwangerschaft, können die noch drei Jahre in die Beratungsstelle kommen. Und das komm/kommt mir unwahrscheinlich zugute, das merken die Frauen natürlich auch, dass da was Lebendiges dahinter steht, dass das also nicht irgendwo angelesen oder gelernt ist oder was man so als Mutter gesammelt hat, sondern dass das also och ne Profisache dahinter" (10:12-10:20).

Frau Carstens spricht hier die Tatsache an, dass sie als Beraterin bei den Frauen sehr beliebt ist. Sie setzt sich besonders für Frauen ein, die traditionell die Haushalts- und Familienarbeit machen und die tendenziell zur Armutsbevölkerung gehören. Diese Klientinnen liegen ihr besonders am Herzen. Für diese Frauen bringt Frau Carstens viel Verständnis und Solidarität auf. Sie geht davon aus zu wissen, was gut für die Frauen und Mütter ist. Viele Frauen hätten nicht das Vermögen, ihre Lage und Probleme zu artikulieren. Frau Carstens greift beherzt ein und entlastet die Frauen von Handlungsdruck. Ihr Arbeitsstil kann als mütterlich-kontrollierend bezeichnet werden. Mit ihrem Hilfe- und Beratungsverständnis entspricht sie Erwartungen eines Teils ihrer Klientinnen, die ihre Lebenserfahrung schätzen. Die Mischung aus Wissen über medizinische, pflegerische und soziale Faktoren in Bezug auf die Schwangerschaft und Mutterschaft vermittelt Frau Carstens ein Gefühl sicherer Handhabung in der Kontrakt- und Beziehungsgestaltung. Bildlich gesprochen nimmt sie mütterlich die Klientinnen an die Hand und wirkt in bester Absicht auch erzieherisch ein. Sie arbeitet aktiv negativen Sozialkarrieren entgegen, worin sie eine berufliche Aufgabe sieht. Sie bewegt sich dabei im Spannungsfeld von Verantwortung für das Ganze und den individuellen Klientenbedürfnissen. Potentielle Fehlerquellen dieses Herangehens problematisiert Frau Carstens auch in diesem Kontext nicht.

„Und wissen Sie, manchmal mache ich eben auch die Erfahrung, weil ich denen ja auch Auflagen gebe, es ist ja nicht, dass ich unbedingt mache aber ich bin ein bisschen da im Hintergrund so der Krückstock dafür, dass die dann auch wieder Mut kriegt, wenn sie merken, ja das hat geklappt und jetzt läuft das, aber ich muss auch was dazu tun, ja". (18:24-18:28).

Die Problematik, dass in ihrem Beziehungsmodell - dass die Problemanalyse und -bearbeitung durch die Expertin nahe legt - überinklusiv die Situation der Klientinnen seitens der Sozialarbeiterin gedeutet und bearbeitet werden könnten, wird nicht reflektiert. Die Gefahr besteht hierbei, dass die Handlungsautonomie und die Selbständigkeit der Frauen nur schwer in den Blick genommen werden können; d.h. dass der Aspekt, dass die Frauen selbst definieren möchten, was die Bedingungen der Hilfe sind und in welchem Umfang diese in Anspruch genommen wird, erfährt zu wenig Beachtung.

Ein zentrales Handlungsproblem liegt für Frau Carstens darin, Frauen, die aus dem Versorgungsnetz herausgefallen sind, zu erreichen. Es bedrückt sie, dass einige Klientinnen heute unversorgt bleiben. Gerade das Armutsklientel - dem oftmals die Kompetenz zur Haushaltsführung fehle - könne sie heute nicht mehr erreichen. Diese Klientinnen würden erst gar nicht in die Beratungsstelle kommen, obwohl gerade sie Hilfe und Unterstützung am dringendsten benötigen würden. Aus der Sicht von Frau Carstens müsste die Sozialarbeit besonders diese Klientinnen im Auge haben und gerade in diesen Fällen etwas tun. Sie kritisiert an der heutigen Sozialarbeit, dass die Hürden für die Inanspruchnahme von Hilfsangeboten für das Klientel sehr hoch seien und deshalb heute viele Frauen, die am Rande der Gesellschaft stünden, aus dem Versorgungsnetz herausfallen würden. Die Handlungsfreiheiten, die Klienten heute haben, erscheinen Frau Carstens riskant.

„Ja also wissen Sie, wenn ich mit denen dann so rede und dann eben auch höre, denke ich/ aber es kann keiner was machen, es kann keiner hingehen, wenn nicht schon was passiert ist. Ich versuche natürlich, das auch irgendwo wirksam zu machen, was ich letzten Endes erlebt habe, und/aber wie weit das ankommt, ich kann es ja nachher nicht mehr kontrollieren und weiß es nicht" (19:15-19:19).

Die Unverbindlichkeit der Inanspruchnahme des Beratungsangebots - so auch, dass viele Frauen erst zu einem relativ späten Zeitpunkt in die Beratung kommen - bereitet Frau Carstens Zweifel an ihren Handlungsoptionen. Sie fühlt sich verantwortlich dafür, dass Sozialprozesse nicht „aus dem Ruder laufen". Die fehlende Kontrolle, ob ihre Aktivitäten von den Klientinnen angenommen werden und die mangelnden Überprüfungsmöglichkeiten der Lebenssituation der Frauen im häuslichen Umfeld, führt dazu, dass Frau Carstens ihr Engagement zunehmend einschränkt.

„Ja, ich habe es in der Schwangerenberatung, wenn ich Glück habe, habe ich sie vielleicht auch sechs Monate, aber es kann sein, die kommen auch ganz kurz vorher erst, na ja, dann mache ich das mit ihr, aber es ist schon eigentlich nicht mehr Meins, verstehen Sie?" (20:13-20:18).

Frau Carstens, die auch die Erfahrung macht, dass z.B. Klientinnen die vereinbarten Beratungstermine nicht wahrnehmen, quält die Vorstellung, nicht ausreichend für Klientinnen sorgen zu können. Diese entziehen sich teilweise dem Hilfeangebot. Sie kann jedoch unter den heutigen Bedingungen der Sozialarbeit - das Beratungsangebot ist daraufhin abgestellt, dass die Frauen in die Beratung kommen - nicht genau einschätzen, welche Ursachen dahinter stehen.

Für Frau Carstens ist das Hilfehandeln in der Sozialarbeit viel schwieriger geworden. Es sind erhebliche Hürden eingebaut und der Aufbau einer Hilfebeziehung ist aus ihrer Sicht durch die neuen Handlungsvorgaben erschwert. Die Ursache sieht sie in der umständlichen Organisation der Arbeit, die es nicht erlaubt, die Aufgabenstellungen optimal zu erfüllen und in Handlungsleitlinien und Handlungsmodellen in der Sozialarbeit, die dem Vermögen der Klientinnen aus ihrer Sicht unangemessen sind. Ein zugehendes Hilfeangebot erscheint ihr angesichts der Not und Hilflosigkeit vieler sozial schwächerer Frauen nach wie vor notwendig. Besonders die Zurückhaltung in Bezug auf Hausbesuche und aktiv zugehende Hilfearbeit, die ihr abverlangt wird - vorwiegend der fachliche Vorgesetzte und Leiter der Beratungseinrichtungen der Caritas gibt ihr zu verstehen, dass ein allzu intensives Insistieren im Beratungskontakt bei Klientinnen heute nicht mehr adäquat ist -, ist für Frau Carstens nicht einsichtig. Sie setzt sich teilweise darüber hinweg, was Konflikte provoziert. Frau Carstens ist sich in Hinblick auf die Handlungsvorgaben der Sozialarbeit, sich den Klienten nicht aufzudrängen, unsicher, ob darin eine ‚höhere Wahrheit' liegt, die ihr bisher verborgen geblieben ist oder ob etwas an den Vorgaben in der Sozialarbeit nicht stimmt, da Hilfe aus ihrer Sicht bei vielen Hilfebedürftigen erst gar nicht ankommt. Sie geht in der Auseinandersetzung mit den Handlungsvorgaben auf Distanz zu Sozialarbeitskonzepten, die von der Freiwilligkeit der Inanspruchnahme der Hilfeangebote ausgehen, da diese Ansätze in ihrer Sicht nicht funktionieren und von den Klienten, die diese bräuchten, nicht angenommen wird. Viele Frauen würden aus eigenem Antrieb nicht in eine Beratungsstelle kommen.

Die Handlungsstrategie von Frau Carstens ist die, im Einzelfall Hausbesuche durchzuführen und diese den Klientinnen und dem Leiter der Caritasberatung gegenüber mit dem Argument zu vertreten, sie müsse, um ihre Glaubwürdigkeit anderen kommunalen Stellen gegenüber zu erhalten - wie etwa dem Wohnungsamt -, die Verhältnisse vor Ort in Augenschein genommen haben. Frau Carstens Handlungsstrategie kann konzeptionell als zurückgreifend bezeichnet werden. In ihren Methoden und Konzepten der Bearbeitung der Erreichbarkeitsproblematik greift sie auf die bewährten Handlungsmodelle der Fürsorgepraxis in der Mütterfürsorge zurück. Es fällt ihr schwer, Handlungsansätze anderer Art für die Kontrakt- und Beziehungsgestaltung, die den Beratungsrahmen stärker berücksichtigen würden, zu finden.

Frau Carstens realisiert die Handlungsprobleme einer professionalisierten Berufspraxis und formuliert diese auch. Sie kann diese jedoch nicht konzeptionell bearbeiten. Das Spektrum der Handlungsmöglichkeiten in Bezug auf die Situation, dass es Klientinnen in Krisensituationen eben gerade nicht möglich ist, ein adressiertes und fokussiertes Hilfeersuchen abzusenden, ist ihr nicht vertraut. Die grundlegende Handlungsparadoxie professioneller Berufspraxis von Zugehen versus Abwarten - d.h. einerseits den Frauen Handlungsfreiheit einzuräumen und andererseits, wissend, dass Klientinnen manchmal Hilfeersuchen nicht mehr adressieren können, nicht zu lange mit einem Eingreifen zu zögern - ist ein grundlegendes Problem professioneller Sozialarbeit (Schütze 1996; 2000). Ein Eingreifen der SozialarbeiterIn bedeutet aber auch, dass durch das sozialarbeiterische Handeln zwangsläufig die Autonomie der Klienten eingeschränkt wird. Der Konflikt bzw. das Dilemma professionellen Handelns - rechtzeitig einzugreifen, um Schaden für die Betroffenen abzuwenden und damit aber auch die Bemühungen um Eigenverantwortlichkeit der Klienten zu unterlaufen - kann prinzipiell nicht gelöst werden, sondern nur umsichtig bedacht und bearbeitet werden.

Frau Carstens Versuch, durch speziell gerahmte Hausbesuche die Klienten dennoch zu erreichen, zeigt, dass sie unsicher ist, wie eine professionelle Beziehung zu gestalten ist, die Ratsuchende ermutigt, auch wiederzukommen. Ihre Unsicherheiten in Hinblick auf die Kontraktschließung mit den Klientinnen verweisen darauf, dass ihr Mittel und Möglichkeiten, die Klientinnen stärker zu befähigen, den Umfang des Hilfeersuchens auszuformulieren und zu vereinbaren, anscheinend nicht ausreichend zur Verfügung stehen. Sie wendet demgegenüber Formen eines bürokratischen Umgangs an.

„Wenn sie Telefon hat, rufe ich an. Wenn sie keines haben und ich denke, also die hat es wirklich nötig und es wäre gut, dann mache ich ihr mal wieder Mut, schreibe ich sie an. Und /äh/ ich schreibe sie auch ein- und zweimal an und dann ist für mich aber auch erledigt" (19:44-19:47).

Diese Art des bürokratischen Umgangs, mit dem Frau Carstens einen Ausweg aus dem Dilemma sucht, entsprechend den Vorgaben, die individuelle Freiheit der Klienten nicht einzuschränken und dennoch zu helfen, erscheint jedoch für Klientinnen, die an der Armutsgrenze leben, eher unpassend. Gerade solche Klientinnen sind im Umgang mit Schriftverkehr oftmals sehr ungeübt und Briefe mit offiziellem Charakter werden häufig überhaupt nicht geöffnet bzw. beantwortet. Ihr heutiger Umgang mit den Schwierigkeiten des Zugehens auf Klientinnen macht deutlich, dass Frau Carstens die Spannweite der Möglichkeiten nicht ausschöpft, die im Umgang mit Handlungsschwierigkeiten dieser Art hilfreich wären. So bestünde die Möglichkeit, auf die Handlungsschwierigkeiten konzeptionell zu reagieren, indem z.B. ausreichend offene Angebote für die Klientinnen geschaffen werden, um die Hürden des Zugangs möglichst niedrig zu halten - wie etwa mittels des Angebots einer Kleiderkammer oder des Betriebs eines offenen Tagestreffpunkts mit Café. Derartige Angebote könnten hilfreich sein, um einen offenen unstrukturierten Anknüpfungspunkt für Frauen und Familien, die sich nicht trauen oder eher den Kontakt mit einer Beratungseinrichtung meiden, zu erreichen. Die Arbeit an den Möglichkeiten für Frauen, einen Weg in die Beratungsstelle zu finden und andererseits Optionen einzuräumen, dass von einem Hilfeangebot auch wieder Abstand genommen werden kann, berührt grundlegende Fragen professioneller Berufspraxis. Suboptimal sind Strategien, die im Einzelfall das Recht der Frauen auf Selbstbestimmung - eben in welchem Umfang sie Hilfe und Unterstützung in Anspruch nehmen wollen - übergehen. Die anomischen Aspekte des sozialarbeiterischen Handelns bereiten Frau Carstens erhebliche Schwierigkeiten. Ihr fällt es schwer, Beratungen gerade bei Frauen in schwierigen sozialen Lebensverhältnissen zukunftsoffen zu gestalten.

Ein grundlegendes Problem von Frau Carstens im Zusammenhang mit der Familienberatung und der Schwangerschaftskonfliktberatung besteht weiterhin darin, dass die Beratungsrichtlinien der Caritas nicht ihren persönlichen Überzeugungen entsprechen. Als Beraterin im Schwangerschaftskonflikt achtet sie konsequent auf die Lebenssituation ihrer Klientinnen. Frau Carstens muss andererseits in der Beratung aber die Vorgaben der katholischen Kirche und die Beratungsrichtlinien der Caritas berücksichtigen. Die grundsätzliche Beratungslinien sind von dort vorgeben und entsprechen nicht Frau Carstens beruflichem Selbstverständnis, genau abzuwägen, wie die familiäre und materiell Situation der Frauen im Schwangerschaftskonflikt im Einzelfall aussieht. Ihr Grundsatz ist, dass eine Beratung entscheidungsoffen und an den Problemlagen der Frauen orientiert sein sollte. Durch die Beratungsrichtlinien der Caritas sind ihr vom katholischen Trägerverband aber ein Programm vorgegeben, das auch für Familien mit mehreren Kindern finanzielle Anreize für Frauen vorsieht, bei einer weiteren Schwangerschaft dieses Kind zur Welt zu bringen. Frau Carstens kritisiert diese Form der Unterstützung, die die Belastung für die Frauen durch das Aufziehen der Kinder außer Acht lässt. Frau Carstens sieht in den finanziellen Hilfen die Gefahr, dass gerade diese Hilfe da wirkt, wo eigentlich die Not der Frauen bereits am Größten ist und ein weiteres Kind eine erhebliche familiäre Belastung darstellt. In diesen Fällen sieht sie die Entscheidungsoffenheit der Beratung durch die Vorgaben gefährdet. Sie versucht dennoch, einen Beratungsprozess mit offenem Ausgang bezüglich der Entscheidungen durchzuhalten. Ihre Beratungsorientierung zielt darauf ab, dass eine Beratung für Frauen die Möglichkeit der Einbettung der Entscheidung in eine biographische Perspektive ermöglicht. Durch eine Beratung, die eine solche Perspektive berücksichtigt - so ihre Überzeugung - ist die Entscheidung der Frauen bzw. der Lebenspartner besser durchdacht und kann dann von diesen auch verantwortet werden.

Frau Carstens kann den Konflikt zwischen Beratungsvorgaben und fachlicher Orientierung aber nicht diskursiv austragen. So befürchtet sie, dass ihre Position, wenn sie diese argumentativ vertreten würde, zum Politikum innerhalb des Caritasverbandes werden könnte und ihr dann Beratungsrichtlinien direktiv vorgeschrieben werden würden. Damit würden ihr Handlungsspielräume, die sie heute nutzt, in der Beratung auch andere als die vorgeschriebenen Wege zu gehen, verloren gehen. Frau Carstens ist aufgrund ihrer Sensibilität und ihres Einschätzungsvermögens, wie komplex die Problemzusammenhänge im Einzelfall sind und wie vielschichtig sie sich entwickeln können, sehr viel näher an der Lebenswirklichkeit ihrer Klientinnen, als dies konzeptionell in Form von Beratungsrichtlinien gefasst ist.

Der berufliche Orientierungskonflikt erfordert Umgehensweisen, die wiederum einen hohen Preis haben. Wenn ihr Beratungsansatz transparent würde, könnte sie von der Leitung bzw. dem Träger der Einrichtung zur Rechenschaft gezogen werden. Deshalb kann sie Diskurse über ihre Beratungspraxis nicht aktiv führen. Zum einen kann Frau Carstens ihre Beratungsarbeit nach außen hin nur sehr eingeschränkt präsentieren. In der Öffentlichkeit besteht hinsichtlich der katholischen Schwangerschaftskonfliktberatung die Vorannahme, dass Frauen stets zur Fortsetzung der Schwangerschaft ‚überredet' werden würden. Frau Carstens, die eine entscheidungsoffene Beratung praktiziert, muss in der Außendarstellung ihrer

Arbeit stets die richtige Wortwahl finden und kontrolliert agieren, um nicht in Konflikte mit Vorgesetzten, KollegInnen und Kirchenvertretern zu geraten. Das nötigt ihr besondere Kommunikationsstrategien auf, so z.B., ihre Arbeit nur vage darzustellen.

„Da habe ich meine Sätze, da weiche ich auch nicht ab und wenn die Interviews sind, ich denke, da sollen die denken, die m/h/ hat ne kleine Macke, aber ich kann einfach mir, ich muss gu/ ganz sicher gehen, dass mir da keiner irgendwo an Wagen fahren kann, ne“ (12:18-12:26).

Die behinderte Selbstdarstellung ihrer Arbeit - wenn es z.B. darum geht, Frauen von ihrem Beratungsangebot zu überzeugen und um Klientinnen zu werben - und der Rückgriff auf leerformelhafte Schablonen tragen dazu bei, dass Frau Carstens ein Selbstbewusstsein als gute Beraterin nur schwer auf- und ausbauen kann.

Zum anderen verbaut sie sich durch die Einschränkungen, über ihre Arbeit zu sprechen, professionelle Entwicklungsmöglichkeiten. Frau Carstens kann, da ihre Beratungshaltung von den anderen MitarbeiterInnen der Caritasberatungsstelle nicht honoriert bzw. geteilt wird, auch in ihrem Team nicht offen über ihre Beratungen, d.h. über Fälle sprechen. Für professionelles Arbeiten ist es aber notwendig, dass in kollegialen oder auch verbandsinternen Diskursen über die Schwierigkeiten in der Arbeit gesprochen und reflektiert wird. Eine Klärung von Arbeitsproblemen und ihren Ursachen kann bei einer bestehenden Zurückhaltung, wie im Fall von Frau Carstens, dann nicht geleistet werden. Eine Weiterentwicklung der Beratungspraxis anhand diskursiver und reflexiver Verfahren der Qualitätssicherung ist blockiert und die Arbeit mit Klientinnen verbessert sich nicht. Mit der mangelnden Entfaltung eines offenen Diskurses geht einher, dass Frau Carstens die Klärung ihres beruflichen Selbstverständnisses nicht vorantreiben kann und in Bezug auf Beratung im Schwangerschaftskonflikt nur bedingt eine selbstbewusste Berufsidentität entwickeln kann.

Erschwerend kommt zudem noch hinzu, dass Frau Carstens in der Beratung erfolgreich ist und ihren Kolleginnen, die Frauen konsequent gemäß der engeren Vorgaben der katholischen Schwangerschaftskonfliktberatung beraten, diese Erfolge nicht verborgen bleiben. Die Klientinnen wollen gezielt von Frau Carstens beraten werden. Sie kann den Zulauf, den sie in ihren Sprechstunden hat, vor den KollegInnen nicht verborgen halten. Die Spannungen, die im Team entstehen, und der Verdachtshorizont der besteht - sie würde sich unsolidarisch verhalten und in der Schwangerschaftskonfliktberatung die Linien der katholischen Konfliktberatung nicht mittragen - fördert insbesondere das kollegiale Gesprächsklima nicht. Die Professionalisierungsbedingungen sind unter den internen Gegebenheiten also eher ungünstig. Es besteht eine unüberbrückbare Kluft zwischen den übergeordneten Sichtweisen der katholischen Kirche, die die Richtung der Beratung entsprechend dem kirchlichen Dogma vorgeben, und einer professionellen Handhabung der Problemstellung, in der sich die hilfesuchenden Frauen befinden. Indem die grundlegende Position in dieser Frage vom Verband und der Kirche bereits vorab festgelegt ist, ist ein freier Diskurs über die Ausrichtung der Beratung unter diesen Bedingungen nicht möglich. Das Wissen bzw. das, was gewusst werden darf, ist von vornherein von den Interessen her organisiert (Mannheim 1927). Kirchliche Vorgaben behindern die Diskurse in den Arbeitsteams und das Sprechen über den Fall erhält dann die Qualität von Verlautbarungen mit Communiquecharakter. Diese Diskurseinschränkung ist einem professionellen Arbeitsklima äußerst abträglich.

Im Zusammenhang mit beruflichen Neuorientierungsprozessen bei SozialarbeiterInnen in den neuen Bundesländern bedeuten die durch den konfessionell-kirchlichen Rahmen gesetzten Vorentscheidung, wie Beratungsprozesse geführt werden sollen, dass extrem hohe Kosten für den beruflichen Professionalisierungsprozess entstehen. Frau Carstens z.B. kann keine Auseinandersetzung darüber führen, wie eine gute Beratung aussehen müsste. Für die SozialarbeiterInnen in den neuen Bundesländern, die sich in Fallanalyse, Reflexion und Evaluation der Arbeit einüben müssen, sind Rahmenbedingungen, die Diskurse behindern, von Nachteil. Es entsteht eine Art ‚Stiekumatmosphäre', die eine große Hürde für die Weiterentwicklung des Beratungskonzepts darstellt. Das Fehlen eines klaren institutionellen Mandats für eine professionelle - d.h. am Fall orientierte Beratung - behindert letztendlich die Beratungsarbeit aufgrund mangelnder explizit arbeitsablaufbezogener Reflexionen.

Frau Carstens steht aufgrund der Handlungsbedingungen zunehmend in Gefahr, in verwaltungsbezogene Arbeitsabläufe, wie z.B. die Bearbeitung von Stiftungsanträgen, ‚abgedrängt' zu werden. Ohne ein professionalisierendes Umgebungsmilieu können umsichtige und adäquate Handlungskonzepte sowie Beziehungsmodelle nicht entwickelt werden. Im Übergang von der Fürsorge zur Sozialarbeit konnte ausreichendes berufliches Selbstbewusstsein nur schwer aufgebaut werden. Gerade aber schwierige und ‚harsche' institutionelle Handlungsbedingungen, wie z.B. dem Druck, die formale Antragsstellung für die Stiftungsmittel abzuwickeln, erfordern dieses berufliche Selbstbewusstsein, um nicht in rein verwaltungsbezogene Tätigkeiten hineingezogen zu werden, sondern diese zu delegieren.

Frau Carstens bleibt allerdings in der Beratungstätigkeit, weil sie in der konkreten Arbeit mit den Frauen viel Anerkennung erhält und erfolgreich ist. Ihre Bearbeitungsanstrengungen sind gleichermaßen souverän wie suboptimal. Im Einzelfall berät sie nach ihrem Gewissen. Frauen, für die eine Schwangerschaft eine große persönliche Belastung bedeutet, rät sie nicht ab, einen Schwangerschaftsabbruch vorzunehmen. Frau Carstens verhält sich in keiner Weise opportunistisch, sondern räumt ein, dass ihr der Konflikt mit den institutionellen Vorgaben erheblich zu schaffen macht. Ihre Haltung ist, im Konfliktfall für die Frauen und nicht entlang der vorgegebenen Linie der katholischen Kirche zu beraten.

Die daraus resultierende ,Doppelbödigkeit' ist für Frau Carstens eine Quelle des Leidens am Beruf. Eine Folge davon ist, dass Frau Carstens mit ihrer Unsicherheit in Bezug auf ihr berufliches Handeln so umgeht, dass sie verstärkt Rückhalt bei den Klientinnen sucht. Die große Nachfrage an Beratungen scheint sie in ihrem beruflichen Handeln zu bestätigen. Diese Bestätigung stellt jedoch insofern eine labile Sicherheit dar, da Frau Carstens nur mit fortdauernder Nachfrage das Selbstbild aufrechterhalten kann, eine gute Beraterin zu sein. Denkbar ist zudem, dass sie durch dieses Angewiesen-Sein auf positive Rückmeldungen von Seiten der Klientinnen diesen gegenüber in Zugzwänge gerät. So können vorschnelle Gemeinsamkeiten in den Sichtweisen herstellt werden, da ihre Sicherheit als Beraterin von der anhaltenden Nachfrage der Klientinnen abhängig ist und damit wertvolles Thematisierungspotential - gerade in der Differenziertheit und Kontrastierung der Perspektiven liegt ja eine Chance der Erweiterung von Sichtweisen - verschenkt wird. Insofern ist diese Art der beruflichen Selbstvergewisserung keine verlässliche Grundlage für eine an professionellen Gesichtpunkten ausgerichtete Sozialarbeit - obwohl solche Einschränkungen professioneller Hilfe gerade im Zuge gegenwärtiger Diskurse in der Sozialarbeit, ob einer ,Kundenorientierung' gut intransparent gehalten werden können.

Eine Handhabung dieser unzureichenden Arbeitsbedingungen fällt Frau Carstens auch deshalb nicht schwer, weil Widersprüche erneut auftauchen, die sie aus ihrer früheren Berufspraxis in der DDR kennt. Auch heute werden ihr wieder Formen an Lippenbekenntnissen in ihrer Arbeit abverlangt. Doppelbödigkeiten in den Vorgaben und die Notwendigkeit, zwischen offizieller Darstellungen und konkretem Handeln unterscheiden zu müssen, sind ihr aus der DDR bekannt. Den strategischen Umgang mit organisatorischen Vorgaben hat sie bereits in früheren Arbeitskontexten praktiziert und der Umgang mit ideologischen Vorgaben ist ihr vertraut. Ihr Handlungskonzept sieht so aus, dass sie die offiziellen Vorgaben in der Schwangerschaftskonfliktberatung umgeht. Frau Carstens kann sich innerhalb solcher Widersprüche recht gut, weil vertraut, bewegen und den offiziellen Sinnhimmel der Caritas und die vorgegebenen Beratungsrichtlinien im Sinne einer subversiven Klientinnenhilfe handhaben. Es besteht bei

Frau Carstens zudem eine Tendenz, den Konflikt herunterzuspielen. Ihre Strategie des Umgehens der offiziellen Beratungsrichtlinien wird zudem durch Sozialweltdiskurse innerhalb der Sozialarbeit und durch kritische Diskurse zur Haltung der katholischen Kirche in Bezug auf deren Haltung zu Schwangerschaftsabbrüchen, sozial gestützt - dieses aber mit der Konsequenz, das der Preis der ist, eine berufliche Selbstverständnisklärung nicht betreiben und Handlungssicherheit nicht gewinnen zu können. Zwar nimmt Frau Carstens die grundlegenden Schwierigkeiten ihrer Berufspraxis genau wahr, die Verarbeitungsmodalitäten jedoch bleiben suboptimal, da sie in den Widersprüchen der Berufspraxis verstrickt ist. Letztendlich müsste sie, will sie sich beruflich weiterentwickeln, den Träger wechseln.

Ein weiterer Bereich ihrer Arbeit, mit dem Frau Carstens sich schwer tut umzugehen, sind veränderte Wertbezüge bei ihren Klientinnen. So stellt sie fest, dass sich die Distanz zu ihren Klientinnen in den letzten Jahren vergrößert hat. Stärker als früher - so stellt sie fest - differieren ihre Wertorientierungen von denen ihrer Klientinnen. Es fällt ihr heute schwerer, jenseits materieller Orientierungen Werte in der Beratung zum Zug zu bringen. Durch den gesellschaftlichen Umbruch seien - so ihre Wahrnehmung und Interpretation - heute viele Menschen zunehmend an materiellen Werten orientiert und Geld würde im Gegensatz zu früher im Leben vieler Familien die zentrale Rolle spielen. Die materiellen Ansprüche der Klienten seien hoch.

„Ja, weil das Geld hat in der DDR so ne große Rolle nicht gespielt. Das haben Sie sicher gehört, des war alles, also es war alles klar, die kriegten soviel, die nächsten kriegen soviel, aber diese Schere klaffte nicht so auseinander. Das hat viel verändert, auch in der Beratung und eben auch letzten Endes ist es erstaunlich, wie der Anpassungsprozeß gekommen ist, ja, also dass das also letzten Endes hier also, haben sich alle angepasst, also sie möchten, stellen alle sehr hohe Forderungen, seien es die Leute, die arbeiten, aber natürlich auch die Leute, die nicht arbeiten. Die gucken also jetzt immer, was kriegen denn die da oben und jetzt. Und das ist, des ist irgendwo auch so für uns Beratende, auch manchmal schwierig, um so ein bisschen bei/ wenn man ne andere Einstellung hat“ (3:23-3:38).

Frau Carstens bedauert den Verlust gemeinsam getragener Werte und den Mangel an Transparenz bezüglich des Einkommens. Diese Transparenz sieht sie als Basis familiärer und gesellschaftlicher Solidarität an. Sie bedauert aber insbesondere, dass die Einkommensgleichheit der Menschen untereinander verloren geht. Die überbetonten materiellen Ansprüche der Klienten erschweren ihr es, in der Beratung eine Lebensführung nach anderen als materiellen Gesichtspunkten zur Geltung bringen zu können. Gerade in ihrem Arbeitsfeld der Schwangerschaftskonfliktberatung bereitet ihr dieser Wertewandel Schwierigkeiten, weil sich die Kriterien für das, was ein gutes Leben auszeichnet, damit verändert haben. Sie sieht gerade in der starken Orientierung am Geld die Ursache bzw. einen wichtigen Beitrag insbesondere für die Brüchigkeit der Ehen und für den Zerfall familiärer Einheiten.

„Weil viele auch durch dieses ganze Drum und Dran durch den Strudel die sind also ganz unten gelandet und sind so, dass/ sind viele Familien zerbrochen, Familienverbände ... auch die Eltern und Kinder durch diese Arbeitslosigkeit und durch dieses letzten Endes finanzielle auch so hochstellen, dass so diese Bindung, diese Werte die waren Solidarität, Zusammenhalt, wir haben ja einen gemeinsamen Klassenfeind alle, und da war das eigentlich so ... " (18:38-18:43).

Frau Carstens Argumentationsfigur weist auf zentrale Aspekte des gesellschaftlichen Umbruchs hin, nämlich die Umbrüche im Wertehimmel und die Auswirkungen dieser Umbrüche auf die Sozialbeziehung der Menschen untereinander. Die sozialstrukturellen Veränderungen durch die Systemwende betrachtet sie als Skandal. Frau Carstens zeigt hier auf, dass eine egalitäre Gesellschaft für sie ein erstrebenswerter Wert ist bzw. sein sollte. Sie bedauert den diesbezüglich fehlenden gesamtgesellschaftlichen Konsens. Mit ihrer Kritik am Werteverfall nähert sie sich durchaus kirchlichen Wertvorstellungen an, ohne dass sie das ausdrücklich thematisiert. Ihre Position entspricht durchaus einer, die von der katholischen Kirche in ähnlicher Weise vertreten wird.

Frau Carstens fällt es schwer, diese Veränderungen im Wertehorizont ihrer Klienten für sich und insbesondere in Bezug auf ihre Profession adäquat zu bearbeiten. Stattdessen wird ihr ihr Klientel zunehmend fremder. In der Beratung bedeutet dies wiederum, dass sie sich den Wertbezügen ihrer Klienten bzw. den Diskursen darum tendenziell verschließt. Als Beraterin hat sie sich von den Lebensmaximen ihrer Klientel bereits soweit entfernt, dass sie ihre Klienten nicht mehr wirklich erreichen kann. Es ist denkbar, dass dadurch das Hilfeersuchen einer Klientin - vor dem Hintergrund einer starken Werthaltung, wie z.B. an solidarischen Familienbeziehungen - nicht sensibel aufgegriffen werden und die Klientinnen, die eine solche Wertdifferenz zur Beraterin erspüren, Aspekte ihrer Lebensausrichtung nicht thematisieren (können). Die Gestaltung eines professionellen Handlungsbogens, der konsequent von der Lebenswirklichkeit der Klientinnen ausgeht und die Bedingungen der Hilfearbeit mitreflektiert, fällt ihr schwer. Auf berufliche Beziehungsmodelle, in denen die Anliegen der Klientinnen konsequent von deren Thematisierungspotential her verstanden und strukturiert werden, kann Frau Carstens nur bedingt zugreifen.

Ihr Übergang von der Fürsorge zur Sozialarbeit ist durch das Aufgreifen von Berufsoptionen geprägt und von einem Sich-Arrangieren mit den institutionellen Bedingungen her geformt. Dieses Aufgreifen und Sich-Arrangieren im Sinne eines handlungsschematischen Bewältigen-Müssens der Umstrukturierungen im Sozialwesen birgt die Gefahr, Handlungsorientierungen der DDR-Fürsorge weiterzuverfolgen - ganz besonders dann, wenn diese auch noch funktional sind bzw. erscheinen. Die Weiterführung von Handlungsmodellen ist insbesondere dann unter veränderten Kontextbedingungen wahrscheinlich, sofern berufsbiographische Erfahrungsgehalte - wie die des Verschleiern-Müssens von beruflichen Aktivitäten aufgrund von institutionellen Vorgaben - fortgesetzt eine Rolle spielen. Ungünstige Bedingungen für eine Umgestaltung des Handlungsansatzes bestehen dann - wie im Fall von Frau Carstens gegeben -, wenn weitgehend im ‚Alleingang' der Aufbau einer Beratungsstelle geleistet werden musste und eine sozialarbeiterische Anleitung nur bedingt zur Verfügung stand. Dann diktieren verstärkt Sachzwänge des Aufbaus eines Beratungsangebotes die Berufsausrichtung. Der Auf- und Ausbau einer Beratungsstelle erfordert zudem erhebliche persönliche Anstrengungen. Im Umbau des sozialen Sicherungssystems in den neuen Bundesländern können hierbei Konkurrenzgesichtspunkte auftauchen - wie z.B. sich entlang anderer Beratungsangeboten zu platzieren -, die dann u.a. mit Rückgriffen auf Modelle der Mütterberatung in der DDR bearbeitet wird. Der Zuspruch der Klientinnen entlastet zudem von Reflexionsanstrengungen, wobei gleichzeitig die Unzufriedenheit mit der beruflichen Situation zunimmt.

Die Lernprozesse im Rahmen der Anpassungsfortbildung, so wird bei Frau Carstens deutlich, waren nicht darauf angelegt, eine ausreichende Distanz zu Handlungsmodellen der Fürsorge herzustellen. Sie kann die Inhalte der Anpassungsfortbildung zwar aufgreifen und in ihr berufliches Wissen integrieren, jedoch sind weitergehende Umstellungsanforderungen nicht gefordert worden. Die relativ kurze Anpassungsfortbildung mit dem Ziel der staatlichen Anerkennung ist in Bezug auf die berufliche Handlungsorientierung weitgehend wirkungslos geblieben. Die Grundlagen der Sozialpolitik und des Sozialsystems westdeutscher Prägung sind zwar vermittelt worden, waren aber für eine berufliche Neuorientierung als Sozialarbeiterin wenig hilfreich. Dem Angebot wurde seitens der vieler TeilnehmerInnen tendenziell mit Ressentiments begegnet, und die starke Fokussierung auf den Aspekt der staatlichen Anerkennung führte nicht zu Reflexionsprozessen berufsbiographischer Art. Reflexion und Substantiierung der Berufsbiographie blieben auch aufgrund des ungünstigen Zeitpunkts, zu dem diese Fortbildungen durchgeführt wurden - die SozialarbeiterInnen verfügten damals kaum über berufliche Erfahrungen mit dem westdeutschen Sozialsystem - i.d.R. ungenutzt. Die Anpassungsfortbildung wurde oftmals als oktroyiert erlebt, in der zudem - so erlebten es viele TeilnehmerInnen - die bisherigen beruflichen Erfahrungen entwertend wurden (Gabler 1998).

Frau Carstens, die in ihrer Darstellung den unpersönlichen und rein auf Wissenserwerb ausgerichteten Charakter dieser Fortbildung („frontaler Unterricht") betont, subsummiert die Anpassungsfortbildung unter eine Reihe fremde, von außen an sie gestellte Ansprüche; eine allgemeine Umstellungsanforderung, der sie sich in Form passiven Rezipierens stellen musste („also 'nen Trichter, den hätte man gebraucht, um des aufzusetzen"). Die Wissengehalte blieben oftmals, auch aufgrund einer unzueichenden Verknüpfung mit Praxisfragen, weitgehend äußerlich. Sie wurden adaptiert und memoriert, aber wenig reflektiert und verinnerlicht („es musste alles auswendig gelernt werden").

Lernprozesse anderer Art ereigneten sich demgegenüber während der trägerinternen Beratungsfortbildung des Verbandes zu Fragen der Schwangerschaftskonfliktberatung, die Frau Carstens in drei Kursabschnitten berufsbegleitend von Herbst 1990 bis 1992 wahrnimmt. In diesem Kontext werden neue Sichtweisen auf Beratungsprozess und Problemstellungen der KlientInnen evoziert. Die hier gelernten Handlungsmuster kann sie in ihrer Beratungspraxis auch umsetzten. Frau Carstens Berufsverständnis - sie legt Wert auf Fachlichkeit im Beruf - wird gerade durch diese Beratungsfortbildung geformt. Die Fortbildung, in der sich Theorie und Praxisphasen abwechselten und aufeinander bezogen waren, erlaubte eine Generierung beruflichen Wissens und methodischen Handelns, was Frau Carstens als außerordentlich hilfreich erlebt. Neben dem Erwerb von Fachwissen, das durch Seminare und ein eigenständiges Arbeiten mit Fachliteratur erworben wird, werden Fragestellungen der beruflichen Praxis fallanalytisch und theoriegeleitet erörtert. Die Fortbildung schließt mit einer schriftlichen Arbeit ab, in der die Teilnehmerinnen noch einmal systematisch Gedanken zu den Beratungsfällen niederlegen. Die Teilnehmerinnen lernen neben der Praxis der Fallanalyse, auch praxisbegleitende Supervision kennen. Diese Beratungsfortbildung, die zu einem beruflichen Substantiierungsprozess führt, verändert bei Frau Carstens das berufliche Selbstverständnis. Intern wie extern verursachte Handlungsschwierigkeiten und Widersprüchlichkeiten des beruflichen Handelns in der Sozialarbeit - wie z.B. Fragen des Verhältnisses zum Verband - blieben jedoch auch in dieser Fortbildung unterrepräsentiert. Durch die Beratungsfortbildung erfährt Frau Carstens zwar einen erheblichen Zugewinn an Beratungskompetenz in den neuen Arbeitsfeldern der Schwangerschaftskonfliktberatung und der Paarberatung, jedoch zeigen die fortgesetzt bestehenden Handlungsschwierigkeiten, dass es auch diese Fortbildung nicht vermochte, die Widersprüche einer professionellen Berufspraxis anhand von Kategorien und Termini zu reflektieren, die einen umsichtigen Umgang mit (auch unaufhebbaren) Handlungsproblemen bzw. Paradoxien beruflichen Handelns fördern. Frau Carstens berufliche Handlungsformen sind mit den westdeutschen Sozialarbeitsmodellen noch wenig ausbalanciert. Ein weitergehender beruflicher Substantiierungsprozess wird aufgrund der Handlungs- und Reflexionsbarrieren des arbeitsorganisatorischen Umfeldes, in dem sich Frau Carstens befindet, behindert. So bestehen berufliche Unsicherheiten fort, so z.B. sich gegenüber Arbeitsvorgaben, die die Klientenarbeit tangieren, zu behaupten. Frau Carstens handlungsschematisch geformter Einstieg in die Sozialarbeit, mit dem sie die Ereignisse im Zuge des Abbaus der Einrichtung der staatlichen Mütterfürsorge bewältigen kann, reichen für eine notwendige Distanzierungsarbeit zu den fürsorgerischen Handlungsmodellen noch nicht.

8 Porträt: Herr Ritter

„Der Mensch ist eigentlich ne viel wichtigere Größe dabei"

Herr Ritter ist zum Zeitpunkt des Interviews als Team- und Organisationsberater in einem Wohlfahrtsverband tätig. Im Mittelpunkt seiner Arbeit steht die Entwicklung von Projekten und Konzepten in der Jugendhilfe der Region. In seiner Tätigkeit berät er auch die ca. sechzig Mitgliedseinrichtungen des Wohlfahrtsverbands der Region in Hinblick auf die Arbeitsorganisation. In der Arbeit wird Herrn Ritter Kreativität und Ideenreichtum abverlangt. Genau diese Kreativität, die ihm abverlangt wird, ist es, die ihn besonders anspricht. Er hat Initiativ- und Gestaltungskraft, die er anderen zur Verfügung stellt. In der Projektentwicklung, in der Herr Ritter über einen längeren Zeitraum beraterische Hilfestellung gibt, geht es darum, die bestehenden Einrichtungen und ihr Angebot zu verbessern, und er eruiert dafür jeweils das spezifische Einrichtungsmilieu der jeweiligen Jugendhilfeeinrichtungen. Herr Ritter initiiert auch neue Projekte und Einrichtungen der Jugendhilfe für den Verband. Herrn Ritters berufliche Situation ist für ihn heute außerordentlich zufriedenstellend.

8.1 Biographische Gesamtformung Herr Ritter

Herr Ritter wird 1941 in Ostpreußen geboren. Der 2. Weltkrieg und die Vertreibung der Deutschen aus diesem Siedlungsgebiet bestimmen die Kindheit und den weiteren Lebenslauf von Herrn Ritter. Der Vater fällt kurz nach der Geburt von Herrn Ritter 1941 an der Ostfront. 1945 wird die Familie - die Mutter, die Großmutter und er selbst - durch die vorrückende Sowjetarmee aus ihrem Heimatort vertrieben und die Familie findet in Ostdeutschland bei Verwandten ein neues Zuhause. Der Verlust des Vaters und das kollektive Schicksal der Vertreibung beschweren die Kindheit von Herrn Ritter. Die Mutter, die in der Nachkriegszeit das Einkommen der Familie sichern muss, kann sich aufgrund der Erwerbstätigkeit nur wenig um ihr Kind kümmern. Herr Ritter wächst vorwiegend in der Obhut der Großmutter auf, die ihm ein Zuhause bietet. Herrn Ritters Kindheit ist von den familiären Anstrengungen gekennzeichnet, in der Fremde Fuß zu fassen und in Ostdeutschland ein neues Zuhause aufzubauen. Die Familie erfährt dabei Unterstützung durch die Verwandten, in der Gemeinde und dem Vertriebenenverband, der regional ein kommunikatives Netzwerk unterhält und mit Rat und Hilfe beim Existenzaufbau zur Seite steht. Das soziale Netzwerk der Gemeinde und des Vertriebenenverbandes bieten Herrn Ritter in seiner Kindheit einen stabilen Orientierungsrahmen. Herr Ritter fühlt sich in der ländlichen Umgebung wohl und aufgehoben und er findet Freunde, mit denen er seine Freizeit verbringt. Herr Ritters Kindheit ist einerseits von erheblichen biographischen Verlusterfahrungen gekennzeichnet, die er durch die politischen Großereignisse erleidet. Andererseits bieten überschaubare Sozialbeziehungen ein hohes Maß an Sicherheit. Bereits in seinen Kindheitstagen erfährt Herr Ritter, dass der Zusammenhalt in unmittelbaren Sozialbeziehungen verlässlich ist und Sicherheit vermittelt. Demgegenüber stehen politische Ereignisse, die für Herrn Ritter bereits in diesen frühen Jahren eine Quelle von Leid und Verlust sind („Wirrnisse"). Diese frühen Lebenserfahrungen - die vertrauensstiftende Umgebung der unmittelbaren sozialen Beziehungen im Gegensatz zu uneinschätzbaren politischen Vorgängen - begründen im Leben von Herrn Ritter eine Orientierung an Familien- und Gemeinschaftswerten.

Herr Ritter besucht die Grundschule vor Ort bis zur achten Klasse. Seine Schulzeit fällt in die Phase bildungspolitischer Umstrukturierungen in der DDR.[138] Durch den Aus- und Umbau des Bildungssystems nach der Gründung der DDR, der Arbeiter- und Bauernkindern den Zugang zu höherer Schulbildung eröffnet, erhält Herr Ritter die Chance aus „wirklich einfachen Verhältnissen" kommend, eine Mittel- und später dann eine Oberschule zu besuchen. Diese Bildungsangebote begründen Herrn Ritters Bindung an die DDR-Gesellschaft und deren Ideale. Die Aktivitäten im Kontext der Jugendorganisationen der DDR sind für ihn ein Ort sinnstiftender Gemeinschaftserfahrung. 1959 schließt er die Oberschule mit dem Abitur ab. Herr Ritter strebt im Anschluss an das Abitur ein Studium in Richtung Außenwirtschaft bzw. Außenpolitik an. Dieser erste berufliche Handlungsentwurf ist an die Bedingung geknüpft, einen freiwilligen Wehrdienst in der neugegründeten Nationalen Volksarmee abzuleisten. Um seinen Studienwunsch verwirklichen zu können, greift Herr Ritter die Vorgaben der staatlichen Funktionäre auf - er will sich die Chance einer Zulassung zum Studium nicht verbauen - und erklärt sich zum Militärdienst im Rahmen einer zweijährigen Offizierslaufbahn bereit. Herr Ritter, der dem Handlungsentwurf folgt, ein Studium zu absolvieren, lehnt die ihm anhand spezialisierter Ausbildungen angebotenen Aufstiegsmöglichkeiten bei der NVA ab.

Die Verwirklichung seiner Studienpläne wird in der Folgezeit seitens der staatlichen Stellen massiv behindert. Im Versuch der Umsetzung seines berufsbiographischen Entwurfs kommt es zu Vertrauensbrüchen zwischen ihm, den staatlichen Stellen sowie den Parteifunktionären. Herrn Ritter, der auf die staatlichen Zusagen vertraut, werden immer weitere Bedingungen abverlangt. Nach seiner zweijährigen Dienstzeit bei der NVA 1961 erwarten die vorgesetzten Stellen eine weitere Verlängerung der Dienstzeit um eineinhalb Jahre, die sie mit den außenpolitischen Ereignissen begründen, wie die Bedrohung durch die Westalliierten, die zum Bau der Mauer führt sowie die außenpolitischen Zuspitzungen im Zusammenhang mit der Kubakrise. Eine Zusage für ein Studium wird an den Loyalitätsbeweis mittels einer weiteren Dienstzeitverpflichtung bei der NVA geknüpft. Herr

138 Bereits ab 1948 nimmt der Einfluss der SED im Bildungswesen zu. Erklärtes Ziel der Partei ist, Arbeiter- und Bauernkinder für ein Studium zu gewinnen und entsprechend zu fördern. Ab 1952 wurden diese Bemühungen nochmals intensiviert (2. Parteikonferenz der SED) und im Zuge des Programms Aufbau des Sozialismus die Schul- und Kulturpolitik ideologisiert und weiter ausgebaut. Der Anteil der Arbeiterkinder an den Hochschulen stieg so von 19% im Jahr 1945/46 auf 36% im Jahr 1949 und die Zahl der Studenten verdoppelte sich von 1951 bis 1954 auf 57.000. Der Anteil der Arbeiter- und Bauernkinder an den Studierenden stieg im selben Zeitraum auf 53% der Gesamtzahl der Studierenden an (Weber 1993).

Ritter wird ein weiteres Mal einem fremdbestimmten Zeithorizont unterworfen und es treten erste Enttäuschungen darüber ein, dass die staatlichen Stellen Reziprozitätsverpflichtungen nicht einhalten.[139] Unter Abwägung der Vor- und Nachteile einer Dienstzeitverlängerung - Herr Ritter kann durch seine gesicherten Einkünfte die Mutter finanziell unterstützen und er hat auch keine beruflichen Alternativen - lässt sich Herr Ritter zu einer weiteren Verlängerung seiner Dienstzeit überreden.

Als er diese abgeleistet hat, wird ihm jedoch ein Studium vorenthalten, weil 1963 für den angestrebten Studienplatz in Außenwirtschaft für die vielen Bewerber nicht ausreichend Studienplätze zur Verfügung stehen und seine Bewerbung nicht berücksichtigt werden kann. Ein Studieneinstieg wird ihm nach zweijähriger Wartezeit für 1965 in Aussicht gestellt. Als Herr Ritter, der eine längere Verzögerung einer zivilen Berufsausbildung nicht hinnehmen will und auf die Studienalternative Außenpolitik zurückgreift, muss im Laufe des Bewerbungsverfahrens für den Studienplatz feststellen, dass er mit der Begründung, es bestünden verwandtschaftliche Beziehungen nach Westdeutschland, für ein solches Studium abgelehnt wird. Die Zurückweisung des Studienwunsches ist für Herrn Ritter sehr schmerzhaft („Illusionen beraubt"). Er ist in hohem Masse von DDR-Institutionen und ihren Vertretern enttäuscht, denen er vertraut hat und denen er loyal verbunden war. Der Vertrauensverlust, der die Behinderung seiner berufsbiographischen Entwürfe begleitet, führt dazu, dass Herr Ritter den politischen Verlautbarungen der staatlichen Institutionen

139 Die Ereignisse im Zusammenhang mit der Studienplanung werden im Interview in einer Hintergrundskonstruktion dargestellt. Interessant ist, dass Herr Ritter die Situationsdefinition der DDR Staatsführung zur innen- und außenpolitischen Krise 1961 bis heute partiell ratifiziert. Lediglich ein schwacher Distanzierungsmarkierer („ne sehr intensive Kriegsgefahr, denk ich mal auch, zumindest ist das so wahrgenommen worden damals" (2:39-2:41)) weist darauf hin, dass ihm die Argumentationen, die dazu führten, dass ihm eine Verlängerung seiner NVA-Dienstzeit mit Nachdruck abverlangt wurde, heute fraglich geworden sind. Die Hintergrundskonstruktion zeigt auf, dass diese Erfahrungen mit den DDR-Institutionen a) bis heute für ihn beschämend sind und b) nur schwer in das Bild der DDR-Gesellschaft passen, dass sich Herr Ritter bewahren will. Die Art, wie ihm seine Unabkömmlichkeit vermittelt wurde - die staatlichen Stellen bauen auf seine Einsicht, drohen aber unverhohlen -, kränkt Herrn Ritter, der angesichts der Bildungschancen, die er erhielt, der SED gegenüber Dankbarkeit empfindet. Die bilanzierende Bewertung erfolgt dementsprechend moderat: „Das hat mich so 'n bisschen auch sehr geärgert, einmal des Versprechen, dass ich dort eventuell einsteigen konnte, wenn ich diese Sache auf mich nehme, und dann doch wieder nicht oder wieder einen vertrösten" (3:29-3:32).

und der SED gegenüber Skepsis entwickelt. Er distanziert sich von den institutionellen Abläufen in der DDR und durch das Betrogen-worden-Sein stellt Herr Ritter die Glaubwürdigkeit und Zuverlässigkeit der DDR-Institutionen und ihrer Vertreter grundlegend in Frage. Die Enttäuschung über die staatlichen Stellen und die Partei bewirkt eine Rückorientierung auf die Zuverlässigkeit und die Ressourcen der Herkunftsfamilie und die direkten Sozialbeziehungen, auf die er baut und auf die er sich verlassen kann.

Herr Ritter kehrt nach seiner Entlassung vom Militärdienst 1963 in seine Heimatgemeinde zurück. Er ist 22 Jahre alt, ohne Ausbildung und hat keine alternativen Berufspläne. Herr Ritter, der weiterhin studieren möchte, wird in dieser Situation von einem Freund der Mutter, der Referatsleiter der Jugendhilfe im Kreis des Bezirks ist, angesprochen und es wird ihm ein Job als Hilfskraft im nahegelegenen Kinderheim angeboten. Dort werden Arbeitskräfte gesucht und Herr Ritter geht nach einigem Abwägen mangels Alternativen auf dieses Angebot ein. Er bewirbt sich und erhält eine Hilfskraftstelle in dieser Erziehungseinrichtung, in der er ab 1964 zu arbeiten beginnt. Die Heimerziehung und Jugendhilfe ist in diesen Jahren dynamisch. Die DDR-Staatsführung ist bemüht, in der Jugendhilfe nachzubessern und es fehlen in großem Umfang ausgebildete Fachkräfte. Die Tätigkeit in der Jugendhilfe und Heimerziehung genießt kein hohes Ansehen und ist für viele Menschen aufgrund der geringen Verdienstmöglichkeiten nicht attraktiv. Herr Ritter tritt die Stelle mit Vorbehalten an. Einerseits hat er keine Alternativen, andererseits entspricht die Arbeit in der Heimerziehung nicht seinen Vorstellungen von Berufstätigkeit. In der Arbeit im Jugendheim - es handelt sich um eine Sondereinrichtung für schwererziehbare Jungen, in der 48 Jugendliche untergebracht sind - entdeckt Herr Ritter, dass ihm die Arbeit mit den Jugendlichen Freude bereitet und das er mit den schwierigen Jugendlichen gut zurechtkommt und Erfolg hat. Durch die Erfahrungen des Gelingens der Arbeit wird er zunehmend in dieses Arbeitsfeld hineingezogen und er überdenkt seine beruflichen Pläne.[140]

In den folgenden Jahren identifiziert sich Herr Ritter immer mehr mit seinem Aufgabenbereich. Ihm fällt der Umgang mit den Jugendlichen leicht und er stellt fest, dass er diesen Jugendlichen, die oftmals bereits

140 „Und irgendwann, wohl is' das dann mal total verdrängt worden und dann hab ich nachher gesagt, nee warum eigentlich. Das ist das, das erfüllt dich, hier kann man was bewegen und das macht auch Spaß und /äh/ man hat immer mit jungen Menschen zu tun und ja fast wie so 'n Helfersyndrom oder so hat sich dann da rausgebildet, dass das doch gar nicht so verkehrt war" (24:47-24:52).

kriminell geworden sind, etwas zu bieten hat. Er kann sich auf die individuelle Situation der Jugendlichen einstellen und er versteht ihr Anliegen und ihre Interessen. Seine Initiative und sein Engagement zielen auf die biographisch-individuelle Zeit der Jugendlichen.[141] Er hat Mitgefühl für deren oftmals schwere Lebensgeschichte und kann für die schwierigen familiären und sozialen Hintergrundbedingungen der Jugendlichen Verständnis entwickeln. Er vermag, geeignete Formen des Kontakts mit den Jugendlichen herzustellen und die Jugendlichen anzusprechen. Dazu gehören Freizeitangebote, die in der Natur gestaltet werden. Er führt mehrtägige Wanderungen und Fahrradtouren durch, die den Jugendlichen gefallen und stellt dabei die positiven Wirkungen auf die Jugendlichen fest. Er fördert zudem gemeinsame Aktivitäten, wie z.B. Arbeitseinsätze in der Landwirtschaft, die bei den Jugendlichen ebenfalls gut ankommen. Herr Ritter, der in seiner Arbeit erfolgreich ist und vermehrt Freude daran entwickelt und im Kontext der Freizeitaktivitäten auch auf seine militärische Grundausbildung zurückgreift, kann den Jugendlichen Beziehungsangebote machen. Die Jugendlichen reagieren darauf überaus positiv.[142] Herr Ritter fühlt sich zudem in dem familiären Arbeitsmilieu wohl, und der väterliche Heimleiter fördert und unterstützt Herrn Ritters Arbeit. Er regt ihn an, eine Ausbildung zum Jugendfürsorger zu absolvieren. Herr Ritter, der in der Einrichtung seine spätere Ehefrau kennen lernt und eine eigene Familie gründen möchte, überdenkt seine Studienpläne. Das Handlungsschema der Familiengründung wird dominant. Herr Ritter, der zu diesem Zeitpunkt als Hilfskraft in der Heimerziehung einen geringen Verdienst erzielt, entscheidet sich, nun mit Blick auf die anstehende Familiengründung, dafür, ein fünfjähriges berufsbegleitendes Studium zum Jugendfürsorger und staatlichen Heimerzieher für Spezialkinderheime und Jugendheime zu absolvieren. Ein Direktstudium lehnt er ab, da er seinen Lebensmittelpunkt nicht verlegen und auf die Arbeit mit den Jugendlichen nicht verzichten möchte. Bereits während der Ausbildung kann er ein höheres

---

141 Die Unterscheidung der Orientierung auf die individuell-biographische Zeit bzw. auf die institutionelle Zeit bei Erziehern in der Heimerziehung stammt von Vissering 1981.

142 Herr Ritter verknüpft seine positiven Erfahrungen mit den Jugendlichen im Interview eigentheoretisch nicht mit seinen eigenen biographischen Erfahrungen, obwohl die Heimatlosigkeit und die Hilfe, die er selbst durch Beziehungen im sozialen Unterstützungsnetzwerk des Vertriebenenverbands und der Gemeinde erfährt, nah liegen. Herr Ritter, der vaterlos und in der Fremde aufgewachsen ist, steht den Jugendlichen biographisch nahe und kann deshalb eine besondere Verstehensbasis herstellen und nutzen.

Gehalt erzielen und damit eine Familie ernähren. Herr Ritter heiratet und während des ersten Ausbildungsabschnitts wird der erste Sohn geboren. Herr Ritter ratifiziert zu diesem Zeitpunkt die Entscheidung, in der Heimerziehung tätig zu werden, und er lässt seine früheren Studien- und Berufspläne fallen.

Herr Ritter, der sich beruflich in einem Arbeitsmarktsegment etabliert, das aufgrund seines Nischencharakters offen ist für berufliche Quereinsteiger,[143] kann in seinem Beruf biographische Sinnquellen einbringen, so u.a. die, durch sein Handeln den Jugendlichen eine Heimat zu erschließen. Diese berufsbiographische Zentrierung, die Herr Ritter durch Qualifikationen anhand berufsbegleitender Aus- und Fortbildungen fundiert, führen zu einem beruflichen Aufstieg. Sein Berufsaufstieg erfolgt anhand institutioneller Karrierefahrpläne, die für Männer, die sich im Bereich der Heimerziehung qualifizieren, vorgezeichnet sind. Mit der Entscheidung für die Ausbildung zum Jugendfürsorger in der Heimerziehung wird er als Erzieher eingesetzt und steigt dann zum Gruppenerzieher auf.

In den Jahren nach Abschluss der Ausbildung wird er zunehmend auch mit Leitungstätigkeiten betraut. Der Berufsaufstieg löst bei Herrn Ritter Ambivalenzen aus. Die Übernahme von Koordinations- und Organisationsaufgaben, u.a. zwischen dem Erziehungsbereich und dem angeschlossenen Schulbereich, kosten viel Zeit, die er nun weniger für praktische Arbeit mit den Jugendlichen zur Verfügung hat. In diesen Jahren vergrößert sich Herrn Ritters Familie - es werden zwei weitere Kinder geboren - und die Familie bezieht eine Wohnung in den Gebäuden der Einrichtung. Die Ehepartner können aufgrund der kurzen Wege beide arbeiten und die beruflichen Anforderungen mit den Familienpflichten gut koordinieren.

Nach zehnjähriger Berufstätigkeit als Jugendfürsorger und stellvertretender Leiter in der Erziehungseinrichtung gerät Herr Ritter 1973 ungewollt in das Aufmerksamkeitsfeld der Bezirksleitung. In einem in der Gründungsphase befindlichem Kinder- und Jugendheim des Bezirks wird

---

143 Zu diesem Zeitpunkt besteht im Bereich der Jugendhilfe der DDR ein hoher Arbeitskräftebedarf. Es bieten sich Einstiegsoptionen vor allen Dingen auch für Männer an, da das Arbeitsfeld frauendominiert ist. Voraussetzung ist eine loyale Grundhaltung dem DDR-Staatswesen gegenüber. Ein NVA-Offizier wird zum damaligen Zeitpunkt nicht als fachfremd angesehen. Die Anwerbung erfolgte über informelle Verweisungsnetze. Die angeworbenen Mitarbeiter werden ohne eine spezielle fachliche Qualifikation eingestellt. Die Ausführungen im Interview zeigen, dass die Arbeit in einem Kinderheim gesellschaftlich nicht sonderlich anerkannt war („nichts Halbes und nichts Ganzes“).

ein Leiter entlassen, der die Erwartungen der Parteileitung nicht erfüllt. Herr Ritter wird von der Bezirksleitung für die Leitung dieser dreigruppigen Einrichtung mit insgesamt 60 Kindern vorgesehen. Er soll umfangreiche Umstrukturierungen vornehmen. Die Pläne der offiziellen Stellen passen nicht zu Herrn Ritters eigenen Planungen und Wünschen. Er fühlt sich in der Einrichtung, in der er arbeitet, überaus wohl und die Jugendlichen schätzen ihn. Zudem ist die Alltagsorganisation der fünfköpfigen Familie auf die kurzfristige Erreichbarkeit der Arbeit und den Doppelverdienst hin ausgerichtet. Es bestehen freundschaftliche Beziehungen auch unter Kollegen, die ihm wichtig sind. Geradezu erschreckend empfindet Herr Ritter den Stil, mit dem die Bezirksleitung in der Umsetzung ihrer Planungen vorgeht. Die Anwerbung für die neue Aufgabe von Herrn Ritter wird in einem autoritären Stil vorbereitet: es werden heimlich Erkundigungen über ihn eingeholt und Andeutungen gemacht, jedoch wird er über die Vorstellungen der Bezirks- und Kreisleitung im Unklaren gelassen. Herr Ritter reagiert mit Zögern und vorerst mit Ablehnung auf das Ansinnen der offiziellen Stellen. Ihm ist klar, dass die Tätigkeit eines Heimleiters nur in enger Kooperation zwischen ihm und den politischen Gremien bewältigbar ist. Diese Nähe zu den staatlichen Stellen lehnt er ab. Die Aktivitäten der Bezirksleitung sieht er aus der Perspektive der lebensgeschichtlichen Erfahrung des weitgehenden Eingriffs durch staatliche Stellen in seine Biographie. Im weiteren Verlauf der Anwerbung wird Herrn Ritter nun seitens der staatlichen Organe unverstellt deutlich gemacht, dass eine Weigerung seinerseits, die Stelle als Heimleiter anzunehmen, als Illoyalität dem Staat gegenüber gedeutet würde. Eine nichtkooperative Haltung würde mit persönlichen und beruflichen Nachteilen einhergehen und er könne nicht mit einer „zweiten Chance“ rechnen. Herr Ritter begegnet den Erpressungen durch die staatlichen Stellen selbstbewusst und handelt vorerst eine dreitägige Bedenkzeit aus, in der er sich mit seiner Frau beraten kann. Danach willigt er ein, die Stelle als Heimleiter anzunehmen, u.a. auch, weil ihm der Aufbau einer neuen Jugendhilfeeinrichtung sowie die Gestaltungsmöglichkeiten, die damit einhergehen, besonders attraktiv erscheinen.

Herrn Ritters starke Ambivalenzen gehen auf die einschneidenden Erfahrungen der unfreiwilligen Dienstzeitverlängerungen bei der NVA zurück. Er befürchtet, nun ein weiteres Mal in seinen biographischen Handlungsplänen durch den Staatsapparat und seine Organe fremdbestimmt zu werden.[144] Die Sensibilität für Fremdprozessierungen durch institutionelle Abläufe und ihre Vertreter, die Herr Ritter aufgrund seiner lebensgeschichtlichen Erfahrungen mitbringt, kann er nutzen, um umsichtig mit der Bezirksleitung über die Bedingungen für seinen Wechsel in die Leitungsposition zu verhandeln. Im Verlauf der Verhandlungen gelingt es Herrn Ritter, indem er die Wechselseitigkeit der Verpflichtung betont und darauf drängt, dass diese von den Behörden anerkannt wird, seine Relevanzen zum Zuge zu bringen. Er lässt sich Offenheit, eine faire Informationspolitik und Unterstützung der Kreisleitung für seine Reformen zusichern. Durch Achtsamkeit und geschickte Verhandlungsführung kann er ein erhebliches Maß an Handlungsfreiheit erlangen. Er erhält für die Umstrukturierungsmaßnahmen umfangreiche Unterstützung. Die Ablösung des alten Heimleiters erfolgt in Form eines vierwöchigen Masterplans, der zwischen ihm und der Kreisleitung abgesprochen ist und in dem die Kreisleitung die Federführung behält. Diese ordnen gegenüber den MitarbeiterInnen in der Einrichtung ein vierwöchiges Entscheidungsultimatum für oder gegen die neue Leitung an und der frühere Leiter der Einrichtung, seine Frau und eine weitere Mitarbeiterin, die sich nicht mit den Veränderungen arrangieren können, werden nach dieser Frist von der Kreisleitung entlassen.

Herrn Ritter, den die Aussicht, in eigener Regie eine Einrichtung zu führen und damit zentrale Weichenstellungen selbst vornehmen zu können, sehr motiviert, gelingt es trotz anfänglicher massiver Ablehnung seiner Person seitens der HeimmitarbeiterInnen, in der neuen Einrichtung Fuß zu fassen und in den folgenden Jahren diese Jugendhilfeeinrichtung zu modernisieren. Er stellt fest, dass er durch seinen Erfolg einen Vertrauensrabatt bei den örtlichen Parteifunktionären hat und dass er diesen für weitere Handlungsprojekte einsetzen kann, was er auch tut. Als Heimleiter bringt er von Fall zu Fall die Verbindlichkeiten, die die Kreisleitung ihm gegenüber eingegangen ist, zum Zuge. Es entwickelt sich eine funktionierende Arbeitsteilung zwischen ihm und der Kreisleitung. Herr Ritter kann ein erhebliches Maß an Machtfülle erwerben und für seine Ideen die Unterstützung der Kreisverwaltung sowie des Schulrats sichern. In zunehmendem Masse selbstbewusst - Herr Ritter absolviert parallel zu seiner Leitungstätigkeit Ende der siebziger Jahre ein Studium an der Humboldt

144 Herr Ritter gibt den damaligen Ablauf der Verhandlungen im Interview größtenteils in wörtlichen Zitaten wieder. Diese Darstellung weist darauf hin, dass ihm diese fremdausgelöste Weichenstellung seiner beruflichen Karriere damals erheblich Kopfzerbrechen bereitet hat.

Universität Berlin in Sonderpädagogik bei Prof. Dr. Mannschatz[145] - nutzt Herr Ritter seine Leitungstätigkeit, um qualifizierteres Personal einzustellen. Er reorganisiert das Kinderheim unter fachlichen Gesichtspunkten, muss aber den Qualifikationsstand der zehn meist un- und angelernten Kräfte aus der Region mitberücksichtigen. Seiner Personalpolitik sind durch die Praxis in der DDR, einmal eingestellte Mitarbeiter nicht zu entlassen, enge Grenzen gesetzt. Er kann einen Mitarbeiter aus seinem früheren Kollegenkreis als stellvertretenden Heimleiter anwerben und im zweiten Jahr seiner Leitungstätigkeit seine Frau einstellen. Die Familie bezieht eine Dienstwohnung auf dem Gelände des Kinderheims.

Herr Ritter leitet das Kinderheim von Mitte der siebziger Jahre bis zum Herbst 1997. Seine Berufstätigkeit als Heimleiter erlebt er bis 1989 als eine kontinuierliche berufliche Weiterentwicklung und als Phase persönlichen Wachstums und Erfolgs. Herr Ritter versteht es in diesen Jahren, die Einrichtung der Jugendhilfe zu reformieren und seinen Handlungsbereich als Heimleiter kompetent auszugestalten. Er verringert die Aufnahmekapazität der Einrichtung und führt familienähnliche Kleingruppen ein. Er richtet ferner dezentrale Wohneinheiten ein und löst die Großküche zugunsten der kleineren dezentralen Wohneinheiten auf. Herr Ritter, der in den Gremien der Jugendhilfe auf regionaler und überregionaler Ebene aktiv ist, initiiert Handlungsprojekte, die die Lebensbedingungen der Kinder und Jugendlichen verbessern sollen. Ein solches Handlungsprojekt ist z.B., die Kinder in einer Einrichtung schulübergreifend unterzubringen. Die im Fall einer Heimeinweisung in der DDR übliche Praxis, die Kinder entsprechend des schulischen Leistungsvermögens erst in Vorschulkinderheime und dann in Normalkinderheime einzuweisen, lehnt er ab. Er setzt sich dafür ein, dass auch Geschwisterkinder zusammenbleiben können und dass selbst unter erschwerten organisatorischen Bedingungen - wie z.B., wenn eines der Kinder eine Sonderschule besucht und das andere eine Normalschule - eine gemeinsame Unterbringung stattfindet. Herr Ritter, der durch seine Arbeit dazu beiträgt, dass Ursprungsbeziehungen der Kinder berücksichtigt werden und die Bindungen, die die Kinder im Heim eingehen, nicht ohne Not durch organisatorische Vorgaben gelöst werden,

145 Eberhard Mannschatz galt als Nestor der DDR-Jugendhilfe und war der zentrale und herausragende Theoretiker der Jugendhilfe. Die Veröffentlichungsliste zeigt, wie aktiv und prominent er war. Das Qualifikationsniveau der Mitarbeiter in der Jugendhilfe war ansonsten ausgesprochen gering. Von den 1300 hauptamtlichen Jugendfürsorgern (30.000 ehrenamtliche Mitarbeiter) waren 85% durch ein einjähriges postgraduelles Studium am Institut für Jugendhilfe qualifiziert.

kann mit Rückendeckung der staatlichen Stellen solche Modelle praktizieren. Die Handlungsprojekte, die Herr Ritter als Heimleiter initiiert und verfolgt, sind andererseits voraussetzungsreich. Er weiß, dass eine erfolgreiche Arbeit mit den Kindern und Jugendlichen von den sozialen Rahmen der Arbeit abhängt und arbeitet darauf hin, gute Ausgangsbedingungen für die Erziehungsarbeit herzustellen. Er vertraut nicht auf die programmatischen staatlichen Vorgaben, sondern behält sich eine eigene Einschätzung über sinnvolle Erziehungsarbeit vor. Er unterhält Beziehungen zu Fachleuten der Jugendhilfe, und in den Fachgremien - er ist Mitglied in der Bezirksfachkommission Heimerziehung - baut er ein Kontaktnetz zu anderen Heimleitern auf, um den Informationsaustausch sicher zu stellen. Bei den örtlichen Schulräten sichert er sich durch einen persönlichen Kontakt und aufgrund seiner Zuverlässigkeit eine Vertrauensgrundlage.

Herr Ritter versteht es, im Verbund mit den anderen Heimleitern gentlement agreements mit den Funktionären der Partei auf regionaler und überregionaler Ebene herzustellen und die Versuche der Partei, die Arbeit den vorherrschenden zentralistisch verfassten Bildungs- und Erziehungsideen zu unterwerfen, abzuwehren. Er entwickelt eine beachtenswerte Kompetenz im Management disparater Interessenperspektiven. Er beherrscht die Regeln der negotiation order (Strauss 1975:267ff) mit den staatlichen Stellen; d.h., er weiß, wann er den staatlichen Stellen gegenüber Konzessionen machen muss, um als Verhandlungspartner noch weiter anerkannt zu werden und in welchen Angelegenheiten er hart verhandeln kann. Er versteht es auch, im Einzelfall nicht allzu konkret zu werden und zum richtigen Zeitpunkt die Verhandlungen ganz ruhen zu lassen. Herr Ritter, der eine funktionale Balance zwischen staatlichen Stellen und seiner Tätigkeit als Heimleiter erlangt, ist stark mit seiner Aufgabe identifiziert. Seine Arbeit steht allerdings immer unter dem Vorbehalt der Unauffälligkeit und Nichtöffentlichkeit. Ein Teil seiner Arbeit besteht auch darin, den finanziellen und materiellen Bedarf der Heimeinrichtung zu erhalten und Vergünstigungen für die Kinder und Jugendlichen - wie z.B. ein bevorzugter Zugang zu Ausbildungsplätzen - zu erwirken. Er entwickelt in seiner Heimleitungstätigkeit Ideen und eigene Vorstellungen über fachlich gute Heimerziehung. Herrn Ritters Berufsleben bis zum Zusammenbruch der DDR kann als beruflicher Aufstiegsprozess in einer gesellschaftlichen Nische charakterisiert werden. Innerhalb des Heimbereichs der Jugendhilfe der DDR bringt er es zu erheblichem Ansehen und weitreichender Fachkompetenz. Er gestaltet diesen fürsorgerischen Handlungsbereich aktiv und kreativ mit.

Der Zusammenbruch der DDR stellt Herrn Ritter vor große berufliche Herausforderungen und Handlungsprobleme. Er ist zu diesem Zeitpunkt knapp unter fünfzig, ist in einer Leitungsfunktion und hat sich einen Tätigkeitsbereich mit erheblicher Machtfülle aufgebaut. Seine berufliche Zukunft wird vor dem Hintergrund der gesellschaftlichen Umwälzungen unsicher. In der Jugendhilfeeinrichtung entsteht Unruhe und Unsicherheit unter der Mitarbeiterschaft, wie es nun weitergehen soll. Herr Ritter entwickelt in dieser Zeit viel Initiative und Handlungskraft. Er erkennt früh die Zeichen der Zeit und initiiert gemeinsam mit seinem Stellvertreter einen ‚runden Tisch' in der Einrichtung, wo er zur Aussprache und Äußerung von Kritik auffordert, da, wo sie vorhanden ist. Er bietet seinen Rücktritt als Heimleiter an und stellt seine Leitungstätigkeit zur Disposition. Parallel dazu nutzt er seine Kontakte in die Planungsstellen der Jugendhilfe hinein und erkundigt sich nach beruflichen Alternativen, um seine Existenz und die seiner Familie finanziell abzusichern. Ihm wird signalisiert, dass er Einstellungschancen habe. Die MitarbeiterInnen sprechen Herrn Ritter in einer Abstimmung einstimmig ihr Vertrauen aus und bitten ihn, die Geschäfte des Heimes auch weiterhin zu leiten. Angesichts der politischen Umwälzungen sind sie verunsichert, und es bestehen Ängste in dieser Phase unsicherer Zukunftsprognosen, alleine gelassen zu werden. Die MitarbeiterInnen vertrauen auf die Fähigkeiten und Erfahrungen ihres Heimleiters im Umgang mit schwierigen Situationen, da er die Heimangelegenheiten bisher kompetent zu steuern verstanden hat. Ihm werden seine Verdienste - die auch darin bestehen, mit den Vorgaben der SED-Führung strategisch-kooperativ umzugehen und die Interessen der Einrichtung und der Kinder- und Jugendlichen gegenüber staatlichen Stellen erfolgreich zu vertreten - hoch angerechnet.

Herr Ritter, der in dieser Situation der Zukunftsunsicherheit außerordentlich handlungskompetent agiert, nimmt die Vertrauensabstimmung und Bestätigung seiner Leitungsfunktion pragmatisch an und beginnt im Interesse der MitarbeiterInnen, den Fortbestand des Heimes zu sichern. Er gestaltet die Umstrukturierung der Einrichtung mit Initiative und Weitsicht. Herr Ritter kann im Zuge des Zusammenbruchs der Institutionen und der Ordnung der DDR seine berufliche Position festigen. Die Kompetenzen des Verhandelns und Aushandelns, die er sich im Laufe seiner Berufsbiographie erworben hat, kann er nutzten, um unter neuen Bedingungen erfolgreich zu arbeiten.[146] Zudem erweisen sich seine Beziehungen und

146 Herr Ritter ist sich jedoch nicht sicher, inwieweit das Vertrauen, das er erhält, echt oder seiner Strategie geschuldet ist. Die Motive der Mitarbeiterschaft, sich für ihn auszusprechen, sind ihm bis heute nicht vollständig transparent. Die Darstellung - in Form eines theoretischen Evaluationskommentars (12:21-12:34) - zeigt, dass die

Vernetzungen zu den anderen Heimleitern sowie zu den staatlichen Stellen als stabiles soziales Kapital, durch das er sich Zugriff auf Informationen und Ressourcen im Wandel sichern kann.

In der ersten Phase nach dem politischen Umbruch ergreift Herr Ritter das berufliche Handlungsschema des Umbaus und der Bestandswahrung der Einrichtung. Er sammelt umfangreiche Informationen über die neuen fachlichen Anforderungen und rechtlichen Rahmenbedingungen in der Jugendhilfe sowie über westdeutsche Modelle der Heimerziehung. Er informiert sich über Qualifizierungswege und besucht viele Weiterbildungen, die er auch seinen MitarbeiterInnen empfiehlt.[147] Er erwirbt sich umfangreiches Wissen über die Strukturen, Ziele und Aufgaben der westdeutschen Jugendhilfe und stellt fest, dass ihm pädagogische Konzepte westdeutscher Sozialarbeit im Grunde nicht allzu fremd sind und zu seinen grundlegenden Überzeugungen und Handlungsorientierungen passen. Er folgt der Orientierung, die Ideen und Konzepte westdeutscher Jugendhilfe an deren praktischer Nutzbarkeit für seine Einrichtung zu messen. Herr Ritter hat in dieser Phase des gesellschaftlichen Umbruchs und des Institutionentransfer keine wesentlichen Handlungsschwierigkeiten. Er begibt sich gezielt in Situationen, in denen er Neues erfahren kann, das er dann zum Nutzen der Einrichtung umsetzt. Er weiß, was die Kinder und Jugendlichen sowie die MitarbeiterInnen benötigen und hat eine klare Sicht auf die anstehenden Probleme, so dass er den konzeptionellen Neuerungen auch kritisch begegnen kann. Er hat auch das notwendige institutionelle und berufliche Standing als Fachmann der Heimerziehung. Sein Pädagogikstudium und seine Leitungsfunktion ermöglichen ihm, auch im Umgang mit westlichen SozialarbeiterInnen der Jugendhilfe berufliche Anerkennung zu erhalten. Mittels seiner Offenheit und kommunikativen Kompetenz kann er Kontakte zu Westkollegen aufbauen, und er findet unter ihnen Ansprechpartner, um Reformen zu erörtern und darüber zu reflektieren.

Vertrauensabstimmung im Zuge der Wende für ihn Anlass zu weitreichenden Reflexionen gewesen ist. Seine Absicherungsstrategien stellt er in einer Hintergrundskonstruktion dar. Sie sind für ihn eine Quelle des Zweifelns, ob sein Weg der einer authentischen Konfliktbearbeitung gewesen ist. Damalige Verfahren demokratischer Willensbildung wertet er im Interview ab. „Ja wir haben dann alle möglichen Spielchen, die es dann so zu dieser Zeit gab, durchgespielt" (11:32-11:33).

147 Herr Ritter handelt nach der Devise: Wissen ist Macht und besucht in den „wilden ersten Jahren", wie er sagt, über siebzig Weiterbildungsveranstaltungen längerer und kürzerer Dauer.

Herrn Ritters größtes Handlungsproblem in der Nachwendezeit besteht darin, die Finanzierung der Einrichtung auf Dauer sicherzustellen. Der Landkreis, der die Übernahme des Kinderheimes in kreiseigener Regie ablehnt, droht unter kurzfristiger Zeitperspektive die Einrichtung ‚abzuwickeln', wenn sich kein Träger dafür findet. In dieser Situation sichert sich Herr Ritter die Unterstützung der aus Westdeutschland eingesetzten Jugendamtsleiterin des Landkreises. Diese Jugendamtsleiterin begleitet Herrn Ritter in den schwierigen Verhandlungen. Sie wird zu einer Vertrauensperson für ihn, die ihn unterstützt und in Fragen der Absicherung der Einrichtung berät. Sie gibt Hinweise auf denkbare Verfahrenswege, wie z.B. auch den einer Vereinsgründung. Herr Ritter ist persönlich beeindruckt von der Haltung der Mitarbeiterin in einer kommunalen Stelle. Die Jugendamtsleiterin scheut sich nicht, ihren beruflichen Lebensweg zu erzählen und von da aus ihre Handlungsvorschläge zu begründen. Die Jugendamtsleiterin wird für Herrn Ritter berufsbiographisch zur signifikant Anderen, indem sie ihn zu Reflexionen über seinen Berufsweg und sein bisheriges Berufsleben anregt.[148] In diesen Gesprächen wird Herrn Ritter deutlich, dass sein beruflicher Weg bis zu diesem Zeitpunkt stark von äußeren Vorgaben bestimmt war. Er erlebt diese Einsicht als befreiend und als Bekräftigung sowie Bestätigung dafür, dass berufliches Handeln immer auch persönliche Komponenten hat und die Person gestaltet werden kann.

Die Hinweise der Jugendamtsleiterin auf eine Vereinsgründung zur Bestandssicherung der Jugendhilfeeinrichtung führt zu dem Modell, dass die MitarbeiterInnen einen Trägerverein gründen - die Vereinsmitglieder sind die MitarbeiterInnen der Einrichtung und die ehemaligen Beiräte des Heims - und die Trägerschaft der Jugendhilfeeinrichtung übernehmen. Durch die Vereinsgründung wird wertvolle Zeit gewonnen, die Herr Ritter und die Vereinsmitglieder nutzten können, mit den finanzstarken Trägerverbänden, wie der Diakonie, der Caritas, der Arbeiterwohlfahrt, usw. zu verhandeln und sich damit dem Zeitdiktat der Kommunalverwaltung zu entziehen. Dieser Weg einer Vereinsgründung hat Signalwirkung auch für

148 Die intensive Begegnung ist angesichts der oftmals beklagten wechselseitigen Ressentiments west- und ostdeutscher Akteure erstaunlich. Eine wesentliche Bedingung für das gelungene joint venture zwischen Herrn Ritter und der Jugendamtsleiterin ist ihre Haltung, sich auf pragmatische Bearbeitungsschritte zu konzentrieren und von Richtlinienvorgaben abzusehen. Such- und Findungsprozesse der MitarbeiterInnen und Vereinsmitglieder nimmt sie nicht vorweg, sondern ermutigt und gibt Vorschussvertrauen in die Entscheidungsfähigkeit und -kompetenz der Akteure. „Die hat immer gesagt, denkt immer da dran, das sind Pionierjahre hier" (15:5-15:6).

andere Jugendhilfeeinrichtungen in der Region, und Herr Ritter gerät in eine Vorreiterrolle in Bezug auf die Umstrukturierung regionaler Jugendhilfeeinrichtungen.

Herr Ritter wird von der Dynamik der Abläufe eingeholt, und er sieht sich wiederum gedrängt, auch im Verein den Vorsitz zu übernehmen. Trotz seiner Bedenken hinsichtlich der erneuten Macht- und Verantwortungskonzentration auf seine Person, wird er in die Verbandsarbeit hineingezogen.[149] Herr Ritter, der die Gefahr institutioneller Abläufe - die Zugzwänge in die er hineingerät - kennt, fühlt sich verpflichtet, nun wiederum seine eigenen Planungen und Wünsche in den Dienst anderer zu stellen und sich erneut zurückzunehmen. Herr Ritter beugt sich den Argumenten, die für eine weitere Bündelung der Verhandlungsführung in seiner Person sprechen - zudem rät ihm auch die Jugendamtsleiterin dazu -, und er nimmt den Vereinsvorsitz an.

Die Suche nach einem geeigneten Träger für die Einrichtung gestaltet sich schwierig. Die Spitzenverbände der freien Wohlfahrtspflege verhandeln stark am Eigeninteresse entlang, und es bestehen Unverträglichkeiten zwischen dem Einrichtungsmilieu und den Trägervorgaben. Insofern kommt es zu keiner Einigung. In dieser Such- und Entscheidungsphase erweist sich ein kleinerer Verband am flexibelsten. Obwohl der organisatorische Aufbau dieses Verbands in Ostdeutschland noch gar nicht abgeschlossen ist, verstehen es die Verbandsvertreter, ein informelles Kontaktnetz innerhalb der Jugendhilfe in Ostdeutschland aufzubauen. Ihre Art der Verbandsführung entspricht dem Stil, der in ostdeutschen Einrichtungen vorherrscht. Die Verbandsvertreter führen die Verhandlungen ganz ohne Formalitäten und im persönlichen Stil. Der guten Beziehung zueinander wird ein großer Stellenwert beigemessen.[150] Herr Ritter und die Vereinsmitglieder fühlen sich sofort angezogen von der familiären Atmosphäre im Verband - der Stil des Verbandes ist in den Verhandlungen entscheidend, man spricht die gleiche Sprache -, und das Verhandlungsklima verspricht, das die Interessen der Einrichtung unter dieser Trägerschaft gewahrt bleiben. Die Verhandlungen mit dem Verband, in denen das

149 „Wie so oft, ist ouch die ganze Vereinsgeschichte wieder an mir hängen geblieben" (14:48-14:49).

150 Es zeigt sich, dass und wie sich kleinere westdeutsche Verbände in der Sozialen Arbeit in Ostdeutschland behaupten konnten. Der Umgangsstil und die Mitarbeiterpolitik, z.B. die, die Akteure der Jugendhilfe der DDR als gleichberechtigte Mitarbeiter anzusehen und anzustellen, bot auf dem Markt der sozialen Einrichtungen gegenüber finanzstärkeren Konkurrenten, wie dem Diakonischen Werk, der Caritas oder dem Deutschen Roten Kreuz, eine reelle Chance, sich zu behaupten.

Betriebsvermögen, wie das Gebäude und das Inventar angeboten wird und im Gegenzug dazu die Bestandswahrungen der Stellen gefordert wird, werden erfolgreich abgeschlossen und der Verein beschließt die Verbandsmitgliedschaft. Nach dieser Konsolidierung der Jugendhilfeeinrichtung werden in den Folgejahren umfangreiche Fortbildungen durchgeführt und die Arbeit neu konzeptionalisiert. 1994 beginnt ein umfassender Gebäudeumbau.

Herr Ritter, dessen berufsbiographische Zeit an den institutionellen Abläufen der Umstrukturierungen in der Jugendhilfeeinrichtung ausgerichtet ist, wird wiederum in Arbeitsgruppen hineingewählt und nach kurzer Zeit zum Sprecher des neu gegründeten Fachbereichs stationärer Erziehungshilfe im Verband gewählt. Im Anschluss daran wird ihm die Stelle als stellvertretender Geschäftsführer angeboten. Herr Ritter, der aktiv dem Sog einer zweiten institutionellen Karriere entgegenarbeitet, lehnt dieses Angebot allerdings ab, um stärker seine eigenen beruflichen Interessen verfolgen zu können.[151] Nachdem der Umbau der Einrichtung weitgehend abgeschlossen ist, ergreift Herr Ritter 1994 die Initiative zur Veränderung seiner Berufssituation. Im ersten Schritt wählt er eine Nachfolgerin für die Leitungstätigkeit, die Gewähr bietet, dass die Arbeit in einem ähnlichen Stil fortgeführt wird, und er arbeitet diese ein. In einem zweiten Schritt bewirbt er sich im Sommer 1994, nach fünfundzwanzigjähriger Heimleitertätigkeit, um die Stelle eines Projektberaters für die Jugendhilfe im Verband. Als seine Bewerbung erfolgreich ist, vermittelt er in einem dritten Schritt den MitarbeiterInnen und Vereinsmitgliedern seine Entscheidung.

Der vollzogene Stellenwechsel aus der Heimleitung in die Verbandstätigkeit und die damit getroffene Entscheidung, seine individuellen Wünsche nach mehr Gestaltungsmöglichkeiten zur Grundlage eines Berufswechsels zu machen, sind eine Quelle moralischen Zweifelns. Herr Ritter ist sich nicht ganz sicher, ob seine Entscheidung nicht zu individualistisch ist. Sein Anspruch, sein Berufsleben mit einer Tätigkeit abzurunden, in der er seine Kompetenzen in einen erweiterten Einflusskontext stellen kann, kommt ihm selbst sehr egoistisch vor. Herr Ritter ist sich nicht sicher, ob seine Motive legitim sind und ob er die Mitarbeiter im Heim nicht doch im Stich gelassen hat und ob ein solches Maß an Individualismus im Beruf überhaupt zulässig ist. Es fällt ihm schwer, sich von den Ansprüchen sei-

151 „Ich wollt ne Arbeit haben, die ich eigenständig machen kann, die mir Spaß macht, aber nicht mehr groß, das hätt ich da auch haben können, dann ja, ich wollt dann doch mehr raus aus dem Job" (18:34-18:38).

ner ehemaligen Mitarbeiter abzugrenzen. Er bleibt stellvertretender Vorsitzender des Vereins und behält die Zuständigkeit für die noch nicht abgeschlossenen Baumaßnahmen am Heimgebäude, die der Trägerverband mit finanziert. Die Distanznahme zu den ehemals vertrauten und zuverlässigen Sozialbeziehungen werfen für ihn Fragen in Bezug auf die persönliche Integrität auf.

Herr Ritter arbeitet heute als Berater für die Mitgliedseinrichtungen des Verbandes. In dieser Tätigkeit berät er seitdem die unter dem Dachverband organisierten Einrichtungen der Jugendhilfe in der Region in konzeptionellen, organisatorischen und personellen Fragen. Er initiiert neue Sozialprojekte bzw. fördert und unterstützt Initiativen in der Region. Er setzt seine Verhandlungskompetenzen heute für Einrichtungen der Kinder- und Jugendlichenhilfe ein und verhandelt mit kommunalen und überregionalen Trägern über Finanzierungsmodelle für Handlungsprojekte. Zudem fördert und unterstützt er die Teams von Jugendhilfeeinrichtungen bei Umstrukturierungen. Herr Ritter ist mit seiner Arbeit sehr zufrieden und ihm ist wichtig, gestaltend mitzuwirken und sich in seiner Arbeit beim Aufbau der Jugendhilfeeinrichtungen persönlich einzubringen. Seine Tätigkeit heute, die ihm viel Kreativität abverlangt, entspricht ganz seinen persönlichen Wünschen und Vorstellungen.

8.2 Aspekte beruflicher Handlungswirklichkeit

Herr Ritter ist mit seiner Tätigkeit als Sozialarbeiter in einem Verband äußerst zufrieden. Seine Arbeit ist abwechslungsreich und je nach Bedarf und Anforderung berät er Leitungsgremien, Trägervereine bzw. einzelne Teams der Jugendhilfe. Er initiiert neue Jugendhilfeprojekte und leistet Beratung und Unterstützung beim Aus- und Umbau von Jugendhilfeeinrichtungen.

Herr Ritter hat ein ganzheitliches Modell von Teamentwicklung. Seine Handlungsbeiträge sieht er als teambezogene Entwicklungshilfe an. Es geht im darum, die Eigengestalt der Einrichtung zu fördern, die er betreut, im Vertrauen darauf, dass Akzentsetzungen von den Akteuren selbst ausgehen. In der Beratungsarbeit treffen seine Analysen oftmals die neuralgischen Punkte in den Jugendhilfeeinrichtungen, und die MitarbeiterInnen vor Ort fühlen sich von ihm verstanden. Seine Handlungsvorschläge treffen häufig die Veränderungsmöglichkeiten und entsprechen der Einrichtungswirklichkeit. Herr Ritter setzt in seinen Beratungen konsequent an der Wirksamkeit persönlichen und professionellen Handelns an. Er verlässt sich nicht auf Sicherheit versprechende institutionelle Verfahren. In seiner Beratungstätigkeit setzt Herr Ritter auf den verpflichtenden Charakter von Sozialbeziehungen und Reziprozitätsannahmen im Handeln. Für ihn sind persönliche Beziehungen das, worauf man sich verlassen kann.

Herr Ritter hat bereits früh in seiner Biographie Positionen entwickelt, die ihm heute noch Richtlinie sind. So bringt er eine berufsbiographische Distanz institutionellen Abläufen gegenüber mit, die er zugunsten von Konzepten persönlicher Gestaltung der Entwicklungsprozesse in den Mitgliedsorganisationen einsetzt.

Herr Ritter geht in seiner Tätigkeit als Berater von Sozialorganisationen arbeitsbogenorientiert vor, d.h. er überprüft in den einzelnen Phasen der Beratungstätigkeit, welche Interventionen sinnvoll und welche förderlich sind. Er verfügt über ein Handlungsmodell kreativen Wandels, an dem er sich in seiner Arbeit orientiert.

„Dann /äh/ haben wer 'n Sozialzentrum in /äh/ der Tiefebene hier in A-Dorf, das ist so 'n Modellprojekt, gemeinsam Senioren und Jugendliche, /äh/ das wird wahrscheinlich noch das Jahr über begleitet werden und dann sind die auch soweit, dass die selbst/ also ich mache das immer bis zu 'nem gewissen Punkt, wenn ich das Gefühl oder wir das Gefühl haben, /äh/ jetzt is' es nicht mehr nötig, dann zieh' ich mich da raus, ja“ (18:14-18:19).

Herr Ritter reflektiert seine Handlungsbeteiligung in der Projektentwicklung. Er weiß, dass im Arbeitsbogen einer Projektentwicklung phasenspezifisch typische Aktivitäten zu bewältigen sind. Seine Beiträge stimmt er darauf ab. Unter der Berücksichtigung des Einzelfalls sind es manchmal innovative und initiierende Beiträge - wie z.B. die Anregung für neue Arbeitsformen oder in anderen Fällen Beiträge zur Interessenklärung, Beiträge zur Folgenabwägung oder zur Ergebnisabsicherung und Evaluation der Abläufe. In seiner Tätigkeit berücksichtigt Herr Ritter die verschiedenen Perspektiven der Handlungsbeteiligten. In seinem Verständnis von Organisationsanalyse und -beratung gehört es dazu, dass Handlungsprobleme aus mehreren Perspektiven zu betrachten sind.

„Ich denke, der Erzieher oder Teamleiter, der unmittelbar /äh/ mit dem Kind arbeitet jeden Tag oder wie auch immer jede Nacht, /äh/ der ist dann noch /äh/ mehr an diese Probleme, sage ich mal so, is' mit diesem Problem konfrontiert als man das als Leiter eigentlich is'“ (19:3-19:7).

Er kann sich in die Belastungssituationen des Erziehungsalltags hineindenken und reflektiert diese in den Auswirkungen für die Kinder- und Jugendlichen. Darüber hinaus versteht er es, die dargestellten Problemzusammenhänge pragmatisch zu brechen und die Wertbezogenheit einzubeziehen. Herr Ritter ist sich als Berater darüber hinaus der Gefahren einer auf Dauer gestellten Tätigkeit in der Projektentwicklung bewusst. Er achtet darauf, in seinem Arbeitsbereich Typenkategorien und Verfahrensroutinen zu entwickeln, die den Eigenheiten und Bedürfnissen der jeweiligen Jugendhilfeeinrichtungen und die dem sozialen Gefüge gerecht werden. Er stellt an sich die Anforderungen, sensibel zu bleiben und stets die Spezifik des Falls wahrzunehmen.

Herr Ritter hat biographisch erfahren, welche Folgen Verfahrenslogiken mit sich bringen können. Er weiß darum, dass institutionelle Abläufe trotz bester Absicht nur bedingt funktionieren und dass Institutionen menschliche Produkte sind. Er hat in seiner Arbeit eine explizite Prozessorientierung und eine Orientierung daran, dass institutionelle Abläufe erst durch persönliches Handeln gestaltet werden.

„Das hat natürlich immer auch etwas mit Menschen zu tun, das, denke ich, ist auch so ne ganz wichtige Sache, hat auch meinen, wenn ich so das mal schon so 'n bisschen, is vielleicht ein bisschen weit hergeholt, mein berufliches Leben hat mich das gelehrt, dass man meistens oder nicht meistens, sondern fast immer auf Menschen und nicht auf irgendwelche Organisationen oder Parteien oder was auch immer bauen sollte. Der Mensch ist eigentlich ne viel wichtigere Größe dabei" (20:50-20:56).

Herrn Ritters Ausrichtung auf Zukunftsaufgaben zeigt, dass er sein Handeln von der Gegenwart her entwirft und realitätsnah das Jugendhilfegeschehen begleitet. Seine Analysen nehmen die aktuellen gesellschaftlichen und politischen Diskurse auf, die dann auch Ausgangspunkt seiner konzeptionellen Überlegungen in der Jugendhilfe sind. Er sieht in den Umwälzungsprozessen, die viele Ostdeutsche in den letzten Jahren bewältigen mussten, einen Erfahrungsreichtum, den die Ostdeutschen westdeutschen Akteuren voraushaben. Herr Ritter verzichtet in der Darstellung seiner Arbeit und Handlungsproblem im Feld Sozialer Arbeit auf vereinfachende binäre Schematisierungen. Er kategorisiert nicht in einem Ost-West-Duktus. Die Zukunftsorientierung in Bezug auf seine Arbeit kommt insbesondere darin zum Ausdruck, dass er gesamtdeutsche neue Anforderungen in der Jugendhilfe sieht. Die veränderten Rahmenbedingungen - wie z.B. der rapide Globalisierungsprozess - setzen neue Bedingungen, die zu Um- und Abbauprozesse des Sozialstaats führen und die gerade auch in der Jugendhilfe mit zu gestalten sind. Den derzeitigen Zustand des Sozialstaates sieht er als Ausgangspunkt für die Gestaltungsaufgaben der Zukunftsfragen im Sozialwesen an. Herrn Ritters Interpretamente der gegenwärtigen Veränderung - der Zustand der Gesellschaft erscheint ihm revisionsbedürftig - und seine Handlungsbeiträge in der Beratungsarbeit, die Ressourcen bewahrend sind, finden bei den Mitgliedsorganisationen und im Verband Zustimmung und Anerkennung. Herr Ritter vertritt das Prinzip der Reformen mit Augenmaß.

Herr Ritter repräsentiert einen Verlaufstypus bei dem im Verlauf der Umstrukturierungen verfügbare berufsbiographische Basisdispositionen und Rahmenbedingungen so zusammenkommen, dass ein berufsbiographischer Wandlungsprozess einsetzte. Eine zentrale biographische Disposition sind die aufgrund der Enttäuschungserfahrungen mit den institutionellen Abläufen in der DDR-Gesellschaft erworbenen Haltungen zu individuellen und kollektiven Entwicklungsprozessen. Herr Ritter, der eine dezidierte Haltung und Skepsis gegenüber institutionellen Ablaufmustern entwickelt hat - weder in seiner Biographie noch in seinem beruflichen Handeln verlässt er sich auf solche Abläufe -, baut auf konkrete Sozialbeziehungen. In Distanz zu den Institutionen der DDR-Gesellschaft hat er Erfahren, dass konkrete Veränderungen immer auf ein Engagement der Beteiligten zurückgehen. Persönliche Beziehungen und Netzwerke können eine andere Realität schaffen, was politische Verlautbarungen und Parteiprogrammatik alleine nicht vermögen. Das bedeutet, dass auf persönliche Absprachen nicht verzichtet werden kann. Neuen Aufgaben wendet er sich mit einer entdeckenden Lernhaltung zu. Dabei verlässt er sich auch auf sein Gespür. Diese intuitiven Formen der Validierung hat Herr Ritter früh in seiner Lebens- und Berufsgeschichte entwickelt.

Herr Ritters berufliche Kompetenzen haben sich zudem bei der Bewältigung der beruflichen Umstrukturierungen als günstig erwiesen. Bereits in der Heimerziehung in der DDR hat er es vermocht, Gestaltungsfreiräume zu entwickeln, und er hat jene Räume genutzt, die in diesem Arbeitsbereich faktisch vorhanden waren. Diese Nischengestaltungsfähigkeit - in ‚interstitial areas', die parteipolitisch nicht so umfassend vordefiniert waren und staatlich nicht so intensiv bearbeitet wurden - kann er heute wieder nutzen und einsetzen. Die Kompetenz, vorhandene Freiräume zu erkennen und mittels Verhandlungsgeschick, kommunikativer Kompetenz und der Fähigkeit, (Verhandlungs-)Macht zu entwickeln und zu behalten - auch mittels strategischem Handeln -, kann er heute in die Arbeit als Verbandsvertreter einbringen. Eine Quelle des Kreativitätspotentials, das er beruflich nutzen kann, sind insbesondere seine kommunikativen Fähigkeiten, Menschen zusammenzubringen, Anregungen aufzugreifen, zu prüfen und andere zu beteiligen. Er hat gelernt, geschickt zu operieren, auch Stillhalteabkommen und Bündnisse zu schließen sowie Außengrenzen in Projekten zu sichern.

Die komplexen Anforderungen, die heute verstärkt darin bestehen, die staatlichen Vorgaben zu nutzen und zu handhaben und in professionelle Handlungsprojekte umzuformen, kann er aufgrund seiner biographischen

Distanz zu bürokratischen Ablaufmodellen gestaltend handhaben. Dieses Distanzierungsvermögen verhindert auch, dass er in bürokratische Abläufe zu tief hineingezogen wird.

Herr Ritter hat sein berufliches Selbstbewusstsein zudem durch das Erlangen von Zertifikate stärken können. Seine Haltung, dass berufliches Können auch gelernt werden muss, hat ihn in Aus- und Fortbildungen hineingezogen. Herr Ritter konnte entlang dieser Lern- und Bildungshaltung seine Kompetenzen stets auf eine formal abgesicherte Grundlage stellen. Sein Studium an der Humboldtuniversität und sein Abschluss als Diplom-Sozialpädagoge hat ihm zusätzlich Sicherheit in den dynamischen Prozessen der beruflichen Umstrukturierungen verliehen. Er konnte immer wieder auf seine Bildungsabschlüsse verweisen und damit sein Bildungskapital verwerten. Aufgrund des Studiums sind ihm die Mechanismen des Aufbaus von beruflichen Sinnsystemen bewusst und er kennt auch die Fehlerhaftigkeit, die in Theorien liegt. Herr Ritter hat jedoch ein berufliches Selbstverständnis, im Kern ein „Mann der Praxis“ zu sein. Die Gefahr besteht hier, dass er einem Selbstbild unterliegt, dass davon ausgeht, auch heute noch nah an der Praxis zu sein - da eine seiner berufsbiographischen Bilanzierungen ist, letztendlich Praktiker der Jugendhilfe zu sein. Dieses Selbstbild kann dazu führen, dass Herr Ritter sich erkenntnisgenerierenden Verfahren, die in der Ermittlung von Problemsachverhalten auf mediale, sprachliche Vermittlungsprozesse abgestellt sind, stärker als notwendig verschließt. Da ihm heute direkte Zugänge zu den Praxisproblemen in den Einrichtungen aufgrund seiner Verbandstätigkeit verschlossen sind, wäre es wichtig, im Selbstbild diese Zugänge stärker zu integrieren und weniger mit der Annahme zu operieren, letztendlich die Praxis doch sehr genau zu kennen.

Dem beruflichen Wandlungsprozess von Herrn Ritter liegen sowohl günstige Bedingungen des institutionellen Umbaus im Arbeitsfeld der Jugendhilfe nach dem Zusammenbruch der DDR als auch berufsbiographische Ressourcen zugrunde. Begünstigend wirkte sich aus, dass im Feld der Heimerziehung und Jugendhilfe Wert auf Bestandssicherung gelegt wurde und das Arbeitsfeld im deutschen-deutschen Einheitsprozess enorm aufgewertet wurde. Die besondere Schutzwürdigkeit von Kindern und Jugendlichen hatte zur Folge, dass auch einschneidende Veränderungen in den Personal- und Organisationsstrukturen im Zuge der Umstrukturierung der Sozialsysteme weitestgehend vermieden wurden. Der schonende Umgang mit den DDR-Ressourcen in diesem Arbeitsfeld begünstigte auch die Stabilität in den arbeitsbezogenen kollegialen Netzwerken. Einrichtungen konnten wie Attachments im institutionellen Transfer erhalten bleiben. Persönliche Netzwerkbeziehungen waren ein erhebliches soziales Kapital, das zur Informationsgewinnung, Planung und Selbstvergewisserung genutzt werden konnte. Gerade soziale Netzwerke erweisen sich - so zeigt der Fall Herrn Ritter - im Umbruch als besonders stabil.

Eine weitere günstige Bedingung war, lag darin, dass Herrn Ritter das Vertrauen von Seiten der MitarbeiterInnen in der Erziehungseinrichtung ausgesprochen worden ist. Die Anerkennung, die er für sein berufliches Handeln als Leiter erhalten hat und die Bestätigung seiner Person, ermutigen ihn nachhaltig, sich neuen Aufgaben zuzuwenden. Er kann so handlungshemmende Reflexionen zu einem Zeitpunkt vermeiden und sich eher pragmatisch - in der Phase der Umstrukturierung und Weichenstellung - neuen Aufgaben zuwenden.

Seine persönliche Stärke und Integrität prägen auch seine Begegnung mit der Jugendamtsleiterin, da er vermag sich gegenüber anderen biographisch zu öffnen und - jenseits von Vorbehalten und Ängsten der damaligen Zeit westdeutschen InstitutionenvertreterInnen gegenüber - sein Handeln anhand von konkreten Begegnungserfahrungen leiten zu lassen. Die kollegiale Aufmerksamkeit, die ihm die Jugendamtsleiterin entgegenbringt, eröffnet ihm nun verstärkt die Möglichkeit, innezuhalten und seine Biographie zu reflektieren. Biographisch voraussetzungsvoll ist zudem, auf Aufstiegsoptionen, die sich Herrn Ritter im Zuge des Verbandsaufbaus eröffnet haben, zugunsten einer stärker inhaltlichen und beziehungsorientierten Arbeit zu verzichten. Herr Ritter kennt den Sog der Verbandsarbeit, kann sich ihm aber widersetzen. Er setzt Karriereaussichten beruflich-inhaltliche Interessen entgegen, von denen er überzeugt ist und die er persönlich wichtig findet. Er vermag es damit, seinen Berufsverlauf selbstbewusst zu steuern.

Herr Ritter repräsentiert einen Typus in der Sozialarbeit - hier im Arbeitsfeld des Sozialmanagements -, der seine berufsbiographischen Dispositionen und die Optionen des sozialarbeiterischen Berufsfeldes anhand beruflicher Schwerpunktsetzung zu bündeln versteht. Er kann anhand beruflicher Rahmenvorgaben biographische Passung herstellen und kreativ handlungswirksam werden. Die neuen beruflichen Handlungs- und Gestaltungsspielräume nutzt er und folgt dem berufsbiographischen Konzept der persönlich-professionellen Verkörperung dessen, was für ihn Sozialarbeit ist.

9 Porträt: Frau Heinrich

„Aber da ist so ein Mangel, den ich für mich empfinde"

Frau Heinrich arbeitet zum Zeitpunkt des Interviews als Sozialarbeiterin in einer allgemeinen Kontakt- und Beratungsstelle der Diakonie. Ihr Arbeitsfeld unterlag und unterliegt starken Veränderungsprozessen. Frau Heinrichs berufliche Situation ist von Lähmung und Stagnation gekennzeichnet und ihr Arbeitsbereich ist nach wie vor von den organisatorischen Umstrukturierungsprozessen im Diakonischen Werk der Region betroffen. Frau Heinrich hat dadurch keine ausreichende Planungssicherheit in ihrer Arbeit.

9.1 Biographische Gesamtformung Frau Heinrich

Frau Heinrich wird im Herbst 1949 geboren und ihre Geburt steht in einem engen zeitlichen Zusammenhang mit der DDR-Staatsgründung. Die Verflochtenheit ihres Lebens mit politischen Großereignissen - wie der Staatsgründung der DDR, dem Mauerbau 1961, der Grenzöffnung 1989 und der Wiedervereinigung der beiden deutschen Staaten - strukturieren ihre Biographie und die Erzählung ihrer Lebensgeschichte. Sie wird als viertes von fünf Kindern geboren. Zu den drei älteren Geschwistern besteht ein erheblicher Altersabstand. Die nach ihr geborene zwei Jahre jüngere Schwester ist geistig und körperlich behindert. Der Vater, der in den fünfziger Jahren eine sechsköpfige Familie ernähren muss, nimmt wegen besserer Verdienstchancen Montagearbeiten im Westen an und ist nur selten zu Hause. Frau Heinrich, die unter der familiären Abwesenheit des Vaters leidet, erhält von den Eltern die Möglichkeit, den nahegelegenen evangelischen Kindergarten zu besuchen. Sie findet hier ein Anregungsmilieu vor, in dem sie sich wohl fühlt und in dem sie sich von biblischen Geschichten faszinieren lässt. Innerfamiliär, besonders ihren drei älteren Geschwistern gegenüber, bedeutet der Besuch des evangelischen Kindergartens eine familiäre Sonderstellung. Sie kann dadurch einen eigenständigen und konturierten Interessenbereich entwickeln, der identitätsprägend ist. Die Eltern gewähren ihrer Tochter auch weiterhin den Freiraum, sich Glaubensfragen zuzuwenden und Frau Heinrich besucht während der Grundschule die Christenlehre und die kirchliche Jugendgruppenarbeit. Sie wird konfirmiert.

Im Zusammenhang mit dem Mauerbau 1961 kommt es für Frau Heinrich biographisch zu einschneidenden Ereignissen. Als Elfjährige erlebt sie die Trennung der Familie durch die gewaltsame innerdeutsche Grenzschließung seitens der DDR-Staatsorgane. Aufgrund einer folgenschweren Fehleinschätzung der Eltern - beide gehen davon aus, dass die innerdeutsche Grenze nur vorübergehend und kurzzeitig geschlossen wird - entscheiden sie sich dafür, dass Frau Heinrichs Vater in Westdeutschland bleibt, um dort der lukrativen Montagetätigkeit weiterhin nachgehen zu können. Die Mutter demgegenüber bleibt mit den Kindern in der DDR. Frau Heinrich nimmt zum Zeitpunkt der Grenzschließung und des Mauerbaus im August 1961 an einer Ferienfreizeit der Jungen Pioniere teil, die sie den Eltern, die das Geld dafür nur schwer aufbringen können, abgerungen hat. Als sie aus dem Jugendlager zurückkommt, ist der Vater unerreichbar und von der Familie durch die politischen Ereignisse getrennt. Der plötzliche Verlust des Vaters ist für Frau Heinrich ein außerordentlich schmerzhaftes Erlebnis. Lebensgeschichtlich nimmt hier eine Phase ausgedehnten Leidens durch den Verlust des geliebten Elternteils ihren Anfang. Die Grenzschließung zwischen Ost- und Westdeutschland vom August 1961 ist der Beginn einer anomischen familiären Situation, die fortan die weitere Entwicklung von Frau Heinrich bestimmen. Die Mutter - die Eltern wollen gemeinsam in Westdeutschland leben - führt einen acht Jahre dauernden quälenden Auseinandersetzungsprozess mit den DDR-Behörden um ihre Ausreise. Die gesamte familiäre Aufmerksamkeit und alle familiären Ressourcen richten sich auf dieses Ziel. Die Mutter, die jeden Monat aufs Neue einen Ausreiseantrag an die Behörden stellt, hält in dieser Zeit trotz enormer sozialer und finanzieller Schwierigkeiten an ihrer Ehe fest. Der Kampf der Mutter um die Ausreise der (Rest-)Familie und um die Familienzusammenführung bleibt jedoch vorerst erfolglos. Sie reagiert auf das fortwährende Scheitern ihres Ausreiseantrags mit Depressionsschüben, die es ihr unmöglich machen, den Lebensalltag zu bewältigen und sich ihren Kindern zuzuwenden.

Die familiäre Situation drückt dem Leben von Frau Heinrich einen Stempel auf und die anomische Familiensituation bestimmt Frau Heinrichs Identitätsentwicklung. Sie übernimmt, da die älteren Geschwister bereits ausgezogen sind, früh sowohl Verantwortung für die Mutter, die zeitweise ihr eigenes Leben nicht mehr regeln kann, als auch Verantwortung für ihre behinderte Schwester. Frau Heinrich ist angesichts der angespannten familiären Situation ein unbefangener Umgang mit anderen Kindern und Jugendlichen nur eingeschränkt möglich. Verantwortungsübernahme und latente Schuldgefühle der Mutter und der behinderten Schwester gegenüber schränken ungezwungene Peerkontakte ein und führen zu selbstgewählten Einschränkungen. Aufgrund ihrer familiären Abwesenheit zum Zeitpunkt der Ereignisse - Frau Heinrich nimmt an einem FDJ-Ferienlager teil, als es zur Grenzschließung kommt - fühlt sie sich mitschuldig an der Trennung der Eltern. Ihre familiäre Abwesenheit, die die Mutter gehindert hat, dem Vater nach Westdeutschland zu folgen, sieht sie als zentrale Ursache für das Leid der Mutter und der Schwester an. Frau Heinrichs weitere Entwicklung wird von inneren Vorwürfen bestimmt, letztendlich für die familiäre Misere verantwortlich zu sein. Dieser permanente Selbstvorwurf, durch die Teilnahme an der Ferienfreizeit zum Unglück der Familie und der Mutter beigetragen zu haben, führt zur Haltung, besondere Verantwortung anderen, insbesondere der Mutter gegenüber, zu übernehmen. Die Folgen der Realisierung ihres Wunsches, mit anderen Kindern und Jugendlichen ein Jugendlager der Jungen Pioniere zu besuchen, führen dazu, dass Frau Heinrich zunehmend die eigenen Wünsche stark kontrolliert. Wünsche erhalten für sie die Konnotation, mit persönlichen Verlusten einherzugehen. Sie hält zudem fortan Distanz zu staatlich initiierten Veranstaltungen und DDR-typischen Vergemeinschaftungsformen, da ein Engagement in ihnen mit Verlust bezahlt werden muss. Diese lebensgeschichtlichen Ereignisse stellen für Frau Heinrich eine erhebliche Verletzungsdisposition dar. Eine Dynamik doppelter Betroffenheit - des Mitleidens an der familiären Situation sowie andererseits der Vorstellung, durch eigene Handlungsbeiträge an der Familientrennung Schuld zu sein - überschattet Frau Heinrichs weiteren Lebensweg. Sie bindet sich verstärkt an die Mutter - eine Bindung, die von Schuldgefühlen geprägt und getragen ist. Frau Heinrich ist ein konditionell eng strukturierter Handlungsrahmen erwachsen. Die daraus resultierenden familiären Relevanzsetzungen schränken sie in ihrer persönlichen und sozialen Entwicklung erheblich ein. Sie behindern ihre Spontaneität und bergen fortwährend innerpsychisches und soziales Verletzungspotential.

Im Kontext der Schule trägt Frau Heinrich aufgrund der familiären Situation und ihrer Hinwendung an Glaubensfragen das Stigma einer Außenseiterin. Der Vater gilt als republikflüchtig, und die Haltung der Mutter, die an ihrer Ehe festhält und in einen zähen Kampf mit den Behörden verstrickt ist, sind Anlass zu Hänseleien seitens der MitschülerInnen und auch Anlass für Ablehnung seitens der Lehrer. Frau Heinrich kann ihre Marginalitätserfahrung im Schulkontext im Kreis der evangelischen Kirchengemeinde kompensieren. Hier erlebt sie eine Gemeinschaftsform, zu der sie sich hingezogen fühlt. Sie besucht die Christenlehre und mit Hilfe einer Katechetin, die sich den Kindern und Jugendlichen einfühlsam zuwendet und immer wieder zu Gesprächen einlädt, kann Frau Heinrich von ihren bedrückenden Gedanken Abstand nehmen. Diese Katechetin unterstützt Frau Heinrich in ihrer Hinwendung zum christlichen Glauben. Diese Hinwendung zum Glauben enthält eine tiefere Sinnebene für Frau Heinrich. Sie kann mittels des Glaubens quasi eine metaphysische Verbindung zum Vater herstellen. Sie fühlt sich dem Vater, der sie bis zur erzwungenen Trennung ermutigt hat, zu ihren christlichen Überzeugungen zu stehen, im praktizierten Glauben nahe.

In der evangelischen Jugendgruppenarbeit der Kirchengemeinde sowie in der Hinwendung zum Glauben erfährt Frau Heinrich Unterstützung und kann dort persönlich Substanz aufbauen. Zudem hilft ihr eine Lehrerin, die Verständnis für ihre christliche Glaubensorientierung aufbringt. In Gesprächen mit dieser Lehrerin, die für Frau Heinrich ein berufliches Vorbild wird, erhält sie Zuwendung und Unterstützung.[152] 1969 gelingt es der Mutter, eine Ausreisegenehmigung für sich und die behinderte Schwester bei den DDR-Behörden zu erwirken. Die Genehmigung ist gekoppelt an Frau Heinrichs Verzicht auf eine Ausreise nach Westdeutschland. Frau Heinrich erklärt den abverlangten Ausreiseverzicht gegenüber den Behörden. Sie ist zu diesem Zeitpunkt beinahe zwanzig Jahre alt und es bestehen zu diesem Zeitpunkt bereits Heiratsabsichten und eine Familienplanung mit ihrem späteren Ehemann. Ihre Verzichtserklärung ermöglicht es der Mutter, zusammen mit der behinderten Schwester die DDR zu verlassen. Einige Jahre später, 1973, stirbt ihr Vater in Westdeutschland.

Frau Heinrichs Schul- und Berufskarriere wird von den familiären Rahmenbedingungen bestimmt. In den entscheidenden Jahren beruflicher Weichenstellung ist sie weitgehend auf sich alleine gestellt und da sie der Christenlehre ‚anhängt' und keine gesellschaftlichen Aktivitäten in Massenorganisationen nachweisen kann, wird ihr der Besuch einer höheren

---

152 „Was mir auch geholfen hat und das hab ich eigentlich von der vierten Klasse an/ ne von der fünften an, dann sehr stark gespürt, dass da eine Lehrerin war, die wurde für mich, nicht wirklich, aber für meine Gefühl so ein Stückchen, zum Vaterersatz, weil die die einzige war, die sich nicht über Kinder, die zur Christenlehre gingen ausließ, also nicht öffentlich vor der Klasse gesagt hat, „naja, wo sind denn die Dummen, die so was glauben" oder so. Solche Sachen haben die ja gesagt. Oder aber auch nicht über meine Vater später her zog. Wo andere Lehrer sagten, „na sind deine Eltern endlich geschieden? Wann sieht denn deine Mutter das ein" oder so. An der hab ich mich dann so ein bisschen festgehalten. Des gab es ja auch, aber wenig. Und diese Lehrer wurden auch ganz schön angegriffen, die dann, tja (.) für Ausgegrenzte Partei ergriffen" (21:21-21:33).

Schule nicht eingeräumt. Frau Heinrichs Berufswunsch ist es, Lehrerin zu werden. Von Frau Heinrich wird jedoch bereits im Vorfeld erwartet, dass sie Glaubensbekundungen der SED gegenüber abgibt, die sie im Spiegel ihrer familiären und schulischen Erfahrungen nicht leisten will. Zudem soll sie sich von ihrem Vater in Westdeutschland lossagen, was sie ebenfalls nicht will. Frau Heinrich entschließt sich nach Beendigung der zehnjährigen Schulzeit dazu, eine Gärtnerausbildung zu beginnen. Die Berufsausbildung erscheint ihr attraktiv, da sie mit der Möglichkeit verknüpft ist, das Abitur abzulegen. Sie hofft, auf diesem Weg einen höheren Bildungsabschluss erzielen zu können. Jedoch stellt sie bald fest, dass ihr die Arbeit in der Produktionsgenossenschaft körperlich zu schwer und zu anstrengend ist. Frau Heinrich bricht die Ausbildung nach einem Jahr ab. In diesem Jahr der Ausbildung lernt Frau Heinrich im Rahmen ihrer Aktivitäten in der evangelischen Jugend - sie ist in dieser Zeit in den Jugendkonvent delegiert - ihren späteren Ehemann kennen.

Frau Heinrichs Übergang von der Schule in den Beruf ist mit den typischen Schwierigkeiten verbunden, die Menschen in der DDR hatten, die den Institutionen der DDR-Gesellschaft gegenüber auf Distanz getreten waren und das auch konsequent blieben. Erschwerend kommt für Frau Heinrich dazu, dass sie in dieser Übergangssituation offensichtlich keine biographischen BeraterInnen hat, die ihr Alternativen aufzeigen oder anbieten. Vor allen Dingen fehlt es im familiären Umfeld an umsichtiger Unterstützung und Beratung, so dass sie ihre Chancen, einen Lehrerberuf zu ergreifen, sowie die körperlichen Belastungen im Gartenbau bereits bei der Planung hätte besser einschätzen können und ihr somit das Scheitern bei ihrem ersten Berufseinstieg erspart geblieben wäre. Jedoch versucht Frau Heinrich, auch durch die Setzung eigener beruflicher Handlungsziele ihr Leben in den Griff zu bekommen und der bedrückenden familiären Situation damit zu entkommen.

Frau Heinrichs Lebensgefährte und späterer Ehemann, der sich in der Ausbildung zum Diakon befindet, regt an, Ausbildungsmöglichkeiten der evangelischen Kirche zu sichten und eine berufliche Planung zu entwickeln. Frau Heinrich, die sich in ihrer beruflichen Planung am Kriterium der Vereinbarkeit von Familie und Beruf orientiert, beginnt eine Katechetenausbildung. Für sie ist es besonders wichtig, eine Familie zu haben, in der sie, vor dem Hintergrund der Erfahrungen in ihrer Herkunftsfamilie, als Mutter für die Kinder da sein kann. Diese Ausbildung wird mit einem Stipendium der evangelischen Kirche gefördert und sie kann diese noch vor ihrer Eheschließung beenden. Sie heiratet, und es entwickelt sich nun eine zweite biographische Linie, nämlich die der Familiengründung.

Frau Heinrichs Ehemann wird nach seiner Ausbildung zum Diakon von der evangelischen Landeskirche in eine ländliche Gemeinde delegiert. Sie bekommen drei Kinder, und Frau Heinrichs berufliche Aktivitäten orientieren sich stark an den familiären Rahmenbedingungen. Sie unterstützt ihren Ehemann und im Vordergrund der folgenden Lebensjahre steht Familiengründung, Kindererziehung und die Familienarbeit. In dieser Lebensphase kann Frau Heinrich verschiedene Lebensbereiche bündeln. Sie ist nebenberuflich als Katechetin tätig, übernimmt Küster- und Gartenarbeiten in der Kirchengemeinde und kann diese Aufgaben mit der Versorgung der Kinder und den familiären Verpflichtungen eng koordinieren. Im überschaubaren ländlich sozialen Umfeld der evangelischen Kirchengemeinde, die einen stabilen Bezugsrahmen bietet, gewinnt Frau Heinrich zunehmend Selbstsicherheit und vermag, persönliche Substanz aufzubauen. Durch ihren Nebenverdienst als Katechetin kann sie zum Einkommen der Familie beitragen. Sie kann Familie und Beruf zusammenbringen. Die evangelische Kirche fungiert als Sinn- und Sozialwelt, in der konkret Lebens- bzw. Berufsalternativen bestehen. In dieser Lebensphase entspannt sich Frau Heinrich Lebenssituation - nicht zuletzt auch deshalb, weil sie der Mutter die langersehnte Ausreise nach Westdeutschland durch ihre Verzichterklärung ermöglicht hat.

Nach sieben Jahren als Diakon in einer Landgemeinde wird Herr Heinrich von der Landeskirche in eine Stelle der Stadtdiakonie in der nahegelegenen Großstadt berufen. Diese Versetzung bringt die Familie in eine schwierige Situation. Wegen der hohen Stadtmieten und der gewachsenen Ansprüche der Kinder sowie der fehlenden Möglichkeit, durch Küsterarbeiten noch ein Zusatzeinkommen zu erzielen, reicht das Familieneinkommen in der neuen Situation nicht aus. Frau Heinrich muss hinzuverdienen. Eine freie Stelle als Katechetin steht aber in der Stadt nicht zur Verfügung. Mangels Alternativen nimmt Frau Heinrich eine Stelle als Schreibkraft in einem nahegelegenen katholischen Krankenhaus an. Dort schreibt sie die Operations- und Krankenberichte. In diesem Zusammenhang kommt Frau Heinrich auch mit schwerkranken Menschen und ihren Lebensschicksalen in Kontakt. Die individuellen Ängste und Nöte der Patienten - besonders vor schmerzhaften medizinischen Behandlungen - berühren sie. Sie wendet sich solchen Patienten zu und tröstet mit Zuwendung und Gesprächen. Der familiäre Rahmen des kirchlichen Krankenhauses ermöglicht Frau Heinrich, die Erfahrung zu machen, dass sie Kompetenzen im Umgang mit Menschen hat, die in persönlicher Not und Bedrängnis sind und Hilfe brauchen. Gerade auch die Schwerkranken zeigen ihr, dass sie ein besonderes Vermögen hat, diesen Menschen in ihren Ängsten und ob der Situation zu verstehen und ihnen Zuwendung und

Zuspruch zukommen zu lassen. Sie erkennt, welche Bedeutung der persönliche Kontakt und das Gespräch für Menschen in lebensbedrohlichen Situationen haben und erlebt, dass das persönliche Gespräch als Mittel der Hilfe und des Trostes eingesetzt werden kann. Diese im Kontext ihrer Tätigkeit gemachten Erfahrungen führen dazu, einem neuen beruflichen Handlungsentwurf auszuformulieren, nämlich den, zukünftig mit Menschen arbeiten zu wollen.

Nach dreijähriger Tätigkeit im Krankenhaus wechselt sie Anfang der achtziger Jahre auf eine frei werdende Stelle als Sekretärin in der Superintendantur der evangelischen Kirche. Sie hofft, durch den Stellenwechsel wieder stärker in vertrautes Terrain zurückkehren und ihre Lebensbereiche wieder enger aufeinander abstimmen zu können. Durch diese Tätigkeit erhofft sie sich zudem, an ihre Tätigkeit als Katechetin wieder anknüpfen zu können. An dieser neuen Stelle erfährt sie erstmals von den Möglichkeiten der Fürsorgeausbildung im Rahmen der evangelischen Kirche.[153] Vor dem Hintergrund ihrer Kompetenzerfahrungen im Krankenhaus fasst sie den Entschluss, eine Fürsorgeausbildung zu absolvieren. Bei der Realisierung ihres beruflichen Handlungsentwurfs treten jedoch zunächst Schwierigkeiten auf. Der Ausbildungskurs, für den sie sich bewirbt, hat bereits keine freien Plätze mehr. Um ihrem Ausbildungsziel näher zu kommen, wechselt sie auf eine Sekretärinnenstelle der Ausbildungsstätte. Dort schreibt sie die Lehrgangs- und Unterrichtsmaterialien für die Ausbildungseinrichtung und arbeitet sich en passant in die Fürsorgeausbildung hinein. Eine weitere Bewerbung für den Folgekurs wird aufgrund ihres Alters - Frau Heinrich ist zu diesem Zeitpunkt 37 Jahre alt - von der evangelischen Ausbildungseinrichtung abgelehnt. Für die dreijährige Vollzeitausbildung mit Internatsunterbringung besteht eine Altersgrenze von 35 Jahren.

In der Umsetzung ihrer beruflichen Entwürfe zeigen sich bei Frau Heinrich entsprechend Unsicherheiten. Ihr gelingt es nicht, für sich günstige Voraussetzungen zur Realisierung ihrer Handlungspläne herzustellen. Es fehlen auch jetzt (berufs-)biographische BeraterInnen, die sie unterstützen und ermutigen, und, um Enttäuschungen zu vermeiden, sie auf die bestehende Altersbegrenzung hätten hinweisen können. Frau Heinrich

153 Am Beispiel von Frau Heinrich wird deutlich, dass es in der DDR nicht ganz leicht war, an Informationen über Ausbildungsmöglichkeiten im Bereich der Fürsorge zu gelangen. Obwohl sie seit ihrer Kindheit und Jugend stark in die evangelische Gemeinde eingebunden war, bleibt ihr der Zugang zu dieser Information verschlossen.

wird in der Folge der neuerlichen Ablehnung von der evangelischen Kirche eine Fernstudienausbildung angeboten, die zwar länger dauert und berufsbegleitend - parallel zu einer Tätigkeit als Fürsorgerin - zu absolvieren ist, jedoch in ihre Lebenssituation hineinpasst, da auch die Kinder mittlerweile selbstständiger geworden sind. Der von Frau Heinrich gefasste berufliche Handlungsentwurf in einer späten Lebensphase, Fürsorgerin zu werden, ist mit strukturellen Hürden - der Zugang zur Ausbildung ist erschwert - verbunden. Durch fehlende Unterstützungs- und Erkundungsaktivitäten - Frau Heinrich bemerkt erst unmittelbar vor Beginn des Folgekurses, dass sie die Altersgrenze überschritten hat - verliert sie zusätzlich Zeit. Die bereits zur Jugendzeit vermittelten Me-Bilder des Verzicht-leisten-Müssens und des Randständig-Seins speist eine Selbstsicht bei Frau Heinrich des Nicht-ankommen-Könnens und des Nicht-gewollt-Seins. Sie hat dementsprechend Schwierigkeiten, ihren Ausbildungswunsch beherzt in den Mittelpunkt ihres Lebens zu stellen und die erforderlichen Ressourcen und Energien zu bündeln.

Frau Heinrich wird 1985 vom Diakonischen Werk der evangelischen Kirche in den fürsorgerischen Gemeindedienst einer Kreisstelle an ihrem Wohnort übernommen. Dort beginnt sie als Fürsorgerin zu arbeiten, und parallel dazu wartet sie auf einen Ausbildungsplatz für das Fernstudium zur Fürsorgerin. Sie stellt fest, dass sie sehr gut in der Arbeit als Fürsorgerin in der Kreisstelle zurechtkommt. Sie übernimmt den Aufgabenbereich ihrer Vorgängerin und betreut chronisch Kranke und behinderte Menschen. Sie leitet Gesprächsgruppen und versorgt die Betroffenen mit Hilfemitteln. Eine Bestätigung ihrer Eignung und Kompetenz erfährt sie zudem vom Gemeindepfarrer, der sie zu seelsorgerischen Gesprächen hinzuzieht. Frau Heinrich, der die Arbeit viel Freude bereitet, ist erfolgreich, und sie wird in den Kirchengemeinden - sie ist für mehrere Gemeinden zuständig - geschätzt. Im zweiten Jahr ihrer praktischen Arbeit als Fürsorgerin beginnt Frau Heinrich die viereinhalbjährige berufsbegleitende Ausbildung. Die parallel laufenden Arbeits- und Ausbildungsanforderungen belasten Frau Heinrich einerseits zeitlich sehr stark, da sie auch noch für ihre Familie da sein will und ihre Kinder noch zur Schule gehen. Andererseits ist Frau Heinrich von der Ausbildung, die sich in einen Unterkurs und einen Aufbaukurs gliedert, überzeugt, und sie kann Energieressourcen mobilisieren. Die Lehrmaterialien sind systematisch aufgebaut und orientieren sich an praxisrelevanten Fragen. So kann sie Schritt für Schritt ihren Lernerfolg ablesen und die praktischen und theoretischen Aufgabenstellungen, die ihr in den monatlichen Lehrbriefen abgefordert werden, erfüllen. Sie erhält Anleitung und Supervision durch einen Mentor an ihrer Arbeitsstelle. Regelmäßig finden an Wochenenden die Treffen der Ausbildungsgruppen auf landeskirchlicher Ebene statt, zu denen Themenbereiche vorbereitet und ausgearbeitet werden. Viermal im Jahr trifft sich der gesamte Ausbildungsjahrgang zu Konsultationswochen, in denen der Leistungstand der AusbildungskandidatInnen überprüft und einzelne Themen vertieft werden.

Zum Zeitpunkt der Ereignisse im November 1989 befindet sich Frau Heinrich mitten in der Ausbildung zur Fürsorgerin für den evangelischen Gemeindedienst. Der dreijährige Unterstufenkurs ist bereits abgeschlossen, als sich die Ausbildungsgruppe im Frühjahr 1990 wieder trifft, um den Aufbaukurs zu beginnen. Die Ereignisse und die Folgen des Novembers 1989 bewegen die AusbildungskandidatInnen. Durch die Grenzöffnung werden besonders die im Rahmen der evangelischen Kirche bestehenden Kontakte nach Westdeutschland intensiviert. Für die AusbildungskandidatInnen stellt sich in dieser Situation die Frage, ob durch den politischen Umbruch der angestrebte Ausbildungsabschluss zur evangelischen Fürsorgerin überhaupt noch einen Wert besitzt. Zu diesem Zeitpunkt ist noch völlig unklar, wie ihre berufliche Zukunft im Rahmen der Diakonie, die sie anhand dieser Ausbildung gestalten wollen, überhaupt aussehen wird. Eine grundlegende Verunsicherung liegt darin, dass die angehenden FürsorgerInnen nicht einschätzen können, welchen Einfluss die politischen Ereignisse sowohl generell auf die weitere Entwicklung im Sozialwesen und insbesondere auch auf ihre beruflichen Planungen nehmen wird.

Frau Heinrich wird von dem politischen und gesellschaftlichen Umbruch mitten in einem lebensgeschichtlich bedeutsamen beruflichen Substantiierungsprozess erfasst. Die Erwartungssicherheit, die sie mittels des institutionellen Ablaufs der Berufsausbildung gewonnen hatte, geht ihr verloren. Wiederum sind es makropolitische Ereignisse, die entscheidungsmächtig in ihre Berufs- und Lebensgestaltung eingreifen und sie grundlegend verunsichern. Sie befürchtet, dass Teile ihrer Ausbildung, durch die zu erwartenden Veränderungen, mangel- bzw. fehlerhaft sein könnten. In dieser Phase der Verunsicherung - die Koordinaten für eine verlässliche biographische und berufliche Planung sind verschoben - knüpft sie ihre Kontinuitätserwartungen an die Institution Evangelische Kirche und das Diakonische Werk. Als Teil der Ausbildungsgruppe richtet auch Frau Heinrich ihre Hoffnung darauf, dass sich diese Institution und die ihr angeschlossenen Einrichtungen durch den gesellschaftlichen Umbruch im Kern nicht verändern werden. Es herrscht die Einschätzung vor, dass - ausdrücklich verbürgt durch den universellen Sinnhimmel der Kirche - die individuelle Berufsperspektive, FürsorgerIn zu werden, durch den gesellschaftlichen Umbruch nicht gefährdet werde. Im Vertrauen auf die Institution Kirche hofft Frau Heinrich auch darauf, dass sich beruflich nicht viel verändern werde. In der Zukunftsoffenheit der Situation baut sie auf die evangelische Kirche und die Diakonie, die sie als „Fels in der Brandung" ansieht. Die Tatsache, dass an der Gestaltung der bisherigen Ausbildungskonzeption zur Fürsorgeausbildung westliche Ausbildungseinrichtungen beteiligt sind und Westdozenten beschäftigt werden, bürgt für Qualität und wirkt beruhigend auf Frau Heinrich.[154] Frau Heinrich und die anderen AusbildungsteilnehmerInnen beschließen, trotz unklarer beruflicher Perspektiven die Ausbildung wie geplant fortzusetzen. Frau Heinrich ist zudem von der Qualität ihrer Fürsorgeausbildung überzeugt, da diese systematisch aufgebaut ist und praxistaugliche Konzepte vermittelt, mit denen sie bisher gut arbeiten konnte. Sie geht davon aus, dass die Fürsorgeausbildung eine gewachsene und bewährte ist und so auch zukünftig Bestand haben wird.[155] Für Frau Heinrich hat der Ausbildungsabschluss eine besondere lebensgeschichtliche Bedeutung, da sie mit der Ausbildung zur Fürsorgerin erstmals eine eigenständige berufliche Linie entwickeln kann, die nun allerdings durch die politischen und gesellschaftlichen Veränderungen gefährdet ist.

Frau Heinrich gerät durch den gesellschaftlichen Umbruch in große Handlungsschwierigkeiten und in extrem irritierende Situationen. In ihrem Leben treten Anomien und Inkommensurabilität auf, mit denen sie nicht gerechnet hat, und sie gerät sukzessiv in zentralen Bereichen ihres Lebens in Schwierigkeiten. Beruflich kommen vermehrt Klienten zu ihr in die Kreisstelle der Diakonie, die mit der neuen gesellschaftlichen Situation nicht zurecht kommen und von Existenzsorgen geplagt werden. Frau Heinrich sieht sich mit Problemlagen konfrontiert, für die ihr auch im persönlichen Kontext keine Handlungsmodelle zur Verfügung stehen. Sie weiß nicht, was sie als Beraterin den Menschen, die zu ihr kommen, sagen soll. Im Umgang mit den Klienten erlebt sie die paradoxe Anforderung, sich den KlientInnen als beratungskompetent präsentieren zu müssen, obwohl

154 „Und dass die Sozialarbeiterausbildung oder Fürsorgeausbildung 'ne gute war, ist uns oft von westlichen Kollegen bestätigt worden, weil, die Ausbilder arbeiteten mit denen zusammen und haben ihre Lehrbriefe eigentlich nach westlichen Standards zusammengestellt. (...) Und wir dachten ja erst mal auch, dass sich nicht allzu viel so an den Strukturen im Diakonischen Werk ändern würde" (8:36-8:51).

155 Es finden sich in der Darstellung von Frau Heinrich keine sprachlichen Markierer von Bezweiflungsrhetorik hinsichtlich der Qualität ihrer Ausbildung und des Sinns ihrer Arbeit als Sozialarbeiterin. Frau Heinrich sieht auch heute ihre Ausbildung als solide, fundiert und praxisbewährt an. Was sie bei der Kirche gelernt hat, steht auf fundierter Grundlage und die Handlungsmodelle, die ihr vermittelt wurden, verbürgen für sie auch heute noch gute Sozialarbeitspraxis.

sie selbst nicht weiß, welche Veränderungen eintreten werden und wie es im Sozialwesen weitergehen wird. Frau Heinrichs berufliches Kompetenzgefühl und ihre berufliche Sicherheit, den Klienten helfen zu können, wird zunehmend untergraben und es entstehen Selbstzweifel, ob sie wirklich als Beraterin geeignet ist. Extrem irritierend ist für Frau Heinrich zudem, dass sie sich ähnlich hilflos auch in Bezug auf ihre Familie erlebt. Ihre Kinder, die an zentralen Punkten biographischer Weichenstellungen stehen - Frau Heinrichs Sohn hat zu diesem Zeitpunkt gerade eine Ausbildung abgeschlossen und will ein Studium beginnen und ihre Tochter steht kurz vor dem Abitur -, kommen mit den Veränderungen nicht zurecht. Ihr Sohn befürchtet, aufgrund der neuen Situation keinen Studienplatz zu finden und ohne Perspektive dazustehen, und ihre Tochter gerät in Schulschwierigkeiten, weil sie den Erwartungen der neuen West-Lehrer sowie den neuen Vorgaben nicht gerecht wird. In dieser Phase großer Ungewissheit und Unsicherheit, stellt Frau Heinrich fest, dass sie ihren Kindern keine orientierungsgebende Beraterin mehr sein kann. Sie kann ihren Kindern, die auf die Unterstützung ihrer Eltern vertrauen, nicht kompetent zur Seite stehen und entsprechend Hilfestellung in einer für sie wichtigen Lebensphase geben. Sie verfügt selbst über keine zuverlässigen Instrumente mehr, die gesellschaftlichen und sozialen Veränderungen zu deuten und einzuordnen. Ihre Lebenserfahrungen, die Frau Heinrich stets in die Lage versetzt haben, als Interaktionsgegenüber den Ängsten und Existenzsorgen ihrer Kinder hilfreich und orientierend zu begegnen, haben an Relevanz für die Bewältigung der anstehenden Aufgaben verloren.[156]

Frau Heinrich bemerkt, dass der gesellschaftliche Wandel die symbolische Ordnung zu erschüttern droht. Ein Referenzsystem, durch das sie die Erfahrungen ihrer Kinder stimmig in einen Zukunftshorizont einbinden könnte, ist ihr verloren gegangen. Sie erlebt ihre Hilflosigkeit gegenüber den Kindern deshalb besonders schmerzhaft, weil ihr eine kompetente Elternschaft vor dem Hintergrund ihrer eigenen Erfahrungen in ihrer Herkunftsfamilie immer sehr wichtig war. Sie will ihren Kindern die Erfahrungen ihrer Familiensituation ersparen. Doch weder innerhalb der Familie noch im Beruf ist sie in der Lage, einen verlässlichen Interpretationsrahmen aufzuspannen und auf Symbole der Welteinordnung zurückzugreifen,

156 „Aber es war alles so anders, also sich da innerhalb der eigenen Familie drauf einzustellen, Zeit für die Kinder zu haben, für ihre Begleitung, ihre Beratung, auch ihre moralische Unterstützung. Wenn sie Angst hatten, das klappt nicht oder nicht verstanden, was die Leute, die ne andere Sprache sprachen, obwohl sie Deutsch sprachen, von ihnen wollten. Das war alles sehr viel“ (9:18-9:26).

die anderen Menschen in Not wirklich zu helfen vermögen. Es kommt zudem hinzu, dass Frau Heinrich durch die Grenzöffnung neu mit ihrer Herkunftsfamilie konfrontiert wird. Die deutsch-deutsche Wiederbegegnung ist mit wechselseitigen Verhaltenserwartungen verknüpft, die sich aus alten Familienmustern und gelegentlichen Besuchen speisen. In der Begegnung mit der Mutter und den Geschwistern wird Frau Heinrich jedoch das Maß der familiäre Entfremdung deutlich, eine Entfremdung, die bisher immer hinter der hermetischen innerdeutschen Grenze verborgen geblieben ist.[157] In dieser Begegnung werden zudem Schuldvorwürfe bei Frau Heinrich reaktiviert, die ihre Handlungsbeteiligung an der Trennung der Familie betreffen, und sie erlebt Erwartungen einer nun lebbaren innerfamiliäre Solidarität - es bestehen bei allen Beteiligten Erwartungen hinsichtlich regelmäßiger Besuche und hinsichtlich intensiveren persönlichen Kontakten zueinander - als extrem bedrückend. Frau Heinrichs eher distanzierte Haltung gegenüber ihren Geschwistern und ihrer Mutter wird allerdings von diesen wahrgenommen und ihr als Undankbarkeit ausgelegt. Als die Situation zu eskalieren droht, bricht Frau Heinrich die Beziehungen zu ihrer Herkunftsfamilie ab.[158]

Die Verschiebungen im gesellschaftlichen Sinnhimmel, die durch den gesellschaftlichen Umbruch ausgelöst werden, gefährden Frau Heinrichs relevante soziale Beziehungen. Gemeinschaften, denen Frau Heinrich angehört, drohen zu zerbrechen oder zu erodieren. Ihre Familienbeziehungen, ihre Klientenbeziehungen und die Beziehungen zur Herkunftsfamilie verändern sich in einem Ausmaß, das Frau Heinrich als bedrohlich erlebt. Besonders schlimm ist es für sie, dass sie ihre Kinder nicht vor Unsicherheit und Entscheidungsvagheiten bewahren und schützen kann. Die großen Belastungen, unter denen Frau Heinrich steht, führen in der Phase des Abschlusses ihrer Ausbildung 1990/1991 zu einem physischen und psychi-

---

157 „Für mich sind meine Geschwister auch sehr anders geworden im Westen, ich sag mal, westlicher als Westbürger. Und (..) ich sag mal, war ganz schwierig" (10:8-10:11).

158 Frau Heinrich widerfährt, was viele Ost-West-Familien in dieser Zeit erfahren haben. Es bestand die wechselseitige Erwartungshaltung, dass die Grenzöffnung eine Bearbeitung des Traumas der familiären Trennung durch die deutsch-deutsche Grenze ermöglichen würde. Stattdessen, so zeigt sich gerade auch in Frau Heinrichs Lebensgeschichte, führen ungelöste Familienkonflikte und wechselseitige Erwartungshaltungen, zu desaströsen Missverständnissen, die die Fremdheit der Beteiligten untereinander nicht nur deutlich machte, sonder eben sogar noch steigerte. „Und / war ganz schwierig. Also da ist, wo eigentlich die Familie hätte wieder zusammenfinden können, n' familiärer Bruch entstanden" (10:11-10:13).

schen Zusammenbruch. Frau Heinrich erlebt die letzte Phase ihrer Ausbildung als die Zeit eines bewusstlosen Durch-Machens, die sie nur unter Ausschöpfung aller ihrer Kraftreserven durchsteht. Frau Heinrich, die unmittelbar an die Ausbildung den erforderlichen Nachqualifizierungskurs zur staatlichen Anerkennung als Sozialarbeiterin anschließt, der sie für die neuen gesellschaftlichen Rahmenbedingungen als Sozialarbeiterin fit machen soll, kann für sich die Qualifizierung nur noch partiell nutzen. Unmittelbar nach Abschluss der Nachqualifizierung wird Frau Heinrich krank und begibt sich in eine stationäre psychotherapeutische Behandlung. An spezifischen beruflichen Fortbildungen, wie z.B. zum Thema Suchtberatung, die vom Diakonischen Werk angeboten werden, kann Frau Heinrich aufgrund ihrer Erkrankung nicht mehr teilnehmen.

Frau Heinrich, die bereits als Kind mit den Folgen staatlichen Handelns konfrontiert war und die unter dem DDR-Staat darunter gelitten hat, in ihren Bildungs- sowie Ausbildungsinteressen behindert worden zu sein und zum symbolischen Universum stets auf Distanz gegangen war, erfährt nun, dass sie von den Öffnungsprozessen in unerwartet elementarer - ja geradezu paradoxer - Weise betroffen ist.[159] Gerade sie kommt mit dem

159 Der Umfang der biographischen Krise ist anhand der formalen Struktur der Erzählung aufzeigbar. Die formale Textanalyse zeigt die Tiefe der lebensgeschichtlichen Verstrickungen, in die Frau Heinrich im Zusammenhang mit den Ereignissen der Grenzöffnung und der deutschen Einheit hineingerät. Dies soll hier kurz aufgezeigt werden. In dem Erzählsegment, in dem Frau Heinrich ihre Ausbildungsphase darstellt, ist eine Hintergrundskonstruktion (7:53-8:10) eingefügt, in der sie die Abläufe und die Qualität ihrer Ausbildung darstellt. Diese Hintergrundskonstruktion steht im Kontrast zu den ihr bereits schon vor Augen stehenden Inkommensurabilitäten, die durch die politischen Ereignisse ausgelöst werden. In diesem Segment stellt sie zudem ihre Annahmen über die Zukunft dar, die im Kontrast zu den tatsächlichen Abläufen angeordnet sind. Im folgenden Erzählsegment werden die irritierenden Beziehungserfahrungen und Frau Heinrichs massive Orientierungs- und Handlungsprobleme schließlich in der Hintergrundskonstruktion (8:56 - 10:17) aufgezeigt - und zwar in einer Hintergrundskonstruktion zweiten Grades (9:30 - 9:40). Die Schwierigkeiten der Wiederbegegnung mit ihrer Herkunftsfamilie nach der Grenzöffnung werden hier besonders fokussiert. Die Fassungslosigkeit, mit der Frau Heinrich vor den ablaufenden Ereignissen steht, wird erzähltechnisch durch die Kontrastierung von Ausgangserwartungen und Enttäuschungsdarstellungen in dieser Hintergrundskonstruktion geleistet. Nachdem Frau Heinrich auf die Haupterzähllinie zurückgekehrt ist, bricht sie am Tiefpunkt ihrer Erfahrungen die Erzählung durch einen ersten Codaversuch (10:43 - 10:45) ab. Der Abbruch der Erzählung weist auf eine extreme biographische Krise hin, die bis zum Erzählzeitpunkt nicht bearbeitet bzw. bewältigt ist (Riemann 1987). Bemerkenswert ist hierbei, dass Frau Heinrich die Ereignisabläufe überhaupt in Form einer Erzählung darstellen kann.

gesellschaftlichen Umbruch nicht zurecht. Die Erfahrung der Inkommensurabilität - sie fühlt sich unpassend - und der Verlust an Handlungskompetenz und Gestaltungsmöglichkeiten in zentralen Bereichen ihres Lebens erfolgt derart unerwartet, dass sie ihre Situation ihren Mitmenschen gegenüber nur schwer vermitteln kann.[160]

Die belastenden Ereignisse im Zusammenhang mit der Grenzöffnung thematisiert und bearbeitet Frau Heinrich in einer stationären psychoanalytischen Psychotherapie. Dieser Bearbeitungs- und Kontrollversuch der Lebenskrise durch die Therapie hilft ihr, wichtige Zusammenhänge zwischen ihrer aktuellen Befindlichkeit, den Ausgangsbedingungen in der Herkunftsfamilie und den gesellschaftlich sozialen Abläufen zu verstehen. Die Psychotherapie setzt Impulse für andauernde eigentheoretische Bearbeitungsaktivitäten, die Frau Heinrich bereichern. Jedoch reichen die Anstrengungen nicht aus, die Bedingungen ihrer beruflichen Verlaufskurve gezielt zu bearbeiten. Frau Heinrich versteht ihre heutigen Arbeitsschwierigkeiten als Ergebnis ihrer persönlichen Unangepasstheit und als Folge individuell verursachter Einstellungsschwierigkeiten, die sie fortgesetzt in Bezug auf die heutigen Arbeitsbedingungen hat.[161] Die massive biographische und gesundheitliche Krise, die Frau Heinrich am Ende ihrer Ausbildung durchmacht, führt dazu, dass ihr berufliches Selbstbewusstsein rapide schwindet. In ihrer beruflichen Selbsteinschätzung hat Frau Heinrich den kollektiven Aufbruch - den Zug in die Sozialarbeit - aus persönlichen Gründen verpasst. Ihr Wissen, z.B. über die Sozialhilfegesetzgebung, erlebt sie, aufgrund der mangelnden Konzentrationsfähigkeit in dieser für

160 Im Alltagsverständnis anderer - aber auch in sozialwissenschaftlicher Perspektive - ist es überraschend, dass Menschen mit einer Lebensgeschichte, wie die von Frau Heinrich, bei denen ein Zugewinn an Handlungsoptionen, insbesondere vor dem Hintergrund ihrer engen kirchlichen Bindungen, erwartet werden konnte, im Zuge der Wende in besonderer Weise von Verlaufskurvenprozessen erfasst werden. Die Schwierigkeiten, eine solche Erfahrung alltagweltlich zu vermitteln, tragen dazu bei, dass eine Identitätsarbeit von den Betroffenen nur schwer geleistet werden kann.

161 Die eigentheoretische Verarbeitung anhand vereinfachender biographischer Deutungstopoi, wie z.B. das „Helfersyndrom", das sich Frau Heinrich selbst in Hinblick auf ihre beruflichen Sinnquellen attestiert, könnte Ergebnis der Psychotherapie sein. Diese Art von Erklärungsmodellen haben die Tendenz, wichtige biographische Sinnquellen beruflichen Handelns in generalisierter Weise zu verdecken und so zu einer bestehenden Handlungsdesorientierung beizutragen. Frau Heinrich kann anhand der Psychotherapie jedoch die sie belastenden Bindung an die Herkunftsfamilie lösen und findet in diesem Lebensbereich zu einer Handlungsautonomie zurück.

sie persönlich prekären Lebensphase, als lückenhaft. Frau Heinrich konnte - so blickt sie zurück - ihre Ausbildung inhaltlich gesehen nicht ordentlich abschließen. (Formal hat sie natürlich alle erforderlichen Abschlusszertifikate.) Sie kann deshalb wichtige Bausteine ihrer Ausbildung nicht mehr eingesetzten. Dies behindert ihre berufliche Gestaltungskraft und ihr berufliches Selbstbild.

Frau Heinrich beginnt im Anschluss an ihre Erkrankung wieder in der Kreisstelle als Sozialarbeiterin zu arbeiten. Sie kann nun ihren Klienten, die ihr Beratungs- und Gruppenangebot schätzen, auch die Hilfestellung geben, die diese brauchen. Zudem wird sie von vielen Klienten aufgesucht und in ihrer Arbeit geschätzt. Sie gewinnt allmählich wieder an beruflichem Selbstbewusstsein dazu und kann sich Anregungen gegenüber öffnen. In dieser Phase erlebt Frau Heinrich einen subdominanten beruflichen Wandlungsprozess, indem sie Neues dazu lernen kann und Anschluss findet an die sozialarbeiterischen Fachdiskurse.

Nach einiger Zeit beginnen jedoch die Arbeitsgrundlagen von Frau Heinrich zunehmend unsicherer zu werden. Infolge des Zusammenschlusses der Diakonischen Werke Ost und West werden die Arbeitsbereiche neu gegliedert und spezifiziert. Die Leitlinien dieser Umorganisation, die auch den Arbeitsbereich von Frau Heinrich betreffen, werden von westlichen Akteuren vorgegeben. Frau Heinrich erlebt, dass ihr Handlungsbereich, obwohl sie ihre Arbeit gerade auch angesichts der umfangreichen Klientenzahlen argumentativ gut vertreten kann, zunehmend nach Organisationsprinzipien der Spezialisierung und der Rentabilität überformt wird. Ihr Arbeitsfeld wird zur Allgemeinen Sozialberatung umbenannt und sie erlebt die Diskurse in Bezug auf die organisatorischen Veränderungen zunehmend als fremdbestimmt. Im Verlauf der Umstrukturierung der Arbeitsorganisation in der Diakonie gerät Frau Heinrich in die Defensive. Die Reformen des Trägerverbands belasten zunehmend ihre Arbeitsorganisation und die Arbeit mit den Klienten. So wird die Beratungsstelle, in der Frau Heinrich arbeitet, aus Kostengründen in ein anderes Gebäude verlegt. Der Umzug führt dazu, dass Frau Heinrich die zentrale Lage im Stadtteil aufgeben muss, und deshalb für einige Klienten nicht mehr erreichbar ist. Die neuen Arbeitsräume, die ihr zugewiesen werden, befinden sich in einem oberen Stockwerk und es gibt keinen Aufzug. Ein auch für gehbehinderte und gebrechliche Menschen sowie Rollstuhlfahrer zugänglicher Beratungs- und Gruppenraum steht ihr nach dem Umzug nicht mehr zur Verfügung. Für Frau Heinrich brechen zentrale Basisbedingungen ihrer Arbeit weg, nämlich die unmittelbare Erreichbarkeit der Beratungsstelle für Klienten. Sie muss nun umständliche organisatorische und zeitraubende Vorkehrungen treffen, um ihr Angebot an sozialer Hilfe aufrecht erhalten zu können. Eine zwanglose Kontaktaufnahme zu Frau Heinrich ist für bestimmte Klienten nicht mehr möglich, da bauliche Hürden dieses behindern. Dieses Bedingungsgefüge gefährdet auch die Kontinuität der Beratungsbeziehungen mit den Betroffenen. Die Nähe und Erreichbarkeit der Beratungsstelle für Klienten - als zentrale Konstitutionsbedingung für eine niedrigschwellige Sozialarbeit - fällt mit dem Umzug weg. Frau Heinrich verliert in der Folge davon einen Teil ihres Klientel.

Frau Heinrich gerät in einen Circulus vitiosus. Die zurückgehenden Klientenzahlen rechtfertigen aus Sicht des Trägers personelle und materielle Einschnitte in ihrem Arbeitsbereich. Frau Heinrich werden personelle und finanzielle Ressourcen entzogen. Es gelingt ihr nicht, ihren Arbeitsbereich zu behaupten, und ihr Arbeitsfeld gerät immer mehr an den Rand der Aufmerksamkeit in der Einrichtung. Frau Heinrich kommt nun in die Situation, ihre Arbeit mit den behinderten Menschen grundsätzlich legitimieren zu müssen - auch deshalb, weil die Refinanzierungsnotwendigkeiten der Diakonie eine zunehmende Spezialisierung erzwingen. Frau Heinrich bleibt - als ihre ehemaligen KollegInnen sich entsprechend der Vorgaben der Diakonie auf refinanzierbare Arbeitsbereiche, wie Suchtberatung, Arbeit mit psychisch kranken und behinderten Menschen, etc., spezialisieren - als einzige im Arbeitsfeld allgemeiner Sozialer Beratung übrig.

Frau Heinrich schmerzt der Abbau ihres Arbeitsbereichs der allgemeinen sozialen Beratung und Hilfe sehr. Sie sieht nach wie vor einen großen Bedarf an solchen Angeboten. Ihr gelingt es jedoch nicht, sich bei ihrem Vorgesetzten bzw. im Verband und mit den VerbandsvertreterInnen ausreichend Gehör zu verschaffen und ihre Argumente gegen eine weitere Reduzierung dieses Arbeitsfeldes werden nicht aufgegriffen. Die neue Linie der diakonischen Einrichtung wird vor allen Dingen vom Geschäftsführer der Einrichtung vertreten. Frau Heinrich, die den Geschäftsführer, der ebenfalls Sozialarbeiter ist und der wie sie an derselben Ausbildungsstätte ausgebildet worden ist, bereits lange kennt, kann sich diesem gegenüber nicht deutlich genug abgrenzen. Sie trägt mit, dass der Geschäftsführer auf ihre Kosten die rigiden Verbandsvorgaben des Gesamtverbands nach Kostenreduzierung in der Einrichtung durch beschönigende Maßnahmen ‚nach oben' erfüllt. Frau Heinrich gegenüber vertritt der Geschäftsführer die Haltung, dass sie mit einer Verbesserung ihrer Arbeitsorganisation die Kosten reduzieren könne.

Frau Heinrichs Durchsetzungsschwierigkeiten im Verband sind ganz wesentlich berufsbiographisch begründet. Im Kontext des Gesamtverbands steht ihr der Geschäftsführer biographisch nahe und - dies kommt in ihrem Fall dazu -, ihr Ehemann ist im Zuge der Expansion des Diakonischen

Werkes zum wichtigen Sozialleistungsträger der Region im Verband aufgestiegen und leitet mittlerweile eine Planungsabteilung. Frau Heinrich bringt viel Verständnis für die Schwierigkeiten einer Leitungsaufgabe auf, und es fällt ihr unter diesen Bedingungen schwer, Distanz zu den Organisationsvorgaben einzunehmen. Es fällt ihr schwer, Forderungen an den Verband zu stellen und ihren Tätigkeitsbereich offensiv zu behaupten. Sie leidet einerseits darunter, dass sie Klienten und Klientengruppen vernachlässigen muss, jedoch findet sie keine Formen eines offensiven Umgangs damit. Frau Heinrich hat die evangelische Kirche und die Diakonie als lebensgeschichtlich bedeutsamen und solidarischen Sozialverband erlebt, der für sie von Kindheit an einen wichtigen sinn- und sozialweltlichen Rahmen bot. Dieser Rahmen hat es ihr ermöglicht, persönliche wie berufliche Lebensentwürfe zu substantiieren. Ihre lebensgeschichtlich begründete starke Bindung, die auch beim Ehemann der Fall ist, erschweren eine Distanznahme und eine kritische Perspektive auf die Verbandsentwicklungen.

Das Absehen von den für sie notwendigen Arbeitsgrundlagen seitens des Verbandes belastet Frau Heinrich außerordentlich. Sie muss nun, um ihre Arbeit zu bewältigen, da der entsprechende organisatorische Eigenaufwand in Hinblick auf ihre Gesamtarbeitszeit stark angewachsen ist, einen Teil ihrer Klientel vernachlässigen. Sie bemüht sich, die unzureichenden Arbeitsbedingungen durch Maßnahmen ihrerseits zu kompensieren. So organisiert sie Ausweichräume für die Beratungsarbeit mit Körperbehinderten, die keine Treppen steigen können. In den Ausweichräumen steht allerdings z.B. dann wiederum kein Telefon zur Verfügung, so dass sie für die Hilfearbeit notwendige Telefonate nicht tätigen kann. Dies führt zu Verzögerungen, Umständlichkeiten und zum Teil zu neuen Terminabsprachen mit den Klienten. Diese aufwendigen kompensatorischen Organisationsvorkehrungen führen dazu, dass Frau Heinrich ihr Hilfeangebot für diesen Klientenkreis reduziert und Beratungszeiten für Menschen mit körperlichen Behinderungen auf ein bzw. zwei Nachmittage in der Woche begrenzt.

Frau Heinrich, die ihre Hilfearbeit aufgrund fehlender Ressourcen nicht mehr umsichtig und geordnet durchführen kann, realisiert, dass sie eine Art ‚Flickschusterei' betreibt. Die gestiegenen Fallzahlen, die sie bewältigen soll - aufgrund des veränderten Zuschnitts der Arbeitsbereiche und des Ausbaus spezialisierter Beratungsangebote kommt es zu einem Zuwachs an Beratungsanfragen in ihrem Arbeitsfeld -, und der hohe organisatorische Eigenaufwand, führen dazu, dass sie die erforderliche Zeit für die einzelnen Klienten nicht aufzubringen vermag. Eine umsichtige Schritt-für-Schritt Problemanalyse und -bearbeitung, die dem Rhythmus der Fallentwicklung, gestützt durch Beratung und Begleitung, folgt, kann sie nicht mehr leisten. Sie wählt Abkürzungspraktiken, was zur Folge hat, dass sie langfristige, komplexe Problembearbeitungsprozesse, die eine umfangreichere Reflexion und Dokumentation der Arbeit erfordern würden, nicht mehr eingehen kann. Dass sie Abkürzungsstrategien anwendet, belastet sie zusätzlich und unterhöhlt ihr berufliches Selbstvertrauen. Demoralisierend wirkt zudem, dass ihre Anstrengungen, mit den unzureichenden Arbeitsgrundlagen kompensatorisch zu verfahren, keine Wirkung zeigen. Frau Heinrichs Arbeitsbereich wird in dem fortdauernden Prozess der Spezialisierung der Hilfeangebote und der Mittelkürzungen zunehmend zu einem Restbereich Sozialer Arbeit in der Diakonieeinrichtung.

Frau Heinrich reagiert auf den Abbau ihres Arbeitsbereichs zunehmend mit Resignation. Lebensgeschichtliche und berufsbiographische Verletzungsdispositionen, wie u.a. das Selbstbild, den fachlichen Anschluss verpasst zu haben und heute nicht über ausreichende Kompetenzen in Fragen des Sozialhilferechts zu verfügen, schwächen ihre Behauptungskräfte. Besonders leidvoll ist für sie, dass sie diese Abläufe sieht und benennen kann, ohne dass ihr ausreichend Handlungskraft zur Verfügung steht. Die zunehmende Vereinzelung in ihrer Arbeit - es fehlt an verfügbaren KollegInnen und an Teamgesprächen mit anderen SozialarbeiterInnen in ähnlichen Arbeitsbreichen, mit denen sie sich beraten und über ihre Arbeit fachlich austauschen kann - steigert ihre Verunsicherung. Es fehlt an fachlicher und persönlicher Unterstützung, die sie in der Auseinandersetzung mit dem Verband bräuchte. Diskurseinschränkungen, die mit der Vereinzelung im Arbeitsfeld einhergehen - landesweit hat die Diakonie die allgemeine und generalistisch orientierte Kontakt- und Beratungsarbeit zugunsten spezialisierter Beratungsangebote abgebaut -, spannen einen Deprofessionalisierungsrahmen auf. Frau Heinrichs berufsbiographische Verletzungsdisposition, nämlich Konflikte nicht aktiv anzugehen, sondern eher Schuld bei sich zu suchen, wird wirksam und verhindert, dass Frau Heinrich gezielt Forderungen an den Verband stellt.

Die Handlungsschwierigkeiten, die Frau Heinrich heute hat, sind einerseits faktische Schwierigkeiten in der Berufsarbeit – Handlungsprobleme, die bei einer engagierten SozialarbeiterIn in einem arbeitsorganisatorischen Kontext regelmäßig auftauchen. Im Spannungsfeld der sich widersprechenden Logiken der professionellen Arbeit und derjenigen der Organisation kann sie sich andererseits jedoch nicht selbstbewusst bewegen. Der lebensgeschichtliche Hintergrund hierfür ist u.a. in einer engen und biographisch bedeutsamen Bindung an die evangelische Kirche und an die Diakonie zu sehen. Frau Heinrichs berufliches Standing bleibt durch die anhaltenden heteronomen Strukturbedingungen vage. Frau Heinrich, die ein ausgeprägt professionelles Hilfeverständnis hat und über Modelle der professionellen Beziehungsgestaltung und Fallanalyse sowie über Gestaltungskompetenzen in der Arbeit mit Klienten verfügt, findet aber keine Mittel im Umgang mit den derzeitigen Rahmenbedingungen. Frau Heinrich befindet sich in einer strukturellen Berufsfalle.[162] Berufsbiographische Verletzungsdisposition halten sie in der strukturellen Berufsfalle gefangen.

Die systematischen Tendenzen, nicht spezialisierte Tätigkeitsbereiche in der Sozialarbeit abzubauen, die zur beruflichen Randstellung von Frau Heinrich führen, erlebt sie als schicksalsmächtig. In diesem Geschehen erlebt sie sich ohne Handlungsmacht. Frau Heinrichs identitätsstrukturelle Verletzungsdisposition - durch ihr Handeln innerfamiliär Unglück hervorgerufen zu haben - behindert sie, selbstbewusst und aktiv zu handeln. Die im Zuge der Nachqualifizierung zusätzlich erworbene Verletzungsdisposition, nämlich der des systematischen Zweifels hinsichtlich ihres beruflichen Vermögens, bewirken, dass sie dem Umgestaltungsprozesses im Verband und in der Sozialarbeit nicht selbstbewusst begegnen kann. Sie ist zudem deshalb besonders verletzbar, weil ihr ihre berufliche Problemlage bewusst ist.

9.2 Aspekte beruflicher Handlungswirklichkeit

Im Fall von Frau Heinrich können zwei grundlegend gegenläufige Sozialprozesse aufgezeigt werden. Einerseits wird ein beruflicher Tradierungsprozess deutlich - Frau Heinrich hält an erworbenen beruflichen Überzeugungen guter Sozialarbeit fest. Andererseits wird ein ihr abverlangter Anpassungsprozess offenkundig. Frau Heinrich ist beruflich strukturellen Vorgaben ausgesetzt, die insgesamt in der Sozialarbeit wirken. Ihr Versuch, professionelle Haltung und Überzeugung von dem, was gute Sozialarbeit ist, mit den Anpassungsprozessen und den veränderten organisatorischen Rahmenbedingungen beruflicher Arbeit in Einklang zu bringen,

162 Als strukturelle Berufsfallen können Situationen des Festhaltens am Arbeitsplatz bezeichnet werden. Diese Berufsfallen sind einerseits berufsbiographisch bedingt, haben also einen lebensgeschichtlichen Hintergrund und gehen andererseits auf organisatorische Rahmenbedingungen zurück (Schütze 1994c; Hüllenhütter-Zimmermann 1983).

drohen sie zu überfordern. Sie befindet sich in einer Berufsfalle mit progressiver Qualität. Unter Umständen werden sogar durch suboptimale Bewältigungsstrategien ihres Berufsdilemmas Deprofessionalisierungsprozesse einsetzen. Ein Stellenwechsel, durch den Frau Heinrich in einen Rahmen gestellt werden würde, in dem ihre professionellen Handlungsansätze bestärkt und von den Kontextbedingungen her unterstützt werden, könnte helfen, die berufliche Krise zu überwinden. Andererseits könnte z.B. Supervision dazu beitragen, die berufsbiographischen Verletzungsdispositionen und Unsicherheiten zu überwinden, so dass es ihr möglich wird, selbstbewusst eine Basis für professionelle Sozialarbeit mit Blick auf ihre Klienten einzufordern.

Die Ausrichtung der ostdeutschen Diakonie an der allgemeinen gesamtdeutschen Verbandspolitik, die wirtschaftlichen Grundlagen der Verbandsarbeit entsprechend des rationalen Kalküls der Refinanzierung des Leistungsangebots zu organisieren - gestützt durch eine allgemeine gesellschaftliche Rentabilitätsdiskussion in den letzten Jahren entlang der Diskurse um Kunden- und Dienstleistungsorientierung in der Sozialarbeit - , führte in Ostdeutschland dazu, dass niedrigschwellige allgemeine Kontakt- und Beratungsangebote, wie sie in der evangelischen Fürsorgearbeit aufgrund der Finanzierungsmodalitäten gegeben waren, in der Sozialarbeit drastisch abgebaut wurden.[163] Der Bedarf an derartigen Kontakt- und Beratungsangeboten wurde und wird von den kirchlichen und freien Verbänden offensichtlich nicht offensiv genug gegenüber den Finanzgebern - wie Bund, Ländern und Gemeinden - prononciert. Das Selbstverständnis der Verbände, durch Eigenmittel solche Sur-Plus-Bereiche der Sozialarbeit zu unterstützen, hat in den letzten Jahren deutlich sichtbar abgenommen.

„Und selbst im allgemeinen Sozialen Dienst ist es an vielen Stellen so, dass die um zu überleben, sich jetzt Spezialstrecken übernehmen und dann fast nur noch in dieser Richtung tätig sind und das heißt bei ganz vielen jetzt Schuldnerberatung“ (15:18-15:21).

---

163 Diese Entwicklung hat sich im Wesentlichen im westdeutschen Sozialwesen seit Anfang der achtziger Jahre. Ausgehend vom Thatcherismus verlief aber dieser Wandel über einen Zeitraum von beinahe zwanzig Jahren. In Ostdeutschland wurde die Verschränkung ost- und westdeutscher Sozial- und Sozialverbandssysteme von den Verbänden jedoch oftmals dazu genutzt, einen radikalen Schnitt in der Arbeitsorganisation vorzunehmen und mit Traditionen der Fürsorgearbeit zu brechen. Insofern kam es in den neuen Bundesländern zu einem unvermittelten Umbruch im Leistungsspektrum der Verbände und genereller in Bezug auf das Angebot in der Sozialarbeit (vgl. auch Angerhausen et al. 1998).

Wie sich im Fall von Frau Heinrich zeigt, führt die Verbandsentwicklung in der Diakonie hin zu einem wirtschaftlichen Wohlfahrtsverband, der mit anderen Trägern Sozialer Arbeit in Konkurrenz treten muss. Dies wiederum hat die Konsequenz, dass gerade solche Arbeitsbereiche in der Sozialarbeit abgebaut werden, die sich nur schwer unter das Prinzip der Wirtschaftlichkeit, Rentabilität und Refinanzierbarkeit subsumieren lassen.[164] Die Ausrichtung der Verbände förderte u.a. eine Spezialisierung der sozialarbeiterischen Hilfeangebote. Arbeitsformen, wie sie in der Fürsorgearbeit der evangelischen Kirche der DDR üblich waren, wurden institutionell zurückgedrängt.

„Es ist auch so, dass die Kreisstellen, also die allgemeinen sozialen Kontakt und Beratungsstellen hier in unserem Lande abgebaut werden. Das sind die, die als am wenigsten nötig angesehen werden, weil es gibt ja viele Spezialberatungsstellen, und was bedeutet das eigentlich: allgemeine Soziale Arbeit?" (14:54-15:1).

Die Arbeitsprobleme, die Frau Heinrich hat, betreffen den sozialarbeiterischen Arbeitsbogen, den sie unter den gegebenen organisatorischen Bedingungen fachlich nicht angemessen gestalten kann. Sie hat die Vorgaben hoher Fallzahlen, die sie bewältigen muss. Frau Heinrich kann auf die Fallproblematiken nicht angemessen eingehen.

„Ich bin sehr unglücklich, wenn ich alles des, was ich machen will und auch mache, (.) so, so ungeordnet tue. Also immer das, was dran ist, mach ich grad. Ich arbeite nicht gut vor, ich arbeite nicht gut nach. Ich habe das Gefühl ich kann mir die Zeit dazu nicht nehmen, weil die Leute stehen an, die Anfragen sind da die Gruppen sind da, des möcht' ich erfüllen (erstickt) und ich merke, dass ich es auf Dauer nicht kann. Nun wieder in dem Hinterher-Rennen, was mich atemlos und unzufrieden macht und das ist für mich auch klar, dass ich dann auch keine gute Sozialarbeit leisten kann" (13:54-14:14).

---

164 Betriebswirtschaftlich gesehen handelt es sich bei den allgemeinen Kontakt- und Beratungsstellen um einen Arbeitsbereich, der Kosten produziert, ohne dass diese in gleichem Umfang an anderer Stelle wieder eingeworben werden können. Im Zuge des zunehmenden Drucks, unter dem auch die Trägerverbände der evangelischen Kirche stehen, im Sinne betriebswirtschaftlicher Kostendeckungslogik, die Arbeitsbereiche umfangreich zu refinanzieren, werden Bereiche wie die von Frau Heinrich zu kostenverursachenden Restbereichen (um) definiert, die in Folge davon dann fortwährend finanztechnischen Überprüfungsverfahren unterzogen werden. Kosteneinsparungen werden vor allen Dingen in solchen Zuschussbereichen vorgenommen.

Frau Heinrich zeigt ihre professionelle Arbeitsausrichtung auf. Sie arbeitet am Einzelfall entlang, und sie kennt die Basisbedingungen professioneller Sozialarbeit. Ihre Orientierung an Problemstellungen der Klienten - was besonders zeitintensiv ist - sowie ihre Ausrichtung an einem vertrauensvollen Kontakt mit den Klienten sieht sie als Grundlage für die sozialarbeiterische Hilfe an. Sie setzt bei einer Problemanalyse an dem an, was die Klienten als Problemzusammenhang formulieren. Sie vermag es, grundsätzlich einen Arbeitsbogen zu strukturieren, wobei Vor- und Nachbereitungen der Fallarbeit für sie notwendig zu einer guten Sozialarbeit dazugehören. Durch diese Form der Beratungsorientierung kann sie auch komplexere Problemzusammenhänge ihres Klientel bearbeiten.[165] Frau Heinrich setzt Methoden der Sozialen Arbeit flexibel ein. Sie zeigt auf, dass für sie Niedrigschwelligkeit im ersten Zugriff ganz schlichte Voraussetzungen hat, wie u.a. die der räumlichen Gegebenheiten.

„Wir waren nicht nur, wie man so schön sagt, eine niedrigschwellige Dienststelle, weil dazwischen nicht so viele Vorurteile oder was, weiß ich was lagen, wir waren 's auch, weil wir zu ebener Erde waren. Körperbehinderte und alte Menschen konnten zu uns kommen“ (12:4-12:8).

Eine Grundlage professionellen Handelns ist für Frau Heinrich, überhaupt für Klienten erreichbar zu sein. Sie ist sich dessen bewusst, dass es hierfür räumliche und konzeptionelle Bedingungen geben muss. Sie betont, dass die Hinwendung an die Klientel nicht durch räumliche Hürden verbaut werden darf und verortet sich nah bei den Klienten.[166] Frau Heinrich nimmt die Auswirkungen der umfangreichen arbeitsorganisatorischen Veränderungen sensibel wahr, kann jedoch damit nicht offensiv umgehen, weil sie durch die Rahmenbedingungen immer mehr in eine Marginalitätsposition gerät. Es fehlt ihr ganz konkret an Unterstützung in der Arbeit, was ihren Ideenreichtum behindert.

„Und es macht also auch was mit meiner (.) Kreativität. Ich halte mich für nen Menschen, der Ideen hat, aber die kommen nicht immer aus mir alleine. Ich krieg jetzt wenig Anregung, weil ich mir diese Stellen nicht

---

165 Frau Heinrichs Vorgehen entspricht den klassischen Konzepten professioneller Sozialarbeit (Richmond 1923). Sie verzichtet in ihren Falldarstellungen im Interview auf jede Form der Präsentation von Formeln, die auf ein Verständnis hinweisen könnten, in dem Sozialarbeit technizistisch verstanden wird, wie etwa, dass sie ‚systemisch' o.ä. arbeite.

166 Frau Heinrich macht ihr Beratungsangebot durch Öffentlichkeitsarbeit und örtliche Präsens den Klienten bekannt. Dabei betont sie den allgemeinen Charakter des Kontakt- und Beratungsangebots. Sie vermeidet es, Hürden aufzubauen, die sich ja auch in Symbolen ausdrücken können.

mehr so suchen kann, in dem ich des erledigen will, was dran ist und ich kann nicht mehr so gut reflektieren" (14:44-14:53).

Die Arbeitsbedingungen führen dazu, dass Frau Heinrich ohne professionalisierendes Umgebungsmilieu arbeitet. Ihr ist die Bedeutung eines fachlichen Diskurses bewusst, und sie vermisst KollegInnen, mit denen sie ihr berufliches Handeln besprechen kann und die sie fachlich anregen.

Die Allgemeine Kontakt- und Beratungsstelle, die eine Anlaufstelle im Kreisgebiet der evangelischen Kirche war und ist, wird vor allen Dingen von Klienten in Wohnortnähe aufgesucht. Frau Heinrich versucht, ihr Hilfe- und Beratungsangebot so zu gestalten, dass es den Klienten erleichtert wird, dieses Angebot wahrzunehmen. Sie vermeidet dabei ausdrücklich eine thematische Engführung ihres Angebots. Dementsprechend ist der Klientenkreis, mit dem es Frau Heinrich zu tun hat, sehr heterogen. Es kommen Menschen, die familiäre Schwierigkeiten haben, Menschen, die finanziell nicht zurecht kommen, sowie behinderte und alte Menschen, die Hilfe brauchen, ferner chronisch Kranke wie auch Mütter, die einen Kurantrag stellen wollen. Die Offenheit ihres Angebots stellt sie mittels großzügiger Sprechzeiten her, die sie z.B. in die Abendstunden verlegt, so dass auch Berufstätige diese wahrnehmen können. Für Klientengruppen, die wiederholt ihr Beratungsangebot wahrnehmen, richtet Frau Heinrich Gruppenangebote ein. Ziel ist für sie dabei, den Erfahrungsaustausch zu fördern und eine Verselbständigung sowie die Selbstorganisation der Klienten durch die Unterstützungspotentiale einer Gruppe zu erwirken - wie z.B. in Form von Gesprächskreisen für Mütter nach der Kur oder in Form von Gesprächskreisen für krebskranke Menschen. Frau Heinrich macht darüber hinaus Hausbesuche bei Klienten, die die Beratungsstelle nicht mehr aufsuchen können. Aus ihrer Sicht wären eher mehr als weniger SozialarbeiterInnen in diesem Arbeitsfeld notwendig.

„Bei mir ist es wirklich noch ganz schön allgemein geblieben, was ich auch gut und wichtig finde. Ich möchte eigentlich auch überhaupt nicht, dass darauf verzichtet wird, sondern ich denke, es wäre die Berechtigung auch für zwei Mitarbeiterinnen in jedem Kreis oder Umkreis wichtig" (15:42-15:46).

Frau Heinrich ist überzeugt davon, dass die Klienten, die sie erreicht, ohne ihr Beratungsangebot durch das soziale Netz fallen würden. Der Arbeitsbereich von Frau Heinrich ist ohne Einschränkung ein wichtiger und sinnvoller Aufgabenbereich der Sozialarbeit. Ihr Angebot ist niedrigschwellig und zugehend. Sie ermöglicht es Klienten und Klientengruppen durch die Offenheit des Angebots, einen Zugang zu beruflicher Hilfe zu finden -, gerade diese Klienten würden vermutlich den Weg in eine spezialisierte Beratungsstelle nicht gehen und von daher alleine auf sich gestellt bleiben.

Angesichts des Abbaus des allgemeinen Kontakt- und Beratungsangebots stellt sich die Frage, ob die Diskurse in der Sozialarbeit ausreichen, dieser Tendenz zu begegnen. Der Trend zu ausschließlichen Spezial-Beratungsangeboten, wie Schuldenberatung, Suchtberatung, Erziehungsberatung, u.ä., hat bisher tendenziell eher zu defensivem Reagieren seitens der Berufs- und Fachverbände geführt. Die Problematik für die Sozialarbeit besteht darin, dass Klienten mit multiplen Problemlagen durch diese Spezialberatungsangebote oftmals gar nicht erreicht werden - sei es nun, weil die Klienten sich mit ihren Schwierigkeiten in der Selbsteinschätzung nicht angesprochen fühlen oder das Angebote der Spezialberatungseinrichtung nicht zu den Problemlagen, mit denen die Menschen kommen, passt. Klienten mit multiplen Lebensproblemen erhalten dann durch den Zuschnitt des Beratungsangebots in Form von Spezialberatungsstellen von SozialarbeiterInnen die notwendige Hilfe nicht mehr. Teilweise werden diese Klienten auch weggeschickt und an andere Einrichtungen weiterverwiesen, da sie in den spezialisierten Teilbereich der Sozialarbeit nicht hinein zu passen scheinen. Da die psychosozialen Problemlagen und Schwierigkeiten im Leben der Klienten von diesen aber immer als umfassend erlebt werden - Problemlagen haben grundlegend die Tendenz, die gesamte Lebenswelt und Biographie der Klienten zu überlagern - finden viele Menschen dann kein passendes Hilfeangebot mehr vor. Das sind dann oftmals Klienten, die ein erstes Gespräch suchen und über ihre Schwierigkeiten im Leben in nicht fokussierter Weise sprechen möchten bzw. Klienten, für die es kein vorgefertigtes, konturiertes und vororganisiertes Beratungsangebot gibt. Es besteht die Gefahr, dass diese Klientengruppen von sozialarbeiterischen Hilfeangeboten angesichts der vorherrschenden Organisationsentwicklung ausgegrenzt werden, weil ihre Problemlagen in keines der ready made Hilfeangebote passen. Der Klientenrückgang in einzelnen spezialisierten Beratungseinrichtungen, der teilweise beklagt wird, könnte in dieser unzureichend berücksichtigten (wechselseitigen) Zurechnungsproblematik seine Ursachen haben. Dieses ist eine Problematik, die die Grundlagen professioneller Sozialarbeit elementar berührt.

Diese Entwicklung hin zu Beratungsangeboten, die spezialisiert sind, birgt auch die Gefahr, dass in den Spezialberatungseinrichtungen komplexere Problemlagen nur noch ausschnittsweise bearbeitet werden. Hiermit kann einhergehen, dass es an Stellen bzw. Angeboten fehlt, bei denen die gesamte Biographie der Klienten in den Blick genommen wird und Hilfen vor dem Hintergrund der Lebensgeschichte der Klienten sinnvoll koordiniert werden. Ferner kann hier ein Angebotsdefizit entstehen, bei dem auch die biographischen Auswirkungen anderer professioneller Hilfeinterventionen und anderer Einrichtungen thematisiert werden können. Gerade im Rahmen der Diakonie wäre es wichtig, diesen Tendenzen entgegen zu wirken und Klientengruppen, die nicht in ein schematisiertes Beratungsangebot passen, nicht zu vernachlässigen - oder schlimmer noch, vielleicht letztendlich gar nicht mehr wahrzunehmen. Die zunehmende Spezialisierung der Beratungseinrichtungen und die Tendenz, eine reine Komm-Struktur zu etablieren, erschwert es Klienten, die im Kontext ihrer Wohnumgebung betreut werden müssen, Hilfe in Anspruch zu nehmen. Diese Klienten würden auch nie eine der modernen Spezialberatungsstellen aufsuchen, und sie würden sich einer SozialarbeiterIn nur zögerlich anvertrauen, die nicht zugleich auch als eine Vertrauensperson wahrgenommen wird. Eine solche Vertrauensbeziehung kann aber gerade durch ein verlässliches und lebensweltlich nahes Beziehungsangebot hergestellt werden. Die Wohnortnähe der Beratungseinrichtungen schafft eine wichtige Grundbedingung für die Vertrauensherstellung der Sozialarbeiterin, die benötigt wird, um diesen Menschen, die sich sonst nicht trauen würden, Hilfe in Anspruch zu nehmen, zu helfen. Frau Heinrichs Haltung, eine thematische und räumliche Offenheit bereitzustellen, kommt dieser Klientengruppe in besonderer Weise entgegen.[167]

Frau Heinrich hält an ihrer professionellen Haltung fest und gerät mit ihrer Auffassung von guter Sozialarbeit unter Druck, da die Entwicklungen im Berufsfeld ihren Ansätzen von guter Sozialarbeit entgegenlaufen. Frau Heinrichs Position stellt im allgemeinen Klima der Sozialarbeitsentwicklung und der Verbandspolitik der Diakonie eine Minderheitenposition dar. Ihre beruflichen Orientierungen - erst einmal alle Ratsuchenden mit ihrem Hilfeangebot anzusprechen - passen nicht zur Verbandspolitik mit einer weitgehenden Re-Finanzierungsstrategie und zur Berufspolitik in der Sozialarbeit. Ihre Haltung wird in den berufskollektiven Diskursen tendenziell als überholt betrachtet und wenig gestützt.

Frau Heinrichs beruflichem Selbstverständnis entspricht, Klienten mit heterogenen Problemstellungen zu erreichen und diese nicht alleine zu lassen. Sie weiß aus eigener Erfahrung um den Fallencharakter schwieriger Lebenssituationen und die Tendenzen, dass Problemlagen die gesamte Biographie umfassen können. Ein Hilfeangebot der Sozialarbeit muss aus

---

167 Berücksichtigt werden muss auch, dass die Klienten auf die Hilfe durch die Diakonie ungeachtet des Zusammenbruchs der DDR vertrauen und sich heute oftmals im Stich gelassen fühlen (Stietz 1996).

ihrer Sicht den ganzheitlichen Fallcharakter von sozialen Problemlagen notwendigerweise organisatorisch berücksichtigen. Frau Heinrich bezieht ihre berufliche Basisorientierung aus den universellen Grundlagen beruflicher Hilfe, die sie vor dem Hintergrund ihrer eigenen familiären Erfahrungen und im Rahmen eines gegengesellschaftlich entworfenen evangelischen Sinnhorizonts entwickelt hat. Im Rahmen der evangelischen Fürsorgeausbildung wurde sie in das professionelle Handlungsmodell der Sozialarbeit einsozialisiert. Die Strukturiertheit der Ausbildung, in der sie Schritt-für-Schritt-Analysen und deren systematische Reflexion gelernt hat, ist die Grundlage für ihr berufliches Handeln heute. Für Frau Heinrich ist es selbstverständlich, dass grundlegende Handlungsmodelle von Sozialarbeit bestehen, die realisiert werden können (müssen). Sinnquellen ihrer beruflichen Arbeit sind das besondere Verstehen von Erfahrungen der Not und Marginalität und ihr Wissen, dass sie kompetent Menschen in Not Hilfe geben kann.

Frau Heinrich befindet sich in einer für sie ungünstigen Konstellation struktureller Behinderungsbedingungen im Beruf einerseits und lebensgeschichtlicher Verletzungsdispositionen andererseits. Die Organisationsentwicklungen in der Sozialarbeit in Ostdeutschland und speziell in ihrem Arbeitsbereich sowie berufsbiographische Verletzungsdispositionen spannen einen Rahmen auf, in den sie verstrickt ist und der eine berufliche Fallensituation darstellt. Frau Heinrichs lebensgeschichtliche Anteile an ihrer Berufsfalle sind darin zu sehen, dass sie der immer schmaler werdenden Arbeitsbasis auf verbandlicher Ebene nicht ausreichend persönliches Behauptungspotential entgegen zu setzten vermag. Ihre berufsbiographischen Verletzungsdispositionen erschweren und behindern Frau Heinrichs kreativen Umgang mit den Strukturvorgaben. Ihr Selbstbewusstsein reicht nicht aus, sich gegen die Strukturvorgaben zu wehren. Aufgrund ihrer Lebensgeschichte geht Frau Heinrich mit Kritik und Gegenwehr sehr verhalten um. Die schmerzhaften lebensgeschichtlichen Erfahrungen, nämlich durch eigene, persönliche Forderungen Katastrophen ausgelöst zu haben - und ihre latente Marginalitätsproblematik lassen sie vor beherzterem Einsatz zögern. Es werden bei derartigen Anforderungen fortgesetzt Ängste virulent, ihr persönliches Behauptungspotential einzusetzen. Die nach ihrem Selbstverständnis nicht ordnungsgemäß abgeschlossene Berufsausbildung zur Sozialarbeiterin - natürlich hat sie alle notwendigen formellen Abschlüsse in der Tasche - produziert zudem immer wieder Selbstzweifel, und der unglückliche Ausbildungsablauf und der Verlauf der Anpassungsqualifizierung haben bei ihr das Selbstbild verfestigt, aus persönlichen Unzulänglichkeiten heraus ein nicht ausreichendes sozialarbeiterisches Wissen und Können erworben zu haben. Frau Heinrich wirft sich vor, den beruflichen Qualifizierungsanforderungen in der Phase des Umbruchs durch persönliche Probleme nicht gewachsen gewesen zu sein. Sie sieht sich mit einer nur begrenzten beruflichen Lizenz ausgestattet und hegt Unsicherheit in Hinblick auf ihre berufliche Kompetenz. Auch deshalb ist sie geneigt, die Arbeitsprobleme, die sie hat, als Ausdruck persönlicher Desorganisation und beruflicher Versäumnisse zu interpretieren. Aufgrund dieses beruflichen Verlaufskurvenpotentials fehlt es ihr verstärkt an Selbstsicherheit, um ihr Können adäquat einzuschätzen. Es bleibt ein Kern an Unsicherheit, ob ihre Handlungsorientierungen unter den heutigen Bedingungen sozialer Arbeit ausreichend und adäquat sind. Diese Zweifel werden durch die Umstrukturierungsprozesse sowie durch die Vereinzelung von Frau Heinrich in ihrem Arbeitsbereich noch zusätzlich genährt. Ihr Distanzierungspotential gegenüber der Diakonie als Träger ist aufgrund ihrer tief empfundenen Loyalität und Dankbarkeit - sie konnte ihre Berufswünsche im Rahmen der Diakonie verwirklichen - nur bedingt ausgebaut. Sie ist zudem aufgrund ihrer familiären Situation an die Diakonie gebunden, da ihr Ehemann ebenfalls dort beruflich tätig und in den letzten Jahren in der Verbandsorganisation aufgestiegen ist. Innerfamiliär besteht also kein Gegengewicht bzw. kein Kritikpotential an der Verbandspolitik, so dass sie den konkreten Einschränkungen ihrer Arbeit nur schwer begegnen kann. Sie bringt eher Verständnis für die schwierige Lage des Verbandes auf.

Frau Heinrich identifiziert sich mit ihrem Beruf als Sozialarbeiterin und mit ihrem Aufgabenbereich. Es ist außerordentlich schade, dass die Umstrukturierungen innerhalb des Verbands direkt auf die Arbeitssituation einer SozialarbeiterIn durchschlagen. Die sie belastende Arbeitssituation hat auch Auswirkungen auf andere Lebensbereiche. Frau Heinrich befürchtet, durch ihre beruflichen Schwierigkeiten ihre Familie zu belasten und sie macht sich nicht zuletzt deshalb Vorwürfe. Im Fall von Frau Heinrich - so könnte auch formuliert werden - kam die Wende zu früh. Ihre berufliche Identität konnte nicht abgerundet werden.

10 Porträt: Herr Busch

„Und ich hatte eigentlich immer so das Gefühl, eigentlich sind wer uns doch irgendwie so ´n Stück nah“

Herr Busch ist zum Zeitpunkt des Interviews Leiter einer Suchtkrankenhilfeeinrichtung der Caritas in einer ostdeutschen Großstadt. Er ist vorwiegend mit Leitungs- und Koordinationsaufgaben betraut. In der Einrichtung der Suchtkrankenhilfe werden alle Formen der Suchtberatung und -hilfe, wie bei Drogenabhängigkeit und bei Spielsucht, angeboten.

10.1 Biographische Gesamtformung Herr Busch

Herr Busch wird 1934 als einziges Kind in einer ostdeutschen Großstadt geboren. Die Eltern stammen aus einer katholischen Region Deutschlands. Der Vater von Herrn Busch ist Handwerksmeister und überzeugter Nationalsozialist. Er gründet Anfang der dreißiger Jahre einen eigenständigen Handwerksbetrieb in der Großstadt. Die Mutter hilft im Betrieb mit. Das Familienleben ist ganz vom Aufbau des aufstrebenden und wirtschaftlich erfolgreichen Geschäftsbetriebes bestimmt. Als parteitreuer Nationalsozialist verfolgt der Vater täglich am Radio die zu Feierabend gesendeten Hitlerreden gemeinsam mit den Gesellen und Angestellten des Betriebs. Herr Busch wächst in selbstverständlicher Teilhabe an den Überzeugungen der Eltern auf.

Ein erster lebensgeschichtlicher Einschnitt für Herrn Busch stellt der Kriegsbeginn dar. Der Vater wird zur Wehrmacht eingezogen und Herrn Buschs Mutter führt den Betrieb mit Unterstützung von Familienangehörigen und der Gesellen alleine weiter. Während der Kriegszeit vermag sie, der Familie die wirtschaftliche Existenzgrundlage zu sichern. Ein zweiter lebensgeschichtlicher Einschnitt für Herrn Busch erfolgt im Zusammenhang mit einem Heimaturlaub seines Vaters im Winter 1943. Während des Heimaturlaubes belauscht Herr Busch die Eltern, als der Vater von der Front berichtet. Er erlebt den starken, tatkräftigen Vater, wie er mit Entsetzen über die Kriegsereignisse an der Ostfront spricht, in die er selbst verwickelt ist. Das Ereignis erschüttert Herrn Busch. Die dargestellten Ereignisse und die Gefühlsbewegungen des Vaters markieren für den Neunjährigen einen ersten Bruch mit der bis dahin geordneten kindlichen Vorstellungswelt. Seine Bilder, die er bis dahin vom Vater und den Kriegereignissen entworfen hat, werden von diesen Eindrücken überlagert. Aufgrund seiner heimlichen Teilnahme an dem elterlichen Gespräch - eine Regelverletzung, da Herr Busch die Eltern durch sein Mithören hintergangen - ist es ihm unmöglich, die ihn erschütternden Eindrücke anhand der Schilderungen des Vaters anderen mitzuteilen. Sein heimlich erworbenes Wissen behält er für sich und durchlebt eine Zeit größter innerer Verwirrungen. Ende 1944 stirbt der Vater im Krieg.

Gegen Kriegsende, als die Bombenangriffe auf die Stadt zunehmen, flüchtet die Mutter mit dem zehnjährigen Sohn sowie einem Freund der Familie zu väterlichen Verwandten aufs Land. Herr Busch lernt auf dem Bauernhof der Verwandten einen 14-jährigen polnischen Jungen kennen, mit dem er sich anfreundet. Der 14-jährige, der auf dem Bauerhof Zwangsarbeit leistet, vertraut dem Zehnjährigen und berichtet über seine Familie. Herr Busch, der zu dieser Zeit glaubt, dass es für seinen polnischen Freund ein großes Glück sein müsse, auf einem deutschen Bauernhof arbeiten zu dürfen, erlebt ein weiteres Mal größte Verwirrung. Als er von seinem Freund dessen Lebensgeschichte erfährt - die Familie wurde von Nationalsozialisten auseinandergerissen, nach Deutschland gebracht und die Mutter ist zur Zwangsarbeit auf einem anderen Bauernhof gezwungen - empfindet er tiefe Scham. Der Familie seines Freundes, die von den Nationalsozialisten zerstört worden ist, und seinem Freund gegenüber empfindet er starkes Mitleid für dieses Unrecht und Schicksal. Herrn Buschs kindliche Vorstellungen in Bezug auf die propagierte nationalsozialistische Weltordnung wird ein weiteres Mal erschüttert und er wirft sich Unbedarftheit und Naivität vor. Sein Glaube an den durch den Vater verbürgten Nationalsozialismus beschämt Herrn Busch im Übergang von der Kindheit zum Erwachsenen. Die schockierenden Wahrheiten führen dazu, dass Herr Busch den Endpunkt und den Zusammenbruch der Hitlerdiktatur als Befreiung erlebt.

Als die Mutter und er nach Kriegende in die Großstadt zurückkehren und der Wiederaufbau des Handwerksbetriebs beginnt, schließt sich die Mutter der örtlichen katholischen Gemeinde an. Ihren Sohn nimmt sie zu Gottesdiensten mit und regt ihn dazu an, die katholische Jugendgruppe zu besuchen. Herr Busch findet in der katholischen Jugendgruppe einen Ort, an dem er sich wohl fühlt und an dem er seine bedrückenden Erfahrungen mittels der engen und freundschaftlichen Gemeinschaft der Jugendlichen unter- und miteinander bewältigen kann.

Herrn Buschs Mutter legt fortan großen Wert auf seine Schulbildung und stellt die Weichen seiner Schullaufbahn. Er geht ab 1945 in die Oberschule und wechselt 1948 als vierzehnjähriger auf ein Jesuitenkolleg. 1953 schließt er die Schule mit dem Abitur ab. Herr Busch entwickelt in dieser Zeit intensivere Bindungen an die katholische Kirche. Die christliche Glaubenslehre vermittelt ihm eine Wertorientierung und eine Ethik, die für ihn stimmig ist und die er annehmen kann.

Herr Busch hat den Berufswunsch, Architekt zu werden, erhält 1953 einen entsprechenden Studienplatz und beginnt mit dem Studium. Die Mutter, die in dieser Zeit den Familienbetrieb weiterführt, gerät 1953 in Folge neuer gesetzlicher Regelungen und Bestimmungen in der DDR - 1953 wird die Handwerksordnung reformiert - in Bedrängnis. Sie kann den Betrieb aufgrund einer fehlenden Meisterprüfung nicht mehr weiterführen. Herr Busch sieht sich gezwungen, 1954 sein Studium abzubrechen, um der Mutter zur Seite zu stehen. Die familiäre Verpflichtung, den Betrieb zu erhalten und der Mutter in der Zwangslage zu helfen, hat zur Folge, dass Herr Busch nun einen Lehrberuf ergreift, um die Meisterprüfung zu erlangen und damit die Weiterführung des Familienbetriebs zu sichern.

Die fremdinitiierte Änderung seiner Berufs- und Studienpläne bedeutet für Herrn Busch einen großen Verzicht. Die Arbeit im Familienbetrieb entspricht weder seinen Neigungen noch seinen beruflichen Wünschen. Von der parallel dazu verlaufenden Ausbildung fühlt er sich unterfordert. Das seinerseits ungeliebte berufliche Arrangement aus familiärem Pflichtgefühl heraus wird nach einigen Monaten seiner Ausbildung durch die behördliche Aufsicht beendet. Bei einer obligatorischen Gesundheitskontrolle durch die zuständige Behörde stellt sich heraus, dass er aus gesundheitlichen Gründen den Betrieb nicht führen kann und ihm wird im Zuge der behördlichen Nachuntersuchung die Arbeits- und Ausbildungserlaubnis entzogen.

Herr Busch sieht sich nun ein zweites Mal damit konfrontiert, einmal gefasste Berufspläne aufgrund äußerer Bedingungen nicht verfolgen zu können. Wiederum steht er am Anfang einer Berufsfindung. Herr Busch hat keine konkreten Vorstellungen, wie es nun weitergehen soll.

In dieser Situation der persönlichen Niedergeschlagenheit und beruflichen Perspektivlosigkeit ermuntert ihn der Pfarrer der örtlichen katholischen Kirchengemeinde, seine Aktivitäten in der katholischen Jugendarbeit zu verstärken. Herr Busch weitet sein bisheriges und fortgesetztes Engagement in der Jugendarbeit der katholischen Kirche aus. Nach kurzer Zeit wird ihm von Seiten des Pfarrers ein Platz in einer Schulungsstätte der Kirche zur Katechetenausbildung vermittelt. Herr Busch nimmt das Angebot, einen halbjährigen Kurs zu absolvieren, aufgrund fehlender Alternativen an. Er kann damit die quälende Unklarheit und Perspektivlosigkeit in Bezug auf seine berufliche Zukunft vorerst beenden.

Das Katechetenseminar, in dem junge katholische Männer überregional zusammengezogen in einem Internat untergebracht sind, ist seitens der katholischen Kirche zur Rekrutierung katholischer Laien für den Aufbau der Verkündigungsarbeit eingerichtet. Die Unterweisung in die Exegese und in religiöse und biblische Glaubensfragen kommt der Offenheit Herrn Buschs für die christlich-katholische Glaubenslehre entgegen. Herr Busch erlebt im Internat die repressive Staatspolitik der formierten SED, die sich gegen die Internatsführung und die Jungkatecheten richtet. Das Katechetenseminar wird in dieser Zeit für ihn ein Forum politischer Auseinandersetzungen mit dem SED-Staat. Im Internat begegnet er überregional bekannten prominenten und einflussreichen katholischen Kirchenvertretern, die die Katechetenausbildung mitgestalten und sich den jungen Laien zuwenden. Herr Busch festigt in dieser Gemeinschaft seine Glaubensüberzeugungen - eine Wertorientierung an Menschlichkeit und eine innere Festigkeit im Glauben und dessen moralische Leitlinien - und bezieht eine politisch kritische Haltung gegenüber der SED.

Am Ende des halbjährigen Kurses erhält Herr Busch im Rahmen eines zwar obligatorischen, andererseits aber sehr persönlich gestalteten Abschlussgesprächs mit dem Bischof über seine berufliche Zukunft das Angebot, seine Ausbildung im Rahmen der katholischen Kirche fortzusetzen. Seine andauernde berufliche Perspektivlosigkeit und die Empfehlung des hohen Würdenträgers führen dazu, dass Herr Busch sich für eine Fürsorgeausbildung an einer katholischen Fachschule entscheidet. Der Bischof, der sich persönlich für seine Aufnahme an der in Westdeutschland gelegenen Fachschule und Ausbildungseinrichtung einsetzt, ermöglicht Herrn Busch einen zügigen Übergang in die Fürsorgeausbildung. 1956 beginnt er mit einem Vorpraktikum, absolviert dann die Fachschulausbildung und beendet diese 1960 als katholischer Fürsorger. Im Rahmen der Verweisungsstrukturen der katholischen Kirche gelingt es Herrn Busch, den Einstieg ins Berufsleben zu bewältigen. Die sich ihm bietenden Möglichkeiten ratifiziert er Schritt für Schritt und mittels der Ausbildung kann er seine Bindungen an den Glauben und die katholische Kirche festigen.

Herr Busch absolviert im Anschluss an die Fürsorgeausbildung sein Jahrespraktikum in einer Suchtberatungsstelle des Caritasverbands seiner Heimatstadt. In diese Zeit fallen die Grenzschließung und die endgültige Teilung Deutschlands. Herr Busch wird in dieser Zeit in die Auseinandersetzungen vieler Caritasmitarbeiter im Zusammenhang mit den politischen Ereignissen hineingezogen, die um die Frage kreisen, ob eine authentische Caritasarbeit in der DDR möglich sei. Herr Busch entscheidet sich dafür, in seiner Heimatstadt in der DDR zu bleiben und sieht sich aufgrund seiner soliden Ausbildung und seiner Glaubensüberzeugungen in der Lage, die Caritasfürsorge weiter auszubauen. Herr Busch hat während seiner Ausbildung ein hohes Maß an beruflicher Selbstsicherheit gewonnen. Er hat klare Vorstellungen von den Handlungsvollzügen der Fürsorgearbeit und sieht seine Aufgabe in der Suchtkrankenhilfe. Obwohl das innen- wie außenpolitische Klima dieser Zeit in der DDR verschärft ist, nimmt er eine ihm angebotene Stelle in der Suchtkrankenhilfe der Caritas in seiner Heimatstadt an.

Herrn Buschs weitere berufliche Entwicklung ist eng mit der Geschichte der Suchtkrankenhilfe in der DDR verknüpft. Er vermag es, berufliche Handlungsoptionen in Abhängigkeit von den allgemeinen Entwicklungen in der DDR sowie den verbandlichen Steuerungsvorgaben produktiv aufzugreifen und zu gestalten. Die ersten Berufsjahre von Herrn Busch sind jedoch angesichts des Mauerbaus und der gesellschaftlichen Stabilisierung von fachlicher Stagnation gekennzeichnet. Die konfessionelle Suchtkrankenhilfe in der DDR ist von Anfang bis Mitte der sechziger Jahre noch nicht sonderlich profiliert. Die Hauptarbeit der katholischen Fürsorge für Suchtkranke wird von Ehrenamtlichen geleistet, die von den fest angestellten Fürsorgern in ihrer Arbeit unterstützt werden.[168] Herr Busch fühlt sich durch diese Arbeitsbedingungen fachlich und persönlich unterfordert. Die Arbeit als Fürsorger in der Suchtkrankenhilfe entspricht nicht den Fachlichkeitskriterien, die er in der Ausbildung kennen gelernt hat. Da die Rahmenbedingungen für eine offensivere Suchtkrankenarbeit äußerst schwierig sind - der Caritasverband und die Aktivitäten der Mitarbeiter in der Alkoholikerberatung werden von der SED in den sechziger Jahren argwöhnisch beobachtet und die Klienten der Beratungsstelle bekommen Schwierigkeiten, wenn sie die Hilfe der katholischen Laien und Fürsorger in Anspruch nehmen -, geht Herr Busch in der Arbeit sehr umsichtig vor. Er entwickelt ein Gespür und Wissen darum, wie die Rah-

168 Die Suchtkrankenhilfe war in den sechziger Jahren in Ost- und Westdeutschland noch in der Auf- und Ausbauphase. Ein Großteil der Arbeit, die von Laien und den Verbänden durchgeführt wurde, aber auch von der fürsorgerischen Arbeit, bestand darin, an den guten Willen und an den Glauben der Alkoholkranken zu appellieren und zur Unterstützung Hausbesuche durchzuführen. In der DDR war die Arbeit der Laienverbände in den sechziger Jahren staatlich stark reglementiert. Die Arbeit des Blauen Kreuzes, des Laienverbands der evangelischen Kirche, war in der DDR gänzlich verboten. Es bestanden sogenannte Patientenklubs, die staatlichen Repressionen ausgesetzt waren (Böhm/Reim/Schütze 1998:31-38).

menbedingungen systematisch berücksichtigt und die Lücken der Kontrolle genutzt werden können.[169]

Herr Busch befindet sich als katholischer Suchtkrankenfürsorger in einem ‚verminten' Gesellschaftsbereich. Er kann nur bedingt gezielt und konzeptionell arbeiten, da Suchterkrankung seitens der SED ideologisiert wird und per se als Resterscheinung kapitalistischer Produktions- und Lebensverhältnisse definiert ist. Die Existenz einer katholischen Suchtberatung wird als Provokation gesehen und als Indoktrinationsstelle eines feindlichen Klassenstandpunkts betrachtet. Da die SED Alkoholismus da, wo er entsteht, als Übergangsphänomen sieht, das in einer entwickelten sozialistischen Gesellschaft auf absehbare Zeit gesellschaftlich überwunden sein wird, erlebt Herr Busch die ersten Berufsjahre als time-off-Phase, unter der er leidet. Es besteht kein fachliches Umgebungsmilieu - nur wenige FürsorgerInnen befassen sich mit Alkoholabhängigen und er ist beruflich mit seinem Arbeitfeld randständig -, indem er profunde und vorwärtsgerichtete Handlungsansätze entwickeln kann. Zudem besteht latent die Besorgnis, dass er durch sein fürsorgerisches Handeln bzw. einer Intensivierung seines Engagements die Klienten der Suchtkrankenhilfe in Gefahr bringt, anhand der Inanspruchnahme der Hilfe der Caritas gesellschaftlich marginalisiert zu werden. Herr Busch befindet sich in dem Handlungsdilemma einer Gefahr der doppelten Stigmatisierung der Klienten durch seine Betreuungsarbeit im Rahmen der Caritas.[170] Herr Busch, der durch seine Ausbildung eine klare Orientierung am Klientenwohl hat, ist sich des Gefährdungspotentials seiner Aktivitäten bewusst und übt Zurückhaltung. Er kann allerdings so die Behandlungsarbeit für Suchtkranke nicht offensiv betreiben.

Ende der sechziger Jahre kommt Bewegung in die Suchtkrankenhilfe der DDR. Die staatlichen psychiatrischen Einrichtungen, die Alkoholkranke in der Regel medikamentös behandeln, können das Problem der Alkoholerkrankung nicht mehr länger ignorieren. Im staatlichen psychiatrischen Krankenhaus der Stadt wird ein neuer Chefarzt berufen, der sich dieser Thematik annimmt. Im Zusammenhang mit diesem Chefarztwechsel

169 „Und es hat mich natürlich nich' so recht zufrieden gestellt. Ich hab' also nur gedacht, also irgendwo muss doch da mehr drin sein" (4:7-4:8).

170 Wie sich hier zeigt, treten unter den Rahmenbedingungen der DDR-Gesellschaft Kernprobleme der Hilfearbeit in besonderer Art auf. Herr Busch, der kein gesellschaftliches Mandat zur Hilfe bei Suchtkrankheiten hat und dennoch im Auftrag eines Verbandes handelt, gerät in Handlungsparadoxien, die struktureller Art sind und die ihn eigentlich zur beruflichen Untätigkeit zwingen müssten.

verändert sich der äußere Rahmen für die regionale Suchtkrankenhilfe grundlegend. Herr Busch und der Caritasverband erkennen in den Veränderungen eine Chance. Die Kontakte zwischen dem Caritasverband und der Leitung der staatlichen psychiatrischen Klinik werden auf Initiative des Caritasdirektors ausgebaut, und mit dem Ziel einer Kooperation zwischen staatlicher und katholischer Suchtkrankenhilfe neu geknüpft. In der Folge der Verhandlungen kommt es zu einem Kooperationsmodell auf Expertenebene. Die Aufgeschlossenheit des neuen Chefarztes, der an der Behandlung Alkoholkranker besonderes fachliches Interesse hat, und die Interessen der Caritas, ihre Betreuungseinrichtungen zu positionieren, führen zu einem Sozialarrangement, das über die weltanschaulichen Bindungen hinausreicht und im Interesse der Alkoholkranken ideologische Barrieren überwindet. Zwischen dem Caritasverband und dem staatlichen Krankenhaus wird vereinbart, dass Herr Busch regelmäßig im staatlichen Krankenhaus Suchtberatung durchführt und von der Caritas an die staatliche psychiatrische Klinik zur Suchtkrankenarbeit entsendet wird. Im Gegenzug dazu verzichtet der Caritasverband auf ein eigenständiges ambulantes Betreuungsangebot.

Für Herrn Busch, der an den Verhandlungen der Klinikleitung und des Caritasverbands beteiligt ist, bedeutet diese geänderte Arbeitsgrundlage einen beruflichen und persönlichen Aufbruch. Durch die Verlagerung seiner fürsorgerischen Aktivitäten in die psychiatrische Klinik mittels der Delegation hat er einen spezifischen Zugang zu alkoholkranken Patienten und eine fachliche Anbindung.

Die Ausgestaltung seines Arbeitsbereichs gestaltet sich für Herrn Busch anfänglich sehr schwierig, da er bei den Schwestern und Ärzten auf der Station über Gebühr auf Ablehnung und Unverständnis trifft und diese nur sehr unwillig mit ihm kooperieren.[171] Herr Busch führt ein, Einzelgespräche mit den Suchtkranken zu führen, und baut regelmäßig stattfindende Gesprächsgruppen auf. Das medizinische und pflegerische Personal begegnet den Alkoholkranken und insbesondere Herrn Busch als katholischem Fürsorger dahingehend mit Vorurteilen, dass er die Ordnung der Station störe. Die Patienten, die in dieser Zeit in dem staatlichen Krankenhaus faktisch nicht spezifisch betreut werden, erfahren von ihm besondere Aufmerksamkeit, was dem medizinischen Personal suspekt ist. Zudem führt die Arbeit von Herrn Busch - konkret die Gruppen- und Ein-

171 „So ungefähr die Stationsschwester dort, die begegnete mir dann das erste Mal mit den Worten, ach, da is'/ kommt ja wieder so ein Nichtstuer, der uns hier irgendwo hier die Zeit stiehlt“ (5:16-5:18).

zelgespräche mit den Alkoholikern auf der Station - zu einer Störung der Arbeitsabläufe und zu Mehrarbeit. Die besondere Zuwendung, die die Alkoholkranken durch den Fürsorger erhalten, weckt Neid bei den anderen Patienten, die sich zunehmend beschweren.

Mitte der siebziger Jahre kann Herr Busch mit Hilfe einer Oberärztin eine Gruppentherapie in Ergänzung zur Arbeitstherapie als Behandlungsverfahren etablieren. Das wachsende medizinische Interesse an therapeutischen Behandlungsmethoden[172] und die Neuorganisation der Suchtstation ermöglichen diese Erweiterung des Konzeptes. Durch Verhandlungsgeschick und vertrauensbildende Maßnahmen gelingt es Herrn Busch jedoch in den folgenden Jahren, seinen Handlungsbereich auf- und auszubauen. Er entwickelt aus der staatlichen Psychiatrie heraus ein konsekutives Konzept und in Phasen verlaufendes systematisches Behandlungsangebot für Alkoholkranke. Es stellt sich heraus, dass anhand von Vorgesprächen die Behandlungserfolge bei Alkoholkranken steigen. Daraufhin werden Vorgespräche institutionalisiert. Die Wartezeiten, die sich dadurch bei der stationären Aufnahme ergeben, haben den Effekt, dass einige Alkoholkranke bereits in der Vorphase der Aufnahme ‚trocken' werden. Herr Busch entwickelt anhand dieser Beobachtung das Konzept eines geregelten Erstkontaktes und einer systematischen Vorbehandlungsphase. Dieses Konzept wird von der Leitung des psychiatrischen Krankenhauses angenommen und in die Behandlung eingeführt. In gleicher Weise entwickelt Herr Busch ein System der Nachsorge. Er motiviert die Suchtpatienten zur Selbstorganisation und zum Aufbau von Patientenklubs nach Abschluss der stationären Behandlung. Die Selbstorganisation der Patienten kommt allerdings erst ins Laufen, als er aus Krankheitsgründen an den Nachsorgegruppen ein dreiviertel Jahr nicht teilnehmen kann.

Herrn Buschs Grundlage für die Konzeptentwicklung in der Suchtkrankenhilfe ist seine Fürsorgeausbildung an der katholischen Fachschule. Er hat eine stabile berufliche Identität in diesem Rahmen entwickelt, die ihm auch unter schwierigen Handlungsbedingungen dazu verhilft, einem klaren Handlungsmodell professioneller Hilfe zu folgen. Er orientiert sich am Wohl der Klienten und verfügt über Instrumente, um aus der empirischen Erfahrung der Arbeit mit Alkoholkranken ein systematisches Kon-

---

172 Insgesamt kam es in der DDR durch den Kongress des »International Council of Alcohol Addiction« (ICAA) in Dresden 1977 zu einem fachlichen Auf- und Ausbau in der Suchtkrankenhilfe. Die Fachkollegen in der DDR wurden ab 1978 durch eine Entscheidung der Deutschen Hauptstelle gegen die Suchtgefahr e.V. mit Fachliteratur aus dem Westen versorgt (Böhm. 1998:32).

zept zu entwickeln und dieses methodisch zu fundieren. Der regelmäßige Austausch mit westdeutschen KollegInnen der Suchtkrankenhilfe, der über den Caritasverband besteht und von ihm auch privat gepflegt wird, bestärkt ihn zudem in seiner Handlungsausrichtung. Er hat außerdem das notwendige Selbstbewusstsein, angesichts der besonderen Handlungsbedingungen in der DDR, ein Ost-Modell der Suchtkrankenhilfe des Caritasverbandes zu etablieren, bei dem die gesellschaftlichen und politischen Rahmenbedingungen der DDR in der Arbeitskonzeption berücksichtigt werden.

Das berufliche Wirken von Herrn Busch ist in den folgenden Jahren eng an den Entwicklungen in der staatlichen Suchtkrankenhilfe ausgerichtet. Sein Engagement für die Alkoholkranken im Rahmen einer staatlichen Versorgungseinrichtung bewirkt den sukzessiven Auf- und Ausbau der Suchtkrankenhilfe der DDR unter dem Dach der staatlichen medizinisch-psychiatrischen Versorgungsstruktur. Im Bereich der Suchtkrankenfürsorge erarbeitet er sich eine Pionierposition. Sein berufliches Handeln stützt sich auf den Caritasverband und auf sein Vermögen, die Komponenten des Arbeitsmilieus zu berücksichtigen. Das Behandlungssystem mit vorgeschalteten und nachgehenden ambulanten Phasen der Betreuung ist modern, und der Gesamtarbeitsbogen, in den auch Selbsthilfegruppen einbezogen sind, entspricht den Standards professioneller Arbeit.

Herr Busch hat kein offizielles gesellschaftliches Mandat für eine verbandsgetragene Suchtkrankenhilfe, sondern nutzt in seiner tagtäglichen Arbeit die Handlungsmöglichkeiten der Nische. Er arbeitet an der Grenze zwischen Caritasfürsorge und der Vereinnahmung durch das staatliche Versorgungssystem. Sein Verhältnis zu den staatlichen Stellen ist zwar konkurrenzbewusst, jedoch kann er die Interessensübereinstimmung mit den staatlichen Stellen nicht leugnen.

Die latente Gefahr eines Konturverlustes der Caritasfürsorge in der staatlichen Suchtkrankenhilfe verliert Herr Busch in den folgenden Jahren aus den Augen. Es entwickeln sich Routinen des Miteinander-Arbeitens, die ihn weit in das staatliche Versorgungssystem hineinziehen. Die Gewähr für authentische karitative Arbeit sieht Herr Busch in seinen starken beruflichen und familiären Westbindungen. Obwohl er dabei als Caritasfürsorger authentisch bleiben kann, bereitet ihm die zur Deckung gebrachte katholische Fürsorgearbeit mit der offiziellen DDR-Linie, die den Arbeitsrahmen konturiert, heute erhebliche Schwierigkeiten.[173]

---

173 „Und ich hatte eigentlich immer so das Gefühl, (.) also eigentlich sind wer uns doch irgendwie noch so 'n Stück nah, obwohl wir natürlich hier im Osten, ich denke so,

Herrn Buschs Umgang mit dem Kernproblem der katholischen Fürsorge - nämlich sich Mitwirkungs- und Gestaltungsmöglichkeiten anhand von Verträgen mit dem Staat zu sichern - handhabt er pragmatisch. So fädelt er sich in die gegebenen Rahmenbedingungen ein und blendet die Paradoxien des Handelns mit Hilfe der Vorstellung aus, dass die staatlichen Interessen ihn in seinem Handeln nicht erreichen. Diese moderne Auslegung der Augustinischen Zwei-Reiche-Lehre - dem Staat, was des Staates ist, und der Handlungsbereich des Glaubens bleibt dabei unberührt - hilft ihm, über seine Zweifel hinwegzukommen.

Jenseits der offiziellen staatlichen Parteipolitik und der kirchlichen Programmatik kommt es zum faktischen Zusammenschluss der caritasgetragenen und staatlichen Suchtkrankenhilfe in der DDR. Entlang scheinbar unpolitischer Hilfearbeit kooperiert ein überschaubarer Kreis an Experten anhand der Thematik der Alkoholabhängigkeit - mit dem Ziel, medizinische und soziale Verbesserung für Alkoholkranke zu erwirken. Dabei werden die Suchtprobleme mit fachlichem Selbstverständnis angegangen. Latent besteht jedoch die Gefahr, zum Politikum stilisiert zu werden. Dieser Situation muss mit stillschweigenden Vereinbarungen begegnet werden.[174] Herr Busch wird mit Unterstützung des Caritasverbandes zum kompetenten Gesprächspartner für staatliche Stellen in Fragen der Planung und der Behandlung sowie der Nachbetreuung von Alkoholkranken. Er integriert sich erfolgreich in das Netz der staatlichen Fürsorge. Die Abhängigkeit seiner Arbeit von verständigen und an einer Kooperation interessierten Medizinern und von den wechselnden politischen Vorgaben der SED, die in der Suchtkrankenhilfe systematisch berücksichtigt werden müssen, nimmt er angesichts der existentiellen Probleme vieler Alkoholkranker in Kauf.

Herr Busch arbeitet bis 1980 als Caritas-Mitarbeiter in der staatlichen Psychiatrie. Ende der siebziger Jahre kommt es aufgrund fortbestehender

---

seit Mitte der `60er Jahre durchaus auch schon so in Gefühlen `ne gewissen Eigenständigkeit entwickelt haben. Dass wir einfach so dachten, eigentlich is' es bei uns anders und wir müssen uns unserer spezifischen Situation auch entsprechend verhalten, aber des hab'n wir eigentlich so nich' so/ so/ so alternativ, so konträr geseh'n, ja. Und ich muss sagen, als dann die Mauer aufging und als dann ich war erstaunt, was ich schon für 'n Ossi geworden bin (lacht), nich" (16:46-17:9).

174 Der intensive Austausch und Zusammenschluss der verbandlichen und staatlichen Suchtkrankenarbeit findet auf informeller Ebene statt. „Es war `n relativ kleiner Kreis, der sich auch dann intensiv kannte, weil man irgendwo, ja so am gleichen Objekt zu tun hatte und auch immer wieder gemerkt hat, dass wir Außenseiter, aus dieser gewissen Außenseiterrolle, auch in der Psychiatrie hatten" (4:40-4:43).

sozialer Probleme in der DDR zu neuen sozialpolitischen Leitlinien der SED und zu Veränderungen in der Suchtkrankenarbeit. Die SED erklärt im Zuge des IX. Parteitags und des Sozialpolitischen Programms programmatisch den Alkoholismus zum gesamtgesellschaftlich zu lösenden Problem.[175] Die Notwenigkeit, flächendeckende Einrichtungen ambulanter ärztlicher Betreuungsstellen für Alkoholiker in den Stadtbezirken zu institutionalisieren, wird nun offiziell anerkannt. Diese Entwicklung - nämlich die Öffnung der SED in Richtung einer Anerkennung der Alkoholkrankheit und die Planung einer verbesserten staatlichen Versorgung - bedeutet eine Bedrohung für die Nischen-Fürsorge der Caritas. Aufgrund der bestehenden und einflussreichen inoffiziellen Kontakte ist es dem Caritasverband und Herrn Busch jedoch möglich, ein von der katholischen Fürsorge getragenes ambulantes Betreuungsangebot auszuhandeln. Die Unterstützung des renommierten Psychiaters des staatlichen psychiatrischen Krankenhauses, der ein integratives Modell der Suchtkrankenhilfe präferiert und sich Herrn Busch verpflichtet fühlt, führen zu dem institutionellen Arrangement, das - weitestgehend im Einverständnis mit den Patienten - eine Nachsorge und Behandlung im Rahmen der Suchtkrankenfürsorge des Caritasverbandes vorsieht. In der Folge dieser Vereinbarung organisiert der Caritasverband Räume und baut eine ambulante Suchtberatungsstelle auf.

Die stärkere organisatorische Trennung der staatlichen und konfessionellen Suchtkrankenhilfe ab 1980 steigert die Arbeitsprobleme von Herrn Busch. Einerseits sind die Arbeitsbeziehungen formell geregelt - es findet in den Räumen der Caritas zweimal in der Woche eine ärztliche Sprechstunde der Mitarbeiter der staatlichen Klinik statt, und Herr Busch bietet im Gegenzug täglich Gruppentherapie mit Alkoholkranken im staatlichen psychiatrischen Krankenhaus an -, andererseits muss die Arbeit der katholischen Suchtberatungsstelle aber unauffällig bleiben. Dieses institutionelle Arrangement ermöglicht es Herrn Busch, den Arbeitsrahmen für die Suchtfürsorge zu sichern und den Alkoholkranken zu helfen sowie eine langfristige, kontinuierliche Begleitung und Hilfestellung anzubieten - die Caritas-Suchtfürsorge muss dabei aber jeden möglichen Konfliktpunkt mit den staatlichen Stellen bereits im Vorfeld vermeiden;[176] so wird z.B. auf

175 Hintergrund ist der anwachsende hohe Alkoholkonsum in der DDR. Der Pro-Kopf-Verbrauch reinen Alkohols stieg in der DDR im Zeitraum von 1960-1985 von 4,1 auf 10 Liter an (Böhm 1998:31).

176 „Ja, das war also/ wir haben `s auch nicht, sag' mal, nich'/ nich'/ nich' bewusst darauf angelegt uns möglichst offen zu verhalten, einfach um den Eindruck zu er-

die Bezeichnung Beratungsstelle verzichtet, sondern man firmiert unter dem Label Kontakt- und Informationsstelle. Akribisch muss auf die Symbolik der Bestellkarten - das sind gedruckte Einladungen an die Alkoholkranken - geachtet werden, so dass in der Außenwirkung nicht der Eindruck einer offiziellen staatlichen Kooperation entstehen kann. Inoffiziell besteht jedoch das Netz der Kooperation zwischen den Verantwortlichen der staatlichen Suchthilfe und Herrn Busch - und damit auch dem Caritasverband - weiter. Die Suchtberatung und Suchtkrankenhilfe der Caritas wird durch dieses institutionelle Arrangement faktisch in das staatliche Suchthilfesystem der DDR integriert.

Als es Mitte der achtziger Jahre durch einen personellen Wechsel in den Führungskadern des Bezirks und des Krankenhauses zu einer drastischen Verschlechterung der Arbeitsbeziehungen kommt - die Caritasfürsorge wird aus dem offiziellen Suchthilfesystem der DDR herausgedrängt und Herr Busch wird nicht mehr zu den Fachtreffen eingeladen - kommt es zu einem Bruch mit der staatlichen Suchtkrankenhilfe.

Die veränderten Bedingungen drängen die Caritassuchthilfe immer stärker in die gesellschaftliche Nische. In dieser Situation gelingt es Herrn Busch jedoch aufgrund seines persönlichen Geschicks der Caritassuchthilfe fortgesetzt doch Klienten zu sichern. Die Suchthilfe der Caritas hat sich zu diesem Zeitpunkt soweit etabliert, dass sie von VertreterInnen staatlicher Stellen und insbesondere auf Bezirksebene jenseits der politischen Vorgaben (offiziell) empfohlen wird. Besonders in prekären Fällen von Alkoholkrankheit, nämlich dann, wenn Funktionsträger der Gesellschaft und hochrangige Funktionäre - wie z.B. Polizisten und SED-Funktionäre - betroffen sind, werden diese an die Caritas weitergereicht und dort behandelt. So ermöglicht die Ausgrenzung der Caritassuchtkrankenhilfe aus dem offiziellen Suchthilfesystem der DDR der Caritasfürsorge die Etablierung der Behandlung von besonderen Klienten. Diese Klientensonderbereiche – d.h. gerade auch solche Klienten zu erreichen, die sich nicht in das staatliche Behandlungssystem hineinbegeben wollen - eröffnen der Caritas in spezifischer Weise Suchthilfeaktivitäten.

Die Suchtbehandlung von Personen, die in der gesellschaftlichen Öffentlichkeit stehen, verschafft Herrn Busch eine Machtbasis, die er in Verhandlungen mit den offiziellen Stellen nutzen kann. Diese gesellschaftliche Doppelnische, in der sich die Caritas befindet, ermöglicht eine

---

wecken, dass wir wirklich nur sachlich an den Klienten int'ressiert waren und jetzt nicht irgendwie politisch Provokatio /m/ provokant da uns da verhalten" (10:27-10:32).

Suchtkrankenhilfe, in der höherrangige Parteifunktionäre gefahrlos behandelt werden können. Herr Busch versteht es, sein Wissen behutsam zu nutzten und gegebenenfalls zur Abwehr staatlicher Eingriffe einzusetzen. Herr Busch baut in der katholischen Fürsorgearbeit der späten DDR - die u.a. vor dem Problem steht, aufgrund der restriktiven staatlichen Rahmenbedingungen mangels Klienten überflüssig zu werden - Behandlungsnischen mit erheblichen informellen Einflussmöglichkeiten aus. Die Beratungsarbeit der Suchtkrankenhilfe der Caritas wird unter diesen Bedingungen ausgebaut und es arbeiten dort in den späten achtziger Jahren drei FürsorgerInnen, die in der Suchtkrankenhilfe spezialisiert sind, sowie eine Verwaltungskraft. Es werden vier fortlaufende therapeutische Gesprächsgruppen angeboten und es findet Einzelfallhilfe statt. Herr Busch arbeitet als Leiter in der Suchtkrankenhilfe des Caritasverbands erfolgreich.

Den Zusammenbruch der DDR erlebt Herr Busch mit Erstaunen. Im ersten Zugriff ändert sich an seiner Arbeit nicht viel. Seine Mitarbeiter in der Caritassuchtberatung bleiben und als Leiter der Suchtberatungsstelle kann er darauf vertrauen, dass der gesellschaftliche Umbruch durch den Caritasverband genutzt wird, die berufliche Suchtkrankenhilfe - er hat die Erwartung, dass die Suchtprobleme durch die offenen Grenzen schlagartig und drastisch ansteigen werden - weiter auszubauen. Die Umstrukturierungen des Caritasverbands - es kommt zum Verbandszusammenschluss mit der West-Caritas und zur Neuordnung und Neugründung der Landesverbände - ist ganz in seinem Sinn, da die transferierten Ressourcen zum weiteren Ausbau der Arbeit genutzt werden können.

Erste Einschnitte in seinem Arbeitsbereich stellen sich ein, als es zu einer systematischen Bestandsaufnahme der Tätigkeitsfelder und Dienstleistungen der Caritaseinrichtungen in der Region kommt. Für die verbandsinternen Prüfgremien stellt sich die Frage, wie ein Finanzierungsmodus für die in der Caritasberatungseinrichtung praktizierte Kooperationsbeziehung zwischen staatlichen Stellen - Herr Busch führt weiterhin Gruppengespräche mit Alkoholkranken im Krankenhaus - unter finanztechnischen Aspekten gefunden werden kann. Anhand der üblichen Abrechnungsmodalitäten können diese Aktivitäten formal nicht bewertet werden.

Gänzlich schwierig wird die Situation, als durch den Einigungsvertrag die Neuordnungen und rechtlichen Bestimmungen des bundesdeutschen Sozialversicherungsrechts in Kraft treten. Den Krankenhausärzten wird die Ermächtigung zum Ausstellen von Rezepten und Krankschreibungen entzogen, so dass die ärztlichen Sprechstunden in der Caritasberatungsstelle sukzessiv überflüssig werden. Die abrechnungstechnische Basis für eine Kooperation mit den Klinikärzten - die zudem selbst gegenüber ihrer Organisation in Begründungszwänge für ihre Konsultationen kommen -

fällt weg. Chronisch Alkoholkranke, die bei einem Rückfall ein Rezept oder eine Krankschreibung benötigen, müssen von nun ab, die - bis dahin zahlenmäßig wenigen - niedergelassenen Hausärzte aufsuchen. Für Herrn Busch bedeutet dieser neue rechtliche Rahmen einen nicht kompensierbaren Eingriff in das erfolgreiche Versorgungssystem. Die Klienten bleiben weg. Gerade die Möglichkeit, ärztliche Leistungen und ambulante Hilfe unter einem gemeinsamen Dach zu erbringen, ermöglichte es vor allen Dingen, die chronisch kranken Suchtabhängigen ohne bürokratische Hürden zu behandeln.[177] Herr Busch erreicht das Stammklientel der Beratungsstelle infolge des Strukturwandels mit den Beratungsangeboten nicht mehr.

Für Herrn Busch, der die Hilfe gerade auch für chronisch kranke Alkoholiker für sehr wichtig hält, ist dies eine schmerzhafte Erfahrung. Die Arbeitsbedingungen für eine systematische Suchtkrankenhilfe verschlechtern sich durch den Rückzug der Ärzte aus der ambulanten Suchtkrankenhilfe drastisch. Zu den nun zuständigen und behandelnden Hausärzten bestehen keine gewachsenen Kooperationsbeziehungen, die eine Zusammenarbeit ermöglichen. Diese müssen vielmehr erst zeitaufwendig aufgebaut werden, was die Arbeit grundsätzlich behindert. Einzelfallbezogen müssen Absprachen getroffen werden - und das unter der Bedingung, dass sich viele Hausärzte für den wenig lukrativen Bereich der Behandlung von Alkoholkranken gar nicht interessieren. Die anhand eines persönlichen Netzwerkes aufgebaute Suchtbehandlung - medizinische und sozialtherapeutische Hilfe in einem Verbund - zerfällt. Die durch das bundesdeutsche Sozialversicherungsrecht festgezurrte Arbeitsteilung von medizinischer und therapeutischer Behandlung passt nicht zum System der ostdeutschen Suchtkrankenhilfe der Caritas. Paradoxerweise geht im Zuge der Entstaatlichung der gesellschaftlichen Bereiche und der Stärkung des Subsidiaritätsprinzips in Ostdeutschland die Arbeitsbasis für die Suchtkrankenhilfe der Caritas verloren.

Herr Busch bleibt in dieser Situation der Enttäuschung dennoch handlungskompetent. Er greift die Vorgaben der Caritas auf, die im Feld der Suchtberatung ihr Expertenhilfesystem ausbaut. Herr Busch initiiert und intensiviert die Öffentlichkeitsarbeit der Caritassuchtberatungsstelle. Mittels Informationsveranstaltungen an Schulen und in kommunalen Ein-

177 „Und es is' so, dass also natürlich noch `ne ganze Menge Chroniker, die uns von früher her kennen, die kommen noch, ja. Aber es wird schwierig, ja, diese Chroniker, ja nur mit/ ja mit schönen Worten und mit (lacht) ja, so/ so Kontakt und Beziehung über Dauer/ dauerhaft an sich zu binden, ja" (16:5-16:10).

richtungen findet Aufklärungsarbeit in Bezug auf illegale Drogen statt. In Kooperation mit den neu gegründeten Stellen der kommunalen Jugend- und Gesundheitsämter integriert Herr Busch neue Arbeitsschwerpunkte, wie der Suchtberatung für Medikamentensüchtige und die der Beratung für illegal Drogenabhängige. Im Zuge eines Bundesprogramms zur integrativen Suchtberatung wird die Caritas Suchtberatungsstelle durch die Förderung mit Bundesmitteln zur Modellberatungsstelle ausgebaut und der Personalbestand von vier MitarbeiterInnen auf fünf aufgestockt. Das Angebot wird anhand der neuen Arbeitsfelder - im Bereich illegalen Drogengebrauchs und der Spielsucht - weiter spezialisiert. Die neuen Aufgaben lösen eine Qualifizierungsinitiative bei den Mitarbeitern aus.

Der Ausbau der Suchtberatungsstelle erfüllt Herrn Busch mit Stolz. Obwohl er handlungskompetent den Aus- und Aufbau der Beratungsstelle zum Suchtbehandlungszentrum, das auf Akzeptanz bei Finanzgebern und Klienten stößt, bewerkstelligt hat, kann er sich aber nur schwer konzeptionell auf die heutigen Modalitäten in der Suchtkrankenhilfe einstellen. Die für die Suchtbehandlung unzureichenden Refinanzierungsmodalitäten - die Regelungen des Sozialrechts, die ihn zwingen, die einzelnen Hilfeangebote getrennt abzurechnen und mit vielen Geldgebern gleichzeitig verhandeln zu müssen, die aus seiner Sicht ohne Notwendigkeit den Arbeitsbogen in der Suchtkrankenhilfe zerstückeln und eine effektive Suchtkrankenhilfe behindern - bereiten ihm Schwierigkeiten, einen Ansatz zufinden, die notwendigen Umstellungen vorzunehmen.[178] Dem öffentlich vorgetragenen Vorwurf des creaming off der Beratungsstelle durch die praktizierte Komm-Struktur - es würden zu hohe Hürden für die Alkoholiker aufgebaut, und gerade die chronisch kranken Alkoholkranken, die keine geregelte Existenz mehr haben, würden alleine gelassen - begegnet er in defensiver Abwehr. Er argumentiert dahingehend, dass es die unzureichenden und die ineffektiven Refinanzierungsbedingungen sind, die das Hilfeangebot vorgeben. Unter diesen Bedingungen sei eine effektive Suchtkrankenhilfe und wirkliche Suchthilfe, gerade auch für chronisch suchtkranke Klienten, heute nicht mehr zu leisten. Herr Busch bewertet die Umstrukturierungen in der Suchtkrankenhilfe nach der deutschen Einheit als Rück-

178 Projekte - wie z.B. Streetwork -, durch die ein szenennaher Kontakt zu chronisch kranken Suchtmittelabhängigen aufgebaut wird, werden mit Mitteln der Arbeitsförderung finanziert. Die eigentliche ambulante Behandlung und Nachsorge wird dagegen entsprechend dem zuständigen Kostenträger nach dem Sozialgesetzbuch refinanziert und die begleitende Beratung sowie die Öffentlichkeitsarbeit wiederum wird mit Bundes-, Landes- und Kommunalmitteln finanziell abgesichert.

schritt bereits einmal erreichter Standards in der Hilfearbeit. Er sieht die Verantwortung für die Mängel in Bereichen, die außerhalb seiner Handlungsmöglichkeiten liegen. Herr Busch kann trotz seiner weiterbestehenden Handlungsfähigkeit, mit der er die Suchtberatung auf- und ausbaut, keine zufriedenstellende Bilanz seiner Berufslaufbahn ziehen. Er befindet sich - wie oben bereits angedeutet - in einer berufsbiographischen Bilanzierungskrise.

10.2 Aspekte beruflicher Handlungswirklichkeit

Herr Busch ist Leiter einer Suchtkrankenhilfeeinrichtung der Caritas. Sein beruflicher Veränderungsprozess findet in einem institutionellen Umfeld statt, das durch folgende Merkmale gekennzeichnet ist. Das Arbeitsfeld der Suchtkrankenhilfe zeichnete sich bereits in der DDR dadurch aus, dass interdisziplinär gearbeitet wurde. Im Gegensatz zu anderen Fürsorgebereichen der katholischen Kirche in der DDR sind die SozialarbeiterInnen, die aus diesem oder ähnlichen Arbeitsbereichen kommen, in regelmäßige Diskurse mit anderen Berufsgruppen einsozialisiert. Bei der Suchtkrankenhilfe handelt es sich auch um einen Arbeitsbereich, der in der DDR bereits spezialisiert, d.h. auf eine bestimmte Klientengruppe hin zugeschnitten war. Anhand eines Expertensystems waren berufsgruppenübergreifende Fachdiskurse handlungsleitend. Dem gegenüber stehen Fürsorgearbeitsbereiche in der DDR, die sich stärker am Territoriumsbezug ausrichten, z.B. die Caritassekretariate, die weniger auf ein bestimmtes Klientel hin spezialisiert waren (abgesehen von der organisatorischen Zuordnung von Schwerpunktarbeitsbereichen). Die Arbeit der katholischen Fürsorge in der DDR bewegte sich also zwischen sozialer Arbeit in der katholischen Gemeinde, und damit in einer Diasporasituation - der Anteil der katholische Bevölkerung in der DDR war gering und der Caritasverband konzentriert sich in der Arbeit auf die katholischen Bevölkerung -, und spezialisierten Fürsorgebereichen, wie es die Suchtkrankenhilfe war.

Das Arbeitsfeld der Suchtkrankenhilfe erfährt in der Nachwendezeit einen erheblichen Ausbau. Es ist als Arbeitsfeld der Sozialarbeit angesichts der erwarteten und eingetretenen Suchtprobleme sowie insbesondere angesichts der gestiegenen gesellschaftlichen Aufmerksamkeit, die diese Thematik nach dem Zusammenbruch der DDR in der Bevölkerung in den neuen Bundesländern erfuhr, ein Wachstumsbereich in Ostdeutschland gewesen, der erheblich aufgewertet worden ist. Für den Caritasverband war die Suchtkrankenhilfe ein Zuwachsbereich. Dies drückt sich vor allen Dingen auch in Form von Ressourcenzuwächsen an Finanz- und Personalmittel aus, die der Verband verzeichnet. Die Beratungsstellen wurden umfassend ausgebaut. Die Angebotsstruktur in den ostdeutschen Beratungsstellen des Caritasverbandes hat sich nach der deutschen Einheit ausdifferenziert und spezialisiert. Die Suchtkrankenhilfe erhielt ein umfangreiches gesellschaftliches Mandat zur Bearbeitung spezieller Problemlagen. Die Sozialarbeit der Caritas befindet sich in Konkurrenz zu anderen Trägern, die ebenfalls Suchtkrankenhilfe anbieten.

Herrn Buschs berufsbiographische Basisdisposition ist die eines Sozialarbeiters mit klarer Berufsidentität. Es besteht die Erfahrung, dass Sozialarbeit ein beruflicher Orientierungsrahmen ist, der auch unter gesellschaftlichen Rahmenbedingungen, die die Handlungsmöglichkeiten einschränken, erfolgreich praktiziert werden kann. Er hat die Erfahrung, kompetent die Arbeitsabläufe in der Suchtkrankenhilfe zu arrangieren und ist dementsprechend selbstbewusst. Herr Busch blickt zum Zeitpunkt des Zusammenbruchs der DDR bereits auf ein langes, erfolgreiches Berufsleben in der Suchtkrankenhilfe zurück. Die professionellen Handlungsansätze, die er in seinem Berufsleben erworben hat und die Identifikation mit seinem Arbeitsfeld der Suchtkrankenhilfe - die Arbeit in der Suchtkrankenhilfe ist zeitweise in seinem Leben derart dominant, dass der Eindruck entsteht, er sei mit der Suchtkrankenhilfe 'verschmolzen' - geben ihm in der Phase des gesellschaftlichen und organisatorischen Umbruchs Handlungssicherheit. Herr Busch steht fortgesetzt in einem regelmäßigen fachlichen Austausch mit westdeutschen Kollegen innerhalb der Caritas - auch bereits zu DDR-Zeiten. Herr Busch war also in besonderer Weise auf die Umstrukturierungen der Sozialarbeit vorbereitet.

In der DDR erwirbt sich Herr Busch grundlegende berufliche Kompetenzen. Diese Kompetenzen liegen in der Ausgestaltung einer gesellschaftlichen Nische, die er produktiv umgestalten kann. Er vermag mittels stillschweigender Arbeitsteilung (Strauss 1975. S. 267) Einflussnahme und Macht im Suchtkrankenhilfesystem der DDR zu entwickeln. Herr Busch verfügt über das notwendige Fingerspitzengefühl, sich in prekären Handlungssituationen zu bewegen und er kann geschickt Doppelstrukturen staatlicher und konfessioneller Suchtkrankenhilfe manövrieren. Die vordergründige Unvereinbarkeit staatlicher und kirchlicher Interessenssphären und das ablaufende Hinterbühnenspiel der Kooperation eröffneten Herrn Busch einen großen persönlichen Bewegungsspielraum für Handlungsprojekte sowie für Anerkennung.[179] Der Zusammenbruch der DDR ist für Herrn Busch mit einem Gestaltungsauftrag in der Suchtkrankenhilfe verknüpft. Unter geänderten Bedingungen kann er auf Erfahrungen mit unwägbaren Rahmen zurückgreifen. Wie ein Steuermann nimmt er die Außenanforderungen zur Kurskorrektur in der Suchtkrankenhilfe an. Herr Busch repräsentiert einen Verlaufstypus in der Sozialarbeit, der die berufsstrukturellen Umbrüche handlungsschematisch bewältigen konnte.

„Ja und dann kam die Wende. (..) Die Wende sah ja für uns relativ harmlos aus. Wurde uns mitgeteilt, dass also der Verband (..) für uns zuständig wäre und aus dem Verband hat sich dann der Verband (..) entwickelt" (12:43-12:49).

Diese Bewältigung des berufsstrukturellen Wandels verläuft im Fall von Herrn Busch im Rahmen einer institutionellen Ablaufkarriere, wobei die institutionelle Rahmung Verletzungsdispositionen birgt. Am Beispiel von Herrn Busch kann gezeigt werden, wie Abgrenzungsprozesse gegenüber der Sozialarbeit verlaufen sind. Herr Busch sieht in den bundesdeutschen sozialrechtlichen Vorgaben in der Suchthilfe eine Behinderung guter, am Suchtverlauf orientierter, Begleitung und Beratung. Der Arbeitsbogen des Eintritts in die Behandlung in die medizinische Versorgung bis zur ambulanten Nachsorge und bis in die Selbsthilfearbeit sei aufgrund der uneinheitlichen Zuständigkeiten und Refinanzierungsbestimmungen zerstückelt und erschwere heute den Informationsfluss der am Verfahren der Suchtbehandlung beteiligten Fachleute und Einrichtungen. Klienten, insbesondere chronisch kranken Suchtabhängigen, könne deshalb nicht effektiv geholfen werden. - Die Problematik, die Herr Busch thematisiert, betrifft Arbeitsschwierigkeiten, die in der Praxis der Suchtkrankenhilfe regelmäßig auftreten. Herrn Buschs Kritik könnte ähnlich auch von einer in Westdeutschland sozialisierten und in der Suchtkrankenhilfe tätigen SozialarbeiterIn formuliert werden. Die Beteiligung anderer Fachdienste am Arbeitsbogen der Suchtbehandlung und die entsprechende spartenspezifische Abrechung verursacht Arbeitsprobleme der Art, dass verschiedene Teil-Arbeitsbogen der Hilfearbeit zu koordinieren sind. Diese Problematik professionellen Handelns - die mit fortschreitender Ausdifferenzierung und Spezialisierung im Zusammenhang mit dem gesellschaftlichen Fortschritt zunimmt - muss in der Arbeit reflektiert und berücksichtigt werden. Gege-

179 Dies ist auch die Quelle der berufsbiographischen Bilanzierungskrise, in der sich Herr Busch befindet. Herrn Buschs evaluative Darstellungsaktivitäten kreisen insbesondere um die Frage, ob er sich nicht zu weitgehend mit dem DDR-System eingelassen habe.

benenfalls sind Arbeitskonzepte zu entwickeln, die an den Folgen dieser Entwicklung für die Klienten ansetzen.

Herr Busch reagiert auf diese Arbeitsprobleme in der Suchtkrankenhilfe anhand einer rückwärtsgerichteten Orientierung auf eine erfolgreiche Arbeit der Caritasfürsorge in der DDR. Er hat die Vorstellung, dass sich Probleme dieser Art durch Veränderungen der Arbeitsorganisation - z.B. durch Vereinheitlichung der Finanzierungsgrundlage - bewältigen ließen.

„Es gab ja hier/ jetz' is' ja die Entwöhnungsbehandlung `ne Maßnahme der Reha/ Rehabilitation, ja, und das gab `s zur DDR-Zeit nicht. Das war `ne einfache Krankenhauseinweisung. Genau die gleiche Krankenhauseinweisung, wie das also in allen andern /äh/ äh/ Krankheiten auch war. Das war eigentlich von der Logik her, viel besser nachzuvollzieh'n, nich'. Der Alkoholiker war eben zunächst als Kranker akzeptiert, ja" (10:44-10:59).

Herr Busch, der gerade als Leiter der Beratungseinrichtung gefordert wäre, Ideen und Konzepte zu entwickeln, wie mit Schwierigkeiten der Koordination von Teil-Arbeitsbogen konzeptionell umgegangen werden kann - um eventuell innerorganisatorische Umstellung vorzunehmen -, begegnet diesen Arbeitschwierigkeiten nicht offensiv. Mit eher resignativem Gestus - das gesamte (Fehl-)System der westdeutschen Suchtkrankenhilfe und dessen sozialrechtlichen Grundlagen in Rechnung stellend - sieht er die Schwierigkeiten in der Arbeit als fremdgemacht an. Anhand der generalisierten Kritik an der derzeitigen Suchtkrankenhilfefinanzierung weist Herr Busch auch kritische Anfragen an die Praxis der Suchthilfearbeit der Caritas zurück. Diese Kritik an der Suchthilfearbeit der Caritas bezieht sich darauf, dass in der Suchthilfe gerade den chronisch Alkoholkranken keine Behandlungschancen eingeräumt werde und ‚Drehtür-Alkoholikern' - also den besonders schwierigen Behandlungsfällen - ein Angebot der Suchthilfe vorenthalten werden. Herr Busch wehrt diesen Vorwurf mit dem Argument der hinderlichen Strukturvorgaben ab.

„Jetz' gibt `s ja diese/ diese Vorwurfshaltung in den Suchtberatungsstellen, so die picken sich des Klientel raus. Reine Komm-struktur entwickelt, aus dieser Komm-struktur heraus, erreichen sie eben nur 10 Prozent der Alkoholiker und dann die v/ die Konsequenz daraus (..) die die ihnen nicht in Kram passen, die müssen dann in die Psychiatrie. Aber das is' meiner Ansicht nach, diese/ die Quintessenz aus diesem System, wo sich also der ärztliche und der soziale Bereich oder psychotherapeutische Bereich so auseinander entwickelt haben, ja" (13:19-13:32).

Herr Busch rekurriert in der Gegenwehr auf die Vorwürfe mit erfolgreichen Konzepten der Suchtkrankenhilfe in der DDR. Im Vergleich zu heute habe die Caritas-Suchthilfe der DDR auf eine enge Zusammenarbeit der beteiligten Experten gesetzt und das Behandlungssystem unter medizinischer Leitung sei für die Suchtkranken von Vorteil gewesen. Diese Erfahrung bindet Herrn Busch an Vorstellungen, die Suchtkrankenhilfe müsse sich wieder enger an das medizinische Behandlungssystem angliedern. Die interdisziplinäre Zusammenarbeit - zweifellos die Basis einer erfolgreichen Suchtkrankenhilfe - unter Leitung der behandelnden Ärzte sieht er gerade für die Behandlung chronisch Kranker als Modell an. Die eher problematischen Aspekte - die er auch aufzeigt - erscheinen ihm rückblickend vernachlässigbar. Er generalisiert seine Erfahrungen und stößt damit bei westlichen Kollegen auf Unverständnis.

„Und ich bin mir, also ich denke, es ist fast aussichtslos, (..) also wenn ich das jetz' hier so in X-Stadt mal wieder erzähle, dann kucken die mich an so ungefähr, ja ich we'ß nich', (...) einerseits so `n bisschen, ach ganz schön könnte mer sich 's ja vorstellen, aber andererseits aber um Gottes Willen, ich als Sozialarbeiter mit `m Arzt" (13:36-13:40).

Der Vorwurf der Kooperationsunwilligkeit in Richtung westdeutscher KollegInnen und SozialarbeiterInnen, mit Ärzten zusammenzuarbeiten sowie eine in seinen Augen überzogene Abgrenzung des sozialarbeiterischen Arbeitsbereichs von dem der Medizin, trennen ihn von seinen westdeutschen FachkollegInnen. Er reduziert die Probleme interdisziplinärer Zusammenarbeit auf Hierarchie und Konkurrenzprobleme, die mit gutem Willen lösbar wären und deutet die Abgrenzung der SozialarbeiterInnen als habituellen Gestus, der auf Kosten der Klienten zwischen den Berufsgruppen unnötige Barrieren aufbaut.[180] Herr Busch macht sich die in Westdeutschland sozialisierten Sozialarbeitskollegen fremd und führt in Bezug auf diese Thematik einen Abgrenzungsdiskurs.

„Und daher denke ich, sind wir schon auch, von unserer Vorerfahrung her auch, auch schon den (...) westlichen Beratungsstellen auch 'n Stück voraus. Ich denk', die haben das so ausgeblendet und haben also auch zum Teil, `ne Auffassung, dass sie eben sagen, na ja, alles andere is' eben unfachlich und es wäre ja `n Schritt zurück, den wer machen und so weiter" (16:24-16:32).

Durch seine Position beteiligt sich Herr Busch weniger an den fachlichen Diskursen der Suchthilfe sowie an den Fehler- bzw. Veränderungsdiskursen - er hat bereits in ausgebauter Form Vorstellungen, wie eine

180 In Westdeutschland entwickelte sich in der Suchtkrankenhilfe ein dezidierter interprofessioneller Abgrenzungsdiskurs gegenüber der Medizin. Die in westdeutschen Modellen prononcierte interprofessionelle Konfliktorientierung ist Herrn Busch gänzlich fremd.

Suchtkrankenhilfe organisiert sein müsse. In Vergleich zu früher schneidet in Herrn Buschs Bilanz die Suchtkrankenhilfe heute schlechter ab.[181] Diese Vergleichsperspektive schränkt Herrn Buschs Nachdenken über die aktuellen Arbeitsschwierigkeiten ein. Beruflichen Innovations- und Gestaltungsaufgaben bleibt er dementsprechend gegenüber reserviert. Projekten gegenüber bleibt er auf Distanz, die - aus seiner Sicht - die eigentlichen Schwierigkeiten, die mit der Fehlorganisation der westdeutschen Suchtkrankenhilfe einhergehen, insbesondere die Schwierigkeiten der Kontaktgestaltung mit chronisch Kranken, nur oberflächlich bearbeiten.

Herrn Buschs Enttäuschung über die Umstrukturierung in der Suchtkrankenhilfe bewirkt auch Rückzugstendenzen in der Arbeit. Er sieht sich zunehmend gezwungen, die arbeitsorganisatorischen Leitungsfunktionen zu übernehmen. Die nach dem Zusammenbruch der DDR erfolgte Umstrukturierung der Suchtkrankenhilfe, die neue Akzente in der Suchtkrankenhilfe setzte und die Entwicklung der Caritas zu einem Spitzenverband der freien Wohlfahrtspflege, veränderte die Arbeitsteilung in der Sozialarbeit. Für Herrn Busch bedeuten diese Veränderungen seiner Berufswirklichkeit, dass Hinterbühnenarrangements zugunsten eines Berufsdiskurses aufgehoben wurden und dass seine Tätigkeit heute weniger spannungsreich ist. Funktionale und bürokratische Notwendigkeiten sowie nüchterne Abrechnungsverfahren bestimmen heute seinen Berufsalltag und zwingen den Behandlungskonzepten in der Suchtkrankenhilfe eine eigene Regie auf. Berufliche und persönliche Gestaltungsräume sind für Herrn Busch verloren gegangen. Herr Busch der die Umstrukturierungen der Suchtkrankenhilfe entlang eines institutionellen Karriereablaufs bewältigt hat, konnte sein institutionelles Standing ausbauen. Für ihn waren die individuellen Einstellungsanforderungen auf die gewechselten Systemparameter geordnet und von sicherer Position her zu leisten. Beruflich tiefgreifende Krisen hat er nicht durchmachen müssen, da institutionell und arbeitsorganisatorisch alles vorhanden war, den Umbruch in der Suchtkrankenhilfe zu bewältigen.

---

181 Die ausgedehnte argumentative Vergleichsführung von früherer und heutiger Suchthilfepraxis erfolgt im Interview an der Stelle, an der eine Bilanzierung seiner Suchtfürsorgearbeit in der DDR erwartbar gewesen wäre.

Literaturverzeichnis

Ackermann, E. (2002): Psychosoziale Beratung im Umfeld pränataler Diagnostik (PND): Chancen und Schwierigkeiten der professionellen Bearbeitung dilemmatischer Problemlagen. Dissertation (unveröffentlicht). Magdeburg.

Agar, M.H. (1980): The professional stranger - An informal introduction to ethnography. San Diego.

Ahbe, Th. (1997): Ressourcen - Transformation - Identität. In: Keupp, H./Höfer, R.: Identitätsarbeit heute. Frankfurt/M.

Ammon, U./Dittmar, N./Mattheier, K.J. (1988): Soziolinguistik - Ein internationales Handbuch zur Wissenschaft von Sprache und Gesellschaft. New York/Berlin.

Anderson, N. (1923):The Hobo. Chicago.

Angerhausen, S. /Backhaus-Maul, H./Offe, C./Olk, Th./Schiebel, M. (1998): Überholen ohne einzuholen: Freie Wohlfahrtspflege in Ostdeutschland. Opladen.

Angerhausen, S./Backhaus-Maul, H./Schiebel, M. (1995): Zwischen neuen Herausforderungen und nachwirkenden Traditionen. In: Olk, T./Rauschenbach, T./Sachße, C. (Hrsg.): Von der Wertegemeinschaft zum Dienstleistungsunternehmen. Frankfurt.

Anordnung zur Ausbildung von Jugendfürsorgern vom 10.2.1959. In: Jugendhilfeverordnung vom 3. März 1966. Gbl. II 1966. Berlin.

Apel, K. O. (1980): Theorie-Diskussion. Hermeneutik und Ideologiekritik. Frankfurt/M.

Arbeitsgemeinschaft der Freien Wohlfahrtspflege der Stadt Potsdam (1996): Sozialführer der Stadt. Potsdam.

Arbeitsgruppe Bielefelder Soziologen (1980): Alltagswissen, Interaktion und gesellschaftliche Wirklichkeit. Reinbek.

Ausbildungsordnung vom 1.3.1989 zur kirchlichen Fürsorgerin/zum kirchlichen Fürsorger an der Ausbildungsstätte für Gemeindediakonie und Sozialarbeit in Potsdam. Eigenverlag.

Ayass, W. (1993): Gemeinschaftsfremde - Quellen zur Verfolgung von "Asozialen" 1933 - 1945. Koblenz.

Beck, U. (1986): Risikogesellschaft - Auf dem Weg in eine andere Moderne. Frankfurt/M.

Becker, H.S./Geer, B./Hughes, E./Strauss, A.L. (1961/1977): Boys in white - Student culture in medical school. New Brunswick. N.J.

Berger, P.L./Luckmann, T. (1993.6): Die gesellschaftliche Konstruktion der Wirklichkeit - Eine Theorie der Wissenssoziologie. Frankfurt/M.

Bernhardt, Ch./ Kuhn, G. (1998): Keiner darf zurückgelassen werden. Aspekte der Jugendhilfepraxis in der DDR 1959-1989. Münster.

Berth, H./Brähler, E. (2000): Zehn Jahre deutsche Einheit. Die Bibliographie. Berlin.

Biermann, B. (1994): Soziale Arbeit als Beruf: Institutionalisierung und Professionalisierung sozialer Arbeit. In: Biermann, B. et al. (Hrsg.): Studienbücher für soziale Berufe. Soziologie. Gesellschaftliche Probleme und sozialberufliches Handeln. Neuwied.

Bindrich, P./Fankhänel, Th. (1998): Die ostdeutsche Sozialarbeit im Spiegel der Fachliteratur. In: Belardi, N. (Hrsg.): Schriftenreihe Erziehung-Unterricht-Bildung. Band 69. Hamburg.

Blinkert, B. (1976): Berufskrisen in der Sozialarbeit. Eine empirische Untersuchung über Verunsicherung, Anpassung und Professionalisierung von Sozialarbeitern. Weinheim/Basel.

Bock, Th. (1990) Der deutsche Einigungsprozess in europäischer Perspektive. In: Die Soziale Arbeit in den 90er Jahren. Gesamtbericht über den 72. Deutschen Fürsorgetag 1990. Eigenverlag des Deutschen Vereins. Frankfurt/M.

Böhm, M. (1994): Über Macht und Demut. Zur Organisationsentfaltung, den verbandsinternen Sozialformen und den Kernwissensbeständen evangelischer Suchtkrankenhilfe 1933 - 1990. Dissertation. Universität/Gesamthochschule Kassel.

Böhm, M./Reim, Th./Schütze, F. (1998): Auswirkungen der „Empfehlungsvereinbarung Ambulante Rehabilitation Sucht" auf die Sicherstellung und Verbesserung der Rehabilitationsarbeit mit Suchtkranken. Ergebnisbericht. FKZ: 1822A/0084. Magdeburg.

Bohnsack, R. (1991): Rekonstruktive Sozialforschung - Einführung in Methodologie und Praxis qualitativer Forschung. Opladen.

Bomke, H. (2002): Vom Ausharren, Umdrehen, Zurückgehen, Überfliegen und anderen Bewegungen - autobiographisches Schreiben und Erzählen von Schriftstellerinnen aus der DDR seit den 80er Jahren. Eine literatursoziologische Untersuchung. Habilitation (unveröffentlicht). Universität Magdeburg.

Bourdieu, P. (1983): Ökonomisches Kapital, kulturelles Kapital, soziales Kapital. In: Reinhard Kreckel (Hrsg.): Soziale Ungleichheiten. (Soziale Welt; Sonderband 2). Göttingen.

Bourdieu, P. (1985): Sozialer Raum und Klassen. Zwei Vorlesungen. Frankfurt/M.

Bourdieu, P. (1987): Die feinen Unterschiede. Kritik der gesellschaftlichen Urteilskraft. Frankfurt/M. 1987.

Bourdieu, P. (1992): Die verborgenen Mechanismen der Macht. Schriften zu Politik & Kultur l. Hamburg.

Brater, M. (1983): Die Aktualität der Berufsproblematik und die Frage nach der Berufskonstitution. In: Bolte, K.M./Treutner, E. (Hrsg.): Subjektorientierte Arbeits- und Berufssoziologie. Frankfurt/New York.

Breuer, M. (1997): Das Bausteinstudium Dresden. In: Liljeberg, M./Scherpner, M. (1997): Soziale Arbeit in den neuen Bundesländern. Ausgewählte Praxisbeispiele und Projekte. Arbeitshilfen 49. Eigenverlag Deutscher Verein. Frankfurt/M.

Brussig, M./Ettrich, F./Kollmorgen, R. (2003): Transformation in Ostdeutschland. Opladen.
Bucher, R./Stelling, J.G. (1977): Becoming professional. Beverly Hills. London.
Bucher, R./Strauss, A. (1972): Wandlungsprozesse in Professionen. In: Luckmann, Th./Sprondel, W. (Hrsg.): Berufssoziologie. Köln.
Buhlmahn, Th. (1996): Vereinigungsbilanz. Die deutsche Einheit im Spiegel der Sozialwissenschaften. WZB. Berlin.
Burckhardthaus Berlin (1995): Zur Geschichte der Jugendarbeit der Evangelischen Kirche der DDR. Erfahrungen, Materialien und Erkenntnisse. Berlin. Eigenverlag.
Buth, S./ Grimm, Ch. (1999): Berufsbiographien aus dem Arbeitsfeld der Jugendhilfe im Zeichen der Wende. Fachhochschule Neubrandenburg. Diplom-Arbeit.
Caritasverband für das Bistum Erfurt e.V. (1996): Menschen auf dem Weg. Chronik der Caritasarbeit in Thüringen. Erfurt.
Cressey, P. G. (1932): The taxi-dance hall. Montclair. N.J.
Curriculum der Ausbildungsstätte für Gemeindediakonie und Sozialarbeit vom November 1990. Potsdam. Eigenverlag.
Dähn, H. (1981): Atheismus und Erziehungssystem. In: Henkys, R. a.a.O.
Denzin, N. K. (1970 a): Symbolic interactionism and ethnomethodology. In: Douglas, J. ed. Understanding everyday life. Chicago.
Denzin, N. K. (1970): The research act in sociology. London.
Deutsches Rotes Kreuz (1995): Schwangerschaftskonfliktberatung. Orientierungshilfe zum §218. Freiburg.
Dewe, B./Ferchhoff, W./Radtke, F.O. (1992): Erziehen als Profession. Opladen.
Dewey, J. (1964). Demokratie und Erziehung. Braunschweig.
Dokumente. Band II. (1997): Getrennte Vergangenheit, gemeinsame Zukunft. Mehrheitsberichte. München.
Durkheim, E. (1987): Schriften zur Soziologie der Erkenntnis. Frankfurt/M.
Einigungsvertrag vom 31.8.1990. BGBl., Teil II, 885.
Engler, W. (1999): Die Ostdeutschen - Kunde von einem verlorenen Land. Berlin.
Erklärung des Deutschen Vereins zur Situation der sozialen Berufe in den neuen Bundesländern Deutschlands (1991). In: NDV. Frankfurt/M.
Flick, U./Kardorff, E./Keupp, H./ Rosenstiel, L./Wolff, S. (1995.2): Handbuch Qualitative Sozialforschung - Grundlagen, Konzepte, Methoden und Anwendungen. Weinheim.
Frake, Ch. O. (1975): How to Enter a Yakan House. New York.
Frauengesundheitszentrum 'Ringelblume' (1997): Programm und Selbstdarstellung. Potsdam.
Freidson, E. (1975): Dominanz der Experten - Zur sozialen Struktur medizinischer Versorgung. München.

Freud, S. (1901): Zur Psychopathologie des Alltagslebens. In. G.W. Bd. 4 (Sammelausgaben). London/Frankfurt (1940 - 1968).
Frommer, J. (2000): Psychoanalytische und soziologische Aspekte personalen Identitätswandel im vereinten Deutschland. In: Zeitschrift für qualitative Bildungs-, Beratungs- und Sozialforschung. 2/2000. Opladen.
Füchtner, H. (1995): Unbewußtes Deutschland - Zur Psychoanalyse und Sozialpsychologie einer "Vereinigung". Heidelberg.
Gabler, H. (1995): Transformation von kollektiven und biographischen Orientierungsmustern bei Menschen in den neuen Bundesländern. Fachbereich Sozialwesen der Universität-Gesamthochschule Kassel. Diplom-Arbeit.
Garfinkel, H. (1956): Conditions of successful degradation ceremonies. In: American Journal of Sociology 61.
Garfinkel, H. (1967): Studies in ethnomethodology. Englewood Cliffs. N.J.
Garfinkel, H. (1973): Das Alltagswissen über soziale und innerhalb sozialer Strukturen. In: Arbeitsgruppe Bielefelder Soziologen.
Geer, B./Becker, H.S./Hughes, E.C. (1968): Making the grade - The academic side of college life. New York.
Gesetz für den Mutter- und Kinderschutz und die Rechte der Frau vom 27.9.1950 (GBl. S.1037) in der Fassung des Änderungsgesetzes vom 28.5.1958. GBl.I, S.428).
Giddens, A. (1997): Die Konstitution der Gesellschaft. Frankfurt/M.
Giesen, B./Leggewie, Claus (1991): Experiment Vereinigung. Ein sozialer Großversuch. Berlin.
Gildemeister, R. (1983): Beruf und Identität. Eine theoretische Untersuchung zum Zusammenhang von Strukturen des Handlungsfeldes, der Berufsrolle und des Berufsalltags zur Person und Selbstidentität des Sozialarbeiters/Sozialpädagogen. Dissertation an der Philosophischen Fakultät I der Friedrich-Alexander-Universität in Erlangen-Nürnberg.
Gildemeister, R. (1993): Soziologie der Sozialarbeit. In Korte, H./Schäfers, B. (Hrsg.): Einführung in Spezielle Soziologien. Opladen.
Glaser, B./Strauss, A. (1967): Die Entdeckung gegenstandsbezogener Theorie: Eine Grundstrategie qualitativer Sozialforschung. In: Hopf, Ch./Weingarten E. (Hrsg.): Qualitative Sozialforschung. Stuttgart.
Glaser, B./Strauss, A. (1974): Interaktion mit Sterbenden. Göttingen.
Glinka, H.-J. (1998): Das narrative Interview - Eine Einführung für Sozialpädagogen. Weinheim/München.
Granosik, M. (2000): Professionalität und Handlungsschemata der Sozialarbeit am Beispiel Polens. In: Zeitschrift für Qualitative Bildungs-, Beratungs- und Sozialforschung. 1/2000. Opladen.
György, K. (1999): Der Besucher. Frankfurt/Main.
Haag (1994): Berufsbiographische Erinnerungen von Fürsorgerinnen aus dem „Dritten Reich". Dissertation. Universität/Gesamthochschule Kassel.
Habermas, J. (1982.2): Theorie des kommunikativen Handelns. Bd. 1 und Bd. 2. Frankfurt.

Händle, Chr./Nitsch, W./Uhlig, Chr. (1998): LehrerInnen und Erziehungswissenschaftlerlnnen im Transformationsprozess. Anhörungen in den neuen Bundesländern. Weinheim.

Harney, K./Höffner, W. (2000): Kommunaladministratives Handeln im Spannungsfeld zwischen Kontextualität und Biographizität. In: Kraimer, K.: Die Fallrekonstruktion - Sinnverstehen in der sozialwissenschaftlichen Forschung. Frankfurt/M.

Hartmann, H. (1972): Arbeit, Beruf, Profession. In: Berufssoziologie. Köln.

Hege, M. (1981): Die Bedeutung der Methoden in der Sozialarbeit. In: Projektgruppe Soziale Berufe (Hrsg.): Sozialarbeit, Ausbildung und Qualifikation. München.

Henkys, R. (1981): Die evangelischen Kirchen in der DDR. München.

Hermanns, H. (1981): Das narrative Interview in berufsbiografisch orientierten Untersuchungen. Kassel.

Hockerts, H.G. (Hrsg.) (1998): Drei Wege deutscher Sozialstaatlichkeit - NS-Diktatur, Bundesrepublik und DDR im Vergleich. München/Oldenbourg.

Hoerning, E. M. (1997): Sozialer Wandel und kulturelles Kapital. Zwei Fallgeschichten zum Professionalisierungsprozess im Umbruch der DDR. In: Behnken, I. /Schulze, Th. (Hrsg.): Tatort Biographie. Opladen.

Hoerning, E. M./Kupferberg, F. (1998): Profession und Staat. Öffentliche Commitments und biographisch-professionelle Interventionen. In: Ummel, H. (Hrsg.) (1998): Konstruktion von Professionalität im beruflichen Alltag. Dokumentation des 4. Workshops des Arbeitskreises ‚Professionelles Handeln'. Eigendruck. Institut für Soziologie Jena.

Hoerning, E.M./Corsten, M. (1995): Institution und Biographie - Die Ordnung des Lebens. Pfaffenweiler.

Hoffmann, I. (1987): Zur Vorbereitung und Ausarbeitung von individuellen Erziehungsprogrammen der Jugendhilfe-Kommissionen. In: Jugendhilfe. Heft 1/2. Berlin.

Hoffmann, J. (1981): Jugendhilfe in der DDR. München;

Hoffmann-Riem, Ch. (1994): Elementare Phänomen der Lebenssituation. Weinheim.

Honneth, A. (1992): Kampf für Anerkennung. Frankfurt/M.

Hopf, C./Weingarten, E. (1984): Qualitative Sozialforschung. Stuttgart.

Hormuth, S.E. (1996): Auswirkungen des Transformationsprozesses in Ostdeutschland auf individuelle Entwicklung, Bildung und Berufsverläufe. In: Berliner Journal Soziologie. Heft 4.

Hughes, E. (1984): The sociological eye. Band I und II. New Brunswick. New Jersey.

Huinink, J./Mayer, K.U. (1993) Lebensläufe im Wandel der DDR-Gesellschaft. In: Joas, H./Kohli, M.: Der Zusammenbruch der DDR. Soziologische Analysen. Frankfurt/M.

Hüllenhütter-Zimmermann, I. (1983): Der Weg in die Sozialarbeit als Befreiung und neue Fessel. Die Leiden an einer nicht geglückten Professionalisierung. Eine biographieanalytische Studie über die Lebensgeschichte

einer Berufswechslerin. Fachbereich Sozialwesen der Universität-Gesamthochschule Kassel. Diplom-Arbeit.
Husserl, E. (1962): Die Krisis der europäischen Wissenschaften und die transzendentale Phänomenologie. Eine Einleitung in die phänomenologische Philosophie. Den Haag.
Jugendhilfeverordnung vom 3. März 1966. Gbl. II 1966. Berlin.
Kaelble, H./ Kocka, J./Zwahr, H. (1994): Sozialgeschichte der DDR. Stuttgart.
Kallmeyer, W. (1977): Verständigungsprobleme in Alltagsgesprächen. In: Der Deutschunterricht. Heft 29. Berlin.
Kallmeyer, W./Schütze, F. (1976): Konversationsanalyse. In: Studium der Linguistik. Jg. 1. Heft 1.
Keller, J./Theile, H./Gemkow, H.J. (Hrsg.) (1968): Leitfaden für Schwangeren- und Mütterberatungsstellen. Leipzig.
Kling, R./Gerson, E. (1978): Patterns of Segmentation and Intersection in the Computer World. Symbolic Interaction 1:24-43.
KMK: (1991): Sekretariat der Ständigen Konferenz der Kultusminister und -senatoren der Länder in der Bundesrepublik Deutschland. 255. Kultusministerkonferenz. Pressemitteilung vom 14.10.1991. Bonn.
Köhler, D. (2003): Zur Rekonstruktion beruflicher Orientierungs- und Handlungsmuster ostdeutscher Lehrer der Kriegsgeneration. In: Brussig, M./Ettrich, F.: Transformation in Ostdeutschland. Opladen.
Kohli, M. (1994): Die DDR als Arbeitsgesellschaft? Arbeit, Lebenslauf und soziale Differenzierung. In: Kaelble, H./Kocka, J./Zwahr, H. a.a.O.
Kohnert, M. (1990): Das System der sozialen Sicherung in der ehemaligen DDR. In: Blätter der Wohlfahrtspflege 1990.
Kohnert, M. (1990): Soziale Dienste und Einrichtungen in der DDR. In: Rsde Heft 11/1990.
Kommission für die Erforschung des sozialen und politischen Wandels in den neuen Bundesländern e.V. (KSPW) Transplantation oder Eigenwuchs? IZ. Bonn. 1995.
Korfes, G. (1995): Die richterliche Tätigkeit zwischen Vergangenheitsbewältigung und Umorientierung. In: Hoerning, E.M./ Corsten, M. a.a.O.
Kreitz, R. (2000): Vom biographischen Sinn des Studierens - Die Herausbildung fachlicher Identität im Studium der Biologie. Opladen.
Kroll, S. (1998): Kirchlich-caritative Ausbildung in der DDR. Entwicklung im Aufgabenbereich Kinder- und Jugendhilfe. Freiburg.
Kühn, K. (1977): Ärzte an der Seite der Arbeiterklasse. Berlin.
Kurz-Adam, M./Post, I. (1995): Erziehungsberatung und Wandel der Familie - Probleme, Neuansätze und Entwicklungslinien. Opladen.
Labisch, A. (1990): Entwicklungslinien des öffentlichen Gesundheitsdienstes in Deutschland.. In: Labisch/Tennstedt Prävention und Prophylaxe als Handlungsfelder der Gesundheitspolitik im Deutschen Reich (1871-1945). Frank-furt/M.
Labonté-Roset, Ch. (1990): Die neuen Anforderungen deutsch-deutscher Zusammenarbeit im Kontext europäischer Kooperation der Ausbildungs-

stätten im Sozialwesen. In: Die Soziale Arbeit in den 90er Jahren. Gesamtbericht über den 72. Deutschen Fürsorgetag 1990. Eigenverlag des Deutschen Vereins. Frankfurt/M.
Laurenze, R. (1995): Kernprobleme professionellen Handelns, Beziehungsmuster und Prozesse der Selbstreflexion von Entwicklungshelferinnen und -helfern. Universität/Gesamthochschule Kassel. Aufbaustudiengang Supervision. Diplom-Arbeit.
Lehmbruch, G. (1993): Institutionstranfer. Zur politischen Logik der Verwaltungsintegration in Deutschland. In: Seibel, W./Benz, A./Mäding, H. (Hrsg.): Verwaltungsreform und Verwaltungspolitik im Prozess der deutschen Einheit. Baden-Baden.
Lemert, E.M. (1982): Der Begriff der sekundären Devianz. In: Lüderssen, K./ Sack, F. (Hrsg): Abweichendes Verhalten I. Frankfurt/M.
Lenhardt, G./Stock, M./Tiedtke, M. (1991): Zur Transformation der Lehrerrolle in der ehemaligen DDR. In: Meyer, H.G. (Hrsg.): Soziologen-Tag Leipzig 1991. Soziologie in Deutschland und die Transformation großer gesellschaftlicher Systeme. Gesellschaft für Soziologie. Berlin.
Lepsius, M.R. (1994): Die Institutionenordnung als Rahmenbedingungen der Sozialgeschichte der DDR. In: Kaelble, H./Kocka, J./Zwahr, H. a.a.O.
Liljeberg, M./Scherpner, M. (1997): Soziale Arbeit in den neuen Bundesländern. Ausgewählte Praxisbeispiele und Projekte. Arbeitshilfen 49. Eigenverlag Deutscher Verein. Frankfurt/M.
Lüdtke, A. (1993) Eigen-Sinn. Hamburg.
Mannheim, K. (1964): Beiträge zur Theorie der Weltanschauungs-Interpretation. In: Ders: Wissenssoziologie. Berlin.
Mannheim, K. (1980): Strukturen des Denkens. Frankfurt/M.
Mannheim, K. (1984): Konservatismus - Ein Beitrag zur Soziologie des Wissens. Frankfurt/M.
Manow, Ph. (1994): Gesundheitspolitik im Einigungsprozess. Frankfurt/Main/New York.
Marx, K. (1973): Das Kapital. Kritik der politischen Ökonomie. Bd. I- IV. In: Marx-Engels-Werke (MEW) 23-26.3 Berlin.
Materialien der 2. Tagung des Zentralkomitees der SED. IX. Parteitag der SED. (1977). 18.-22. Mai 1976. Berlin.
Matthes, J. et al. (1973): Alltagswissen, Interaktion und gesellschaftliche Wirklichkeit. Bd. I: Symbolischer Interaktionismus und Ethnomethodologie. Reinbek.
Maurenbrecher, Th. (1985): Die Erfahrung der externen Migration. Eine biographie- und interaktionsanalytische Untersuchung über Türken in der Bundesrepublik Deutschland. Bern.
Mead, G.H. (1913): Die soziale Identität. In: Ders.: Gesammelte Aufsätze. Bd. I. (Hrsg.) Joas, H. (1980). Frankfurt/M.
Mead, G.H. (1925): Die Genesis der Identität und die soziale Kontrolle. In: Ders.: Gesammelte Aufsätze. Bd. I. (Hrsg.) Joas, H. (1980). Frankfurt/M.

Mead, G.H. (1927): Die objektive Realität der Perspektiven. In: Ders.: Gesammelte Aufsätze. Bd. II. (Hrsg.) Joas, H. (1983). Frankfurt/M.
Mead, G.H. (1932/59/69): Philosophie der Zeit. LaSalle.
Mead, G.H. (1938): The philosophy of the act (edited, with introduction, by Ch. W. Morris). Chicago/London.
Mead, G.H. (1968): Geist, Identität und Gesellschaft. Frankfurt/M.
Mead, G.H. (1969): Philosophie der Sozialität. Aufsätze zur Erkenntnisanthropologie. Frankfurt/M.
Mead, G.H. (1969b): Sozialpsychologie. Eingeleitet und herausgegeben von Anselm Strauss. Neuwied.
Mead, G.H. (1980): Gesammelte Aufsätze. Bd. I und Bd. II. (Hrsg.): Joas, H. Frankfurt/M.
Mense-Petermann, U. (1998): Institutioneller Wandel und wirtschaftliche Restrukturierung. Polnische und tschechische Betriebe im Transformationsprozess. Dissertation. Universität Magdeburg.
Mertes, M. (1995): Die verbandliche soziale Arbeit mit Flüchtlingen. Komponenten, Kernprobleme und Möglichkeiten aus der Perspektive von Praktikern und Praktikerinnen. Universität-Gesamthochschule Kassel. Diplom-Arbeit.
Meuser, M./Nagel, U. (1991): ExpertInneninterview - vielfach erprobt, wenig bedacht. In: Garz, D./Kraimer, K. (Hrsg.): Qualitative Sozialforschung. Konzepte, Methoden, Analysen. Opladen.
Meuser, M./Nagel, U. (1997): Das ExpertInneninterview. Wissenssoziologische Voraussetzungen und methodische Durchführung. In: Friebertshäuser, B./Prengel, A. (Hrsg.): Handbuch qualitativer Forschungsmethoden in der Erziehungswissenschaft. Weinheim und München.
Müller, M. (1994): Die Lebensgeschichte und Biographie eines Supervisors - Eine Fallstudie. Universität/Gesamthochschule Kassel. Fachbereich Sozialwesen. Aufbaustudiengang Supervision. Diplom-Arbeit.
Mutz, G. (1995): Diskontinuierliche Erwerbsverläufe: Analysen zur postindustriellen Arbeitslosigkeit. Opladen.
Neumann, H. (1990): Kirchliche Fürsorge/Sozialarbeit in der DDR zwischen Zielanspruch und Wirklichkeit. Am Beispiel der Evangelischen Ausbildungsstätte für Gemeindediakonie und Sozialarbeit in Potsdam. Evangelischen Fachhochschule für Sozialwesen, Religionspädagogik und Gemeindediakonie Freiburg. Diplom-Arbeit.
Neumann, V./Brockmann, I. (1997): Freie Wohlfahrtspflege in den neuen Bundesländern. In: Wienand, M./Neumann, V./Brockmann, I. (Hrsg.): Fürsorge. Opladen.
Nittel, D. (1992): Gymnasiale Schullaufbahn und Identitätsentwicklung - Eine biographieanalytische Studie. Weinheim.
Oevermann, U. (2001): Zur Analyse der Strukturen von sozialen Deutungsmustern (1973). In: Sozialersinn. Heft 1. 2001. Leverkusen.
Oevermann, U. (2001b): Die Struktur sozialer Deutungsmuster - Versuch einer Aktualisierung. In: Sozialersinn. Heft 1 2001. Leverkusen.

Offe, K. (1994): Die deutsche Vereinigung als „natürliches Experiment". In: Ders.: Der Tunnel am Ende des Lichts. Erkundungen der politischen Transformation im Neuen Osten. Frankfurt/M.

Olk, Th./Bertram, K. (1994): Jugendhilfe in Ostdeutschland vor und nach der Wende. In: Krüger, H./Marotzki, W. (Hrsg.): Pädagogik und Erziehungsalltag in der DDR. Zwischen Systemvorgaben und Pluralität. Opladen.

Oppl, H./Tomaschek, A. (1986): Soziale Arbeit 2000. Bd. 1. Soziale Probleme und Handlungsflexibilität. Freiburg.

Otten, A. (2000): Formen der Ausbildung in der Sozialen Welt der Supervision - Beobachtungen zu einer neu entstandenen Beratungsprofession. In: Zeitschrift für Qualitative Bildungs-, Beratungs- und Sozialforschung. Band 2. Opladen.

Otten, A. (1998): ‚Supervision Lernen' als professionskritischer Wandlungsprozeß. Zum Vergleich der Supervisions-Ausbildungen an Universität, Akademien und Instituten. Dissertation an der Otto-von-Guericke-Universität Magdeburg. Universität Magdeburg.

Otten, A. (1992): Die Bedeutung des Supervisionsstudiums in der Entwicklung beruflicher und lebensgeschichtlicher Identität. Universität/Gesamthochschule Kassel. Fachbereich Sozialwesen. Aufbaustudiengang Supervision. Diplomarbeit. FB 04 Universität-Gesamthochschule Kassel.

Pieper, M. (1996): Zwischen Risikoszenarien und ‚guter Hoffnung' - Werdende Elternschaft im Zeichen invasiver Pränataldiagnostik. Habilitation. Universität Bremen.

Parteitagspapier: IX. Parteitag der SED: Materialien zum Programm der Sozialistischen Einheitspartei Deutschlands 1977.

Parteitagspapiere der SED 1978 - 1985: Weiter voran zum Wohle des Volkes - Die Verwirklichung des sozialistischen Programms der SED. Berlin. 1986.

Peirce, Ch. S. (1970): Schriften II: Vom Pragmatismus zum Pragmatismus. Frankfurt/M.

Pfaffenberger, H. (1992): Die Ausbildung der Sozialarbeiter und Sozialpädagogen in den neuen Bundesländern. NDV. Frankfurt/M.

Pike, K. L. (1971): Language in Relation to a Unified Theory of the Structure of Human Behavior. Den Haag.

Plessner, H. (1981): Gesammelte Schriften IV. Die Stufen des Organischen und der Mensch. Frankfurt/Main.

Pollak, D. (1994): Von der Volkskirche zur Minderheitenkirche. Zur Entwicklung von Religiosität und Kirchlichkeit in der DDR. In: Kaelble, H./Kocka, J./Zwahr, H. a.a.O.

Programm der sozialistischen Einheitspartei Deutschlands. (1977). In: Materialien der 2. Tagung des Zentralkomitees der SED. IX. Parteitag der SED. 18.-22. Mai 1976. Berlin.

Pruß, U. (1993): Caritas in der DDR. In: Dähn, H. (Hrsg.): Die Rolle der Kirchen in der DDR. München.

Raphael, L. (1998): Experten im Sozialstaat. In: Hockerts, H.G. a.a.O.
Rauschenbach, Th./Galuske, M. (1997): Zum Bedarf der Hochschulausgebildeten und Akademikern in den sozialpädagogischen Berufen. In: Archiv für Wissenschaft und Praxis der sozialen Arbeit. 4/1997. Eigenverlag des Deutschen Vereins für öffentliche und private Fürsorge. Frankfurt.
Rauschenbach, Th./Seidenstücker, B./Münder, J. (1990): Jugendhilfe in der DDR. Münster.
Reim, Th. (1997): Auf der Suche nach biographischen Passungsverhältnissen - die Prozessierung durch Möglichkeitsstrukturen anstelle biographischer Arbeit. In: Nittel, D./ Marotzki, W. (Hrsg.): Berufslaufbahn und biographische Lernstrategien. Hohengehren.
Reim, Th./Riemann, G. (1997): Die Forschungswerkstatt. Erfahrungen aus der Arbeit mit Studentinnen und Studentinnen der Sozialarbeit, Sozialpädagogik und der Supervision. In: Jacob, G./Wensierski, H. J. (Hrsg.): Rekonstruktive Sozialpädagogik. Konzepte und Methoden sozialpädagogischen Verstehens in Forschung und Praxis. Weinheim/München.
Reinhold, G. (1992): Soziologie-Lexikon. München.
Reinicke, P. (1990): Ausbildung von Fürsorgern/innen in der DDR. In: Die berufliche Sozialarbeit. Heft 3. Jahrgang 1990.
Reuer, M. (1981): Diakonie als Faktor in Kirche und Gesellschaft. In: Henkys, R.
Richmond, M. (1922): What is social case work? New York: Russel Sage Foundation.
Richter, H./Reichert, H./Ewald, E. (1963): Die Sozialfürsorge in der DDR. Erläuterungen der gesetzlichen Bestimmungen. Berlin.
Riemann, G. (1987): Das Fremdwerden der eigenen Biographie. Narrative Interviews mit psychiatrischen Patienten. München.
Riemann, G. (1997): Beziehungsgeschichte, Kernprobleme und Arbeitsprozesse in der Sozialpädagogischen Familienberatung. Habilitation. Magdeburg.
Riemann, G./Schütze, F. 1987: Some Notes on an Student Research Workshop on 'Biography Analysis, Interaction Analysis, and Analysis of Social Worlds'. In: Biography and Society. Newsletter No. 8, July 1987 (International Sociological Association, Research Committee 38).
Rudloff, W. (1998): Öffentliche Fürsorge. In: Hockerts, H.G. a.a.O.
Sachße, Ch. (1986): Mütterlichkeit als Beruf. Frankfurt/Main.
Sackmann, R./Rasztar, M. (1998): Das Konzept „Beruf“ im lebenslaufsoziologischen Ansatz. In: Heinz, W.R. (Hrsg.): Was prägt Berufsbiographien? - Lebenslaufdynamik und Institutionenpolitik. Nürnberg.
Sackmann, R./Wingens, M. (1995): Individuelle und gesellschaftliche Strukturierung beruflicher Diskontinuität. In: Hoerning, E.M./ Corsten, M.
Sackmann, R./Wingens, M. (1996): Berufsverläufe im Transformationsprozeß. In: Diewald, M./Mayer, K.U. (Hrsg.): Zwischenbilanz der Wiedervereinigung. Opladen.
Scherzer, L. (1989): Der Erste. Eine Reportage aus der DDR. Köln.

Schmidt, G. (1949): Die Aufgaben des DFD. In: Die Heilberufe. Heft 3. Berlin.
Schuhmann, I. (1995): Beiträge zur Professionalisierung der Sozialen Arbeit und der Supervision nach 1945. Eine Studie zum Zusammenhang von Berufsbiographien und kollektiver Geschichte. Universität/Gesamthochschule Kassel. Fachbereich Sozialwesen. Aufbaustudiengang Supervision. Diplom-Arbeit.
Schulze, G. (1992): Die Erlebnis-Gesellschaft. Kultursoziologie der Gegenwart. Frankfurt/M.
Schütz, A. (1960.2): Der sinnhafte Aufbau der sozialen Welt. Eine Einleitung in die verstehende Soziologie. Vienna.
Schütz, A. (1971): Gesammelte Aufsätze. Bd. I. Das Problem der sozialen Wirklichkeit. Den Haag.
Schütz, A. (1972): Gesammelte Aufsätze. Bd. II. Studien zur soziologischen Theorie. Den Haag.
Schütz, A. (1973): Das Problem der Relevanz. Frankfurt/M.
Schütz, A./Luckmann, Th. (1975): Strukturen der Lebenswelt. Neuwied.
Schütze, F. (1981): Prozeßstrukturen des Lebensablaufs. In: Matthes, J./Pfeiffenberg, A./Stosberg, A.: Biographie in handlungswissenschaftlicher Perspektive. Nürnberg.
Schütze, F. (1983a): Biographieforschung und narratives Interview. In: Neue Praxis 1983. Heft 3. Neuwied.
Schütze, F. (1984a): Kognitive Figuren des autobiographischen Stegreiferzählens. In: Kohli, M./Robert, G. Biographie und soziale Wirklichkeit. Stuttgart.
Schütze, F. (1984b): Professionelles Handeln, wissenschaftliche Forschung und Supervision. Versuch einer systematischen Überlegung. In: Beiträge zur Supervision. Bd. 3. Hrsg. Lippenmeier, N. Universität/Gesamthochschule Kassel.
Schütze, F. (1987a): Das narrative Interview in Interaktionsfeldstudien I - Kurseinheit 1. Fernuniversität - Gesamthochschule Hagen. Hagen.
Schütze, F. (1987b): Symbolischer Interaktionismus In: Ammon, U. et al. a.a.O.
Schütze, F. (1987c): Die Rolle der Sprache in der soziologischen Forschung. In: Ammon, U. et al. a.a.O.
Schütze, F. (1987d): Situation. In: Ammon, U. et al. a.a.O.
Schütze, F. (1988): Professional Schools - Ein Entwicklungspotential für die Zukunft der GhK? Das 8. Gießhausgespräch. Kassel.
Schütze, F. (1989): Kollektive Verlaufskurve oder kollektiver Wandlungsprozeß - Dimensionen des Vergleichs von Kriegserfahrungen amerikanischer und deutscher Soldaten. Kassel.
Schütze, F. (1991): Biographieanalyse eines Müllerlebens. In: Scholz, H.D. (Hrsg.): Wasser- und Windmühlen in Kurhessen und Waldeck-Pyrmont. Kaufungen.

Schütze, F. (1992): Sozialarbeit als ‚bescheidene Profession'. In: Dewe, B./Ferchhoff, W./Radke, F.-O. (Hrsg.): Erziehen als Profession. Zur Logik professionellen Handelns in pädagogischen Feldern. Opladen.
Schütze, F. (1993): Die Fallanalyse - Zur wissenschaftlichen Fundierung einer klassischen Methode der sozialen Arbeit. In: Rauschenbach, Th. et al. (Hrsg.): Der sozialpädagogische Blick. Weinheim.
Schütze, F. (1994a): Ethnographie und sozialwissenschaftliche Methoden der Feldforschung - Eine mögliche methodische Orientierung in der Ausbildung und Praxis der Sozialen Arbeit? In: Groddeck, N./Schumann, M. (Hrsg.): Modernisierung Sozialer Arbeit durch Methodenentwicklung und -reflexion. Freiburg.
Schütze, F. (1994b): Strukturen des professionellen Handelns, biographische Betroffenheit und Supervision. In: Supervision - Zeitschrift für berufsbezogene Beratung. Heft 26. Münster.
Schütze, F. (1996): Organisationszwänge und hoheitsstaatliche Rahmenbedingungen im Sozialwesen: Ihre Auswirkung auf die Paradoxien des professionellen Handelns. In: Pädagogische Professionalität. Combe, A./ Helsper, W. Hrsg. Frankfurt/M.
Schütze, F. (1999): Allgemeinste Aspekte und theoretische Grundkategorien des Werkes von Anselm Strauss für die Fallanalyse im Sozialwesen. In: Denkschrift für Ingeborg Pressel. Universität-Gesamthochschule Kassel. Eigenverlag.
Schütze, F. (2000): Schwierigkeiten bei der Arbeit und Paradoxien des professionellen Handelns. Ein grundlagentheoretischer Aufriß. In: Zeitschrift für qualitative Bildungs-, Beratungs- und Sozialforschung. 1/2000. Opladen.
Schütze, F./Kallmeyer; W. (1977): Zur Konstitution von Kommunikationsschemata. Dargestellt am Beispiel von Erzählungen und Beschreibungen. In: Wegner, D. (Hrsg.): Gesprächsanalysen. Hamburg.
Schütze, F./Meinfeld, W./Springer, W./Weymann, A. (1975.2): Grundlagentheoretische Voraussetzungen methodisch kontrollierten Fremdverstehens. In: Arbeitsgruppe Bielefelder Soziologen. Alltagswissen, Interaktion und gesellschaftliche Wirklichkeit. Bd. I. Reinbek.
Shibutani, T. (1955): Reference Groups as Perspectives. American Journal of Sociology.
Spaar, H. (1996): Teil I. Die Entwicklung des Gesundheitswesens in der sowjetischen Besatzungszone. Berlin. Eigenverlag.
Spaar, H. (Hrsg.) (1996): Dokumentation zur Geschichte des Gesundheitswesens der DDR. Teil II. Das Gesundheitswesen zwischen Gründung der DDR und erster Gesellschaftskrise (1949-1953). Berlin. Eigenverlag.
Spaar,H. (1998). Teil III. Das Gesundheitswesen der DDR zwischen neuem Kurs und der Schließung der Staatsgrenze. Berlin. Eigenverlag.
Steude, K. (1977): Prof. Dr. med. Karl Gelbke - ein Leben als Arzt und Kommunist. In: Kühn (1977): Ärzte an der Seite der Arbeiterklasse. Berlin.
Stietz, W. (1992): Soziale Arbeit in einer tiefgreifenden gesellschaftlichen Umbruchsituation. Eine Studie über die Erfahrungen eines westdeutschen

Supervisors und ostdeutscher kirchlicher Fürsorger/Sozialarbeiter in den neuen Bundesländern. Universität-Gesamthochschule Kassel. Aufbaustudiengang Supervision. Diplom-Arbeit.
Strauss, A. L (1991): A Social World Perspective. In: Ders., Creating Sociological Awareness. Collective Images and Symbolic Representation. New Brunswick (USA) and London (UK). Transaction Books.
Strauss, A. L. (1968): Spiegel und Masken. Die Suche nach Identität. Frankfurt/M.
Strauss, A. L. (1975): Organizational Negotiations. In: Lindesmith, A.R./Strauss. A.L./Denzin, N.K (Hrsg.): Readings in Socialpsychology. Hinsdale, Illinois.
Strauss, A. L. (1984): Social Worlds and Their Segmentation Processes. Pp. 123-39. In: Studies in Symbolic Interaction. Volume 5, edited by Norman Denzin. Greenwich.
Strauss, A. L. (1985): Social Organization of Medical Work. (University of Chicago Press). Chicago und London.
Strauss, A. L. (1985b): Work and the division of labor. In: The Sociological Quarterly 26.1.
Strauss, A. L. (1991b): A Social World Perspective. In: Ders., Creating Sociological Awareness. Collective Images and Symbolic Representation. New Brunswick (USA) and London (UK) (Transaction Books).
Strauss, A. L. (1993): Continual permutations of action. New York.
Strauss, A. L. (1991a): The Chicago Traditions's Ongonig Theory of Action/Interaction. In: Ders., Creating Sociological Awareness. Collective Images and Symbolic Representation. New Brunswick (USA) and London (UK) (Transaction Books).
Strauss, A. L./Corbin, J. (1996): Grounded Theory: Grundlagen Qualitativer Sozialforschung. Weinheim.
Strauss, A. L./Glaser, B. (1977): Anguish. A Case History of a Dying Trajectory. London.
Suhr, M. (1994): John Dewey zur Einführung. Hamburg.
Süß, W. (1988): Gesundheitspolitik. In: Hockerts, H.G. a.a.O.
Tennstedt, F./Sachße, Chr. (1990): Geschichte der Armenfürsorge in Deutschland. Stuttgart.
Thiersch, H. (2002): Biographieforschung und Sozialpädagogik. In: Kraul, M./Marotzki, W. (Hrsg.): Biographische Arbeit. Opladen.
Thomas, W. I. (1965): Person und Sozialverhalten. Neuwied.
Thrasher, F. M. (1963): The Gang. A Study of 1.313 Gangs in Chicago. Abridged with a new introduction by James F. Short, Jr. Chicago/London.
Topitsch, E. (1979): Erkenntnis und Illusion - Grundstrukturen unserer Weltauffassung. Hamburg.
Treibel, A. (1994): Einführung in soziologische Theorien der Gegenwart. Opladen.

Trümpler, E./Finzelberg, S./Lauschke, J. (1986): Weiter voran zum Wohle des Volkes. Die Verwirklichung des sozialpolitischen Programms der SED 1978 bis 1985. Dokumentation. Berlin.

Turner, V. (1989): Das Ritual - Struktur und Anti-Struktur. Frankfurt/M.

Vissering, C. E. (1981): Lebensschicksale von Heimjugendlichen. Fremdbestimmtheit und ihre Rekonstruktionsformen. Universität-Gesamthochschule Kassel. Aufbaustudiengang Supervision. Diplom-Arbeit

Volze, A. (1991): Kirchliche Transferleistungen in die DDR. In: Deutschland Archiv 1/91.

Weber, H. (1993): Die DDR 1945-1990. München-Oldenbourg.

Weber, M. (1964): Wirtschaft und Gesellschaft. Bd. I und Bd. II. Tübingen.

Weber, M. (1993): Die protestantische Ethik und der Geist des Kapitalismus. Bodenheim.

Wensierski, H.J. v. (1994): Mit uns zieht die alte Zeit - Biographie und Lebenswelt junger DDR-Bürger im Umbruch. Opladen.

Wensierski, P. (1982): Unterwegs zur ‚offenen Kirche'. In: Henkys, R. a.a.O.

Weymann, A. (1998): Sozialer Wandel. Weinheim und München.

Whitehead, A. N. (1984.2): Prozeß und Realität - Entwurf einer Kosmologie. Frankfurt.

Wienand, M. (1997): Sozialhilfe. In: In: Wienand, M./Neumann, V./Brockmann, I. (Hrsg.): Fürsorge. Opladen.

Wienand, M./Neumann, V./Brockmann, I. (1997): Fürsorge. Beiträge der Berichtsgruppe 6 der KSPW: Die Umwandlung der Arbeits- und Sozialordnung. Opladen.

Wiener C. L. (1991): Arenas and Careers: The Complex Interweaving of Personal and Organizational Destiny. New York.

Wiener, C. L. (1981): The Politics of Alcoholism. Building an Arena Around a Social Problem. New Brunswick/London (Transaction Books).

Wiener, C. L./Fagerhaugh, S./Strauss, A./Suszek, B. (1979): Trajec-tories, Biographies, and the Evolving Medical Technology Scene. In: Sociology of Health and Illness.

Wierling, D. (1994): Die Jugend als innerer Feind. Konflikte in der Erziehungsdiktatur der sechziger Jahre. In: Kaelble, H./Kocka, J./Zwahr, H. a.a.O.

Witzel, A. (1982): Verfahren der qualitativen Sozialforschung. Überblick und Alternativen. Frankfurt/M.

Woderich, R. (1995): Biographische Ressourcen neuer Selbständiger. In: Hoerning, E.M./Corsten, M. a.a.O.

Woderich, R. (1997): Biographische Ressourcen und Handlungspotentiale in Pfadlogiken und Passagen beruflicher Selbständigkeit. In: Thomas, M. (Hrsg.):Selbständige - Gründer - Unternehmer. Passagen und Passformen im Umbruch. Berlin.

Wollmann, H./Derlin, H.-U./Konig, K./Renzsch, W./Seibel, W. Hrsg.) (1996): Transformation der politisch-administrativen Strukturen in Ostdeutschland. Opladen.